山岭隧道施工安全技术研究丛书

编审专家委员会

山岭隧道施工安全技术研究丛书

软弱围岩隧道建造关键技术

李献民　刘向阳　熊成宇　李怀友　孙新海◎著

中国铁道出版社有限公司

2024年·北　京

内 容 简 介

本书以软弱围岩隧道建造关键技术为主线，以技术理论为支撑，以工程应用为导向，坚持技术理论与工程实践相结合理念，将理论、技术、安全、管理等融为一体，针对软弱围岩隧道工程建造过程中的关键技术环节如变形控制理论理念、变形机理与特征、设计施工技术、支护结构优化技术、变形控制技术等关键技术进行了较全面论述和重点研究，总结形成一套全面系统的软弱围岩隧道建造关键技术体系，提出了针对软弱围岩问题的防治与控制技术措施，以期提升软弱围岩隧道建造过程的变形控制能力并起到技术支撑和引领指导作用。

本书内容丰富，系统性、针对性、实用性强，适用于交通隧道工程与城市地下工程等土木建筑工程领域，以期能为从事交通建设行业的隧道工程技术人员、高等院校及科研院所的科技工作者提供参考。

图书在版编目(CIP)数据

软弱围岩隧道建造关键技术 / 李献民等著. -- 北京：中国铁道出版社有限公司，2024.10. -- (山岭隧道施工安全技术研究丛书). -- ISBN 978-7-113-31518-4

Ⅰ. U455

中国国家版本馆 CIP 数据核字第 20249MU507 号

书　　名：软弱围岩隧道建造关键技术
作　　者：李献民　刘向阳　熊成宇　李怀友　孙新海

策　　划：王　健
责任编辑：王　健　　**编辑部电话：**(010)51873065
封面设计：高博越
责任校对：苗　丹
责任印制：高春晓

出版发行：中国铁道出版社有限公司(100054，北京市西城区右安门西街 8 号)
网　　址：https://www.tdpress.com
印　　刷：北京盛通印刷股份有限公司
版　　次：2024 年 10 月第 1 版　2024 年 10 月第 1 次印刷
开　　本：787 mm×1 092 mm 1/16　**印张：**28　**字数：**704 千
书　　号：ISBN 978-7-113-31518-4
定　　价：108.00 元

作者简介

李献民，河南许昌人，中共党员，正高级工程师。中南大学工学博士，北京交通大学博士后出站（合作导师王梦恕院士）。中交一公局集团有限公司隧道品牌高级专家、中国交通建设集团有限公司专家智库一级专家，中南大学等校外兼职博士生导师，荣获“茅以升铁路教育专项奖”“河南省优秀科技英才”“交通青年科技英才”“科技英才人物奖”等荣誉称号。多年来围绕岩土工程、隧道与地下工程学科方向技术难题不断开拓创新。先后参与国家级、主持省部级重点科技研发项目多项，获省部级科技进步奖励 10 项，授权专利 30 余项，发表论文 60 余篇，出版著作 5 部。

刘向阳，湖南邵阳人，中共党员，大学本科，高级工程师，一级建造师。现就职于中交一公局集团有限公司第四工程有限公司，参建了多个高速公路建设项目，中国交建优秀个人，取得实用新型专利 6 项、省部级工法 6 项，中国交建科技进步奖 1 项、中国交通企业协会企业管理创新二等奖一项，贵州省绿色示范工程 1 项，中国交建优质工程奖一项，南宁市、贵州省优秀项目经理。

熊成宇，湖南永州人，大学本科，正高级工程师，一级建造师，注册安全工程师。现就职于中交一公局集团有限公司第四工程有限公司。中交一公局集团隧道专家，中交集团暨中国交建技术服务平台专家库二级专家，广西应急管理厅专家、贵州省交通建设工程综合管理专家库成员。曾参与过铁路、公路、市政等重大项目施工管理，先后获得过贵州“黄果树杯”，重庆“巴渝杯”“中国公路建设优质工程奖”“鲁班奖”等多项奖。先后参与主持了国家基础建设重点研发项目，省部级重大科研专项，省部级科技研发等项目，在岩土隧道等领域取得了多项研究成果。获得过省部级科技进步奖 6 项，授权专利 20 余项，省部级工法近 20 项，发表论文 10 余篇，出版专著 1 部。

李怀友，云南镇雄人，中共党员，高级工程师。中交一公局集团有限公司专家，荣获中交一公局集团十大杰出青年、十大科技先进工作者、十大优秀青年、青年英才等荣誉称号。参加工作19年，一直从事山区高速公路管理，参建隧道54条，单洞长度130余公里，参与的隧道主要以不良地质为主，典型代表为“西南地质博物馆”的中梁山隧道，施工中主导对采空区、岩溶暗河、煤系地层、瓦斯等不良地质安全技术方面难题破解，不断总结形成成套的全寿命周期技术和管理经验，并取得显著成效。工作中开展多项技术研究，专利授权10余项，获评各类科技进步奖、科技发明奖，以及其他成果获奖10余项，参与标准、规程编制4项，发表论文10余篇，个人获奖达50余项。

孙新海，北京市人，中共党员，大学本科，高级工程师，一级建造师。现任中交一公局集团有限公司重庆渝武（铜安、江泸北线）高速公路项目公司总经理。1999—2015年中交一公局海威公司历任项目总工、项目经理、公司副总经理、党委副书记等职，2019—2021年中交一公局重庆合长高速项目总承包部任副总经理、中交一公局贵州剑榕有限公司任总经理、中交一公局集团公司投资事业部（建设部）任总经理。曾获全国建设工程优秀项目管理成果“一等奖”、第十七届全国交通企业管理现代化创新成果“一等奖”等省部级科技进步奖励6项，授权发明专利5项，发表论文10余篇，出版著作1部。

丛书序

交通运输是国民经济中具有基础性、先导性、战略性的产业，是重要的服务性行业和现代化经济体系的重要组成部分，是构建新发展格局的重要支撑和服务人民美好生活、促进共同富裕的坚实保障。为加快建设交通强国，构建现代综合交通运输体系，《交通强国建设纲要》《国家综合立体交通网规划纲要》等规划文件中明确提出，到2035年，国家综合立体交通网实体线网总规模合计70万公里左右。其中，国家铁路网包括“八纵八横”高速铁路7万公里，若干条普速铁路13万公里；国家公路网包括“7射11纵18横”高速公路网16万公里，“12射47纵60横”普通国道网30万公里。

随着我国交通行业的快速发展，山岭隧道工程建设迅猛发展，正如王梦恕院士曾预言“21世纪是隧道及地下空间大发展的年代”，伴随国家“西部大开发”战略、“一带一路”倡议深入推进及诸多复杂艰险山区重点铁路工程项目的开工建设，我国隧道工程修建规模及难度均为世界之最。时至今日，我国已建造了横卧世界屋脊的关角隧道、穿越中国南北分界线的秦岭终南山公路隧道、具有世界级工程地质水文地质难题的大柱山隧道、巨龙入海的港珠澳沉管隧道及深中通道沉管隧道……截至2023年底，投入运营的铁路隧道18 573座(长23 508 km)、在建隧道2 668座(长7 110 km)、规划隧道5 460座(长13 313 km)；截至2023年底中国10 km以上特长公路隧道共计74座，其中：建成运营25座，在建隧道31座、规划设计18座；长度在10～14.9 km隧道62座，长度在15～19.9 km隧道10座，长度大于20 km隧道2座。

我国隧道建设不断朝着“深、大、长”的方向发展，但现有的隧道设计建造技术还面临着设计计算理念体系不完善、复杂地质条件下结构设计及建造技术体系不完善、山岭隧道深层地下结构设计理论不完善，复杂环境与极端地质条件下施工困难、超大断面隧道支护困难、超长隧道施工风险高等诸多困难与挑战。加之隧道施工风险的复杂性、多变性、不确定性、不可预测性及施工管理和技术水平的差异，导致隧道施工因特殊地质环境因素(岩溶、岩爆、软岩、高瓦斯、高水压、高地温、活动断层、有害气体等)引起的突发性工程灾害和重大恶性事故频发，隧道施工安全形势严峻。这些难题与挑战严重制约山岭隧道建设的质量、速度及安全。

因此，持续开展山岭隧道施工安全技术研究大有必要。

“山岭隧道施工安全技术研究丛书”（以下简称“丛书”）聚焦山岭隧道施工安全技术，重点梳理技术创新成果，系统总结建设经验，进一步加强隧道施工安全技术优势，持续推进隧道工程高质量安全发展。丛书内容涵盖勘察、设计、施工、安全、管理等关键技术环节，阐述山岭隧道工程施工建设的原则理念、基础理论、机理规律，总结山岭高风险隧道施工安全管控理念、设计施工一体化关键技法、技术安全一体化管控措施等成套施工安全技术体系。丛书坚持理念与实践、规范与实证、传承与创新相结合，着力构建“理论＋技术＋实践”三位一体的山岭隧道施工安全技术体系。

丛书由中交一公局集团有限公司科技部技术中心李献民博士发起，撰写人员具有深厚理论功底与丰富的实践经验，且有行业内权威专家审核把关。丛书既是隧道从业者智慧与汗水的结晶，更是隧道人追逐梦想、锐意进取、担当作为的生动写照。

丛书理论与实践并重，具有良好的可读性、参考性和启发性。希望该套丛书能够充分发挥服务行业、服务社会、服务国家的积极作用，促进隧道工程技术人员和科研工作者快速成长，为推进我国山岭隧道施工安全创新发展、高质量建设交通强国作出贡献。

山岭隧道施工安全技术研究丛书
编审专家委员会
2024 年 5 月

前　言

21 世纪是地下工程的世纪，随着国家基础建设事业高速发展和城市地下工程的快速开发利用，我国公(铁)路交通隧道和大型地下结构工程也都向大断面、大埋深的立体化方向发展。截至 2023 年底，据中国铁路隧道统计数据：投入运营铁路隧道 18 573 座，总长 23 508 km；投入运营高速铁路隧道 4 561 座，总长 7 735 km，其中，长度大于 10 km 的特长隧道 115 座，长约 1 471 km；投入运营特长铁路隧道共 286 座，长约 3 869 km，其中，长度 20 km 以上特长铁路隧道 13 座，长约 312 km。据中国特长公路隧道统计数据：目前 10 km 以上的特长公路隧道共有 74 座，其中，已建成投入运营 25 座，在建 31 座，规划设计 18 座。长度在 10～14.9 km 的隧道共 62 座，长度在 15～19.9 km 的隧道共 10 座，长度大于 20 km 的隧道共 2 座；高速公路隧道达 65 座；山岭公路隧道 68 座，水下隧道 6 座。隧道及地下工程得到了快速发展，但同时也遇到了许多工程问题。隧道中各种地质灾害预测与防治支护和围岩的合理协调往往是工程的关键。在各类地质灾害中，软弱围岩隧道在复杂工程地质环境施工过程中大变形灾害问题日益突出，主要表现为：变形侵限、喷层脱落掉块、支护开裂、钢架扭曲、拱脚失稳、底板隆起，若施工过程中控制不当，可能导至局部地段发生坍塌或二次衬砌开裂等工程危害，严重影响施工安全和工程质量，同时会造成施工困难、毁坏施工设备、延误工期、增加工程成本的重大地质灾害。自 20 世纪初首例严重的交通隧道(辛普伦隧道，1906 年竣工，19.8 km)软弱围岩大变形发生以来，国内外隧道工程发生的围岩大变形灾害事例屡见不鲜，它一直是困扰地下工程界的一个重大问题。分析研究软弱围岩变形的力学机制和探索出合理有效防治控制措施对我国隧道以及地下工程的发展建设有着十分重要的意义。

本书作者李献民博士等基于多年从事隧道工程设计、施工、科研的工作经验，历经数载总结提炼完成本书。本书撰写采用了文献调查、理论分析、现场试验、室内模型试验、数值仿真计算、典型工程案例应用等研究手段，以软弱围岩隧道建造关键技术为主线，以技术理论为支撑，以工程应用为导向，坚持理论与实践相结合、实事求是与传承创新、产学研用一体化理念，将理论、技术、安全、管理等融为一体，针对软弱围岩隧道工程建造过程中的关键技术环节如变形控制理论能力、变形机理与特征、设计施工技术、支护结构优化技术、变形控制技术、变形控制应用案例等关键技术进行了较全面论述和重点研究，总结形成一套全面系统的软弱围岩隧道建造关键技术体系，提出了针对软弱围岩问题的合理有效防治控制技术措施，以期提升软弱围岩隧道建造过程的变形控制能力并起到技术支撑和引领指导作用。

本书内容丰富、系统全面、理论与实践融合、技术与安全兼顾、研究与应用并重。全书内容围绕软弱围岩研究现状、软弱围岩分类分级、软弱围岩变形破坏机理与特征、软弱围岩支护结构体系、软弱围岩变形控制对策措施、软弱围岩设计施工理念原则、软弱围岩结构设计优化验算、软弱围岩变形控制整治案例等开展论述和研究。全书共计9章内容：第1章 隧道软弱围岩变形技术研究现状；第2章 隧道围岩分级技术与软岩大变形分类；第3章 隧道软弱围岩变形破坏机理与特征研究；第4章 隧道开挖支护理论技术研究现状；第5章 隧道围岩与支护结构体系研究；第6章 软弱围岩隧道变形控制技术措施；第7章 软岩隧道结构设计施工优化研究；第8章 渝武高速软岩隧道衬砌结构优化研究；第9章 渝武高速软岩隧道大变形控制案例。

本书由中交一公局集团有限公司李献民博士构思并负责全书撰写。由衷感谢如下单位参编人员付出的辛勤工作：中交一公局第四工程有限公司重庆渝武高速公路项目部吴静、赵恩茂、黄耀民、赵维、宋宝顺；中交一公局集团重庆渝武高速公路项目公司余鑫、李蒙男、李贤超；中交一公局集团重庆渝武高速公路项目总承包部晁元昭、赵强、张凌云、隋洪军、王涛；中交一公局厦门工程有限公司重庆渝武高速公路项目部领导张国磊、赵云鹏；中交一公局第三工程有限公司重庆渝武高速公路项目部王丛泉、郭凯瑞；中交公路规划设计院有限公司郑增波、童锋。

本书的顺利出版得到了中交一公局集团有限公司领导，科学技术质量部鞠加元、刘方华、李蒙、成晓青、光明等领导的全力支持，得到了“山岭隧道施工安全技术研究丛书”编审专家委员会悉心指导和全力支持，在此一并致以最真诚的感谢！

在本书编著过程中，参考了大量的相关文献和科技著作，谨向相关作者致以诚挚谢意！由于作者水平有限，书中难免疏漏和谬误，敬请读者严加斧正，不吝赐教为盼。

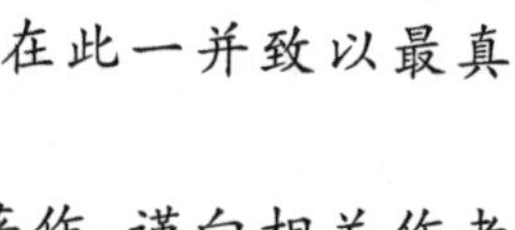

2024年6月于北京

目　录

第1章　隧道软弱围岩变形技术研究现状

1.1　软弱围岩概念及其力学特性

1.1.1　软弱围岩变形问题

(1)软弱围岩隧道大变形问题

伴随着我国交通基础建设的快速发展，许多深埋长大隧道不可避免穿越地质条件复杂、流变性强、地应力高以及强度低的软弱岩层。软弱围岩由于自身的工程特性，一般具有力学指标低、自稳能力差、岩状松散、承载能力低等特点，遇水时，易引起较大的沉降变形，造成一定的安全隐患。同时，隧道开挖后原始地应力被破坏，使洞室周边产生较大的松动圈，如果施工技术方案和施工方法不合理，如果现场控制不到位，很容易发生支护结构变形侵限、隧道掌子面塌方等事故。根据对近年来已发生的隧道塌方事故的不完全统计，隧道掌子面后方、掌子面和洞口是发生塌方概率较大的几个位置，造成巨大的人身及财产损失，教训深刻。1906年竣工的辛普伦Ⅰ线交通隧道发生了软弱围岩大变形，将初期支护及强支钢梁全部摧毁。2016年7月26日贯通的兰渝铁路线木寨岭隧道是全线地质条件最差的隧道，为极高风险区分离式特长隧道，被誉为全国高风险隧道之最，隧道穿越地层主要是具有软弱岩体结构的泥岩、板岩、炭质板岩、断层破碎岩等，其中洞身穿越板岩和炭质板岩区的比例占到全隧道长度的46.53%，隧道围岩的稳定性极差，软弱围岩大变形给隧道工程的设计和施工带来了极大的困难，纵观国内外文献资料的相关报道，隧道围岩大变形灾害的工程案例也十分常见。软弱围岩隧道施工过程中发生的大变形导致的拱顶坍塌、仰拱隆起、侧墙开裂、掌子面失稳、支护体系失效等病害对隧道施工安全和运营造成严重威胁。软弱围岩整体强度相对较低，在高地应力或大埋深条件下，极易产生较大的施工变形和洞室失稳现象。因此，系统地归纳总结软岩大变形研究现状及控制对策，对隧道工程的建设成本、建设工期及施工运营安全具有重要意义。

对于软弱围岩大变形隧道来说，主要考虑的是如何防止坍塌和均衡施工的问题，也就是有效地解决“安全—进度—效益”之间的矛盾。近年来，软弱围岩隧道大变形(尤其是深埋、高应力条件下)在我国引起足够重视，主要原因是：一方面软弱围岩的变形量特别大(几十厘米至一百多厘米)，洞壁位移往往侵入模筑混凝土衬砌净空，导致施工和处理十分困难；另一方面，随着我国隧道建设的发展，深埋软岩隧道工点日益增多，然而目前使用的隧道设计和施工规范、针对软弱围岩大变形问题仅作出了一些基本的规定和要求，内容较简单，不论设计还是施工方面都没有一套可靠的办法，所列出的开挖方法、支护技术措施不能满足施工需求，已严重滞后目前国内隧道的施工技术水平，对软弱围岩(特别是高应力条件下)大变形隧道的施工技术有很多探讨，但内容不系统、缺乏先进性，存在很多的研究空白。在施工过程中，因地质条件存在不确定性以及施工中开挖方法和支护措施不合理等各种原因，造成隧道坍方而影响了施工安全、工期和工程投入。因此在软弱围岩隧道施工中，选择合理的支护措施和施工方案对控制大变形是十分重要的，对该类不良地质隧道大变形的控制技术进行全面、系统的研究和总结，为将来类似工程提供理论上的指导和工程上的借鉴，已是迫在眉睫的技术难题。

影响软岩的流变特性的因素有很多，有应力大小、围岩加载情况、温度、湿度及岩体的组成。但归根结底，地下水因素是影响岩体流变特性的主要原因之一。由于地下水的动态作用，使岩体中的孔隙压力不断地变化，从而使岩体的力学参数和结构受到影响，由于长期的作用，岩体的稳定性受到影响，因此给隧道施工带来安全隐患。软弱围岩具有岩石强度低、岩体结构面发育、对工程扰动的反应灵敏和变形持续时间长的特点，在其地质复杂性和施工环境多变性的情况下，其施工力学效应表现出多样性。尤其对于深埋且地质条件较差的隧道，开挖前必须进行合理有效的围岩稳定性分析，在分析过程中发现隧道围岩可能产生破坏或较大变形，有必要进行围岩支护设计，确定合理参数，保证围岩稳定。目前，面临大量软弱围岩隧道工程建造，机遇与挑战共存，针对软弱围岩隧道大变形问题，总结提出一套较全面系统完善的软弱围岩大变形技术体系具有重大的工程实践价值。

(2)软岩大变形问题的危害

岩石力学中有关软弱、破碎、风化岩石等类软岩和大坝、隧道、边坡、核电站、桥梁等建筑物有着密切关系。软岩给结构设计、施工工艺带来一系列特殊问题，因而软岩的研究引起国内外广泛的关注。

软岩大变形问题被认为是世界性难题。软、水、变形过度是地下工程“三怕”，俗话说“怕软不怕硬”，不仅在建设中会困难重重，建成运营后还可能会出现病害。软岩隧道大变形的主要表现特征：①围岩变形量大、变形速率快、持续时间长；②围岩扰动范围大；③变形空间分布不均匀、不对称；④破坏力强，引起支护、二次衬砌破坏、侵限，多次拆换。软岩隧道大变形破坏如图 1-1 所示。

(a) 初期支护整体破坏　(b) 初期支护钢架折断　(c) 初期支护整体掉拱　(d) 初期支护拱顶冒落

(e) 二次衬砌边墙裂缝　(f) 二次衬砌拱顶脱落　(g) 仰拱隆起开裂　(h) 掌子面挤出塌方

图 1-1　软岩隧道大变形破坏

1.1.2　软岩定义及其分类

(1)软岩的定义类型

软岩的概念名目繁多、定义各异，大体上可分为描述性定义、指标性定义、工程定义、综合性定义等四种。

①描述性定义：软岩是一种特定环境下具有显著塑性变形的复杂岩石力学介质，具有软弱、松散、破碎、胶结程度差、受构造面切割、易风化蚀变、高地应力、流变强和膨胀性的特点，同时具有较低的承载力和较大的变形量，按类别可分为地质软岩和工程软岩两类。

②指标化定义：抗压强度$\sigma_c<20$ MPa 或$\sigma_c/(\gamma H)<2$（γ为岩体容重，H为隧道埋深）的岩层称为软岩，σ_c为单轴抗压强度（MPa）；γ为岩石容重（kN/m^3）；H为地层深度（m）。通常将抗压强度小于30 MPa的围岩称为软岩，抗压强度小于5 MPa的围岩称为极软岩。在断层破碎带和风化带地质条件下，由于构造原因，造成岩体极其破碎，围岩自稳能力极差，因此，将断层破碎带和风化带地层也属于软岩范围。

③工程定义：围岩松动圈大于1.5 m并且难支护的围岩称为软岩。

④综合性定义：根据岩体内在特性和应用方面，可将软岩分为地质软岩和工程软岩。地质软岩是指具有软弱、破碎、松散、膨胀岩体的总称。工程软岩是指在工程力作用下能产生显著塑性变形和流变特性的工程岩体。

(2)软岩定义的发展和分歧

从20世纪60年代至90年代，关于软岩的概念在国内外一直争论不休，产生的软岩定义多达几十种。截至目前，国内外针对软岩（软弱围岩）的定义还没有形成统一的标准，给出的定义也各不相同。关于软岩的定义至今在工程界仍存在分歧。

1981年日本召开的"东京国际软岩学术讨论会"会上专家提议，把软弱岩石（包括软弱夹层）、因断裂或节理裂隙发育而削弱的软岩，以及因风化而弱化的岩石都归纳到软岩的范畴中。

1984年由矿山压力情报中心站等单位发起的"矿山压力名词术语讨论会"上专家提议将松软岩层（简称"软岩"）定义为："强度低，孔隙率大，胶结程度差，受构造切割面及风化影响显著或含有大量膨胀黏土矿物的松、散、软、弱岩层"。后认为该定义尚有不足之处，又补充了软岩的流变性及高地应力情况。

范秋雁指出在下定义时应该对软岩与大变形围岩有所区别，认为："软岩是松软、破碎、风化、软弱等不良岩层的总称"而"大变形围岩是指地下空间开挖后会产生如流变、膨胀等显著时效变形且用常规支护困难的围岩"。

1994年拉索（G. Russo）定义：软岩指单轴抗压强度小于17 MPa的岩石；抗压强度小于20 MPa的岩层称为软岩。

1999年孙钧教授引入"不稳定围岩"作为软岩条件，将软岩定义为"在高地应力、地下水和强风化作用下，具有显著渗流、膨胀、或崩解特性的软弱、破碎、风化和节理化围岩"，简称为不稳定围岩岩体。

2002年何满潮教授认为为了便于理论研究和工程应用，应该将软岩分为地质软岩和工程软岩分别予以定义，指出：地质软岩是指单轴抗压强度小于25 MPa的松散、破碎、软弱及风化膨胀性一类岩体的总称；工程软岩是指在工程力作用下能产生显著塑性变形的工程岩体。并且根据各类软岩强度特征差异及产生显著塑性变形的机理，将软岩分为4类，即膨胀性软岩、高应力软岩、节理化软岩和复合型软岩。

2003年国际岩石力学学会（ISRM）上专家给出软岩的定义：软岩是单轴抗压强度在0.5～25 MPa的一类岩体的总称。这是目前使用最广泛的软岩定义，这种定义方式主要是依据强度指标。

董方庭从工程支护难度出发，定义松动圈大于1.5 m，常规刚性支护手段已不能有效支护，只能采用支护能力更强的可缩性支护技术与工艺才能适应的围岩是软岩。

综上所述，软岩指松散软弱，在工程力的作用下能够产生显著的塑性变形和流变性质的工程岩体。需要说明的是，软岩本质上属于脆性材料，此处的显著塑性变形，是对岩体内部复杂结构面接触非线性的整体表述。软岩的定义主要考虑导致岩体强度降低的因素和岩体力学性能降低两大方面。因此，可把软岩定义为：在高地应力、地下水侵蚀、强烈风化、节理裂隙发育、含膨胀黏性矿物等因素影响下，呈现出显著流变性并且单轴抗压强度低于25 MPa的软弱破碎岩体。由于软岩的定义存在较大分歧，在此特别说明，本书中所提及的“软岩”“地质软岩”“软弱围岩”“软质岩”都是基于工程软岩定义的内涵。

(3)软岩的工程定义及其分类

软岩可从三个角度进行定义：一是地质学描述范畴，从岩石强度、孔隙率、胶结程度、结构面发育和充填物等角度定义。二是岩性指标范畴，依据岩石的强度指标、塑性指标、孔隙率和渗透性指标等岩石力学指标定义。三是工程范畴，从岩土体在工程力的作用下发生显著塑性变形的程度进行定义。尽管从不同的角度定义软岩，其含义有一定的区别，但其总体上都是指具有软弱、松、散等强度低、承载能力小等特点的岩土体。软弱围岩强度的主要影响因素如下：①岩石强度低，我国相关规范及标准指出，在饱和状态下岩石的单轴抗压强度小于30 MPa称为软岩。在工程上软岩又可分为三类，见表1-1。②岩体破碎，地层的构造运动会在岩体中形成节理、裂隙、断层等结构面，即使对于一些坚硬的岩石，在结构面发育的情况下其强度也会大大地降低，导致岩体的稳定性变差。③围岩的地质环境差，地下水和地应力对隧道围岩的稳定性有比较大的影响，在富水或高地应力均能降低隧道围岩的稳定性，易发生隧道坍塌、涌水突泥等灾害。因此，地质环境是影响隧道围岩稳定性的主要因素。

表1-1 软岩的分类

软岩的类别	特征	应用范围
未成岩的岩石	尚未固结	新第三系低固结、未固结的砂、泥岩
已风化的岩石	受风化作用强度降低	全风化的各类岩石
含有软弱矿物的岩石	结构面发育、泥质充填物	泥质岩组、含煤岩组、片岩组

软岩概念可以理解为：软岩是一种特殊的岩类，从岩石固有的特性来说，它具有软的形态，而从工程应用的观点来看，它具有较低的承载能力和较大的变形性，它又是“弱”的，在工程力的作用下具有明显的塑性变形或黏塑性变形特征。常见软岩分类有：

地质软岩：目前普遍采用的软岩定义属于地质学描述范畴，按地质学岩性划分，地质软岩是指强度低、孔隙度大、胶结程度差、受构造面切割及风化影响显著或含有大量泥质、炭质、膨胀性黏土矿物的松、散、软、弱岩层，该类岩石多为土质、泥岩、页岩、板岩、粉砂岩、千枚岩、泥质矿岩等单轴抗压强度小于25 MPa的岩石，是天然形成的复杂的地质介质(地质体)。

工程软岩：是指在工程力作用下能产生显著塑性变形和流变特性的工程岩体。具有软、弱、松、散等低强度特点，承受荷载能力极低。一定地应力水平(或埋深)条件下，隧道施工极易产生较大施工变形。工程软岩强调软岩所承受的工程力荷载的大小，强调从软岩的强度和工程力荷载的对立统一关系中分析、把握软岩的相对性实质。

其中工程力指的是作用在工程岩体上力的总和，它可以是上覆岩体的重力、水的作用力、构造残余应力和工程扰动力及岩体膨胀应力等。工程软岩的定义揭示了软岩的相对性实质，即取决于工程力与岩体强度的相互关系。当工程力一定时，强度低于工程力水平的则可能表现为软岩的力学特性，而强度高于工程力水平的岩体大多表现为硬岩的力学特性。对同种岩石，在较高工程力作用下则可能表现为软岩的变形特性，而在较低的工程力作用下，则表现为硬岩的变形特性。

工程软岩和地质软岩的联系：当工程荷载相对于地质软岩（如泥页岩等）的强度足够小时，地质软岩不产生软岩显著塑性变形力学特征，即不作为工程软岩，只有在工程力作用下发生了显著变形的地质软岩，才作为工程软岩；在大深度、高应力作用下，部分地质硬岩（如泥质胶结砂岩等）也呈现了显著变形特征，则应视其为工程软岩。

（4）软弱围岩及软弱围岩隧道

围岩是指受隧道开挖影响而发生应力状态改变的周围岩土体。根据岩土体的强度，可将围岩分为坚硬围岩和软弱围岩两大类。

软弱围岩：通常是指隧道工程中包括软弱、破碎、富水等不良地质条件下的隧道初期支护轮廓之外的周围地层。在围岩级别上基本上属于Ⅴ、Ⅵ级围岩，对大断面和特大断面隧道，也包括部分Ⅳ级围岩在内。软弱围岩由于其岩石强度低、岩体破碎、赋存环境差等特性，使其力学特征与一般的围岩存在较大差异。软弱围岩在地质特征、强度特征、变形特征、变形机制以及对工程影响和危害都有其特殊性。隧道软弱围岩就是指采用常用初期支护及简易小导管支护不能控制开挖后的围岩变形，而需要采用有针对性控制变形对策（辅助工法）的围岩。总之，破碎、软弱和富水等地质条件很差的围岩称为是软弱围岩，但软弱围岩不包括含有瓦斯、岩溶的围岩。因为含有瓦斯、岩溶的围岩属于特殊的围岩范畴。

软弱围岩隧道：指自支护能力比较弱，甚至没有自支护能力，容易产生支护大变形、坍方的软弱围岩隧道，失稳现象如图 1-2 所示。在软弱围岩中隧道施工最重要的是如何提高围岩的自支护能力，来保证开挖及后续作业的进行；根据国内外的施工经验，基本方法是控制围岩的松弛、流失，原则上采取的对策措施是：稳定掌子面、及时闭合和加固地层。

（a）洞门滑塌　（b）洞门仰坡滑坡　（c）洞内掌子面挤出　（d）初期支护钢拱架膝折屈曲

图 1-2　软弱围岩隧道失稳现象

1.1.3　软弱围岩力学特性

（1）软岩力学特性研究现状

1993 年周楚良研究了软岩强度衰减、流变与围岩稳定性，提出了岩石强度随时间呈指数函数衰减的计算公式，以及流变呈指数函数递增的规律。

1996 年日本学者吉中和大田（Yoshinaka R 和 Osada M）、1998 年吉中和陈（Yoshinaka R 和 Tran T V）等分别对凝灰岩、粉砂岩、泥岩和砂岩等四种软岩进行了三轴固结不排水剪切试验，研究表明，尽管在高围压作用下变形模量呈非线性增加，但对于最大失效应力，软岩很快进入屈服；随着围压的增加，残余状态起始阈值也相应增大，轴向应变和轴向塑性应变均倾向于屈服；一旦岩石进入屈服，变形模量随轴向塑性应变呈指数衰减。另外，吉中还根据试验观察了试验过程中孔隙水压的变化，讨论了三轴循环剪切试验过程中强度随黏聚力和内摩擦角的变化规律。

近年来，在我国基础建设工程中越来越多地涉及软岩工程问题，大量工程实践提供了众多成功经验和失败教训，成为推动软岩技术发展的推动力。

1996 年曲永新总结了国内外有关泥质岩成胶作用研究成果，提出了快速有效的泥质岩成岩胶结程度的工程分类方法和判别指标。

1996 年郭志研究员根据软岩膨胀崩解耐久性、冻融作用、力学性质试验结果，分析了软岩力学特性与赋存环境（含水量、地应力、温度）和时间的关系，总结了软岩力学性质变化特征，并提出软岩强度用流变强度极限区间取值原则；同时，还对软岩流变过程与强度进行了研究，提出根据流变过程中 4 个特征点的变化规律确定临界等速流变应力的方法和流变强度取值原则。

1999 年孙钧教授总结软岩的基本特征是强度低、孔隙率高、容重小、渗水吸水性好、易风化、易崩解，具有显著的膨胀性和明显的时效特性，认为高地应力地区的岩石蠕变将呈非线性形态发展。

中铁四院在堡镇隧道软弱围岩大变形研究中，提出软弱围岩一般具有抗压强度低、强度应力比小，具有显著的塑性变形特征、变形量大、变形时间长、径向变形特征明显等力学特征。

2002 年何满潮教授系统地分析了软岩中矿物组成以及软岩中膨胀矿物特性，研究了软岩的单轴抗压特性、抗拉强度特性和三轴抗压力学特性，并研究了软岩的可塑性、膨胀性、崩解性、流变性和易扰动性等工程力学特性，通过试验研究发现了软岩的抗剪强度恢复特性。

2012 年赵勇总结出软弱围岩的一些基本特征大体与软岩相同。

朱效嘉教授研究了软岩的压缩、拉伸、剪切强度特征及其应力、应变关系和流变变形等的一般规律性。

(2)软岩的力学特性

软岩之所以能产生显著的塑性变形归结于软岩的工程力学特性，软岩中的泥质矿物成分和结构面发挥着主导作用。总体来讲，软岩具有可塑性、膨胀性、崩解性、流变性、分散性、离子交换性和易扰动性的特点。

①软岩的可塑性：指软岩在工程力的作用下易于产生变形，去掉工程力时变形不能恢复的性质，是由软岩受力后片架状结构的泥质矿物发生滑移或泥质矿物亲水性引起的。可塑性因高应力软岩、低应力软岩和节理化软岩的不同而不同，高应力软岩的可塑性是由结构面扩容和泥质成分的亲水性共同引起的，低应力软岩由泥质成分的亲水性引起，而节理化软岩由结构面滑动扩散和扩容引起。

低应力软岩的可塑性通常用液限（w_L）、塑限（w_P）和塑性指数（I_P）来描述。低应力软岩由泥岩、泥页岩类组成，遇水易于软化。由于水的参与，极易液化而流动。通常将达到流动状态的界限含水量（颗粒含水质量与风干颗粒的质量百分比）称为液限。另一方面，水逐渐变少，软岩变硬但刚开始开裂，达到此种状态时所失去的水量和干样品的质量百分比，称为塑限。通常评价低应力软岩的可塑性用可塑性指数来表示。液限和塑限的含水量之差（$I_P=w_L-w_P$）为塑性指数，其表示塑限的含水量范围。软岩中的缺陷和节理面扩容引起节理化软岩的可塑性变形，但其与黏土矿物成分吸水软化机制没有联系。高应力软岩的可塑性变形较为复杂，结构面扩容机制和黏土矿物吸水软化机制将同时存在。

②软岩的膨胀性：指软岩在力的作用下或水的作用下体积增大的现象，在物理、化学、力学等因素的作用下，岩体产生体积变化的现象，按其膨胀机理可分为内部膨胀性、外部膨胀性和

应力扩容膨胀性三种。工程中的软岩膨胀多为复合膨胀形式。(a)内部膨胀是指水分子进入晶胞间而发生的膨胀。在常温下观察蒙脱石的层间水状态,则可见到其层间呈平行水分子并有规则的层面排列。与水继续作用,则水分子层相继在层间平等堆积,扩大层间距离。(b)外部膨胀性是极化水分子进入颗粒与颗粒之间产生的膨胀性。因为黏土矿物都是层状硅酸盐,水主要存在于小薄片之间,并使其膨胀,这种膨胀性称为外部膨胀性。(c)扩容膨胀性是软岩受力后其中的微裂隙扩展、贯通而产生的体积膨胀现象,故亦称应力扩容膨胀性。(d)如果说内部膨胀是指层间膨胀、外部膨胀是指粒间膨胀的话,扩容膨胀则是集合间体系或更大的微裂隙的受力扩容。

③软岩的崩解性:指软岩在物理、化学、力学等因素作用下,产生片状解体。膨胀性软岩崩解主要是黏土矿物集合体在水作用下,膨胀应力不均匀而造成的崩裂。低应力软岩和高应力软岩、节理化软岩的崩解机理是不同的。(a)低应力软岩的崩解性是软岩中的黏土矿物集合体在与水作用时膨胀应力不均匀分布造成崩裂现象;(b)节理化软岩的崩解则是在工程力的作用下,由于裂隙发育不均匀造成局部张力引起的崩裂。(c)高应力软岩则有可能多种崩解机制同时存在,高应力软岩和节理化软岩的崩解性则主要表现为在隧道工程力的作用下,由于裂隙发育的不均匀造成局部张应力集中引起的向空间崩裂现象。

④软岩的流变性:指软岩受力变形过程中与时间有关,包括塑性流动、黏性流动,结构面闭合和滑移变形。膨胀性软岩主要是泥质矿物发生黏性流动,在工程力作用下,达到一定极限后,开始塑性变形;节理化软岩流变性主要指结构面的扩容和滑移;高应力软岩流变性多为诸形式的不同组合。

岩石特性的时间效应是由岩石材料的性质所决定的,尤其是软岩。从广义来说,岩石的力学特性也就是岩石的流变力学特性。软具有流变的力学特性流变性又称为黏性,是指物体受力变形过程与时间有关的变形性质。弹性后效流动、结构面的闭合和滑移变形为软岩的流变性。同时流动又包括黏性流动和塑性流动。弹性后效是一种延迟发生的弹性变形和弹性恢复,外力卸除后最终不留下永久变形。流动是一种随时间延续而发生的塑性变形,其中黏性流动是指在微小外力作用下发生的塑性变形,塑性流动是指外力达到极限值后才开始发生的塑性变形。闭合和滑移是岩体中结构面的压缩变形和结构面间的错动,也属塑性变形。

软岩的流变性主要表现在软岩的蠕变性、松弛性和流动极限的衰减性质。

(a)蠕变性。在恒定荷载条件下发生的流变性质称为蠕变性,通常用蠕变方程和蠕变曲线表示。蠕变和流变二者不同,蠕变应力不变,流变应力可以是变量。蠕变是流变的一种表现。在较高应力作用下,蠕变曲线分为三个阶段,如图1-3、图1-4所示。

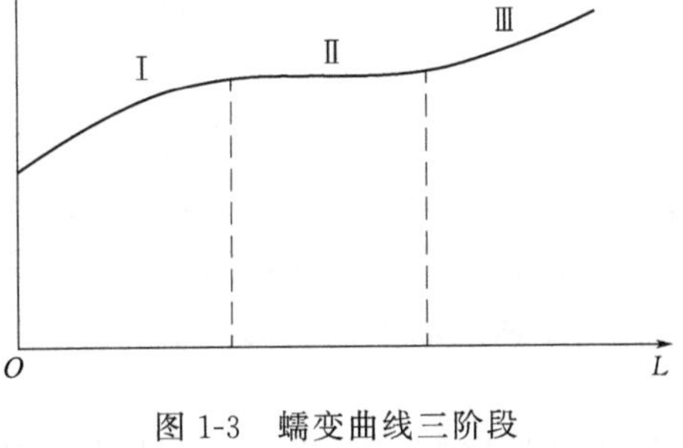

图1-3　蠕变曲线三阶段

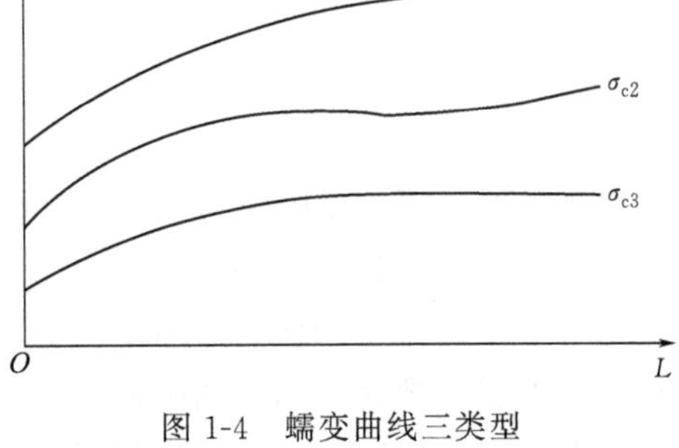

图1-4　蠕变曲线三类型

Ⅰ阶段——衰减蠕变。应变速率由大逐渐减小，蠕变曲线上凸，$\frac{d^2\varepsilon}{dt^2}<0$；

Ⅱ阶段——等速蠕变。应变速率近似常数或为0，蠕变曲线近似为直线，$\frac{d^2\varepsilon}{dt^2}=0$；

Ⅲ阶段——加速蠕变。应变速率逐渐增加，蠕变曲线下凹，$\frac{d^2\varepsilon}{dt^2}>0$。

并不是任何材料在任何应力水平上都存在蠕变三阶段。同一材料，在不同应力水平上的蠕变阶段表现不同，可分为三种类型：其一，稳定蠕变，在低应力水平下($\sigma=\sigma_{c3}$)只有蠕变Ⅰ阶段和Ⅱ阶段，且Ⅱ阶段为水平线，永远不出现正阶段那种变形迅速增大而导致破坏的现象。其二，亚稳定蠕变，在中等应力水平下($\sigma=\sigma_{c2}>\sigma_{c3}$)，也只有蠕变Ⅰ阶段和蠕变Ⅱ阶段，但Ⅱ阶段蠕变曲线为稍有上升的斜直线，在相当长的期限内不致出现Ⅲ阶段。其三，不稳定蠕变，在比较高的应力水平下($\sigma=\sigma_{c1}>\sigma_{c2}>\sigma_{c3}$)，连续出现蠕变Ⅰ、Ⅱ、Ⅲ阶段，变形在后期迅速增长而导致破坏。

材料的蠕变曲线通常是通过实验得到，也可以通过现场实测得到。应该指出，只有无支护隧道的围岩变形曲线属于蠕变曲线，因为无支护巷道内压力为0，外压力即原始地应力始终不变，因此，其变形曲线是在不变荷载条件下所测得的。对于有支护的隧道，支护反力随着围岩的挤压而不断增长，因此围岩受到的内压力是随时间变化的。这时的围岩变形曲线就不能算作蠕变曲线而可视为一种流变曲线。

(b)松弛型。松弛型是指在保持恒定变形条件下，应力随时间延续而逐渐减少的性质，用松弛方程[$\varepsilon=\text{const}, f(\sigma,t)=0$]和松弛曲线表示，如图1-5所示。松弛特性可划分三种类型：一是立即松弛，变形保持恒定后，应力即消失到0，松弛曲线与σ轴重合，如图上ε_6曲线。二是完全松弛，变形保持恒定后，应力逐渐消失，如图上ε_5、ε_4曲线。三是不完全松弛，变形保持恒定后，应力逐渐松弛，但最终不能完全消失，而趋于某一定值，如图上ε_3、ε_2曲线。此外，还有一种极端情况：变形保持恒定后始终不变，即不松弛，松弛曲线平行于t轴。在同一变形条件下，不同材料具有不同类型的松弛特性。同一材料，在不同变形条件下也可能表现为不同的松弛特性。

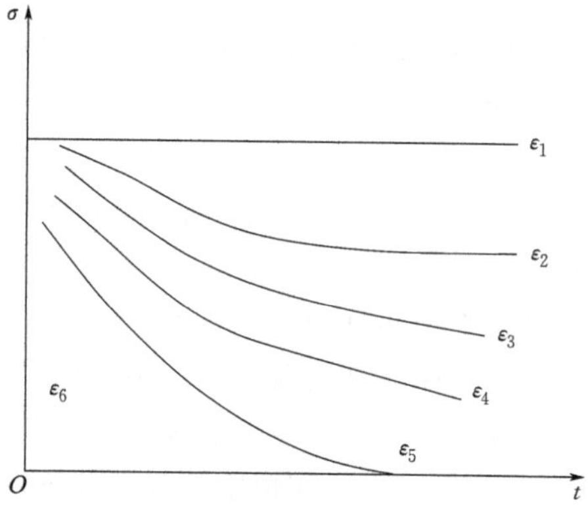

图1-5　松弛曲线

(c)流动极限的衰减性质。流动极限，就是具有流变性材料的屈服极限。实验证明，它往往随时间的延长而衰减。在蠕变曲线族上，选取各线上骤然上升的拐点作为流动极限，则可相应地找到经历各时间后的流动极限值，从而绘出衰减曲线。材料的流动极限衰减性质，对于实际工程具有重要意义。例如，为了防止围岩由于强度衰减而造成的破坏区扩大以致冒落，应该及早对巷道围岩进行支护和加固。$t=0$时的流动极限就是瞬间流动极限，常常近似地称为瞬间强度。$t\to\infty$时的流动极限称为长期流动极限，或称为长期强度。材料的长期强度是大型永久性工程设计所必不可少的主要力学指标。在复杂应力状态下，流动极限的衰减表现为屈服条件的变化，在主应力空间或主应力平面上就意味着屈服面或屈服曲线的缩小。对于库仑屈服条件，这种衰减主要是黏结力的降低。

⑤软岩的易扰动性：指由于软岩软弱、裂隙发育、吸水膨胀等特性，导致软岩抗外部环境扰

动的能力极差。对卸荷松动、施工震动、邻近巷道施工等扰动极为敏感，并且具有吸湿膨胀软化、暴露风化的特点。

1.2　软岩大变形分级及控制措施

1.2.1　软岩变形判别分级

(1)软岩大变形的定义

截至目前，工程界和学术界对围岩大变形尚无明确定义。理论上，研究者注重或侧重于某一类型的大变形，如软岩类、膨胀岩类、深部软岩类、挤压性围岩的大变形；实际工程中，大变形至今尚未列入设计规范。K. Terzaghi(太沙基)指出："挤压变形岩石是指含有相当数量黏土矿物的岩石"，变形行为会以"不容易察觉的体积增加缓慢地侵入隧道净空。挤压变形的先决条件是岩石中高含量的具有膨胀性细微或亚微云母矿物和黏土矿物"。国际岩石力学学会的定义是："挤压变形是一种与时间相关的变形行为，通常发生在地下空间开挖面周边，一般由于极限剪切应力失稳导致蠕变造成，这种变形可能会在开挖期间停止，也可能持续较长时间。"

太沙基从地质软岩的概念出发，强调了岩石成分的特殊性，未涉及力学机制；国际岩石力学学会强调大变形具有时间效应，致灾因素是极限剪切应力失稳。实际上，两个定义强调了一个现象的两方面，各自都有一些缺陷。国内学者也有不同的看法，如王成虎等给出了围岩大变形的定义：隧道围岩大变形或者地下空间大变形是发生在地下空间开挖面周边的一种与时间相关的变形行为，隧道围岩向地下空间净空侵入显著。姜云等指出，大变形是隧道及地下工程围岩的一种具有累进性和明显时间效应的塑性变形破坏，它既区别于岩爆运动脆性破坏，又区别于围岩松动圈中受限于一定结构面控制的坍塌、滑动等破坏。

(2)围岩的挤压变形

自从 20 世纪首例软岩隧道大变形出现后，挤压大变形就一直成为困扰地下工程界的一道难题，人们开始逐步探求解决该类问题的方法。近年来，随着挤压变形隧道的不断涌现，并造成严重地质灾害后果，已引起了人们的高度重视，展开了相关研究工作，并取得了一定成果。

国外最早太沙基于 1946 年首次对挤出岩体和膨胀岩体作出科学描述：挤出岩体向隧道净空挤入时无明显体积变化，挤出的先决条件是云母或低膨胀性黏土微观和亚微观颗粒含量的百分率高；膨胀岩体向隧道净空方向膨胀主要在于岩石体积增大，其膨胀能力可能受到那些黏土且膨胀量(如蒙脱石)的岩石限制。根据国际岩石力学学会挤压性岩体委员会(Commissionon Squeezing Rocks)对"挤压"的定义(ISRM，1995)，挤压现象为一种在隧道(或大型地下洞室)开挖过程中与时间有关的大变形，与岩石材料的弹黏塑性行为及流变时效特性有相当程度的关联性，尤其当所承受的剪应力超过某极限值时，属物理反应过程。Barla(巴拉)将挤压变形定义为一种与岩体时效特性有关的大变形，隧道开挖期间发生挤压变形必要条件是当剪应力超过一定极限值时岩体发生流变而引起挤压变形。

此外，杜布(Dube)、艾丹(Aydan)、舒伯特(Schubert)等学者都对挤压变形进行了相关研究。Suleyman(苏莱曼)对土耳其 Bolu(博卢)隧道穿越挤压断层带的工程地质特性和隧道变形进行了分析，介绍了刚性支护与弹性支护在挤压性围岩隧道变形控制中的应用。科林巴斯(D. Kolymbas)等研究了深埋隧道开挖时叶理状岩体各向异性蠕变引起的挤压变形问题。亚萨吉(Yassaghi)等对伊朗塔隆(Taloun)公路隧道穿越火成岩接触带时的挤压现象进行了分析，通过对塔隆公路隧道在接触带进行监控量测表明，隧道收敛归一化值大于 3%，为中等挤压；数值模拟也表明在接触带位移值明显增大、初始应力减小以及塑性区发展，对接触带主隧道支护结构进行数值分析，结果表明，衬砌所受弯矩比轴力更大，永久衬砌必须具备一定的支护承载能力，设计了双层钢架以承受作用在衬砌上的拉应力。

(3)围岩大变形界定

围岩大变形是相对正常变形而言，目前还没有统一的定义和判别标准，一般可将超过常规预留变形量的隧道变形称为大变形。各类围岩在正常施工条件下都会产生一定的变形。现行的铁路隧道设计规范、公路隧道设计规范、新奥法指南及衬砌标准设计等都根据多年经验及统计，对各类围岩及各种支护结构制订了不同的预留变形量以容纳这些正常变形。关于围岩大变形，目前形成的一些研究的定义。

①参考高地应力界定大变形：指高地应力地区隧道围岩柔性破坏时应变能缓慢释放造成的一种动力失稳现象，相对于岩爆的发生，是柔性岩与脆性岩的一个整体的两个方面。在同等高地应力的地质条件下，若脆性岩层发生岩爆，则柔性岩层可能发生大变形。高地应力与软岩是发生围岩大变形的基本条件。

②参考预留变形量界定大变形：(a)有学者提出根据围岩变形是否超出初期支护预留变形量来定义大变形，即在隧道施工时，不论单线还是双线，在正常情况下，开挖后围岩应力调整过程中产生的塑性变形范围应在标准设计支护位移允许值 20 cm 范围内，即各种标准设计时对预留变形量的规定为 20 cm 以下。如果围岩变形量超过了 20 cm，则视为围岩发生了大变形。(b)铁二院从预留变形量出发，认为正常预留变形量对于单线隧道一般不大于 150 mm，对于双线隧道不大于 300 mm，并粗略取上述值的 0.8 倍作为正常变形值的上限，当单线隧道支护位移大于 130 mm，双线隧道支护位移大于 250 mm 时，即发生了大变形。

③参考围岩变形量界定大变形。卞国忠从围岩变形量上给大变形作了界定，即：若围岩变形量超过正常规定的 2 倍时，可把围岩变形视为大变形(南昆线家竹箐隧道的经验是单线超过 25 cm，双线超过 50 cm 确定为大变形)，围岩变形量介于正常预留变形量及其 2 倍之间时，可认为是正常变形至大变形的过渡阶段。

④参考初期支护变形量界定大变形：喻渝则等根据大变形相对于正常变形而言，从变形量值上给出了挤压大变形的定义，认为隧道施工时，如果初期支护发生了大于 25 cm(单线隧道)和 50 cm(双线隧道)的位移，则认为发生了大变形。

⑤挤压围岩大变形的界定。(a)张祉道建议通过初期支护位移值和支护破坏现象作为定义指标，将挤压围岩大变形定义为：当采用常规支护的隧道由于地应力较高而使其初期支护发生程度不同的破坏且位移值 U_a 与洞壁半径 R 之比大于 3%时，认为发生了大变形。(b)姜云等则从工程地质角度将软岩挤压大变形定义为：隧道及地下工程围岩的一种具有累进性和明显时间效应的塑性变形破坏，它既区别于岩爆运动脆性破坏，又区别于围岩松动圈中受限于一定结构面控制的坍塌、滑动等破坏。

⑥剪应力产生压挤推变形界定大变形：有的学者认为，不能从变形量的绝对值大小来定义大变形问题，具有显著的变形值是大变形问题的外在表现，其本质是由剪应力产生的岩体的剪切变形发生错动、断裂分离破坏，岩体将向地下空洞方向产生压挤推变形来定义大变形。

⑦以发生塑性变形破坏界定大变形：何满潮认为大变形问题有弹性大变形和塑性大变形之分，而软弱围岩的大变形问题可归结为塑性大变形，塑性大变形区别于弹性大变形和小变形的显著标志是前者与过程紧密相关。也有学者指出，大变形是隧道施工过程中，围岩在复杂外

部环境作用下，其自承能力的丧失或部分丧失，进而发生塑性破坏的现象，与一般岩体局部破坏（如岩爆、坍塌）的区别在于这种塑性破坏具有显著的持续性和时间效应。

⑧李天斌等根据围岩大变形产生的地质条件环境条件变形的力学机制提出了围岩大变形的全新定义，即：隧道及地下工程中，由软弱岩体构成的围岩，在高地应力（或相对高应力）地下水或自身膨胀性能的作用下，其自身承载能力丧失或部分丧失，产生具有累积性和明显时间效应的塑性变形且变形得不到有效约束的现象。它既区别于岩爆运动脆性破坏，又区别于围岩松动圈中受限于一定结构面控制的坍塌、滑动等破坏。

（4）软岩大变形机制及其分类

关于围岩大变形机制方面的研究，1946 年太沙基首次提出了挤出性岩石和膨胀性岩石的概念，挤出性岩石是指岩石中含有高含量的微观、亚微观云母状矿物颗粒或低膨胀能力的黏土矿物，在侵入隧道开挖轮廓面时无明显体积变化；膨胀性岩石是指岩石矿物成分中含有膨胀性矿物质，侵入隧道开挖轮廓面时在体积上有明显的增大。

1993 年瑞士学者阿纳格诺斯托（G. Anagnostou）将大变形机制分为两类：①开挖后重分布应力超过围岩强度产生塑性变形。根据变形的速率，即刻发生，是岩爆；缓慢，是挤出。挤出变形原则上是可以发生在任何类型的岩体中，挤出程度主要取决于覆盖层厚度（地应力）和岩石强度。②围岩中的某些矿物与水发生化学反应，引起膨胀导致发生大变形。

艾丹等将大变形机制分为三类：①完全剪切破坏，连续的塑性岩体及裂隙发育的非连续岩土体发生这种破坏；②弯曲破坏，一般发生于千枚岩及云母片岩等变质岩或泥岩、油页岩、泥质砂岩等薄层状塑性沉积岩中；③剪切和滑动破坏，发生于相对厚层的沉积岩中，包括沿层面滑动和完整岩石剪切破坏。

实际工程，大变形通常由多种因素耦合致生，何满潮等根据围岩变形破坏特征、特征性矿物、力学作用与特点，认为软岩变形破坏机制与软岩本身分子结构的化学性质、与力源有关、与洞室结构和岩体结构面的组合特性有关的三个方面。根据围岩变形破坏特征、特征性矿物、力学作用和特点，将深部软岩（深度＞500 m）按变形力学机制归为三类：即物化膨胀类（Ⅰ）、应力扩容型（Ⅱ）、结构变形类（Ⅲ），13 个亚类。

陈宗基则认为，围岩收敛变形机制应包括塑性楔体、流动变形、围岩膨胀、扩容、挠曲五个方面。

李天斌等在对国内外知名的 18 座大变形隧道（巷道）围岩地质情况和变形特征进行深入分析的基础上，按照不同的受控条件将大变形划分为：受围岩岩性控制的大变形、受围岩结构构造控制的大变形和受人工采掘扰动影响的大变形三大类型，并将围岩大变形的机制和力学模式总体上归结为以下七个方面：围岩的塑流；围岩的膨胀变形；板梁的弯曲变形；塑性楔体的剪切滑移；结构性流变；累进性松脱扩展；围岩移动变形。具体工程中发生的大变形可能是一种或甚至几种机制的复合。

围岩大变形原因方面，围岩向地下净空侵入原因可归三类：高应力作用下岩体剪切破坏、开挖引起的岩体结构面失稳和特殊岩类发生水化学反应造成体积膨胀，这种变形可能会在开挖期间停止，也可能持续较长时间。

李永林等对围岩大变形进行典型实例分析和机制研究，依据不同受控条件将大变形类型划分为：岩性控制的大变形，结构构造控制的大变形和人工采掘扰动影响的大变形。姜云对此三类大变形类型进行进一步的划分，见表 1-2。依据大变形的形变特征，何满潮等对软岩进行分类情况见表 1-3。王成虎等将大变形分为三类：应力型、材料型和结构型大变形，见表 1-4。对于大变形的定义，徐则民从大变形的 6 个特征进行定性描述，见表 1-5。

表 1-2　围岩大变形类型及划分

围岩岩性控制				围岩结构控制				人工扰动控制	
层状型	软弱均质型	互层状类型	膨胀性软岩类型	构造改造型		浅表生改造型		倾斜型	水平型
				碎块状	块裂状	碎块状	块裂状		

表 1-3　基于地下空间大变形现象的软岩分类

名　称	泥质软岩含量(%)	σ_c(MPa)	塑性变形特点
膨胀性软岩(低强度软岩)	>25	<25	在工程力作用下，沿片架状硅酸盐黏土矿物产生滑移，遇水显著膨胀等
高应力软岩	⩽25	⩾25	遇水发生少许膨胀，在高应力状态下，沿片架状黏土矿物发生滑移
节理化软岩	(低～中等)	(少含)	沿节理等结构面产生滑移、扩容等塑性变形
复合型软岩	(低～高)	(含)	具有上述某种组合的复合型机制

表 1-4　隧道围岩大变形类型及成因机制

大变形类型	成因及机制	变形特征
应力型	岩体强度过低，在高应力作用下发生剪切破坏，进而失稳发生整体大变形	变形具有明显的优势部位和方向
材料型	黏土矿物，如高岭石、蒙脱石、云母等矿物遇水发生化学反应，产生体积膨胀，进而产生大变形	变形无明显的优势部位和方向
结构型	由于岩体结构面强度较弱，在地下空间开挖后，岩体沿结构面如层理、节理等发生滑移、松动产生的大变形	大变形沿岩体结构面发生，一般具有突发性

表 1-5　软岩工程分类与分级

软岩分类	分类指标			软岩分级	分级指标		
	抗压强度(MPa)	泥质含量	结构面				
膨胀性软岩	<25	>25%	少		ω_0(%)	σ_c(MPa)	膨胀矿物组合
				弱膨胀性软岩			S、I
				中膨胀性软岩			I、K
				强膨胀性软岩			M、M/I
高应力软岩	>25	<25%	少		深度比 A		
				高应力软岩	0.8～1.2		
				超高应力软岩	1.2～2.0		
				极高应力软岩	>2.0		
节理化软岩	低～中等	不含	多组		节理组数	节理间距(m)	完整系数 k_v
				较破碎软岩	1～3	0.2～0.4	0.55～0.35
				破碎软岩	⩾3	0.1～0.2	0.35～0.15
				极破碎软岩	⩾3	<0.1	<0.15
复合型软岩	低～高	含	少～多组	根据具体条件进行分类和分级			

(5)围岩大变形判别及分级标准

①围岩大变形判别指标:目前比较常用的判别指标有相对收敛率(经验方法)和围岩强度应力比。

(a)相对收敛率。$\varepsilon>1\%$时,隧道围岩因变形过大,围岩将呈现不稳定状态,需及时施作强力支护。$\varepsilon=1\%\sim3\%$为轻度挤压;$\varepsilon=3\%\sim5\%$为中度挤压;$\varepsilon>5\%$为高度挤压。

$$\varepsilon=\delta/D \tag{1-1}$$

式中　δ——洞周围岩最大径向变形量;

D——隧道毛洞最大跨径;

ε——相对收敛率(%)。

(b)围岩强度应力比。根据《工程岩体分级标准》(GB/T 50218—2014)中规定:$\lambda=4\sim7$为高地应力;$\lambda<4$为极高地应力。

$$\lambda=R_c/\sigma_{max} \tag{1-2}$$

②软岩大变形分级标准

现有的国内外围岩分级方法已达数十种之多,主要是针对不同行业、不同工程类型来进行分级,这种分级体系中包括称呼、分级指标、评价标准等各个方面都不统一,显得极其庞杂,往往会造成工作重复、浪费严重以及难以对各种工程问题做出合理的统一评判等问题。

目前工程界认可以初期支护位移值以及支护破坏现象作为大变形的定义指标。国内,《铁路隧道施工规范》(TB 10204—2002,现已废止)提出了挤压性围岩和膨胀岩的施工判据:膨胀变形,二次衬砌的施作时间应在围岩变形基本稳定,变形速度小于0.5 mm/d后进行;挤压性变形,围岩变形速度同膨胀变形,二次衬砌采取加强措施。

《公路隧道施工技术规范》(JTG/T 3660—2020)指出,二次衬砌的施作应在满足下列要求时进行:(1)各测试项目的位移速率明显收敛,围岩基本稳定;(2)已产生的各项位移占预估总位移的80%~90%;(3)周边位移速率小于0.1~0.2 mm/d,或拱顶下沉速率小于0.07~0.15 mm/d。《公路隧道施工技术规范》(JTG/T 3660—2020)、《铁路隧道设计规范》(TB 10003—2004,现已废止)对围岩大变形的判断标准见表1-6~表1-8。喻渝以预留变形量的0.8倍作为正常变形值的上限,取正常值的2倍作为大变形的下限,即单线隧道发生25 cm、双线隧道发生50 cm的位移,则认为发生了大变形。中交第一公路勘察设计研究院(原交通部第一公路勘察设计研究院),根据二郎山隧道围岩变形工况,提出了软岩大变形的分级方案,见表1-9。

表1-6　公路隧道周边允许相对位移值

围岩级别	不同覆盖层厚度允许相对位移变形值(%)		
	<50 m	50~300 m	>300 m
Ⅱ	0.10~0.30	0.20~0.50	0.40~1.20
Ⅲ	0.15~0.50	0.40~1.20	0.80~2.00
Ⅳ	0.20~0.80	0.60~1.60	1.00~3.00

注:1. 相对位移是指实测位移值与两测点间距离之比,或拱顶位移实测值与隧道宽度之比;

2. 脆性围岩取表中较小值,塑性围岩取表中较大值;3. Ⅱ、Ⅲ、Ⅳ级围岩可按工程类比初步选定允许值范围。

表 1-7 铁路单线隧道初期支护相对位移

围岩级别		不同埋深 h 处隧道相对位移(%)		
		h≤50 m	50 m<h≤300 m	300 m<h≤500 m
Ⅱ	拱脚水平相对净空变化值			0.20～0.60
Ⅲ		0.10～0.50	0.40～0.70	0.60～1.50
Ⅳ		0.20～0.70	0.50～2.60	2.40～3.50
Ⅴ		0.30～1.00	0.80～3.50	3.00～5.00
Ⅱ	拱顶相对下沉		0.01～0.05	0.04～0.08
Ⅲ		0.01～0.04	0.03～0.11	0.10～0.25
Ⅳ		0.03～0.07	0.06～0.15	0.10～0.60
Ⅴ		0.06～0.12	0.10～0.60	0.50～1.20

注:1. 硬岩取表中较小值,软岩取较大值;2. 拱脚水平相对净空变化指两点间净空水平变化值与其距离之比;拱顶相对下沉指拱顶下沉值减去隧道下沉值后与原拱顶至隧底高度之比;3. 墙腰水平相对净空变化极限值可按拱脚水平相对净空变化极限乘以 1.2～1.3 后采用。

表 1-8 铁路双线隧道初期支护极限相对位移

围岩级别		不同埋深 h 处隧道相对位移(%)		
		h≤50 m	50 m<h≤300 m	300 m<h≤500 m
Ⅱ	拱脚水平相对净空变化值		0.01～0.03	0.01～0.08
Ⅲ		0.03～0.10	0.08～0.40	0.30～0.60
Ⅳ		0.10～0.30	0.20～0.80	0.70～1.20
Ⅴ		0.20～0.50	0.40～2.00	1.80～3.00
Ⅱ	拱顶相对下沉		0.03～0.06	0.05～0.12
Ⅲ		0.03～0.06	0.04～0.15	0.12～0.30
Ⅳ		0.06～0.10	0.08～0.40	0.30～0.80
Ⅴ		0.08～0.16	0.14～1.10	0.80～1.40

表 1-9 高地应力区软岩大变形分级方案

大变形分级	围岩主要工程地质条件	σ_{Hmax} (MPa)	相对变形 (%)	估判变形量 (cm)
一级	洞室开挖过程中围岩有较大的位移,持续时间较长	<30	1～2	<15
二级	洞室位移显著,持续时间长,洞底有隆起现象	30～40	2～4	15～30
三级	开挖过程中洞壁位移有剥离现象,位移显著,甚至发生大位移,且持续时间长,洞底有明显隆起现象	40～50	4～8	30～50

董方庭等根据围岩松动圈的厚度大小对围岩等级进行了划分,并提出相应隧道支护措施,分级方案在我国有着较为广泛的应用,见表 1-10。膨胀性软岩具有膨胀可逆性,即随着干湿交替围岩会出现膨胀、干缩、崩解等问题,膨胀性是诱发软岩大变形的根本原因。崔蓬勃等通过对膨胀性软岩的归纳总结,提出隧道工程膨胀性软岩分级标准,见表 1-11。

表 1-10　围岩等级划分方案

围岩等级	松动圈厚度(cm)	围岩类型	初期支护形式	备　　注
Ⅰ	<40	稳定围岩	喷射混凝土	整体性好可不支护
Ⅱ	40～100	较稳定围岩	喷射＋短锚杆	料石渣可支护
Ⅲ	100～150	一般围岩	喷混＋锚杆	支护微破坏
Ⅳ	150～200	软岩	喷混＋钢筋网	支护破坏较大
Ⅴ	200～300	较软围岩	常规方法难以支护	围岩变形有稳定期
Ⅵ	>300	极软围岩	常规方法难以支护	围岩变形无稳定期

表 1-11　膨胀性软岩分级标准

级别	极限膨胀率(%)	极限膨胀力(MPa)	极限膨胀率(%)	亲水矿物含量(%)	强度应力比
弱膨胀岩	3～10	0.1～0.3	30～50	5～10	1.0～2.0
中膨胀岩	10～20	0.1～0.5	50～70	10～30	0.7～1.0
强膨胀岩	20～30	0.5～0.7	70～90	30～60	0.3～0.7

中铁二局集团有限公司《不良地质隧道的开挖及支护技术研究总报告及分项报告》分别以围岩变形量、相对变形量、原始地应力及应力比为指标进行变形等级划分，确定了挤压性隧道的大变形分级标准，见表 1-12。

表 1-12　挤压性隧道的大变形分级标准

大变形分级	应力比 σ_v/R_b	原始地应力(MPa)	相对变形(%)
Ⅰ	3～5	5～10	4～7
Ⅱ	5～8	10～15	7～10
Ⅲ	>8	>15	>10

徐林生等提出了公路隧道围岩大变形三级划分方案，见表 1-13。张祉道以洞壁相对位移为参数，列出不同严重程度大变形等级分类，见表 1-14。国外，艾丹等结合工程实例和理论解析提出了隧道围岩变形的分级标准，基于围岩相对位移进行分类，见表 1-15。日本采用相对应变判断围岩的挤出程度并划分等级，见表 1-16。以洞壁相对位移 U_a/a 为判据，对不同程度大变形的等级进行了分类，见表 1-17。

表 1-13　公路隧道围岩大变形分级方案

大变形分级	一般估判变形(mm)	相对变形(%)
Ⅰ	15～30	1.5～3.0
Ⅱ	30～50	3.0～5.0
Ⅲ	>50	>5.0

表 1-14 大变形等级现场判定

大变形等级	U_a/a(%)	双车道公路隧道(mm)	单线铁路隧道(mm)
轻度	3～6	20～35	15～25
中等	6～10	35～60	25～45
严重	>10	>60	>45

注:1. U_a 为洞壁位移,a 为隧道当量半径;2. 变形及位移均在初期支护已施工的条件下产生,该支护系常规标准支护。

表 1-15 关于挤压变形行为的分类对比表

分类序号	辛格(B. Singh)和 R. K. Geol		艾丹等		霍克(E. Hoek)和马利诺斯(P. Marinos)	
	变形程度	隧道相对位移 ε_t(%)	变形程度	隧道相对位移 ε_t(%)	变形程度	隧道相对位移 ε_t(%)
1			无挤压变形	≤1	几乎无支护问题	≤1.0
2	轻微挤压变形	1～3	轻微挤压变形	1～2	轻微挤压变形	1.0～2.5
3	中等挤压变形	3～5	中等挤压变形	2～3	中等挤压变形	2.5～5.0
4	严重挤压变形	>5	严重挤压变形	3～5	严重挤压变形	5.0～10.0
5			极严重挤压变形	>5	极严重挤压变形	>10.0

表 1-16 岩土挤出程度的分类

岩土挤出程度分类	无挤出 NS	轻微挤出 LS	中等挤出 FS	严重挤出 HS	最严重挤出 VHS
$\varepsilon_\theta^a/\varepsilon_\theta^e$	≤1	$1\sim\eta_p$	$\eta_p\sim\eta_s$	$\eta_s\sim\eta_f$	$\geqslant\eta_f$

注:相对应变 η_p、η_s、η_f 分别为岩土材料应力—应变曲线中硬化阶段、屈服阶段、软化阶段极限应变,ε_p、ε_s、ε_f与弹性极限应变ε_e的比值。

表 1-17 围岩大变形等级划分

大变形等级	U_a/a(%)	双车道公路隧道 U_a(cm)	单线铁路隧道 U_a(cm)
轻度	3～6	20～35	15～25
中等	6～10	35～60	25～45
严重	>10	>60	>45

对于隧道大变形的等级分类,对于正常的变形量,《铁路隧道施工规范》(TB 10204—2002)规定:对于单线隧道一般≤15 cm,对于双线隧道≤30 cm,即当实际变形量超过这一数值时,即认为发生了较大变形,对隧道大变形的变形量按三级划分标准,见表 1-18。

表 1-18 铁路隧道大变形的变形量划分(单位:cm)

大变形分级	Ⅰ	Ⅱ	Ⅲ
单线隧道	20～50	50～70	>70
双线隧道	40～70	70～100	>100

水电行业与铁路行业的围岩大变形均是根据围岩强度应力比、收敛变形量进行变形程度分级,见表 1-19、表 1-20。

表 1-19　水电行业与铁路行业软岩大变形分级标准对比

变形程度等级	水电行业	轻微变形	中等变形	严重变形	极严重变形
	铁路行业	Ⅰ		Ⅱ	Ⅲ
相对收敛变形	水电行业	$1\%<\varepsilon\leqslant2.5\%$	$2.5\%<\varepsilon\leqslant5\%$	$5\%<\varepsilon\leqslant10\%$	$>10\%$
	铁路行业	$3\%<\varepsilon\leqslant5\%$		$5\%<\varepsilon\leqslant8\%$	$>8\%$
围岩强度应力比	水电行业	$0.3\leqslant\lambda<0.45$	$0.2\leqslant\lambda<0.3$	$0.15\leqslant\lambda<0.2$	$\lambda<0.15$
	铁路行业	$0.25\leqslant\lambda<0.5$		$0.15\leqslant\lambda<0.25$	$\lambda<0.15$

表 1-20　铁路行业围岩变形特征及大变形分级表

大变形等级	围岩强度应力比（R_c/σ_{max}）	围岩变形特征
Ⅰ	0.25～0.5	开挖后围岩位移较大，持续时间较长：一般支护开裂或破损较严重。相对变形量 3%～5%，围岩自稳时间短，以塑流型、弯曲型、滑移型变形模式为主，兼有剪切型变形
Ⅱ	0.15～0.25	开挖后围岩位移大，持续时间长；一般支护开裂或破损严重，相对变形量 5%～8%，洞底有隆起现象，围岩自移时间很短，以塑流型、弯曲型变形模式为主
Ⅲ	<0.15	开挖后围岩位移很大，持续时间很长：一般支护开裂或破损很严重，相对变形量大于 8%，洞底有明显隆起现象，流变特征很明显，围岩自稳时间很短，以塑流型为主

注：1. R_c 为围岩强度（MPa），σ_{max} 为最大地应力（MPa）；
2. 相对变形量为变形量与隧道当量半径之比。

1.2.2　大变形的控制对策

（1）大变形控制理论发展

在国外，理论上 20 世纪初的古典压力理论认为，以太沙基和普氏理论为代表的坍落拱理论，上覆岩层的重量是作用在支护结构上的压力。20 世纪 50 年代，弹塑性力学成为解决隧道支护的主要手段，如最著名的 Fenner（芬纳）公式和 Kastner（卡斯特纳）公式；20 世纪 60 年代，L. V. Rabcewicz（拉布采维茨）提出的新奥法已成为地下工程的主要设计施工方法之一；20 世纪 70 年代，MD. G. Salamon（萨拉蒙）提出了能量支护理论；20 世纪 80 年代，本山地宏和樱井春辅提出了围岩支护的应变控制理论；源于苏联的应力控制理论，即围岩弱化法、卸压法等；C. Wang 等提出了控制隧道使用期稳定性的有效理论；Y. Jiang 等提出了一种预测软岩隧道塑性区发展和松动压力的理论方法，并给出了洞室失稳判据。

新奥法（NATM）为解决地下工程围岩变形控制问题起到推动了作用，其缺点是单纯锚喷支护对于破碎性岩体、高应力软岩以及膨胀性岩体等并不能很好地解决问题。

新意法（ADECO-RS）是通过对隧道掌子面超前核心岩土介质的勘察，预测其稳定性并进行超前支护方案设计，并按隧道开挖后围岩稳定、暂时稳定、不稳定，将其划分为 A、B、C 三种形态，确保隧道安全穿越复杂地层和实现全断面开挖的一种动态设计施工。强调控制围岩变形、注重掌子面前方围岩的超前支护和加固，通过监测和控制掌子面前方的围岩形变，采用配套的机械化作业，实现全断面开挖。

在国内,理论上软弱破碎围岩隧道及地下工程支护理论随着"七五""八五""九五"科技攻关的逐步形成,比较成熟的有:董方庭等提出松动圈支护理论;孙钧院士提出的高强度大弧板复合支护结构;于学馥和乔端提出"轴变论"理论;方祖烈提出的主次承载区支护理论;范秋雁提出的岩石流变学原理基础上的软岩流变地压控制原理;冯豫等提出的先柔后刚,先让后抗,柔刚适度,稳定支护等联合支护技术;何满潮和齐干提出的软岩工程力学支护理论,即关键部位耦合支护理论。

(2)现有支护方法原理

在施工方法上,由过去单一的支护形式逐步发展为多种多次的联合支护。目前应用较为成熟的高地应力地下洞室支护的技术:金属支架+锚网喷支护、高强度弧板、注浆加固系列技术、预应力锚索支护等;其中在矿山领域以锚网喷支护、U形型钢可缩性支架应用范围最广。现有支护方法可分为改善围岩自身受力和对围岩直接提供辅助支护。

①改善围岩自身受力的支护措施有:(a)注浆。注浆包括水泥浆、水泥-水玻璃浆、化学注浆。其目的是浆液充填裂隙,提高围岩完整性、连续性、增加围岩整体强度。(b)锚杆支护。锚杆支护目的是消除岩体结构效应,在围岩内形成组合拱;预应力锚杆对围岩施加压力,使围岩处于三向应力状态。(c)预应力钢棒支护。预应用钢棒螺旋肋外形,杆尾与杆体强度一致,仅尾部受拉,避免了传统锚杆通过预紧扭矩施加预紧力时杆尾受扭、受剪极易发生的破断现象。(d)喷射混凝土支护。喷射混凝土可改变围岩表面受力状态,增加围岩表面抗力,防止松动块掉落允许围岩适当变形,释放围岩压力。喷层与钢筋网片组成的柔性支护结构可将围岩压力均匀地传递给钢拱架、锚杆,减缓因爆破开挖或者围岩软硬互层等情况造成的应力集中情况,使支护结构受力均匀。(e)挂钢筋网。钢筋网可提高喷层的承载力,抵抗剪力和拉力,与喷层组成柔性支护结构。

②直接对围岩提供辅助支护的措施有:(a)超前支护。常采用超前管棚或小导管。对开挖后产生的松动圈提供支护力,防止松动块塌落,改善围岩的受力状态。(b)格栅及钢拱架支护。拱架主要是对松动压力和围岩形变压力提供承载体,控制围岩变形,释放部分围岩应力。(c)二次衬砌。二次衬砌能为洞室稳定提供安全储备。以上三种支护是相辅相成共同作用的,既改善围岩受力条件,亦提供支护反力;地下工程中构件预制化也是新型支护技术发展的一个趋势,可提高工程质量和修建速度、降低成本,如装配式结构、成段结构、壳式结构、双跨箱型结构、整体管段衬砌结构、单拱结构等。(d)套拱等复合拱架联合支护。以"先柔后刚"的支护理念,采取先架立格栅后加设钢拱架套拱对高地应力软岩隧道进行支护,有效控制软岩大变形及支护内力,结构合理。(e)缓冲渐变式双强壳体支护。即根据围岩破坏情况进行分层注浆加固,在最外部架设可缩性U形钢支架,支架背部垫木背板,形成可缓冲卸压支护层,承载部分流变压力,有效控制软弱破碎岩体流变。

(3)围岩变形控制措施类型

随着对围岩大变形现象认识的不断深化,工程界提出的各种各样支护措施和手段可以总结为以下三类:①刚性支护措施:通过加大支护结构强度和刚度来抵抗巨大围岩压力。②柔性支护措施:允许围岩发生适度变形,这样可以降低作用于结构上支护压力,从而减少超挖量并降低支护强度。可缩支护允许围岩中形成一定范围内的塑性圈,巨大覆盖层压力主要靠塑性圈以外天然岩体来承担。③锚、注一体化围岩加固支护系统:王梦恕院士在《中国隧道及地下工程修建技术》中指出,围岩开挖后及时施作锚喷支护是提高围岩承载力重要方法;特长、长大隧道及重要地下工程必须采用复合衬砌结构,初期支护是主要受力结构,必须在稳定后方可进行防水层及二次衬砌：管超前、严注浆、短进尺、强支护、紧封闭、勤量测是软岩施工的基本方针。

(4)支护结构变形控制形式

①加强初期支护：对于软弱围岩隧道的变形控制，国内外都有不同形式的做法。我国公路隧道设计规范针对膨胀性压力引起大变形情况，规定初期支护宜采用预留纵向变形缝的喷射混凝土支护，并可采用可缩式钢架，同时加密高强度锚杆，以抵抗膨胀压力，同时规定，仰拱应及时施作，使二次衬砌尽早形成闭合结构。

②曲墙仰拱＋复合衬砌：铁路隧道设计规范规定，在软弱及膨胀性围岩地段，衬砌应采用曲墙有仰拱的结构，必要时可采用钢筋混凝土和钢架混凝土结构，针对开挖后变形量大且持续时间较长的软弱及膨胀性围岩，宜采用带仰拱的圆形或接近圆形的马蹄形断面的复合式衬砌，使初期支护可提供一定的支护抗力，同时又允许围岩变形的一定发展，二次衬砌可保证隧道长期稳定。

③多重支护：对于软弱围岩隧道大变形问题的处理，早期阶段采取的普遍方法是反复扩挖，反复支护直至成型。但面临的最大问题是需要拆除顶替已经承载的支护构件和对围岩的多次扰动，这是隧道施工中的大忌。为了解决这个问题采用了许多方法：在喷射混凝土中设置伸缩缝来吸收一部分变形；或者采用长锚杆(8～15 m)来控制围岩的后期变形；或者采用掌子面锚杆控制围岩的超前变形等。这些方法对解决大变形问题起到一定的作用，特别是长锚杆和掌子面锚杆。日本近期在东海道新干线的饭山隧道(长 22.2 km)的大变形地段试验成功采用了多重支护方法：留出充分的变形富裕值，先释放一部分变形，进行第一次支护，继续释放变形，一次支护达到极限状态后，再继续第二次支护，必要时，可继续第三次支护，将变形控制在容许范围之内。

④U 形型钢可缩性支架：在一些隧道修建水平较高的瑞士等国家，广泛采用 U 形型钢可缩性支架作为隧道开挖初期支护。U 形型钢支架也已国内广泛应用于矿山巷道的支护方式，而在公路和铁路隧道对 U 形型钢架的研究起始于大瑶山隧道，当时由于控制伸缩量困难而被放弃采用，如图 1-6 所示。

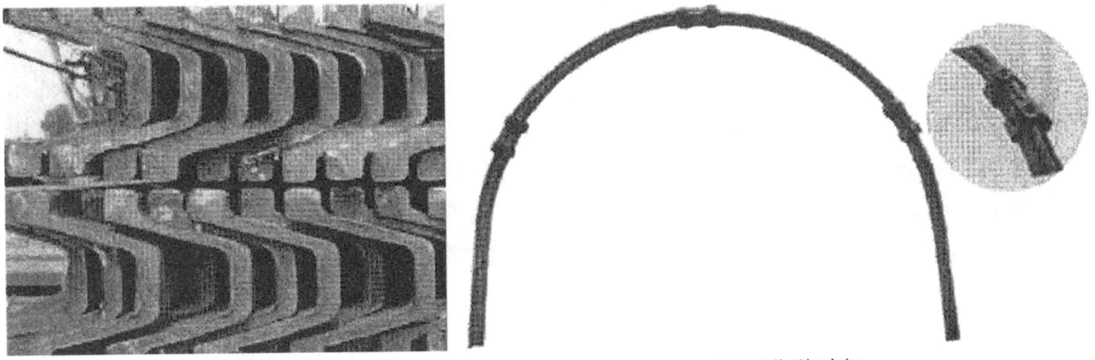

(a) U形型钢　　(b) U形型钢支架

图 1-6　国内煤矿巷道 U 形型钢支架

1.2.3　变形控制监测措施

(1)围岩变形理论预测

预测是大变形研究的主要内容，尽管此方面研究已经积累了一些成果，但仍然是大变形研究领域中最薄弱的环节，与大变形机制研究一样，既有大变形预测研究基本上也可分为挤出和膨胀两类。①Alan Muir Wood(1972)提出用坚固系数来预测隧道围岩稳定性，坚固系数被定义为单轴抗压强度和上覆围岩自重应力的比值。我国学者采用的类似系数为应力强度比，即最大主应力、围岩切向应力或垂直土应力与单轴抗压强度的比值。②Saari(1984)提出用隧道的切向应变(ε_θ)来识别和预测岩石挤出，即 $\varepsilon_\theta=\mu/R$，式中，μ 为隧道轮廓线的切向收敛值；R 为隧道轮廓线的初始半径。发生挤出的临界应变值为 1%。③Tanimoto(1984)把挤出归结于围岩弹塑性行为，并根据应变软化基本定律，提出了用来估算围岩应变的弹塑性解，当岩石变形达到残余塑性状态(流动状态)时，便会发生挤出。④Nydan 等(1993)在对日本已经发生大变形隧道广泛调查基础上，根据单轴压缩或低约束压力条件下得出岩石应力应变曲线特征，提出了利用切向相对应变来预测围岩挤出潜势的方法。⑤1914 年 Wiesmann 首次研究了瑞士 Hauenstein 隧道的膨胀问题。此后，各种各样的分析预测模型被相继提出。Einstein(1972)，Grob(1972)，Koyari 等(1987，1988)等提出和采用简化分析方法都是建立在应变仅沿着隧道底以下垂直对称轴发生这一假设的基础上的。这些分析方法可为结构设计提供一定依据，但不能解释所观察到全部变形现象，也不能预测变形全过程。Wittke 等(1976)，Gysel(1977，1987)及 Frohlich(1986)等将膨胀问题视为连续介质力学问题，形成完善应力应变关系，这些关系和平衡方程及兼容性方程一起构成了解决特定边界和初始条件下膨胀问题理论框架。⑥Anognostou(1993)认为，连续介质模型将膨胀视为一种纯粹应力分析问题，在模拟实际观测到的隧道膨胀变形方面存在不足，不能解释隧底变形而隧底以上(拱部和边墙)无变形问题，并提出了一个更为完善的膨胀岩模拟和预测模型。该模型理论要点主要有两点：合理膨胀岩隧道计算模型应该考虑(地下)水运动，渗流方程必须和应力分析方程同时考虑。膨胀可以用满足摩尔—库仑破坏准则的弹性—完全塑性材料来模拟，但是由于标准线弹性或完全塑性模型不能模拟实际变形的某些重要特征，一般弹—塑性材料的应力应变关系被拓展到容许膨胀的各向异性和应变应力之间对数关系等。

(2)围岩变形施工监测

监控量测是隧道新奥法施工重要组成部分，其目的是通过各种手段获取隧道围岩和初期支护二次衬砌结构受力变形参数，并进行分析评价，以保障施工安全、指导设计施工优化并为其他类似工程提供参考。隧道穿越软岩、膨胀岩、断层破碎带等不良地质区段时，常发生大变形甚至坍塌。当隧道发生大变形等灾害后，快速开展有效的施工监控是保障施工安全、评价和优化处置措施、保障后续施工与结构安全重要手段。正常施工条件下监控量测可根据相关技术规范开展；灾害条件下则应根据灾害抢险特点，采取特殊灾害监测方法。

特殊灾害监测要求：尽可能快速布设测点，提高监测频率，快速准确分析数据。一方面灾害监测对工程抢险具有十分重要的作用，另一方面，监测工作开展又与工程抢险形成时间和空间冲突，这就对监测工作提出了更高要求。

隧道围岩大变形灾害监测：包括灾变过程抢险监测和灾后施工安全监测。灾变过程抢险监测：主要是监测变形发展情况，分析变形原因，判断抢险施工是否安全，评估抢险措施是否合理，能够快速发挥作用。考虑到时间紧迫性，一般只对隧道拱顶下沉、周边收敛等位移进行观测。灾后施工安全监测应对已有支护结构里程段尽快埋设应力应变传感器，对隧道后续施工进行全方位监测。

(3)信息化施工技术要求

监控量测是软弱围岩隧道安全施工的“眼睛”，如图 1-7 所示，是判断结构稳定性、指导软弱围岩隧道安全施工“最重要”的信息化手段。未进行信息化量测是导致软弱围岩隧道变形与坍方的重要因素。①建立等级管理、信息反馈和报告制度。②必须设置专职人员，培训后上岗，实行专业化管理，城市隧道要引入第三方监测。③监控量测项目包括拱顶下沉和水平收敛等 16 项，浅埋段应进行地表沉降量测。④隧道断面大，采取接触性量测时，施工干扰大、耗时长，应推广采用非接触性量测。⑤量测断面布置间距Ⅳ级围岩 10 m(规程 10～30 m)、Ⅴ级围岩 5 m(规程 5～10 m)。⑥拱顶下沉或水平收敛速率达 5 mm/d 或位移累计达 100 mm 时，要暂停施工，分析原因，提出处理措施。⑦采用有尺量测时，测点挂钩要做成闭合三角形，保证不变形、点接触。

（a）全站仪　（b）拱顶下沉监测　（c）水平收敛监测

图 1-7　隧道施工监控量测

(4)信息化施工监测要点：①制定监控量测控制基准值。②测点应在开挖面施工后及时安设，并尽快取得初读数，测点布置应牢固可靠、易于识别，并注意保护。③净空变化和拱顶下沉点布置在同一断面上，测点断面间距，Ⅲ级围岩 30 m，Ⅳ级围岩 10 m，Ⅴ～Ⅵ级围岩 5 m。④大断面隧道宜使用无尺量测。初期支护监控测量如图 1-8 所示。

（a）测点安装　（b）变形监测　（c）隧道侧墙机器人　（d）隧道台阶机器人

图 1-8　初期支护监控量测

1.3　典型软岩大变形隧道处治对策

1.3.1　软岩隧道技术现状

世界上最早的深埋特长铁路隧道工程是 1871 年修建于法意边境长 13.657 km 的仙尼斯峰隧道(Mont Cenis Railway Tunnel)。但首例严重交通隧道软弱围岩大变形是 1906 年竣工的长 19.8 km 的辛普伦Ⅰ线隧道(Simplon Railway Tunnel)，它是继仙尼斯峰、圣戈达和阿尔贝格之后横穿阿尔卑斯山的第四座铁路特长隧道。随后，相继出现了奥地利的陶恩(Tauern)隧道和阿尔贝格(Arlberg)公路隧道、日本的惠那山(Enasan)隧道等典型挤压大变形灾害工程事例。在国内，随着我国公路、铁路建设不断发展，隧道工程已向长大、深埋方向发展，随之而来的穿越高地应力区且工程地质环境恶劣软弱围岩挤压大变形隧道工程不断涌现，著名的南昆线家竹箐隧道、台湾木栅隧道以及金川镍矿巷道等工程都是典型工程实例，给设计和施工造成了很大困难。这些隧道出现的大变形问题主要原因是受当时隧道修建技术水平限制，当时工程技术人员对围岩变形认识不深，采取的施工方法和控制措施针对性不强。随着现代技术进步，这些大变形问题通过采取适当工程措施是可以避免和控制的，如图 1-9 和图 1-10 所示。表 1-21 中列出了国内外部分软岩大变形隧道特征及处治对策。

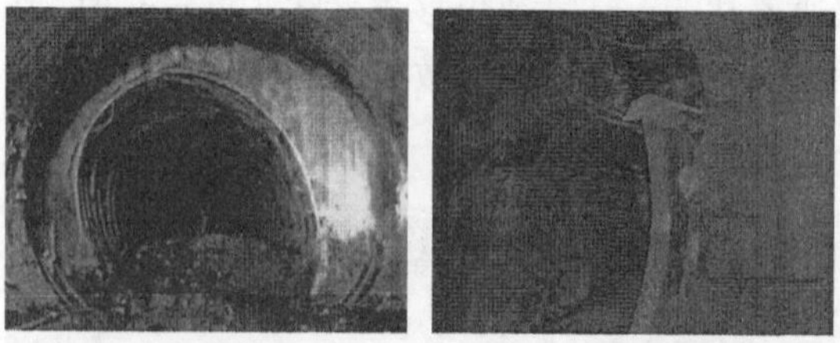

（a）都灵隧道　（b）新蜀河隧道

图 1-9　隧道支护变形

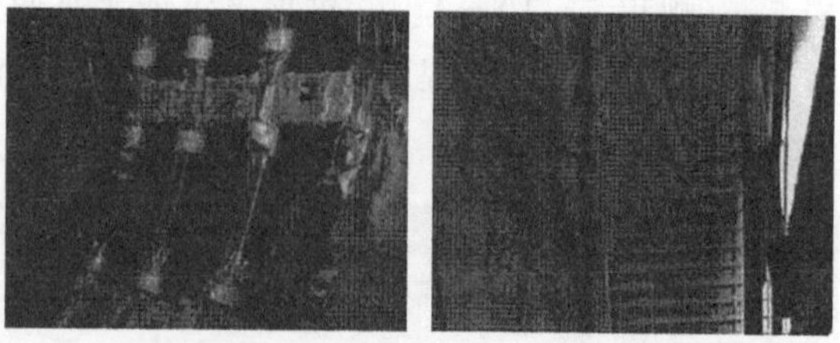

（a）都灵隧道　（b）圣哥达隧道

图 1-10　隧道半刚性支护（可缩式钢架）

表 1-21　国内外部分软岩大变形隧道

序号	隧道名称	地　点	隧道地质条件	隧道工程概况、大变形特征及对策措施
1	辛普伦铁路隧道	瑞士—意大利（1906）	石灰质云母片岩，隧道埋深 1 400～1 800 m	长 19.8 km，施工中多处发生围岩大变形；竣工若干年后，强大的山体压力再次引起隧道横通道边墙、拱部和底部破裂、隆起
2	陶恩公路隧道	奥地利（1970—1975）	围岩主要为绿泥石、千枚岩。初始地应力 16～27 MPa	Tauern 长 6.4 km，埋深 600～1 000 m，施工中发生大变形，产生 50 cm（一般）及 120 cm（最大）变形，最大位移速率达 20 cm/d，是世界上第一座知名的大变形隧道，设计时对挤压性围岩缺乏经验，初期支护较弱（长 4 m 锚杆，25 cm 厚喷射混凝土，TH36@75 钢架）；新奥法鼻祖 Rabcewicz 教授采用了长锚杆（6～9 m）、可缩钢架以及喷层预留纵向变形接缝等加强措施，对洞壁已侵入模筑混凝土净空部位进行了危险的扩挖作业
3	金川矿采矿巷道	中国甘肃（1972—2001）	中深变质岩系，包括混合岩、片麻岩、片岩、大理岩初始地应力 30～50 MPa	收敛可达数 10 cm 甚至 1.0 m 以上，底鼓可达数 10 cm 甚至更大，变形破坏持续时间达数月至数年。巷道破坏、钢架严重扭曲甚至折断、喷层开裂和剥离（落）、锚杆失效、预制混凝土砌块挤出或塌落、现浇混凝土衬砌破裂和剥离、混凝土底板折断翘起等现象随处可见
4	阿尔贝格公路隧道	奥地利（1974—1979）	千枚岩、片麻岩片岩、绿泥石等，抗压强度 1.2～2.9 MPa，原始地应力 13 MPa	隧道全长 13.980 m，最大埋深 740 m，设计时已吸取了陶恩隧道经验教训，采用加强初期支护系统（厚 20～25 cm 喷射混凝土；可缩式@75 钢架；6 m 长@125 cm 的锚杆）。虽然如此，局部地质不良地段仍产生了 20～35 cm 支护位移，变形初速率达到 4～6 cm/d，最大达 11.5 cm/d；在增加了 9～12 m 的长锚杆后，使变形速率降为 5 cm/d。并得出经验：最初两天变形速率可以作为支护措施的判定准则

续上表

序号	隧道名称	地　　点	隧道地质条件	隧道工程概况、大变形特征及对策措施
5	关角铁路隧道	中国青藏线（1977）	泥质片岩，最大埋深为 500 m 左右	施工期间，隧底上鼓约 1 m，两侧边墙内很大；通车后隧底上鼓 30 cm，导致行车中断
6	惠那山公路隧道	日本中央公路（1978—1985）	断层带变质角页岩，单轴抗压强度 1.7～4.0 MPa，埋深约 400 m。地应力 10～11 MPa	双洞隧道，Ⅰ号隧道全长 8 300 m 且采用刚性支护，0.8 m 间距安设重型钢架（H250）并辅以衬板，先后浇筑两层模筑混凝土，浇筑第二层混凝土时又补充了 H200 钢架（@0.8 m）；拱顶下沉 43～94 cm，侧壁内移 20～52 cm，1.2 m 厚二次衬砌开裂；Ⅱ号隧道全长 8 635 m，吸收Ⅰ线教训采用新奥法柔性初期支护，应用长锚杆（设计长度为 6 m，施工时加长到 9～13.5 m）、预留变形量（上半部为 50 cm，下半部为 30 cm）、钢纤维喷（厚 25 cm）、可缩式钢架、二次衬砌为 45 cm 厚的素混凝土等措施，控制变形在 56 cm 以内
7	代尔引水隧洞	印度（1979）	围岩为浅变质岩如千枚岩、页岩及各类片岩等	开挖和初期支护 5～6 个月后，混凝土开裂、钢拱架发生严重变形。3 年以后要进行永久衬砌施工时，大部分钢拱架再次发生严重变形，底隆起 80 cm，扭曲钢架和回填混凝土侵入限界，不得不被完全拆除扩挖
8	家竹箐铁路隧道	中国南昆线（1992—1997）	围岩为泥质砂岩、页岩及煤系地层原始地应力 8.5～16 MPa	隧道进入煤系地层后，大变形范围扩展到长达 390 m 的洞段，拱顶下沉 240 cm，边墙内移 160 cm，底鼓 80～100 cm；钢拱架严重变形，喷层裂开剥落，并与钢架脱离，上半断面高度缩小到不足 1 m；施工中的变更设计：改善洞形，加大边墙曲率；将预留变形量加大为 45 cm（拱）及 25 cm（墙）；系统锚杆加长为 8 m（后期经应力量测，隧底锚杆减为 4～7 m）；喷射混凝土加厚（初喷 20 cm，复喷 15 cm，设三道纵缝）；钢架改为 U 形型钢可缩式；双层模筑混凝土衬砌，其中外层为 55 cm 钢纤维配筋混凝土（主要受力结构），内层为 25 cm 钢纤维混凝土（安全储备），两层之间为 HDPE 瓦斯隔离层
9	木栅公路隧道	中国台湾（1996）	75 m 长潭湾断层带。土抗压强度 0.2 MPa，原始地应力 3.6 MPa	隧道全长 1.875 km，通过潭湾大断层带时发生了大变形，拱顶下沉 150 cm 以上，边墙内挤 70 cm，大变形地段长 205 m；隧道变形整治应用了长大预应力锚索。锚索长 15～17 m，预拉力 50 t，但隧底采用长为 9 m 锚杆。通过锚索孔及锚杆孔向地层注浆加固围岩，而强大的锚索及锚杆使隧道趋于稳定

续上表

序号	隧道名称	地　　点	隧道地质条件	隧道工程概况、大变形特征及对策措施
10	木寨岭公路隧道	中国甘肃(2002)	碳质板岩夹泥岩局部泥化软弱断层破碎带，埋深约 120 m	严重地段拱顶下沉量累计达 155 cm，部分地段初期支护进行了二次换拱，特殊地段换拱达 4 次；采取控制大变形措施为：开挖采用双侧壁法，并在具体施工与支护中进行改进；加强初期支护，钢架及临时支撑采用工字钢、长度 8～10 m 自进式锚杆、小导管超前支护、钢筋网、厚 25 cm 的喷射混凝土；开挖时预留变形量加大到 1.5 m；修改原设计仰拱半径 25 m 改为 16 m，仰拱厚度由原 45 cm 改为 60 cm
11	凉风垭公路隧道	中国贵州(2002—2004)	隧道穿越 F2、F4 断层间，挤压断层间产生多条破碎带，岩层为中薄层泥质页岩夹粉砂岩	左右洞长均为 4 107 m，大变形段长 210 m。最大变形处拱顶下沉 57.9 cm，水平收敛值最大为 197.25 cm。用隧道中线检查初期支护线路中线的内移值，左侧最大为 58.71 cm，右侧最大 167.96 cm；用水平仪测量上半断面型钢支撑腿位置，左侧上抬 515 cm，右侧下沉 124 cm
12	乌鞘岭铁路隧道	中国兰武二线(2003—2006)	断层带为断层泥砾、以角砾为主，围岩破碎，挤压揉皱现象明显。断层泥砾单轴抗压强度 574～1 507 kPa，场区最大水平主应力 22.21 MPa，实测最大值达 33 MPa	隧道进入断层带后，出现变形速率加剧、初期支护发生掉块、开裂、破坏，钢架局部扭曲，部分地段初期支护侵入二次衬砌范围。左线隧道最大拱顶下沉达到了 1 053 mm(DK177＋495)平均下沉速率 30～35 mm/d，一般拱顶下沉在 500～600 mm；隧道内轨上 15 m 处收敛值最大达 1 034 mm(DK177＋590)，一般 700 mm 左右，拱脚最大收敛 978 mm，一般为 300～700 mm；采取变形控制措施为：设置小断面迂回导坑提前释放部分地应力；采用多重支护法，正洞隧道采用圆形断面形式，适当加强第一次支护刚度的多重支护，二次衬砌采用较大刚度的钢筋混凝土结构；采用超短台阶法开挖，上台阶控制在 5 m 左右，仰拱距掌子面距离控制在 20 m 以内；通过加强支护刚度、合理预留变形量、多重支护，短锚管超前支护，中长锚杆和少量补强锚杆加固围岩等技术措施，按“短进尺、快封闭、强支护、速成环、二次衬砌仰拱边墙紧跟”的原则，最终有效控制了隧道大变形
13	都灵隧道	里昂都灵铁路	膨胀性围岩	连接法、意穿过阿尔卑斯山的里昂都灵铁路隧道，变形膨胀性围岩引起，施工中发生挤压变形，最大径向位移高达 2 m。施工措施：开挖后及时柔性支护(锚杆及喷射混凝土)，容许 30%变形；距离掌子面 30 m 施作半刚性支护(可缩式钢架)；距离掌子面 80 m 施作 1 m 厚刚性支护

续上表

序号	隧道名称	地　　点	隧道地质条件	隧道工程概况、大变形特征及对策措施
14	圣哥达隧道	圣哥达 高速铁路	围岩主要为片麻岩(总长 53 km)	隧道全长 57 km,为目前世界上最长铁路隧道工程,隧道最大埋深 2 300 m,埋深 1 000 m 以上地段为 35 km;高地应力和高地温是隧道开挖面临的主要问题。施工中在洞周右下方位出现岩面明显压溃现象。针对高地应力强挤压变形,曾采用Ⅰ型钢支撑,但出现型钢明显压溃现象,后来现场采用全环 U 形型钢可缩钢支撑。在岩体结构较好地段,现场采用拱部轻型槽钢＋胀管锚杆＋钢筋网支护,主要用于高地应力下拱部岩块坠落防护,拱部槽钢起到加大锚杆垫板作用
15	新蜀河隧道	中国襄渝二线	地质为炭质片岩	襄渝二线新蜀河隧道,开挖后隧道发生极其严重的变形,其中最大变形达 2 600 mm,如此剧烈变形已严重危及隧道施工安全和质量。采取控制大变形措施如下:优化施工组织,加设锁脚锚杆;拆换初期支护;后期施工中增加预留变形量至 30 cm;临时加固措施,包括注浆、增设临时仰拱及横撑等

1.3.2　典型软岩隧道案例

(1)瑞士高地应力新圣格达隧道

工程概况:瑞士新圣格达高地应力隧道全长 57.1 km,最大埋深 2 400 m,自 2004 年 12 月开始遇到高地应力软岩地层后,施工异常艰难,至 2007 年 10 月,在长达近 3 年的时间内,完成施工约 1.1 km,月进度不足 40 m/月。尽管采取了有效的措施,径向变形量平均为 20～30 cm,最大为 75 cm。

处治方案:①全断面自进式超前玻璃纤维锚杆及注浆加固地层,锚杆长 18 m,每循环 6 m,全断面开挖,及时闭环。②圆形断面,加大变形量(3 070 cm)。③一次开挖进尺 1.3 m,开完后及时架设 TH44 钢架。④环向设置 12 m 自进式径向锚杆。⑤假设在距掌子面 75 m(5 倍洞径)屈服结束,15～60 m 范围内监控量测数据采取增设套拱、径向二次锚固、补喷混凝土(补偿段)等措施,最后施作刚性衬砌。新圣格达隧道大变形多重支护处治方案如图 1-11 所示。

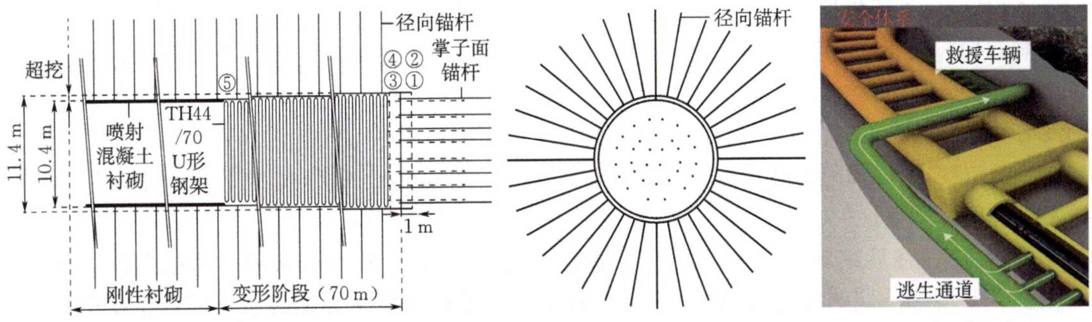

(a)全断面自进式超前玻璃纤维锚杆　(b)环向设置12 m自进式径向锚杆　(c)洞内应急方案

图 1-11　新圣格达隧道大变形多重支护处治方案

(2)阿尔及利亚高速公路隧道

工程概况:隧道全长 1 200 m 隧道,施工工期长达 11 年,被法国、加拿大等国工程师称为"隧道工程师的灾难"。施工中出现问题:①拱顶沉降量高达 2.0 m,造成初期支护开裂、侵限,导致换拱。②开挖后页岩风化极快,有剥落、掉块及小的坍塌,尤其是在雨季,雨水下渗使围岩软化,暴露后风化成泥状,对施工安全有影响,施工进度慢。③流变特性:初期支护完成大约 1 个月后,仍出现开裂现象。隧道大变形病害情况如图 1-12 所示。

(a)边坡滑坡　(b)临时斜撑　(c)初期支护开裂侵限　(d)钢拱架膝折　(e)页岩地层

图 1-12　隧道大变形病害情况

相邻东标段日本公司施工的隧道也出现近 1.6 m 的变形,且表现出显著的流变特性,致使该隧道在建成通车后发生拱部坍塌事故,如图 1-13 所示。

(a)拱部坍塌　(b)堆载支撑　(c)超前导洞施工

图 1-13　东标段隧道大变形病害情况

处治方案:中方与日本公司对比采取的优化措施,通过实践证明,中方在设计中针对原设计采取的优化措施是可行的,中国方法被称为"软岩刚性支护"法,得到了外国专家和同行的认可:①加大隧道轴线间距,原设计间距 18 m 左右,加大至 40 m。②断面优化,将扁平三心圆优化为单心圆,受力条件变好。③加大预留变形量,边放边抗。④采用大刚度支护,采用 H220 钢架,加强了纵向连接。⑤增加临时仰拱,尽早封闭成环。⑥仰拱超前,二次衬砌紧跟。处治方案如图 1-14 所示。

(3)陶恩公路隧道(奥地利,1970—1975)

工程概况:位于奥地利的陶恩隧道是世界上第一座知名的大变形隧道,隧道全长为 6 400 m,为单洞双向行驶的公路隧道,最大埋深为 1 000 m,穿越的不良地层主要为片岩、千枚岩夹绿泥石地层,埋深 600～1 000 m,初始地应力达 16～27.0 MPa,侧压力系数约 1.0,围岩强度比为 0.05～0.06。在施工中在千枚岩和绿泥石地段发生大变形灾害,产生了 50 cm(一般)～120 cm(最大)的位移,底部隆起为 200 mm,最大变形速率达 200 mm/d,变形收敛持续时间长达 400 d,初期支护破坏严重。

处治方案:在后续施工中采取了有效措施:增长锚杆到 6～9 m、采用可缩性支撑、喷层预留纵缝以及增加隧底锚杆等,最终使工程顺利完工。采用锚喷+伸缩缝+可缩式钢拱架,支护参数为:锚杆为 ϕ26 mm@1 m,长 6 m(局部高地应力段采用 9 m 长 ϕ36 mm@1 m 锚杆);25 cm 厚 C20 喷射混凝土;间距 1 m 的 TH21 可缩式钢架。

（a）H220钢架支撑

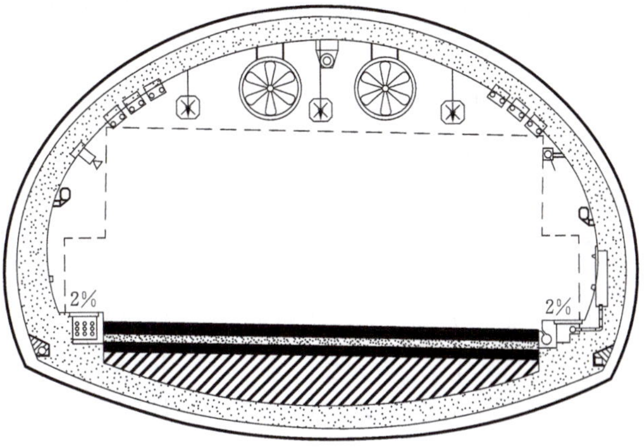

（b）隧道净空

图 1-14　东标段隧道大变形处治效果

(4)阿尔贝格公路隧道(奥地利,1974—1979)

工程概况:位于奥地利的阿尔贝格隧道是继陶恩隧道后另条典型的软弱围岩大变形隧道,全长 13 980 m,最大埋深 740 m,隧道穿越的不良地层为千枚岩、片麻岩、含糜棱岩的绿泥石片岩等,实测原始地应力为 13 MPa,围岩强度比 0.1～0.2。由于在设计施工时吸取了陶恩隧道的经验教训,采取了加强支护手段,但在局部不良地质地段仍然发生了大变形,产生了 200～350 mm 的支护位移,最大水平收敛达 700 mm,最大拱顶下沉达 600 mm,变形初速度达到 40～60 mm/d,最大变形速率达 115 mm/d。

处治方案:采取了分部开挖、增大锚杆长度最大到 13 m、采用可缩性钢架、加强量测等有效措施才控制了大变形灾害的继续发生。采用锚喷＋可缩式钢架,支护参数为:锚杆为 ϕ24 mm@1.25 m,长 6～12 m;间距 0.75 m 的可缩式钢拱架;20～25 cm 厚喷射混凝土。

(5)惠那山(Enasan)公路隧道

工程概况:隧道位于日本东名高速公路上,横跨岐阜、长野两县,由上下行两条隧道组成,在日本中央公路的两宫线上。Ⅰ号隧道于 1975 年 8 月建成,全长 8 300 m,为双向行驶的公路隧道。后由于交通量增加,1978 年至 1985 年修建完成第二座隧道,即Ⅱ号隧道,全长 8 635 m。这两座隧道平行且通过的地层相同,其中 400 m 长平泽断层破碎带是非常软弱岩层,岩性为风化变质角页岩已化,单轴抗压强度仅 1.7～4.0 MPa,该处埋深约为 400 m,最大埋深达到 450 m,初始地应力为 11.0 MPa,围岩强度比 01～033。在开挖过程中出现大变形最大水平收敛 1 120 mm,最大拱顶下沉 930 mm。

处治方案:为了通过这一条断层破碎带,Ⅰ号隧道采用刚性支护,Ⅱ号隧道采用新奥法的柔性支护,工程实践证明,其施工控制效果明显不同。在后续施工中采取了有效控制措施,如增大锚杆长度到 9～135 m、喷钢纤维混凝土、提前施作二次衬砌等有效控制了大变形。Ⅰ号隧道采用的断面如图 1-15 所示,主洞开挖时设置间距为 0.8 m 重型钢架(H250)并铺以衬板,先后浇注两层模筑混凝土。施工过程中,由于变形很快并且变形量较大,钢架被大量破坏;因此在浇注第二层混凝土时又补充了间距 0.8 m 的 H200 钢架。虽然模筑混凝土衬砌总厚 1.2 m,而且设置了大量重型钢架,衬砌仍然发生了大规模的开裂,最后不得不采用钢纤维加筋混凝土进行反复修补。总结Ⅰ号隧道的经验教训,Ⅱ号隧道采用柔性初期支护,隧道断面如图 1-16 所示。具体支护参数为:采用长 6 m 锚杆系统锚杆(施工中加长到 9～13.5 m);预留变形量(上半部为 50 cm,下半部为 30 cm);厚 25 cm 的钢纤维喷混凝土及可缩式钢架;二次衬砌采用

45 cm 厚的素混凝土。隧道最终发生的初期支护位移为 20～25 cm，最大 56 cm，说明长锚杆发挥了作用。

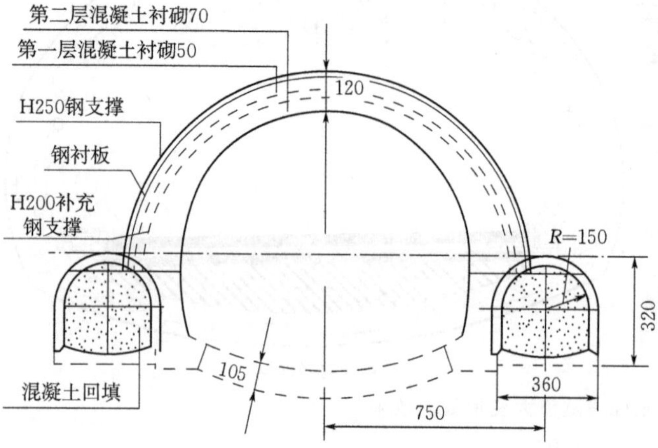

图 1-15　惠那山Ⅰ号隧道刚性支护
（单位：cm）

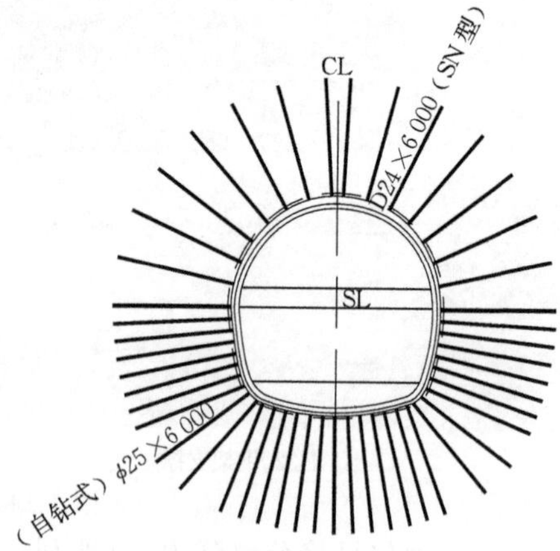

图 1-16　惠那山Ⅱ号隧道初期柔性支护断面
（单位：mm）

（6）辛普伦铁路隧道

工程概况：1906 年竣工的辛普伦隧道北起瑞士的布里格（Brigue），南至意大利的伊则尔（ISelle），长达 19.8 km，为双孔单线隧道。该隧道的地质条件极其复杂，施工中遇到了大涌水和严重的软岩大变形现象。其中，软岩大变形问题最为严重，位于距离南口（意大利端）4.5 km 附近，围岩风化严重。尽管底部设有导洞的边墙、拱顶和隧底全部采用了密集的重型木支护，但所有支护结构都被，施工被迫中断。上述大变形洞段造成了施工工期拖延若干年后，强大的山体压力再次引起横通道边墙、拱部和隧底破裂、隆起。

处治方案：为了提高支护强度，用螺栓将高 40 cm 的工字钢梁在一起，钢梁间填充方木构成更强大的支护体系，结果钢螺栓被切断、大方木被压成碎片，初期支护被摧毁。最后，将掺有速凝剂的混凝土回填到工字钢梁的空隙，才抑制住了大变形，底设导洞才恢复开挖。

（7）中屋隧道（日本）

工程概况：位于日本的中屋隧道全长 1 360 m，通过不良地层为软弱黏土层和强风化的凝灰岩，在施工过程中围岩发生大变形，净空位移达 215 mm，最大拱顶下沉达 132 mm，锚杆受力极大，轴力达 180 kN。

处治方案：后采取增喷混凝土、加密锚杆、上半断面临时仰拱闭合等措施来控制大变形，使得工程可以顺利进行。具体支护参数：加密锚杆间距，锚杆加长改为 9 m；要加厚喷层；加大上半断面的临时仰拱的曲率；向底部和底脚打锚杆；为及早闭合，缩台阶长度到 15 m。

（8）都灵隧道

工程概况：都灵隧道是连接法国和意大利的铁路隧道，该隧道在施工中发生大变形，最大变形量达 2 m。

处治方案：采取开挖后及时施作柔性支护（锚杆及喷射混凝土，容许 30%变形）、距离掌子面 30 m 做半刚性支护（可缩式钢架）、距离掌子面 80 m 施作 1 m 厚刚性支护等措施，控制了变形的继续发生。

（9）台湾木栅隧道

工程概况：木栅隧道为三车道公路隧道（断面 150 m）。该隧道在通过潭湾大断层时，发生了大变形，拱顶下沉 150 cm 以上，边墙内挤 70 cm。

处治方案：潭湾断层与隧道斜交。由于初期仅采用常规的锚喷支护，故产生了严重的大变形。该隧道变形整治有一个特色，即应用了长大预应力锚索。锚索长 15～17 m，预拉力 50 t，但隧底采用长为 9 m 之一般锚杆。通过锚索孔及锚杆孔向地层注浆加固围岩，而强大的锚索及锚杆使隧道趋于稳定，如图 1-17 所示。

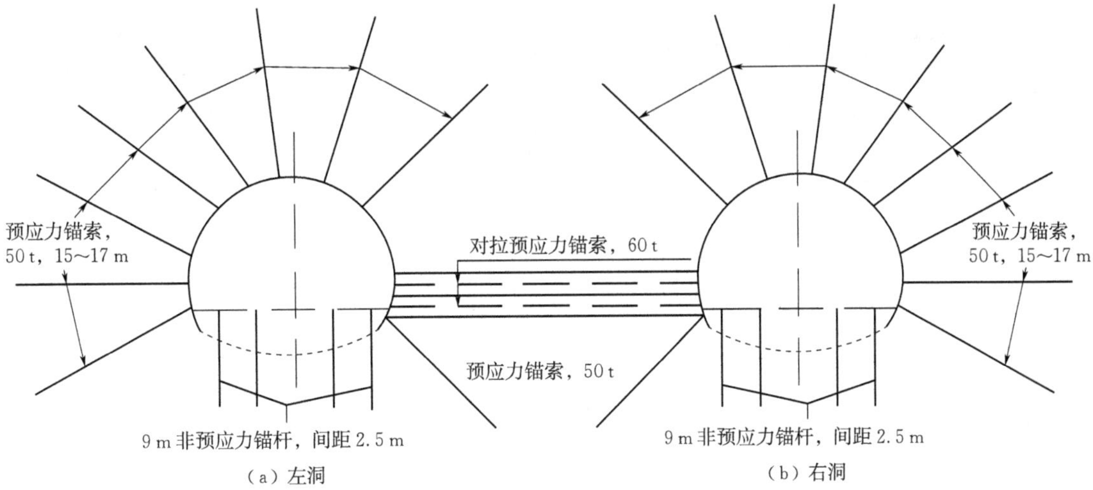

图 1-17　台湾木栅隧道预应力锚索示意图

（10）高地应力木寨岭铁路隧道

工程概况：兰渝铁路木寨岭隧道长度 19 095 m，面临严重的高地应力软岩大变形问题，与木寨岭公路隧道平面距离约 900～1 200 m，最大水平主应力方向与隧洞轴线方向大致相同。隧址区域处于华北板块、扬子板块、塔里木板块及青藏板块的交界挤压地带，板块之间的相互运动，形成了形态各异极其复杂的褶曲与断层束构造，特别是极高地应力软岩导致的隧道大变形给施工造成的困难超乎想象。变形最严重岭脊核心段总长度约 1.0 km，埋深 580～728 m，受地质构造影响严重，未见基岩裂隙水。围岩强度为 0.5～5 MPa，围岩强度应力比低至 0.02～0.2，被国内外专家世界罕见难题。设计支护参数从"单层初期支护＋二次衬砌"到"双层初期支护＋二次衬砌"，即使支护结构不断增强仍不能长期有效地控制变形的发展，初期支护累计变形平均值在 2 300 mm 左右，局部最大达到 3 500 mm 以上，最大收敛达到 4 306 mm。木寨岭铁路隧道工程背景、软岩大变形病害如图 1-18、图 1-19 所示。

处治方案：基于"先放后抗、抗放结合、锚固加强"的变形控制理念，采用"超前导洞应力释放＋圆形 4 层支护结构＋径向注浆＋长锚索（杆）"变形控制方案。ϕ42 mm 注浆小导管，8 m 长 R38N 注浆长锚杆，12～15 m 长 4×15.2 mm 锚索，仰拱桁架、6 cm 厚高分子聚酯材料缓冲层等措施，每层分别预留空间 10～60 cm 累计 125 cm 的预留变形空间，分层、分台阶进行应力释放，如图 1-20 所示。

（11）高地应力木寨岭公路隧道

工程概况：国道 212 线木寨岭公路隧道与木寨岭铁路隧道平面距离约 900 至 1 200 m，位于甘肃省漳县、岷县交界处，隧道全长 1 710 m，穿越地层围岩主要为二叠系炭质板岩夹砂岩及硅质板岩的软硬相间岩层。隧道长度方向上面临严重的高地应力软岩大变形问题，隧址区域处于华北板块、扬子板块、塔里木板块及青藏板块的交界挤压地带，板块之间的相互运动，形成了形态各异极其复杂的褶曲与断层束构造，特别是极高地应力软岩导致的隧道大变形给施工

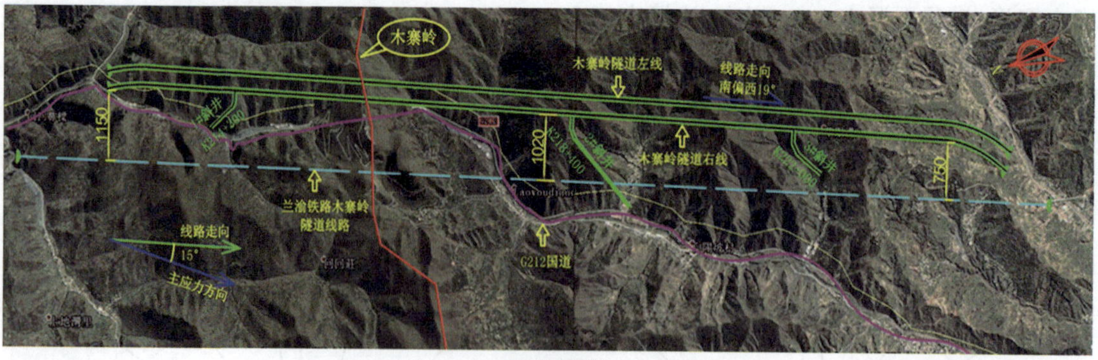

（a）地理位置

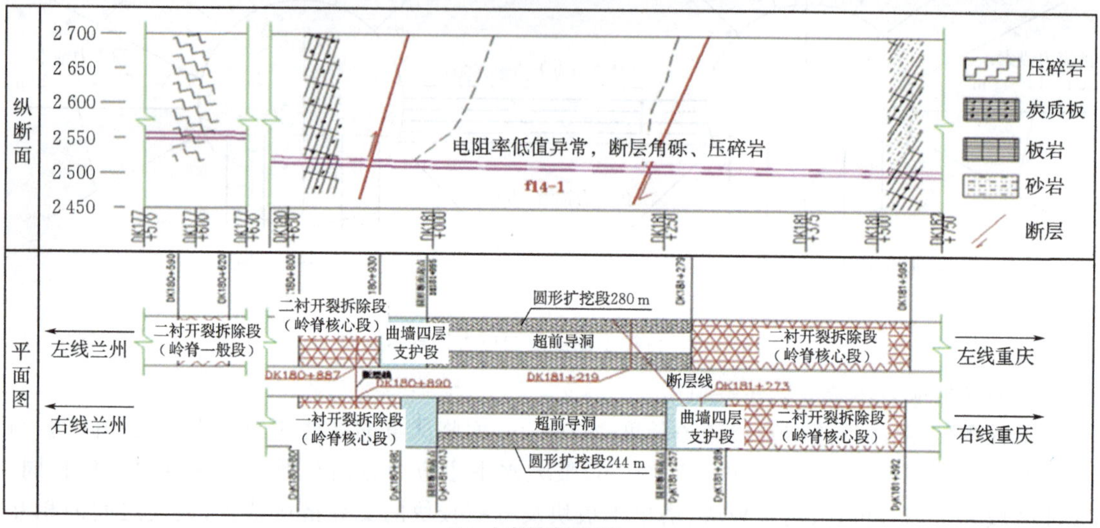

（b）大变形破坏区段

图 1-18　高地应力木寨岭铁路隧道工程背景

（a）拱墙裂缝

（b）拱顶裂开掉块

（c）初期支护临时支护横撑

（d）初期支护变形严重喷脱落

（e）初期支护变形严重侵限

（f）初期支护整体脱落

图 1-19　木寨岭铁路隧道软岩大变形病害

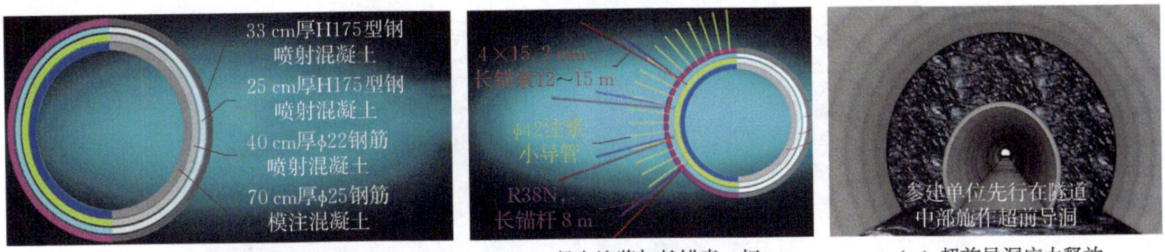

（a）设置圆形支护结构4层　（b）径向注浆加长锚索（杆）　（c）超前导洞应力释放

图 1-20　木寨岭铁路隧道变形控制方案

造成的困难超乎想象，如图 1-21 所示。隧道开挖后，处于高地应力段的围岩发生了大变形，以 F_2 断层破碎带为代表的岩性软弱段变形更为严重，在 K0＋912 和 K0＋918 两处，累计拱顶下沉分别达 1 712 mm 和 1 200 mm；在 K0＋912、K0＋918 和 K0＋924 处，累计水平收敛达 258 mm、804 mm 和 1 081 mm，而且隧道围岩初期变形速率大，持续时间长，空间分布不均匀和不对称，在变形洞段具有重复性，不得不进行多次换拱，例如，在 K0＋912 处换拱多达 4 次。

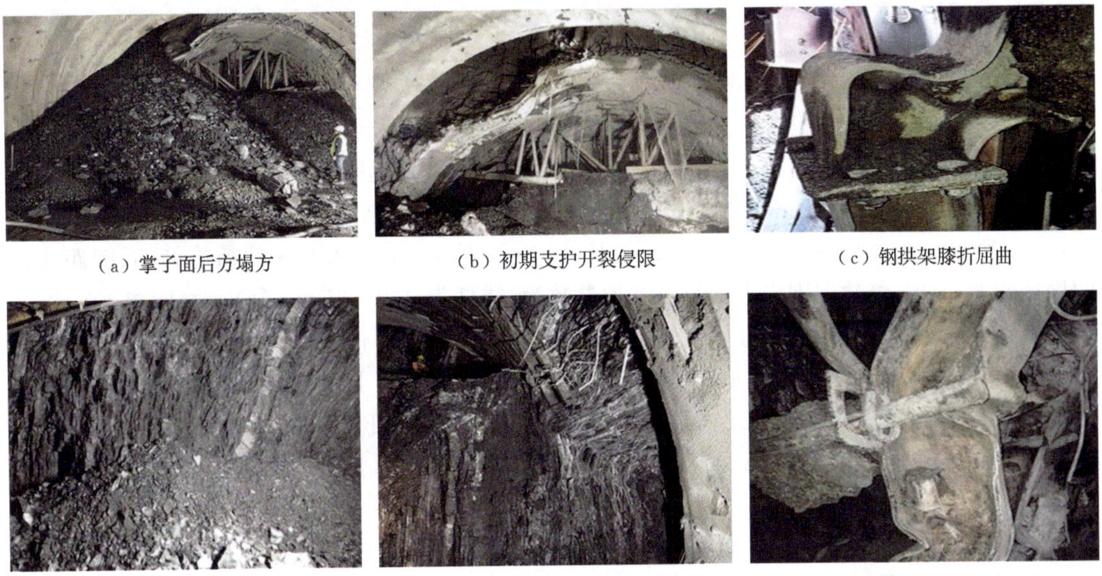

（a）掌子面后方塌方　（b）初期支护开裂侵限　（c）钢拱架膝折屈曲

（d）软散软岩地层　（e）初期支护变形掉拱侵限　（f）锁脚锚杆挤出钢拱架屈曲

图 1-21　木寨岭公路隧道软岩大变形病害

处治方案：根据专家建议，并结合围岩动态演化规律，从塑性变形和围岩膨胀两方面通过封闭工作面、锚注支护与自进式锚杆和联合支护体系，快速“强行”支护，确保了大变形软岩段（F_2 断层段）施工的顺利进行。采用三台阶开挖工法，第一台阶高度 300 cm，长度控制在 5～8 m；第二台阶高度 300 cm，长度控制在 15～20 m；第三台阶高度 461 cm。采用 HW175 型钢拱架（含仰拱），两种锚索长度 L 分别为 500 cm、1 000 cm，锚索纵向间隔也分别布置两种。采用树脂药卷锚固剂端头锚固，L—500 cm 锚索每根使用 3 卷 Z2360 树脂锚固剂、L—1 000 cm 锚索每根使用 3 卷 Z2360/3540 脂锚固剂。锚索锚固力不小于 450 kN；锚索预紧力不小于 350 kN，如图 1-22、图 1-23 所示。

（12）国道 317 线鹧鸪山公路隧道

工程概况：隧道围岩为炭质千枚岩和炭质板岩；现场实测最大主应力量级为 17～23.58 MPa；拱顶、边墙挤出、内鼓，并伴有局部塌方，水平收敛值达 200 mm，拱顶下沉 150 mm，喷混凝土开裂、剥壳、脱落。

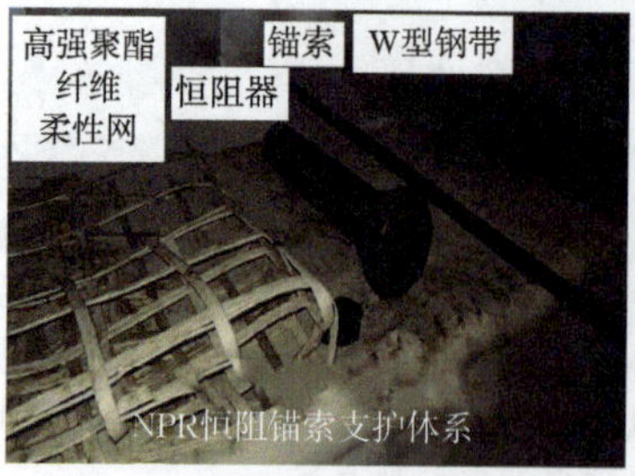

（a）NPR恒阻锚索支护体系

（b）NPR恒阻锚索支护

图 1-22　木寨岭公路隧道变形处治方案

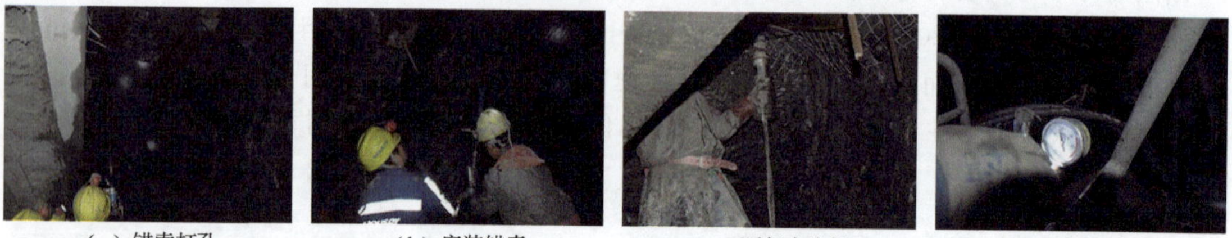

（a）锚索打孔　（b）安装锚索　（c）预紧力张拉　（d）张拉力40 MPa

图 1-23　NPR 恒阻锚索安装步骤

处治方案：采用超前管棚＋挂网锚喷＋钢拱架支护。Ⅴ级围岩大变形段支护参数为：锚杆为 ϕ22～25 mm@1 m×1 m，长 3.5 m 中空注浆锚杆；20 cm 厚的 C20 喷射混凝土；ϕ8 mm＋ϕ10 mm@20 mm×20 mm 钢筋网；3.5 m 长 ϕ42 mm@0.4 m×2.4 m 的超前管棚；间距 1 m 的格栅钢架。②Ⅴ级软弱围岩大变形段支护参数为：锚杆为 ϕ22～25 mm@1 m×(0.6～0.8)m，长 3.5 m 砂浆锚杆；25 cm 厚的 C20 喷射混凝土；ϕ8 mm＋ϕ10 mm@20 mm×20 mm 钢筋网；3.5 m 长 ϕ42 mm@0.4 m×2.4 m 的超前管棚；间距 0.8 m 的Ⅰ18 钢架。③Ⅵ级围岩大变形段支护参数为：锚杆为 ϕ25 mm@1 m×0.4 m，长 5 m 砂浆锚杆；25 cm 厚的 C20 喷射混凝土；ϕ8 mm＋ϕ10 mm@20 mm×20 mm 钢筋网；3.5 m 长 ϕ42 mm@0.4 m×2 m 超前管棚；间距 0.4 m 的工字钢钢架。

（13）乌鞘岭隧道

工程概况：乌鞘岭隧道位于兰新线兰州武威段打柴沟车站和龙沟车站之间，横跨甘肃省古浪、天祝两县，设计为左、右两座单线隧道，隧道全长 20.05 km，最大埋深为 1 100 m，线间距为 40 m。隧道围岩主要为页岩、千枚岩以及断层构造岩。隧道穿越 F4、F5、F6、F7 等 4 条区域性活动大断层，地层岩性十分复杂，其中穿越 F7 断层的洞段是整个乌鞘岭隧道长度最长、地质条件最复杂的洞段，在施工过程中出现了大变形、塌方、挤压现象明显等问题。最大主应力值约为 22 MPa 左右；左线隧道拱顶最大下沉达 1 053 mm，一般为 500～600 mm，水平收敛变形最大值为 1 034 mm，一般为 700 mm，右线隧道拱顶最大下沉为 227 mm，一般为 100～200 mm，水平收敛变形最大值为 548 mm，一般为 300～400 mm。平均收敛速度为 2～4 mm/d。

处治方案：在控制隧道大变形工程实践中，遵循“短进尺、强支护、快封闭、勤量测、二衬紧跟”的原则进行施工，采用超短台阶法施工，上下台阶距离应小于 5 m，仰拱距离下台阶小于 15 m，从而有效控制了变形。采用管棚＋挂网锚喷＋钢拱架＋小直径锚索，具体支护参数为：采用 ϕ89 mm 管棚；双层 ϕ8 mm@20 mm×20 mm 钢筋网；ϕ25 mm 中空注浆锚杆支护，锚杆长 4 m，间距 1.0 m×1.0 m；锚索截面面积 15.2 cm^2，长 6.5 m，其中锚固段长 3 m，自由段长 3 m，张拉段长 0.5 m，整个锚索长度为 6 m；沿原设计初期支护外缘布设 50 cm 厚 C20 混凝土护拱。

(14)都汶高速公路龙溪隧道

工程概况:隧道围岩为砂岩、粉砂岩、泥岩、炭质泥岩、花岗闪长岩;最大埋深 840 m,最大水平主应力 27.04 MPa;底板隆起最大 43.2 cm;初期支护破坏形式主要表现为喷射混凝土开裂、剥落,钢拱架扭曲变形,局部出现鼓出、整体位移、溃曲并塌方等严重大变形现象。

处治方案:采用挂网锚喷+钢拱架+超前小导管支护,具体支护参数为:Ⅲ类围岩段(轻微大变形):采用 ϕ25 mm@0.8 m×1.0 m 中空注浆锚杆,长度 3.5 m;ϕ6.5 mm@25 mm×25 mm 钢筋网;拱墙采用Ⅰ16 型钢布置,间距 0.8 m;ϕ42 mm@0.4 m 超前小导管长 5 m,外插角 5°~10°,搭接长度 1 m,范围 90°~120°;20~22 cm 厚 C20 喷射混凝土;预留变形量 15~20 cm。②Ⅱ类围岩段(中等~强烈大变形):采用 ϕ27 mm@0.8 m×0.8 m 或 ϕ27 mm@0.8 m×0.5 m 的自进式锚杆,锚杆长度为 3.5~6 m;ϕ6.5 mm@20 mm×20 mm 或 ϕ8 mm@20 mm×20 mm 的钢筋网;拱墙采用Ⅰ18@0.8 m、Ⅰ22b@0.8 m 和Ⅰ22b@0.5 m 型钢,仰拱采用Ⅰ18@0.8 m、Ⅰ22@0.8 m 和Ⅰ22b@0.5 m 型钢;ϕ42 mm@0.4 m 超前小导管,长度 5 m,外插角 5°~10°,搭接长度 1 m,施作范围 120°~180°;24 cm 厚 C20 或 C20 喷射钢纤维混凝土;预留变形量 30~50 cm。

(15)家竹箐隧道

工程概况:隧道位于南昆铁路威舍~红果北段,隧道全长 4 990 m,隧道先后穿过玄武岩、煤系地层、砂岩夹泥岩地层,以高地应力、高瓦斯、大涌水著称。在隧道掘进过程中出现了大变形灾害,在接近最大埋深 404 m 的煤系地层地段,由于围岩初始应力较大,水平地应力 16.09 MPa,垂直地应力 8.57 MPa;锚喷支扩相继发生大变形,大变形段埋深 246.57~401.96 m,共有 390 m 洞段发生了大变形,表现为边墙一般位移 60~80 cm,最大位移 160 cm;拱顶下沉 100 cm,最大 240 cm。

处治方案:为控制大变形继续发生,提出"先柔后刚、先放后抗"支护理念,采用改善隧道断面形状、设置特长锚杆、增加预留变形量、配合设置可缩式钢架、加厚初期支护喷混凝土厚度、采用钢纤维钢筋混凝土衬砌等 6 项技术措施,取得了良好的效果。主要支护参数:采用挂网喷锚+钢拱架:锚杆为 ϕ32 mm@1 m,长 1~8 m(以 8 m 长的系统锚杆为主);20 cm(复喷 15 cm)厚的 C20 射混凝土;ϕ8 mm+ϕ12 mm@20 mm 钢筋网;间距 0.6 m 的四肢格栅钢架或 U29@0.3 钢拱架。

(16)共和隧道

工程概况:隧道位于彭水县共和乡境内,是西部大开发省际公路通道重庆至长沙高速公路彭水至武隆段的公路隧道,为单线双洞隧道,左线隧道全长 4 745 m,右线隧道全长 4 779 m,两轴线相距 20~23 m,最大埋深约 1 080 m,最大水平主应力为 16 MPa;围岩为粉砂质页岩、页岩、夹少量粉砂岩,隧道主要穿越地层为砂质页岩,该岩层单轴抗压强度一般为 20~40 MPa。因此,共和隧道在埋深较大、裂隙发育的软质岩洞段发生围岩大变形灾害,现场监控量测数据显示,最大水平收敛速度为 1.6 cm/d,累计最大水平收敛达 31 cm,最大拱顶下沉速度达 13 cm/d,累计最大拱顶下沉量达 20 cm,致使初期支护结构发生严重破坏。

处治方案:由于在后续施工过程中采取了一系列有效措施,例如:增加了锚杆的使用量,增大了布置密度;大量使用钢拱架;在裂隙较发育的破碎地段采用注浆加固的措施;采用了超前锚杆;对发生坍塌的地方及时回填混凝土以防止二次破坏的发生等,使围岩大变形破坏的发生得到控制,最终确保了工程的顺利进行。采用系统锚杆+钢拱架+小导管注浆,具体参数为:ϕ42 mm@1 m×1.2 m 注浆小导管,长 3 m;HW18 型钢拱架;锚杆支护采用 3.5 m 和 5 m 长短结合方式。

(17)毛羽山隧道

工程概况：毛羽山隧道位于甘肃省，全长 8 503 m，为双线隧道，最大埋深约 700 m，隧道穿越的地层主要为岩质板岩、板岩夹灰岩地质。隧道区域最大水平主应力近 22 MPa，围岩强度应力比为 1.41，属于极高地应力状态。由于地应力极高、岩层强度低等原因，隧道开挖后，围岩变形非常强烈，在位于甘肃省宕昌县临江铺乡的隧道出口处发生了大变形灾害，初期支护后围岩变形较大，变形速率较快，最大拱顶下沉约 540 mm，最大水平收敛达到 1 200 mm，变形速率最高为 140 mm/d。

处治方案：根据隧道围岩特性和变形规律，在新奥法思想指导下，采取“保护围岩”的施工理念，以减少对围岩的施工扰动，并采用一些补救措施，如提高支护系统刚度与整体受力性能；采用超短台阶法施工，初期支护快速封闭成环；采用系统锚杆和长锚杆控制围岩大变形；合理预留变形量，确定合适的施工安全变形控制基准值；适时构筑二次衬砌等，有效地对大变形进行了控制。①对于Ⅴ级围岩：I20b 型钢拱架，1.0 m×0.8 m(环向×纵向)间距用 ϕ22 mm 钢筋连接；采用 ϕ50 mm 锁脚锚管，$L=4.0$ m，壁厚 3.5 mm；27 cm 厚 C25 喷射混凝土；ϕ8 mm @20 mm×20 mm 钢筋网。②对于Ⅳ级围岩：I18b 型钢钢架，1.0 m×1.0 m(环向×纵向)间距，用 ϕ22 mm 钢筋连接；采用 ϕ50 mm 锁脚锚管，$L=3.5$ m，壁厚 3.5 mm；25 cm 厚 C25 喷射混凝土；ϕ6 mm@0.2 m×0.2 m 钢筋网片。

(18)关角特长隧道

工程概况：隧道围岩为片岩、板岩及断层构造岩；最大水平主应力的最大值为 22.04 MPa；边墙出现不同程度的变形，钢架扭曲，混凝土剥落。最大变形达到了 505 mm。

处治方案：采用径向注浆＋钢拱架＋挂网锚支护措施，具体支护参数为：3.5 m 长 ϕ42 mm @1.0 m×1.0 m 的超前小导管；ϕ159 mm 热轧无缝钢管横撑加固；30 cm 厚喷混凝土，预留变形量 20 cm；I20a 工字钢间距 0.5 m。

(19)金川二矿区深部巷道

工程概况：隧道围岩为橄榄岩、二辉橄榄岩、橄榄辉石岩，在 200～300 m 深度最大主应力值一般为 20～30 MPa，水平相对位移最大收敛量达 116 cm；垂向收敛最大为 104 cm；一些洞室因为尖顶而发生向上移动，其位移量最大达 139 cm。

处治方案：采用挂网锚喷＋锚索＋锚注锚索网综合支护，具体支护参数为：ϕ22 mm@1.0 m，长 3 m 的锚杆；ϕ6.5 mm@15 mm×15 mm 钢筋网；0.1 m 厚 C25 喷射混凝土；锚索索体采用 2 根 15.24 mm 钢绞线，长 6 m，间距 2 m；锚注支护采用 ϕ32 mm×6 mm 无缝钢管，长度 3 m，水灰比 0.6～0.7。

(20)大丽线松桂一号隧道

工程概况：隧道围岩为页岩、炭质页岩、砂岩夹泥岩及煤线；最大埋深 225 m，地应力较高；隧道支护结构多次发生变形侵限，最大变形达 121 cm。

处治方案：采用钢拱架＋锚杆＋超前小导管注浆支护，具体支护参数为 5 m 长 ϕ25 mm 中空注浆锚杆；I16～I18 型钢拱架；4～5 m 长 ϕ42 mm 注浆小导管。

1.1.3 软岩变形控制问题

通过大量的文献调查研究分析表明，软岩隧道围岩大变形往往造成施工困难、工期延长、成本增加甚至危及人员安全，是困扰广大隧道建设者的最大技术难题。在隧道与地下工程理论研究和工程实践中，许多学者对软弱围岩大变形机理、围岩支护体系、围岩变形控制技术进行了较深入的理论研究和技术发展，同时也总结了大量的围岩大变形的工程经验，为以后隧道工程建造起到了技术支撑和指导作用。但对于彻底解决软弱围岩隧道大变形地质灾害问题，有效控制软弱围岩大变形隧道的开挖和支护技术难题，以期改善和提高亟待解决的软弱围岩大变形问题的技术水平现状，仍需要对以下方面问题进行全面系统深入的研究。

(1)软弱围岩隧道勘察资料或测试手段不足。首先，由于地质条件的复杂性，勘察阶段对软岩隧道的工程地质特性、变形机制和发展演化规律认识不足，提交的地质勘察资料存在明显不足，这必然导致设计阶段采取的施工方法和控制技术缺乏针对性，施工中难免出现大变形现象，增加了施工的难度和资金投入。其次，如果现有的工程技术规范落后于施工设计所采用的地质勘探及工程勘察报告，必然导致难以满足设计者对软岩隧道支护设计施工的要求，特别是膨胀性软岩的工程地质资料严重不足，且软岩支护正处于发展阶段，现有工程规范过于陈旧，特别是对于软岩隧道多次支护与深部支护难以适应。再次，目前还存在对围岩测试手段不足问题，迄今为止，岩石力学研究中所应用的一些力学模型，大部分是建立在假设条件基础上，少部分是建立在相似模拟基础上，与现场实际情况相差甚远，所以无法肯定仅按这些模型设计支护体系及支护参数就能使不稳定或极不稳定围岩隧道保持稳定，原因在于不是计算手段不足而是测试手段不能满足现场测试要求，因而不能建立基本符合现场实际的力学模型。综上所述，加强对软岩地质勘察和地应力测试方法的研究是非常必要的。

(2)软弱围岩、隧道大变形概念不清晰不明确，缺乏权威界定标准。首先，软弱围岩和软质岩不是同一概念，软弱围岩通常指工程软岩范畴，包括软弱、破碎、富水等不良地质条件下的围岩。其次，在理论研究方面，目前对于软弱围岩大变形还没有一个明确的定义，也没有形成统一的大变形分类标准和判定方法。研究者们仅从某个角度研究围岩大变形，研究成果存在一定局限性，缺乏对围岩大变形问题的系统性研究。再次，在对软弱围岩变形理论与工程实践中的具体认知上也是不统一，表现为目前软弱围岩变形分类研究对工程的概括性不全面，有的针对软岩或膨胀性软岩类，有的针对深部高地应力条件下的软岩。软弱围岩变形的分类基础，没有注意隧道软弱围岩变形产生的地质背景，分类的实用性差。第四，由于软弱围岩变形问题还未建立起一个明确定义和标准，导致勘察、设计与施工各方对隧道大变形的认识也存在较大争议和分歧。第五，软弱围岩变形模式与一般围岩变形破坏不同，应从软弱围岩的变形特征、力学机制、强度特征、施工变形的基本规律以及围岩变形的持续性和扩展性来认识。

(3)软弱围岩隧道位移控制管理标准缺乏针对性。首先，我国规范中的极限变形是根据围岩级别、隧道埋深、单双线隧道断面，以松散约束理论计算为主和部分监测变形数据综合确定。目前的位移控制管理标准是针对隧道初期支护后的拱顶下沉和净空位移而言，具有明显片面性。其次，软弱围岩隧道变形的发生发展应考虑隧道开挖后会导致围岩时空效应，在工程实践中，在隧道内的掌子面附近区域(该区域大小通常 $5D$ 左右，D 为隧道跨径或宽度)，软弱围岩隧道表现为四维空间的变形，如掌子挤出变形、掌子面前方超前变形、掌子面后方变形、拱脚下沉等，隧道洞外的地表沉降等垂直变形。综上所述，软弱围岩隧道应针对隧道变形的时间空间分布规律特征，建立一套有针对性的软弱围岩变形控制标准。

(4)软弱围岩变形空间规律特征研究缺乏系统全面性。通常对于软弱围岩隧道变形的研究一般都侧重在掌子面后方，而对于掌子面围岩变形、掌子面前方围岩变形、拱脚部位围岩变形的规律和特征研究较少，所以对于软弱围岩隧道开挖施工产生的三维空间变形的真实情况不符合。首先，由于软弱围岩隧道的开挖引起周边地应力的重新分布，致使掌子面前方、后方以及掌子面均有不同程度的变形；其次，由于围岩地质条件不同、开挖方法和支护措施不同，同样也会引起各部位变形差异较大且各有其特色；再次，随着掌子面的开挖以及时间的延续，软弱围岩隧道的变形还会不断发生蠕变。综上所述，软弱围岩隧道变形是一个四维动态发展变化过程，目前，国内外学者在此方面仍缺乏深入、系统、全面的研究。

(5)软弱围岩变形力学机制还有待深入研究。围岩松动圈理论、岩体结构控制理论是隧道围岩变形机理分析的理论基础。首先，由于围岩松动圈理论是基于圆形洞室等许多假设条件下得出来的，在一些地质条件比较复杂的隧道开挖工程，不管采用理论解析、数值模拟、模型试验、现场实测等松动圈范围确定方法的任何一种，都不能快速且准确确定松动圈的范围。其次，岩体结构控制理论认为，岩体结构对岩体力学的控制作用远远大于岩石材料的控制作用，岩体工程的失稳是受岩体结构控制的，对控制岩体稳定的结构面进行分析，是工程开挖稳定性分析及加固设计的基本地质依据，但岩体结构面对岩体稳定性的影响作用十分复杂，现阶段的研究成果尚不能很好地解释岩石力学与工程的诸多力学现象。再次，目前，关于软岩变形力学机制的研究方面，已发展出多种支护技术用于实践，但至今仍缺乏一个较为可信的理论用于指导软岩支护实践，特别是对于深部高应力与强膨胀复合型岩体受强烈采动影响后的流变时间效应，以及支护与围岩相互作用机理仍需深化研究。

(6)软弱围岩隧道变形控制理念仍存在严重分歧。对于软弱围岩变形的控制理念问题，工程界和学术界一直存在严重分歧。首先，柔性支护控制变形理念：采用简化支护结构释放围岩变形方法，通过加大预留变形量，使围岩应力充分释放，然后再施作支护结构。这样会导致隧道断面开挖的就越大，围岩松动圈范围就越大，软弱围岩变形就更加难以控制。其次，刚性支护控制变形理念：将初期支护设计加强，同时要求二次衬砌尽早施作抵抗变形。通常表现为现场要求二次衬砌尽量紧跟，致使施工后隧道设计较厚的钢筋混凝土衬砌发生开裂，影响运营的安全。再次，先放后抗支护理念：允许围岩有一定的变形，将变形控制在一定程度，然后采取适当的支护结构控制围岩进一步变形。显然，先放后抗的支护理念是较为科学的方法，但工程实践中采用前两种方法也比较多。原因在于，采用先让后抗的支护理念时，“让”到何种程度与“抗”的准确时机尚无法明确判断，规范中给出的预留变形量似乎可以理解成“让”的上限值，但是开挖引起的围岩应力调整是个动态过程，在实际工况下预留变形量可能不足或者过大，很难准确把握“让”与“抗”的量与时机，往往达不到控制大变形的目的。因此在支护体系设计过程中如何准确权衡“让”与“抗”，形成完整的让压支护体系，有待深入研究。综上所述，以上三种变形控制支护理念，各有利弊长短，工程实践中应秉承支护形式多样化发展理念。原因在于：随着我国隧道与地下工程的蓬勃发展，工程实践中所遇到的软岩地质条件复杂多变，大埋深、高应力、强膨胀以及节理化复合岩体均已出现，对这类复杂地质环境的大变形隧道的支护形式有待进一步研究，以求支护形式的多样化和适用性，做到对症下药。

(7)软弱围岩变形控制设计理论方法还有待完善。首先，目前隧道建设中存在一个重要问题是理论研究落后于工程实践，目前隧道工程设计方法通常采用工程类比法和荷载结构分析法，有时也采用地层结构分析方法，但无论采用何种设计方法都不能达到理想结果，究其原因主要是隧道围岩地质环境条件的复杂多变，从而导致设计理念和工程对策缺乏针对性或适用性。其次，对于隧道衬砌结构的各个构件所发挥的功效在认识层面上，工程学术界很多人仍较大分歧和异议，从目前规范标准上来看，对于大多数隧道结构来讲，隧道初期支护是主要的承载结构，而二次衬砌只起到安全储备或工程美观作用。但对于软弱围岩隧道，二次衬砌不仅仅是安全储备，也同样会发挥着荷载承载结构作用，至于承载作用发挥的大小和程度目前未有准确定论。第三，对于软弱围岩初期支护结构中系统锚杆的设置与否问题、系统锚杆在软弱围岩隧道作用效果问题、系统锚的设置参数问题、系统锚杆适用性问题等方面，无论是工程界或是学术界都存在较大的分歧和争议。综上所述，形成一套系统的软弱围岩隧道变形控制设计方法、设计理论也是迫在眉睫的问题。

（8）软弱围岩隧道开挖工法适用性问题仍需进一步探索。首先，对于软弱围岩隧道的安全施工，选择适用的工法和支护措施并有效控制软弱围岩的变形是重中之重。因此，必须针对软弱围岩变形的空间规律特征分别采取掌子面围岩预加固、掌子面补强和掌子面后方支护加强措施。其次，软弱围岩隧道建造过程中，特别是对大断面隧道，多采用分部开挖法来控制围岩大变形发展。虽然这些开挖方法存在一定的优势，但存在的劣势也是显而易见的，比如作业空间狭小、工序复杂工效低等，很难适用现代机械化施工装备达到超前加固、快速施工和控制变形的目的。综上所述，根据隧道软弱围岩地质条件，探讨适用性强的隧道开挖工法和支护措施，是解决软弱围岩隧道变形控制和安全快速施工的瓶颈关键技术。

（9）尚未建立一套系统软弱围岩隧道大变形控制技术体系。如果没有完整的变形控制技术体系，遇到工程技术难题时就会缺乏统筹和综合考虑，往往处理技术对策过于简单，容易造成措施失效，引发不良后果事故。主要表现为：隧道围岩空间应力分布规律研究较少，尤其是对高地应力软岩隧道围岩的应力分布规律认识不清；软弱围岩隧道稳定性辨识技术明显不完善，仍处于探索阶段，缺少准确反映现场实际和指导施工的研究成果；软弱围岩隧道勘察资料不全仍不足以提供设计依据；软弱围岩变形机制、变形规律把握不准，造成支护结构适用性不强并导致衬砌结构破坏；软弱围岩大变形产生机理认识不足，导致变形控制措施、开挖工法不匹配从而引更大的变形或安全事故……。综上所述，面对软岩隧道大变形随时间的演化趋势，提出准确预测软弱围岩实时变形的算法模型并准确揭示软岩变形特征和变形机理规律，建立与软岩变形特征相适应的设计理论方法、开挖施工工艺、变形控制标准、变形控制对策措施等一系列技术体系，是人类改造自然征服自然的必然趋势。

（10）软弱围岩隧道支护技术推广不力。对于软弱围岩隧道支护技术的先进科技研发成果应积极推广应用，及时提升现场工程技术人员的技术水平。根据目前软弱围岩隧道施工现状分析，真正系统掌握软弱围岩先进支护技术并按照软岩规律进行支护工程技术人员不多，因此，工程实践中一旦遇到软岩隧道工程问题，通常是根据其工程经验去采取应对措施，这样做导致的后果是可想而知的。综上所述，对于隧道工程技术人员应紧跟隧道技术发展前沿，掌握隧道最新理念和最新实用技术，未雨绸缪，在隧道建造的工程实践中规避和减少隧道重大施工安全风险，从而为社会实现提质增效、节能降耗。

第 2 章　隧道围岩分级技术与软岩大变形分类

2.1　隧道围岩质量评定与分级技术

2.1.1　围岩分级技术意义

隧道在开挖过程中，部分岩体、土体会对结构稳定性产生影响，这部分岩土体被称为围岩。由于岩石种类众多，地质构造多样复杂，使得隧道工程的围岩条件十分复杂，为了给设计提供理论依据，并保障施工安全，应根据岩体或土体的稳定性进行围岩分级，即将物理力学性质相似的一些围岩划归为一级，将全部的围岩划分为若干级。

对围岩进行分级目的是对隧道及地下工程周围的岩体进行客观的工程地质评价，判断掌子面或洞室的稳定性，明确支护的设计与荷载参数；明确施工方法；选择钻孔和隧道开挖等施工机械；以及选择施工定额和预算等。围岩分级是在长期实践的基础上发展起来的，并和岩土工程、地质科学和量测技术的发展关系密切。

之前的围岩分级主要以单一的岩石强度作为分级指标。例如新中国成立前采用的坚石、次坚石、软石、硬土、普通土和松软土的分级法，以及新中国成立后采用的“f”值分级法。“f”值分级法在评价洞体、坑道稳定性上是不充分的，但在选择掘进机、钻孔机械，尤其是确定松散围岩的地压值等方面仍有一定意义。

1970 年后，围岩分级方法获得了迅速发展。如巴顿分级法、泰尔扎吉分级法、别尼亚夫斯基分级法和法国隧道协会分级法，以及中国铁路隧道围岩分级和水工隧道围岩分级等。这些分级法虽然多是根据经验而来，但由于反映了围岩的地质构造特征、围岩的结构面状态、风化状况、地下水情况以及洞室埋深等，因此在评价坑道或洞体稳定性、确定支护结构参数和选择施工方法等方面得到了广泛的应用。

围岩分级概念于 18 世纪 70 年代由欧洲学者罗曼(Roman)在对石灰岩进行系统分类时首次提出；到 18 世纪末，俄国学者威尔涅尔将岩石定性划分为松软岩、软岩、裂隙破碎岩、次坚硬岩和坚硬岩 5 类，使得围岩分级的概念逐渐被工程界所熟知。在此之后，随着人们对隧道工程、地质条件及两者之间相互关系的不断了解，隧道围岩分级技术的研究随之取得了重大进展，提出了多达上百种分级方法，评判标准也由定性特征到定量值再到定性指标和定量值相结合的综合评判指标，这对改善隧道结构设计、发展新的施工工艺、降低工程造价等意义重大。在此以隧道围岩分级工作中所依据的指标为出发点，对国内外隧道围岩分级研究历程进行全面、系统综述，并从物探手段的应用、监控量测数据的分析、特殊地质条件下围岩分级、算法的改进、施工阶段的快速分级等 5 个方面对隧道围岩分级未来的研究发展做出合理性展望。

2.1.2　围岩分级方法综述

从国内外隧道围岩分级工作的研究进程来看，以围岩稳定性作为分级基础是一个大趋势，但分级指标的选择已经开始从经验判断、定性描述向定量分析发展。因此，定量化指标的选取是分级工作的重要一环，现今围岩分级大多以岩性指标为判别依据，主要考虑影响隧道围岩稳定性的因素或其他组合因素，可以归纳为单一的岩性指标（单一指标反映单一因素）、单一的综合岩性指标（单一指标反映综合因素）、复合指标（多指标反映综合因素）3大类。

（1）单一的岩性指标进行隧道围岩分级的方法

隧道围岩分级工作在早期时由于对围岩分级认识不足以及受地质勘察手段及技术研究方法的制约，各学者提出的分级方法多以单一的岩性指标对隧道进行围岩分级。单一的岩性指标主要包括如岩石的抗爆、抗钻性等工程指标以及如岩石的抗压和抗拉强度、弹性模量等物理力学参数。

1822年，法国学者莫氏利用将各类矿物互相刻划的方法，根据硬度的不同把岩石分为10个级别该方法被称为划痕硬度标。

20世纪初，苏联的普罗托吉雅柯诺夫教授提出了岩石坚固系数f_k的概念，并以此来反映岩石的综合物理力学性质，在此基础上将坚固系数在0.3～20的围岩划分为10个总分级和13个亚分级。该方法即通常所说的“普氏分级法”，在当时是一个比较先进和系统的分级方法，我国早期也多采用该方法进行隧道围岩的分级。该方法以岩石坚硬程度作为评判围岩级别的标准，具有一定的合理性，且由于形式简单，在早期的隧道围岩分级工作中被工程界所广泛接受和应用。但该方法具有较大的片面性，在老黄土、红砂岩等这类强度低但稳定性较好的地质条件下，分级结果与实际围岩质量存在较大差异。

1911年，比尔鲍美根据岩石在天然状态时的破碎情况，将岩石荷载分为5级。

1940年，苏联学者苏哈诺夫认为实际使用的采掘方法可以用来确定凿岩和爆破时的岩石坚固性，该方法利用炸药单耗等表示爆破性，用钎头消耗情况和凿岩速度等指标表示可钻性，这就是著名的苏式分级法。

1946年，太沙基进行了著名的活动门试验，该试验验证了压力拱效应的存在，在此基础上，提出以围岩压力拱高度H_P，为基础，将隧道围岩分为9级，每一级均对应相应的地压范围和详细的支护措施。该方法相较于普氏分级法能更好地反映坑道围岩的稳定状态，在美、英等国家得到广泛的应用。

1950年，苏联学者史列依涅尔通过史氏压入硬度标，将岩石分为塑性、脆性和塑脆性3大类。

1969年，美国学者怀特发明了一种拥有回转、冲击和回转—冲击3种钻进方式的微型试验钻机，并提出了一套岩石可钻性指数体系。岩石可钻性可从侧面反映岩石坚固程度，依此作为围岩分级的依据，它与普氏分级法有相似之处，

以单一的岩性指标作为围岩分级的唯一指标只能表达岩体某一方面的特征，这显然是不够准确的。随着地下工程的快速发展，以单一的岩性指标作为隧道围岩分级判别标准的局限性也越来越大，工程界迫切需要一种可以反映综合因素的方法进行隧道围岩分级工作。

（2）单一的综合岩性指标进行隧道围岩分级方法

单一的综合岩性指标是指以单一的指标来反映岩体的综合性因素，如岩体的弹性波传播速度、围岩的自稳时间、岩石质量指标等。为解决单一岩性指标的局限性，各界学者围绕上述指标提出了一些单一的综合岩性指标进行隧道围岩分级的方法。

1958年，劳费尔（Lauffer）提出用t_s公式计算围岩的自稳时间，再结合未施作支护地段的长度，将围岩分为7个级别。

20 世纪 60 年代初，日本学者小野李在地下修建铁道的过程中发现：岩石的完整性程度对围岩稳定性有很大影响，提出了利用岩块纵波波速与岩体纵波波速相结合的方法来评价岩体完整性。到 60 年代中期，日本岩石力学委员会提出以弹性波波速对铁路隧道围岩进行分级的规范方法，该方法将围岩分为Ⅰ～Ⅴ共 5 个级别，特殊围岩分为 3 个级别和 4 个级别，见表 2-1。

表 2-1 弹性波速度围岩分级(km/s)

岩石类别	围岩级别				
	Ⅰ	Ⅱ	Ⅲ	Ⅳ	Ⅴ
坚硬岩	＞5.0	4.5～5.0	3.5～4.5	2.3～3.5	＜2.3
较硬岩		＞4.3	3.7～4.3	3.0～3.7	＜3.0
较软岩			＞3.4	3.0～3.4	＜3.0

1967 年，美国学者迪尔等提出了根据钻取岩芯的长度确定围岩级别。该方法以钻取得到的岩芯完整程度对岩石质量等级进行判定，以 RQD 指标判断岩石的完整性，见式(2-1)；根据 RQD 的数值大小把岩体分为 5 级，见表 2-2。该方法通过 RQD 这一指标对围岩质量状况好坏有了明确的定义。

$$\mathrm{RQD}=\frac{10\ \mathrm{cm}\ 以上岩芯累计长度}{单位钻孔长度}\times 100 \tag{2-1}$$

表 2-2 RQD 岩体分级

RQD(%)	＞90	75～90	50～76	25～50	＜25
围岩质量	极好	良好	一般	差	极差

单一的综合岩性指标以多个方面的岩体特征为依据进行隧道围岩分级，无疑能更准确地反映隧道围岩稳定性。但该类方法一般需要进行大量的地质勘察，受技术勘察水平的制约，无法得到广泛的应用，但为之后复合指标进行隧道围岩分级的方法的发展打下了基础。

(3)复合指标进行隧道围岩分级的方法

20 世纪 70 年代，工程界为寻求一种可以被更加广泛认可的隧道围岩分级方法，提出了用复合指标(2 种或 2 种以上的岩性指标或综合岩性指标)进行隧道围岩分级的方法。

1963 年，加拿大学者科茨综合考虑岩石坚硬程度和岩体完整程度，提出了一种以定性为主包含简单定量的岩石分类方法，该方法综合考虑了岩石和岩体的 5 种特性。

1972 年，美国学者韦翰(Wickham)根据岩体的含水情况、节理状态以及地质构造提出了一种岩石结构评价方法，该方法被称为 RSR 分类法，其评价见式(2-2)。该方法是从大量工程实践及统计资料中分析得出，具有一定的实用性价值。

$$\mathrm{RSR}=A+B+C \tag{2-2}$$

式中 A——岩体结构评价参数；

B——围岩稳定性评价参数；

C——地下水影响评价参数。

1973 年，南非学者比尼亚夫斯基(Bieniawski)在已有分级方法的基础上，提出了“地质力学分级系统”法，以岩体单轴抗压强度、变质与风化效应、节理连续状态与充填情况、节理的走向与倾斜程度、节理间距大小、RQD、地下水等 7 个指标对围岩级别进行综合判定，该方法也被称为 RMR 围岩分级法，见式(2-3)。

$$\text{RMR}=A_1+A_2+A_3+A_4+A_5 \tag{2-3}$$

式中　A_1——岩石强度；

A_2——岩石质量指标(RQD)；

A_3——结构面的间距；

A_4——不连续结构面特征；

A_5——地下水。

RMR 围岩法最早应用于非洲隧道在此后的发展中，通过不断的修正和完善，截至今日，被广泛应用的 RMR 分级法是于 1989 修订的 RMR 89 分级法，相较于之前的 RMR 分级法，该方法将不连续结构面方向修正系数也考虑在内，见式(2-4)。

$$\text{RMR 89}=A_1+A_2+A_3+A_4+A_5+B \tag{2-4}$$

式中　B——不连续结构面方向修正系数。围岩级别划分见表 2-3。

表 2-3　RMR 89 围岩分级

围岩级别	Ⅰ	Ⅱ	Ⅲ	Ⅳ	Ⅴ
RQD(%)	100～81	81～61	60～41	40～21	<21
围岩质量	非常好	好	一般	差	极差

1974 年，挪威学者巴顿(Barton)等通过调查和统计 200 多座隧道的围岩情况，提出了一种新的围岩分级方法。该方法以岩石质量 RQD、节理组数、节理面粗糙度、节理蚀变程度、节理水约减系数以及地应力影响因素 SRF 等 6 项指标为综合判定依据，该方法也被称为 Q 分级法，见式(2-5)，分级结果见表 2-4。由于该方法全面考虑了裂隙岩体的节理、地下水以及地应力等多种因素，可以更加全面地反映围岩质量，因此该方法对许多国家围岩分级规范的制定产生了很大影响。

$$Q=\frac{\text{RQD}}{J_n}\times\frac{J_r}{J_a}\times\frac{J_w}{\text{SRF}} \tag{2-5}$$

式中　RQD——岩石质量指标；

J_r——节理面粗糙程度；

J_w——节理水折减系数；

J_n——节理数；

J_a——节理蚀变程度。

表 2-4　Q 分级法岩体质量评估

岩体质量	非常好	极好	良好	好	中等	不良	坏	极坏	非常坏
Q	400～1 000	100～400	40～100	10～40	4～10	1～4	0.1～1	0.01～0.1	0.001～0.01

1976 年，罗查提出了一种以经验为基础，对岩体进行定量化分类的方法。该方法以 MR 指标表示岩体的质量，可在 0～100 的范围内变化，并针对不同的岩体质量等级提出了相应的支护需求，见式(2-6)。岩体分级结果及支护需求见表 2-5。

$$MR=P_e+P_s+P_T+P_p \tag{2-6}$$

式中 P_e——节理间距；

P_s——节理系参数；

P_T——节理抗剪强度；

P_p——水的情况。

表 2-5 罗查分级结果及支护方法

围岩级别	MR 值	K 值	支护
Ⅰ	80～100	0～0.05	按照观测的顶板条件，如有需要，则设置岩石锚杆
Ⅱ	60～80	0.05～0.2	顶板需要进行系统支护
Ⅲ	50～60	0.3～0.6	顶板需要系统支护，边墙偶尔也可能需要进行支护
Ⅳ	30～50	0.6～0.9	顶板和边墙都需要进行系统支护
Ⅴ	0～30	0.9～	

1975 年，我国铁道部发布了《铁路工程技术规范：第 3 篇—隧道》该规范系统总结了铁路隧道技术，规范中提出根据岩石强度、围岩完整程度以及地下水情况 3 个因素对围岩进行分级的方法，并将围岩分为 6 个等级。这是我国自 20 世纪 50、60 年代向苏联学习引进普氏和苏氏分级法之后，首次自主提出的以多指标因素进行隧道围岩分级的方法，此规范对我国今后工程岩体分级标准的制定具有重要意义。

1976 年，关宝树出版了关于围岩分级的专著《铁路隧道围岩分类》。此书较为全面地介绍了围岩分级方法的形成以及发展，并列出了主要的围岩分级方法。这也是我国第一部关于围岩分级的专著。

1984 年，我国水利部发布了《水工隧洞设计规范（试行）》（SD 134—1984），该规范提出的围岩分级方法综合考虑了岩石强度、岩体完整程度、地下水、结构面与洞轴线组合关系、结构面状态 5 种指标。

1985 年，我国铁道部科学研究院西南研究所提出了一种隧道岩体分级方法，此方法将影响围岩的因素归纳为基本因素、修正因素和其他因素 3 大类，该方法通过复合指标参数评分法获得岩体质量指标 RMQ 值，再通过 RMQ 的大小对工程岩体进行分级。

1990 年，我国交通部发布了《公路隧道设计规范》（JTJ 026—1990），提出围岩分级要以岩石强度、岩体完整程度、地下水、结构面状态等因素为指标。

1994 年，我国水利部发布了《工程岩体分级标准》（GB 50218—1994），该标准采用定量和定性相结合的 BQ 法对工程岩体等级进行判定，采用岩石单轴饱和抗压强度 R 和岩体体积节理数 K 计算围岩基本质量指标 BQ 值，这也是我国第一部工程岩体分级标准，见式（2-7）、此后考虑到地下水、高初始应力、不利软弱结构面等的影响，对 BQ 值进行了修正，见式（2-8）。BQ 分级法是目前大多数工程所使用的一种隧道围岩分级方法，该方法由于考虑了诸多指标因素，使围岩分级结果的准确度得到了显著的提高，见表 2-6。

$$BQ=100+3R_c+250K_v \tag{2-7}$$

$$[BQ]=BQ-100(K_1+K_2+K_3) \tag{2-8}$$

式中 BQ——岩体基本质量指标；

[BQ]——岩体修正质量指标；

K_1——地下水影响修正系数；

K_2——主要软弱结构面产状影响修正系数；

K_3——初始应力状态影响修正系数。

表 2-6　隧道围岩分级

围岩级别	围岩或土体主要特征	BQ 值
Ⅰ	岩体完整，整体状或巨厚层状结构的坚硬岩	>550
Ⅱ	岩体较完整，块状或厚层状结构的坚硬岩，岩体完整，块状整体结构的较坚硬岩	550～451
Ⅲ	岩体较破碎，巨块（石）碎（石）状镶嵌结构的坚硬岩，岩体较完整，块状或中厚层结构的较坚硬岩或较软岩	450～351
Ⅳ	岩体破碎，碎裂结构的坚硬岩，岩体较破碎～破碎、镶嵌破碎结构的较坚硬岩，岩体较完整～较破碎、中薄层状结构的较软岩或软硬岩互层，且以软岩为主	350～251
	压密或成岩作用的黏性土或砂性土，Q_1、Q_2 黄土，一般铁质、钙质胶结的卵石土、碎石土、大块石土	
Ⅴ	岩体破碎的较软岩，岩体较破碎～破碎的软岩，极破碎、碎、裂状，松散结构的各类岩体	≤250
	一般第四系的半干硬至硬塑的黏性土及稍湿至潮湿的圆砾、卵石土、角砾石、碎石土，Q_3、Q_4 黄土，非黏性土呈松散结构的黏性土，呈松软结构的黄土	

2004 年，我国以 BQ 分级方法为基础，结合已有铁路隧道的研究成果，在《公路隧道设计规范》(JTGD 70—2004)中提出了公路隧道围岩分级方法。

2008 年，我国水利部颁布《水利水电工程地质勘察规范》(GB 50487—2008)，提出以围岩强度应力比 S 作为围岩分级的根据，把岩石的强度、岩体完整性及结构面产状作为基本指标，以主要结构面产状、地下水影响作为修正指标进行围岩分级，该方法被称为 HC 法。

2010 年，我国出版的《公路隧道设计细则》(JTG/T D70—2010)中引用了国标《工程岩体分级标准》(GB 50218—1994)关于围岩分级的研究成果，提出了对公路隧道分级的方法。

2010 年，赵勇通过研究软弱围岩地质特征和力学特征，为方便隧道设计与施工的需要，提出铁路隧道软弱围岩分级的建议，将软弱围岩分为三级，分别为软岩Ⅰ级、软岩Ⅱ级和软岩Ⅲ级，见表 2-7。

表 2-7　铁路隧道软弱围岩等级划分建议表

软弱围岩级别	隧道围岩级别	基本地质特征	鉴别特征
软岩Ⅰ级	$Ⅳ_2$、$Ⅴ_1$	①硬岩，破碎，结构面极发育、结合一般或差；较破碎，结构面发育，结合好；②较软岩或软硬岩互层，以软岩为主，较破碎，结构面发育、结合一般。③软岩，较完整，结构面较发育，结合好或一般，或结构面发育，结合好。④断层影响带。⑤压密的坚硬至一般硬塑状黏质土；压密状态稍湿至潮湿成岩作用的砂质土；一般钙质、铁质胶结的碎石土、卵石土、圆砾、大块石土；一般或坚硬松散结构的老黄土，不具湿陷性～轻微湿陷性	对于小断面和中断面隧道，围岩有数小时自稳时间，一般能满足初期支护能够顺利施作，其变形在初期支护和短超前支护下能够收敛

续上表

软弱围岩级别	隧道围岩级别	基本地质特征	鉴别特征
软岩Ⅱ级	V_2	①较软岩，破碎结构面发育或极发育；②软岩，较破碎，结构面发育，结合一般；破碎，结构面发育，结合差，或结构面极发育；③极破碎的各类岩体；全部极软岩；④以压碎岩为主的断层带，以断层角砾为主的压性、压扭性断层或扭性或以扭性为主的断层；⑤一般硬塑状黏土及可塑状黏质土；密实以下但胶结程度较好的砂质土；稍湿至潮湿且较松散的碎石土，卵石土、圆砾、角砾土；一般或坚硬松散结构的新黄土	隧道开挖后，一般掌子面不能自稳，需要增加掌子面稳定措施，才能使初期支护顺利施作，其初期变形速度快，且变形量大，需在超前支护和初期支护共同作用下变形才能收敛
软岩Ⅲ级	Ⅵ、部分特殊围岩	①高地应力或高水压作用下的软岩；②饱水第三系泥质弱胶结粉细砂岩；③受地下水影响的膨胀岩；④饱水全风化花岗岩；⑤大变形劣质岩带（炭质片岩、炭质板岩、炭质页岩、构造强烈挤压糜棱岩带等）；⑥可塑～流塑状黏质土或近软塑状及低天然密度可塑状黏质土；松散潮湿、呈饱和状态的粉细砂等砂质土；风积沙；湿陷性强烈的黄土；第三系富水未成岩砂岩；强烈湿陷性黄土；膨胀土、红土、多年冻土、人工填土等特殊土	一般表现为围岩无自稳时间，遇水软化、极易发生变形坍塌或流坍现象。隧道开挖前，需采用特殊工程措施，才能使初期支护顺利施作，其变形速度快、变形量很大，且持续时间很长，需采用特殊结构，支护结构及时闭合，才能保证围岩的稳定

注：Ⅳ_2、V_1、V_2、Ⅵ以及特殊围岩为铁路隧道亚级分级方法。

2013 年，马超锋等通过对岩体结构控制的研究，引用比尼亚夫斯基（Bieniawski）数学模型，建立了一套山岭隧道施工阶段的围岩动态分级标准。该方法以岩块强度、岩体结构特征、结构面发育特征等作为基本分级指标，再考虑地应力、地下水、不利结构面产状等进行修正，并规定了各指标的所占权重，用字符 RMD 对围岩动态分级各指标进行评分，各指标的评分区间总分 100 分，等分为 5 级。

2017 年，国家铁路局发布的《铁路隧道设计规范》（TB 10003—2016）正式实施，新版《铁路隧道设计规范》围岩分级在采用 BQ 法的基础上，新增了各级围岩的岩体弹性纵波波速参考范围，为通过岩体纵波波速对围岩级别进行判定提供了一定依据。

2018 年，交通运输部行业标准《公路隧道设计规范　第一册　土建工程》（JTG 3370.1—2018）对隧道围岩级别的评判，在 BQ、[BQ]基础之上采用两步分级方法。隧道各级围岩自稳能力，可根据围岩变形量测和理论计算分析判定。

2.1.3　公路隧道围岩分级

（1）BQ 值计算

在《公路隧道设计规范　第一册　土建工程》（JTG 3370.1—2018）中，对围岩分级做了详细规定。围岩分级中岩石坚硬程度、岩体完整程度两个基本因素的定性特征和定量的岩体基本指标 BQ 进行初步分级。在岩体基本质量分级基础上，考虑修正因素影响，修正岩体基本质量指标值得出基本质量指标修正值[BQ]，再结合岩体的定性特征进行综合评判，确定围岩的详细分级。岩质围岩基本质量指标 BQ 根据分级因素的定量指标 R_c 值、K_v 值，按式（2-9）计算。

$$BQ=100+3R_c+250K_v \tag{2-9}$$

并应遵守下列限制条件：

当 $R_c>90K_v+30$ 时，应以 $R_c=90K_v+30$ 和 K_v 代入计算 BQ 值；

当 $K_v>0.04R_c+0.4$ 时，应以 $K_v=0.04R_c+0.4$ 和 R_c 代入计算 BQ 值；

岩石坚硬程度定量指标用岩石单轴饱和抗压强度 R_c 表达，宜采用实测值；若无实测值时，可采用实测的岩石点荷载强度指数 $I_{S(50)}$ 的换算值，即按式(2-10)计算。

$$R_c=22.82I_{S(50)}^{0.75} \tag{2-10}$$

岩体完整程度的定量指标用岩体完整性系数 K_v 值表达，应符合表 2-8 规定：K_v 宜采用弹性波探测，若无探测值时，可用岩体体积节理数 J_r 按表确定对应的 K_v 值。

表 2-8　J_r 与 K_v 对照表

J_r(条/m^3)	<0.75	3～10	10～20	20～35	≥35
K_v	>0.75	0.75～0.55	0.55～0.35	0.35～0.15	≤0.15

岩体完整性指标 K_v 测试和计算方法应针对不同的工程地质岩组或岩性段，选择有代表性的点、段，测试岩体弹性纵波速度，并应在同一岩体取样测定岩石纵波速度，按式(2-11)计算。

$$K_v=(v_{pm}/v_{pr})^2 \tag{2-11}$$

v_{pm}——岩体弹性纵波速度(km/s)；

v_{pr}——岩石弹性纵波速度(km/s)。

(2)修正[BQ]值计算

岩质围岩详细定级时，应根据地下水、主要软弱结构面、初始应力状态的影响程度，对岩体基本质量指标 BQ 进行修改，按式(2-8)计算。其中，K_1 见表 2-9，K_2 见表 2-10，K_3 见表 2-11。

表 2-9　地下水影响修正系数 K_1

地下水出水状态	BQ			
	>550	550～451	350～251	<250
潮湿或点滴状出水，$p\leqslant0.1$，$Q\leqslant25$	0	0	0.2～0.3	0.4～0.6
淋雨状或涌流状出水，$0.1<p\leqslant0.5$ 或 $25<Q\leqslant125$	0～0.1	0.1～0.2	0.4～0.6	0.7～0.9
淋雨状或涌流状出水，$p>0.5$，$Q>125$	0.1～0.2	0.2～0.3	0.7～0.9	1.0

注：在同一地下水状态下，岩体基本质量指标 BQ 越小，修正系数 K_1 取值越大；同一岩体，地下水量、水压越大，修正系数 K_1 取值越大。

表 2-10　主要软弱结构面产状影响修正系数 K_2

结构面产状及其与隧洞轴线的组合关系	结构面走向与洞轴线夹角<30°，结构面倾角 30°～75°	结构面走向与洞轴线夹角>60°，结构面倾角>75°	其他组合
K_2	0.4～0.6	0～0.2	0.2～0.4

注：1. 一般情况下，结构面走向与洞轴线夹角越大，结构面倾角越大，修正系数 K_2 取值越小；结构面走向与洞轴线夹角越小，结构面倾角越小，修正系数 K_2 取值越大。2. 本表特指存在一组起控制作用结构面的情况，不适用于有两组或两组以上起控制作用结构面的情况。

表 2-11 初始应力状态影响修正系数 K_3

初始应力状态	BQ				
	>550	550～451	450～351	350～251	<250
极高应力区	1.0	1.0	1.0～1.5	1.0～1.5	1.0
高应力区	0.5	0.5	0.5	0.5～1.0	0.5～1.0

注：1. BQ 值越小，修正系数取值越大。2. 围岩极高及高初始应力状态的评估可按表规定进行。

根据岩体(围岩)钻探和开挖过程中出现的主要现象，如岩芯饼化或岩爆现象，可按表 2-12 评估围岩的应力情况；岩石坚硬程度的定性划分见表 2-13。

表 2-12 高初始应力地区围岩在开挖过程中出现的主要现象

应力情况	主要现象	R_c/σ_{max}
极高应力	①硬质岩：开挖过程中有岩爆发生，有岩块弹出，洞壁岩体发生剥离，新生裂缝多，成洞性差；②软质岩：岩芯常有饼化现象，开挖过程中洞壁岩体有剥离，位移极为显著，甚至发生大位移，持续时间长，不易成洞	<4
高应力	①硬质岩：开挖过程中可能出现岩爆，洞壁岩体有剥离和掉块现象，新生裂缝较多，成洞性差；②软质岩：岩芯时有饼化现象，开挖过程中洞壁岩体位移显著，持续时间较长，成洞性差	4～7

注：σ_{max} 为垂直隧洞轴线方向的最大初始应力。

表 2-13 岩石坚硬程度的定性划分

名称		定性鉴定	代表性岩石
硬质岩	坚硬岩	锤击声清脆，有回弹，震手，难击碎；浸水后，大多无吸水反应	未风化～微风化的花岗岩、正长岩、闪长岩、辉绿岩、玄武岩、安山岩、片麻岩、石英片岩、硅质板岩、石英岩、硅质胶结的砾岩、石英砂岩、硅质石灰岩等
	较坚硬岩	锤击声较清脆，有轻微回弹，稍震手，较难击碎；浸水后，有轻微吸水反应	①中等(弱)风化的坚硬岩；②未风化～微风化的熔结凝灰岩、大理岩、板岩、白云岩、石灰岩、钙质胶结的砂页岩等
软质岩	较软岩	锤击声不清脆，无回弹，较易击碎；浸水后，指甲可刻出印痕	①强风化的坚硬岩；②中等(弱)风化的较坚硬岩；③未风化～微风化的凝灰岩、千枚岩、砂质泥岩、泥灰岩、泥质砂岩、粉砂岩、页岩等
	软岩	锤击声哑，无回弹，有凹痕，易击碎；浸水后，手可掰开	①强风化的坚硬岩；②中等(弱)风化～强风化的较坚硬岩；③中等(弱)风化的较软岩；④未风化的泥岩、泥质页岩、绿泥石片岩、绢云母片岩等
	极软岩	锤击声哑，无回弹，有较深凹痕，手可捏碎；浸水后，可捏成团	①全风化的各种岩石；②强风化的软岩；③各种半成岩

岩石风化程度可按下表确定。当波速比 k_v、风化系数 k_f 及野外特征与表 2-14 不对应时，岩石风化程度宜综合判断。

表 2-14　岩石风化程度的划分

名　称	野外特征	风化程度参数指标	
		波速比 k_v	风化系数 k_f
未风化	岩石结构构造未变，岩质新鲜	0.9～1.0	0.9～1.0
微风化	岩石结构构造、矿物成分和色泽基本未变，部分裂隙面有铁锰质渲染或略有变色	0.9～0.9	0.8～0.9
中等(弱)风化	岩石结构构造大部分破坏，矿物成分和色泽已明显变化，长石、云母和铁镁矿物已风化蚀变	0.6～0.8	0.4～0.8
强风化	岩石结构构造大部分破坏、矿物成分和色泽已明显变化，长石、云母和铁镁矿物已风化蚀变	0.4～0.6	<0.4
全风化	岩石结构构造完全破坏，已崩解和分解成松散土状或砂状，矿物全部变色，光泽消失，除石英颗粒外的矿物大部分风化蚀变为次生矿物	0.2～0.4	—

注：1. 波速比 k_v 为风化岩石弹性纵波速度与新鲜岩石弹性纵波速度之比。2. 风化系数 k_f 为风化岩石单轴饱和抗压强度之比。

(3)公路隧道围岩分级

可根据调查、勘探、试验等资料，隧道岩质围岩定性特征、岩体基本质量指标 BQ 或岩体修正质量指标[BQ]、土质围岩中的土体类型、密实状态等定性特征，按表 2-15 确定围岩级别。

表 2-15　公路隧道围岩级别划分和围岩自稳能力判断

围岩级别	岩体基本质量指标 BQ 或岩体修正质量指标[BQ]	围岩岩体或土体主要定性特征	自稳能力
Ⅰ	>550	坚硬岩，岩体完整	跨度≤20 m，可长期稳定，偶有掉块，无塌方
Ⅱ	550～451	①坚硬岩，岩体较完整；②较坚硬岩，岩体完整	①跨度 10～20 m，可基本稳定，局部可发生掉块或小塌方；②跨度<10 m，可长期稳定，偶有掉块
Ⅲ	450～351	①坚硬岩，岩体较破碎；②较坚硬岩，岩体较完整；③较软层，岩体完整，整体状或巨厚层状结构	①跨度 10～20 m，可稳定数日至 1 月，可发生小～中塌方；②跨度 5～10 m，可稳定数月，可发生局部块体位移及小～中塌方；③跨度<5 m，可基本稳定
Ⅳ	350～251	①坚硬岩，岩体破碎；②较坚硬岩，岩体较破碎～破碎；③较软层，岩体较完整～较破碎；④软岩，岩体完整～较完整	①跨度>5 m，一般无自稳能力，数日至数月内可发生松动变形、小塌方，进而发展为中～大塌方；埋深小时，以拱部松动破坏为主；埋深大时，有明显塑性流动变形和挤压破坏；②跨度≤5 m，可稳定数日至 1 月
		土体：①压密或成岩作用的黏性土及砂性土；②黄土(Q_1、Q_2)；③一般钙质、铁质胶结的碎石土、卵石土、大块石土	

续上表

围岩级别	岩体基本质量指标 BQ 或岩体修正质量指标[BQ]	围岩岩体或土体主要定性特征	自稳能力
Ⅴ	≤250	①较软岩，岩体破碎；②软岩，岩体较破碎～破碎；③全部极软岩和全部极破碎岩	无自稳能力，跨度 5 m 或更小时，可稳定数日
		一般第四系的半干硬至硬塑的黏性土及稍湿至潮湿的碎石土，卵石土、圆砾、角砾土及黄土（Q_3、Q_4）；非黏性土呈松散结构，黏性上及黄土呈松软结构	
Ⅵ		软塑状黏性土及潮湿、饱和粉细砂层、软土等	无自稳能力

注：1. 小塌方，塌方高度＜3 m，或塌方体积＜30 m^3。2. 中塌方，塌方高度 3～6 m，或塌方体积 30～100 m^3。3. 大塌方，塌方高度＞6 m，或塌方体积＞100 m^3。

2.1.4 围岩分级发展趋势

在过去的 200 多年中，各国学者也取得了大量的研究成果，针对不同的工程类别和研究目的提出了数十种围岩分级的方法和理论，并在工程应用中进行了不断的改进和完善。但随着隧道工程向着“深、长、大”的趋势不断发展，所面临的地质问题也越发复杂多样，因此对围岩分级的精细化提出了更高的要求。随着我国隧道建设持续的高速发展，为提高隧道设计施工质量、确保施工安全、节省工程建设经费，进行隧道围岩精细化分级仍是重要工作。在全面总结隧道围岩分级技术的研究历程的基础上，提出了隧道围岩分级未来发展的 5 个重要方向：即围岩分级的研究将着重于物探手段的应用、监控量测数据反馈分析、特殊地质条件精细分级、智能算法在围岩分级中的应用、施工阶段快速围岩级别判定等 5 个方面。

(1)基于物探手段的隧道围岩分级

隧道围岩分级工作需以大量地质勘查为基础由于隧道工程属于隐蔽工程，勘察难度相较其他工程也大得多，因此寻找合适的物探方法以提高勘察精度、简化勘察操作、降低勘察成本，成为隧道围岩级别判定的关键。目前境内外在隧道围岩分级中应用得较为先进的物探方法有音频大地电磁测探法，微震监测技术、隧道地震波超前地质预报系统（TSP）、地球物理综合测井技术等，每种物探方法均有其适用条件与优缺点，不同的工程背景和地质条件需要采用不同的物探方法。各种物探方法均存在弊端及局限性，今后可针对不同的隧道围岩分级指标，分别选用不同的物探方法逐一进行定量勘察，再通过相互比对或复合得到较为准确的围岩分级。①音频大地电磁测探法可以对断层、破碎带的位置，富水带和软弱带的规模和埋深等进行准确的探测，但其易受地电流的影响，探测深度较浅。②微震监测技术利用对震动波的监测，可以准确定位围岩破碎、变形位置，但其进行现场监测时，监测结果易受噪音影响，对恶劣监测条件适应能力差，且不同公司出产的设备性能也有所差异。③TSP 工作原理类似于微震监测，利用对震动波的监测可以准确掌握围岩位置的地质情况，具有预报距离长的优点，但噪音等恶劣监测条件也会对其预报结果产生较大影响。④地球物理综合测井技术通过测井可准确获得围岩岩体强度、岩层变化等数据，但该技术应用于隧道围岩分级中涉及的核心知识较多、专业性强，往往需要专业人员进行操作，致使其相较于其他物探方法来说成本更加高昂。

(2)基于监控量测数据的隧道围岩分级

监控量测是隧道新奥法施工的 3 大核心技术之一，通过监测数据可以全面、实时地掌握围岩和支护结构的变形、受力状态，进而可分析围岩稳定性，并进行围岩级别的划分。传统做法是依据监测数据绘制时间—位移曲线，当曲线趋于平缓时表明围岩趋于稳定；当曲线急剧上升表示围岩处于大变形阶段；曲线存在反弯点则表示围岩已经处于失稳状态。

这种做法可对围岩稳定性进行定性分析，但定量划分围岩级别还缺乏合理的标准，另外围岩受力情况和其他物理力学指标的变化未能综合考虑，故所得结果准确性有待提高。因此，未来监控量测技术的发展，一方面要提高自动化、远程操作和抗干扰能力；另一方面建立各级围岩各种复杂地质条件下结构稳定性分析方法和判别标准更是关键。

(3)特殊地质条件下的隧道围岩分级

隧道施工中，遇到一些特殊地质条件是不可避免的，而我国现行隧道围岩分级标准仅对于一般地质条件和岩质围岩有良好的适用性，对于特殊地质条件下的围岩与土质围岩，如黄土、红黏土、膨胀土、富水地带、大变形软岩、高应力高地热区、断层破碎带等的分级未做详细的说明，致使在这些地质条件下进行隧道围岩分级时缺乏有效的理论依据。黄土隧道中，由于现有的黄土力学性质研究成果还无法完全考虑黄土围岩的实际特征，所以无法提供围岩分级所需的主要物理力学参数建议值，因此在工程实际中多按评价者自身工程经验或按最差级别进行围岩分级。高地应力软岩大变形隧道按现有规范该类隧道围岩均属Ⅴ级，但由于依然存在强度应力比、初始地应力、围岩变形及其他物理力学参数的较大差异，划分为同一级别，采用相同的设计施工参数肯定无法适应工程实际，故仍需结合围岩的地质特性，开展亚分级工作，以满足工程要求。由于特殊地质条件下隧道工程的建设往往存在施工难度大、施工经验欠缺，故这种做法主观性过大，且对地质条件的特殊性质考虑不全面，往往会导致分级结果与实际围岩质量有所差别；若分级结果过于激进，极易导致隧道支护力不足，发生严重安全事故；若分级结果过于保守，则会造成人力、物力的浪费；因此迫切需要根据各种特殊地质条件下围岩特有的物理力学特性，建立具有针对性的定量判别标准，对特殊地质围岩进行更加细致、准确的分级，以解决隧道设计与施工中存在的难题。

(4)隧道围岩分级的智能算法

隧道围岩分级的定量化和综合化是今后研究的主流趋势，这需要采用合理的算法将围岩的各种物理力学参数转化为最终分级指标，因此算法的操作性及适用性将大大影响围岩分级结果的可靠度。当前隧道围岩分级常见的 BQ 法、Q 法、RMR 法等采用的算法都是将岩性指标进行简单的代数叠加，这种方式计算简单，但未能充分考虑各影响因子所占的权重，故针对复杂地质条件其分级结果必然不够精确。随着智能算法的快速发展及应用，土木工程界已着手该领域进行探索，应用较广的算法有神经网络、支持向量机(SVM)遗传算法、灰度理论等，这些算法均有其可在隧道围岩分级中运用的优势如神经网络可通过大量围岩数据的训练得出一个更加贴合实际状况的围岩稳定性结果；支持向量机(SVM)可在样本数据相对较少时，对围岩物理力学参数的判别具有较高的精度。

现今智能算法种类众多，各种新算法也层出不穷，而将其应用于工程界乃至隧道围岩分级工作中尚有较大的发展空间，特别是在复杂地质条件下和施工中动态快速围岩分级领域，采用合适的智能算法可以使围岩分级工作变得更加简单及准确。

(5)施工阶段的隧道围岩快速分级

当前的围岩分级工作大都集中在隧道勘察设计阶段完成，主要根据勘测阶段得到的地质资料得出围岩分级结果。然而勘察费用巨大、操作困难往往导致所获取的信息不够完整、样本有限且可能存在区域局限性，因此，勘察设计阶段的围岩分级往往只能作为预分级，施工阶段还需根据地质条件的变化对围岩分级进行不断修正。以 BQ 分级法为例，当前施工阶段隧道围岩分级的核心工作是 R_c 值和 K_v 值的现场快速获取。对于 R_c 值来说，施工阶段多采用回弹仪测量回弹值进行换算，工作繁琐，致使分级工作周期长，且仅靠回弹值显然难以得出准确的岩石单轴抗压强度值；对于 K_v 值来说，施工阶段多采用数节理数的方式，通过换算公式得出，由于不同观察者对节理的界定存在差别，此种方法受主观影响较大。这就导致施工阶段的围岩分级工作时间长、结果不可靠，从而影响施工进度和施工安全。

寻求一种可在施工阶段应用的围岩快速分级方法是解决该问题的关键，高效、准确地在施工阶段获得 R_c 值和 K_v 值，可大大缩短施工阶段围岩分级工作的成本及时间，对隧道施工安全也具有重要意义因此，施工阶段的围岩快速分级方法的探究也是未来隧道围岩分级工作发展的又一重点。

2.2 隧道软弱围岩工程特性及分类

2.2.1 软弱围岩工程特性

(1)软弱围岩地质特征

①岩体破碎松散、粘结力差：一般为土层、岩体全风化层、挤压破碎带等构成的围岩，由于结构破碎松散，岩体间的粘结力差，开挖洞室后，仅靠颗粒间的摩擦效应和微弱胶结作用成拱，这类岩体极不稳定，尤其是在浅埋地段容易发生坍塌冒顶。(a)软弱围岩浅埋、偏压段：隧道施工时拱部一般难于成拱，在未采取足够措施前，软弱围岩浅埋隧道易发生局部塌方；软弱围岩偏压地段，隧道支护结构将承受显著的不对称荷载，施工期间易造成初期支护纵向开裂或错台，变形过大甚至塌方，如图 2-1 所示。(b)对于土质隧道，土质隧道强度低、自稳性差，与岩石隧道相比要承受更大的荷载，若初期支护强度不足，将导致变形大、严重时会出现局部坍塌等安全风险，如图 2-2 所示。

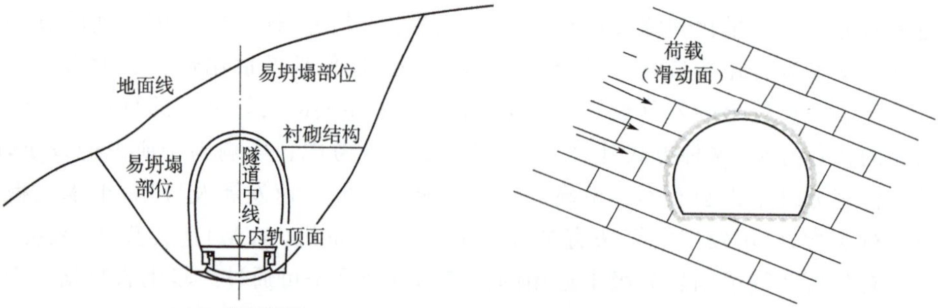

(a) 浅埋偏压　　(b) 地层顺层偏压

图 2-1　软弱围岩浅埋偏压段

②围岩强度低、遇水易软化：一般以页岩、泥岩、片岩、炭质岩、千枚岩等为代表的软质岩地层，由于其强度低、稳定性差，开挖暴露后易风化、遇水易软化，尤其是深埋地段受高应力影响容易发生塑性变形，造成洞室内挤，比如大埋深软岩隧道地段，一般存在较高

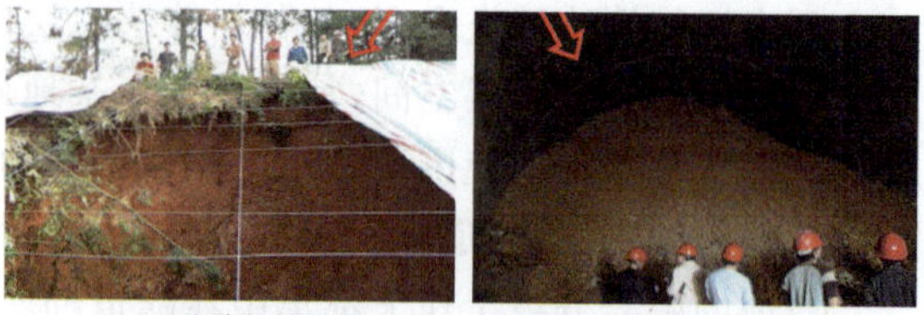

(a) 隧道塌方冒顶　　(b) 掌子面挤出坍方

图 2-2　土质隧道

的地应力，由于软岩抗压强度低，开挖过程中洞壁岩体剥离，位移极为显著，变形持续时间长，隧底常出现隆起现象。通过该段时，若支护不足可能造成支护变形过度、侵限，甚至塌方等安全风险，如图 2-3 所示。

（a）稳定性差　（b）遇水易软化　（c）高地应力软岩段　（d）初期支护变形过大

图 2-3　软弱围岩影响隧道安全

③岩体结构面软弱、易滑塌：主要是存在于受结构面切割影响严重的块状岩体中，由于结构面的粘结强度较低，开挖后周边岩体极易沿结构面产生松弛、滑移和坠落等变形破坏现象如图 2-4 所示。(a)断层破碎带：由于断层上下两盘的相对运动，常使断层面附近岩石破碎成碎石和粉末状，形成断层破碎带，其岩体一般自稳性极差，且常伴有地下水，隧道通过断层破碎带时易发生塌方、掌子面突泥、突水等安全风险。(b)结构面发育的块状岩体地段：块状围岩的力学特性是岩石单体强度较高、承载力较高，但因结构面发育，受其切割制约，特别是在有地下水组合作用的条件下，岩体整体稳定性差，这类围岩隧道坍塌的特点是个别岩块失稳，造成较大范围岩块突然坍塌。(c)不同岩层接触带地段：由于不同岩层，岩性差异大，加之常伴有地下水，在接触面附近常发育有风化剥蚀面，岩体较为软弱、破碎，隧道通过时，在掌子面上方或前方，易发生塌方、涌泥等安全风险。

（a）断层破碎带　（b）断层地段塌方　（c）围岩结构面发育

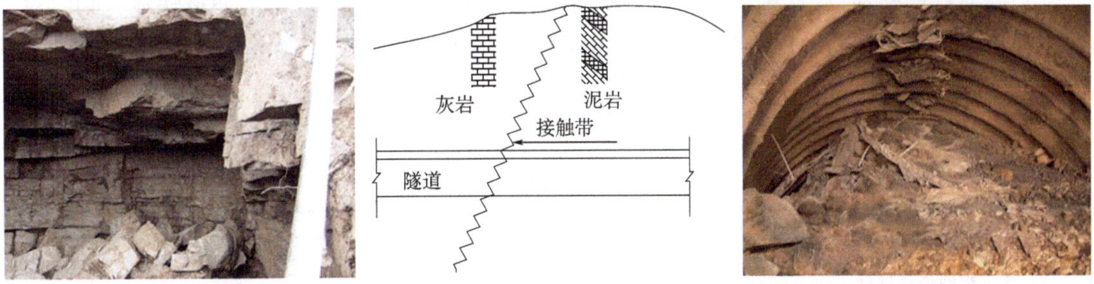

（d）岩块失稳坍塌　（e）岩层不整合接触带　（f）接触带塌方

图 2-4　岩土体结构面影响隧道安全

(2)软弱围岩强度特征

①围岩(岩土体)强度：围岩强度指围岩抵抗外力的能力，其包括抗压强度、抗拉强度和抗剪强度。岩土体的强度：指包含结构面网络的岩体(含土体)强度，岩体强度不同于岩石(完整

岩块)强度,也不同于结构面强度,岩体强度受岩石强度、结构面强度、岩体结构、岩体赋存环境等多种因素的控制。对于隧道而言,不同部位围岩所处应力状态各异,有的部位以压应力为主,则应考虑围岩抗压强度,有的部位以拉应力为主,则应考虑围岩抗拉强度。当隧道开挖后,围岩重分布应力超过了围岩强度,则将出现压缩破坏、拉伸破坏或剪切破坏,以及压剪或拉剪混合破坏等模式。围岩强度不同于岩石强度、结构面强度,围岩强度是指包含结构面的岩体的强度,因此,围岩强度受岩石强度、结构面强度、岩体结构、围岩赋存环境等因素的控制。综上可知,影响围岩强度的主要因素是岩石强度、围岩完整性系数以及结构面特征等。

②软弱围岩强度特征:(a)软弱围岩强度随岩石强度降低而降低。当围岩完整性及结构面特征恒定时,则围岩强度和岩石强度呈线性变化。(b)当构成围岩的岩石强度恒定时,围岩强度随围岩完整性系数减小而降低,即围岩越完整,围岩强度越接近岩石强度,围岩越破碎,围岩强度越小。(c)当围岩中存在控制性软弱结构面时,如存在断层、挤压破碎带,则围岩强度受结构面产状与洞轴关系以及结构面强度两个因素的影响。(d)软弱围岩强度受地下水影响较敏感,地下水对软弱围岩有显著的软化和泥化作用。地下水对软弱围岩的软化和泥化作用主要表现在对结构面中充填物的物理性状的改变上,岩体结构面中充填物随含水量的变化,发生由固态向塑态直至液态的弱化效应,使得软弱围岩力学性能降低,黏聚力和内摩擦角值减小,围岩变形量大,稳定性降低。

③围岩(岩土体)强度低的影响因素:(a)岩石强度低。根据我国工程岩体分级标准、岩土工程勘察规范、铁路隧道设计规范等资料,一般将单轴饱和抗压强度低于 30 MPa 的岩石称为软质岩或软岩。软质岩主要包括未成岩的岩石、已风化的岩石以及含有软弱矿物的岩石。未成岩岩石指尚未固结岩石,其范围大致是新第三系以后的低固结、未固结的砂岩、泥岩,以及形成一部分冲积层的砂质土、砾质土、火山灰等未固结的以及固结度低的岩石,统称为未固结岩石。已风化岩石指由于风化作用而使强度降低的岩石,包括全风化的各类土。含有软弱矿物岩石主要包括泥质岩组、含煤岩组、含盐含石膏岩组、云母片岩、滑石片岩组等。(b)岩体破碎。对于一些坚硬岩石,如坚硬的岩浆岩、石灰岩、砂岩等,虽然其岩石强度较高,但若受到强烈的构造运动影响,导致节理、裂隙、断层等结构面发育,从而致使岩体强度降低,围岩稳定性变差。(c)围岩赋存环境差。隧道围岩由于赋存于富水、高地应力等不良地质环境中,而易引起涌水、塌方等地质灾害,赋存于这种地质环境下的围岩也可称为软弱围岩。

(3)软弱围岩变形特征

①围岩自稳特征:软弱围岩的工程地质性质决定了它在隧道工程中的变形特征,即开挖后自稳能力差,表现出"自稳时间短、易坍塌"的特征。由于隧道的开挖,使先前支撑隧道洞身围岩被移走,洞壁临空;造成围岩应力进行重新调整,围岩与洞壁均向隧道净空方向变形,表 2-16 为隧道自稳时间统计表。

表 2-16 隧道自稳时间统计表

项　目	Ⅵ	Ⅴ	Ⅳ	Ⅲ	Ⅱ～Ⅰ
无支护隧道长度(m)	1	2.5	5	8	15
平均自稳时间	30 min	10 h	7 d	6 个月	10 年
岩体的黏聚力(MPa)	<0.1	0.1～0.2	0.2～0.3	0.3～0.4	≥0.4
岩体的内摩擦角(°)	<15	15～25	25～35	35～45	45

②围岩变形组成部分：围岩变形由三部分组成（图 2-5）：(a)隧道正前方掌子面的水平位移，表现为掌子面的水平鼓出；(b)掌子面前方围岩下沉，浅埋隧道表现为地表下沉，形成沉降槽；(c)刚开挖的隧道洞壁出现收敛变形，表现为拱顶下沉和边墙内移。若这种变形不进行控制，则可能发生隧道坍方。常见的隧道坍方类型可以归纳为两类：一是掌子面水平变形过大，发生掌子面挤出坍方；二是支护下沉过大，出现整体失稳坍方。隧道塌方类型如图 2-6 所示。

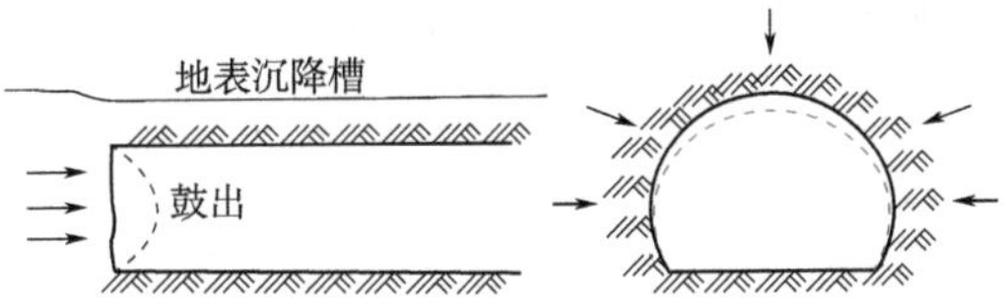

(a) 地表沉降和掌子面鼓出　(b) 拱顶下沉和边墙内移

图 2-5　围岩变形组成

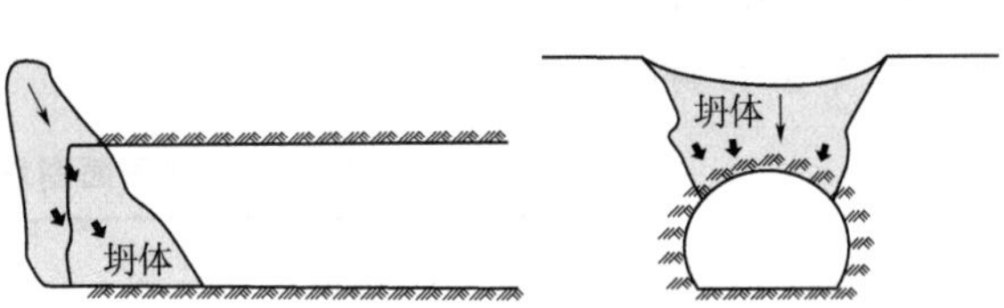

(a) 掌子面挤出塌方　(b) 整体失稳塌方

图 2-6　隧道塌方类型

③软岩变形特征：围岩变形是评价隧道围岩稳定性的重要指标，也是隧道设计的基本准则之一。隧道开挖后，围岩变形稳定性大致经历三个阶段：弹性变形阶段、弹性变形和塑性变形共存阶段、以流变为主流变和塑性变形共存且同时围岩发生损伤断裂挤出及膨胀耦合作用阶段。坚硬围岩以弹性变形和塑性变形为主，而软弱围岩则以塑性变形和流变变形为主。软弱围岩隧道的变形特征如下：(a)变形量大：隧道开挖后，能够产生显著塑性变形是软弱围岩最主要显性特征。实测数据表明，软弱围岩洞壁位移可达数 10 cm，甚至超过 100 cm，往往表现为初期支护严重破裂，如喷射混凝土开裂脱落、钢架扭曲，甚至引起二次衬砌混凝土的开裂。(b)初期变形速度快：坚硬围岩在隧道开挖后，变形很快达到稳定状态，其变形速率很小。而软弱围岩隧道开挖后，变形速率较大。(c)变形持续时间长：软弱围岩不仅初期的变形速度快，而且延续时间长，具有明显的流变特征。研究表明，软弱围岩隧道开挖后一段很长时间内，支护或衬砌上的压力一直在变化，这可解释为软弱围岩蠕变的结果。例如花岗岩、砂岩等坚硬岩石蠕变变形很小，且在很短时间内趋于稳定；而页岩、泥岩等软弱岩石的蠕变变形非常明显，10 MPa 的应力和室温下，页岩、砂岩和花岗岩的典型蠕变曲线如图 2-7 所示。可见，软弱围岩的蠕变特性对隧道围岩的变形及其稳定性影响显著。(d)围岩破坏范围大：软弱围岩隧道周边的塑性区扩大，特别是支护不及时或结构刚度、强度不足时围岩破坏范围更大。(e)压力增长快：围岩压力随开挖时间而迅速增大，在很短的时间内围岩即与支护结构接触，产生较大的围岩压力。如果施工方法和支护措施得当，支护封闭后变形就应得到控制。反之，即使支护封闭后变形还会发展，以致支护发生破坏。因此，掌握施工阶段大变形的发展规律和控制技术是软弱围岩隧道施工的关键。(f)变形破坏形式多样：软弱围岩隧道变形破坏形式一般表现为：喷射混凝土严重开裂剥落掉块、初期支护变形侵限、钢架变形扭曲、拱脚失稳、隧底上鼓隆起、拱顶掉块坍塌、衬切开裂等。

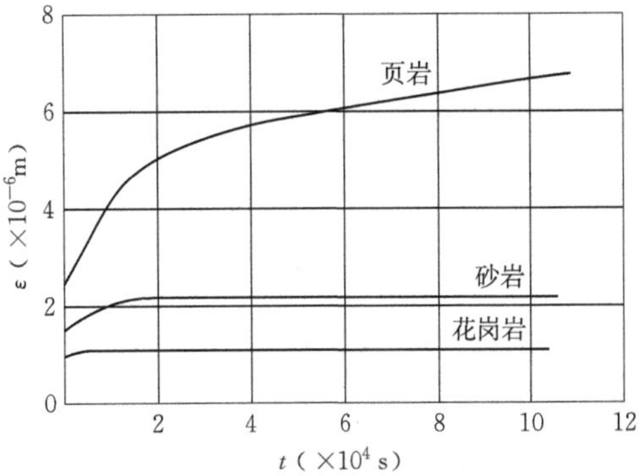

图 2-7　坚硬围岩与软弱围岩蠕变特征曲线

2.2.2　软岩致灾影响因素

(1)软弱围岩致灾现象：软弱围岩由于强度低，对工程扰动极其敏感，在受拉或受压条件下将产生塑性区，使围岩和支护发生变形。如果施工方法和工程措施不当，将极易发生初期支护变形侵限和隧道坍方等工程灾害。从隧道开挖后的围岩变形看，软弱围岩开挖经常出现的力学现象：拱顶崩塌、掌子面失稳、底鼓现象严重、长时间的持续变形或变形不收敛、初期支护严重变异、在富水条件下出现异常涌水与围岩流失等。

(2)软弱围岩崩塌影响因素：在软弱围岩地质条件下，其变形的最终结果是造成掌子面崩塌、拱部坍塌以及各种异常现象。表 2-17、表 2-18 分别从不同角度，说明不同地质条件下的软弱围岩掌子面崩塌致灾现象及影响因素。

表 2-17　掌子面崩塌及影响因素分析

围岩特征		影响因素分析		变形最终结果
结构构造	岩性条件	地质因素	重要程度	典型掌子面崩塌现象
均质	相当于大致均质的围岩，第三纪的泥岩等膨胀性围岩	基岩性质	最重要	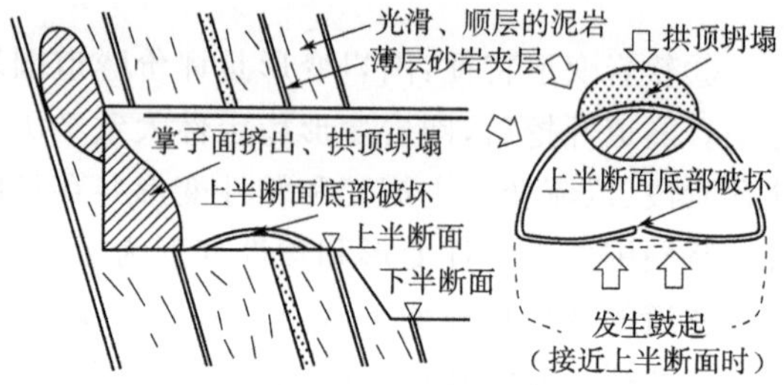
		节理裂隙发育程度和方向	不太重要	
		涌水	不太重要	
层理	相当于不同物性地层形成的互层围岩，如泥岩、砂岩等	基岩性质	较重要	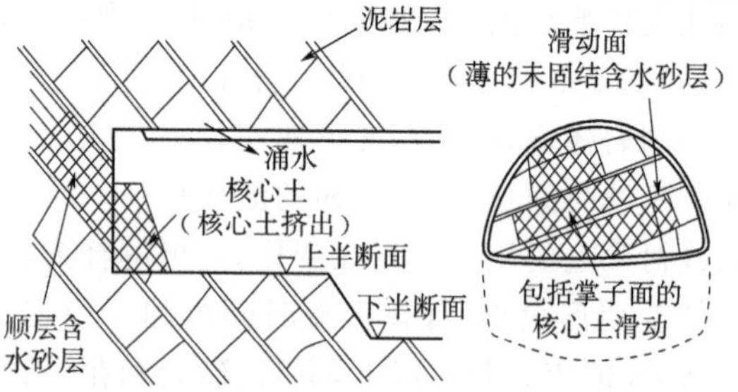
		节理裂隙发育程度和方向	最重要	
		涌水	最重要	
节理	多为硬岩，因节理、裂隙形成的不连续的围岩	基岩性质	不重要	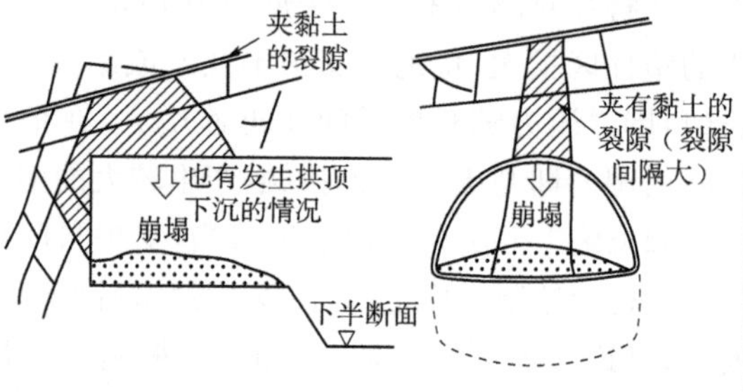
		节理裂隙发育程度和方向	最重要	
		涌水	较重要	
强风化、破碎带	因断层、破碎带存在与周边局部劣化性质不同的围岩，如风化花岗岩	基岩性质	最重要	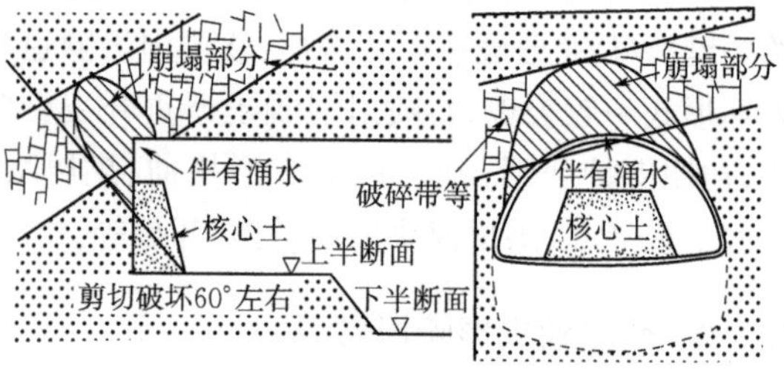

表 2-18　崩塌现象影响因素分析

崩塌影响因素	代表性地质岩性	掌子面稳定性影响		崩塌现象示意图
		影响因素	影响程度	
起因于不连续面发育的崩塌	块状岩体；中硬岩、软岩火成岩类；砂岩、砾岩；层状岩体；中硬岩、软岩片岩类；页岩；黏板岩	基岩性质	小	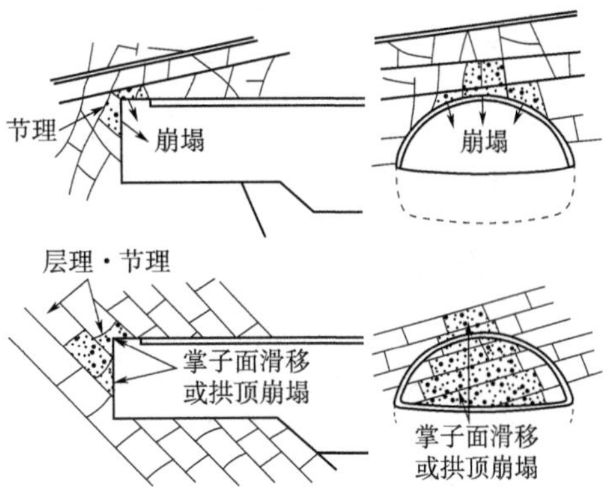
		不连续面状况	大	
		涌水状况	大～中	
起因于涌水的崩塌	断层、破碎带；土砂围岩；岩堆等；洪积层	基岩性质	大	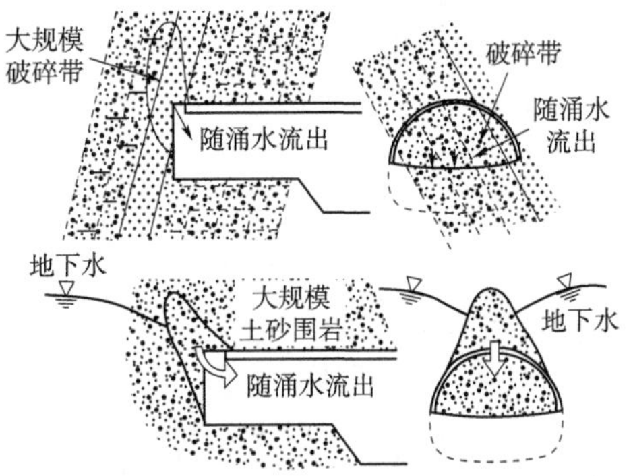
		不连续面状况	小	
		涌水状况	大	
起因于掌子面挤出和低围岩强度的崩塌	层状岩体；软岩；凝灰岩类；泥岩；片岩类；蛇纹岩	基岩性质	大	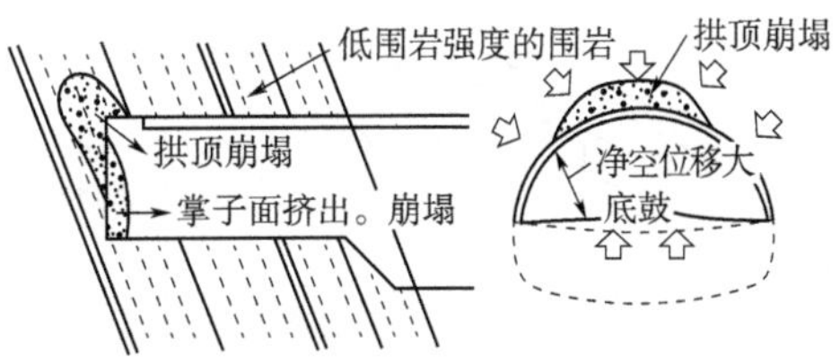
		不连续面状况	中～小	
		涌水状况	中	
	土砂围岩；岩堆等；洪积层；破碎带	基岩性质	大	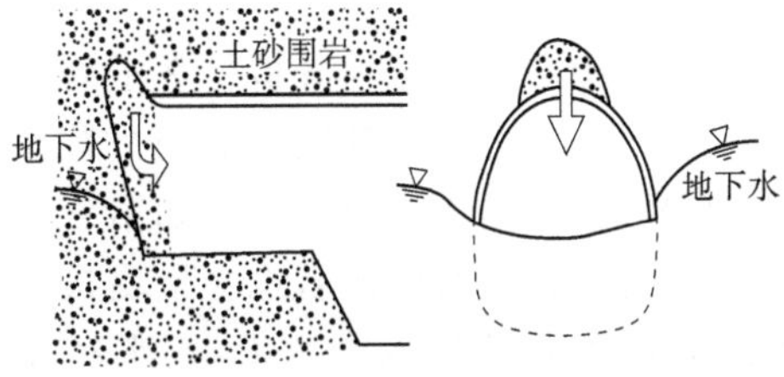
		不连续面状况	小	
		涌水状况	大	

日本根据 9 000 多个掌子面的数据对掌子面稳定性及致灾诱因进行分析总结，其中典型的崩塌案例见表 2-19。

表 2-19　日本典型掌子面崩塌案例

围岩	典型案例一		典型案例二	
	崩塌形态	状况和原因	崩塌形态	状况和原因
土砂	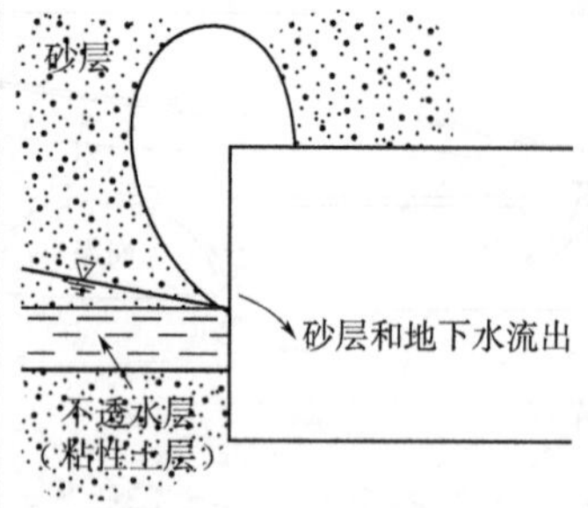	下部黏土层是不透水层，上部滞留的地下水流出	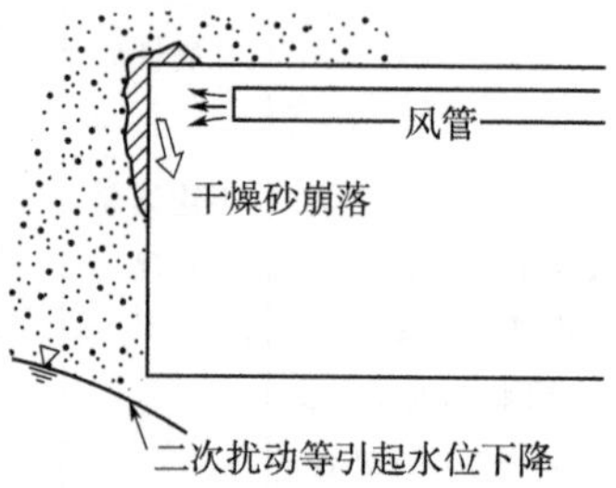	因排水和通风。使砂层干燥，丧失凝聚力而崩落
软岩	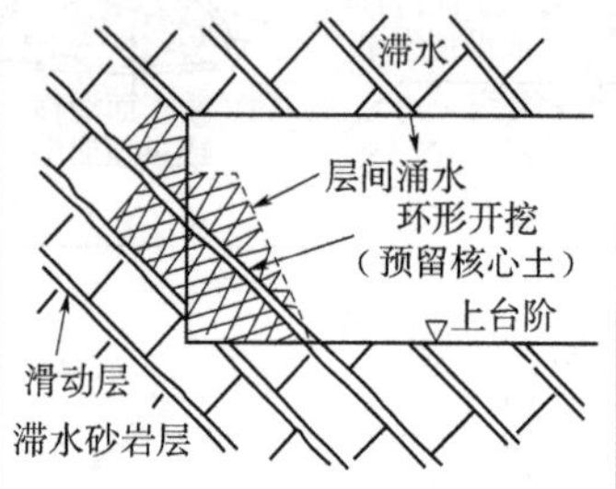	逆向的滞水砂岩和泥岩互层松弛，节理面剪切阻力不充分而崩落	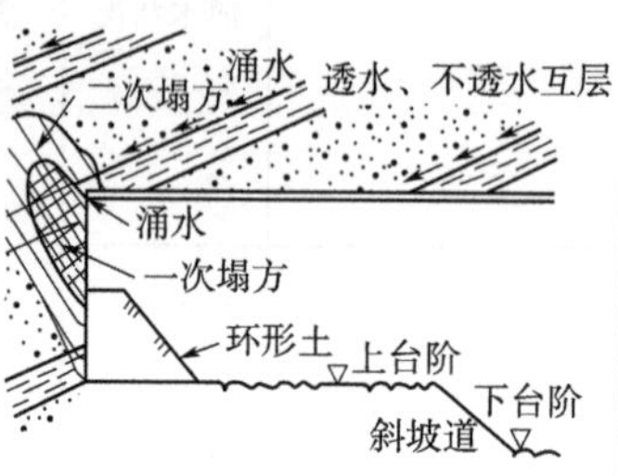	顺层围岩是不透水层，因上部的透水层的土压、水压而崩塌
破碎围岩	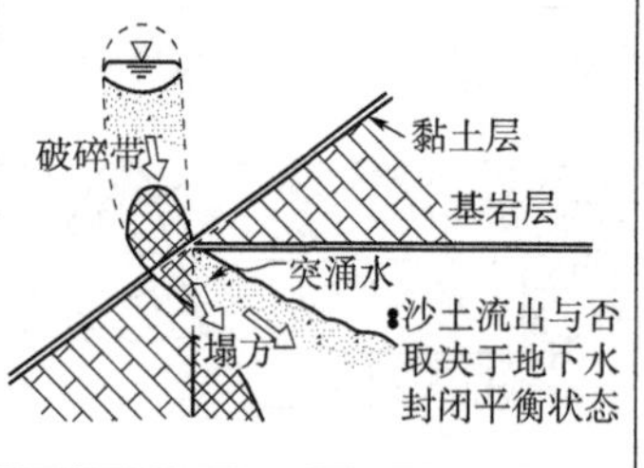	破碎带因涌水而崩落，视水压大小和块体咬合程度，崩塌规模有所不同	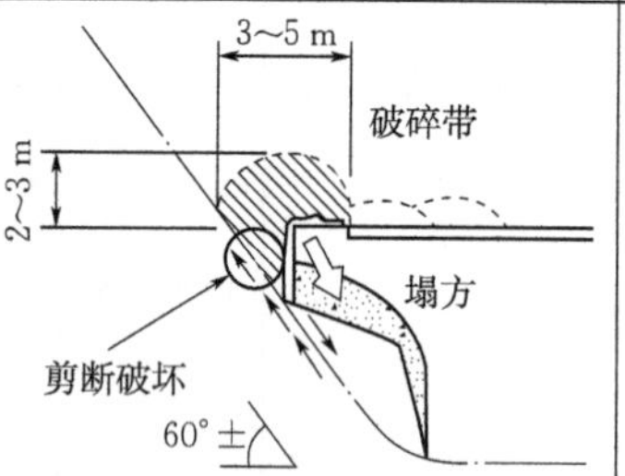	在没有涌水破碎围岩中，随开挖而松弛，失去平衡而崩塌
裂隙发育围岩	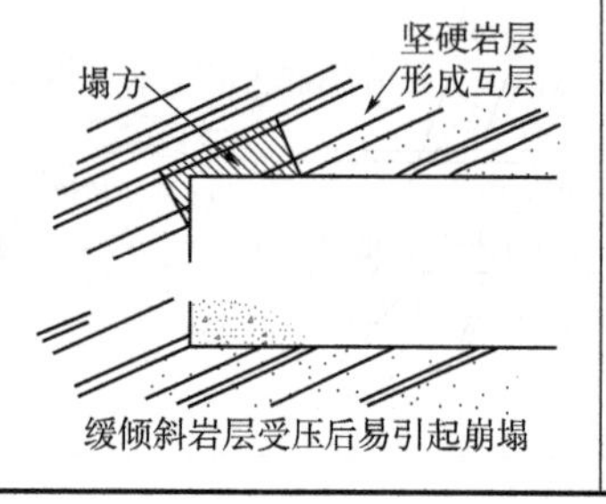	顺层岩体，虽然坚硬，但从层理面剥离而崩落	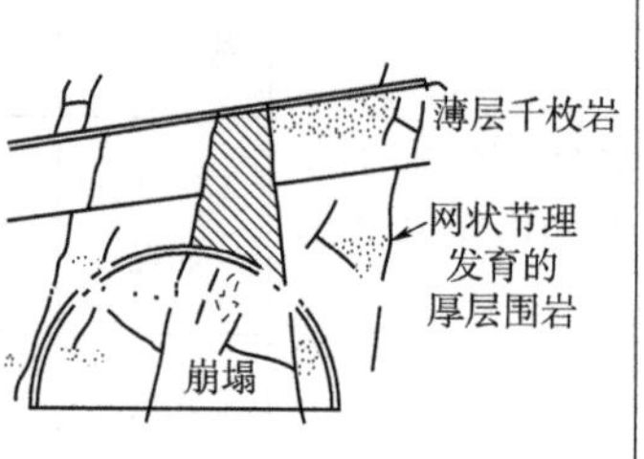	在裂隙发育围岩中，层薄而且强度小沿其面剥落，形成大规模的崩塌

(3)掌子面崩塌原因分析。掌子面崩塌现象原因：(a)在断层中，根据断层破碎程度可能产生小的崩塌，也可能出现很大规模的崩塌，可能出现一次，也可能出现多次。(b)在互层围岩中，崩塌一般多是小规模的。例如第三纪的砂岩页岩互层，可能由于少量的涌水使固结度降低的砂岩层流出，残留的泥岩也会呈块状剥落。崩塌的程度因砂岩的固结度、层理面间隔、层理面的固结度、砂岩层的滞水水量、水压等而异。崩塌时间多在涌水状况有急剧变化的时期发生。(c)在强风化的围岩中，会产生比较大的崩塌，有涌水时崩塌的规模会更大。(d)在有层理面的容易崩塌的围岩中，会产生比较大规模的崩塌。根据层理面的强度、涌水的状况，在几小时内就会产生多次崩塌，瞬时发生大规模崩塌的情况也不少。(e)在砂层中，多发生比较小规模的和中等规模的崩塌。在没有涌水的砂砾层中，掌子面可能是自稳的，但会从拱顶发生小规

模的掉落。(f)埋深对掌子面的自稳影响很大，浅埋隧道难以形成承载拱。同时，在这种情况下多数会有地形偏压、表层软弱堆积物、风化带等对隧道开挖有很大影响的特殊问题。隧道埋深对掌子面自稳影响如图 2-8 所示。

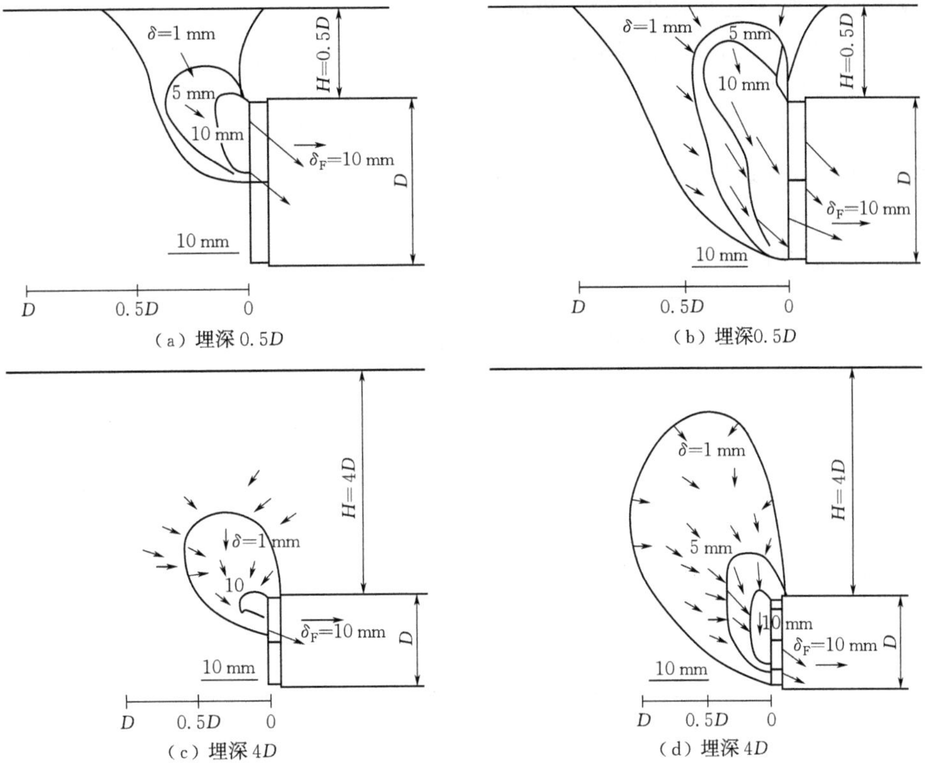

图 2-8　隧道埋深对掌子面自稳影响

2.2.3　软岩工程分类方法

为方便对软弱围岩隧道变形控制技术的应用研究，对软弱围岩进行分类和分级评价。软弱围岩属于软岩范畴，因此软弱围岩分类及评价方法可参照软岩。

(1)根据工程地质影响评价分类

隧道软弱围岩主要包括未成岩(固结)的围岩、砂层和砂砾层围岩、砂层黏土层互层围岩、全风化的风化土围岩、黄土以及黄土为主体的土质围岩、膨胀性围岩、蛇纹岩、断层破碎带等构成的围岩、强风化岩、大量高压涌水围岩等。根据隧道修建过程中经常遇到的有关地质问题，对隧道软弱围岩的工程影响评价进行分析。

①未成岩(固结)围岩：未成岩(固结)围岩大致是指新第三系以后的低固结、未固结的砂岩、泥岩，以及形成一部分冲积层的砂质土、砾质土、火山灰等未固结的以及固结度低的围岩，统称为未固结围岩。山岭隧道遇到的未固结围岩，几乎都是洪积世以前的围岩。据工程实践经验，矿山法适用未固结围岩下限的大致标准是：单轴抗压强度为 0.1 MPa，变形模量为 10 MPa。未固结围岩通常具有 3 个特性：(a)围岩结构松散、掌子面自稳性差。此特性是未固结围岩所共有的，为控制此类围岩变形，要采取确保掌子面自稳性对策。(b)围岩强度刚度低、变形量大。针对这个特性，在隧道周边有结构物和埋设物时，要控制围岩变形使之不对这些结构物产生影响。即使没有结构物时，由于此类围岩会产生很大变形，可能造成围岩松弛，其最终结果

是掌子面崩塌、不稳定等，因此，尽量控制围岩变形和松弛是非常重要的。(c)易涌水、掌子面不稳定等特性。这是在有水围岩中产生的问题，特别是在砂层，确保掌子面自稳性是很困难的。因涌水会造成锚杆锚固不良、喷射混凝土剥离、支撑下沉、异常涌水等，对施工影响极大。因此，工程中应采取对地下水进行处理措施。

②砂层和砂砾层围岩：砂层、砂砾层围岩缺少凝聚力、极易松弛，从开挖到喷射混凝土作业开始之前，或喷射混凝土作业中，都会发生拱顶坍塌，或者使还没有硬化的喷射混凝土剥离，造成施工困难的情况。因此，在这种围岩中要采用防止坍塌的超前支护等工法；在这种围岩中若掌子面长期放置，会发生松弛坍塌而使掌子面变得极不稳定，施工中断时要采取正面喷射混凝土的稳定措施。在砂层、砂砾层中有地下水时，涌水会造成围岩流失，甚至出现塌陷等事故。在这些隧道中，最重要的是如何判断开挖后是否会产生流沙的情况。一般说，砂的粒径分布对有无流沙现象有很大的影响，根据日本津轻海峡线隧道的分析认为：当细粒径含有率 $f<5.4\%$，均匀系数 $U_c<2.9$ 时，具备了发生流沙的条件，如图 2-9、图 2-10 所示，表 2-20 为土砂围岩崩塌判断基准。

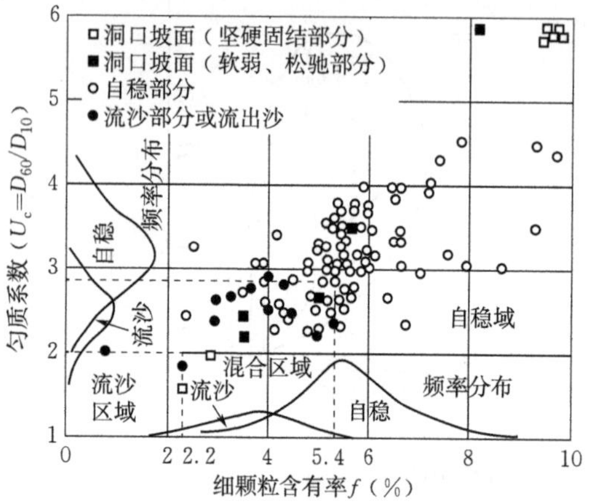

图 2-9　津轻海峡隧道的流沙条件

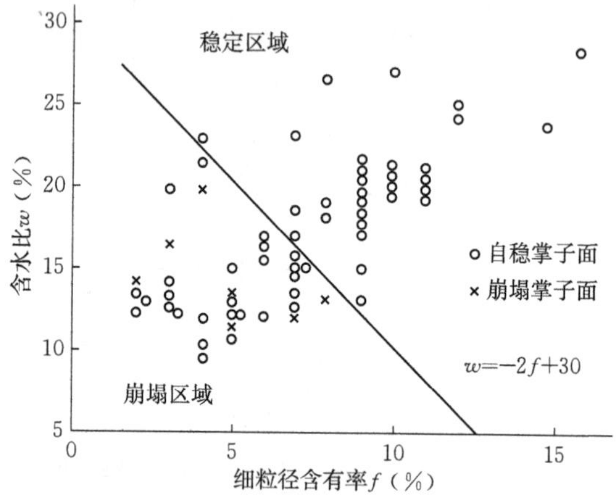

图 2-10　含水比与细颗粒含水量的相关性

表 2-20　土砂围岩崩塌判断基准

土砂围岩掌子面自稳条件(日本)			无涌水土砂围岩崩塌判断基准			
分　类	细粒径含有率(%)	均匀系数(U_c)	分　类	缺乏自稳性	自稳可能	备　注
自稳困难	<10	<5	含水比 W(%)	<15 或>30	15～30	>30 成田新干线数据
有条件自稳	10～20	>5	细粒径含有率(%)	<8	≥8	与 W 有相关性
自稳性好	>20	—	10%粒径 $D10$(mm)	>0.1	≤0.1	与 U_c 的相关性
			均匀系数(U_c)	<2	≥2	

③砂层、黏土层互层围岩：在互层围岩的情况，各砂层的地下水会被黏土层所隔离，靠近掌子面压力水头也不会减少，如图 2-11 所示。如开挖不透水层，地下水会喷出并伴有流沙涌出；所以，在互层围岩时开挖到掌子面之前，事前要采取措施排除砂层的地下水。互层围岩与单一的砂层相比，排水效果差，地下水会残留在不透水层上，可能从层面处涌水而使砂层流出，这是比较危险的。在黏土层中多含有强度低的物质，在开挖时会因周围应力的增加使黏土层塑化，而挤出变形大，掌子面变得不稳定。在这种围岩中，需要采取防止变形和加固围岩对策。

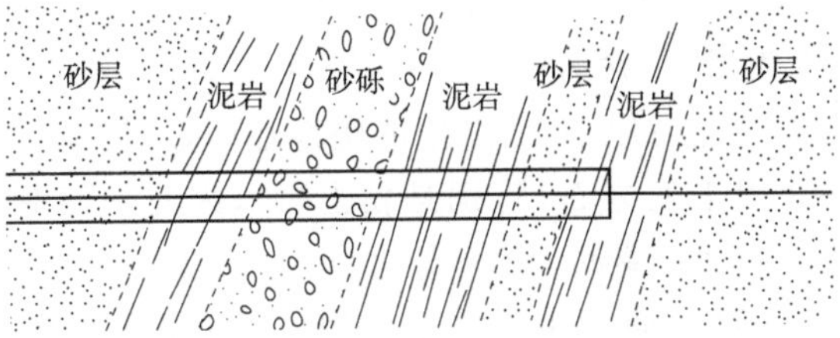

（a）平面图

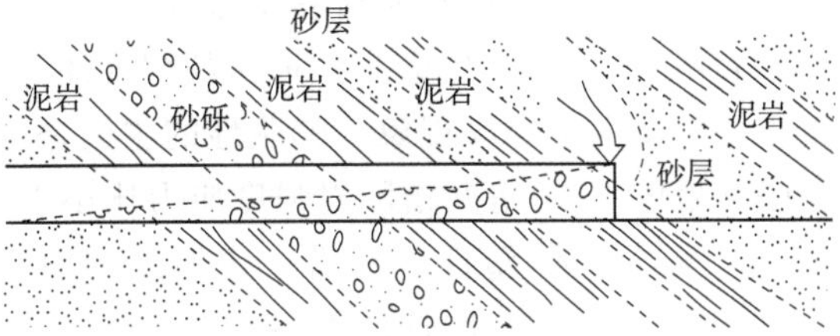

（b）纵断面图

图 2-11　掌子面的崩塌（砂层和泥岩互层围岩）

④全风化的风化土围岩：风化土通常指花岗岩类岩石（花岗岩、花闪绿岗岩等）的结晶性火成岩及同质的片麻岩等风化而成的残积土及其形成的崩积土（岩堆）。花岗岩类岩石风化后，石英碎裂为石英砂、长石风化为高岭土、黑云母等黑色矿物风化为含氧化铁黏土且外观呈红褐色。花岗岩的风化状态，浅层强风化部分大致成为均匀软弱的土体状，深层风化是沿裂隙风化的，岩块内部没有风化。风化程度从浅层向深层逐渐变化，但风化程度因断层节理等的裂隙状态、母岩矿物构成、粒度、构造等而异。即使同一深度的围岩软硬、稳定状态也会有很大差异。因此随掌子面的进展，要特别注意风化状态的变化。

花岗岩风化土具有软化性和崩解性。花岗岩风化土以遇水软化最为显著，软化作用使得土体的物理力学性质降低，风化土围岩掌子面易发生泥塑状流出。花岗岩风化土另一重要力学特性是遇水崩解性，即遇水后土体发生结构性分散，是不可逆的过程，所以花岗岩风化土隧道围岩掌子面容易发生挤出变形。大量的工程实践经验发现，花岗岩风化土隧道变形失稳的关键是地下水的作用，工程措施重点是围绕排出花岗岩风化土的水，如对浅埋隧道可采用地表井点降水，对埋深较大隧道有条件可在隧道旁边设置泄水洞，或在洞内掌子面进行超前钻孔真空降水等工程措施。

⑤黄土及以黄土为主体的土质围岩：黄土是松散的黄色土状堆积物，是第四系干旱半干旱气候条件下陆相沉积的一种特殊土，与一般土不同之处有两点：①构造上的直立性。此特性决定了黄土力学特性具有各向异性特点，它与施工后掌子面稳定有直接关系。如果施工后围岩应力大于黄土直立方向强度，就会造成开挖工作面失稳。黄土的直立性对围岩初始地应力场具有一定影响。②湿陷性。此特性决定了黄土含水量超过一定值或者遇水后会产生很大沉陷变形和承载能力的丧失。黄土隧道根据其分级、开挖后的稳定性属于暂时稳定范围，绝大多数条件下可采用先挖后支的技术。只有在湿陷性严重场合或者埋深很小情况下才需要采取超前支护等措施。从黄土分布及其成因看，黄土基本上处于地壳浅部，埋深在几十米或几百米之间，因此构造应力对其影响不大，基本上是有上覆土体重量形成的自重应力场，即垂直主应力是最大应力，侧压力基本上小于垂直应力。但因黄土具有直立性特点，其抵抗侧压力的能力比较小，因此侧压的影响不容忽视。

⑥膨胀性围岩：指含有较多浸水矿物，含水率变化时发生较大体积变化的岩石。其具有遇水膨胀、软化、崩解和失水收缩、开裂特性。膨胀性围岩一般指能产生膨胀性地压的围岩。膨胀性地压是指在因膨胀而使净空断面缩小的地质条件下，作用在衬砌和支护结构上的地压。其一般特征是：随时间变化，围岩长期变形或土压增大，能产生使支护结构破损的土压，起因于风化围岩和含有黏土矿物围岩体积膨胀以及因围岩塑性变形而引起的都属于此类。膨胀性土压是从现象上来看的一种概念，一般采用在变形比较大的情况，与其他土压有时是很难区别。围岩体积膨胀原因：(a)单纯吸水的物理膨胀；(b)化学变化结果的膨胀；(c)上覆荷载的塑性变

形或破坏;(d)地壳运动时潜在的能量(残余应力)或地层堆积时的先行荷载的释放等。(a)、(b)两种情况单独发生膨胀性地压的程度还不很清楚,就是含有膨润性矿物(蒙脱石)的软岩,也不一定就发生膨胀现象。膨胀性的主因是围岩强度应力比小,而产生的塑性地压,结局就是膨胀性地压。(c)情况指围岩强度应力比小于 2～3 以下的岩石(特别是黏土岩),因开挖使隧道周边围岩松弛(塑性化),沿一定厚度的断面吸水膨胀(膨润)而软弱化,形成膨胀性地压。(d)情况指过去的膨胀性地质多集中在造山带和褶皱带中而发生的膨胀性地压。但膨胀性地质的岩石强度是很小的,岩石内潜在的应力也不可能很大,因此,因潜在应力释放而引起强大地压工的情况是很少的。膨胀性地压几乎都发生在埋深 200～300 m 情况。此种情况下发生膨胀性地压的都是围岩强度小的岩石,如软弱黏土岩、蛇纹岩、破碎带、强风化岩等,其次是内摩擦角小的岩石。围岩强度小细颗粒成分多(内摩擦角小)软岩易发生膨胀性地压,如第三系泥岩、页岩、凝灰岩、火山砾凝灰岩等。非绿色凝灰岩地域的软岩没有膨胀性,但绿色凝灰岩地域的软岩,从实测地压看,属于中新纪后期的黑色泥岩、凝灰岩,易发生膨胀性地压。膨胀岩地层中隧道开挖时,由于膨胀岩特殊工程性质,使隧道洞室普遍具有开裂、内鼓、坍塌和膨胀等变形现象,围岩变形常具有速度快、破坏性大、延续性大、延续时间长和整治困难等特点。施工中通常采用可缩式型钢拱架、长锚杆、早强喷射混凝土、及时封闭掌子面、柔性锚喷支护、及时形成封闭结构、多重支护等工程措施。

⑦蛇纹岩:蛇纹岩是沿大的地质构造线侵入分布的。因变质作用一般都呈绿色、柔软、呈叶片状～黏土状、破碎。一般认为破碎带多为混合围岩,事前调查很难得到其精准分布情况。蛇纹岩根据其形态分为块状蛇纹岩、叶片状蛇纹岩、黏土状蛇纹岩。蛇纹岩多是因吸水膨胀作用产生膨润现象,研究认为蛇纹岩的膨胀性地压主要是由塑性变形所引起的。根据 X 射线分析,蛇纹岩几乎不含蒙脱土等膨胀性黏土矿物且不会吸水膨胀,蛇纹岩是因其特有的黏土矿物的吸水反应而造成体积膨胀。地压的大小,按叶片状蛇纹岩、块状蛇纹岩的顺序而增加,并与黏土化成比例。蛇纹岩特征之一就是开挖当初,即使是看起来相当坚固的壁面,强度也会急剧劣化并易于崩塌。蛇纹岩在地下深部是裂隙很发育的,隧道周边发生的剪应力和开挖时的振动、极小的水量,都会使黏聚力丧失。日本神居隧道开挖时围岩弹性波速度 3.4 km/s,6 天后急速降低变为 2.0 km/s。目前没有表示蛇纹岩膨胀性的指标,表示蛇纹岩状况的指标多采用钻孔的岩心块状率(F)。有人认为:块状率在 30%以下,单轴抗压强度在 1.2 MPa 以下,围岩弹性波速度在 3.0 km/s 以下的围岩膨胀率是很强的,施工上要给予充分地关注。据日本岚山隧道施工经验认为蛇纹岩具有特征:富于膨胀性;后荷大、可持续数月之久;遇水软化;虽容许变形,但地压几乎没有减小;压力集中在结晶片岩的边界处;采用超前支护对保护掌子面非常有效;防止拱脚下沉措施对控制净空位移非常有效;斜锚固对控制净空位移、拱顶下沉有效;早期闭合对变形控制是最有效的;不含膨胀性矿物。

⑧强风化岩:是在长期地质年代中,在露出地表的环境条件下形成的围岩,因风化,粒子间的黏土成分增加,粒子本身也有的黏土化,而使强度显著降低。一般多出现在洞口和埋深小的地段,强风化岩也多属于膨胀性围岩。黑色片岩、绿色片岩、黏板岩、千枚岩等细颗粒成分多的结晶片岩等,沿破碎带会形成几十米厚风化黏土带也多属于此类。

⑨大量、高压涌水的围岩:对山岭隧道施工和运营后的维修养护有重大影响的因素之一就是隧道涌水。地下水分布一般说决定于地形与地质条件。涌水状态和枯水形态与地下水赋存状况有极深的关系。如图 2-12 所示,地下水分布形态大体上可以分为裂隙水和地层水;地层水、裂隙水都可分为自由水和承压水。

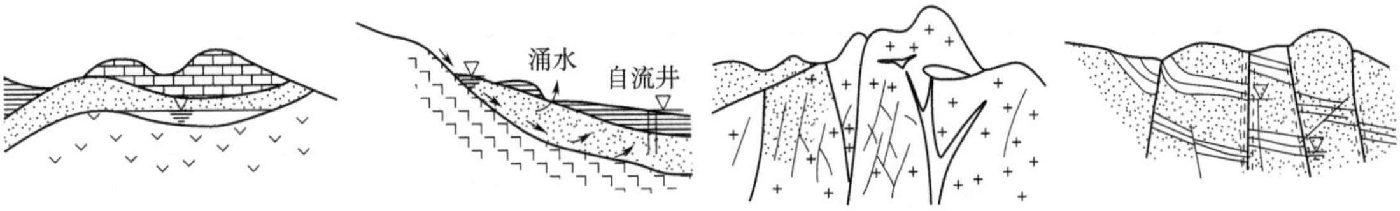

(a) 地层水盆　(b) 冲积层中承压水　(c) 节理裂隙岩脉裂隙水　(d) 断层破碎带裂隙水

图 2-12　地下水的分布形态

隧道施工时发生的涌水不仅对作业环境有影响，也会使掌子面不稳定，使喷射混凝土和锚杆的施工质量不良。特别是在有大量、高压涌水的情况下，常常是造成重大事故的原因。在施工中需要变更施工工法、采取大量的整治对策，致使工期拖后、工程费增加等。掌子面开挖中或支护施工完成之前，保持一定时间的掌子面自稳是山岭隧道施工方法的前提。自稳性主要是与构成掌子面地质力学强度特性有关。在掌子面周边有涌水情况，掌子面因渗透压而会出现崩塌流出等，使其强度降低。特别是，在未成岩(固结)的围岩中，因初始强度低，伴随涌水会造成掌子面流失现象。在未固结围岩中，如过度降低水位会出现干燥流沙现象，应根据地质条件，考虑其渗透性，在可能的凝聚力的条件下，调整和控制含水率是很重要的。掌子面有涌水时，涌水易向支护底部集中而妨碍作业，同时使底部围岩劣化因局部压密而造成支护下沉，产生支护变异和断面异常等。侧壁有涌水时，喷射混凝土会附着不良或不能施工，对一定程度的涌水，可增加速凝剂的添加量或采用钢筋网等，提高其附着性。因施工后的冲刷会形成空洞等附着不良的现象，施工时重要一点是将涌水部分集中引排。

周边涌水是造成施工效率大幅度降低的重要原因。一般向隧道坡度低的一侧流动，在反坡施工时，需要强制排水。在易于泥化地质条件下，排水坡度就是采用 10‰也不充分，需配置足够水泵。对突发的大量涌水，要增加辅助的设备。从竖井或斜井开挖时，要有独立的排水用电源，并准备好预备电源。涌水使隧道基底劣化，在机械开挖的场合会造成施工效率降低，重型机械走行不安全等，这是造成洞内事故的直接间接原因，必须对洞内排水给予足够重视。裂隙水会降低围岩的内摩擦角，危及掌子面自稳性，而由于渗透水流也会造成细粒成分流失的流动现象。掌子面的崩塌会造成人身事故，也会危及掌子面稳定。因此确保掌子面的稳定性是至关重要的。

(2)根据软岩抗压强度分类

根据《工程地质手册》关于岩石按照坚硬程度分类中，软质岩可分为较软岩、软岩和极软岩三级，见表 2-21。伍法权等根据隧道工程实践中遇到的新的围岩介质，在软岩和极软岩类的代表性岩石中补充了特殊岩土体类型。

表 2-21　软质岩按坚硬程度等级划分表

定性值	单轴饱和抗压强度(MPa)	定性鉴定	代表性岩石
较软岩	$15<R_c\leqslant 30$	锤击声不清脆，无回弹，较易击碎；浸水后，指甲可刻出印痕	1. 强风化的极硬岩；2. 弱风化的硬岩；3. 未风化～微风化：凝灰岩、千枚岩、砂质泥岩、泥灰岩、泥质砂岩、粉砂岩、页岩等
软岩	$5<R_c\leqslant 15$	锤击声哑，无回弹，有凹痕，易击碎；浸水后，手可掰开	1. 强风化的坚硬岩；2. 弱风化～强风化的硬岩；3. 弱风化的较软岩；4. 未风化的泥岩等；5. 遇水软化岩石：云母片岩、碳质板岩等

续上表

定性值	单轴饱和抗压强度(MPa)	定性鉴定	代表性岩石
极软岩	$R_c \leqslant 5$	锤击声哑，无回弹，有较深凹痕，手可捏碎；浸水后，可捏成团	1. 全风化的各种岩石；2. 各种半成岩的岩石：第三系砂岩、泥岩等；3. 第四系各种成因堆积物：如黄土、黏土、砂土、粉土、碎石土等；4. 遇水软化或膨胀型岩石：膨胀土

(3)根据塑性变形机理分类

按照工程软岩定义，根据产生塑性变形机理不同，将软岩分为四类，即膨胀性软岩(或称低强度软岩)、高应力软岩、节理化软岩和复合型软岩。

①膨胀性软岩：指含有黏土高膨胀性矿物且在较低应力水平(<25 MPa)条件下即发生显著变形的低强度工程岩体。如泥岩、页岩等抗压强度小于 25 MPa 的岩体，均属膨胀性低应力软岩的范畴。该类软岩产生塑性变形的机理是片状黏土矿物发生滑移和膨胀。根据低应力软岩膨胀性大小可分为三类：强膨胀性软岩(自由膨胀变形>15%)、膨胀性软岩(自由膨胀变形 10%～15%)、弱膨胀性软岩(自由膨胀变形<10%)。

②高应力软岩：指在较高应力水平(>25 MPa)条件下才发生显著变形的中高强度工程岩体。这种软岩强度一般高于 25 MPa，其地质特征是泥质成分较少但有一定含量，砂质成分较多，如泥质粉砂岩、泥质砂岩等。其工程特点是：在深度不大时，表现为硬岩变形特征，当深度加大至一定深度以下，就表现为软岩变形特性。该类软岩产生塑性变形的机理：处于高应力水平时，岩石骨架中的基质(黏土矿物)发生滑移和扩容，此后再接着发生缺陷或裂纹的扩容和滑移塑性变形。

③节理化软岩：指含泥质成分很少(或几乎不含)的岩体，发育了多组节理，其中岩块强度颇高，呈硬岩力学特性，但整个工程岩体在工程力作用下则发生显著变形，呈现出软岩特性，其塑性变形机理是：在工程力作用下结构面发生滑移和扩容变形。此类软岩可根据节理化程度不同，细分为镶嵌节理化软岩、碎裂节理化软岩、散体节理化软岩。

④复合型软岩：指上述三种软岩类型的组合。即高应力-强膨胀复合型软岩、高应力-节理化复合型软岩、高应力-节理化-强膨胀复合型软岩。

何满潮院士等根据经验和理论研究，提出软岩工程的分类与分级方法，见表 2-22。以上的分类均是针对软质岩石，而隧道工程的软弱围岩有其特殊的性质，不同类型的软弱围岩，其对隧道工程的影响情形也不一样，下面对各种软弱围岩的工程影响进行分析评价。

表 2-22　软岩工程分类与分级表

软岩分类	分类指标			软岩分级	分级指标		
	σ_c(MPa)	泥质含量	结构面				
膨胀性软岩	<25	≥25%	少		蒙脱石含量(%)	膨胀率(%)	自由膨胀率(%)
				弱膨胀软岩	<10	<10	>15
				中膨胀软岩	10～30	10～50	10～15
				强膨胀软岩	>30	>50	<10
高地应力软岩	≥25	≤25%	少		工程应力水平(MPa)		
				软破碎软岩	25～50		

续上表

软岩分类	分类指标			软岩分级	分级指标		
	σ_c(MPa)	泥质含量	结构面				
高地应力软岩	≥25	≤25%	少	破碎软岩	50～75		
				极破碎软岩	>75		
节理化软岩	低～中等	少含	多组		Js(条/m)	节理间距(m)	完整指数(kv)
				较破碎软岩	0～15	0.2～0.4	0.55～0.35
				破碎软岩	15～30	0.1～0.2	0.35～0.15
				极破碎软岩	>30	<0.1	<0.15
复合型软岩	低～高	含	少～多组	根据具体条件进行分类和分级			

(4)根据围岩受控条件分类

根据围岩受控条件,大变形可以分为:受围岩岩性控制型,受围岩结构构造控制型和受人工采掘扰动影响型等三大类型。

①围岩岩性控制型:软弱围岩类,包括千枚岩、炭质板岩、泥质页岩和砂质泥岩、泥灰岩以及一些具有膨胀性的软弱围岩等,这一类围岩在高应力状态下将产生塑性变形,在地下水的参与下岩体软化现象明显,当膨胀性矿物成分较高时也会发生显著的膨胀变形。根据围岩结构面的发育状态,可将其进一步划分为均质型、层状型、互层状型。这一类围岩的变形破坏形式一般为由于剪切变形或弯曲变形产生的塑性流动。

②岩体结构控制型:这种变形类型主要发生在结构构造发育的硬质岩中。这种岩体一般岩块坚硬,但由于受其结构特征的影响,围岩整体强度以及变形特性均明显受控于围岩应力环境。隧道开挖前,处在高围压状态时围岩尚具有较高的强度和稳定性,但在隧道开挖卸载过程中,随着围压降低、围岩应力差增大,结构面张开或滑移,围岩整体强度和模量随之降低,这时即表现出显著结构流变的特点。按照岩体结构面类型又可划分为构造改造型和浅表生改造型。其中按结构面发育情况,可进一步划分为块裂状、碎块状和碎屑状三种结构类型。

③人工采掘扰动控制型:这种类型一般是由于受人工扰动的岩体(如采空区周边岩体)发生移动从而导致隧道围岩的大变形。这类围岩的变形破坏主要表现为剪切和滑动破坏,多发生于相对厚层的沉积岩中,具体表现为沿层面的滑动破坏和完整岩体的剪切破坏两种形式。根据采空区岩层走向与隧道的空间关系,可进一步划分为倾斜型和水平型两种形态。

(5)根据围岩变形成因机理分类

关于隧道围岩大变形分类,最早可以追溯到太沙基对膨胀性岩石和挤出性岩石的定义。此后国外学者对隧道围岩大变形的成因和变形机理的研究往往也是从这两个角度出发,划分为挤压变形和膨胀变形。但随着围岩大变形理论体系的不断研究和完善,国内研究者开始从不同角度对隧道围岩大变形进行分类。何满潮在研究软岩巷道时认为围岩大变形主要与自身岩性和结构相关,根据软岩变形的力学机制将其划分为物化膨胀型、应力扩容型和结构变形型三类,依次对应大变形的表现形式为:膨胀大变形、挤压大变形、松散大变形,同时这三者的成因包括膨胀岩、高地应力、断层、软弱夹层、节理裂隙等不良地质构造。姜云根据对隧道工程实例分析,按照大变形受控条件的不同划分为受围岩岩性控制的大变形、受围岩结构构造控制的大变形和受人工采掘扰动影响的大变形。胡元芳将常见的“大变形”分为三类，分别是软弱围岩的松动引起的“大变形”，膨胀性软岩中的变形和大埋深软弱围岩的挤压性变形。王成虎根据隧道围岩大变形的成因将其划分为应力型、材料型和结构型。张广泽从地应力场、地层岩性、地质构造、松动圈扩展四个角度研究了隧道围岩大变形机理，并根据大变形发生的地质构造位置不同，将其划分为断层型、碎裂型和顺层型。丁秀丽在梳理完前人基于隧道围岩大变形的成因和变形机理的分类思路后，提出了新的分类思路，将其划分成 4 种大变形类型：挤压型、膨胀型、松动型和复合型。

国内学者对隧道围岩大变形分类思路有着相通之处。但是随着国内外隧道数量的增加，以及对隧道围岩大变形这一工程现象认知的加深，黄土隧道和高地温隧道等也逐渐成为隧道围岩大变形的研究对象。此时直接并入上表所示的类型中不太妥当，所以按照围岩大变形的成因重新划分类型将会更加直观，并且方便今后的补充完善。总结出隧道围岩大变形的类型包括：膨胀型(特指遇水发生膨胀变形的岩土)、高地应力软岩(特指单轴抗压强度介于 0.5～25.0 MPa 的软弱破碎岩石)型、黄土型、高地温型和复合型。

隧道围岩大变形研究依旧存在一些不足：部分类型的围岩，其变形机理以及受力变形特征不明确，比如湿陷性黄土隧道的地基处理方面，很多黄土隧道工程照搬地面地基加固方法，或者为了结构安全性，存在很多冗余性设计。隧道围岩大变形分级控制措施的统一，当前尚未总结出一套业内共识的、适用性较强的围岩大变形分级控制措施，这一研究方向同样从工程经济性出发，通过评估相对应的围岩大变形等级，采取合适的控制措施，节约工程成本。而支撑上述发展的理论研究同样也是重点，隧道围岩大变形的预测，等级评估方法等依旧是未来的研究方向。所以隧道围岩大变形的发展趋势：①完善隧道围岩大变形机理，通过现场检测、模型试验与有限元分析模拟总结归纳出隧道围岩大变形规律以及受力特点，为工程实践提供科学依据，实现大变形的精确支护。②统一不同类型的隧道围岩大变形分级控制措施，由于工程的多变复杂和特殊性，难以总结出普适性的大变形分级控制措施，但基于大量的隧道围岩大变形案例，制定出不同类型隧道的围岩大变形分级控制措施依然具有很强的工程参考价值。

根据以上隧道围岩大变形类型划分思路、变形机理和诱发因素进行梳理统计，见表 2-23。

表 2-23　隧道围岩大变形分类

序号	划分类型	变形机理	诱发因素(存在不良地质)
1	物化膨胀型	分子和晶胞吸水、胶体膨胀、微裂隙—毛细吸水机制导致围岩体积膨胀，产生大变形	膨胀性围岩
2	应力扩容型	由于构造应力、重力、水力和工程偏应力机制挤压围岩产生扩容现象，围岩体积随之变大	高地应力为主导
3	结构变形型	由于断层、软弱夹层、层理节理导致围岩沿着不同走向产生位移	破碎岩体或层理节理发育岩体，在地应力作用下使其结构发生变位、变形
4	受围岩岩性控制的大变形	在高地应力作用下软弱围岩(泥质页岩、砂质泥岩、泥灰岩)遇水产生流动和塑性变形	高地应力、软岩相互耦合作用
5	受围岩结构构造控制的大变形	由于碎块状结构型、断层破碎带岩体，在隧道开挖后围岩应力差增大，产生卸压松弛效应，岩体沿着结构面错位和滑移	软弱围岩

续上表

序号	划分类型	变形机理	诱发因素(存在不良地质)
6	受人工采掘扰动影响的大变形	人类采煤活动遗留下的煤层采空区会出现沉降盆地变形现象，隧道处于不同的区域有着不同的变形特点，并且该变形具有时间效应	煤层采空区
7	软弱围岩的松动引起的“大变形”	此类变形并非高地应力导致，而是软弱围岩破碎带的松动、离层，尤其降雨时支护结构所承担的形变压力转变为松散压力	软弱围岩
8	膨胀性软岩中的变形	膨胀性岩体遇水后颗粒间的水膜增厚，或者化学性膨胀矿物吸水结晶体积变大	膨胀性围岩
9	大埋深软弱围岩的挤压性变形	在高地应力作用下，超过软岩的极限承载能力，产生塑性剪切滑移	高地应力
10	应力型	高地应力作用在低强度岩体上发生剪切破坏，进而发生整体失稳大变形	高地应力
11	材料型	含有亲水矿物成分(黏土岩)或者可以遇水发生化学反应的矿物成分(石膏岩)，产生体积膨胀，最终演变为大变形	膨胀性围岩
12	结构型	隧道开挖后，原本岩体节理层理较发育，且结构面强度低，在卸载松弛效应下，岩体沿着结构面发生滑移松动，产生大变形	软弱围岩
13	断层型	发生在断裂带内，隧道开挖后岩石所受的径向压力减小，切向压力增大，围岩开始发生扩容、膨胀、剪切变形破坏，最终形成新的断裂面	
14	碎裂型	发生在褶皱中心和节理密集带，隧道开挖后应力重分布，沿着原有的节理面产生剪切变形破坏	
15	顺层型	发生在褶皱两端，隧道洞身与岩层走向平行或者小角度相交时，隧道轮廓与岩层面相切，岩层向临空面持续弯曲变形，在隧道轮廓与岩层面相交，由于切应力作用，围岩将持续挤压隧道，产生变形	
16	挤压型	高地应力条件下挤压软弱围岩发生变形	高地应力和软岩耦合作用
17	膨胀型	围岩内的亲水矿物遇水发生物理化学反应，体积发生膨胀	膨胀性围岩
18	松动型	隧道开挖卸载松弛或者碎裂状结构在地应力作用下发生显著变形	破碎岩体，或者层理节理发育的软弱围岩
19	复合型	具有两种及以上类型耦合作用	膨胀岩、软弱围岩、高地应力之间相互耦合

2.3 典型成因软弱围岩大变形类型

2.3.1 隧道软岩大变形概念

“大变形”概念最早出现在巷道围岩变形中，目的是方便描述具有明显时间效应，并造成严重工程灾害的围岩变形。与“大变形”相对的便是“小变形”，“小变形”力学理论有着清晰的假定：在物体受力后，物体各点位移和形变都很微小甚至可忽略不计，产生的应变和转角远远小于1，在对软岩变形力学分析时也可以考虑到物理非线性。“小变形”力学理论一直是20世纪科研工作者研究软岩变形问题的主要研究基础。但实际软岩工程具有变形量大的特点，与理论相差甚远。因此何满潮论证了“小变形”力学理论的缺陷，并介绍了非线性大变形几何理论在工程应用中的合理性。渐渐地“大变形”从力学理论延伸成为一种工程现象被学者所熟知，并被广泛研究。

但时至今日对隧道围岩大变形也没有一个准确的定义，根据国内外学者对隧道围岩大变形的研究，可以从主观和客观两个角度定义。主观定义就是研究者对围岩大变形的变形机理和直观破坏特征做出的主观判断；客观定义则是通过对一些可以具体监测或量化的指标做出判据来定义，例如：围岩或衬砌的变形值、切向应变密度、相对变形量、围岩低强度应力比、单轴抗压强度与弹性模量之比、岩石单轴抗压强度与垂直应力之比。其中围岩或衬砌的变形值这一指标是现行标准、规范及设计施工图中判定是否为大变形最为核心的内容，此时的“大”变形是指围岩的变形量超出了预留变形量，而在预留变形量内的围岩变形是可控的，比如《铁路挤压性围岩隧道技术规范》(Q/CR 9512—2019)中定义在挤压性围岩条件下，将变形超过常规变形称之为挤压大变形，并给出了不同行业规范(标准)预留变形量，见表2-24。

表2-24 常规支护条件下的预留变形量(mm)

规范或标准名称		不同围岩级别下的预留变形量					
		铁路小跨(公路双车道)隧道			铁路中跨(公路双车道)隧道		
		Ⅲ	Ⅳ	Ⅴ	Ⅲ	Ⅳ	Ⅴ
《铁路隧道设计规范》(TB 10003—2016)		10～30	30～50	50～80	30～50	50～80	80～120
《公路隧道设计规范》(JTG D70—2004)		20～50	50～80	80～120	50～80	80～120	100～150
《铁路新奥法指南》※		—	30～50	50～70	—	50～70	70～100
《铁路挤压性围岩隧道技术规范》(Q/CR 9512—2019)	250～350 km/h	30～50	50～80	80～120	50～80	80～100	100～150
	200 km/h	30～40	30～80	80～100	50～80	80～100	100～150
	160 km/h	10～40	30～80	80～100	30～50	50～80	100～150
	120 km/h	10～40	30～50	30～50	30～50	50～80	100～150

注：※铁道部基本建设总局，《铁路新奥法指南》，北京：中国铁道出版社，1988.

从“大变形”一词的提出延伸到隧道围岩大变形这一工程问题，虽然没有一个大家所共识的学术定义，但其本质就是围岩变形施压超出了围岩—支护体系的共同承载力，但不同于岩爆和坍塌等瞬时完成的破坏活动，是具有明显时间效应和塑性变形的，产生的变形量严重影响隧道工程的正常使用性，最终导致隧道丧失整体结构稳定性。

2.3.2 高地应力环境软岩型

隧道工程的一个重要的力学特性：隧道工程是在具有一定的应力历史和应力场的围岩中修建的，而地应力是隧道围岩压力产生的根本原因。岩体中的每一点都处于受力状态中，这种应力场是在隧道开挖前就客观存在的，称之为初始应力场，又称为原始地应力场。通常认为围岩的初始应力场是由于岩体的自重应力和构造应力两种力系构成，在开挖前就存在的初始静应力场，其形成与岩体的性质、结构、埋深条件以及地质构造运动的历史等有密切关系，十分复杂。高地应力软岩型隧道围岩大变形是以地应力或者软岩为主导的大变形。当以地应力为主导研究高地应力软岩型隧道围岩大变形时，高地应力的界定是理论研究的主要内容。当以软岩为主导研究高地应力软岩型隧道围岩大变形时，软岩的蠕变本构模型和支护理论成为理论研究的核心。

(1)初始地应力场的组成和确定

自重应力场：指由于地心对岩体的引力，使原岩体处于受力状态，由岩体的自重所引起的应力场。然而，由于实际的岩体组成是十分复杂的，因此，围岩的自重应力场不能简单地通过弹性理论的公式决定，一般只能采用数值方法来求得近似解。围岩自重应力场的变化规律：①应力随深度呈线性增加；②水平应力总是小于或等于垂直应力。

构造应力场：指地壳运动在岩体内引起的应力场，它是空间和时间的函数，因此它在空间的分布极不均匀，而且随时间的推移还在不断发生变化，属于非稳定应力场。目前，针对构造应力场还很难用函数形式来表达，只能通过实地测量来总结它的规律性。根据部分实测资料可以总结出围岩构造应力场的变化规律：①地质构造形态的改变既释放了一部分岩体内部应力，又以各种形式在岩体内部积蓄应力，这种残余构造应力将对地下工程产生一定影响；②垂直应力的量值随深度的增加而增大，而且水平应力普遍大于垂直应力。

初始地应力场的确定：高地应力在围岩大变形体系中是相对概念，当围岩强度低于地应力的四倍时，此时就属于高地应力，所以明确地应力场是研究高地应力软岩型隧道围岩大变形的先决条件。地应力的测量方法有很多，如应力解除法、水压致裂法、声发射法等。借助这些方法得到的离散实测值对于定义工程区域内的初始地应力场意义不大，需要宏观层面对初始地应力场进行反演和拓展。例如：任洋等先采集目标区域的地质条件信息建立三维地质模型，确定地质构造边界条件的范围，以此作为 RBF 神经网络的训练样本，获得最优应力边界条件进行反演计算。郭运华为了提高拟合精度，基于偏最小二乘回归法拟合的基础上在节点施加反向的节点荷载，解决了边界应力奇异分布问题。陈志敏利用 BP 神经算法结合地应力实测值进行地应力场的反演和拓展等等。

(2)软岩的蠕变本构模型

常用的软弱岩体本构模型可以划分为三类：组合元件本构模型、经验本构模型和弹黏塑性本构模型(有时也划分为断裂损伤流变本构模型)。在此主要介绍组合元件本构模型。构成组合元件本构模型的基本元件有弹性元件(H)、黏性元件(N)和塑性元件(C)。软弱岩体常用本构模型有：伯格斯模型、开尔文模型、广义开尔模型、马克斯威尔模型和西原模型等。由于这些模型都是简单的串并联组合构成的，在实际应用中存在不足，无法描述蠕变过程中的非线性变形特征和蠕变加速过程。因此学者们通过提出新的非线性元件或者利用新的数学方法来组合元件，例如：非线性黏壶元件，与 Bingham 体串联，引入岩石蠕变过程中力学参数的衰减规律，不仅可以描述软岩的等速蠕变阶段，还可以较好反映加速蠕变和减速蠕变阶段。在此基础上推导出改进三维 Bingham 非线性黏弹塑蠕变模型以及参数非定常的改进 Bingham 非线性三维黏弹塑蠕变模型。

由于岩石蠕变过程中损伤和硬化两种破坏机制始终同时存在，在加速蠕变过程中损伤机制占主导，而在减速蠕变过程中硬化机制占主导，等速时两者处于均衡。根据此机理提出了非线性马克斯威尔体，由它构成的非线性损伤—硬化 Maxwell 模型可以直接描述岩石蠕变的三个阶段：短期蠕变、中期蠕变和长期蠕变。

河海模型是由非线性黏塑性体同五元件线性黏弹性流变模型串联构成的。该模型考虑了岩石在深部高温高压条件下的非线性、黏弹性、塑性和流变性等特性，能够较好地预测岩石在各种应力状态下的变形、破坏和行为。

同样的以上复杂模型也存在缺点：①模型参数多，难以确定；②模型对试验数据精度要求高，需要大量实验数据加以支持；③对于不同的岩石类型和工程场合，需要选用不同的模型参数和方法，具有一定的局限性。

综上所述，岩石非线性黏弹塑性流变模型是一种较为理论化且精细的描述岩石本构特性的模型，具有很好的适用性和预测效果，并且在多个工程领域得到了广泛应用。但是该模型存在参数多、难以确定等缺点，需要结合实际情况加以考虑。

(3)高地应力的分级

高地应力是围岩的最大应力与围岩强度的比值，不是一个固定的应力值，区分一条隧道所处的应力环境是否为高地应力，主要看比值是否达到规定的应力分界值。地应力分级问题也已经研究多年了，提出了多种分级方案，但是目前还没有形成统一认识。早期的地应力界定主要是依据地应力实测值大小，如第一主应力大于 20 MPa，为高地应力，大于 30 MPa 或 40 MPa 为极高地应力。2004 年实施的《公路隧道设计规范》(JTG D70—2004，目前已废止)最具权威性，见表 2-25。

表 2-25 《公路隧道设计规范》初始地应力分级方案

初始地应力状态	评估基准(R_c/σ_{max})	主要现象
极高应力	<4	软质岩：岩芯常有饼化现象，开挖过程中洞壁岩体有剥离，位移极为显著，甚至发生大位移，持续时间长，不易成洞
		硬质岩：开挖过程中时有岩爆发生，有岩块弹出，洞壁岩体发生剥离，新生裂缝多，成洞性差
高应力	4～7	软质岩：岩芯时有饼化现象，开挖过程中洞壁岩体位移显著，持续时间较长，成洞性差
		硬质岩：开挖过程中可能出现岩爆，洞壁岩体有剥离和掉块现象，新生裂缝较多，成洞性差

另一种是水电水利工程地下建筑物工程地质勘察技术规程所给出的分级方案，见表 2-26。对比两者可见，这两种分级方案中对初始地应力状态的评估并不完全一致，这样的分级方案不利于各行业间的交流，也不利于对工程进行安全评价。

表 2-26　水电水利工程地下建筑物工程地质勘查技术规程的初始地应力分级方案

初始地应力状态	最大主应力 σ_{max}(MPa)	评估基准 (R_c/σ_{max})	主要现象
极高地应力	≥40	<2	硬质岩：开挖过程中时有岩爆发生，有岩块弹出，洞壁岩体发生剥离，新生裂缝多；基坑有剥离现象成形性差；钻孔岩芯多有饼化现象
			软质岩：钻孔岩芯有饼化现象，开挖过程中洞壁岩体有剥离，位移极为显著，甚至发生大位移，持续时间长，不易成洞；基坑岩体发生卸荷回弹，出现显著隆起或剥离，不易成形
高地应力	20～40	2～4	硬质岩：开挖过程中可能出现岩爆，洞壁岩体有剥离和掉块现象，新生裂缝较多；基坑时有剥离现象成形性一般尚好；钻孔岩芯时有饼化现象
			软质岩：钻孔岩芯有饼化现象，开挖过程中洞壁岩体位移显著，持续时间较长，成洞性差；基坑有隆起现象，成形性较差
中等地应力	10～20	4～7	硬质岩：开挖过程洞壁岩体局部有剥离和掉块现象，成洞性尚好；基坑局部有剥离现象，成形性尚好
			软质岩：开挖过程中洞壁岩体局部有位移，成洞性尚好；基坑局部有隆起现象，成形性一般尚好
低地应力	<10	>7	无上述现象

王成虎等在详细分析现有各种原地应力评价判据的基础上，提出可行的高地应力判据，并在判据模型中引入了国际上认可度非常高的 Shoerey 模型，还引入 Hoek-Brown（霍克—布朗）岩体强度估算理论，补充完善了 Shoerey 模型

陈菲等在前人研究成果基础上给出高地应力的明确定义与定性判据。高地应力的定性判据：①物理特征：岩全结构致密；渗透性极差，单位吸水率低；岩体弹性模量与室内岩块弹性模量试验值近似相等；岩石新鲜无风化。②破坏特征：岩心饼裂；岩爆；钻孔或隧洞壁崩裂；洞壁存在葱皮，劈裂或板裂现象；层状结构岩体屈曲；分区破裂；剪切破裂；软岩挤出；碎裂结构岩体鼓胀；煤系地层可能存在瓦斯突出现象。陈菲等将高地应力定义为量值足以导致结构体或岩块破裂的地应力，还提出了一种新的地应力分级方案，见表 2-27，并通过 25 个大型水电工程地下厂房测试数据验证新分级方案的合理性。

表 2-27　岩体初始地应力分级的建议方案

应力分级	强度应力比	主要现象
高地应力	≤3	勘探期的高地应力现象较显著，施工期高地应力现象加剧
中地应力	3～7	勘探期存在轻微的高地应力现象，施工期可能因岩石材料的非均质与各向异性、洞室群效应和爆破诱发震动等导致高地应力现象加剧
低地应力	>7	无上述现象

(4)软岩大变形控制措施

汪波总结了三种支护模式："强力支护"、"让压支护"和"预应力支护"，在此基础上按照承载特性划分为主动承载型和被动承载型；陈志敏指出当前围岩大变形主要有三种控制理念，分

别为“以抗为主”、“以让为主”和“抗让结合”。虽然他们对控制措施的分类思路不同：一个是支护模式，另一个是控制理念。但是整体控制措施大同小异，都是从施工工法、结构断面、支护措施、辅助施工技术和支护时机上对围岩大变形进行控制，并且坚持“抗让结合、刚柔并济、共同承载”的变形控制理念。主要控制措施如下：①优化施工工法，隧道的开挖将会产生应力重分布和卸载效应，此时需要减少开挖量，并且快速封闭成环，才能减少扰动。例如双侧壁导坑法、三台阶七步法、中隔壁法和交叉中隔壁法等，这些工法各有利弊，要因地制宜。②优化断面形式，开挖断面形状要圆顺，防止应力集中，确保隧道开挖后围岩和支护体系均处于受压状态，宜采用圆形、卵形、马蹄形和多圆心断面。③支护措施从 4 个方面概括：(a)以改进型刚性拱架或可缩性支架、复合型衬砌为代表的被动支护方法；(b)以高强预应力锚杆、锚索为代表的增强型主动支护技术；(c)以注浆改性为主导思想的软岩改性技术；(d)超前应力释放和可让压式结构为代表的让压支护。④辅助施工技术包括普适性强的超前管棚、注浆小导管等，还包括一些限制使用环境的针对性强的辅助施工技术。例如，对水敏感的大变形需要减少围岩含水量变化，在隧道开挖后，立即喷射混凝土封闭洞壁以及掌子面，封闭透水层向围岩中的路径，为此在透水层和围岩的交界处进行注浆，以形成止水帷幕，隔绝地层，使其不产生水压变化；对于化学膨胀岩，李靖杰开展了岩石线性膨胀率试验与岩心崩解试验，探究不同化学试剂对页岩膨胀性的抑制效果与岩心崩解性抑制效果等等。⑤支护时机的选取，在大变形状态下，二次衬砌施作时间尤为重要，一般选取初期支护变形稳定后施作。大多数学者以变形量和变形速率作为二次衬砌施作时机的判别指标，或者基于变形稳定时间统计选取了二次衬砌最佳施作时机等。

2.3.3 膨胀性黏土软岩型

膨胀岩是最常见的不良地质，每年膨胀岩隧道产生的病害将造成的经济损失，因此学者对膨胀岩隧道进行了大量研究。对于不同的膨胀岩，应先研究其膨胀机理，并据此确定影响其膨胀性的因素，再通过室内试验建立膨胀本构模型，结合数值计算和数值模拟，进而指导现场施工设计。

(1)膨胀机理

膨胀性软岩型大变形的理论研究有：吉塞尔(Gysel)的一维膨胀理论，威特基—加特曼(P. Wittke-Gattermann)的三维膨胀理论。在此基础上后继学者也都通过膨胀试验，提出了不同的膨胀模型。但由于前述的膨胀理论受限于试验环境和理想状态的实验模型，而实际工程中膨胀岩体遇水受潮的范围是变化的，同时岩体的受力和位移场也是变化的，所以工程适用性不强。

基于以上不足，缪协兴提出了湿度应力场理论，类似温度应力场理论，其基本思想是：①类比材料的温度效应，随着温度的升高，材料的体积发生膨胀，力学性能下降。膨胀性岩石同样是遇水后发生膨胀和软化。②不论是热源还是水源，在热传导和水分子扩散过程中，都会形成一个变化场，所以湿度应力场理论的控制方程以及应力应变场控制方程可以参考温度应力场理论。随着湿度应力场理论的不断完善，不少学者也证明其存在一定的不足：①基于湿度应力场理论构建的膨胀模型要求围岩体应变和湿度的变化不能过大，本质上依旧是一种理想化的材料。②忽略了温湿度耦合以及流固耦合对岩体应变的影响，不考虑温度效应可以接受，但对于流体作用显著的岩体，湿度应力场理论就很难适用了。随着宏观膨胀机理的成熟，学者目光转向了微观领域。早在 20 世纪初，查普曼(G. Chapmen)提出了双电层理论。膨胀岩主要是由三种黏土矿物组成：高岭石、伊利石、蒙脱石，这些黏土矿物带有负电荷，吸引周围的极性分子和带有正电荷的水化分子，并由近及远形成了固定层和扩散层，此时黏土矿物所携带的负电荷和其所吸附的正电荷共同构成双电层。双电层理论的应用逻辑是：已知黏土矿物之间的距离，此刻的渗透压力可以由两个矿物颗粒中轴线处的离子浓度求得，反之如果知道渗透压力和离子浓度，便可求得两个黏土矿物之间的距离。Hidep Komine 和 Nobuhide Ogata 基于双电层理论对压实膨润土的膨胀特性进行研究预测，推导出了膨润土的润湿性和蒙脱石层之间的距离之间的关系的新方程，提出了离子浓度和膨润土特定表面距离关系的新方程，这些方程对压实膨润土的膨胀特性有重大影响。项国圣则基于双电层理论确定了分形计算法中的系数 K，进而准确计算出压实膨润土的最大膨胀率。同样双电层理论具有局限性：①当土颗粒之间距离很近的时候，范德华力占主导，颗粒间的排斥能小于吸引力，此时双电层理论不再适用。②也有不少学者发现，双电层理论低估了蒙脱石的初始膨胀变形，所以在计算膨胀变形时，结合晶格膨胀理论以及颗粒间膨胀机理效果更好。

膨胀岩土的变形机理发展至今，理论研究已经相当丰富了，在此基础上，蒲文明将膨胀理论划分为四类，依次是：晶格膨胀理论、渗透膨胀理论、颗粒间膨胀理论、水化作用理论。其中前三类均属于物理膨胀岩的膨胀机理，膨胀性与内部的强亲水矿物有关；第四类水化作用则属于化学膨胀岩的膨胀机理。晶格膨胀理论认为岩石中黏土矿物晶体构造是活动的，当水分子进入晶层间，形成水化膜夹层，导致晶格扩张，宏观表现为岩石体积膨胀。颗粒间膨胀机理则是完善了晶格膨胀理论，黏土矿物颗粒表面及其所吸附的阳离子的水化作用，形成较发育的表面溶剂化层，从而也增大了相互之间的斥力，使颗粒间距增大而膨胀。渗透膨胀是基于双电层理论发展的，当颗粒间的离子浓度大于周围水溶液时，由于浓度差而使得双电层内的离子向外扩散，而水分子向内渗透，进一步使得颗粒间距增大，造成膨胀。水化作用的膨胀机理是针对硬石膏、钙芒硝等能够与水发生化学作用的矿物，产生结晶水，造成宏观岩石膨胀。

随着扫描电镜等技术的成熟，研究方向从宏观转向微观，膨胀岩的微结构理论也随着研究技术的发展得到了印证和应用。

(2)室内试验研究成果

学者提出的各种各样的膨胀机理模型往往都是单一机理作用下，所以在此条件下的膨胀变形预测是比较容易的，但实际工程中都是多种膨胀机理共同作用，这时想要靠理论模型预测是很困难的，此时就需要试验来直观测量。同时获得膨胀岩相关物理力学参数是进行工程设计的基础，而室内试验则是探究膨胀岩性质最为直接且准确的方法，也是上述理论发展的科学依据。膨胀岩试验虽不乏现场测试经验，但目前仍主要集中在室内试验研究。

20 世纪中叶，吉布斯(Gibbs)和霍尔兹(Holtz)等人首次在室内进行了膨胀性黏土试验，包括自由膨胀率试验和侧向约束有荷与无荷膨胀率试验。此后，膨胀岩试验研究致力于找寻不同的方法来测量其膨胀量和膨胀力。从 80 年代后期开始，膨胀岩三维试验逐渐被重视，学者们对膨胀力和膨胀变形的研究由单因素逐渐转向多因素共同作用的影响，同时随着 X-衍射法、离子色谱法和电镜扫描等现代技术手段的出现，使研究水平上升到了微观层面。

(3)膨胀本构模型

室内试验得到的大量试验数据可以总结膨胀岩变形的规律，还可以通过线性拟合、理论推导构建出膨胀本构模型来描述膨胀行为。例如：Huder-Amberg 一维本构模型，刘晓丽和邓建华提出的修正的 Huder-Amberg 一维本构模型，Wittke、杨庆等构建出三维膨胀本构模型，朱珍德基于湿度压力场理论提出了膨胀岩增量形式的弹塑性本构模型等。研究发现，膨胀岩本构模型的发展和室内试验的发展几乎吻合，更好的印证了试验是理论发展的基础，起到不可或缺的作用，两者相辅相成。

2.3.4 湿陷性黄土软岩型

（1）黄土的力学特性

黄土隧道大变形的理论研究主要集中在黄土的力学特性—膨胀性、湿陷性以及结构性。①黄土的膨胀性：膨胀性黄土隧道大变形演化研究类比了热膨胀理论，采用数值模拟中的材料热膨胀理论来模拟黄土的增湿膨胀。此类隧道围岩变形机理与前文膨胀型隧道围岩大变形机理一致，因此属于膨胀型隧道围岩大变形的一种。②黄土的湿陷性：湿陷性黄土的研究已经相对完善，由于黄土具有结构松散、富含孔隙、垂直节理发育的工程特点，遇水会产生沉降现象。当前黄土湿陷机理主要有：溶盐理论，认为黄土中存在的可溶性盐，在水分增加时，会吸收部分水分形成水合物，同时引起土壤颗粒表面电荷变化，导致土壤颗粒之间相互吸引而产生胶结，从而造成黄土湿陷；双电层理论，认为土壤颗粒本身带有负电荷，而黏土状黄土的比表面积较大，吸附离子和水分子也较多，使得双电层电荷相对更强。当黄土含水量增加时，活性水分子被吸附到了颗粒表面，导致双电层电势的幅度减小，黏聚力变弱，黄土就会发生湿陷；黏土粒膨胀理论，认为黏土颗粒吸收水分时，其自身体积会增大，并向四周施加作用力。由于黏土颗粒之间的空隙非常小，所以当相邻的颗粒同时膨胀时，它们之间的间距会变得更小，因此土体整体也会产生膨胀效应，土的结构破坏散化，这种效应在干燥环境中也会发生反转，即黏土颗粒失去水分后会收缩，导致土体整体升高。以上湿陷机理都是围绕黄土物质成分建立的，还有一些湿陷机理是触发黄土湿陷。例如脉动液化理论，认为自重湿陷性黄土是由于地球脉动导致黄土颗粒蠕动变形，孔隙水压增大，有效应力减小直至为消失，便产生饱和黄土液化现象。同样的，研究黄土湿陷机理也是基于黄土湿陷试验，包括室内压缩试验和现场浸水试验，例如：郑建国采用现场试验法，并考虑了湿陷性和非湿陷性的不连续分布，对黄土的变形特征进行了研究。王佳采用双线法试验对黄土的湿陷系数、起始压应力等特性进行了研究等。③黄土的结构性：而近年来黄土结构性研究成为关注点，黄土损伤本构模型、力学特性和破坏规律都可以通过微观层面，例如黄土颗粒的形状、大小、排列方式、胶结形式等等，来定性或者定量研究。最为经典的微结构研究理论有骆亚生、谢定义等提出的应变综合结构势，既能反映土体的力学结构特征又能反映几何特征。在应变综合结构势的基础上邵生俊、陈存礼等均提出了各自的黄土结构性参数等。

（2）大变形控制措施

黄土隧道的湿陷性是大变形控制的核心问题，其控制措施相比较膨胀岩和高地应力软岩更加侧重施工过程中的降排水、基地处理以及施工工法，控制理念是预降水，短开挖，留核心，管超前，预加固，强支撑，紧封闭，勤量测。具体控制措施如下：①降排水设计，在开挖前对富水段进行超前井点降水，开挖后洞内排水要及时，在施工过程中合理设置临时积水槽，及时将积水抽出。②基地处理是一种有效控制湿陷大变形的方法，常用的方法有换填法、挤密桩、旋喷桩、强夯法等。但不同于地面建筑的地基加固，荷载分布形式以及变形性状有着本质区别，但目前相关研究还有不足，难以最大程度发挥地基承载能力。③对于湿陷性黄土隧道，施工原则是“少扰动，短进尺，快封闭”。常用的施工工法包括 CD 法、CRD 法、双侧壁导坑法、微台阶法等。湿陷性黄土隧道施工掌子面自稳性差，预留核心土可以作为临时支护，加强初期支护，快速封闭成环。

2.3.5 高地温环境软岩型

(1)高地温对围岩变形的影响

高地温属于深埋隧道“三高问题”之一,高地温会改变岩体的物理力学性质,加剧岩爆和大变形问题。高地温对围岩变形的影响方式有三方面:①类似于开挖高地应力隧洞时产生的应力重分布和应力集中现象,高地温隧道开挖后会出现温度梯度,致使围岩应力重分布。其中岩石的有效热导率是温度场中的关键参数,其测量方法包括稳态方法和瞬态方法,稳态方法主要有分棒法和热板法,瞬态方法有光学扫描法、平面热源法和线热源法等。②由于相邻围岩热膨胀系数不同,会产生不均匀膨胀,加剧围岩变形。③围岩在温压耦合作用下蠕变加剧,李剑光等人对软岩蠕变进行研究,发现随着温度升高软岩的蠕变总量和速率均增大。何满潮在温压耦合条件下对煤岩和泥岩进行力学试验研究,发现岩石的强度降低,应变增大。

(2)大变形控制措施

对于高地温隧道围岩大变形的成因有两个方面,一方面是高温高压环境下加剧围岩变形,另一方面高温导致支护结构性能下降甚至失效。所以解决高地温隧道围岩大变形问题,需要基于软岩大变形控制理念,解决高地温环境劣化围岩完整性问题和提高支护材料的耐高温性能。具体措施如下:①采用高温注浆和锚杆支护技术,由于围岩膨胀系数的差异,使得高地温环境下的围岩更容易破碎,进而地下水通过裂隙变成高温裂隙水,加剧软化围岩,因此超前注浆不仅封堵裂隙水,还可以提高围岩完整性,同时锚杆支护配合耐高温树脂锚固剂可以大大改善高地温造成的围岩破裂变形问题。②改变衬砌结构。针对高地温隧道,防水层和隔热层是必不可少的衬砌结构组成部分,当前高地温隧道衬砌结构的主要研究内容是找到各个温度区间内的最合适的衬砌结构形式,常见的有初期衬砌＋防水层＋隔热层＋二次衬砌、隔热材料＋初期衬砌＋防水材料＋二次衬砌等。③提高衬砌材料的强度、韧性和耐热性。衬砌的主要材料混凝土的性能,可以通过添加粉煤灰、硅灰等矿物掺和料,充分发生水化反应,使其结构更加紧密;或者添加陶粒等材料制成轻质多孔混凝土,具有导热差的特性,起到良好的隔温作用等等。

第3章　隧道软弱围岩变形破坏机理与特征研究

3.1　隧道软岩大变形危害及产生机理

3.1.1　软岩大变形的危害

(1)软岩变形的工程危害

随着交通强国战略布局的不断推动，我国公路、铁路事业蒸蒸日上，伴随而来的山岭隧道、海底隧道、城市地下交通等一系列地下交通工程也越来越多。而我国幅员辽阔，地质条件多样，一些隧道工程不得不跨越构造带、高地应力、软弱围岩和湿陷性黄土等不良地质。而隧道围岩大变形作为隧道工程中常见的工程现象，多发生在不良地质地层中。隧道围岩大变形直接或间接造成隧道整体结构失稳破坏，在施工期和运营期出现各种病害，包括围岩变形侵限、掌子面失稳，拱顶掉坍塌、仰拱隆起、衬砌开裂、支护结构扭曲失效等。

国内外典型由于围岩大变形导致的隧道失稳破坏案例有：家竹箐隧道由于高地应力挤压围岩变形发生支护破坏；木寨岭隧道也是由于炭质板岩浸水产生塑性流动后在高地应力作用下形成挤压大变形；奥地利的阿尔贝格隧道，虽然有陶恩隧道作为前车之鉴，加强了支护措施，但依旧由于不良地质，隧道支护结构发生了位移；日本惠那山Ⅱ线隧道由于处于相对高地应力断层带，围岩长期变形，不得不多次修缮加固等等。

当前学者对隧道围岩大变形现象的研究非常广泛，大变形成因、变形机理、大变形分类分级、大变形的预测方法，控制方法和技术都有涉猎，但大部分都是围绕软岩大变形，对于限定环境特殊的黄土型隧道和高地温型隧道，虽然也有大量学者研究，但总是以特定隧道单独研究。从其破坏成因上看，软岩大变形、黄土型隧道大变形和高地温型隧道大变形都属于隧道围岩大变形，并且随着隧道建设环境的多样化，会有更多特殊类型的隧道出现大变形现象。

(2)软岩变形破坏特点

软岩一般结构疏松、孔隙率大、密度小，胶结差或未胶结，受地质构造破坏，存在弱面、裂隙、节理，极易破碎和滑落，开挖后膨胀等现象，其变形压力与支护也是当今世界隧道中复杂而重要的问题。当隧道遇到此类岩层时，会给施工带来很大困难。

软岩隧道的变形破坏特征不仅受围岩的力学性质影响，而且受隧道所处的地应力环境与工程因素等有关，一般情况下，具有如下特征：

①变形破坏方式多：变形破坏方式一般有拱顶下沉、坍塌，片帮和底鼓，隧道表现出强烈的整体收敛和破坏，变形破坏形式有结构面控制型和应力控制型，其中以应力控制型为主。

②变形量大：软岩特征决定了洞室收敛具有变形大的特点。直墙拱洞室变形主要以水平收敛为主，表现形式有侧墙内移(或内鼓)，尖顶和底鼓等；曲墙拱洞室则以垂直收敛为主。

③变形速度高：软岩隧道初期收敛速度达到 3×10^{-3} m/d，即使施工常规的锚喷支护以

后，软岩隧道的收敛速度仍可达到 2×10^{-3} m/d，而且变形收敛速度降低缓慢。

④持续时间长：软岩隧道掘进后，由于软岩具有强烈的流变性和低强度，围岩的应力重分布持续时间长，软岩隧道变形破坏持续时间很长。

⑤围岩破坏范围大：软岩隧道中由于围岩的强度与地应力的比值很小，导致软岩隧道围岩的破坏范围大，尤其是当支护不及时或不当时，围岩破坏区的范围可达 2.5 倍洞径，甚至更大。

⑥各位置破坏不一：软岩隧道所处的地应力强度因方向而异和软岩具有强烈的各向异性，这导致了隧道周边不同部位，变形破坏程度不同。变形破坏在方向上的差异性往往导致支护结构受力不均，支护结构中产生巨大的弯矩，这对支护结构稳定产生了不利的影响。

⑦来压快：软岩隧道变形收敛速度高，在很短时间内，围岩即与支护结构接触，产生压力。软岩具有流变性，围岩与支护结构相互作用后，围岩的变形破坏并不立即停止，而是继续下去。在围岩流变过程中，围岩的强度降低，地压随时间而逐步增长。

(3)软岩隧道稳定影响因素

影响软岩隧道稳定的因素很多。地质及岩体力学性质总括来说是整体强度问题。地应力通过围岩应力重新分布，可作为破坏力因素。如果破坏力强于整体强度，围岩失稳；反之，则围岩稳定。对于软岩隧道，其他各因素在特定条件下会相互转化。一般来讲，软岩变形由于速率初始较大，而以后稍缓，若支护太早会形成过大的形变压力。而支护太晚，则会使围岩破裂失稳而形成附加的松动压力。所以，对这种类型的围岩测知它们的变形特性曲线是非常重要的。这样才能以最小代价的支护设计(含合理的支护时间)而获得最合理且安全的支护效果。

软岩隧道的稳定随生产领域及使用要求的不同，有不同的概念。如永久性公路、铁路隧道等要求隧道围岩只允许产生微小的位移，否则就影响隧道的使用功能，而矿山等临时性隧道则只需满足运行期间的安全即可。一般情况下影响软岩隧道开挖变形的主要因素有：

①岩性及地质结构影响：岩石本身的强度、结构、胶结程度及胶结物的性能，膨胀性矿物的含量等，这均是影响隧道软弱围岩变形的内在因素。围岩岩质软弱，自身强度较低，受地质构造的影响，岩体易破碎，在高地应力的作用下，原岩结构很快遭到破坏，岩体沿裂隙、层面等结构面相互剪切错动而变形。对于层状岩体中的地下洞室而言，在高地应力作用时，围岩更容易发生挠曲变形而破坏。同时，不同的地质结构会对隧道的支护及整体稳定性产生影响。

②围岩应力影响：是造成围岩变形的直接因素，包括垂直应力、构造残余应力及工程环境和施工的扰动应力，邻近隧道施工，采动影响等，特别是多种应力的叠加情况影响更大。通过对国内外软岩隧道大变形的统计分析，隧道埋深较大时，地质构造作用将会导致原岩应力增大且以水平构造应力为主。在工程实践中发现，高地应力、最大水平主应力与软岩隧道的夹角，对围岩稳定最为不利，是产生软岩隧道大变形的主要因素。

③开挖方法影响：软岩隧道的施工方法、初期支护的闭合时间对隧道的稳定有重要影响。如软岩隧道若采用全断面开挖，因每循环施工时间较长，导致围岩在支护前变形能释放较完全，隧道围岩变形较大。尤其对于软岩大断面隧道，若采用全断面开挖，往往来不及支护，隧道即发生塌方事故，故一般情况下大断面软岩隧道开挖采用分部开挖。同样，当采用长台阶法对软岩隧道进行施工时，由于台阶的长度过长，导致仰拱闭合滞后，不能形成完整的支护体系，同时，二次衬砌不能及时浇筑，这是由于隧道支护强度不足，而产生过大变形，严重时会导致坍塌现象，造成一定的经济损失或人身伤亡。因此，支护强度及施工方法不容忽视。

④支护结构形式影响：一般情况下，隧道采用新奥法进行及时锚喷支护要比滞后很久的永久性衬砌支护对围岩的稳定更有利。在软岩隧道中，因在支护前，围岩已发生了变形。因此，

刚性支护往往比柔性支护更为有利，而在硬岩隧道支护中则尽量采用柔性支护。由国内外工程案例可知，由于早期对高地应力软岩隧道的认识不足，没有认识到软岩大变形的长期性，造成预留变形量较小，锚杆较短、钢支撑的强度较低、二次衬砌滞后等初期支护参数偏小的现象，造成围岩在一定时间内变形发展迅速，初期支护破坏严重等不良结果。

⑤水的弱化作用影响：包括地下水及工程用水，尤其是对膨胀岩，水不仅造成黏土成分的膨胀，同时降低岩石强度。地下水的赋存状态和运动对围岩稳定具有重要的意义。地下水的存在会对隧道工程的各个方面产生不良影响：一方面，地下水所产生的静水压力直接作用在衬砌上，当衬砌支承能力一定时，减小了衬砌对围岩的支承能力；另一方面，地下水与围岩相互作用影响围岩稳定。在天然应力状态下，地下水与周围岩土体形成动态力学平衡。当隧道开挖时，地下水的力学平衡被破坏。由于地下水的渗透，水压力的降低引起岩土体骨架压缩。地下水渗流冲刷软岩或进入软岩细微裂缝，引起岩体颗粒位移，使软岩产生软化或泥化，降低了岩体的强度。对于膨胀岩体，由于其具有吸水膨胀的特性，在地下水的作用下，会造成围岩与结构的破坏，如隧道洞周围岩膨胀突出和坍塌，由于膨胀压力作用而产生的支护结构破坏等。地下水对围岩中的软弱结构面也有一定的影响，地下水活动可以使软弱结构面上的物质软化或泥化，或地下水会将软弱结构面中的充填物带走或饱水等，从而降低结构面的抗剪强度，影响岩体的整体强度和稳定性。

⑥时间因素影响：软岩隧道围岩失稳和破坏现象往往经过一段时间后才开始显现，这主要因为：一是岩体的流变性质，即围岩变形在应力不变情况下不断增长（蠕变）或在变形约束情况下，应力随时间降低（松弛），以及围岩强度随时间降低的性质。二是随时间的增长加剧了围岩的弱化过程，使围岩变形增加、塑性或松动区扩大。

⑦工程扰动力影响：隧道在未开挖时，岩体处于三向受力的高地应力环境，处于相对稳定的平衡状态。隧道开挖之后，最初的应力状态被改变，围岩的应力开始重新分布，地应力以两种方式变换，一种以变形能形式释放，另一种向岩体的深部转移，发生局部的应力集中现象或应力重分布，通过自身的调整来适应当前的应力状态，以达到新的应力平衡。软岩隧道在开挖时，围压降低很快，切向应力增大，径向应力减小，这时应力集中现象明显。当岩体的应力超过岩体屈服强度和流变下限时，就会产生很大的变形，随着变形的不断增加，围岩进入黏塑性软化阶段，长期作用时，隧道变形进一步增大。可见，隧道开挖时的工程扰动力是引起隧道变形的又一因素。

3.1.2 软岩大变形的机理

（1）隧道失稳力学机理

通常认为：软岩隧道不产生围岩破坏或过大变形而妨碍隧道生产使用和安全，隧道即为稳定。软岩隧道的稳定性主要视岩体的强度及变形特征和开挖后重新分布的围岩应力这二者互相作用的结果而定，前者强于后者则稳定。软岩隧道失稳力学机理实质上是地层压力效应结果，当二次应力量值超过了部分围岩的塑性极限或强度极限则使围岩进入显著的流变状态，围岩就发生显著的变形、松碎、破裂、破坏等现象，表现出明显的地层压力效应。地层压力效应是指隧道开挖后重新分布的二次应力与围岩的变形及强度特性互为作用而产生的一种力学现象。地层压力可分为松动压力、形变压力、膨胀压力等。软岩隧道失稳主要是这三种压力对围岩本身的支护结构作用的结果，当隧道支护不及时时，变形压力与膨胀压力就会使围岩破坏并转变为松动压力，引起围岩失稳。

软岩无法抗衡工程扰动力，在工程力的作用下难以自稳。因此，软岩隧道要进行支护。从工程地质角度来看，软岩隧道的失稳通常受多因素控制，在不同的工程地质条件下各因素所起的作用不同。为了更好保证软岩工程稳定，减少围岩失稳的可能性，需要分析软岩隧道的失稳因素，判断在隧道掘进过程中哪些因素是主要因素，从而有针对性选择工程布置、开挖与支护方式。这是分析软岩隧道失稳因素的目的。从软岩隧道失稳的力学角度分析，影响工程稳定的地应力主要为松动压力、膨胀压力、形变压力。软岩隧道因其围岩强度较低，抗工程力扰动能力较弱，在工程掘进过程中，为了保证工程安全和围岩稳定，必须进行支护。在隧道围岩内既要尽量避免出现松动压力，以防止隧道开挖后围岩由塑性体转变为破坏的松动体或进入塑性阶段，造成隧道支护难度增大，又要在隧道塑性体未破坏前，尽量释放围岩二次应力的变形能，充分利用围岩自身承载力，有效减少作用在支护上的变形压力。对软岩隧道的变形力学机制进行深入的分析，可了解软岩隧道失稳的潜在原因，同时针对隧道失稳的特点，采用适当的支护方式从根本上消除不稳定因素，在满足围岩稳定的同时，又防止盲目的支护方式造成资源浪费。

(2)围岩大变形产生机理原因

隧道围岩大变形产生的机理和原因比较复杂，归纳起来有如下几点：近年来大变形问题引起了工程技术界广泛关注，国际岩石力学学会(ISRM)为此成立了一个专门工作小组。1946 年(太沙基)首先提出挤出围岩和膨胀围岩的概念。受其影响，后来国际上普遍按形成机理将大变形分为两大类：①施工开挖过程中形成的应力重分布结果超过围岩强度而发生塑性化变形。若介质变形缓慢就属于挤出。Anagnostou(1993)认为，挤出主要取决于岩石强度和覆盖层厚度(地应力)，原则上可以在任何类型岩石中发生，其中包括含有膨胀性矿物岩石。②围岩岩石中某些矿物和水反应发生膨胀作用而产生的变形。水及某些(膨胀性)矿物的存在对膨胀变形是必须的。Anagnostou(1993)认为，可能发生膨胀变形的围岩在开挖时都具有较高强度，变形主要发生于隧道运营若干年后，变形一般表现为底鼓，而顶拱和边墙一般保持完好状态；冢冢(Qtsuka)，高野(Takano，1980)、泰达诺(Tydano.，1993)等将建成后 6～12 个月内发生严重底鼓的日本新潟县(Niigata Prefecture)隧道和纳贝塔千山(Nabetachiyama)隧道变形归结于膨胀作用。岩石(土)膨胀机理方面已经积累了相当多研究成果，瓦尔斯蒂奥姆(Wahllstyom，1973)，爱茵斯蒂安(Einstien，1975)，林德纳(Lindner，1986)、张乃娴等(1990)、任磊夫(1992)、杨雅秀(1994)及何满潮(1997)等众多国内外学者均在此进行过深入研究。

软岩产生大变形的原因分析：①从地质条件出发，认为围岩产生大变形原因可能有三种：膨胀岩作用、高地应力作用和局部水压及气压力作用。而局部水压及气压力作用仅当支护和衬砌封闭较好，周边局部地下水升高或有地下气体(瓦斯等)作用时，支护所产生的大变形，这种现象并不多见。②陈宗基教授将大变形产生的原因总结为五个方面，即塑性楔体的产生、流动变形(包括塑性流动和黏性流动)、围岩膨胀、扩容和层状岩体的挠曲。③姜云将围岩大变形的发生机制归结为软弱围岩塑流、膨胀变形、层状岩体的板梁弯曲变形、塑性楔体、结构性流变、累进松脱扩展、差异性松脱、倾斜沉降变形和垂直沉降变形等九个方面，其中，累进松脱扩展和差异性松脱一般在浅埋、低应力区发生，而倾斜沉降变形和垂直沉降变形主要发生在下卧采空区情况。

围岩挤出力学机制分类：总体而言，围岩挤出是开挖引起的应力力重分布超过岩体强度时岩体屈服的结果。艾丹(Aydan O.)等(1993)对这一过程中岩石变形力学机制进行了研究，将围岩挤出力学机制分为以下三大类：①完全的剪切破坏。在连续塑性岩体及发育有较大张开度裂隙的非连续岩体中会发生这种破坏。②弯曲破坏。一般发生于千枚岩及云母片岩等变质岩或泥岩、油页岩、泥质砂岩及蒸发岩等薄层状塑性沉积岩中。③剪切和滑动破坏。发生于相对厚层的沉积岩中，包括沿层面滑动和完整岩石剪切两种破坏形式。

何满潮教授认为，软岩变形破坏的原因是多方面的，其力学机制也是极其复杂的。将软岩变形力学机制分为三大类，即物化膨胀型（Ⅰ型）、应力扩容型（Ⅱ型）和结构变形型（Ⅲ型）。各类中又依据引起变形的严重程度分为A、B、C、D四个等级，共13个亚类。何满潮教授同时认为，软岩变形并非具有单一变形力学机制，而是同时具有多种变形力学机制的复合型变形力学机制。

围岩挤出膨胀大变形分类：在隧道围岩大变形中，挤出作用与膨胀作用关系及两者对隧道围岩大变形的贡献，是普遍关心的重要问题。太沙基认为，从理论和室内试验的角度挤出和膨胀是完全可以分开的：①挤出是一种物理破坏，而膨胀则是必须是有水参与的化学过程；②膨胀发生所需时间通常要比挤出长的多。但大多数学者认为，在实际隧道工程中，挤出与膨胀往往是很难分开的，绝对单纯的挤出或绝对单纯的膨胀引起的大变形都很少见。一般来说，挤出作用在隧道围岩大变形中占有更重要位置，或者说是隧道围岩大变形的主要机制。综上所述，隧道围岩大变形一般可以描述为一种以挤出为主、膨胀为辅的水—力耦合过程。

(3)大变形的产生源于多种机制的相互耦合作用

对于围岩大变形机理的研究，根据太沙基提出的挤出性岩石和膨胀性岩石的概念，有人将围岩大变形机理划分为两个类型：一是挤出变形，由于隧道开挖引起围岩应力重分布，当围岩所受到的地应力大于围岩强度时，围岩将发生变形。二是膨胀变形，由于围岩中含有的膨胀性岩体与水作用后，岩体发生膨胀，从而使围岩发生变形。但是在目前围岩大变形实际问题中，很难将两种类型的变形区分开来，挤出变形和膨胀变形往往是同时发生、共同作用。针对高地应力软岩隧道发生围岩大变形的问题，并不是某个单一机制造成的，而是由地应力、隧道埋深、围岩强度、尺寸效应和卸荷力学效应等多种不同机制相互耦合的结果。

高地应力：在水平方向上，由于构造运动产生的地应力起主要作用，分布极不均匀，极易产生高地应力区。在高地应力区，软弱围岩隧道大变形是在围岩压力不断增大，而又得不到释放的情况下发生的，其内部应力高度集中，应力大小超过了岩体抗压强度，发生塑性应变直至破坏形成的。而且这种大变形存在很复杂的破坏特征，其中最明显的就是流变性，和时间有密不可分的关系，比如很多软弱围岩隧道都是在隧道运营期间衬砌结构发生破坏。

隧道埋深：隧道埋深对大变形的影响往往是通过地应力的不同体现出来，围岩的初始地应力场是随深度而变化的，随着深度的增加，σ_x 和 σ_y(σ_z)都在增大，从而产生较高的初始地应力。同时，埋深的不同也会导致隧道围岩压缩程度的不同，即压缩模量会不同，松比也会随着深度的不同而发生改变，这就可能导致不同深度处围岩的变形特征不同，对于在施工过程可能出现埋深变化幅度较大的长大隧道来说，会产生较大影响。

围岩强度：隧道围岩强度的大小是影响隧道发生大变形地质灾害的重要原因之一，工程实践证明，Ⅳ、Ⅴ、Ⅵ级的围岩更容易在施工过程中出现大变形现象。其中，软弱夹层的存在会大大降低围岩的强度等级，这也是影响洞室围岩稳定性的关键因素，相关规范中已将软弱夹层定性为不良工程地质。在这种工程地质条件下的隧道围岩，发生变形破坏程度较相邻段同类围岩严重得多，而且软弱夹层的厚度也对围岩变形破坏程度有明显影响，夹层越厚变形破坏越严重。这是因为夹层作为围岩系统的薄弱环节，在受力过程中首先破坏，使围岩承载圈出现“缺口”而无法闭合成环，最终导致松动圈的范围增大，而围岩的变形大小与松动圈的范围密切相关。

卸荷力学效应：由于初始应力场的存在，隧道在开挖过程中，可以看作是对围岩的一个卸荷过程，施工荷载的大小和方式也将会直接影响围岩的变形和稳定，隧道围岩的卸荷往往是引发岩爆和大变形地质灾害发生的又一个重要因素。隧道围岩的卸荷力学效应和变形机理在工程应用中有至关重要的作用，在隧道开挖过程中，部分土体被挖掉而因此解除了围岩的约束使隧道围岩在初始应力场中的平衡状态被破坏，围岩的应力状态将进行二次应力重新分布，由于施工的原因，围岩中的岩体会受到施工扰动，使其变形向着接触约束的隧道内部发展，当达到一定程度时就会导致围岩的失稳，甚至坍塌。

尺寸效应：围岩结构变形的尺寸效应表现在以下两方面：围岩结构类型随隧道断面尺寸的增大而发生改变不同类型的围岩其变形机制不同，不同变形机制产生的围岩变形量相差较大。在同一种围岩结构下相同变形机制产生的围岩变形量也会随着隧道尺寸增大而呈现不同的变化规律。也就是说，围岩的结构类型并不是一成不变的，而围岩结构类型直接决定了围岩变形机制，不同变形机制产生的围岩变形量往往相差较大。在相同的围岩条件下，隧道尺寸越大，围岩结构相对就越破碎，这就导致了即使是相同变形机制产生的围岩变形也会随着隧道尺寸增大而增大。如在块状围岩中，隧道周边不可动块体会随着隧道断面尺寸的增大而转化成可动块体，从而发生滑动或者滚动变形，甚至坍塌。

除此之外，地层分布、地下水的存在、施工扰动等很多因素也是诱发围岩大变形的主要因素，在设计施工过程中应加以注意。

3.2　隧道围岩材料变形破坏机理与特征

3.2.1　材料强度与本构模型

(1)围岩变形破坏机理与研究方法

隧道围岩变形规律是其稳定性控制的理论基础。由于各种不连续面的存在，隧道围岩是一种极其复杂的材料体，围岩的结构类型各异是围岩复杂性的具体体现，这也决定了围岩存在各种不同的变形机制。围岩结构的复杂性及其变形机制的多样性，导致很难准确地计算出围岩的变形，但围岩变形在时空分布上仍存在较强的规律性，在此将在围岩变形机制及其时空分布规律的基础上，对隧道软弱围岩变形规律进行深入探讨。

隧道围岩变形规律是其稳定性控制的理论基础。由于各种不连续面的存在，隧道围岩是一种极其复杂的材料体，围岩的结构类型各异是围岩复杂性的具体体现，这也决定了围岩存在各种不同的变形机制。围岩结构的复杂性及其变形机制的多样性，导致很难准确地计算出围岩的变形，但围岩变形在时空分布上仍存在较强的规律性，在此将在围岩变形机制及其时空分布规律的基础上，对隧道软弱围岩变形规律进行深入探讨。

围岩变形机理的研究进展和岩体力学的发展存在着紧密关系。根据岩体力学的发展阶段，隧道围岩变形机理可归纳三种观点：①把围岩视为一种连续介质材料，认为围岩的变形主要来自岩石材料的弹塑性变形，因此采用连续介质力学模式处理隧道工程中遇到的岩体力学问题。②把围岩视为一种连续介质材料，但已注意到裂隙对围岩变形和破坏的影响，开始认识到围岩的变形不仅包括岩石材料的弹塑性变形，还包括裂隙的变形，因此对围岩的力学参数进行了折减，将围岩等效为参数劣化了的连续介质。③把围岩视为岩体结构，强调岩体结构的力学效应对围岩变形和破坏的控制作用，将围岩的变形分为围岩材料变形和围岩结构变形两个部分，围岩材料变形主要是材料的弹性、塑性和黏性变形；围岩结构变形主要包括结构面的张开或闭合变形、结构体的弯折、倾倒、滑动、滚动等变形。围岩的变形受岩体结构的控制，不同结构类型的围岩，其变形破坏的机理和模式也不同，见表 3-1。

表 3-1　各类围岩结构变形破坏机理及研究方法

围岩结构	变形机理	破坏机制	研究方法
整体状结构	弹塑性变形	剪切破坏、拉伸破坏	连续介质力学
块状结构	结构面张开或闭合	结构体沿结构面滑动	块体滑移理论、统计岩体力学、离散元方法
层状结构	结构面张开或闭合；板、梁的弯曲	弯折、溃曲、倾倒	层状介质力学、结构力学
碎裂状结构	结构面张开或闭合	结构体压密、松弛	视连续介质力学
散体状结构	颗粒分离扩容	颗粒滑塌	视连续介质力学

(2)屈服准则概念

受力物体内质点处于单向应力状态时，只要单向应力达到材料的屈服点时，则该质点开始由弹性状态进入塑性状态，即处于屈服。受力物体内质点处于多向应力状态时，必须同时考虑所有的应力分量。在一定的变形条件(变形温度、变形速度等)下，只有当各应力分量之间符合一定关系时，质点才开始进入塑性状态，这种关系称为屈服准则，也称塑性条件。它是描述受力物体中不同应力状态下的质点进入塑性状态并使塑性变形继续进行所必须遵守的力学条件，这种力学条件(又称为屈服函数)一般可表示为式(3-1)。

$$f(\sigma_{ij})=C \tag{3-1}$$

式中，C 是与材料性质有关而与应力状态无关的常数，可通过试验求得。屈服准则是求解塑性成形问题必要的补充方程。

(3)材料强度理论

①第一强度理论：又称为最大拉应力理论，适用于脆性材料，且最大拉应力大于或等于最大压应力(绝对值)的情形。其表述是材料发生断裂是由最大拉应力引起，即最大拉应力达到某一极限值时材料发生断裂。

$$\sigma_1=[\sigma] \tag{3-2}$$

②第二强度理论：又称最大伸长应变理论，适用于脆性材料，且最大压应力的绝对值大于最大拉应力的情形。假定只要材料内该点的最大伸长应变 ε_1 达到了单向拉伸断裂时最大伸长应变的极限值 ε_i，材料就发生断裂破坏：

$$\sigma_1-\mu(\sigma_2+\sigma_3)\leqslant[\sigma] \tag{3-3}$$

③第三强度理论：又称最大剪应力理论或特雷斯卡屈服准则。该理论假定最大剪应力是引起材料屈服的原因。只要材料内某处的最大剪应力 τ_{max} 达到了单向拉伸屈服时剪应力的极限值 τ_y，材料就在该处出现显著塑性变形或屈服。

$$\sigma_1-\sigma_3\leqslant[\sigma] \tag{3-4}$$

④第四强度理论：又称为最大形状改变比能理论。在一定的变形条件下，当材料的单位体积形状改变的弹性位能(又称弹性形变能)达到某一变形时，材料就屈服。

$$\frac{1}{\sqrt{2}}\sqrt{[(\sigma_1-\sigma_3)^2+(\sigma_2-\sigma_3)^2+(\sigma_3-\sigma_1)^2]}\geqslant\sigma_y \tag{3-5}$$

关于强度理论的适用性的讨论：应力强度，是由第三强度理论得到的当量应力，其值为第一主应力减去第三主应力。一般脆性材料，如铸铁、石料、混凝土，多用第一强度理论。考察绝对值最大的主应力。一般材料在外力作用下产生塑性变形，以流动形式破坏时，应该采用第三或第四强度理论。压力容器上用第三强度理论（安全第一），其他多用第四强度理论。Von Mises 是一种屈服准则，屈服准则的值通常叫等效应力，它遵循材料力学第四强度理论（形状改变比能理论）。Von Mises 应力的确是一种等效应力，它用应力等值线来表示模型内部的应力分布情况，它可以清晰描述出一种结果在整个模型中的变化，从而可以快速确定模型中的最危险区域。等效应力的表达式(3-6)。

$$\bar{\sigma}=\frac{1}{\sqrt{2}}\sqrt{(\sigma_x-\sigma_y)^2+(\sigma_y-\sigma_z)^2+(\sigma_z-\sigma_x)^2+6(\tau_{xy}^2+\tau_{yz}^2+\tau_{zx}^2)} \tag{3-6}$$

式中，$\frac{1}{\sqrt{2}}\sqrt{[(\sigma_1-\sigma_3)^2+(\sigma_2-\sigma_3)^2+(\sigma_3-\sigma_1)^2]}$是 Von Mises 应力，它是基于剪切应变能的一种等效应力，其中 σ_1，σ_2，σ_3 分别为第一、二、三主应力。

(4)围岩材料本构模型

①线弹性模型：基于广义胡克定律，包括各同性弹性模型、正交各向同性模型和各向异性模型。线弹性模型适用于任何单元。各向同性弹性模型的应力—应变涉及的参数有两个，弹性模型 E 和泊松比，可以随温度和其他场变量变化，其表达式(3-7)。

$$\begin{Bmatrix}\varepsilon_{11}\\ \varepsilon_{22}\\ \varepsilon_{33}\\ \gamma_{44}\\ \gamma_{55}\\ \gamma_{66}\end{Bmatrix}=\begin{bmatrix}1/E & -\nu/E & -\nu/E & 0 & 0 & 0\\ -\nu/E & 1/E & -\nu/E & 0 & 0 & 0\\ -\nu/E & -\nu/E & 1/E & 0 & 0 & 0\\ 0 & 0 & 0 & 1/G & 0 & 0\\ 0 & 0 & 0 & 0 & 1/G & 0\\ 0 & 0 & 0 & 0 & 0 & 1/G\end{bmatrix}\begin{Bmatrix}\sigma_{11}\\ \sigma_{22}\\ \sigma_{33}\\ \sigma_{44}\\ \sigma_{55}\\ \sigma_{66}\end{Bmatrix} \tag{3-7}$$

②莫尔—库仑模型：塑性模型定义弹塑性本构关系中的塑性部分，弹塑性本构关系中的弹性部分由弹性模型定义。莫尔—库仑(Mohr-Coulumb)塑性模型主要适用于在单调载荷下颗粒状材料，在岩土工程中应用非常广泛。屈服面：Mohr-Coulumb 模型屈服面函数为

$$F=R_{mc}q-p\tan\varphi-c=0 \tag{3-8}$$

式中　φ——q-p 应力面上的 Mohr-Coulumb 屈服面的倾斜角，称为材料的摩擦角，$0°\leqslant\varphi\leqslant 90°$；

c——材料的黏聚力；

$R_{mc}(\Theta,\varphi)$——按式(3-9)计算，其控制了屈服面的在 π 平面的形状。

$$R_{mc}=\frac{1}{\sqrt{3}\cos\varphi}\sin\left(\Theta+\frac{\pi}{3}\right)+\cos\left(\Theta+\frac{\pi}{3}\right)\tan\varphi \tag{3-9}$$

式中　Θ——极偏角，定义为 $\cos(3\Theta)=\frac{r^3}{q^3}$，是第三偏应力不变量 J_3。

给出 Mohr-Coulumb 屈服面在子午面和 π 平面上的形状，如图 3-1 所示，图 3-1 可以比较其与 Drucker-Prager 屈服面、Tresca 屈服面、Mise 屈服面之间的关系。

塑性势面：由图 3-1 可见，Mohr-Coulumb 屈服面存面尖角，如采用相关联的流动法则（即塑性势面与屈服面相同），将会在尖角处出现塑性流动方向不唯一现象，导致数值计算烦琐、收敛缓慢。为避免这些问题，采用了如下形式的连续光滑的椭圆函数作为塑性势面，其形状如图 3-2 所示。

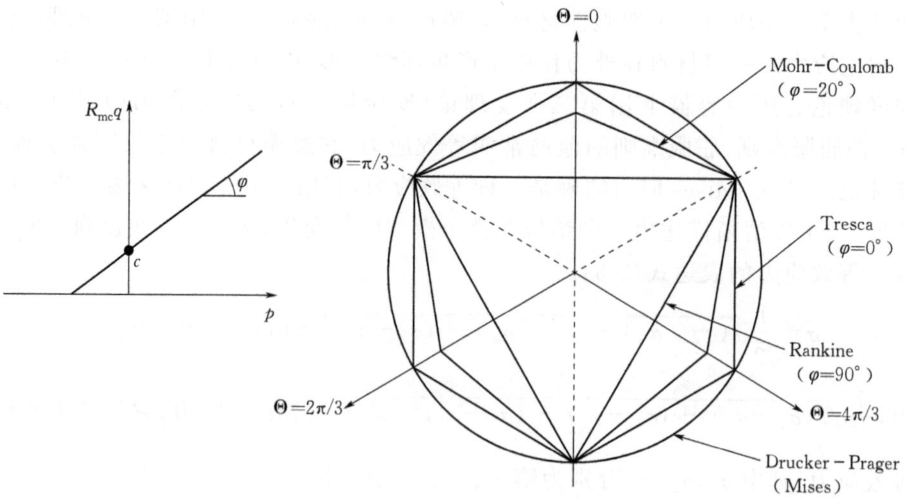

图 3-1　Mohr-Coulomb 模型中的屈服面

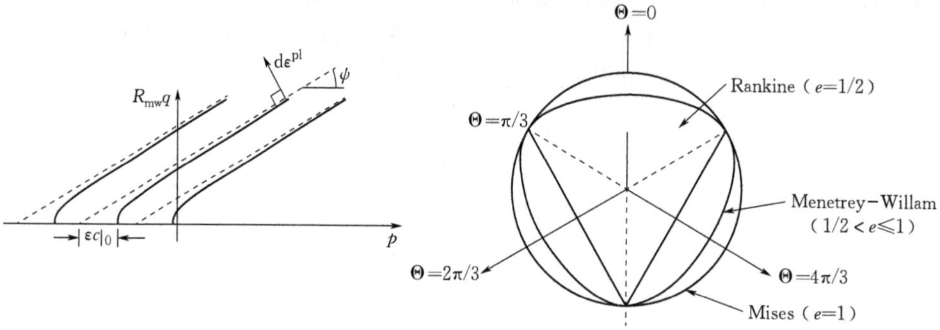

图 3-2　Mohr-Coulomb 模型中的塑性势面

$$G=\sqrt{(\varepsilon c\,|_0\tan\psi)^2+(R_{mw}q)^2}-p\tan\psi \tag{3-10}$$

式中，ψ 为剪胀角；$c\,|_0$ 为初始黏聚力，即没有塑性变形时的黏聚力；ε为是子午面上的偏心率，它控制了 G 在子午面上的形状与函数渐近线之间的相似度。若$\varepsilon=0.0$，塑性势面在子午面上将是一条倾斜向上的直线，软件中默认为 0.1。$R_{mw}(\Theta,e,\varphi)$则控制了其在 π 面上的形状，由式(3-11)计算：

$$R_{mw}=\frac{4(1-e^2)\cos^2\Theta+(2e-1)^2}{(2e-1)^2\cos\Theta+(2e-1)\sqrt{4(1-e^2)\cos^2\Theta+5e^2-4e}}R_{mc}\left(\frac{\pi}{3},\varphi\right) \tag{3-11}$$

φ 为 $q-P$ 应力面上的 Mohr-Coulomb 屈服面的倾斜角，称为材料的摩擦角。

e 为面上的偏心率，主要控制了 π 面上 $\Theta=0\sim\frac{\pi}{3}$ 的塑性势面的形状，默认值由式(3-12)计算：

$$e=\frac{3-\sin\varphi}{3+\sin\varphi} \tag{3-12}$$

按照式(3-12)计算的 e 可保证塑性势面在 π 面受拉和受压的角点上与屈服面相切，也可指定 e 的大小，但其范围必须为：$0.5\leqslant e\leqslant 1.0$，图 3-2 给出了不同 e 的大小对应的塑性势面。

硬化定律：软件中的 Mohr-Coulomb 模型可考虑屈服面大小的变化，即硬化或软化，通过控制黏聚力 c 的大小来实现，必须指定 c 与等效塑性应变之间的变化关系，通常通过表格输入。

3.2.2　围岩变形的复杂机制

(1)围岩自身复杂性

围岩变形是指隧道周边岩体变形,而岩体都是极其复杂的地质体,其复杂性表现如下:①物质组分的复杂性:组成岩体和土体的物质成分,即矿物成分非常复杂,有非常坚硬的金刚石、石英等,也有非常软弱的滑石、石膏、方解石等。②结构的不连续性:岩体中常出现断层、节理、层理、不整合面等地质构造,使围岩结构不连续。③物质分布的不均匀性:隧道所处岩体的密度分布是不均匀的,常出现软岩互层,土石混合的情况。④物质的不稳定性:围岩常受周边环境的影响而出现不稳定性,如千枚岩、页岩遇水后常出现软化,冻土受气候影响而变动,膨胀性围岩遇水后体积膨胀等。⑤赋存环境的复杂性:围岩都处于一定的地质环境中,如地下水、地应力、地温等,这些地质环境都对围岩变形有或大或小的影响。

(2)围岩变形机制复杂性

围岩自身的复杂性也必然导致围岩变形的复杂性,使围岩出现各种各样的变形机制,围岩的变形机制主要包括以下机制,如图 3-3 所示。

- 围岩主要变形机制
  - 材料变形
    - 弹性变形
    - 塑性变形
    - 黏性变形
  - 结构变形
    - 结构面的张开/闭合变形
    - 结构面的滑动变形
    - 块状围岩的滚动变形
    - 层状围岩弯曲变形
    - 软弱夹层的挤出变形
    - 土砂围岩挤密/松弛变形

图 3-3　围岩主要变形机制

(3)围岩材料变形的描述

围岩材料变形主要包括弹性变形、塑性变形和黏性变形三大类。

①弹性变形:弹性变形是指材料受外力作用产生变形,在外力去除后能够立即恢复的那一部分变形。弹性变形是坚硬完整围岩的主要变形形式。从显微机制来看,围岩弹性变形是由组成的内部质点(分子、原子或离子)受外力作用而发生分离、靠拢或转动,从而导致围岩形态和体积的改变。质点位移打破平衡吸收位能,短期内外力去掉,位能作用使发生位移的质点又回到原来位置或部分恢复到原来位置,即弹性变形恢复或弹性后效现象。弹性变形的应力与应变关系可以用虎克定律来式(3-13)描述。

$$\sigma_{ij}=c_{ijkl}\,\varepsilon_{kl} \tag{3-13}$$

式中　σ_{ij},ε_{kl}——分别为岩体的应力张量和应变张量;

c_{ijkl}——广义弹性常数,为一个四阶张量,共 81 个分量,由于形变张量是对称的,故其中只有 21 个独立分量,对于各向同性介质,其独立的弹性常数进一步减少至 2 个,采用式(3-14)描述。

$$\varepsilon_{ij}=\frac{1+\nu}{E}\sigma_{ij}-\frac{3\nu}{E}\sigma_0\delta_{ij} \tag{3-14}$$

式中　E——弹性模量;

ν——泊松比或横向变形系数;

σ_0——三个主应力分量的平均值，$\sigma_0=(\sigma_{11}+\sigma_{22}+\sigma_{33})/3=I_1/3$；

δ_{ij}——Kroneker 符号。

②塑性变形：指材料受外力作用产生变形，在外力去除后不能完全恢复的那一部分变形。塑性变形是软质岩或者破碎围岩的主要变形形式，坚硬完整围岩中当围岩的应力超过其岩石的弹性极限时也将出现塑性变形。塑性变形规律可用塑性本构关系式(3-15)来表达，其包括弹性阶段和塑性阶段两个阶段，当材料进入塑性阶段后，其变形不仅受应力状态的影响，还受到塑性变形历史的影响。塑性变形历史由一组内变量来刻画，内变量可以是张量形式 δ_{ij}^{p}，也可以是标量 χ。

$$\begin{cases}\text{当}\quad f(\sigma_{ij},\sigma_{ij}^{p},\chi)<0\quad\text{时}\quad \mathrm{d}\varepsilon_{ij}=C_{ijkl}\mathrm{d}\sigma_{kl}\\ \text{当}\quad f(\sigma_{ij},\sigma_{ij}^{p},\chi)=0\quad\text{时}\quad \mathrm{d}\varepsilon_{ij}=C_{ijkl}\mathrm{d}\sigma_{kl}+\dfrac{1}{A}\dfrac{\partial g}{\partial\sigma_{ij}}\left(\dfrac{\partial f}{\partial\sigma_{kl}}\mathrm{d}\sigma_{kl}\right)\end{cases}\tag{3-15}$$

式中　$f(\sigma_{ij},\sigma_{ij}^{p},\chi)=0$——屈服条件；

$g(\sigma_{ij},\sigma_{ij}^{p},\chi)$——塑性势函数；

$\sigma_{ij}^{p}=D_{ijkl}\varepsilon_{kl}^{p}$——二阶张量的内变量；

χ——标量的内变量，代表塑性功 $\omega^{p}=\int\sigma_{ij}\mathrm{d}\varepsilon_{ij}^{p}$、塑性体应变 $\theta^{p}=\int\delta_{ij}\mathrm{d}\varepsilon_{ij}^{p}$ 或等效塑性应变 $\bar{\omega^{p}}=\int(\mathrm{d}\varepsilon_{ij}^{p}\mathrm{d}\varepsilon_{ij})$。

参数 A 的数学表达式为

$$A=-\frac{\partial g}{\partial\sigma_{ij}^{p}}C_{ijkl}^{-1}\frac{\partial g}{\partial\sigma_{ki}}-\frac{\partial f}{\partial\chi}h\tag{3-16}$$

式中，h 由式(3-17)确定。

$$h=\begin{cases}\sigma_{ij}\dfrac{\partial g}{\partial\sigma_{ij}} & \chi=\omega^{p}\\ \delta_{ij}\dfrac{\partial g}{\partial\sigma_{ij}} & \chi=\theta^{p}\\ \left(\dfrac{\partial g}{\partial g_{ij}}\dfrac{\partial g}{\partial\sigma_{ij}}\right)^{\frac{1}{2}} & \chi=\varepsilon^{p}\end{cases}\tag{3-17}$$

③黏性变形：指材料受力后变形不能在瞬时完成，而随着时间增加而增大的变形。黏性变形的应变速率随应力增加而增加。在隧道工程中，围岩的应力状态、变形和失稳都具有时间效应，尤其是软弱围岩，其时间效应非常明显。围岩时间效应产生的原因是围岩具有流变性。在外部条件不变的情况下，岩石的变形或者应力随时间而变化的现象叫流变，主要包括蠕变和松弛。大量测试数据表明：软弱围岩、含有泥质充填物和夹层破碎带围岩，其流变性都十分显著；节理裂隙较为发育的中硬以上围岩，在剪切应力状态下也会产生明显的剪切蠕变。例如，隧道开挖后，除瞬时弹性变形外，支护完成后还会产生一段时期的收敛变形，对于深井、软岩巷道，如果支护能力有限，则巷道的收敛变形会一直持续发展下去。再如，煤层地下开采完成后，地表下沉还要持续几个月甚至 1～2 年，这都是典型的岩石流变的结果。黏性变形的规律可用黏性本构关系式(3-18)来表达。

$$\sigma=\eta\frac{\mathrm{d}\varepsilon}{\mathrm{d}t}\tag{3-18}$$

式中　η——黏滞系数；

t——变形时间。

(4)围岩结构变形模式的描述

①结构面的张开和闭合变形：指围岩中的节理、层面、溶蚀裂隙等各种结构面在加载或者卸载的作用下发生张开或者闭合，从而引起围岩变形。围岩中的各类结构面，在隧道开挖前，处于不同的张开程度(闭合、微张开、张开较大)。隧道开挖后，围岩应力发生重新调整，切线方向应力增大处于加载状态，结构面的张开度将减小，而法线方向应力减小处于卸载状态，结构面的张开度将增大。

如图 3-4 所示，不同产状结构面在隧道不同部位将出现不同变形状态，水平向结构面在隧道拱顶和拱底在切向应力作用下以张开变形为主，表现为拱顶下沉和拱底鼓出，而在隧道两侧的水平向裂隙在切向应力作用下则主要以闭合变形为主。图 3-5 表示结构面张开或者闭合变形的力学模型，其变形规律可用本构方程式(3-19)表示。

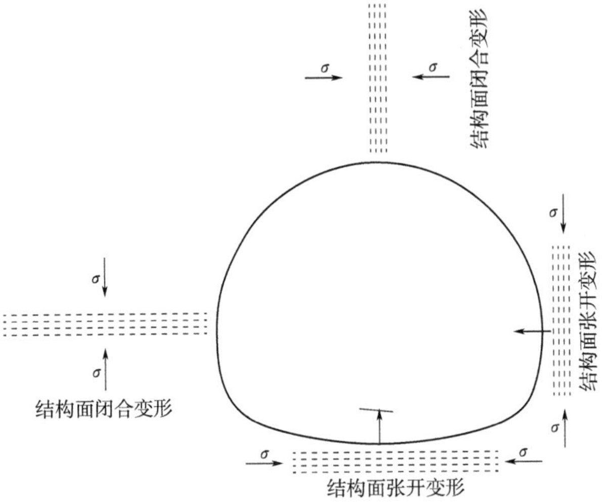

图 3-4　结构面的张开/闭合变形

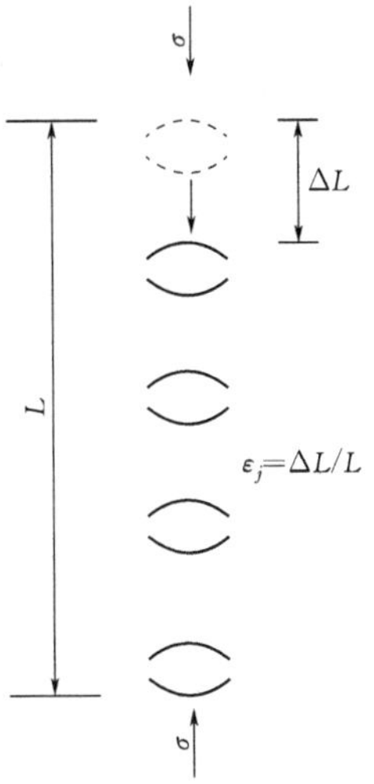

图 3-5　结构面张开或闭合变形的力学模型

$$\frac{d\varepsilon_j}{d\sigma}=\frac{\varepsilon_{j_0}-\varepsilon_j}{E_j\varepsilon_{j_0}} \tag{3-19}$$

式中　ε_j——结构面应变；

ε_{j_0}——结构面完全闭合后的应变，即结构面的最大应变；

E_j——结构面的闭合模量。

②结构面的滑动变形：指岩块沿着各种不连续界面，如裂隙、层理等结构面发生滑动，从而引起围岩向着临空面方向的变形，如图 3-6 所示。

滑动变形是块状围岩的主要变形形式，在块状围岩中，隧道周边大大小小的岩块在隧道开挖后都会向着临空面发生或多或少的移动。块体的滑动需要有滑动空间，其常受到周边岩体的限制，因此，滑动变形的大小受块体大小、块体的组合方式、临空面的大小等因素制约。图 3-7 表示结构面滑动的力学模型，其变形规律可用以下本构方程式(3-20)表示。

$$u_s=\frac{1}{\eta_k}(\sigma_s-\sigma_T)\cdot t \tag{3-20}$$

式中　η_k——黏滞刚度系数；

u_s——黏滞刚度系数；

t——变形时间；

σ_s,σ_b——分别为接触面的下滑力和抗滑力，可由式$\begin{cases}\sigma_s=S/A\\ \sigma_T=T/A\end{cases}$求得，其中，$S$、$T$ 分别为接触面上的下滑力和抗滑力，A 为接触面积，如图 3-7 所示。

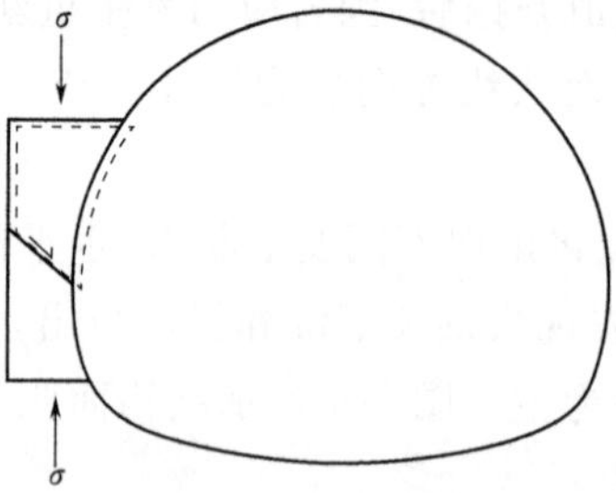

图 3-6　结构面滑动变形

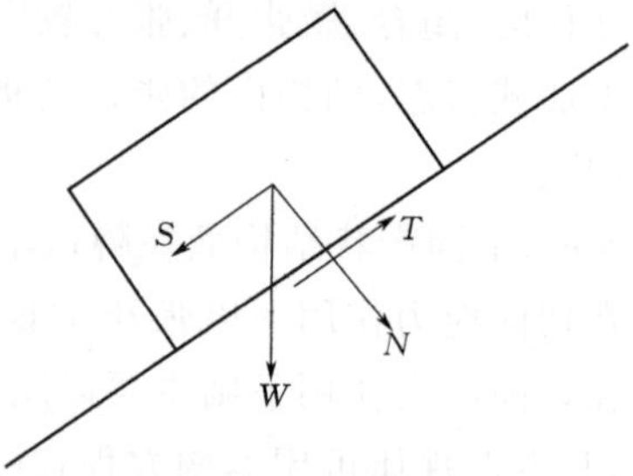

图 3-7　结构面滑动力学模型

③块状围岩的滚动变形：指块体绕着某个支点向临空面方向发生转动，从而引起围岩的变形，如图 3-8 所示。

滚动变形和滑动变形是块状围岩的两种主要变形形式，块状围岩中往往同时发生块体的移动和转动。滚动变形和滑动变形一样，也受块体大小、块体组合方式、临空面的大小等因素制约。图 3-9 表示块体滚动的力学模型，其变形规律可用变形方程式(3-20)、式(3-21)表示。

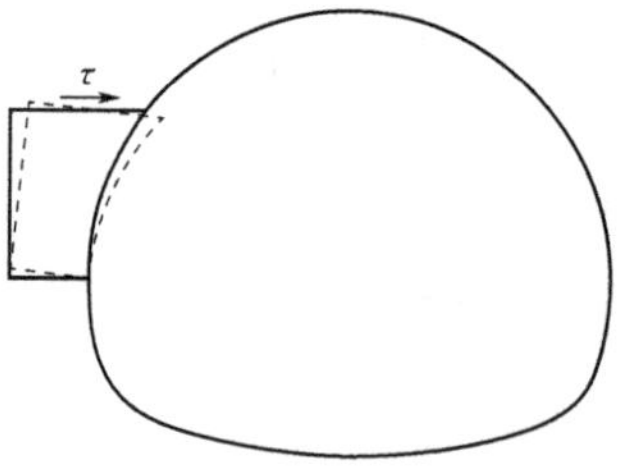

图 3-8　块状围岩滚动变形

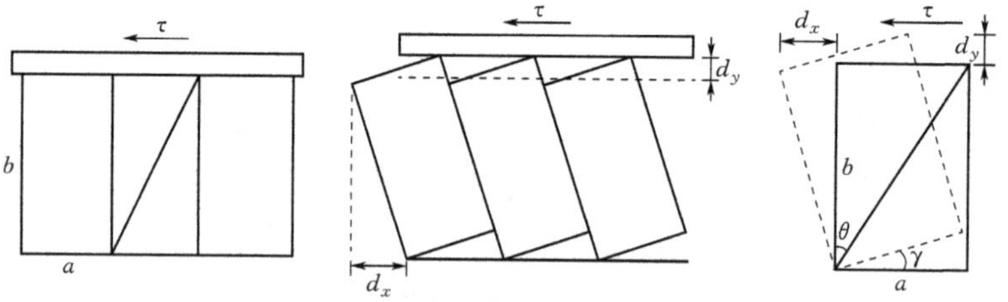

图 3-9　块状岩体滚动变形的力学模型

$$\varepsilon_x=\frac{d_x}{a}=\frac{1}{\cos\gamma}-1 \tag{3-21}$$

$$\varepsilon_y=\frac{d_y}{b}=\sqrt{1+2\tan\theta\tan\gamma-\tan\gamma}-1 \tag{3-22}$$

式中　a、b——分别为岩块的宽度和高度；

γ——岩块的转动角；

$\tan\theta$——岩块的宽高比。

④层状围岩的弯曲变形：指层状围岩受力向临空面发生弯曲，从而引起围岩的变形，如图 3-10 所示。

弯曲变形是层状围岩常发生的变形形式，在水平岩层中，隧道底部岩层的弯曲变形常引起底鼓，而在竖直围岩中，隧道边墙岩层的弯曲变形常引起边墙的鼓出。图 3-11 表示层状围岩弯曲变形的力学模型，其变形规律可用方程式(3-23)表示。

$$\frac{\mathrm{d}^2}{\mathrm{d}x^2}\left(EI\,\frac{\mathrm{d}^2y}{\mathrm{d}x^2}\right)+(P\pm q_2x)\frac{\mathrm{d}^2y}{\mathrm{d}x^2}\pm q_1\frac{\mathrm{d}y}{\mathrm{d}x}=0 \tag{3-23}$$

式中　EI——岩层横截面的抗弯刚度；

P——岩层两端的压力；

q_1,q_2——岩层面上的压应力和剪应力。

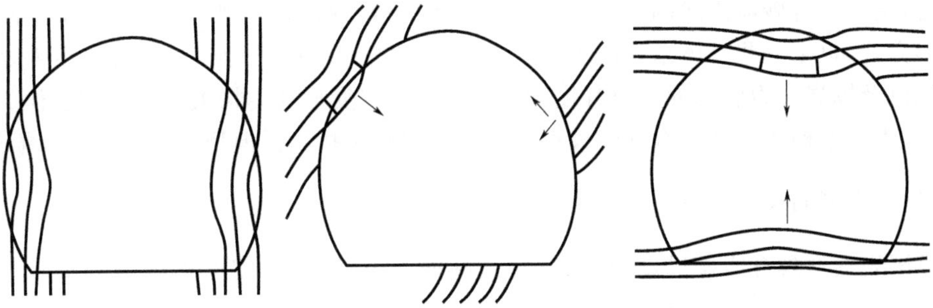

（a）竖直层状围岩　　（b）倾斜层状围岩　　（c）水平层状围岩

图 3-10　层状围岩的弯曲变形

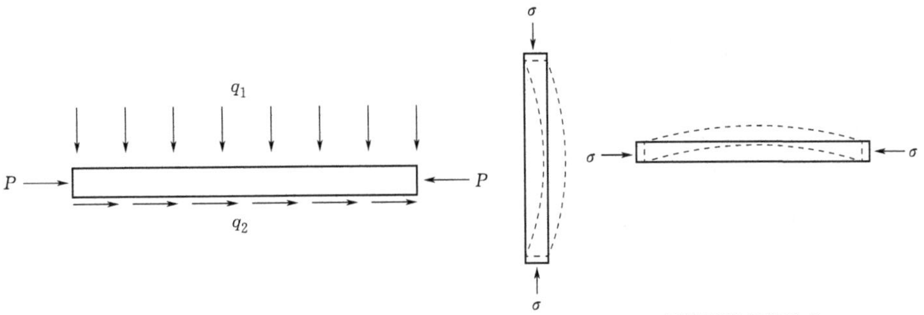

（a）层状围岩受力模式　　（b）层状围岩变形模式

图 3-11　层状围岩弯曲变形力学模型

⑤软弱夹层的挤出变形：指软弱夹层在隧道开挖后，在切向应力的作用下，向临空面方向的挤出变形，如图 3-12 所示。

图 3-13 表示软弱夹层挤出变形的力学模型，其变形机制可用本构方程式(3-24)表示。

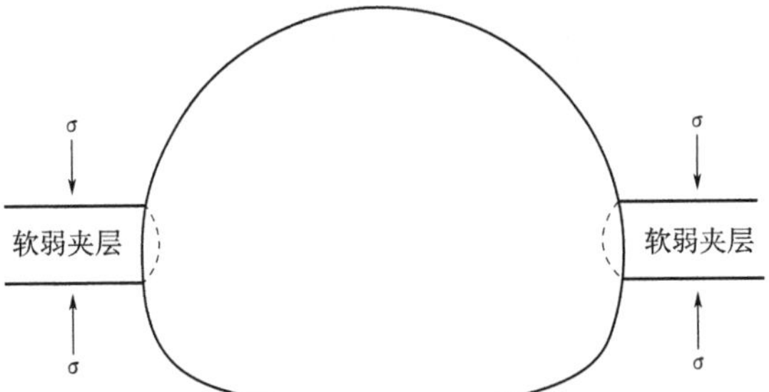

图 3-12　软弱夹层的挤出变形

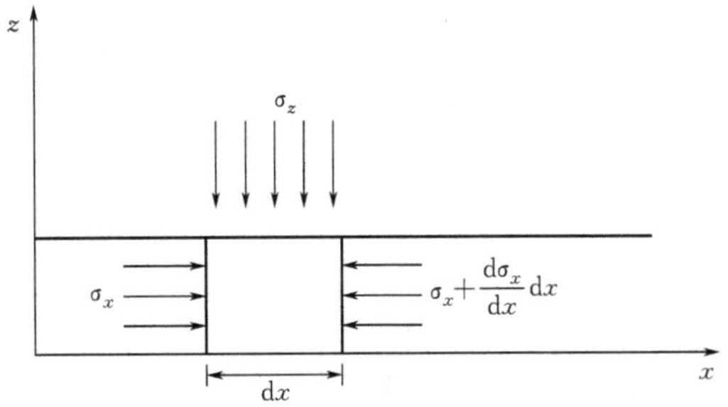

图 3-13　软弱夹层挤出变形的力学模型

$$\frac{\partial \sigma_x}{\partial x}=\frac{2(f\sigma_z+c)}{h} \tag{3-24}$$

式中　h——为软弱围岩的厚度；

F——为软弱夹层的内摩擦系数；

c——为软弱夹层的黏聚力；

σ_z——为软弱夹层竖直向压应力；

σ_x——为软弱夹层水平向压应力。

⑥土砂围岩的挤密(松弛)变形：指隧道周边的土粒或者砂粒在加载或卸荷作用下发生挤密或者疏散，从而引起的围岩变形。隧道开挖后，围岩应力发生重新调整，切线方向的应力增大，处于加载状态，土粒或者砂粒之间的空隙将减小而发生挤密；而法线方向的应力减小，处于

卸载状态,土粒或者砂粒之间的空隙将增大而发生疏散。挤密(松弛)变形不仅是土砂围岩的主要变形方式,也是一些散体结构围岩的主要变形方式。挤密(松弛)变形的大小主要由土砂的压缩性以及围岩应力状态的调整程度确定。土砂围岩变形的本构关系可采用土体的本构模型。目前,土体本构模型主要有弹性模型、弹塑性模型(包括剑桥模型)、流变模型和损伤模型。

3.2.3 隧道变形的尺寸效应

隧道围岩变形具有明显尺度效应,即隧道断面大小、开挖跨度大小对隧道变形有一定影响。隧道围岩变形可以分为结构变形 u_s、材料变形 u_m 两个部分,而隧道断面尺寸对围岩变形影响也主要体现在围岩结构变形和材料变形两个方面。

(1)隧道断面尺寸对围岩结构变形影响

①围岩结构类型可分为整体状、块状、层状、碎裂状和散体状等。围岩结构类型并不是一成不变的,而是随着隧道尺寸变化而变化。在相同围岩条件下,隧道尺寸越大,围岩结构相对就越破碎。②围岩结构类型直接决定了围岩变形机制,断面尺寸对围岩结构变形产生影响原因是断面尺寸大小会改变围岩结构类型,如图 3-14 所示,相同围岩条件随着隧道尺寸的增大,围岩结构类型也随之发生变化,由整体块状结构逐步转化为层状结构、块状结构和碎裂结构。隧道断面越大,岩体就显得越破碎。③不同类型围岩结构其变形机制差异较大,见表 3-2。图 3-14 所示,围岩条件下,对于小断面隧道:围岩结构为整体状态结构,围岩变形机制以弹性、塑性、黏性变形为主,结构变形很小可忽略不计。对于较大断面隧道:围岩结构为层状结构,围岩变形以岩层的弯曲变形为主,辅之以结构面张开和闭合变形。对于大断面隧道:围岩结构为块状结构,围岩变形以岩块滑动变形、滚动变形为主,辅之以结构面张开和闭合变形。对于特大断面隧道:围岩结构为碎裂结构,围岩变形主要表现在碎块塌落、碎块之间相互错动、挤密和舒张。④隧道断面尺寸对围岩结构的影响原因,是由于围岩中结构面的存在。如果围岩中不存在如层面、构造节理、溶蚀裂隙、断层等不连续结构面,则围岩可视为连续介质,此时,无论隧道断面尺寸有多大,围岩的结构类型都不会发生改变,围岩也不会发生结构变形,也就不存在隧道尺寸对围岩结构变形的影响。

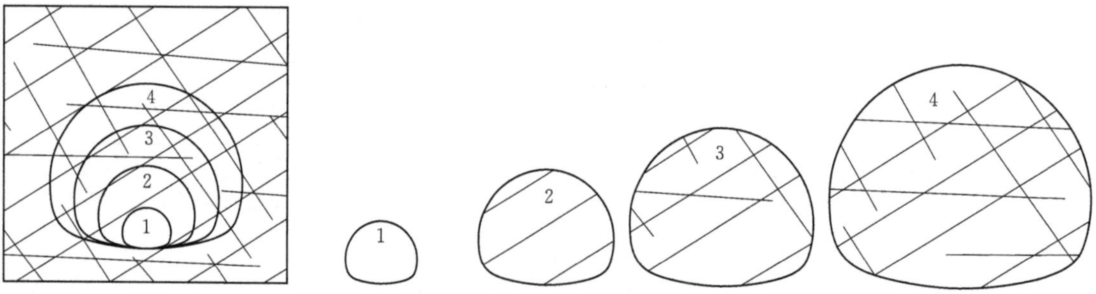

(a)隧道断面尺寸比较　(b)整体块状结构　(c)层状结构　(d)块状结构　(e)碎裂结构

图 3-14　隧道断面尺寸对围岩结构影响

表 3-2　断面尺寸-围岩结构-变形机制对应关系

序号	隧道断面尺寸	围岩结构	变形机制
1	小断面隧道	整体块状结构	弹性、塑性、黏性变形
2	较大断面隧道	层状结构	板、梁的弯曲;结构面张开或闭合
3	大断面隧道	块状结构	岩块的滑动、滚动;结构面张开或闭合
4	特大断面隧道	碎裂结构	碎块的塌落;碎块之间相互错动、挤密和舒张

(2)隧道断面尺寸对围岩材料变形影响

假设围岩为连续介质,围岩中不存在结构面,则围岩结构变形为零,围岩变形主要为岩石材料变形,此时隧道断面尺寸对围岩变形影响可采用连续介质力学进行计算分析。可以假设围岩为不存在任何结构面的连续介质来分析隧道断面尺寸对围岩材料变形的影响。为方便计算,作如下假设:①视围岩为均质、各向同性连续介质;②隧道形状为规则圆形,半径为 R_0;③隧道位于一定深度,简化为无限体中的孔洞问题;④不考虑隧道掌子面的端部效应,将三维应力问题简化为平面应变问题;⑤初始应力场以侧压力系数 λ 表示,$\lambda=\sigma_h/\sigma_v$。在以上假设条件下可计算得到围岩变形解析解。

围岩弹性变形与隧道断面尺寸关系:当围岩处于弹性状态时,洞壁径向变形和切向变形可用式(3-25)、式(3-26)表示。由式(3-27)可知,隧道围岩弹性变形,包括径向变形和切向变形均与隧道断面尺寸成一次线性比例关系,其比例系数 K_u、K_v 由围岩初始应力场(σ_h、σ_v)、围岩弹性模量和泊松比(E_{me}、μ_m)、洞壁变形监测点位置(θ)等参数决定。

$$\begin{cases} u=R_0\dfrac{1-\mu_m^2}{E_{me}}[\sigma_h+\sigma_v+2(\sigma_h-\sigma_v)\cos 2\theta] \\ v=2R_0\dfrac{1-\mu_m^2}{E_{me}}(\sigma_h-\sigma_v)\sin 2\theta \end{cases} \tag{3-25}$$

$$\begin{cases} K_u=\dfrac{1-\mu_m^2}{E_{me}}[\sigma_h+\sigma_v+2(\sigma_h-\sigma_v)\cos 2\theta] \\ K_v=2\dfrac{1-\mu_m^2}{E_{me}}(\sigma_h-\sigma_v)\sin 2\theta \end{cases} \tag{3-26}$$

将式(3-26)代入式(3-25)可得到式(3-27)。

$$\begin{cases} u=K_uR_0 \\ v=K_vR_0 \end{cases} \tag{3-27}$$

式中　E_{me},μ_m——分别为围岩弹性模量和泊松比;

K_u,K_v——分别为洞壁弹性径向变形和切向变形系数。

围岩塑性变形与隧道断面尺寸的关系:当围岩中应力超过了围岩弹性极限时,隧道周边将形成一个塑性区,塑性区内岩石将发生塑性变形,此时洞壁围岩变形可用式(3-28)~式(3-31)表示。由式(3-32)知,隧道围岩塑性变形与隧道断面尺寸 R_0 成一次线性比例关系,其比例系数 K_P 由围岩初始应力场(σ_0)、围岩剪切模量(G_m)、围岩黏聚力和内摩擦角(c_m、φ_m)、支护结构对围岩作用力(σ_a)等参数决定。

$$u_p=\frac{\sin\varphi_m(\sigma_0+\cot\varphi_m)R_1^2}{2G_mR_0} \tag{3-28}$$

式中　c_m,φ_m——岩石的黏聚力和内摩擦角;

G_m——围岩的剪切模量;

σ_0——围岩的初始地应力;

R_0——隧道断面的半径;

R_1——围岩塑性区的半径,可通过弹塑性理论求得:

$$R_1=R_0\left[(1-\sin\varphi_m)\frac{\sigma_0+c_m\cot\varphi_m}{\sigma_a+c_m\cot\varphi_m}\right]^{\frac{1-\sin\varphi_m}{2\sin\varphi_m}} \tag{3-29}$$

式中　σ_a——作用在隧道洞壁上的内压力,即为支护结构对围岩的作用力。

将式(3-29)代入(3-28)中,可得

$$u_{p}=\frac{\sin\varphi_{m}}{2G_{m}}(\sigma_{0}+c_{m}\cot\varphi_{m})^{\frac{1}{\sin\varphi_{m}}}\left(\frac{1-\sin\varphi_{m}}{\sigma_{a}+c_{m}\cot\varphi_{m}}\right)^{\frac{1-\sin\varphi_{m}}{\sin\varphi_{m}}}R_{0} \tag{3-30}$$

令

$$K_{p}=\frac{\sin\varphi_{m}}{2G_{m}}(\sigma_{0}+c_{m}\cot\varphi_{m})^{\frac{1}{\sin\varphi_{m}}}\left(\frac{1-\sin\varphi_{m}}{\sigma_{a}+c_{m}\cot\varphi_{m}}\right)^{\frac{1-\sin\varphi_{m}}{\sin\varphi_{m}}} \tag{3-31}$$

则有

$$u_{p}=K_{p}R_{0} \tag{3-32}$$

式中 K_p——洞壁塑性变形系数。

分析得出结论:①不管是隧道围岩弹性变形还是塑性变形,均与隧道断面尺寸成一次线性比例关系,即围岩材料变形 u_m 与隧道断面半径 R_0 比值 u_m/R_0 是一个常量。隧道断面尺寸对围岩变形影响表现在材料变形 u_m 和结构变形 u_s,两个方面。随着隧道断面尺寸增大,围岩结构类型也会随之发生改变,使其变形机制也发生相应改变。而围岩材料变形(包括弹性变形和黏性变形)均与隧道断面尺寸呈正比例关系。②对于完整、较完整围岩:隧道变形主要为围岩材料变形,其结构变形很小可忽略不计,此时隧道断面尺寸对变形影响主要表现在围岩材料变形,由于材料变形与隧道断面尺寸成正比例,围岩总变形也近似与隧道断面尺寸成正比例。③对于破碎、较破碎围岩:隧道变形主要为围岩结构变形,其材料变形所占比例较小,此时隧道断面尺寸对变形影响主要表现在围岩结构变形,而结构变形与隧道断面尺寸一般呈非线性变化,围岩总变形也与隧道断面尺寸一般呈非线性变化。

(3)隧道断面等级划分

通过分析隧道断面尺寸对围岩变形影响规律知,不同断面大小隧道其变形机制和变形量相差较大,其变形控制标准也不相同。为方便对不同断面大小、不同开挖跨度隧道变形控制对策的研究,需对隧道断面等级进行划分。

①国外隧道断面等级划分:国际隧道协会(ITA)建议,根据隧道横断面积大小将隧道分为五个等级,分别为极小断面隧道、小断面隧道、中等断面隧道、大断面隧道和特大断面隧道;日本根据本国公路隧道情况制定了隧道断面划分标准,见表 3-3。

表 3-3　日本和国际隧道协会建议的隧道断面划分标准

国际隧道协会		日　本		备　注
断面等级	横断面积(m^2)	断面等级	横断面积(m^2)	
极小断面	<3	—	—	—
小断面	3～10	—	—	—
中等断面	10～50	标准断面	70～80	双车道
大断面	50～100	大断面	100～120	有人行道的双车道
特大断面	>100	超大断面	>140	车道与路面宽相同的三车道

②国内铁路隧道断面等级划分:近年来我国铁路隧道,尤其是高速铁路隧道得到飞跃发展。因围岩等级、运营速度目标值以及单双线类型等条件差异,出现了各种面积大小断面形式。因此,根据我国铁路隧道断面的特征,制定中国铁路隧道断面等级划分标准是很必要的。根据列车运营速度和围岩等级,单线隧道开挖断面由 41.89 m^2 增大至 112 m^2,双线隧道开挖

断面由 84.46 m^2 增大至 152.40 m^2。由于开挖断面面积大小对隧道稳定性及施工方法的选择具有重要影响，根据我国铁路隧道建设现状，赵勇等建议按照开挖面积将隧道断面划分为 4 个等级：小于 70 m^2 为小断面，70～100 m^2 为中断面，100～140 m^2 为大断面，大于 140 m^2 为特大断面，见表 3-4。

表 3-4　铁路隧道断面等级划分标准建议

项　目	隧道断面等级划分标准			
断面等级	小断面	中断面	大断面	特大断面
开挖面积	<70 m^2	70～100 m^2	100～140 m^2	>140 m^2
适用隧道	时速≤160 km 单线隧道	时速<140 km Ⅱ、Ⅲ级围岩双线隧道；时速 200 km 和 250 km 单线隧道	时速 300～350 km 单线隧道；时速<160 km 的Ⅳ、Ⅴ级围岩双线隧道；时速 160 km、200 km 双线隧道；时速 250 km 的Ⅱ、Ⅲ级围岩双线隧道；时速 300～350 km 的Ⅱ级围岩双线隧道	时速 250 km 的Ⅳ、Ⅴ级围岩双线隧道；时速 300～350 km 的Ⅲ～Ⅴ级围岩双线隧道

3.3　浅埋隧道变形特征回归分析研究

隧道监控量测是实现新奥法隧道施工理念的一个极其重要的环节，通过监控量测，可以及时掌握开挖过程中围岩稳定和支护受力、变形的动态信息。国内有不少专家学者对隧道围岩变形特征进行较深入探讨：杨会军，王梦恕对隧道施工过程中引起洞内围岩变形的多种影响因素进行了分析研究；张照太，陈竹等对引水隧洞不良地质洞段的收敛变形监测数据进行非线性回归分析，判断出了支护结构对围岩变形的影响规律；而龙百画，胡兴等对量测数据进行回归分析后，指出隧道开挖过程中围岩变形的时间效应。李献民等通过福建两隧道洞口围岩变形监控量测数据的回归分析，发现隧道围岩变形曲线具有明显的阶段特征，同时建立了隧道洞口稳定围岩变形“增长模型”和回归曲线方程，对预测围岩变化规律和最终变形，合理确定设计支护参数、优化施工方案，及时准确预报可能发生的危及施工安全的隐患或事故，有着极其重要的意义。

3.3.1　依托隧道工程概况

（1）浅埋隧道洞口地质概况

①福建宁武高速公路福安隧道右洞单洞长 2 075 m，进出洞口Ⅳ级以上围岩 238 m，洞口属剥蚀丘陵地貌，自然斜坡坡度为 25°～40°，天然坡角稳定，表层覆盖残坡积土，YK38＋350 断面在处覆盖层厚度为 16 m。出洞口处围岩为Ⅴ级围岩，主要为残坡积土，全风化、强风化凝灰质熔岩，节理裂隙很发育，存在一构造破碎带，呈碎块、裂状，松散结构，易坍塌，地下水位高于洞顶，淋雨状或涌流状出水。②康厝隧道左洞单洞长 600 m，进出洞口Ⅳ级以上围岩 425 m，属剥蚀丘陵地貌，自然斜坡坡度为 25°～35°，在 ZK45＋120 断面处覆盖厚度 20 m，表层为残积黏性土层，隧道围岩为Ⅴ级围岩，主要为砂土状全风化、强风化花岗岩，散体结构，顶板岩层较薄，局部洞壁为弱、微风化花岗岩，裂隙发育，地下水贫乏，主要为上部残坡积层和强风化层中的孔隙潜水及下部基岩裂隙水，富水性和导水性较强，主要接受大气降水及地下水侧向补给，拱部、侧壁不稳定，易坍塌。

(2)隧道洞口衬砌结构设计

福安、康厝两隧道结构形式的设计,是按新奥法原理进行设计。采用复合支护,以锚杆、钢拱架、湿喷混凝土(挂钢筋网)等为初期支护,并辅以钢支撑、大管棚、注浆小导管等辅助支护措施。在监控量测信息指导下施工初期支护和二次模筑混凝土衬砌。根据隧道埋置深度、围岩级别、结构跨度、受力条件、施工因素等进行复合式支护的稳定分析,结合工程经验拟定有关参数,初期支护和围岩稳定性采用地层结构法计算,二次衬砌采用荷载结构法计算。①初期支护:拱墙初期支护采用湿喷 C25 早强混凝土。仰拱初期支护采用现浇 C25 早强混凝土,可掺入 0.5%~1%的高效减水剂,一天强度应大于等于 12.5 MPa。Ⅴ级围岩系统锚杆采用 ϕ25 mm 带正反循环注浆系统的中空注浆锚杆,其他采用 ϕ22 mm 全长黏结水泥药包锚杆。采用工字型钢拱架Ⅰ22,间距 50 cm。②二次模筑衬砌:拱部、边墙采用 C25 防水混凝土,仰拱采用 C25 普通混凝土,抗渗等级≥S6。仰拱回填,C15 片石混凝土。超挖回填,洞身拱部、边墙、仰拱超挖部分均须采用 C25 混凝土回填。③Ⅴ级围岩地段的施工方法,采用大管棚和小导管预注浆作为施工辅助措施,掌子面开挖采用侧壁导坑法。采用短进尺开挖,及时支护,尽早施工仰拱以形成封闭环。

3.3.2 隧道洞口变形特征

(1)地表沉降观测点的布设

采用精密水准仪对地表沉降进行量测,因为现场地形植被较好,且高差变化较大,5 m 范围内地形高差超过 2 m,量测精度仅达到±1 mm,在地形平坦地区,量测精度可达到±0.1 mm。在地表可能产生塌陷之处设置观测点,按普通水准点埋设。不动点(水准点)设置在预计破裂面以外 3~4 倍洞径处,作为各观测点高程测量的基准,参照不动点可计算出各观测点的下沉量。地表沉降观测点的布置与洞内周边收敛量测基线和洞内拱顶下沉测点所在断面重合。根据现场地形可布置 7~11 个测点,以隧道中线为中心向两侧以 3 m 和 5 m 间距布置,相邻两测点间的距离约为 3~5 m。福安隧道右洞 YK38+350 断面布设地表沉降 11 个,康厝隧道左洞 ZK45+120 断面布设地表沉降点 10 个,如图 3-15 所示。

(2)洞内围岩变形测点布设

拱顶下沉量测采用精密水准仪,一般情况下,量测精度为±0.05 mm。而洞内净空收敛位移的量测采用收敛计,两次测量之差即为该洞内周壁两点在该时间间隔内收敛值,量测精度为±0.01 mm。拱顶下沉和周边收敛测点、测线位置和数量的布设是根据围岩级别、掌子面开挖方法等因素进行确定;对于拱顶下沉,每个断面布置 1~3 个测点,测点放在拱顶中心或其附近。在福安隧道和康厝隧道洞口的施工都是采用侧壁导坑法,拱顶下沉和周边收敛观测点所在断面与地表沉降观测断面重合。在超前导坑内拱顶下沉和周边收敛观测点的布设如图 3-16 所示。

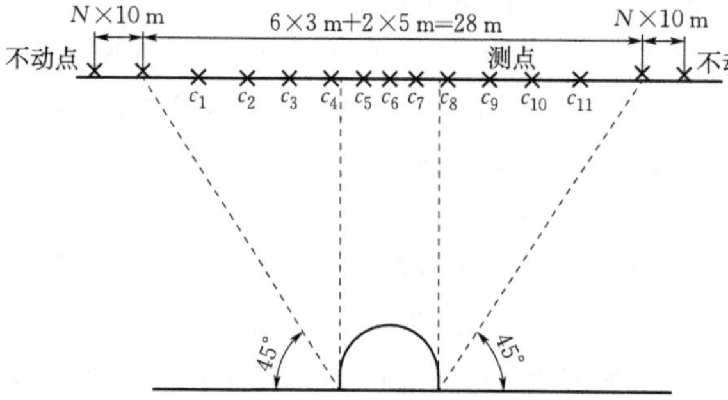

图 3-15 地表沉降观测点的布设

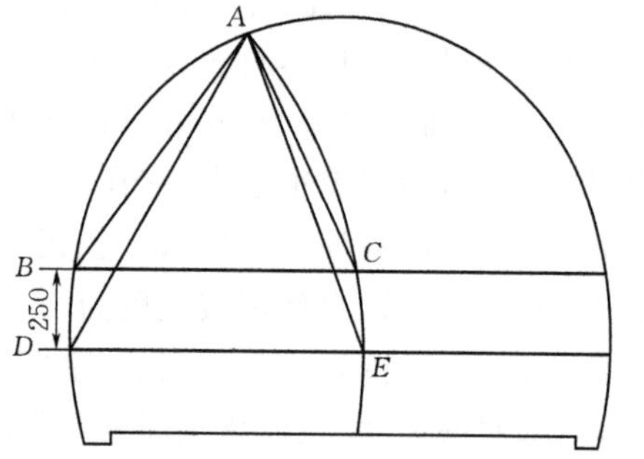

图 3-16 隧道净空收敛测点(线)布设(单位:mm)

(3)地表沉降与拱顶下沉变形特征

福安隧道洞口 YK38+350 断面与康厝隧道 ZK45+120 断面地表沉降的观测从布点到观测持续时间近两个月，直到沉降变形速率小于 1 mm/d，观测频率减小。通过观测，从图 3-17～图 3-19 中可以发现地表沉降变形呈现如下规律：①对于地表沉降观测的所有测点，地表沉降变形速率随着时间增大，呈现由大变小最后接近于零变化，地表沉降累积变形随着时间的增大而增大，最后趋于稳定的趋势。②隧道中轴线附近观测点的变形速率明显要大于离隧道中轴线距离远的观测点。地表累积沉降也呈现出同样的变化特征。从图 3-19 可以明显看出，在沉降观测横断面上，各测点大致上以隧道中轴线为对称中心，呈现一个弯沉盆的形状，中轴线附近测点累积沉降量最大，两侧测点累积沉降量变小，离中轴线越远，累积沉降量越小。③地表沉降变形曲线可分为三个变形阶段：(a)快速增长阶段，主要发生在开挖掌子面经过沉降观测断面（$2B$ 距离范围，B 为隧道宽度内）的前后一段时间内，在此段时间内（一般为 20 d 左右，与掌子面开挖进度有关），地表沉降变形速率较大，累积沉降基本上呈现直线增长，此段时间累积变形可占总沉降量的 50%～70%。(b)缓慢增长阶段，掌子面距沉降观测断面距离 $2B$～$5B$ 时，地表沉降变形速率变小，但仍呈现弧线型缓慢趋势，此段时间（一般为 30 d 左右）累积沉降变形可占总沉降量的 10%～20%。(c)趋于稳定阶段，掌子面距沉降观测断面距离大于 $5B$，沉降变形速率接近于零，随着时间的增大，累积沉降曲线变化微小，并趋近于一个定值，累积沉

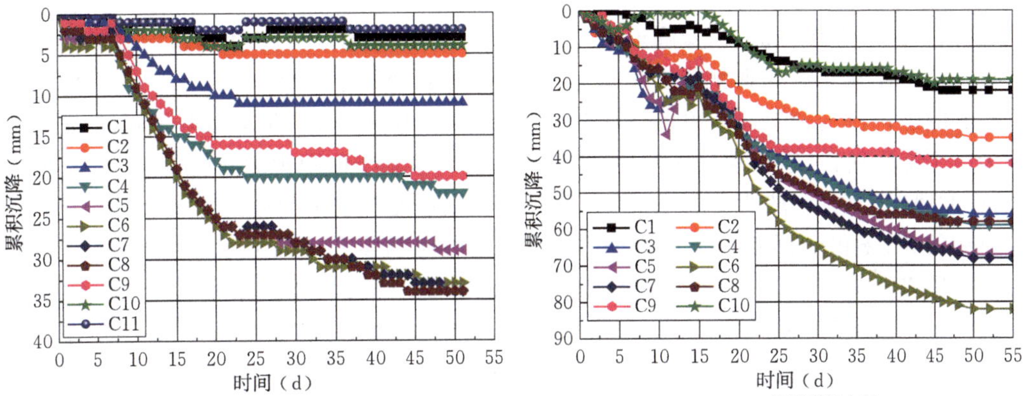

（a）福安隧道右洞　　（b）康厝隧道左洞

图 3-17　地表沉降测点累积沉降变形曲线

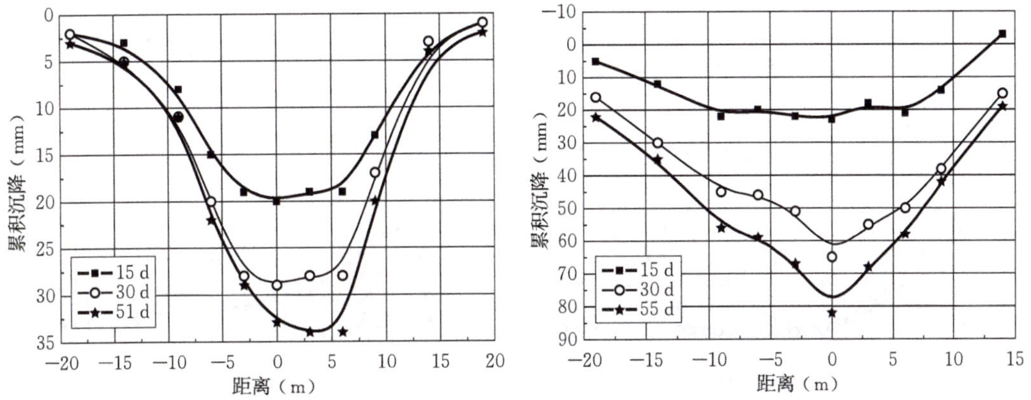

（a）福安隧道右洞　　（b）康厝隧道左洞

图 3-18　隧道横断面地表沉降变形曲线

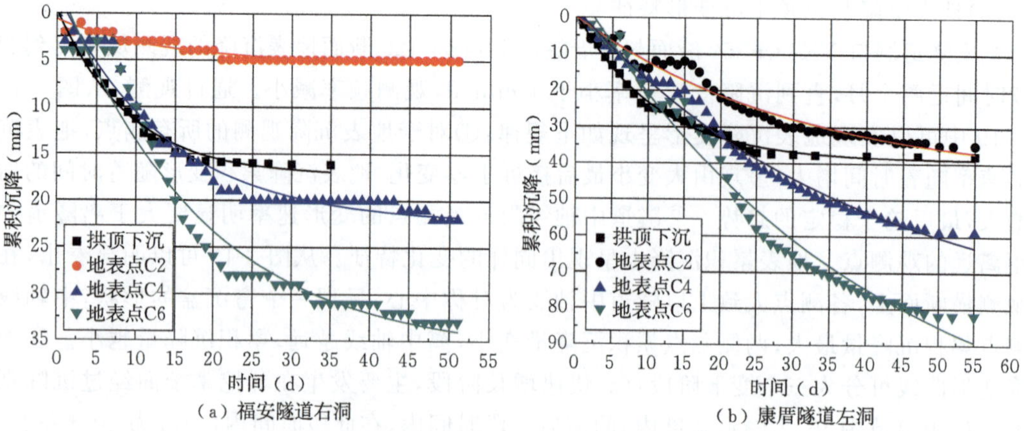

图 3-19　地表沉降和拱顶下沉非线性回归分析曲线

降变形占总沉降量的比例小于 10%。④同一测试断面内的拱顶下沉累积值小于地表沉降累积总沉降。从福安隧道 YK38+350 与康厝隧道 ZK45+120 拱顶下沉累积值与地表沉降累积总沉降的关系来看，拱顶下沉累积值大约是地表累积总沉降的 40%～60%，这种比例关系与地表覆盖层厚度、围岩种类与围岩级别、地下水情况、围岩支护形式、隧道开挖方式等因素有关。

(4)周边位移变形特征：福安隧道洞口 YK38+350 断面与康厝隧道 ZK45+120 断面洞内周边收敛的观测从布点到观测持续时间 40 d 左右，直到变形速率小于 0.2 mm/d。通过观测，可以看到隧道内围岩变形曲线阶段特征明显，围岩变形累积曲线与地表沉降累积曲线相似，也可分为三个变形阶段：①快速增长阶段：主要发生在开挖掌子面距观测断面 B(B 为隧道宽度)距离，在此段时间内(一般为 10 d 左右，与掌子面开挖进度及掌子面开挖方式有关)，周边位移变形速率较大，累积变形基本上呈现直线增长，此段时间累积变形可占总变形量的 60%～80%。②缓慢增长阶段：掌子面距沉降观测断面距离 $2B$～$3B$ 时，地表沉降变形速率变小，但仍呈现弧线型缓慢趋势，此段时间(一般为 20 d 左右)累积变形量可占总沉降量的 10%～20%。③趋于稳定阶段：掌子面距沉降观测断面距离大于 $4B$，周边位移变形速率接近于零，随着时间的增大，累积变形曲线变化微小，并趋近于一个定值，累积变形占总沉降量的比例小于 10%，如图 3-20 所示。

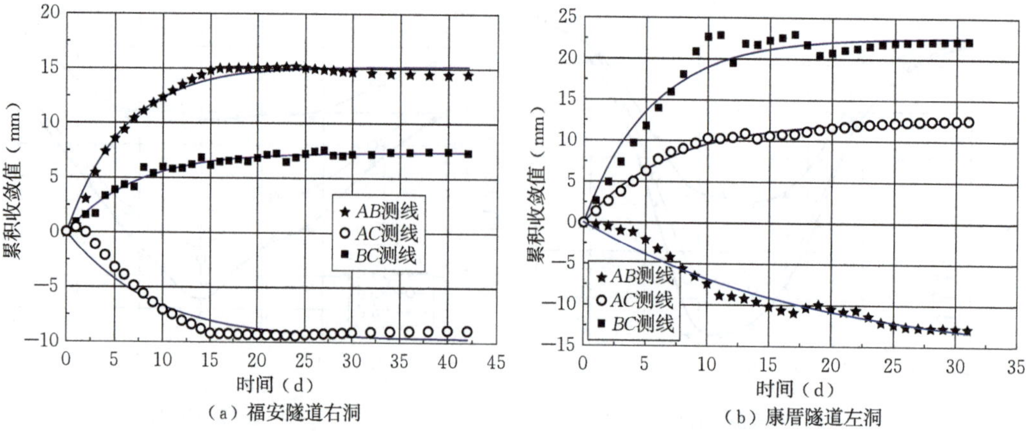

图 3-20　周边位移变形非线性回归分析曲线

3.3.3　隧道变形趋势预测

(1)非线性回归分析的求解原理

非线性模型的一般形式为 $y=f(x,\theta)+\varepsilon$，其中 f 为一般函数；θ 为 p 维参数向量；ε为一维随机误差变量，$E(\varepsilon)=0$，$\mathrm{var}(\varepsilon)=\sigma^2$。求解"非线性最小平方"拟合曲线，实质是求 θ 的估计值 $\hat{\theta}$，使 $\sin S(\theta)=\sum_{i=1}^{n}\varepsilon_i^2[y_i-f(x_i,\theta)]^2$，再将 $\hat{\theta}$ 的值代入 $f(x,\theta)$，问题转化为解非线性规划问题，采用高斯—牛顿法求解"非线性最小平方"问题，只要初始值选择适当，几次迭代就可获得系数估计值。

(2)隧道围岩变形回归分析方程

把监控量测数据绘制成散点图，地表累积沉降、拱顶下沉累积变形、周边收敛呈现出一个相同变化趋势，即随着时间增大，隧道洞口围岩累积变形不断呈现"增长"，最后趋近于一个稳定值。隧道洞口围岩变形的这种规律与生物学、生态学、化学以及政治和经济等领域中的增长模型极为类似。采用增长模型，利用高斯—牛顿法对图 3-19、图 3-20 中地表沉降、拱顶下沉、周边收敛变形稳定量测数据进行非线性回归分析，可得到增长模型回归方程中各参数的估计值，见表 3-5、表 3-6。从拟合曲线同散点图吻合程度、测定系数 R^2 值($R^2>90\%$)、样本方差 S^2 值的大小来看，采用增长模型对隧道洞口围岩稳定变形进行非线性回归分析和预测，效果良好。

表 3-5　拱顶下沉和地表沉降变形非线性回归方程参数估计值

测点	福安隧道右洞 YK38+450 断面				康厝隧道左洞 ZK45+120 断面			
	D_0	D_1	S^2	R^2	D_0	D_1	S^2	R^2
G1	17.398 32	0.108 07	0.368 58	0.986 65	39.544 24	0.088 49	1.093 37	0.997 32
C2	4.857 88	0.092 51	0.289 28	0.903 22	37.032 63	0.040 49	5.802 10	0.933 05
C4	2.627 25	0.045 9	2.818 14	0.937 11	60.192 8	0.035 85	9.438 55	0.957 38
C6	39.697 29	0.084 27	3.456 21	0.957 94	102.682 61	0.024 66	17.995 96	0.932 33

表 3-6　隧道洞内周边位移变形非线性回归方程参数估计值

测点	福安隧道右洞 YK38+450 断面				康厝隧道左洞 ZK45+120 断面			
	D_0	D_1	S^2	R^2	D_0	D_1	S^2	R^2
AB	15.196 97	0.168 61	0.335 19	0.981 29	−16.338 8	0.054 65	0.838 76	0.957 52
BC	7.346 16	0.142 59	0.097 88	0.976 29	22.620 78	0.183 17	2.183 37	0.950 01
AC	−9.761 12	0.115 67	0.697 13	0.930 65	12.434 69	0.146 91	0.151 06	0.987 86

隧道洞口围岩变形与时间关系曲线的回归方程如下：

$$D(t)=D_0\cdot\left(1-\mathrm{e}^{-D_1\cdot t}\right) \tag{3-33}$$

式中　$D(t)$——围岩变形(mm)；

t——时间变量(d)；

D_0——常数(在增长模型中，对于正增长情况，$D_0>0$；对于负增长情况，$D_0<0$)；

D_1——常数，$D_1>0$。

由速度、加速度的物理意义以及微分定义可得到 t 时刻变形瞬时速度 $v(t)$，瞬时加速度 $a(t)$ 分别为：

$$\lim_{t\to+\infty} v(t)=\lim_{t\to+\infty} D(t)'=\lim_{t\to+\infty}[D_0\cdot(1-e^{-D_1\cdot t})]'=D_0\cdot D_1\lim_{t\to+\infty} e^{-D_1\cdot t}=0 \quad (3\text{-}34)$$

$$\lim_{t\to+\infty} a(t)=\lim_{t\to+\infty} D(t)''=\lim_{t\to+\infty}[D_0\cdot(1-e^{-D_1\cdot t})]''=-D_0\cdot D_1^2\lim_{t\to+\infty} e^{-D_1\cdot t}=0 \quad (3\text{-}35)$$

设 t 时间内累积变形为 $D(t)$，当 $t=0$，围岩起始变形 $D(0)=0$，则可知最终变形 $D(+\infty)$ 为：

$$D(+\infty)=\lim_{t\to+\infty} D(t)=\lim_{t\to+\infty}[D_0\cdot(1-e^{-D_1\cdot t})]=\lim_{t\to+\infty} D_0-\lim_{t\to+\infty} e^{-D_1\cdot t}=D_0 \quad (3\text{-}36)$$

式(3-33)～式(3-36)中 D_0、D_1 有明显的物理意义，其值的大小取决于隧道洞口围岩种类、围岩级别、覆盖层厚度、开挖方式、支护形式等。从拟合曲线变化趋势，以及回归分析方程可知，围岩变形速度方程式(3-34)、围岩变形加速度方程式(3-35)都是指数减函数，随着时间的增大，表明围岩变形速度逐渐减小，围岩变形加速度小于零，围岩最终变形趋近于一个恒定值 D_0，常数 D_1 $(D_1>0)$ 则是反映围岩变形速度、变形加速度快慢的综合影响系数。

(3)隧道围岩变形稳定性判定预测

隧道围岩稳定性的判定和预测方法主要有理论分析法、数值计算和经验类比方法等，但在施工过程中，最直观、最有效、最受重视的方法仍是采用对监控量测的结果进行综合判定和预测，这些方法主要是位移速率法、位移变化趋势法、位移管理等级法。由图 3-17、图 3-19、图 3-20 可以看出，根据福安隧道右洞、康厝隧道左洞的监控量测数据结果及其非线性回归分析曲线变化趋势的预测可知：地表沉降经过 50 d 的观测，地表各测点沉降日变形速率均小于 0.2 mm/d，沉降变形加速度小于零，地表沉降变形总体趋势趋于稳定；而洞内周边位移和拱顶下沉经过 30 多天的观测，周边位移、拱顶下沉日位移速率也都小于 0.2 mm/d，变形加速度小于零，洞内围岩变形趋势趋于稳定。实测结果与隧道围岩稳定性判定标准的对比，判定隧道洞口围岩在施工过程中属于稳定性变形，正常施工是安全的。同时也说明隧道施工过程中爆破、开挖、初期支护等各工序是符合要求的，隧道围岩稳定性判定标准见表 3-7。

表 3-7　隧道围岩稳定性判定标准

位移速率(mm/d)		位移速率变化趋势		位移值管理等级		
判定结果	判定标准	判定结果	判定标准	管理等级	判定结果	判定标准
急剧变位	>1.0	破坏区	$d^2u/dt^2>0$	Ⅰ级	应采取特殊措施	$U>(2U_0/3)$
缓慢变位	1.0～0.2	过渡区	$d^2u/dt^2=0$	Ⅱ级	应加强支护	$(U_0/3)\leqslant U\leqslant(2U_0/3)$
基本稳定	<0.2	基本稳定区	$d^2u/dt^2<0$	Ⅲ级	可正常施工	$U<(U_0/3)$

注：d^2u/dt^2 为变形加速度；U 为实测位移值；U_0 为设计极限位移值。

3.3.4　隧道变形测试结论

(1)对于隧道洞口稳定型围岩变形情况，隧道洞口围岩的地表沉降、拱顶下沉、周边收敛变形曲线可统一为增长曲线模型，且具有明显阶段变形特征，总体表现特征是在最初阶段"增长"较快，以后逐渐减慢并趋于稳定。对于隧道不稳定型围岩变形情况，隧道围岩变形曲线特征和变形模型需作进一步的研究。

(2)所得到回归曲线方程对预测隧道洞口稳定型围岩最终变形量、指导隧道开掘方式、动态修正支护设计方式提供一定的基础和依据。但隧道洞口通常属于不良地质或软弱围岩地段，在围岩变形趋于稳定前宜采取“早支护，早封闭”措施，对控制隧道变形、减小隧道损坏程度效用明显。

(3)对隧道变形规律特征着重分析了时间效应的影响，尚需对开挖方式、支护方式、掌子面距测试断面距离，以及施工作业打眼、爆破、凿岩、支护等静动态因素对隧道的变形和稳定性作进一步分析和探讨。

3.4　偏压隧道变形特征影响因素研究

随着隧道建设的跨越式发展，越来越多的隧道稳定性问题也凸显出来。由于浅埋偏压隧道等地质地形条件的差别，加上隧道开挖措施不当，往往导致隧道失稳破坏。隧道的稳定取决于岩土材料参数(如黏聚力 c、内摩擦角 φ、弹性模量 E 等)取值大小，比如岩土强度指标黏聚力 c，内摩擦角 φ 值分别体现出岩土体颗粒间吸附能力和错动能力，而弹性模量 E 是衡量物体抵抗弹性变形能力大小的尺度，弹性模量越大材料越难变形，且刚性越强硬度越大。由于岩土材料参数对隧道计算结果起着关键决定性作用，许多学者在此领域做了有益的探索和研究：刘子振等基于非饱和土双应力变量理论，采用强度折减法和灵敏度分析法研究了土体各参数对边坡安全系数的影响基本呈线性规律，且土体含水率影响最显著。刘志伟建立平面应变模型分析不同土体抗剪强度参数 c，φ 值对隧道的影响，c，φ 值较小时开挖会使边坡产生较大位移，随着 c，φ 值增大边坡坡面最大位移趋近无变化；并分析了隧道不同开挖位置对边坡扰动和稳定性影响特征。陈科平等基于 Bishop 极限平衡法探讨了岩土体抗剪强度参数对边坡稳定性的影响和边坡安全系数和滑动面的变化规律。姜彤等认为抗剪强度参数 c，φ 值是评价边坡稳定性的重要指标，并结合案例讨论了不同 c，φ 值概率分布及其相关性对边坡可靠度结果的影响。李宗坤等将 c，φ 值作为随机变量建立安全系数的极限状态方程，基于可靠度原理的验算点法建立土石坝边坡可靠度分析模型并编制程序，结合工程案例研讨了参数变异性、相关性对边坡稳定可靠度的影响。刘晓红等依托实体隧道采用有限元 $FLAC^{3D}$ 软件计算边坡开挖前后的边坡稳定性分析。刘明等依托青云山隧道工程实例，运用数值模拟分析了隧道上下台阶开挖对边坡、隧道进洞稳定性影响特征。方建勤等依托茶林顶隧道基于极限平衡法及有限元法对洞口边坡做出了稳定性评价，并根据施工扰动对边坡的影响程度制定了相应防护措施。钟浩通过分析开挖区域岩土体的应力重新分布及变形，运用 $FLAC^{3D}$ 软件研究了隧道开挖过程对边坡稳定性的影响规律。刘春波基于实体隧道工程采用有限元的方法分析研究不同埋深隧道开挖对邻近边坡的影响。

综上所述，研究如何合理选取岩土体材料参数才能保证计算结果的可靠性，对于浅埋偏压隧道的优化设计、安全施工、稳定性验算等方面具有至关重要的工程实践意义。汪微、李献民等依托重庆高速浅埋偏压隧道工程，采用岩土有限元软件建立了三维空间实体隧道模型，重点对比分析了不同岩土体三种材料参数(黏聚力 c、内摩擦角 φ、弹性模量 E)对浅埋偏压隧道开挖扰动时位移变形的影响，为今后类似隧道设计施工和稳定性验算提供指导和参考依据。

3.4.1　依托隧道建立模型

(1)依托工程概况

重庆高速某浅埋偏压隧道位于方斗山冲断背斜北西翼，洞身地层分布连续，区域地质整体稳定性较好。洞身段最大埋深 35 m，隧道与岩层走向近于平行，存在地形和顺层偏压现象。隧道洞口位于斜坡中段，斜坡坡角 40°左右，地表覆盖残坡积层(粉质黏土)厚度 2 m 左右，隧道洞身穿越侏罗系中统新田沟组强风化中厚层页岩和砂岩，隧道洞身围岩为软弱围岩，围岩级别为Ⅴ级，隧道处于特殊地质地段，如图 3-21 所示。

隧道洞口浅埋段采用加强复合式衬砌，初期支护 C20 喷混凝土 28 cm、双层 ϕ8 mm 钢筋网 20 cm×20 cm、不对称锚杆设计采用 R25N 中空注浆锚杆 ϕ42 mm×4 mm 钢花管 60 cm×120 cm，R25N 中空注浆锚杆长度为 4.5 m、ϕ42 mm×4 钢花管 6.0 m，梅花形布置；预留变形量 18 cm；二次衬砌拱墙及仰拱为 60 cm C30 钢筋混凝土，初期支护加劲措施 20a 工字钢@60 cm，辅助施工措施为超前大管棚、超前小导管，如图 3-22 所示，施工过程实景如图 3-23 所示。

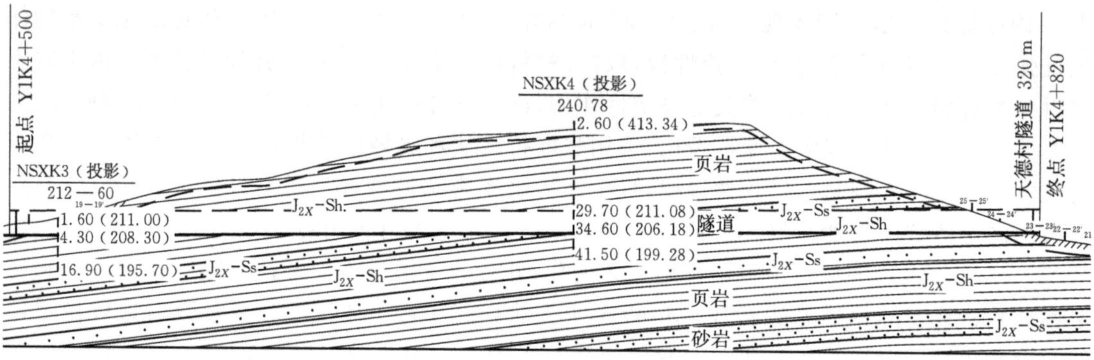

图 3-21 隧道左线纵断面

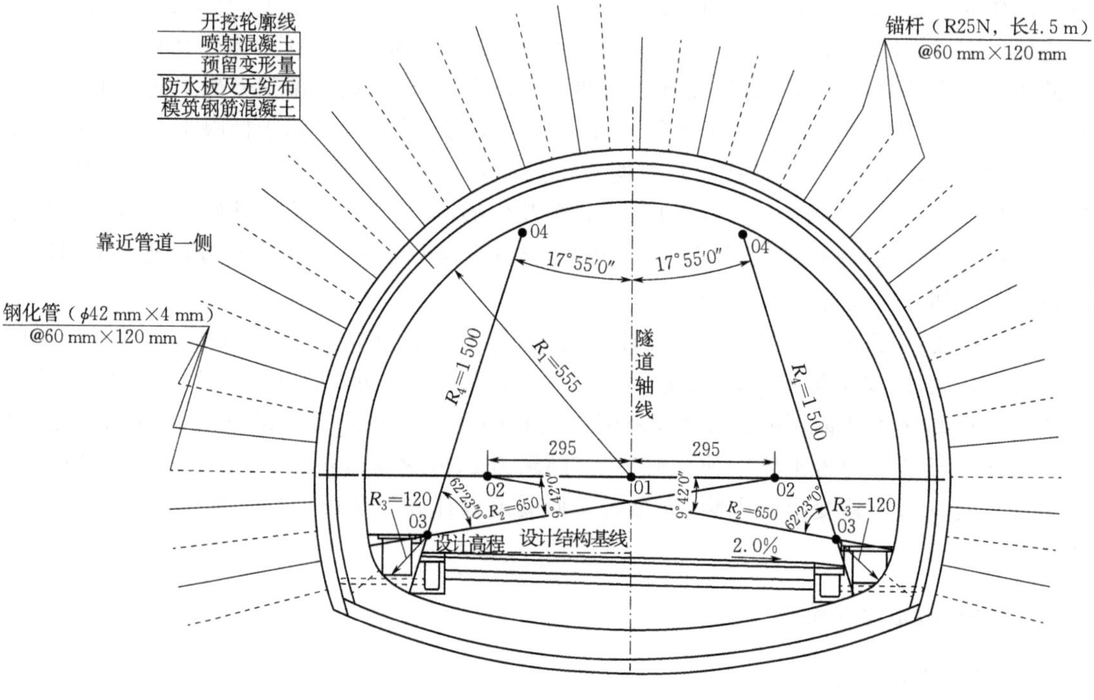

图 3-22 隧道洞口浅埋段衬砌设计

（a）洞口强风化页岩　（b）洞内较完整页岩　（c）超前小导管支护　（d）洞口段明挖段施工

图 3-23　浅埋偏压隧道施工过程实景图

(2)数值模型简介

根据依托实体工程隧道几何参数建立单洞边坡隧道模型，基于圣维南原理和边界尺寸效应影响，以隧道底板中点为坐标原点建立三维实体模型计算范围，几何模型尺寸为：X 方向 120 m，Y 方向 30 m，Z 方向 90 m，边坡坡角 36.9°，隧道洞顶覆盖层厚度 14.6 m。模型中涉及岩性地层为厚度 2 m 的粉质黏土覆盖层，下伏中厚状强风化页岩和砂岩，隧道洞身穿越强风化页岩。隧道模型假定为规则边界条件，位移边界条件为自动边界约束；仅考虑自重应力场，不考虑构造应力场，不考虑其他外荷载，因地下水贫乏也不考虑地下水渗流场。模拟计算模型材料均为均质、连续、各向同性，围岩采用 Mohr-Columb 理想弹塑性本构模型，衬砌混凝土和锚杆采用线弹性本构模型。钢拱架＋钢筋网片＋喷射混凝土假定为初期支护共同体；围岩、初期支护、二次衬砌均采用 3D 实体单元模拟，锚杆采用一维植入式桁架单元模拟。初期支护和二次衬砌的弹性模量采用等效弹性模量，见表 3-8。隧道模型三维实体网格划分如图 3-24 所示。

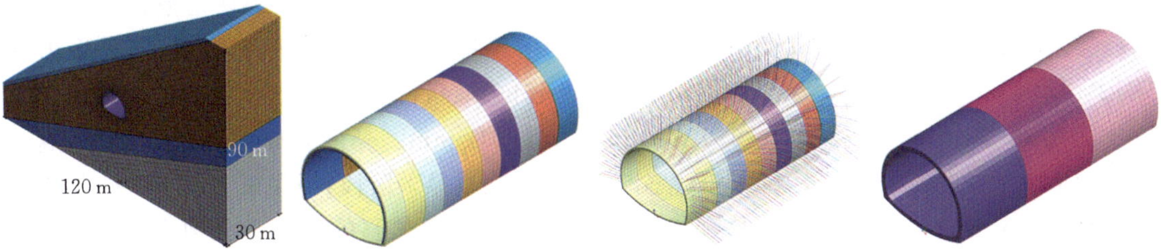

（a）围岩网格　（b）双层初期支护网格　（c）不对称锚杆网格　（d）二次衬砌网格

图 3-24　隧道三维实体模型有限元网格

表 3-8　边坡隧道材料参数及其属性

结构类型	材料类型	单元类型	本构模型	弹性模量 E (GPa)	泊松比 μ	容重 γ (kN/m^3)	黏聚力 c (kPa)	内摩擦角 φ (°)
围岩地层	粉质黏土	三维实体单元	MC 模型	0.1	0.4	17	30	8
	强风化砂岩	三维实体单元	MC 模型	1.6	0.31	23	20	25
	强风化页岩	三维实体单元	MC 模型	1.4	0.26	22	50	20
隧道结构	锚杆	一维植入式桁架单元	弹性模型	210	0.3	78.5	—	—
	初期支护	三维实体单元	弹性模型	25	0.2	24	—	—
	二次衬砌	三维实体单元	弹性模型	30	0.2	24	—	—

注：MC 模型即为 Mohr-Columb 模型。

采用 Midas GTS 有限元软件对隧道施工过程进行模拟，同时考虑隧道开挖围岩应力释放的时空效应影响。隧道施工采用两台阶开挖，隧道各施工工序阶段的应力释放率实际上是不相同的。根据经验设定上台阶开挖和初期支护施作两工序的应力释放率分别为 40%、30%，下台阶开挖和仰拱二次衬砌施作两工序的应力释放率分别为 20%、10%。

3.4.2 工况数值计算结果

因边坡和隧道稳定性受岩土材料参数黏聚力 c、内摩擦角 φ 等因素的影响，且降雨渗入地下水会降低岩土材料黏聚力、内摩擦角，还会增加边坡自重。本文研究思路是基于依托工程实体建立三维模型，针对岩土材料参数变化的不同工况对边坡和隧道位移变形影响特征及稳定性进行探讨。

(1)黏聚力影响分析

为研究不同黏聚力工况条件对隧道位移变形的影响，隧道岩土材料参数取值弹性模量 E 为 1 400 MPa，内摩擦角 φ 为 20°，而黏聚力 c 分别取值 10 种计算工况(58 kPa、60 kPa、65 kPa、70 kPa、75 kPa、100 kPa、125 kPa、150 kPa、175 kPa、200 kPa 等)。

图 3-25 为最不利工况隧道数值模拟计算结果云图(c＝58 kPa)。不难看出：①边坡坡脚发生最大隆起位移 93.902 mm、边坡坡顶发生最大沉降位移 94.239 mm、隧道右拱腰发生最大水平收敛位移 170.302 mm。②从最大剪应变分布图、塑性状态分布图中可以判断出边坡和隧道仍然趋于稳定。

图 3-26 为黏聚力对隧道位移影响的拟合曲线。由表 3-9 和图 3-26 不难看出：①隧道 4 种位移变形曲线(隆起位移、沉降位移、水平位移、总位移)都随黏聚力增大呈现指数减函数的变化趋势。②黏聚力对隧道位移变形呈现出明显的阶段特征。(a)影响显著阶段：当黏聚力从 58 kPa 增大到 70 kPa 时(Δc＝12 kPa)，隧道的隆起位移、沉降位移、水平位移、总位移的变化量分别为 80.39 mm、86.857 mm、157.742 mm、161.191 mm。黏聚力在此范围取值时，隧道位移变形受开挖扰动的影响是显著和敏感的。(b)影响不显著阶段：当黏聚力从 70 kPa 增大到 200 kPa 时(Δc＝130 kPa)，隆起位移、沉降位移、水平位移、总位移的变化量分别为 9.774 mm、5.001 m、10.032 mm、10.429 mm。黏聚力在此范围取值时，隧道位移变形受开挖扰动的影响变得不显著和不敏感。③黏聚力对隧道位移变形的影响敏感性存在阈值(临界值)。当黏聚力小于阈值时，黏聚力越小对隧道位移变形的影响将越显著和敏感；当黏聚力大于阈值时，黏聚力越大对隧道位移变形的影响将越不显著。④对于浅埋偏压隧道岩土体黏聚力值较小时，隧道易出现过大位移变形从而导致滑坡失稳，因此隧道需要加强衬砌结构设计和施工期安全监测。

表 3-9 不同黏聚力岩土工况边坡隧道最大位移变形

序号	黏聚力 c(kPa)	边坡隆起位移		边坡沉降位移		水平位移		总位移		边坡安全系数 F
		最大值(mm)	位置	最大值(mm)	位置	最大值(mm)	位置	最大值(mm)	位置	
工况 1	58	93.902	边坡坡脚	−94.239	边坡坡顶	−170.302	右拱腰	175.495	边坡坡脚	1.023
工况 2	60	46.089	边坡坡脚	−53.743	边坡坡顶	−93.108	右拱腰	95.776	边坡坡脚	1.054
工况 3	65	18.801	仰拱底部	−17.847	边坡坡顶	−29.473	右拱腰	31.552	右拱腰	1.116
工况 4	70	13.512	仰拱底部	−7.382	拱顶下沉	−12.560	右拱腰	14.304	仰拱底部	1.165

续上表

序号	黏聚力 c(kPa)	边坡隆起位移		边坡沉降位移		水平位移		总 位 移		边坡安全系数 F
		最大值(mm)	位　置	最大值(mm)	位　置	最大值(mm)	位　置	最大值(mm)	位　置	
工况 5	75	11.372	仰拱底部	−5.820	拱顶下沉	−10.017	右拱腰	11.716	仰拱底部	1.196
工况 6	100	7.135	仰拱底部	−4.091	拱顶下沉	−6.436	右拱腰	7.806	仰拱底部	1.234
工况 7	125	5.257	仰拱底部	−3.368	拱顶下沉	−4.698	右拱脚	5.605	右拱脚	1.269
工况 8	150	4.328	仰拱底部	−2.842	拱顶下沉	−3.628	右拱脚	4.411	仰拱底部	1.287
工况 9	175	3.882	仰拱底部	−2.536	拱顶下沉	−3.002	右拱脚	4.027	仰拱底部	1.305
工况 10	200	3.738	仰拱底部	−2.381	拱顶下沉	−2.528	右拱脚	3.875	仰拱底部	1.319

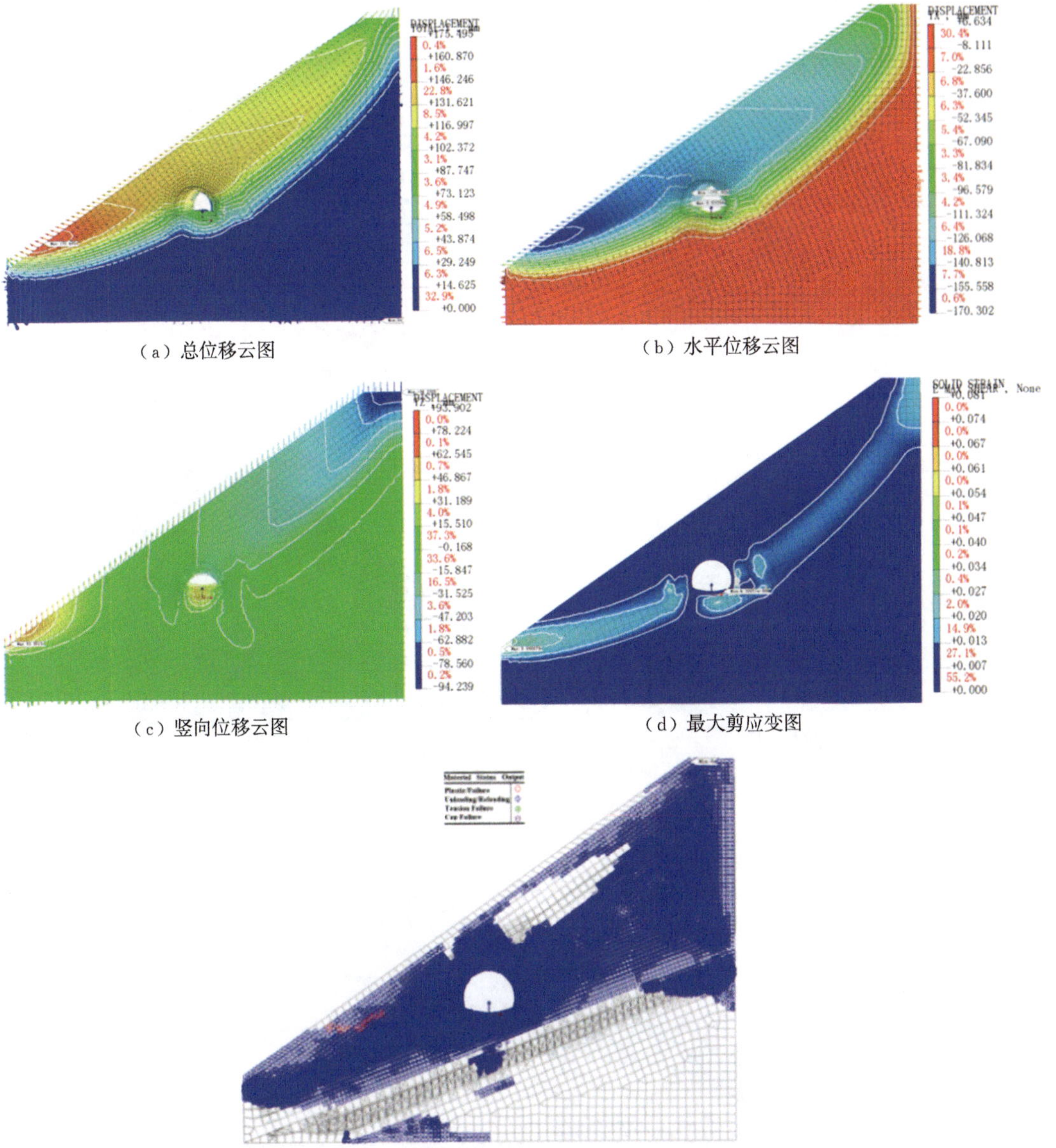

(a) 总位移云图

(b) 水平位移云图

(c) 竖向位移云图

(d) 最大剪应变图

(e) 塑性状态图

图 3-25　隧道位移变形云图(工况 c=58 kPa)

(2)内摩擦角影响分析

为研究不同内摩擦角工况条件对隧道位移变形的影响，隧道岩土材料参数取值弹性模量 E 为 1 400 MPa，黏聚力 c 为 70 kPa，内摩擦角 φ 值等 6 种计算工况(18.5°、19°、20°、21°、22°、23°)。

图 3-27 为最不利工况隧道数值模拟计算结果云图(φ=18.5°)。不难看出：①边坡坡脚发生最大隆起位移 42.857 mm、边坡坡顶发生最大沉降位移 58.283 mm、隧道左拱腰发生最大水平收敛位移 83.946 mm。②从最大剪应变分布图、塑性状态分布图中可以判断出边坡和隧道仍然趋于稳定。

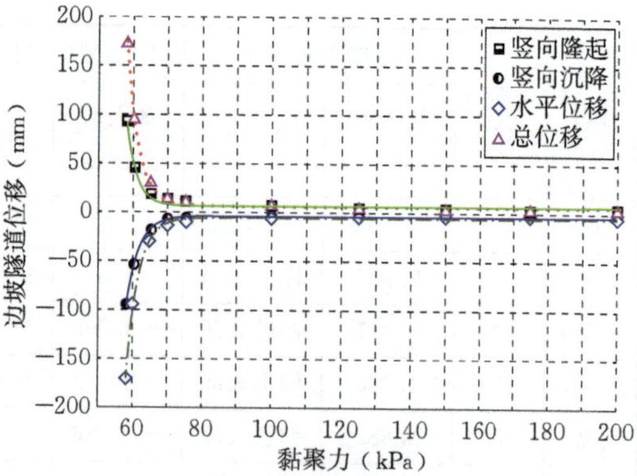

图 3-26　不同黏聚力工况隧道位移拟合曲线

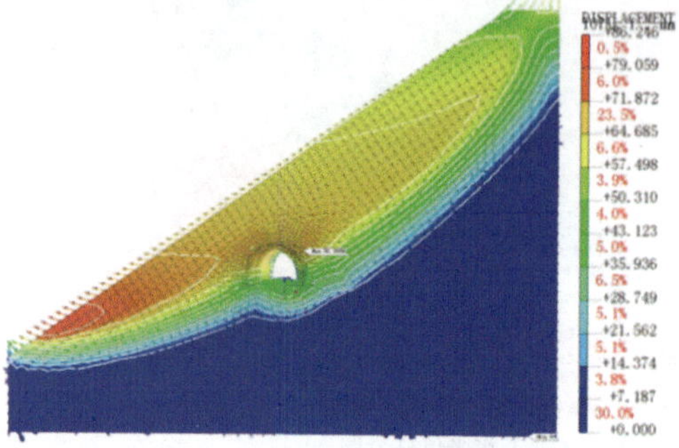

(a) 总位移云图

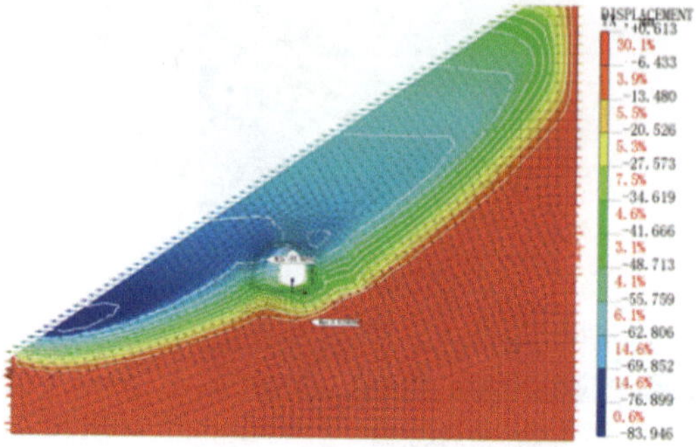

(b) 水平位移云图

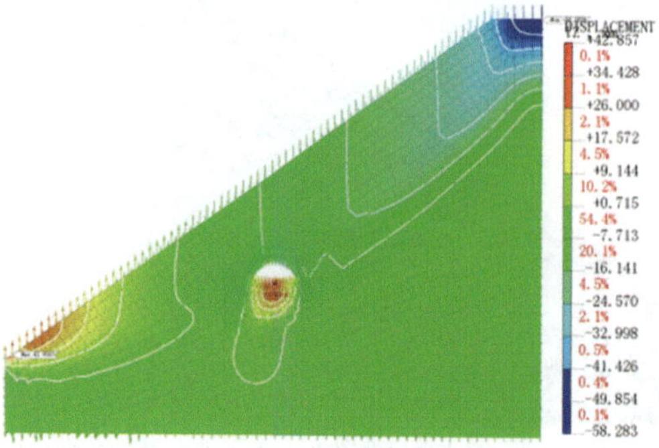

(c) 竖向位移云图

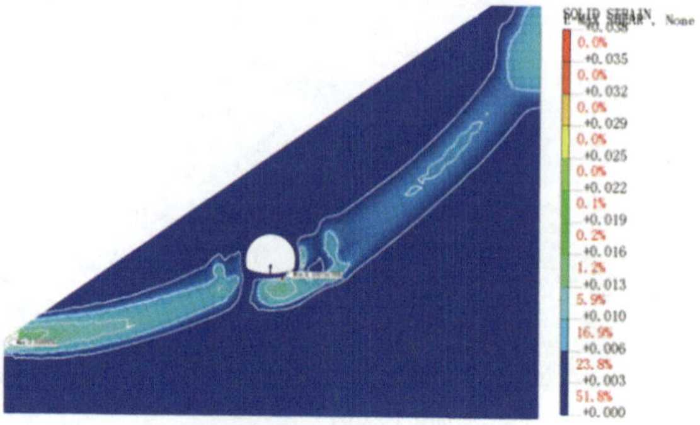

(d) 最大剪应变图

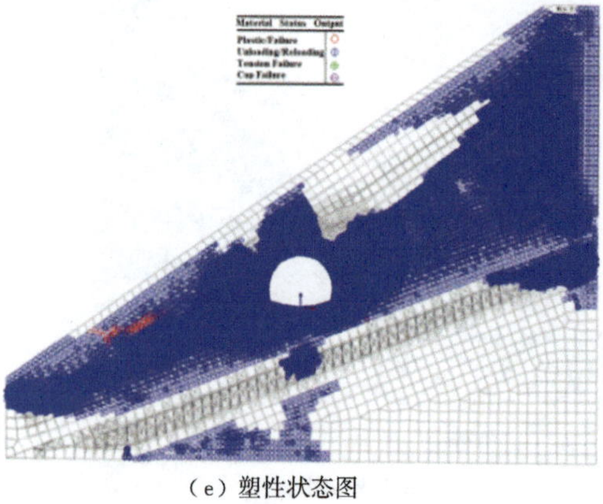

(e) 塑性状态图

图 3-27　隧道位移变形云图(工况 φ=18.5°)

由表 3-10、图 3-28 内摩擦角对隧道位移影响的拟合曲线不难看出：①隧道 4 种位移变形曲线(隆起位移、沉降位移、水平位移、总位移)都随黏聚力增大呈现指数减函数的变化趋势。②不同内摩擦角工况对隧道位移变形呈现出明显的阶段特征。(a)影响显著阶段：当内摩擦角从 18.5°增大到 20°时($\Delta\varphi=1.5°$)，边坡隧道的隆起位移、沉降位移、水平位移、总位移的变化量分别为 29.345 mm、50.901 mm、71.386 mm、71.940 mm。内摩擦角在此范围取值时，隧道位移变形受开挖扰动的影响是显著和敏感的。(b)影响不显著阶段：当内摩擦角从 20°增大到 23°时($\Delta\varphi=3°$)，隧道的隆起位移、沉降位移、水平位移、总位移的变化量分别为 3.876 mm、2.544 mm、4.341 mm、3.701 mm。内摩擦角在此范围取值时，隧道位移变形受开挖扰动的影响变得不显著和不敏感。③内摩擦角对隧道位移变形的影响敏感性存在阈值(临界值)：内摩擦角小于阈值时，随内摩擦角增大对位移变形的影响将越显著和敏感；当内摩擦角大于阈值时，随内摩擦角增大影响将变小。④对于浅埋偏压隧道岩土体内摩擦角较小时，隧道易出现过大位移变形从而导致滑坡失稳，因此隧道需要加强衬砌结构设计和施工期安全监测。

表 3-10　不同内摩擦角岩土工况边坡隧道的最大位移

序号	内摩擦角 φ(°)	边坡隆起位移		边坡沉降位移		水平位移		总位移		边坡安全系数 F
		最大值(mm)	位置	最大值(mm)	位置	最大值(mm)	位置	最大值(mm)	位置	
工况 1	18.5	42.857	边坡坡脚	−58.283	边坡坡顶	−83.946	左拱腰	86.246	右拱腰	1.058
工况 2	19	21.234	仰拱底部	−25.419	拱顶下沉	−37.877	右拱肩	39.895	右拱腰	1.115
工况 3	20	13.512	仰拱底部	−7.382	拱顶下沉	−12.560	右拱腰	14.306	右拱腰	1.165
工况 4	21	11.563	仰拱底部	−5.831	拱顶下沉	−10.004	右拱腰	11.936	仰拱底部	1.180
工况 5	22	10.420	仰拱底部	−5.165	拱顶下沉	−8.848	右拱腰	11.144	仰拱底部	1.192
工况 6	23	9.636	仰拱底部	−4.838	拱顶下沉	−8.219	右拱腰	10.605	仰拱底部	1.198

(3)弹性模量影响分析

为研究不同弹性模量工况条件对隧道位移变形的影响，隧道岩土材料参数取值内摩擦角 φ 为 20°，黏聚力 c 为 70 kPa，弹性模量 E 取值 12 种计算工况(20 MPa、50 MPa、200 MPa、400 MPa、600 MPa、800 MPa、1 000 MPa、1 200 MPa、1 400 MPa、1 600 MPa、1 800 MPa、2 000 MPa)。

图 3-29 为最不利工况隧道数值模拟计算结果云图($E=20$ MPa)。不难看出：①隧道右拱脚发生最大隆起位移 553.050 mm、隧道拱顶发生最大沉降位移 265.293 mm、隧道右拱脚发生最大水平收敛位移 641.579 mm。②从最大剪应变分布图、塑性状态分布图中可以判断出边坡和隧道仍然趋于稳定。

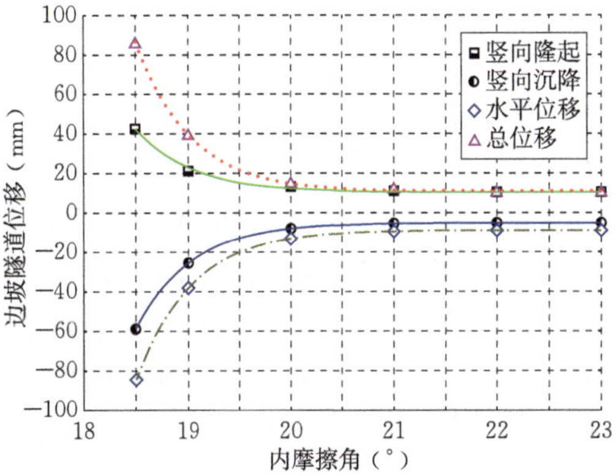

图 3-28　不同内摩擦角工况隧道位移拟合曲线

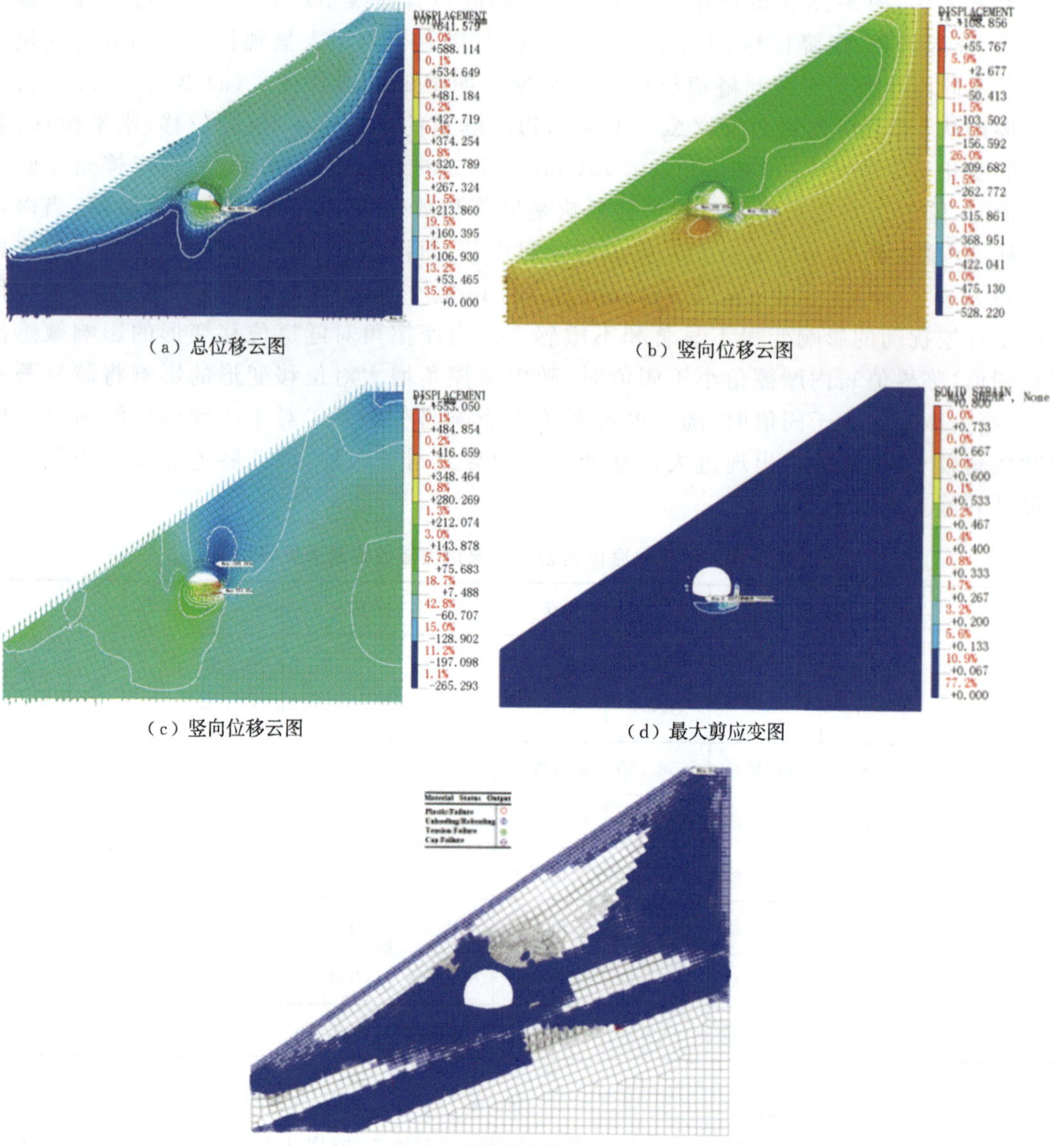

（a）总位移云图 （b）竖向位移云图

（c）竖向位移云图 （d）最大剪应变图

（e）塑性状态图

图 3-29 隧道位移变形云图（工况 $E=20$ MPa）

图 3-30 为弹性模量对隧道位移影响的拟合曲线，由表 3-11、图 3-30 不难看出：①隧道 4 种位移变形曲线（隆起位移、沉降位移、水平位移、总位移）都随弹性模量增大呈现指数减函数的变化趋势。②弹性模量对隧道位移变形呈现出明显的阶段特征：(a)影响显著阶段：当弹性模量从 20 MPa 增大到 200 MPa 时（$\Delta E=180$ MPa），边坡隧道的隆起位移、沉降位移、水平位移、总位移的变化量分别为 483.353 mm、229.449 mm、464.400 mm、573.194 mm。弹性模量在此范围取值时，隧道位

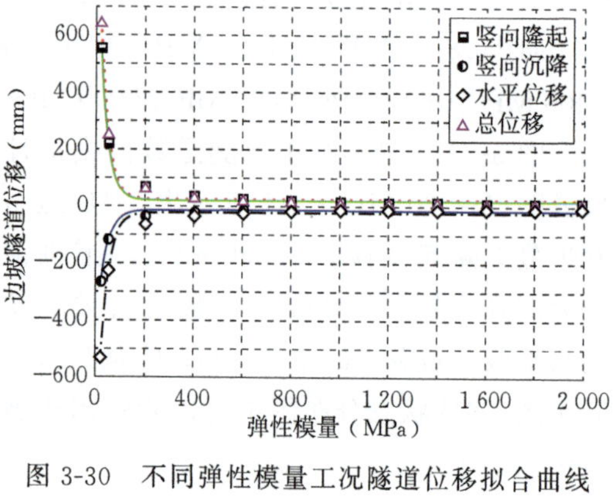

图 3-30 不同弹性模量工况隧道位移拟合曲线

移变形受开挖扰动的影响是显著和敏感的。(b)影响不显著阶段：当弹性模量从 200 MPa 增大到 2 000 MPa 时($\Delta E=1\ 800$ MPa)，隧道的隆起位移、沉降位移、水平位移、总位移的变化量分别为 59.078 mm、29.697 mm、53.675 mm、56.815 mm。弹性模量在此范围取值时，隧道位移变形受开挖扰动的影响变得不显著和不敏感。③弹性模量对隧道位移变形的影响敏感性存在阈值(临界值)。当弹性模量小于阈值时，弹性模量越小对隧道位移变形的影响将越显著和敏感；当弹性模量大于阈值时，弹性模量越大对隧道位移变形的影响将越不显著。④对于浅埋偏压隧道岩土体弹性模量值较小时，隧道易出现过大位移变形从而导致滑坡失稳，因此隧道需要加强衬砌结构设计和施工期安全监测。

表 3-11　不同弹性模量工况边坡隧道的最大位移变形

序号	弹性模量 E(MPa)	边坡隆起位移		边坡沉降位移		水平位移		总位移		边坡安全系数 F
		最大值(mm)	位置	最大值(mm)	位置	最大值(mm)	位置	最大值(mm)	位置	
工况 1	20	553.050	右拱脚	−265.293	拱顶下沉	−528.220	右拱脚	641.579	右拱脚	1.008
工况 2	50	221.831	右拱脚	−118.470	拱顶下沉	−225.167	右拱脚	257.973	右拱脚	1.014
工况 3	200	69.697	仰拱底部	−35.844	拱顶下沉	−63.820	右拱脚	68.385	右拱脚	1.052
工况 4	400	36.428	仰拱底部	−20.118	拱顶下沉	−34.529	右拱脚	38.143	仰拱底部	1.078
工况 5	600	26.228	仰拱底部	−14.398	拱顶下沉	−24.455	右拱脚	27.493	仰拱底部	1.101
工况 6	800	20.754	仰拱底部	−11.406	拱顶下沉	−19.228	右拱脚	21.800	仰拱底部	1.117
工况 7	1000	17.390	仰拱底部	−9.545	拱顶下沉	−16.174	右拱脚	18.314	仰拱底部	1.131
工况 8	1200	15.126	仰拱底部	−8.291	拱顶下沉	−14.075	右拱脚	15.972	仰拱底部	1.149
工况 9	1400	13.512	仰拱底部	−7.382	拱顶下沉	−12.560	右拱脚	14.304	仰拱底部	1.165
工况 10	1600	12.302	仰拱底部	−6.827	坡顶沉降	−11.410	右拱脚	13.054	仰拱底部	1.179
工况 11	1800	11.366	仰拱底部	−6.450	坡顶沉降	−10.646	右拱腰	12.199	右拱腰	1.191
工况 12	2000	10.619	仰拱底部	−6.147	坡顶沉降	−10.145	右拱腰	11.570	右拱腰	1.202

(4)岩土参数影响的回归分析

非线性最小平方回归分析(NLSF)求解原理：非线性模型的一般形式为 $y=f(x,\theta)+\varepsilon$，其中 f 为一般函数；θ 为 P 维参数向量，ε为一维随机误差变量，$E(\varepsilon)=0$，$\mathrm{Var}(\varepsilon)=\sigma^2$，求非线性最小平方拟合曲线即是求 θ 估计$\bar{\theta}$，使 $\sin S(\theta)=\sum_{i=1}^{n}\varepsilon_i^2=\sum_{i=1}^{n}[y_i-f(x_i,\theta)]^2$，再将$\bar{\theta}$ 值代入 $f(x,\theta)$得到拟合曲线 $\hat{y}=f(x,\theta)$后转化为解非线性规划问题，可采用高斯一牛顿法求解非线性最小平方问题，选择合适的初始值经过数次迭代就可获得系数的估计值。

边坡隧道位移变形非线性回归分析：图 3-26、图 3-28、图 3-30 中边坡隧道位移变形散点图总体上都呈现出相同变化趋势：随着岩土材料参数值的增大，边坡隧道围岩发生的变形不断呈现增长，最后趋近于一个稳定值，这种规律与生物学等学科领域中的负增长模型极为类似。式(3-37)为边坡隧道位移变形散点图非线性回归分析得到负增长模型回归方程，表 3-12 为回归方程各参数的估计值，根据拟合曲线与散点图吻合程度及拟合相似度值 R 都大于 98%对比分析，说明 NLSF 拟合效果良好，采用负增长模型回归方程对岩土参数影响边坡隧道位移变形规律进行非线性分析和预测的效果良好。

对式(3-37)分别求一阶导数和二阶导数，得到边坡隧道位移变形的速度式(3-38)和加速度式(3-39)，不难看出：边坡隧道位移、位移变形速度和位移变形加速度随岩土参数的增大都呈现出指数减函数的衰减变化规律。

$$S_i = A\mathrm{e}^{-\frac{x_j}{B}} + C \tag{3-37}$$

$$S_i' = -\frac{A}{B}\mathrm{e}^{-\frac{x_j}{B}} \tag{3-38}$$

$$S_i'' = \frac{A}{B^2}\mathrm{e}^{-\frac{x_j}{B}} \tag{3-39}$$

式中 S_i，S_i'，S_i''——分别表示边坡隧道四种位移变形 S_i（总位移、隆起位移、沉降位移、水平位移）、各位移变形速度 S_i'、各位移变形加速度 S_i''；

B，C——分别表示非线性回归分析方程的参数估计值，其值大小取决于边坡隧道围岩、隧道衬砌、开挖工法等综合影响因素；

x_j——分别表示三种岩土参数（黏聚力、内摩擦角、弹性模量）。

表 3-12　边坡隧道位移变形 NLSF 方程参数估计值

岩土材料参数工况	隧道位移变形	NLSF 方程参数估计值			拟合相似度
	S_i(mm)	A	B	C	R
黏聚力工况	总位移	$3.945\,08\times10^{9}$	3.416 42	6.664 57	0.996 69
	隆起位移	$4.465\,70\times10^{10}$	2.889 22	7.068 21	0.981 29
	沉降位移	$-8.312\,87\times10^{8}$	3.616 31	−3.537 83	0.998 43
	水平位移	$-3.672\,05\times10^{9}$	3.426 38	−5.385 55	0.997 29
内摩擦角工况	总位移	$2.231\,67\times10^{17}$	0.519 33	10.816 39	0.999 66
	隆起位移	$4.833\,04\times10^{16}$	0.529 23	10.468 47	0.988 48
	沉降位移	$-1.941\,92\times10^{17}$	0.516 31	−4.985 76	0.999 61
	水平位移	$-1.432\,12\times10^{17}$	0.525 85	−8.654 32	0.999 67
弹性模量工况	总位移	1170.338 89	31.250 8	23.784 99	0.991 51
	隆起位移	1009.708 65	30.969 76	23.037 78	0.987 63
	沉降位移	−444.047 83	35.366 89	−12.362 77	0.986 79
	水平位移	−919.316 89	33.495 38	−21.288 11	0.989 11

3.4.3　实测模拟结果对比

(1)数值模拟计算结果

根据浅埋偏压隧道的地质勘察报告提供的岩土体材料参数($\varphi=20°$，$c=70$ kPa，$E=1\,400$ MPa)建立数值计算模型，得到隧道位移云图 3-31，不难看出：①隧道开挖后，隧道右侧 5 个测点产生的地表沉降分别为 3.706 mm、3.892 mm、3.830 mm、3.665 mm、3.472 mm，如图 3-31(c)所示。②隧道右仰拱底部产生最大总位移 14.304 mm。③隧道右拱脚产生最大水平位移 12.560 mm。

④隧道右仰拱底部产生最大竖向隆起位移 13.512 mm、在隧道右拱肩产生最大拱顶下沉位移 7.382 mm。⑤最大剪应变图显示出隧道内部呈现出一条潜在的不连续滑动带(最大剪应变带),塑性状态图显示出隧道围岩未出现塑性区或塑性流动带,且边坡安全系数计算值为 1.165,因此可以判断出数值仿真模型取值实体工程岩土体参数条件工况下,隧道施工开挖过程是稳定的,不会出现滑坡和坍塌施工安全事故。

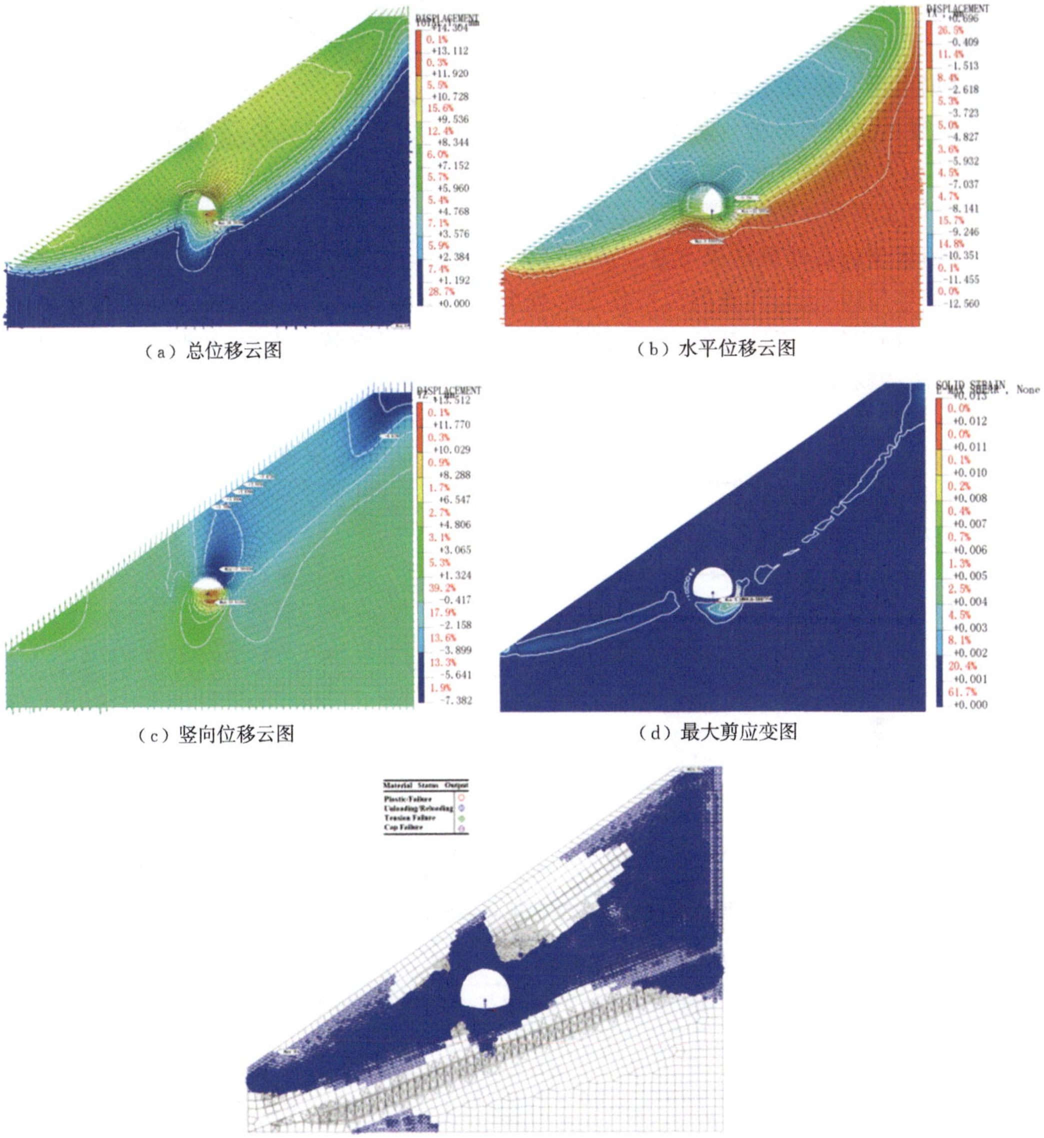

(a) 总位移云图　(b) 水平位移云图

(c) 竖向位移云图　(d) 最大剪应变图

(e) 塑性状态图

图 3-31　实体工程隧道位移变形云图

(2)现场试验实测结果

现场测点布置如图 3-32 所示,根据监控量测断面(断面位置在里程桩号 Y1K4+560,覆盖层 14.6 m)的现场实测数据,绘制了监控量测时程曲线(图 3-33、图 3-34),现场监测数据结果表明:①洞外地表沉降、洞内周边收敛累积位移变形总体变形趋势类似且阶段特征明显。隧道施工过程中,地表沉降和洞内周边收敛都表现快速变形阶段(开挖支护施作后 1~6 d)→缓慢变形阶段(开挖支护施作后 7～20 d)→趋于稳定阶段(开挖支护施作后 20 d 后)的规律特征。②隧道施工过程中,监控量测数据结果是判定和预测浅埋偏隧道围岩稳定性的最直观有效的方法,是保证隧道信息化安全施工的重要手段和途径,因此,监控量测必须纳入隧道施工工序管理过程。

(3)现场实测与模拟计算结果对比

通过对现场实测与数值计算案例隧道变形结果的统计和对比分析,见表 3-13,可以看出:实体工程现场实测变形结果与数值计算结果比较吻合,表明数值仿真计算结果可靠。洞外地表沉降现场实测值略微偏大可能是由于仪器设备、测量误差等原因引起;隧道洞内位移变形现场实测值略微偏小可能是由于监控量测工序是在隧道初期支护施作之后才开始进行,而隧道开挖后由于时空效应影响,初期支护完成之前围岩已经发生的位移变形是不包含在内的。

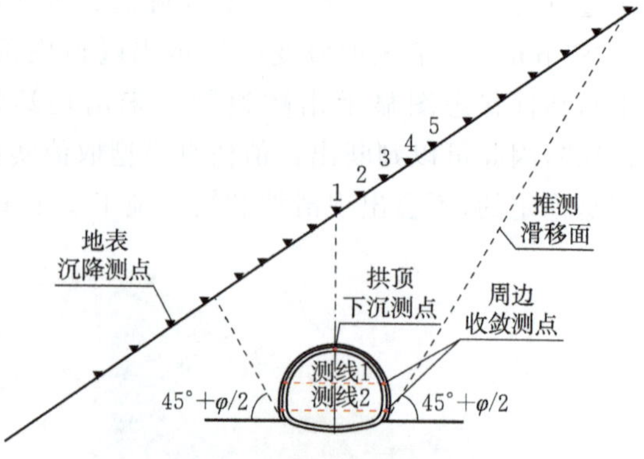

图 3-32　实体工程隧道监控量测测点布置

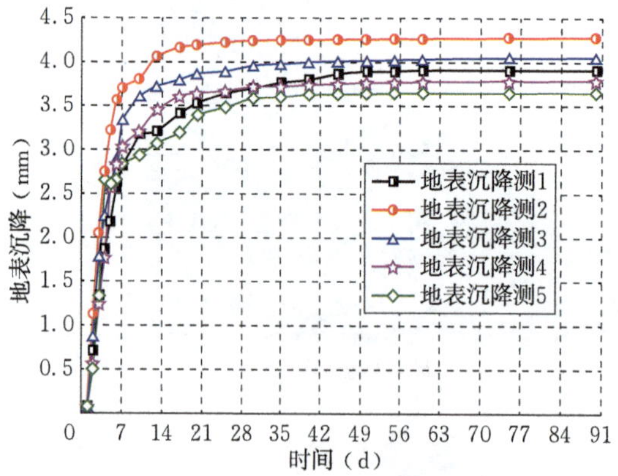

图 3-33　实体工程隧道地表沉降监测曲线

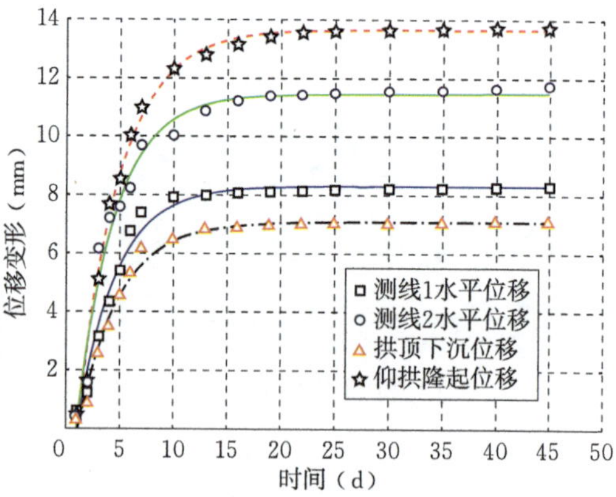

图 3-34　实体工程隧道洞内变形监测曲线

表 3-13　实体工程边坡隧道位移变形现场实测值与模拟计算结果对比分析

案例名称	洞外地表沉降结果(mm)					隧道洞内位移变形结果(mm)			
	测点 1	测点 2	测点 3	测点 4	测点 5	水平测线 1	水平测线 2	拱顶下沉	仰拱隆起
现场实测 $s_{测}$	3.92	4.29	4.06	3.80	3.66	8.34	11.75	7.11	13.77
数值计算 $s_{计}$	3.71	3.89	3.83	3.67	3.47	8.79	12.56	7.38	14.30
$s_{测}-s_{计}$	0.21	0.40	0.23	0.13	0.19	−0.45	−0.81	−0.27	−0.53

3.4.4　隧道模拟研究结论

依托实体工程浅埋偏压隧道分析研究得出以下结论:

(1)岩土体材料参数对隧道位移变形和稳定性有着重要影响,随着岩土体三种材料参数黏聚力、内摩擦角、弹性模量的增大,隧道位移总体上呈现出指数减函数的衰减规律。

(2)岩土体材料参数黏聚力、内摩擦角、弹性模量对隧道位移变形的影响敏感性存在阈值

(黏聚力 $c=70$ kPa、内摩擦角 $\varphi=20°$、弹性模量 $E=200$ MPa)，当三种材料参数取值小于各自的阈值时，材料参数取值越小对隧道位移变形的影响将越显著和敏感；当材料参数取值大于各自的阈值时，材料参数取值越大对隧道位移变形的影响将越不显著。

(3)首次提出了岩土体三种材料参数合理取值范围(黏聚力 $c\geqslant58$ kPa、内摩擦角 $\varphi\geqslant18.5°$、弹性模量 $E\geqslant20$ MPa)，为隧道设计和施工、稳定性验算提供了参考依据。通过实体工程数值模拟结果与现场实测结果的对比分析，验证了数值模拟计算结果是可靠的。

(4)对于浅埋偏压隧道岩土体三种材料参数取值(黏聚力 $c<58$ kPa、内摩擦角 $\varphi<18.5°$、弹性模量 $E<20$ MPa)较小时，隧道易出现过大位移变形从而导致滑坡失稳，因此隧道需要加强结构设计和施工期安全监测。

3.5　隧道软弱围岩变形四维空间分布特征

隧道围岩的变形是围岩应力调整导致的结果和外在表现，而围岩应力的调整是一个由掌子面开挖而引起的三维动态过程。因此，隧道围岩的变形是一个空间和时间的变量。对于坚硬脆性的Ⅰ、Ⅱ级围岩，应力的调整在开挖的瞬间即已完成，围岩变形也在开挖瞬间即结束，围岩变形以弹性变形和塑性变形为主，此时，围岩变形仅是空间的函数，而与时间无关，即围岩变形不随时间的延长而增大。但对于Ⅲ级至Ⅵ级围岩，应力的调整并不能在瞬间完成，尤其是Ⅴ级和Ⅵ级的软弱围岩，其应力调整的时间往往很长，围岩变形以黏性变形和塑性变形为主，此时，围岩变形则是一个空间和时间的函数。

3.5.1　软弱围岩变形规律特征

(1)软弱围岩变形现场实测规律特征

大量现场监测资料表明，隧道围岩变形是在开挖工作面的前方就开始，而在开挖工作面后方距离 $d=1.5D\sim2.0D$(D 为洞径)处的变形才与最大径向变形基本相等，这是隧道开挖引起围岩变形的一般规律。隧道开挖后隧道的变形可分为掌子面前方超前变形、掌子面挤出变形及掌子面后方变形三种，且这三种变形是同时发生的。

日本龟浦隧道施工时，在隧道拱顶上方 2 m 的位置设一个长 50 m 的水平铝管，实测的弯曲应变计算变形，如图 3-35 所示。郑西客运专线大断面函谷关黄土隧道，采用双侧壁导坑法开挖时监测的数据分析的规律也大致相同，图 3-36 为 2006 年 11 月～2007 年 9 月函谷关隧道下穿高速公路段的实测数据，1 号～8 号分别对应隧道左、右导洞及主洞断面上的 8 个测点。

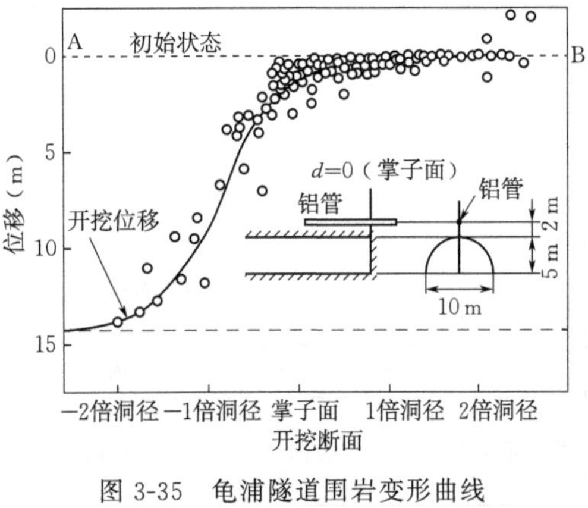

图 3-35　龟浦隧道围岩变形曲线

根据图 3-35、图 3-36 所示，不难看出，掌子面前方到后方一定范围内的拱顶下沉分布规律：①各分步施工引起隧道拱顶沉降占总沉降的比例分别为：超前沉降 5%～14%、导洞开挖 35%～50%、导洞开挖至全断面封闭前 40%～50%、全断面封闭后 3%～9%。②掌子面前方到后方一定范围内的拱顶下沉分布规律为：隧道开挖后在掌子面前方一定范围($2D\sim5D$ 洞径)产生下沉，称之为“超前变形”。在掌子面处产生一定量的

“初始变形”，此值与地质条件关系密切，是开挖后瞬间发生的，约为最终变形值 20%～30%。③在掌子面后方，随掌子面的推进产生不断增大的变形，其特点是初期变形速度很大，而后增长速度逐渐减缓并趋于稳定。

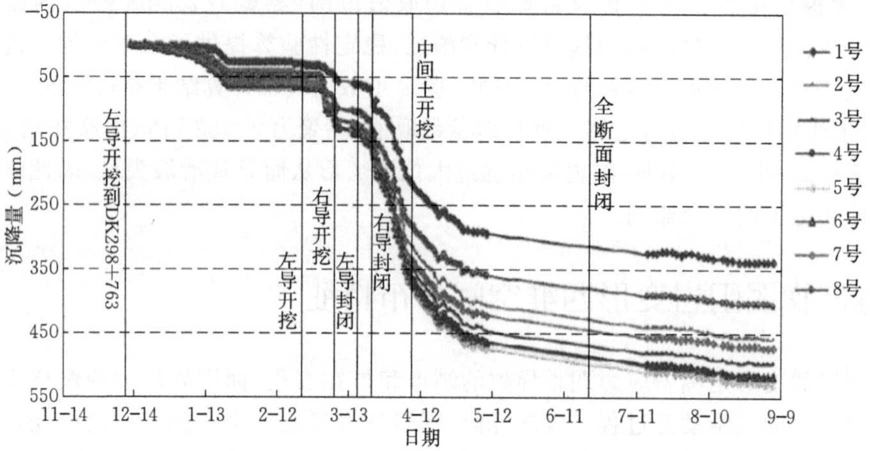

图 3-36　大断面黄土隧道拱顶沉降曲线

由于软岩强度低、变形速度快、变形持续时间长等工程特点，使软弱围岩隧道的变形规律有别于坚硬围岩，见表 3-14。图 3-37 为不同等级围岩在无支护状态下隧道纵向变形。根据表 3-14、图 3-37 所示，通过总结大量的隧道施工现场实测数据结果，可以得出软弱围岩隧道掌子面、掌子前方和后方围岩变形呈现以下特征：

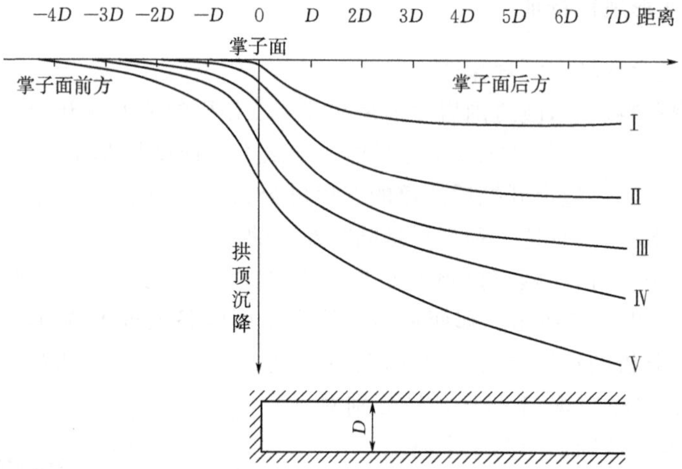

图 3-37　不同等级围岩无支护状态隧道纵向变形示意图

表 3-14　坚硬岩与软弱围岩变形特征对比（D 为隧道洞径）

变形参数		Ⅰ、Ⅱ级坚硬围岩	Ⅳ、Ⅴ级软弱围岩
掌子面前方	变形范围	变形范围较小，1D 以内	变形范围很大，逐渐向深部扩大，甚至达到 3D～4D 范围，需超前预支护
	总变形占比	20%以内	30%～50%，有时会更大，需超前预支护
掌子面后方	变形范围	1D～2D 以内	如不采取合理支护加固措施，变形会持续增大，直至发生失稳破坏

续上表

变形参数	Ⅰ、Ⅱ级坚硬围岩	Ⅳ、Ⅴ级软弱围岩
变形速度	很小	较大
变形持续时间	数小时内趋于稳定	很长，有时数个月后变形依然持续增大
累计变形量	累计变形量小	累计变形量可达 10～100 cm 以上，可导致为初期支护、二次衬砌破坏

注：表中 D 为隧道洞径。

①软弱围岩隧道掌子面前方变形范围大。(a)Ⅰ、Ⅱ级坚硬围岩：掌子面前方围岩变形的范围较小，一般为1倍洞径范围以内，超过1倍洞径以外围岩变形很小可忽略不计。(b)Ⅳ、Ⅴ级软弱围岩：掌子面前方变形范围很大，随着掌子面变形和坍塌，掌子面前方变形范围逐渐向深部扩大，甚至达到3倍或者4倍的洞径。确定掌子面前方变形范围可合理地设置超前小导管和管棚的长度。

②软弱围岩隧道掌子面前方变形在总变形量中占比大。(a)Ⅰ、Ⅱ级坚硬围岩：其前方变形在总变形中比例一般在20%以内。(b)Ⅳ、Ⅴ级软弱围岩：其前方变形可能超过总变形量的30%以上，甚至达到50%或更大时，如不加控制，则会成为掌子面拱顶部分坍塌以及发生大变形的主因，这也就是采用各种超前预支护的主要原因。

③软弱围岩隧道掌子面后方变形范围大。(a)Ⅰ、Ⅱ级坚硬围岩：掌子面后方变形一般在1倍或者2倍洞径处达到稳定状态，变形不再增加，围岩保持稳定。(b)Ⅳ、Ⅴ级软弱围岩：开挖时若不采取合理支护加固措施，其变形会持续增大，直至发生失稳破坏。

④软弱围岩隧道开挖初期变形速度快。(a)Ⅰ、Ⅱ级坚硬围岩：在隧道开挖后，变形很快达到稳定状态，其变形速率很小。(b)Ⅳ、Ⅴ级软弱围岩：开挖后变形速率较大，如关角隧道、两水隧道和天平山隧道变形速率最大分别达50 mm/d、60 mm/d，41 mm/d。

⑤软弱围岩隧道变形持续时间长。(a)Ⅰ、Ⅱ级坚硬围岩：掌子面开挖后数小时内围岩变形即已趋于稳定。(b)Ⅳ、Ⅴ级软弱围岩：变形持续时间非常长，掌子面开挖数个月以后变形依然持续增大。

⑥软弱围岩隧道累计总变形量大。(a)Ⅰ、Ⅱ级坚硬围岩：围岩累计总变形量较小，通常在几个毫米以内，一般不超过2 cm。(b)Ⅳ、Ⅴ级软弱围岩：软弱围岩洞壁变形可达数十厘米，甚至100多厘米，往往表现为初期支护严重破裂，如喷射混凝土开裂脱落、钢架扭曲，甚至引起二次衬砌混凝土开裂。软弱围岩大变形已在很多隧道中发生，如兰武二线乌鞘岭隧道岭脊地段最大水平收敛达1 053 mm，最大拱顶下沉达1 209 mm；青藏线西格段增建二线的关角隧道Ⅰ线隧道最大水平收敛变形达460 mm，Ⅱ线隧道最大水平收敛变形达410 mm，最大拱顶下沉367 mm；兰渝线两水隧道最大拱顶下沉达757.4 mm，最大水平收敛达498.85 mm。天平山隧道2号斜井工区最大拱顶下沉379.6 mm，最大水平收敛344.1 mm。

(2)双线铁路隧道Ⅳ级软弱围岩变形数值模拟结果

赵勇等采用三维数值方法对双线铁路隧道Ⅳ级围岩变形进行数值模拟。依托工程概况：设计时速为350 km/h的高铁双线隧道，马蹄形断面，轨面W上净空为100 m^2，轨面W上净高为9.08 m，最大净宽为13.3 m，衬砌厚度为50 cm，采用C35钢筋混凝止模筑衬砌，如图3-38所示。隧道开挖高度12.78 m，开挖跨度15.2 m，采用全断面开挖，设置埋深300 m。

通过模拟计算得到Ⅳ围岩变形呈现如下规律特征(图3-39、图3-40)：①掌子面前方围岩的超前变形为 11 mm，全变形为 37 mm，超前变形占总变形量的 29.7%。②掌子面超前变形大致在掌子面前方 1*D*（*D* 为洞径大小）处开始快速增大，掌子面后方变形大致在掌子面后方 4*D* 处趋于稳定，围岩变形在掌子面前后 1*D* 处变化最大。③掌子面最大挤出变形为 12.7 mm，隧道拱顶和底板也出现大约 3～4 mm 的挤出变形。④Ⅳ围岩变形在空间上可分为掌子面前方变形、掌子面挤出变形和掌子面后方变形。⑤同理类推，其他等级围岩数值模拟规律类似，随着围岩变差，围岩掌子面超前变形范围和数值逐渐变大，掌子面后方变形范围和数值也逐渐变大，直至不收敛。

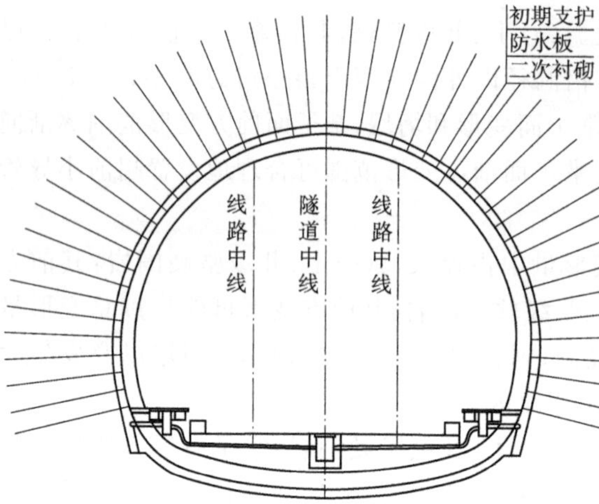

图 3-38　Ⅳ级围岩隧道结构设计断面

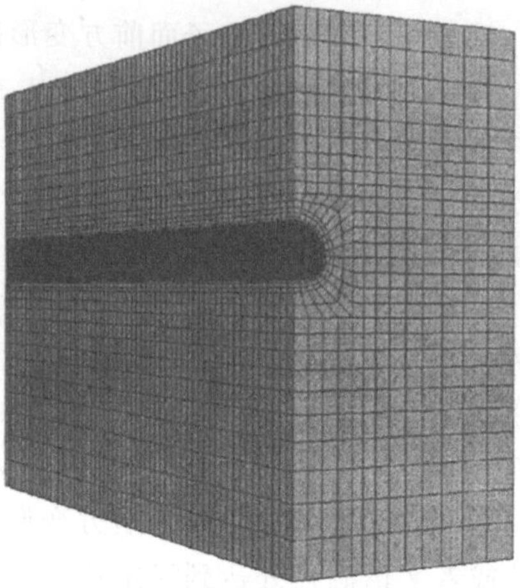

图 3-39　Ⅳ级围岩三维数值计算模型

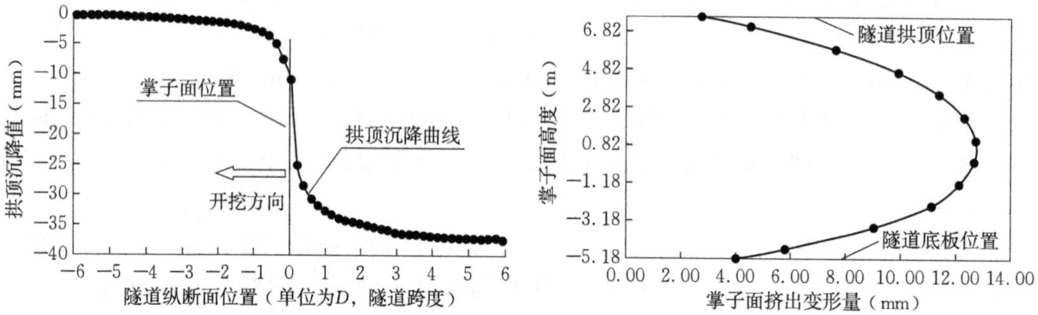

（a）拱顶纵向变形　　（b）掌子面挤出变形

图 3-40　隧道Ⅳ级围岩变形随断面尺寸变化曲线

（3）单、双线铁路隧道Ⅳ、Ⅴ、Ⅵ级软弱围岩变形数值模拟结果

赵勇等采用三维数值模拟方法分别对单线和双线软弱围岩隧道进行动态模拟台阶法施工过程，研究隧道断面和开挖跨度对软弱围岩变形的影响规律。依托隧道工程概况：时速 200 km/h 客货共线隧道，隧道断面尺寸，开挖跨度分别为 9.4 m、13.6 m，开挖面积分别为 87.74 m^2、137.14 m^2；隧道埋深 300 m，分别考虑了Ⅳ、Ⅴ、Ⅵ三种围岩级别；隧道采用台阶法开挖，上台阶长度 9 m、下台阶长度 9 m。

根据数值模拟结果，得到Ⅳ、Ⅴ、Ⅵ级围岩隧道变形统计数据和变形特征曲线，见表 3-15，如图 3-41、图 4-42 所示，因此不难看出，Ⅳ、Ⅴ、Ⅵ级围岩隧道变形呈现出以下规律特征：①大断面双线隧道断面开挖面积比小断面的单线隧道增大了约 56%，开挖断面当量半径增大了约 25%。②双线隧道Ⅳ级围岩拱顶沉降比单线隧道增大了 21.7%，Ⅴ级围岩增大了 16.5%，

Ⅵ级围岩增大了 16.4%。③大断面双线隧道Ⅳ、Ⅴ、Ⅵ级围岩拱顶沉降分别为 23 mm、103 mm、344 mm，围岩质量越差，拱顶沉降变形越大。

表 3-15　Ⅳ、Ⅴ、Ⅵ级围岩隧道变形统计数据

围岩及断面		水平收敛(mm)		拱顶下沉(mm)	掌子面挤出变形(mm)	
类别	围岩级别	拱脚	墙腰		上台阶	下台阶
单线隧道	Ⅳ	7.9	26.7	18.9	0.91	4.90
	Ⅴ	103.6	241.1	88.4	36.24	117.82
	Ⅵ	321.7	907.0	295.6	250.61	862.17
双线隧道	Ⅳ	17.7	19.1	123.0	10.57	5.90
	Ⅴ	118	160	103	142	181
	Ⅵ	418	582	344	643	916

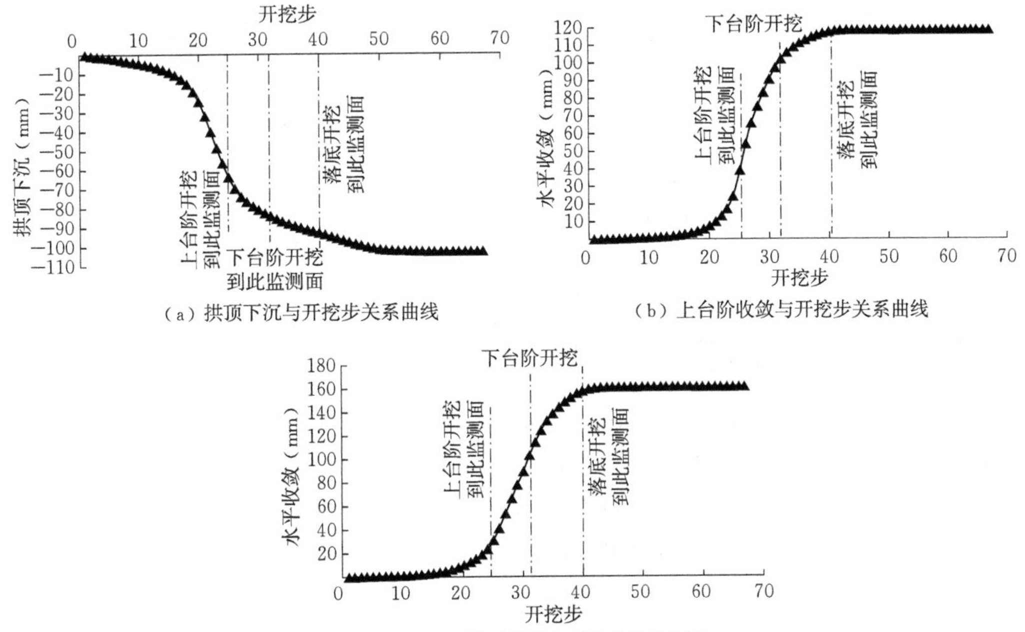

图 3-41　Ⅴ级围岩双线隧道变形与开挖步关系

3.5.2　软岩变形空间分布特征

根据大量隧道围岩变形监控量测和数值模拟研究知，围岩变形在空间上可分为三部分：掌子面前方超前变形、掌子面挤出变形、掌子面后方变形，如图 3-43 所示。这三部分变形是同时发生的。软弱围岩条件下支护的主要目的就是要抑制这些变形发展，即抑制由这些变形引起的围岩松弛。因此，研究这三部分变形的产生条件和发展规律，并通过合理手段来控制其发展是隧道设计和施工的主要任务。

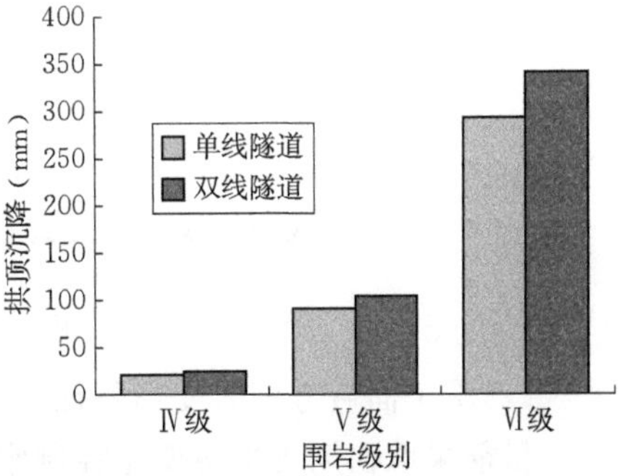

图 3-42　软弱围岩隧道拱顶沉降对比图

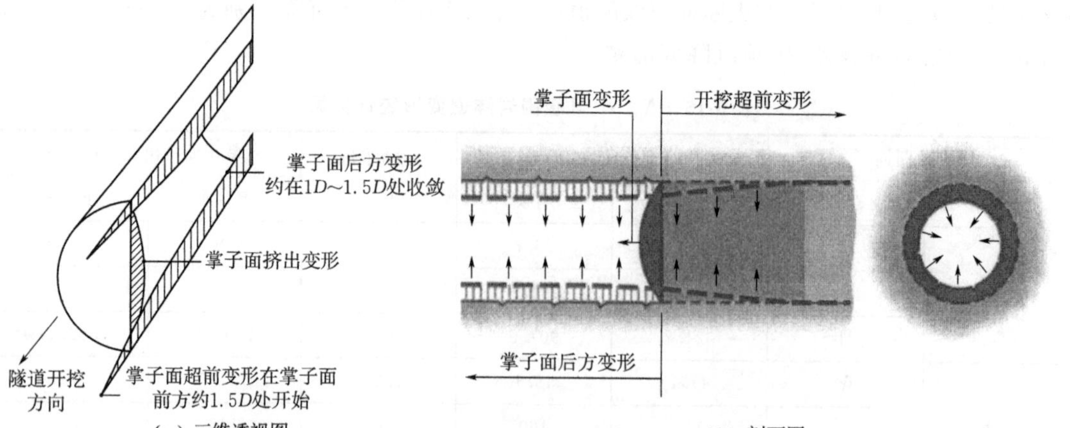

（a）三维透视图　　（b）剖面图

图 3-43　隧道开挖时的变形三维示意图

而对于浅埋隧道，隧道开挖引起的变形范围将扩展至地表，在地表形成一个沉降槽，如图 3-44 所示。

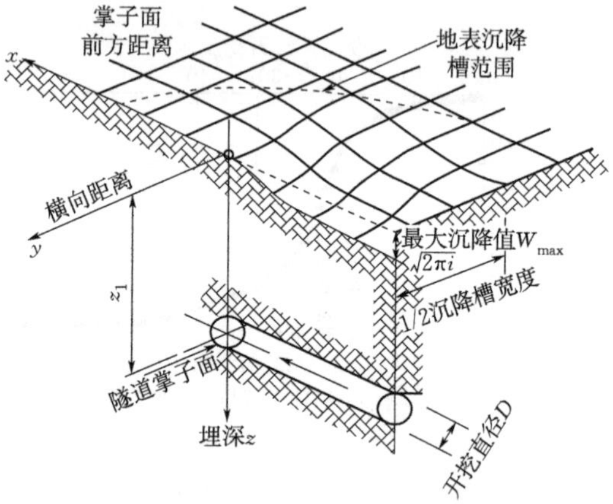

图 3-44　浅埋隧道开挖引起的地面沉降槽

(1)掌子面前方围岩变形特征

掌子面前方围岩超前变形（先行位移）的概念，可以用两个量值表示，即掌子面处超前变形量和掌子面前方发生超前变形范围，如图 3-45 所示。实际上超前变形是随掌子面推进而发生。超前变形最大值是在掌子面处。一般围岩条件下其值约占总变形的 20%～30%左右，围岩条件越差其值也越大。掌子面超前变形涉及的范围与围岩条件有关，一般在隧道洞径的 1.0～1.5 倍左右。通常在一般围岩条件下的超前变形可以任其发生而不加控制，但在软弱围岩条件下，围岩变形最大值较大（如超过全变形 30%～50%或更大时）不加控制，则会成为掌子面拱顶部分坍塌以及发生大变形的主因，这就是采用各种超前预支护的主要原因。

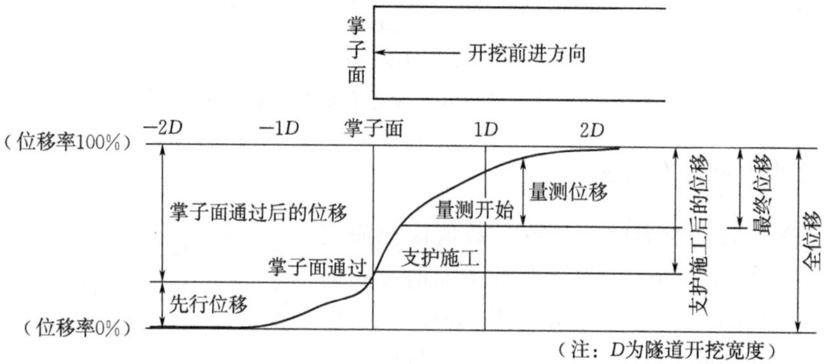

图 3-45　隧道开挖后的变形实态

(2)掌子面后方围岩变形特征

目前采取初期支护主要是控制掌子面后方变形的技术对策。掌子面后方变形的动态特点是初始阶段的变形速度比较大，而且量值也比较大。因此，控制初期变形速度发展是非常重要，这也是判定围岩好坏的一个重要指标。控制了初期变形速度的发展，也就控制了最终变形值。因此，在现场监控量测中，取得初期变形速度这个重要参数非常重要；其次是控制变形的收敛时间(距离)。一般地质条件下变形在距掌子面(1～2)D(D 为洞径)处基本上就收敛了，但在软弱围岩中这个距离会长一些，甚至在很长时间(距离)不收敛。

(3)掌子面围岩挤出变形特征

开挖过程中虽然发现了掌子面的挤出现象，但通常未给予很大的关注。掌子面挤出变形是评价掌子面稳定性的重要指标。图 3-46 表示出掌子面挤出变形的基本概念。当掌子面挤出变形超过一定量值时掌子面将崩塌。掌子面挤出变形可以用其最大值评价。因此，当预计掌子面挤出变形过大的场合就必须采取控制掌子面挤出变形的技术对策，这也是采用留核心土方法的主要目的之一。

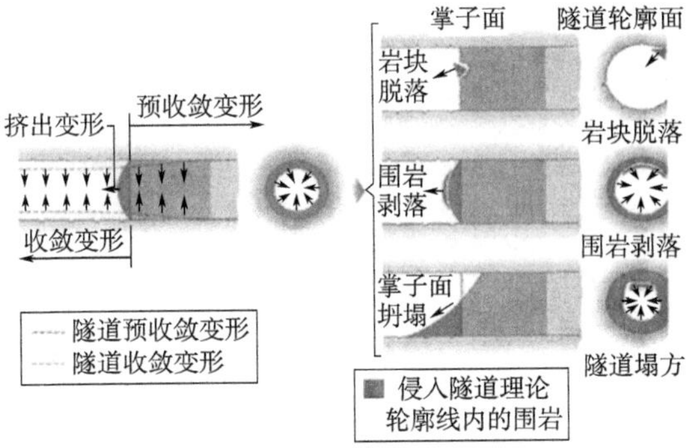

图 3-46 掌子面挤出变形示意图

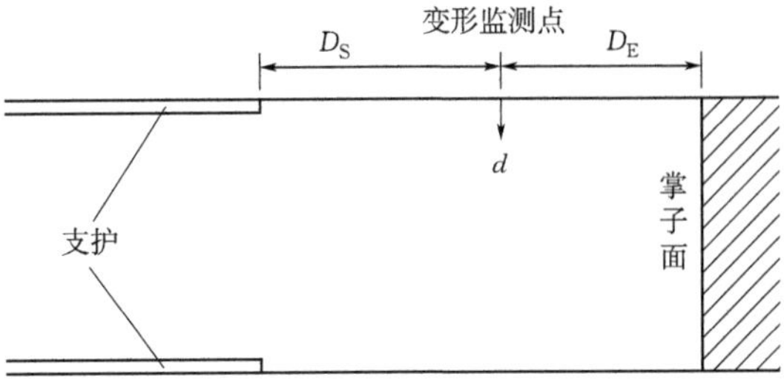

图 3-47 围岩变形监测点与开挖掌子面及支护位置

(4)围岩变形的时间效应特征(四维空间变形特征)

隧道围岩的变形是一个复杂的过程，它受到多种因素的影响和控制。围岩变形与各影响因素之间的关系可用下式表示：

$$d=f(E,\nu,\sigma_0,r,s,D_E,k,D_S,F,\eta,t) \tag{3-40}$$

式中 d——围岩中某一监测点的变形；

E,ν——围岩的变量模量和泊松比；

σ_0——围岩的初始地应力场；

r,s——隧道半径和隧道形状影响系数；

D_E——开挖面与变形监测点距离，与开挖速度有关，是一个随时间的变形，可表示为 $D_E=f(a,t)$，其中 a 为开挖速度；

k——开挖方法影响系数，包括开挖的步序和工法，以及采用的开挖手段如机械开挖或爆破开挖等对变形的影响；

D_S——支护结构与变形监测点距离，它与支护施作时机有关，是一个随时间的变量 $D_S=f(b,t)$，其中 b 为支护施作的速度；

F——支护强度；

η,t——岩石的流变参数及流变时间。

图 3-47 为围岩变形监测点与开挖掌子面及支护位置，由式(3-40)、图 3-47 可以看出，围岩变形时间效应主要表现在三个因素中，即变形监测点与开挖掌子面的距离 D_E、变形监测点与支护结构离 D_S、围岩流变时间 t。由于考虑时间因素，隧道软弱围岩的全变形就呈现出四维空间变形特征，这也是隧道的施工工序必须遵守安全步距的理论支撑依据。围岩变形的时间

效应呈现出以下规律特征。

①当 D_E 和 D_S 两个参数保持不变时，即掌子面不再向前开挖，同时停止增加新的支护措施，此时围岩变形仍然会随着时间而逐渐增大，增大的变形为围岩的黏性变形，这部分变形主要受围岩黏滞系数 η 控制，对于坚硬脆性岩石，其流变性很小黏性变形可忽略不计，围岩变形不随着时间延长而增大；对于软弱围岩，即使开挖和支护停工围岩也将继续变形。

②当 D_S 和黏性变形保持不变时，围岩变形随 D_E 增大而增大，即当掌子面向前开挖而支护没有跟进时，则围岩开挖越快，D_E 越大围岩变形也越大。因此，当支护措施不能跟进时应控制掌子面的掘进速度。

③当 D_E 和黏性变形保持不变时，围岩变形随 D_S 增大而增大，即支护施作得越慢 D_S 越大，围岩变形也越大。因此，加快支护结构的施作速度，可以有效减少围岩的变形量。

第 4 章　隧道开挖力学行为及支护理论研究

4.1　隧道开挖方法与支护技术现状

4.1.1　隧道开挖方法技术要点

隧道开挖工法主要有全断面法、台阶法、中隔壁法(CD 法)、交叉中隔壁法(CRD 法)、双侧壁导坑法(眼镜工法)。要根据地质条件、断面大小、结构形式、机械配备等因素合理选择开挖方法。

(1)全断面法。①工法概念:是按设计断面将隧道一次开挖成型,再施做初期支护和二次衬砌的隧道开挖方法。②适用条件:一般适用于Ⅰ～Ⅱ级围岩,也可用在单线铁路隧道Ⅲ级围岩地段。③工法优势:全断面法可采用大型机械作业,施工进度快,一般在 150～180 m/月。④施工要点:(a)尽量采用深孔爆破,加大循环进尺,开挖、支护工序合理采取平行作业,加快施工进度。(b)控制周边眼角度,提高光面爆破效果,减少对围岩的扰动,减少超欠挖。全断面法作业如图 4-1 所示。

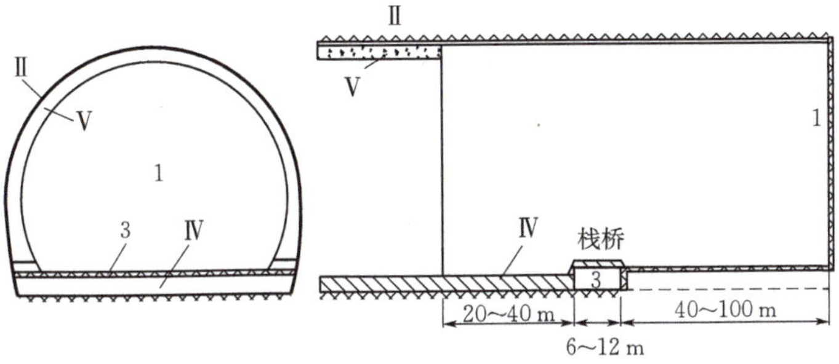

Ⅰ—全断面开挖；Ⅱ—初期支护；3—隧道底部开挖（捡底）；
Ⅳ—底板（仰拱）浇筑；Ⅴ—拱墙二次衬砌。

（a）施工工序

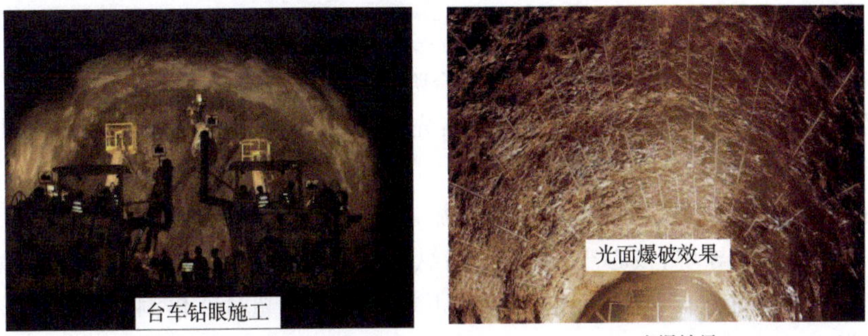

（b）台车钻眼　　（c）光爆效果

图 4-1　全断面法作业

(2)台阶法。①工法概念:台阶开挖法是将隧道设计断面分两次或三次开挖,台阶间控制一定距离,采用同时并进的隧道开挖施工方法,如图 4-2 所示。②适用条件:一般用在Ⅲ级围岩，也可用在单线铁路隧道Ⅳ级围岩地段。③施工要点：(a)根据围岩条件合理确定台阶长度和台阶数量，台阶长度一般为3～5 m(或5～7 m)，台阶高度根据地质情况、隧道断面大小和施工机械设备情况确定，上台阶高度宜为2.5 m。(b)上台阶施作钢拱架时，采用扩大拱脚和锁脚锚杆(管)等措施，控制围岩和初期支护变形，必要时施作临时仰拱。(c)下台阶在上台阶喷射混凝土达到设计强度70%以上时开挖，当岩体不稳定时需缩短进尺，必要时上下台阶分左、右两部错开开挖，并及时施做初期支护。(d)施工中应解决好上下台阶的施工干扰问题，下部施工应减少对上部围岩、支护的扰动。(e)下台阶施工时要保证初期支护钢架(若有)整体顺接平直，螺栓连接牢靠。(f)钢拱架(若有)必须落在实处，严禁悬空或落在虚渣上。④台阶法适用长度：如图4-3所示，(a)在1倍洞径时，地层产生横向和纵向两个承载拱的作用。(b)台阶长度超过1倍洞径将失去纵向承载拱受力结构，仅有横向平面承载拱受力结构。台阶若大于1.5倍洞径，在开挖时纵向变位大，台阶断面形状不利于受力，而且容易引起周围地层松动，塑性区增大，造成拱脚附近受力大而使其失去稳定性。(c)台阶若过短，小于1倍洞径，因洞内纵向破裂面超过工作面，易造成洞顶土体下滑，引起工作面不稳定，所以软弱地层不能采用短台阶法施工，但是若用硬岩爆破法施工时，为了便于风钻打眼，可设置超短台阶。

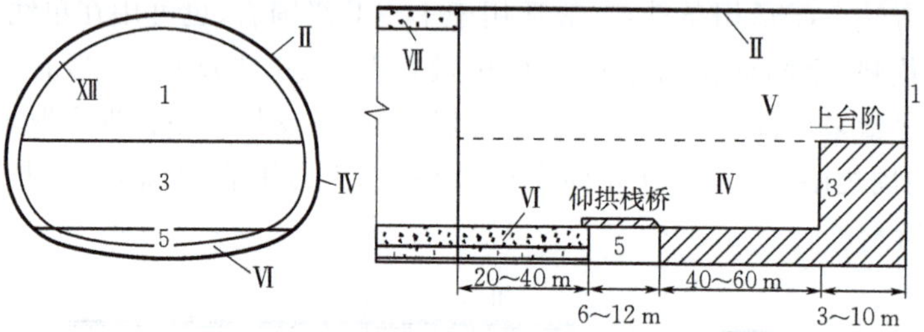

Ⅰ—上部开挖；Ⅱ—上部初期支护；3—下部开挖；Ⅳ—下部初期支护；
5—底部开挖（捡底）；Ⅵ—仰拱及混凝土填充；Ⅶ—二次衬砌。

（a）施工工序

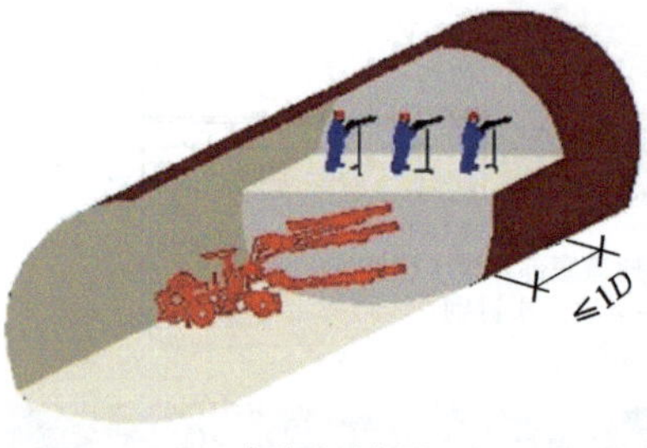

（b）台阶法示意图

（c）台阶法实景图

图4-2　台阶法作业

(3)预留核心土环形开挖法。①工法概念：先开挖上部导坑弧形断面，留核心土平台，再开挖下部两侧边墙、中部核心土的隧道开挖方法。②适用条件：一般适用在单线隧道Ⅳ～Ⅴ级围岩，也可用在双线隧道Ⅲ～Ⅳ级围岩地段。③施工要点(图4-4)：(a)环形开挖每循环长度控制在0.5～1 m。(b)弧形导坑、核心土、两侧边墙纵向拉开间距3～5 m平行施工。(c)仰拱初期支护应紧跟下台阶及时施作，全断面封闭成环距掌子面不宜超过2倍洞径。

(4)三台阶七步开挖法。①工法概念：在隧道开挖过程中，在三个台阶上分七个工作面，以前后七个不同位置相互错开同时开挖，然后分部及时支护，形成支护整体。②适用条件：一般适用于黄土地区隧道施工，也可用于其他Ⅲ～Ⅳ级围岩地段。③施工要点(图4-5)。(a)第1步：拱部进行超前支护后，环向开挖上部弧形导坑，预留核心土，开挖后立即初喷混凝土，并及时架设

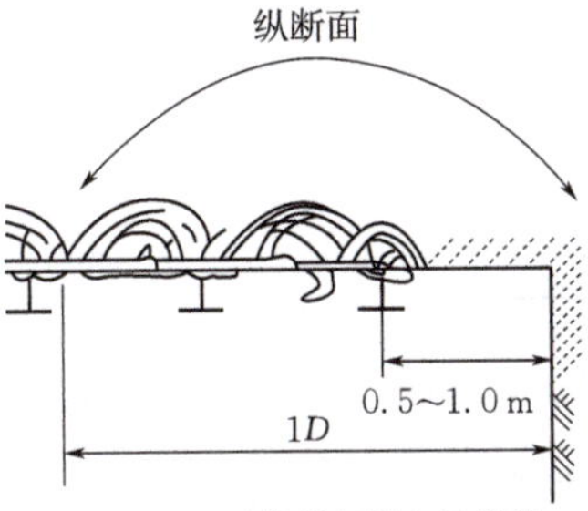

（a）开挖引起纵向承载拱

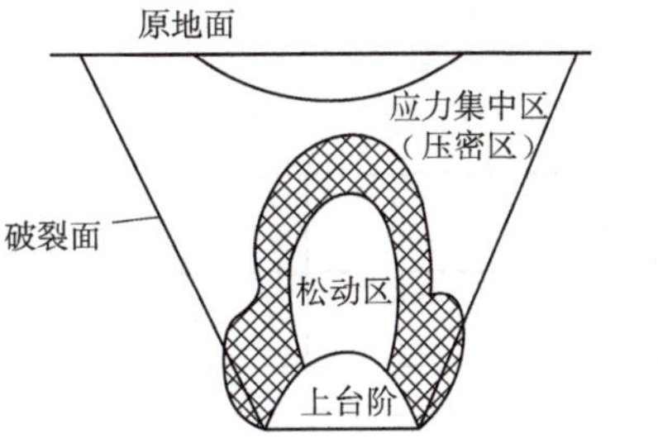

（b）上台阶过长引起松动荷载

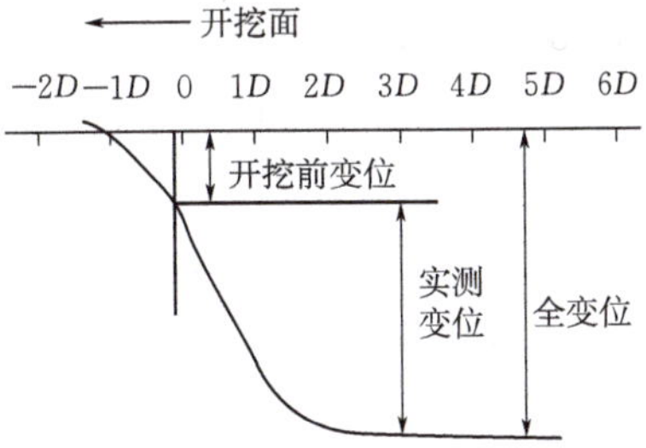

（c）开挖过程纵向变位影响长度

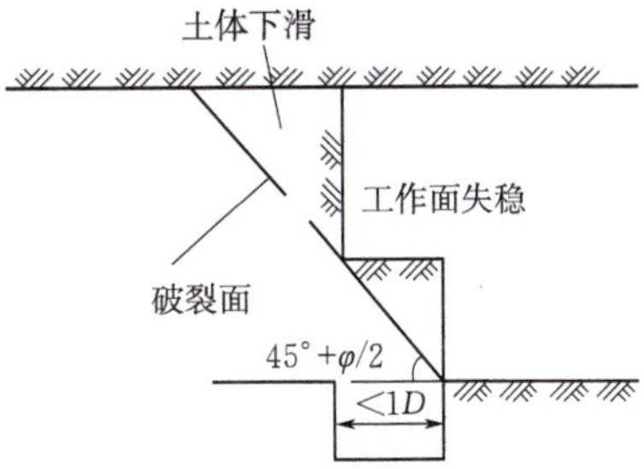

（d）短台阶适用性

图 4-3　台阶法开挖长度设置问题

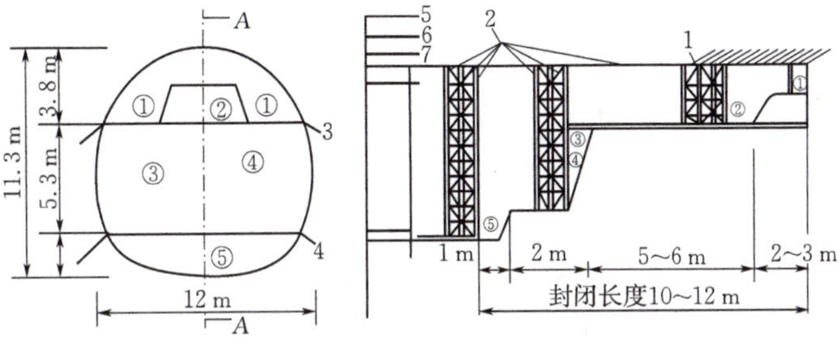

1—第一次支护；2—钢拱架；3—拱脚注浆锁脚锚管；4—墙脚注浆锁脚锚管；
5—一次支护；6—塑料薄板防水层；7—模筑混凝土。

（a）施工工序

（b）核心土法示意图

（c）核心土法实景图

图 4-4　环形开挖预留核心土法作业

钢架、复喷混凝土至设计厚度。(b)第 2、3 步：错开开挖中台阶左右侧边墙，开挖后立即初喷混凝土，并及时架设钢架、复喷混凝土至设计厚度，使同一断面处暴露开挖面仅限于一侧。(c)第 4、5 步：错开开挖下台阶左右侧边墙，开挖后立即初喷混凝土，并及时架设钢架、复喷混凝土至设计厚度。(d)第 6 步：分别开挖上、中、下台阶的预留核心土。(e)第 7 步：隧底开挖并及时施作仰拱初期支护及仰拱混凝土，及早封闭成环。

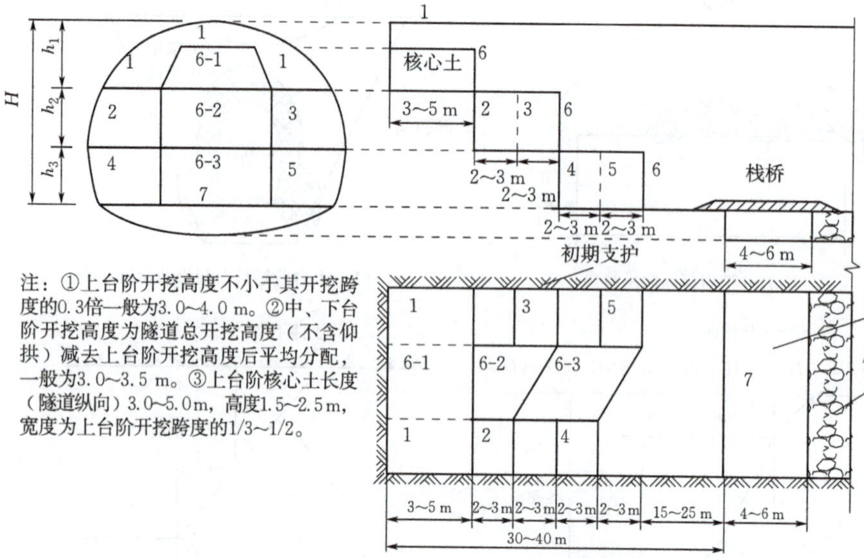

（a）施工工序

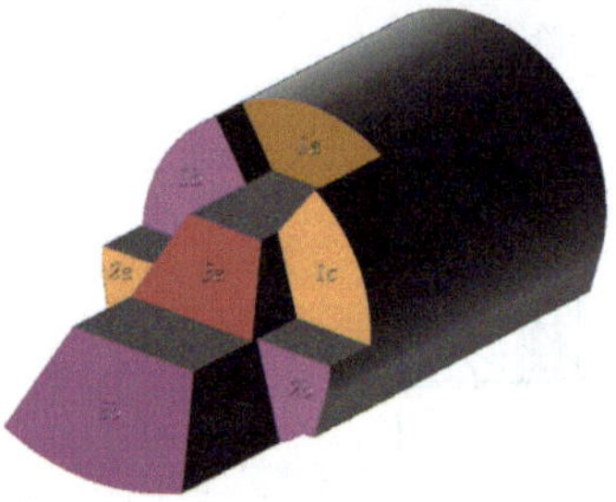

（b）弧形导坑左右台阶错开开挖示意图

（c）黄土隧道实景图

（d）黄土隧道实景图

图 4-5　三台阶七步法作业

(5)中隔壁法(CD 法)。①工法概念：中隔壁法即 CD 法是将隧道分为左右两大部分进行开挖，先在隧道一侧采用二台阶或三台阶分层开挖，施作初期支护和中隔墙临时支护，再分台阶开挖隧道另一侧。②适用条件：一般适用于地质条件为Ⅳ～Ⅴ级围岩，也适用于浅埋地层隧道暗挖；主要适用于地层较差和不稳定岩体，且地面沉降要求严格的地下工程施工。③施工要点(图 4-6)：(a)台阶开挖高度根据地质情况及隧道断面大小而定。左、右两侧洞体施工纵向拉开间距不大于 15 m。(b)台阶开挖长度 3～5 m。(c)后一侧开挖形成全断面时，应及时完成全断面初期支护闭合。(d)根据监控量测信息，初期支护稳定后拆除中隔壁临时支护，一次拆除长度不超过 15 m，并加强拆除中的监控量测。

(6)交叉中隔壁法(CRD 法)。①工法概念：交叉中隔壁法又称 CRD 工法，是日本吸取欧洲 CD 法经验，将原 CD 工法先开挖中壁一侧改为两侧交叉开挖、步步封闭成环、改进发展的一种工法。是将大断面隧道分部分块开挖，纵向每步拉开短步序，环向初期支护步步成环的隧道开挖施工方法。②适用条件：一般适用于Ⅴ～Ⅵ级围岩，也可用于浅埋隧道施工。③工法优缺点：(a)优点：步步成环，安全度高，可较好地控制沉降。(b)缺点：工效低、进度慢、造价较高；岩石中采用 CRD 工法工效低右侧爆破施工破坏中隔墙；长距离采用 CRD 工法进度慢，无法满足施组要求；施工组织不合理单工序作业、劳动力不足；辅助施工措施不到位、无降排水措施；仰拱设置为横撑且无掌子面、地层加固措施。④施工要点(图 4-7)：(a)隧道按左右部分块开挖。(b)每块小断面开挖长度 3～5 m，及时设置初期支护和临时仰拱，步步成环，尽量缩短成环时间，及时施作锁脚锚杆

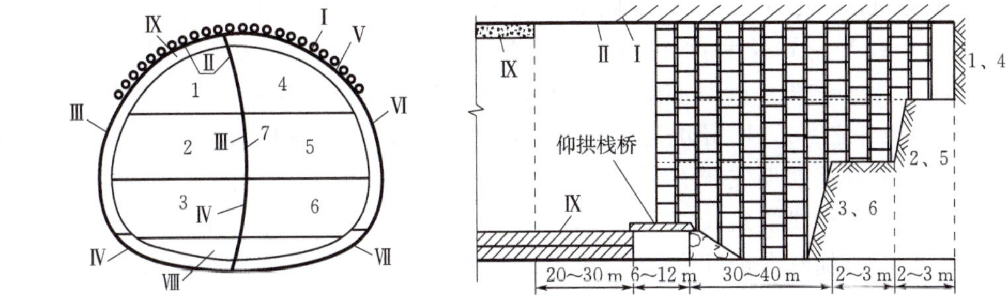

Ⅰ—超前支护；1—左侧上部开挖；Ⅱ—左侧上部初期支护；2—左侧中部开挖；Ⅲ—左侧中部初期支护；3—左侧下部开挖；Ⅳ—左侧下部初期支护；4—右侧上部开挖；Ⅴ—右侧上部初期支护；5—右侧中部开挖；Ⅵ—右侧中部初期支护；6—右侧下部开挖；Ⅶ—右侧下部初期支护；7—拆除中隔壁；Ⅷ—仰拱及填充混凝土；Ⅸ—拱墙二次衬砌。

（a）施工工序

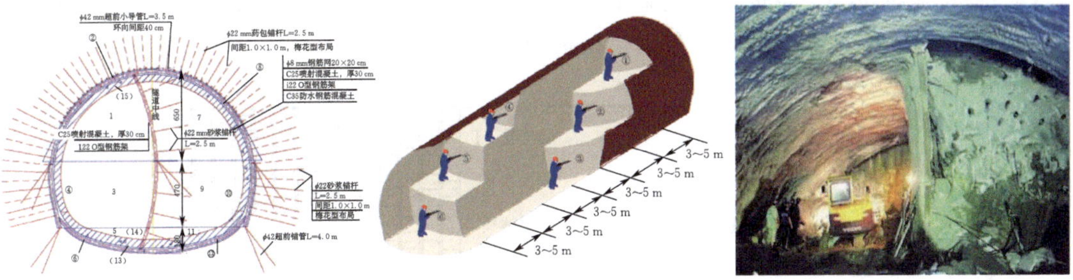

（b）隧道横断面设计　（c）CD法示意图　（d）隧道开挖实景图

图 4-6　中隔壁法（CD 法）作业

（管）。必要时进行掌子面临时支护。(c)根据监控量测信息，初期支护稳定后拆除临时支护，一次拆除长度不超过 15 m。(d)做好超前支护、降排水等辅助施工措施。

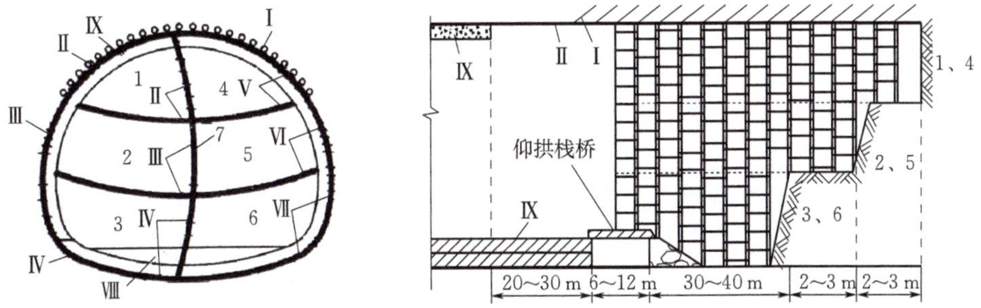

Ⅰ—超前支护；1—左侧上部开挖；Ⅱ—左侧上部初期支护成环；2—左侧中部开挖；Ⅲ—左侧中部初期支护成环；3—左侧下部开挖；Ⅳ—左侧下部初期支护成环；4—右侧上部开挖；Ⅴ—右侧上部初期支护成环；5—右侧中部开挖；Ⅵ—右侧中部初期支护成环；6—右侧下部开挖；Ⅶ—右侧下部初期支护成环；7—拆除中隔墙及临时仰拱；Ⅷ—仰拱及填充混凝土；Ⅸ—拱墙二次衬砌。

（a）施工工序

（b）CRD法施工示意图　（c）CRD法下部开挖　（d）隧道开挖实景图

图 4-7　交叉中隔壁法（CRD 法）作业

(7)双侧壁导坑法。①工法概念:双侧壁导坑法先开挖隧道两侧导坑,再开挖中部。②适用条件:一般适用在Ⅴ～Ⅵ级围岩,也可用于浅埋隧道施工。③工法缺点:成本较高、进度较慢。④施工要点(图 4-8、图 4-9):(a)侧壁导坑开挖时,周边轮廓应圆顺。导坑跨度宜为整个隧道开挖宽度的三分之一。(b)导坑与中间土体同时施工时,导坑应超前 30～50 m。(c)侧壁导坑开挖后,应及时施工初期支护并尽早形成封闭环。(d)临时支护拆除宜在仰拱施工前进行,一次拆除长度宜与仰拱浇筑长度相适应,临时支护拆除后,应及时浇筑仰拱和仰拱填充、施作拱墙二次衬砌。(e)临时支护拆除前后,应进行变形量测。⑤设备配置要求:(a)隧道开挖设备应根据隧道断面大小、围岩性质、施工方法等情况合理选择机械设备。(b)单作业面长度大于等于 3 km 的隧道,采用大断面开挖时,爆破钻孔应采用液压凿眼台车;小于 3 km 的隧道可采用多功能台架配合钻爆设备进行开挖作业。(c)土质隧道、不适宜爆破施工,可采用挖掘机、单臂掘进机、铣挖机等设备进行开挖施工。(d)采用液压钻钻孔时,应设置液压站。(e)采用风钻钻孔时,空压机宜配置螺杆式可移动空压机型。

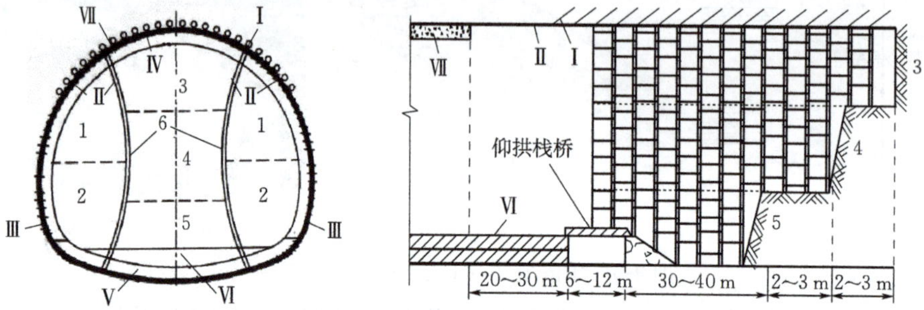

Ⅰ—超前支护;1—左(右)侧导坑上部开挖;Ⅱ—左(右)侧导坑上部支护;2—左(右)侧导坑下部开挖;
Ⅲ—左(右)侧导坑下部支护成环;3—中槽拱部开挖;Ⅳ—中槽拱部初期支护与左右亚闭合;4—中槽中部开挖;
5—中槽下部开挖;Ⅴ—中槽下部初期支护与左右亚闭合;6—拆除临时支护;
Ⅵ—仰拱及填充混凝土;Ⅶ—拱墙二次衬砌。

(a)施工工序纵横断面图

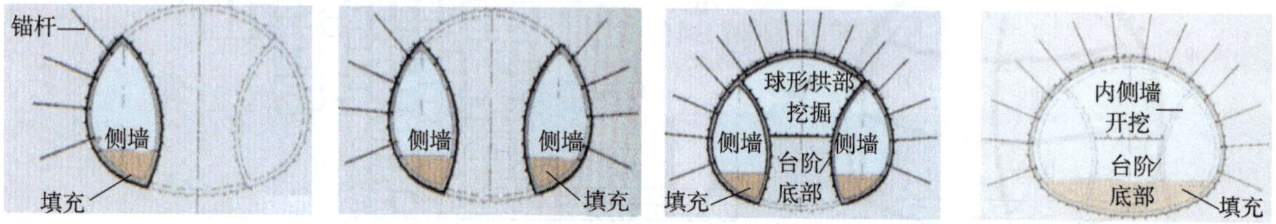

(b)侧壁导坑1掘进　(c)侧壁导坑2掘进　(d)球形拱部挖掘　(e)台阶和底部挖掘

图 4-8　双侧壁导坑法开挖步骤

(a)分部开挖示意图　(b)中槽开挖　(c)拆除临时支护　(d)二次衬砌钢架安装　(e)二次衬砌模板安装

图 4-9　双侧导坑壁法施工作业要点

(8)意大利开挖方法。①工法概念:新意法(NITM,New Italian Tunneling Method)认为隧道围岩变形分为收敛变形、预收敛变形及掌子面挤出变形,如图 4-10 所示。因预收敛变形及掌子面挤出变形均取决于超前核心土的强度及变形特性,进而得出超前核心土特性对整个隧道围岩变形起关键作用。新意法通过对隧道掌子面超前核心土岩体结构特性、岩体坚硬程度等特征判定将超前核心土稳定类型分为 A、B、C 三类(A 类,有稳定的开挖面。B 类,在短时期内有稳定的开挖面。C 类,不稳定开挖面。),并将每种稳定类型与隧道整体变形情况对应关联,见表 4-1。②工法适用性:意大利在隧道开挖方面有三种不同的方式,主要根据隧道岩层的地质条件及物理特性,选择最合适的挖掘方式。③三种稳定状态超前核心土的预支护方法:新意法在处治阶段会根据勘察及诊断得出的超前核心土类别选择不同的预支护方式。(a)对于 A 类掌子面长期稳定的状态,会采用与新奥法类似的洞身喷锚支护,及时对洞身围岩进行封闭,防止围岩弱化、掉块等。(b)对于 B 类掌子面短期稳定的状态,会结合具体的施工速度,除采用上述洞身支护外,对超前核心土采用掌子面喷锚支护或玻璃纤维锚杆全断面预加固支护,使超前核心土 B 类状态转化为 A 类状态,达到掌子面长期稳定的状态。(c)对于 C 类掌子面即将坍塌的状态,因应变失效,超前核心土区域无法形成拱效应,需要在超前核心土上部区域及核心土区域进行预加固,一般上部区域可采用管棚、水平旋喷桩等支护方式,核心土区域采取玻璃纤维锚杆全断面支护方式。④工作内容要点:新意法主要分为勘察阶段、诊断阶段、处治阶段、实施阶段及监测阶段。(a)勘察阶段:采用既有技术对隧道线路地质进行调查、收集,充分获取岩体物理性质、应力状态等所需资料,为后续工作奠定基础。(b)诊断阶段:根据勘察阶段数据通过数值模拟、有限元分析等方法,依据既定划分标准将超前核心土及隧道围岩稳定情况分类。(c)处治阶段根据诊断类别针对既有施工机具及加固手段确定施工方案及支护方法和参数。新意法提倡对超前核心土不稳定状况采取预加固措施。(d)实施阶段:按处治方案施工,并按设计要求安装监控设备,根据监控数据,可对施工方案及支护参数等进行动态调整。(e)监测阶段:按设计对掌子面挤出变形量、围岩收敛变形量进行监测,实时向设计反馈,优化隧道施工方案。

表 4-1　超前核心土类别与围岩稳定情况对应关系

超前核心土			掌子面稳定情况	隧道围岩		
岩体结构特性	岩体坚硬程度	稳定类型		变形情况	成拱情况	图　例
巨块、大块状	极硬、硬质岩	A	长期稳定	弹性	接近开挖轮廓	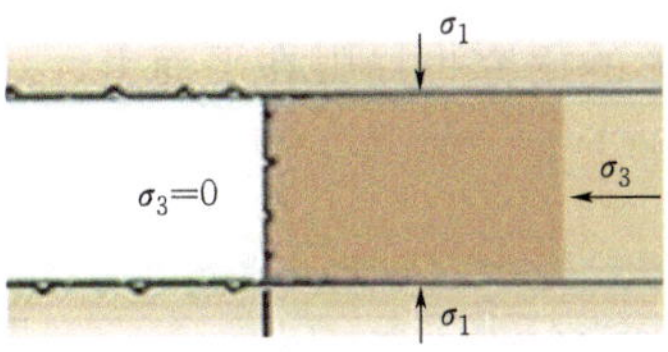
块状、碎石桩镶嵌结构	硬质岩、软质岩	B	短期处于稳定状态	弱塑性	远离开挖轮廓	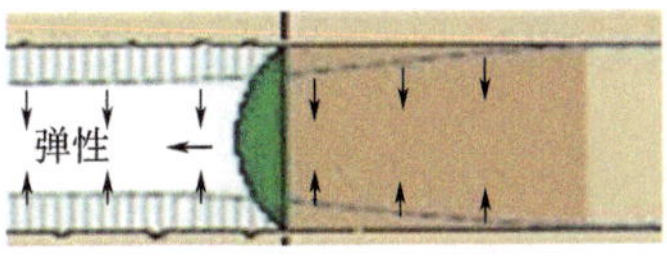
压碎状、压密结构、非黏性土松散结构、黏性土软结构	软质岩、土质岩、土体	C	无支护情况掌子面将坍塌	失效	无法成拱	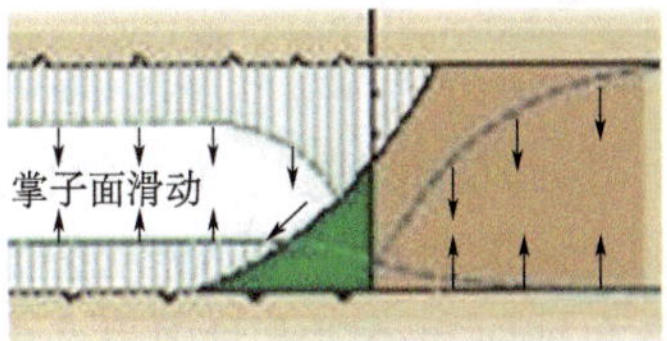

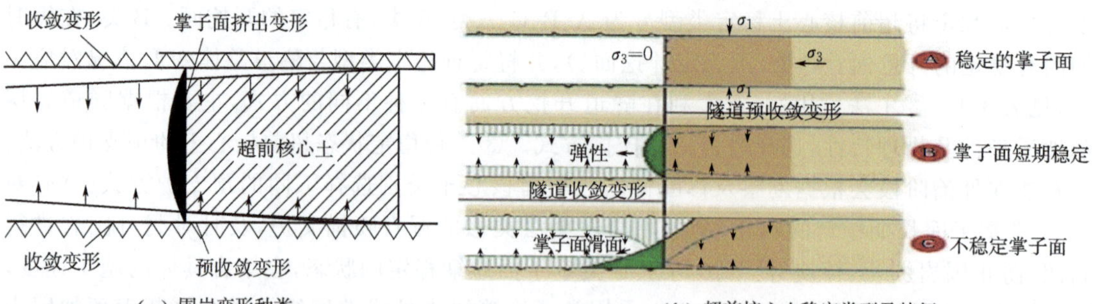

(a) 围岩变形种类　　(b) 超前核心土稳定类型及特征

图 4-10　新意法核心理念

4.1.2　隧道开挖力学行为特征

(1)隧道开挖平面力学行为特征

就隧道工程而言,从开始施工到隧道贯通是一个较长的过程。在此期间,隧道开挖导致岩土体原有的物理力学平衡被打破,经过调整和转化,最终达到新的平衡状态。

由于隧道在纵向上具有很长的轴线,横截面大小和形状沿轴线保持不变,并且传统施工工序往往是先开挖后支护的循环,因此对隧道力学行为的分析往往将其简化为平面应变问题进行处理。图 4-11 所示,在横截面上,隧道开挖使轮廓线上的围岩处于临空状态,围岩在自重应力作用下产生变形,如果任其发展,就可能导致隧道收敛变形过大甚至塌方,因此平面应变问题主要研究隧道开挖后横截面上的变形特性及支护与围岩的相互作用关系。

在横截面上,隧道开挖引起围岩中应力发生变化,类似于当水流经过桥墩,由于桥墩足够的强度导致水流被迫分流,沿桥墩边缘的水流流速加快,如图 4-12 所示。同样,洞室开挖导致围岩应力的重分布,应力流被开挖的洞室分开,在洞壁周围形成应力增大区,即成拱效应。假如洞室周围的围岩强度足够承担偏移应力产生的作用,洞室就可以在没有支护措施的情况下保持稳定;如果围岩强度无法承担偏移应力作用,洞室的变形将增大,直至无法接受而失稳坍塌。

新奥法理论是在平面应变问题的基础上建立起来的,如柔性支护理论等,其对隧道收敛变形的研究也局限在平面上。

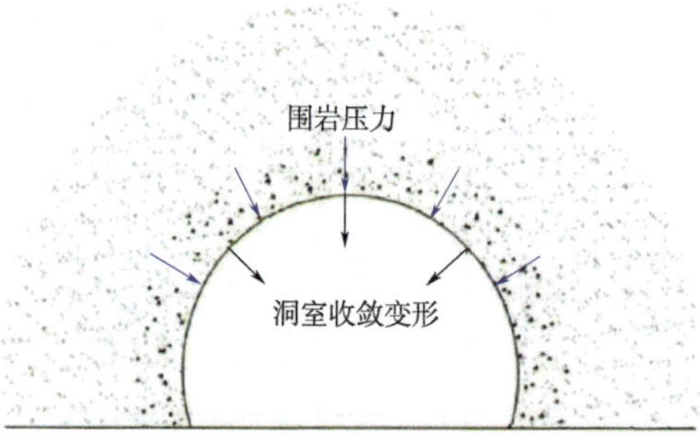

图 4-11　隧道开挖平面力学行为示意图

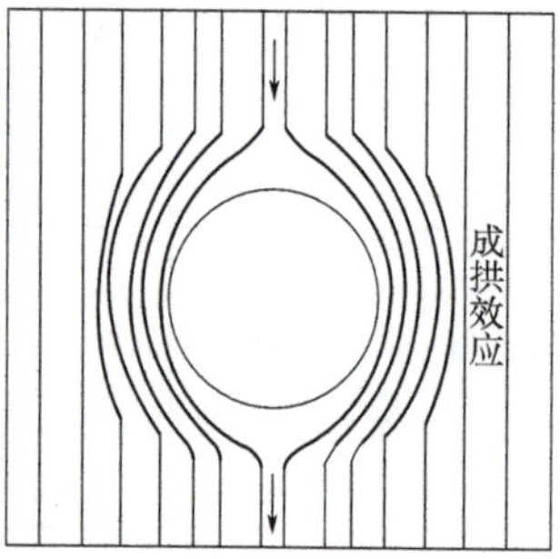

图 4-12　成拱效应示意图

(2)隧道开挖三维力学行为特征

隧道的开挖是一个动态的过程,掌子面以速度 V 向围岩内部前进,后方留下一个空间,这将在轴向和径向上对围岩产生扰动,因此研究隧道施工过程时,忽视任何一个方向上的扰动和变形,都不能全面反映隧道掘进过程的力学特性,如图 4-13 所示。

隧道的开挖随着掌子面向前推进，掘进方向上的压应力变为零($\sigma_3=0$)，围岩由三维应力状态向平面应力状态转变。隧道掘进过程中掌子面方向压应力 $\sigma_3=0$ 时，若洞室围岩变形在弹性范围内，则在靠近洞室处自然产生应力流(成拱效应)；若掌子面因弹塑性变形只能维持短期的稳定，此时成拱效应在远离洞室处产生，洞室最终静力强度只由其残余强度决定，此时需要人为加固洞室；若掌子面前方围岩应力失效，不能形成成拱效应，无法承受偏移应力流，围岩将产生大变形甚至失稳，此时需要采取超前预约束措施，人为使之形成成拱效应，以保证隧道稳定。显然，成拱效应是否形成及形成位置与隧道的长期或短期稳定有重要关系。

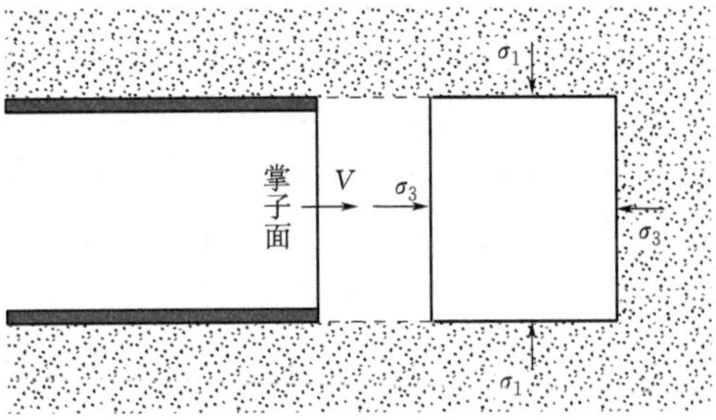

图 4-13　隧道开挖三维力学特性示意图

由图 4-13 可以看出，在掌子面即将到达之前，即 σ_3 趋向于零时，σ_1 已经发生了变化，这种变化导致掌子面前方核心土的先行位移，而在平面力学分析中往往忽视了这一变形。

(3)软岩隧道开挖和支护应力过程

在长期工程实践和理论研究中，尤其是近代岩土力学、工程地质力学的发展，对隧道开挖后在围岩中产生的物理力学现象有了一个较为明确的认识。即隧道开挖后将引起围岩一定范围内的应力重新分布和局部地壳残余应力的释放；在重新分布的应力作用下，一定范围内的围岩产生变形和松弛，与此同时也会使围岩的物理力学性质发生变化(恶化)；在这种条件下隧道围岩将在薄弱处产生局部破坏；在局部破坏的基础上造成整个隧道的崩塌。从力学角度看：隧道开挖前的围岩处于初始应力状态(初始地应力场或一次应力状态)。隧道开挖后由于应力重新分布，隧道周边围岩处于由于开挖引起的应力场中(二次应力状态或毛洞应力状态)。如果二次应力状态满足隧道(坑道)稳定的要求，则可不加任何支护，隧道即可自稳。如果隧道不能自稳就须施加支护措施加以控制，促使其稳定。因此，采取支护措施后的应力场称为三次应力场(支护后的应力场)。显然这种状态与支护结构的类型、方法、施作时间以及与围岩的相互作用等有关。三次应力状态满足稳定要求后就会形成一个稳定的洞室结构，这样，这个力学过程才告结束。通过以上分析可知，隧道开挖实质上是应力释放、围岩变形的过程，而人工支护则是控制变形的过程。隧道工程归根结底就是一个应力释放和应力控制的问题。应力释放的直接后果，就是引起周边围岩的变形和松弛。因此，应力控制实质上就是控制围岩的变形和松弛，也就是说如何在隧道开挖和支护过程中，使围岩不松弛或少松弛。这是软弱围岩隧道设计施工的主要原则。围岩松弛与围岩变形直接相关，即要想控住围岩松弛，就要控制住围岩变形。

4.1.3　隧道支护机理与技术现状

(1)隧道支护机理

隧道支护机理方面以地表沉降、围岩变形和支护受力情况等作为评价指标，系统评价不同地层情况超前支护方案的适应性。对软岩隧道的研究要确定是否应以变形完全控制为目标，在此基础上确定合理的支护时机和组合支护方案。根据现有典型隧道和常用支护方案，确定围岩和支护的荷载分担率，以此为依据改进支护体系。从研究合理支护形式的角度，解决隧道开挖洞室效应的问题。

①隧道超前支护机理：为了解超前支护的实际效果和在控制围岩变形与地表沉降等方面所起到的作用，20 世纪 90 年代董淑棉等使用理论分析和现场实测相结合的方法研究了超前支护在北京早期地铁建设中的应用，研究表明大管棚注浆、小导管注浆、双管棚注浆、双导管注浆和锚杆支护等超前支护技术能有效控制地表沉降和增强围岩稳定性，从而确保隧道开挖安全和结构稳定可靠。在此之后，王丽媛等以北京地铁隧道为依托研究了隧道初期支护施工质量的影响因素，提出隧道断面开挖尺寸的设计、支护时机和封拱时间、喷射混凝土的早期强度和注浆回填的时机是初期支护最终质量的主要影响因素。21 世纪以来袁海清等使用数值模拟方法对比分析了隧道有无超前支护条件下开挖对应力、位移及地表沉降的影响，研究表明采用管棚和预注浆的支护方式能有效控制围岩应力和位移及地表沉降；王建华等使用理论分析和数值计算相结合的方法，结合工程实例，研究了土钉墙坡比和排桩的桩径与间距在明挖隧道深基坑支护中的选取，选取原则概括如下：土钉墙保持滑动稳定前提下，坡比取大值；工程地质条件好，且不受地下水影响情况下，排桩的桩径和间距取大值，反之取小值。武松等采用模型试验、数值模拟和现场实测相结合的方法研究了超前管棚应用于浅埋软岩公路隧道的支护机制，研究表明，管棚与初期支护形成的体系刚度越大使围岩的松弛变形和应力释放就越小，进而能有效控制围岩变形。王占生等通过分析施工现场变形监测数据研究了 SMW 工法桩加固基坑过程中下卧地铁盾构隧道的变形规律，结果表明加固顺序、施工机械荷载和加固范围是隧道变形的重要影响因素，具体表现为加固区域内隧道变形比加固区域外隧道大。方星桦等采用数值模拟方法对比和分析了复合式衬砌与锚喷衬砌的支护效果，并经现场试验验证，结果表明锚喷衬砌的变形量和围岩接触压力均较小，能比较充分地利用混凝土的抗压强度和确保支护结构稳定，且安全性和经济性俱佳。综上可知，超前支护技术能有效控制地表沉降和围岩变形，支护时机的选择对最终的支护效果有很大影响。对于支护的刚度和形式，应以充分发挥支护刚度和材料性能为目标，以取得良好的支护效果。

②软岩隧道支护机理：软弱围岩是隧道工程领域实践中所遇到的较棘手难题，由于围岩自承力较弱，往往还受到较高地应力作用，在隧道开挖过程中会发生较大变形甚至破坏，进而导致工程事故发生，为此专家学者们对软弱围岩的变形和加固技术进行了相关研究，例如，徐祯祥等通过模型试验方法研究了软弱围岩在不同方向高地应力作用下衬砌结构的力学特性，基于此提出相应的衬砌结构选型方法；建议采用马蹄形隧道断面形式和多层复合衬砌，能较好地适应高地应力作用下的软弱围岩。刘全林等采用理论分析和现场实测相结合的方法研究了软弱围岩巷道的锚注支护机理和变形情况，基于黏弹性分析推导了锚注支护结构的围岩径向位移计算公式，公式所求出的位移值与实测值误差很小，能满足工程实践需要。剧仲林研究了初期支护在软岩隧道沉降变形控制中所起到的作用，得出了与许多学者不同的观点，认为矿山法施工软岩隧道不必设置预留变形量，并提出新奥法围岩自承的实现不是通过容许变形的释放，支护变形的真正原因是基底承载力不足。针对以上观点，得出初期支护的变形控制需解决两方面问题，即支护底脚地基承载力与支护结构强度。经计算得出，系统分布锚杆能充分降低支护结构所承受的内力，进而降低对支护结构的承载力要求和减小基底应力，最终有效控制隧道变形和沉降。软岩隧道变形控制应以完全控制为目标，软弱围岩的预留变形量可不必设置，同时考虑到隧道施工本就是具有一定时间跨度的作用过程，因此人为释放围岩应力不必要。张德华等采用数值模拟和现场试验相结合的方法，研究不同双层支护方案应用于软岩大变形隧道中的支护效果，研究结果表明双层支护结构能有效控制隧道变形，进而确保围岩稳定；此外，还分析了双层支护的合理形式和提出第二层支护最佳施作时机的确定方法，对软岩大变形隧

道初期支护效果的提升具有重要意义。钟友江等采用数值模拟和现场实测相结合的方法研究了高地应力软岩隧道双层初期支护的钢拱架布设方式和支护时机，结果表明双层初期支护的钢拱架宜采用交错布置形式，能有效控制围岩的应力和变形，降低初期支护内力和减少喷射混凝土开裂，并提出第二层初期支护宜在首层初期支护承载极限范围内及时施作。方中明等通过数值模拟方法研究了高地应力软岩隧道施作支护的时机和预留变形量，研究结果表明，隧道开挖过程中围岩以蠕变变形为主，提出隧道支护的时间为隧道开挖后的 15～25 d，预留变形量则为掌子面开挖后到二次衬砌支护施作前的总变形量。由以上研究成果可知，针对软岩隧道支护，提出合理的隧道截面设计形式、改进的支护方法、新型的支护结构形式和支护施作的合理时机。值得注意的是，关于软弱围岩的支护存在两种相悖的观点，一种是认为对软弱围岩的支护应以变形的完全控制为目标，无须预留变形量；与之相反的观点是认为预留一定变形量十分必要。

③隧道支护机理定量化研究：充分揭示围岩和支护的作用机理，对支护的设计和隧道稳定性评价有着十分重要的意义。王明年等通过模型试验方法研究了隧道支护体系的力学特性，指出围岩承受了大部分地应力，初期支护和二次衬砌分别承受了其余作用在支护体系上的地应力，其中二次衬砌承受地应力最少；验证了新奥法的基本原理，即充分利用围岩自身承载力。唐仪兴等使用数值模拟方法研究了近距离双隧道施工过程中围岩和支护的受力特性，表明同时开挖双隧道较开挖单隧道稳定性有所降低，双隧道洞室同时开挖会相互影响造成洞室周边位移加大，控制两开挖洞室的距离能降低开挖的影响效应。徐干成针对国内隧道工程定性设计这一现状，使用理论分析、新奥法专家经验和现场实测相结合的方法研究了洞室锚喷支护抗力的计算，并基于黏弹性边界元理论建立了预测围岩变形的实用方法。吴波等使用理论分析和现场实测相结合的方法研究了隧道围岩在锚喷支护下的稳定性，计算出围岩和支护体系随时间变化下的应力和位移对隧道稳定性的量化评价具有相当的参考价值。朱永全等采用数值模拟方法计算了不同埋深条件下各级围岩中铁路隧道初期支护的极限位移，针对不同指标选用特定的判据，综合确定了判别铁路隧道位移的极限位移数据。沈才华等采用理论分析方法研究了隧道开挖过程中型钢拱架支撑稳定性，提出一种预测和判别柔性支撑稳定性的方法，能较好地预测初期支护的稳定性状态。贾剑青等采用数值模拟和现场实测相结合的方法分析了方斗山隧道支护结构的稳定性，研究了掌子面与隧道洞口断面在一定间距下支护结构的应力和位移状态，表明间距在 30 m 左右时支护结构的应力和位移在增长一段时间后逐渐稳定。谷拴成等采用理论分析和数值模拟相结合的方法研究了锚杆支护强度的不同对围岩稳定性的影响，研究表明锚杆加固围岩的 2 个重要影响因素是锚杆长度和锚杆排距，锚杆支护设计应长而疏、短而密；同时，基于理论分析，提出围岩稳定性量化评价方法，可用于快速判断采用锚杆支护围岩的稳定性。张顶立等采用理论分析方法研究了隧道支护体系的支护机理，研究表明隧道支护主要起着调动和协助围岩承载作用，并明确初期支护为主要承载单元和二次衬砌为安全储备；此外，提出一种定量化的隧道支护体系设计方法。周建等采用理论分析和数值模拟相结合的方法研究了深埋隧洞支护体系的分步支护合理时机，综合考虑隧洞开挖时空效应、衬砌时效特性和支护分步施加时机，基于莫尔-库仑强度准则、解得深埋隧洞复合式衬砌加固分步支护的弹塑性解析解，并给出支护结构分步施加时机的建议值。赵晨阳等采用理论分析、数值模拟和现场实测相结合的方法研究了隧道中双层预支护体系的协同作用机理和支护效果；将预支护结构、土体和连续墙分别简化为梁单元、弹簧单元和弹性支座，基于所建立的隧道双层预支护体系的力学模型，推导了上下层耦合挠曲微分方程组理论解；理论解与实测结果相比

较，表明双层预支护中间土体的强度和水平旋喷桩的直径对支护效果有较大影响。通过以上研究成果可看出揭示支护和围岩在保持隧道稳定的作用机理方面已取得一定的研究进展，许多学者尝试用定量方法确定围岩和支护的应力与位移，并以此作为判别隧道稳定性的依据。对不同埋深条件下的隧道开挖的时空效应和洞室效应也开展了相关的研究工作，为建立系统的隧道稳定性评价方法和隧道加固方法奠定了坚实基础。

隧道支护定量化研究方面，不同围岩和支护材料相应的变形特性与物理参数的确定尚需开展大量研究工作，为隧道稳定性定量评价方法和隧道支护的定量设计方法提供基础依据。不同埋深条件下各级围岩隧道的初期支护极限位移判别隧道稳定性的定量方法还有待进一步深入研究，应充分考虑涉及的相关基本理论和实际情况的复杂性以此为基础建立评价隧道稳定性的位移判别准则。以上研究成果和探讨可知，围岩和支护紧密联系在一起，对支护的研究要基于其与围岩的相互作用机理。现阶段所采用的研究方法主要包括理论分析、数值模拟、物理模型试验和现场实测，每种方法都有其特点和优势所在，并互为补充和相互印证，为隧道支护领域的研究提供坚实支撑。同时，需要指出的是，隧道支护领域的定量化研究还有很多工作要做，根本原因是此领域问题固有的复杂性和岩土与地下工程领域现有技术水平的限制。因此，在今后的研究工作中，要借助不断发展的技术手段实现隧道支护领域的定量化研究，以建立系统的隧道支护体系定量设计方法和隧道稳定性定量评价方法。

(2)特殊环境和地层中的隧道支护

①特殊环境中的隧道支护：鉴于隧道工程施工环境的复杂性，对在特殊环境中的隧道支护进行研究具有重要的现实意义。江亦元等以昆仑山隧道为依托，通过室内试验、现场试验和施工现场实测相结合的方法研究了高原冻土隧道湿喷混凝土支护的可行性，实际施工情况表明湿喷混凝土同其他支护措施配合使用具有良好的支护效果，由此证明湿喷混凝土应用于高原冻土环境隧道施工中可行性。谭忠盛等采用模型试验方法和光纤光栅测试技术研究了特定防排水方式下海底隧道的衬砌结构受力特性，结果表明隧道施工过程中初期支护只承受部分水压，掌子面推进的影响范围约为 2 倍洞径。王明年等采用数值模拟方法进行热—应力耦合模拟，研究了穿越高岩温铁路隧道支护体系在不同岩温下的稳定性，并比选了此类隧道的新型支护体系，进而对高岩温铁路隧道支护体系进行了分级，依据岩温的不同分为 4 级，为此类隧道的支护体系选择提供了参考。熊怡思等采用理论分析和现场实测相结合的方法研究了大断面浅埋隧道下穿水塘的超前支护技术加固效果，研究表明采用袖阀管可保证帷幕注浆质量，失水固结是导致水塘附近产生地表沉降的主要原因，通过上半断面帷幕注浆可有效控制隧道拱顶沉降，并指出应及时施作初期支护控制前期的拱顶沉降。刘宁等以锦屏二级水电站深埋隧洞为依托，研究了具有岩爆风险深埋长大隧洞的支护性能要求，提出相应的支护选型方法，支护需满足加固支撑和兜网三方面要求；针对锦屏二级水电站深埋隧洞工程特点，对多种组合支护方案进行了现场应用试验和综合效果评价，确定了最终的组合支护方案；该支护方案包括的支护方法有喷射钢纤维混凝土、水胀式锚杆、局部机械涨壳式预应力锚杆和带外垫板的砂浆锚杆。王克忠等针对断层破碎带中地下洞室现有支护形式的不足，提出一种强柔性支护技术，通过在挂网喷射混凝土中增加钢筋拱肋，该技术能有效控制断层破碎带中大型洞群围岩变形，增强洞群稳定性。上述研究涉及高原冻土环境隧道、海底隧道、高岩温隧道、下穿水塘的大断面浅埋隧道、具有岩爆风险的深埋长大隧道和穿越断层破碎带的隧道，工程环境可谓十分复杂，令人欣慰的是专家学者们所做的研究工作填补了以上领域的空白，为今后在类似复杂环境的隧道支护设计和施工提供了有价值的参考。

②特殊地层中的隧道支护：特殊地层和特殊环境非常类似，但又有其自身的特点。张德华等采用现场试验和数值模拟相结合的方法研究了高地应力软岩隧道中型钢钢架和格栅钢架的支护效果，通过对比分析提出先架立格栅后加设套拱的先柔后刚支护结构，能应用于高地应力软岩隧道。李雪峰等采用数值模拟方法研究了隧道穿越红黏土与砂岩夹泥带的初期支护优化问题，研究表明控制隧道变形和初期支护应力的 2 个重要因素是初期支护厚度和钢拱架间距，而边墙锚杆则效果不显著。耿建仪等针对小净距隧道中岩柱受到多次施工扰动的实际情况，通过数值模拟方法研究了多种隧道净距中岩柱的受力特征，对比分析了多个中岩柱支护参数，提出了支护优化方案，支护优化方案体现在对拉锚杆预应力锚杆长度和对拉锚杆环向与纵向间距 4 项主要支护参数不同取值对比分析支护效果的择优，并经实际工程应用和现场实测验证了优化方案的可行性。成子桥等采用理论分析和现场试验相结合的方法研究了锚杆在泥质粉砂岩地层中的支护效果，研究表明锚杆支护在有效控制泥质粉砂岩地层隧道初期支护的拱顶沉降和水平收敛方面作用不明显但能约束拱架，进而减小拱架受力。李小丰通过理论分析方法研究了穿越富水粉细砂地层隧道的渗流特性，利用保角变换推导了地下水稳定渗流作用下截面形式为马蹄形的山岭隧道渗流场的解。结合工程实例基于建立的模型计算出地下孔隙水压力分布，并针对太达村隧道工程所处的特殊地质条件，分析比较几种主要的支护和降水方案，确定了科学合理的超前降水支护方案。综上可知，所研究的特殊地层涵盖高地应力软岩地层、红黏土与砂岩夹泥带地层、泥质粉砂岩地层和富水粉细砂地层对于此类特殊地层中的隧道，研究的重心在支护优化和适应性方面。相较于特殊环境中的隧道，其自身特点体现在隧道施工前地层预处理措施，如在隧道施工前对富水粉细砂地层进行降水。

(3)隧道支护新材料新技术

隧道支护新材料和新技术方面前面提及人工砂、聚丙烯纤维网喷射混凝土和高强度钢筋格栅。隧道工程也应适应绿色发展的需要，研发适应特殊地层和环境的新型绿色材料。大数据技术可用来收集和处理国内外可供使用的海量隧道施工数据，根据支护效果建立材料—地层数据库，创新材料使用，全面提升我国隧道工程领域信息技术的应用水平。机器人技术在实现隧道初期支护自动化装配的应用方面目前尚处于探索阶段，还需进一步完善功能和解决细节问题，再通过物理试验验证此项技术的实际效果。BIM 技术在隧道支护领域的应用目前处于初期阶段，尚有大量研究工作要做，如拓展初期支护构件建模范围和自动附加模型信息，新型支护体系的设计和新型施工设备的研发，其中新型施工设备应以提高自动化程度和智能化程度为主，智能化程度体现在人工智能技术的应用。

①隧道支护新材料：新材料的应用为隧道支护领域的研究提供了新的切入点，在支护形式固定的情况下带来适应性和支护效果的提升。王朝东等研究了人工砂在隧道喷射混凝土支护的应用，对比人工砂与天然砂在技术、经济和实施方面的优缺点，结果表明人工砂用于隧道喷射混凝土支护在技术可行性、经济性和安全性 3 方面都有保障，可进一步推广应用。朱永全等研究了聚丙烯纤维网喷射混凝土的性能，表明抗拉、抗折、抗弯和抗渗水压力强度相较于传统素喷混凝土都得到大幅度提高，并且减少了喷射作业的回弹损失量和粉尘量，丰富了隧道衬砌形式和拓宽了喷锚式衬砌的应用场景。马栋等依托成兰铁路柿子园隧道，对比分析了高强度钢筋格栅和型钢拱架在软弱围岩中的支护效果，结果表明高强度钢筋格栅表现出柔性支护特点，与混凝土协调工作性能好，可更好地控制围岩和支护的受力，进而有效控制隧道变形；同时具有强度等级高的特点，能提供更高的强度安全储备。隧道支护新材料的研究和应用表明，新材料的应用相较于支护形式的改良复杂性要更低，并且便于推广应用。

②隧道支护新技术：

(a)传统隧道支护技术革新：现有支护技术的革新为解决隧道工程问题提供了全新的解决方案，不仅提升了效率，还能在保证经济性的基础上取得更好的支护效果，同时适用的场景也更丰富。周继望就软弱围岩加固现状和施工存在的关键性问题针对性提出一种新型锚固技术，集钻、锚、注于一体；在实际工程中的应用表明，此技术适用于隧道狭窄、洞口浅埋及不良地段施工环境，也可应用于洞室内长锚杆径向支护和路基边坡防护。袁勇等针对超大断面低扁平率公路隧道传统支护体系的不足，使用数值模拟方法研究了先成预应力结构新型支护体系在此类隧道的应用，研究表明先成预应力结构能提升毛洞的稳定性，改善围岩应力状况和减小洞顶沉降。李术才等针对隧道工程大变形问题，研发出钢格栅混凝土核心筒支护体系，适用于高应力软弱破碎地质条件。通过现场试验证明此新型支护体系能有效控制高应力软弱破碎围岩的大变形，进而减少大变形所导致灾害事故的发生。钢格栅混凝土核心筒支护体系的设计理念为“先让再抗后刚”。陈洪凯等针对锚杆加固围岩稳定性的提升，研发出隧道径向—斜交锚杆复合支护技术，并基于厚壁圆筒弹塑性理论推导了锚杆和锚钉组合长度计算公式，此种复合支护技术可缩小围岩塑性区半径和增加锚杆在围岩稳定区的长度，进而提高支护体系的整体承载力。宋远等通过正交数值模拟试验研究了新型支护结构四种主要支护参数对隧道围岩稳定性的影响，结果表明喷射混凝土的强度等级是最主要的围岩稳定性影响因素，波纹钢板厚度、砂浆锚杆长度和间距为次要影响因素，并针对工程所处地区的地质情况，对比分析了不同支护参数组合的支护效果，选取了最优支护参数组合，经强度验算满足支护要求，可为类似工程提供参考和借鉴。刘宇鹏等采用理论分析方法研究了长、短锚杆联合支护技术在高地应力软岩隧道中的应用，研究表明针对此类隧道采用长、短锚杆联合支护应首先用短锚杆，之后再用长锚杆，并综合考虑锚杆长度和围压的多方面影响，提出一种计算长锚杆支护长度的方法。事实证明针对传统支护方法进行改良和革新为解决复杂环境和地层所产生的工程问题开辟了新路，所带来的是支护效果的全面提升。

(b)新技术在施工设备研发和支护设计中的应用：近些年专家学者们做了一些研究，如刘钟等研制出国内首台大型液压双摇臂式全方位高压喷射注浆钻机和相应的配套设备，提出隧道全方位高压喷射注浆拱棚超前支护新工法，通过现场足尺试验验证了新工法能保证加固体质量和有力控制周边岩土体变形。王松等针对传统盾构重叠隧道施工临时支护方案存在的一系列问题，在综合考察既有支护方案技术经济指标基础上设计出一种全自动新型液压支护台车，通过数值模拟进行了强度校核，应用于实际工程中取得良好效果，在保证隧道结构安全的同时显著提升支护效率。李晓冉等运用工业机械臂的控制方法，并辅以二次开发，研究了隧道新型波纹钢初期支护快速装配施工技术；通过仿真试验验证了该技术的可行性，所得到的仿真数据可为实际工程应用提供依据。何军涛等基于博弈理论综合考虑安全性因素和经济性因素建立了收益函数，采用数值计算软件评定不同支护方案的收益，并进行博弈比选。作为一种综合考虑安全性和经济性的量化比选方法，能使支护设计更加科学合理并快速选定较优的支护方案。刘兆新等基于隧道初期支护构件的设计和施工特点，采用 Revit 二次开发实现了初期支护构件的参数化建模和自动布置，相较于传统建模方式提升了效率，推动了 BIM 技术在隧道工程领域的应用。

施工设备自动化程度高，可极大限度地改善支护效率和降低施工人员的作业强度，隧道工程本身就有劳动强度大、施工环境恶劣特点，因此新施工设备的研发具有十分重大的意义。例如，博弈理论和数值计算软件的结合实现支护设计方案的比选定量化，解决了传统比选方法量化评价不足问题，此外，BIM 技术在隧道支护领域的应用，为支护设计方案的提出带来效率的显著提升。当前新技术在施工设备研发和支护设计中的应用取得一定进展具有十分广阔的前景，值得隧道工程领域的科研工作者加以关注。

(4)软岩隧道支护技术发展现状

矿山井巷支护随采深增加经历了由单一型支护技术到联合多强化型支护技术的发展过程，矿山早期开采阶段几乎全部是以木材作为巷道及工作面支撑材料，随着钢筋混凝土的出现，开始采用混凝土或钢筋混凝土衬砌等支护形式，这些传统支护耗费大量木材且受采深和岩性影响严重。随着矿山巷道支护技术的发展，先后发展出金属支架支护技术和锚杆系列支护技术。国内外普遍采用的 U 形钢金属支架支护技术，是 20 世纪 30 年代由联邦德国发明并用于矿区生产，并于 20 世纪 60 年代初期引进中国。锚杆由艾尔雷德 · 布希(Alfred Buseh)于 1912 年发明和应用，到 20 世纪 50 年代锚杆支护技术已在世界得到了广泛应用。中国自 1956 年起在国内矿区先后试用了木锚杆、金属锚杆、砂浆锚杆等并获得了良好效果和广泛推广应用。当前煤炭开采已进入到临界深度以下和复杂地质条件地层，复合支护技术的采用并由此开发出强力支护体系，实现高刚度、高强度、高可靠性与低支护密度的“三高一低”支护理念，极大地提高了巷道布置在时间和空间上的自主性。基于井巷支护技术的发展演变，可归纳为传统支护技术、金属支架支护技术、锚杆系列支护技术和复合支护技术四类。

①传统支护技术：传统支护技术主要是采用木材或钢筋混凝土作为支护材料，分支撑与衬砌两类，其中支撑指临时性保护围岩的结构，衬砌指永久性加固围岩的结构。传统支护技术是基于古典压力理论和坍落拱理论，认为巷道开挖后围压主要由围岩局部坍塌所致，而巷道的稳定主要靠围岩坍塌致使洞室形状改变后自行获得。传统支护将围岩与支护分开考虑，把围岩视作荷载，支护看成承载结构，二者之间形成“荷载—结构”体系，认为支护是为了承受由围岩所产生的荷载，无法控制围岩变形破坏的发生，只能起被动抵抗的作用。传统支护耗费大量木材且受采深和岩性影响严重，只适用于浅部围岩，且支护断面形状必须与围压曲线一致，以充分发挥围岩和支护结构抗压强度大的特长，从而硬性抵抗岩体的变形压力。

②金属支架支护技术：主要分刚性支架支护与可缩性支架支护，其中刚性支架允许压缩变形量小，工作阻力随变形量增大而减小，直至破坏而失去工作阻力；可缩性支架允许压缩变形量大，在结构设计压缩范围内，工作阻力随压缩量增大而增大，或者恒阻。金属支架支护视支架为支护体，围岩为荷载，其破坏是由于支架上弯曲力矩达到屈服极限的破坏应力所致，同时，由于支架承受侧压力和荷载的不均匀常使支架失去稳定性或可缩性而减弱或失去竖向承载能力。

刚架特别是弧板支护采用超高强度混凝土施工技术，在地面工厂化预制，井下机械化装配，组成全断面封闭的和密集连续式的高强钢筋混凝土板块结构，主要适用于高地应力破碎围岩巷道支护。最大优点是地面预制，质量有保证且利于批量化生产和井下机械化安装，不足之处在于不能抵抗上覆岩层整体移动而产生的底板沉降及巷帮侧压，受扭曲折断而失去支护作用。可缩性支架支护特别是 U 形钢支架支护由多段弧形构件相互叠置搭接组装而成，大多支护面呈拱形或环形，主要适用于松软围岩、地压大、底臌严重和两帮移量大的开拓和采区巷道。具有抗压性好、一次成巷好、安全系数大、抗灾能力强支架变形小和质量易保证等优点，不足之处在于初期投资高，搭接处易缩膛，铁卡易崩断或松动等。国内早期使用 U 型钢支护失效的关键是支护强度低，而支护强度低的主要原是支架与围岩间的接触状况差，支架空顶与空帮现象严重受力状况差，承载能力未得到充分发挥。研究表明，提高支护强度的有效方法是对 U 型钢支架实施高质量的壁后充填。

③锚杆系列支护技术。国内锚杆系列支护技术发展大致分为单体锚杆群支护阶段、组合锚杆支护阶段、预应力锚杆支护阶段以及强力锚杆支护阶段:(a)单体锚杆群支护阶段,1955—1964 年这一时期,锚杆支护技术刚刚引入国内,发展尚处于萌芽阶段,以钢丝绳、水泥砂浆锚杆为代表,锚杆无托板,且杆体间缺乏联系。锚杆实际上只起悬吊作用,且被动承载,并不与围岩共同作用。由于盲目扩大这类锚杆的应用范围,致使部分井巷冒顶失修,实际上阻碍了锚杆支护的发展。该阶段技术发展基于悬吊理论和原始楔形剪切理论等。(b)组合锚杆支护阶段,随着煤矿软岩问题在各大矿区的相继显现,单体锚杆样支护已很难适应复杂地质条件,1970—1990 年期间发展了大批新型组合锚杆并在软岩巷道支护中得到应用,如水泥药卷钢筋锚杆、树脂药卷钢筋锚杆以及其他类型金属锚杆等,在锚杆尾部均有托板和螺母,松软破碎条件下还增设金属网和混凝土喷层,动压影响严重的场合则进一步增加钢带、钢筋梯或钢架等,形成组合锚杆支护体系,并且由平面组合发展到空间组合,形成整体支护结构体系。研究表明锚杆不仅能起到悬吊作用,而且具有组合拱或组合梁作用,承载能力显著增强,组合锚杆比单体锚杆更有利于松软破碎顶板的安全维护,并发展了锚喷网、锚梁网及锚带网等多种组合锚杆联合支护形式并广泛应用于矿区支护实践,更多具体用途及结构形式的锚杆也层出不穷,此阶段相应的支护理论有组合支撑拱理论及组合支撑梁理论等。(c)预应力锚杆支护阶段,1990 年以来,随着锚杆支护技术在松软动压及大跨度巷道中的推广应用,围岩体片帮冒顶现象严重。工程应用发现无预应力的锚杆实际上不能有效阻止围岩开裂、滑移和弱化,而绷紧锚杆网、带,采用有横的预应力的管缝式锚杆和锚杆桁架,能显著改善支护效果,其代表产品或结构主要有桁架锚杆、水胀式锚杆和缝管式锚杆,这 3 类锚杆均具有良好横向预应力和一定纵向预应力,其支护效果已为国内外矿山支护实践所证实。研究表明,当锚杆预应力高于 60 kN,可基本阻止巷道顶板下沉,因此研制出高强度粗直径(ϕ25 mm)全长锚固树脂钢筋锚杆,并在托板处增加减少摩擦的装置。理论与实践都证明,保证锚杆体系有足够的纵向和横向预紧力,才能真正发挥其主动支护的作用,充分发挥围岩与支护体系的最大支护力。此阶段支护理论有二次支护理论及松动圈理论等。(d)强力锚杆支护阶段:近年来,随着煤矿采深不断增加,地质环境更加复杂,导致突发性工程灾害和重大恶性事故增加,普通锚杆常由于集中荷载的作用致使锚杆拉脱及钢带撕裂,锚杆支护作用降低,导致整体支护效果欠佳。为从根本上改变锚杆支护材料落后的局面,研制了锚杆专用钢材,达到高强度和超高强度级别。强力锚杆的杆体设计为左旋无纵肋螺纹钢筋,杆体公称直径为中 ϕ18~ϕ25 mm,杆尾螺纹段采用滚压工艺加工。强力锚杆支护系统能大幅度提高巷道初期刚度和强度,有效控制高应力巷道结构面离层、滑动、裂隙张开及新裂纹产生等不连续变形,同时支护系统具有足够延伸率,允许巷道围岩有较大连续变形,使得围岩高应力得以释放。锚杆支护同架棚支护相比,由于锚杆是主动支护顶板,能有效防止早期离层,大大改善了巷道的稳定状况,有利于巷道维护。锚杆支护与工字钢棚支护相比,支护成本可降低 30%左右,维护费用可降低 30%~50%,有利于工作面工效提高,减少了支护材料运输量,减轻工人的劳动强度和劳动量。

④复合支护技术:复合支护是采用两种或两种以上的支护方式联合支护巷道。目前类型较多:锚网喷+注浆加固、锚网喷+U 形钢可缩性支架+锚索、锚网喷+弧板支架、U 形钢支架注浆加固、锚网喷+注浆+U 形钢支架等形式。选择复合支护形式时,应根据巷道围岩地质条件和生产条件,确定出合理的支护形式和参数。不同类型的软岩巷道所采用的支护形式见表 4-2。近年来,针对深部高地应力巷道、受强烈采动影响的巷道和特大断面巷道等复杂困难条件,基于提高支护结构强度和适应大变形的考虑,提出了高预应力、强力支护理论,并开发

研制了强力锚杆与锚索支护材料，主要包括强力锚杆杆体和附件、强力钢带以及强力锚索。(a)强力锚杆杆体材料与附件：传统低强度锚杆支护材料已经无法满足高应力巷道支护的要求，必须开发研制新的支护材料。新开发的锚杆专用钢材可显著提高锚杆强度，其屈服强度和破断强度均较同类型钢高出许多，且预应力级别较高，真正实现了高预应力与高强度，见表 4-3。同时杆体延伸率较高，以适应高应力巷道围岩变形。除强力锚杆杆体外，还配套开发出高强度螺母、高强度拱形托板与球形垫圈，优选了减摩垫圈等附件。(b)强力钢带：考虑到现有型钢带抗撕裂性能差，且钢带与其他构件强度不耦合，易导致托板压入或压穿钢带，发生剪切破坏，为配合强力锚杆支护，研发出厚 4～5 mm 的强力 W 钢带其强度与刚度均有大幅度提高，组合与护表能力大大增强。同时，对钢带与托板的匹配性进行了较多研究，已基本解决了钢带撕裂和压穿等问题。(c)强力锚索：基于现有锚索应用导致锚固端滑动、锚索拉断和顶板离层滑动严重等一系列问题，开发了大直径和大吨位的一系列锚索，为高应力巷道等复杂困难条件提供了有效支护加固手段。

表 4-2　不同软岩巷道的支护原则和支护方案

软岩巷道类型	巷道支护原则	推荐支护方案
膨胀性软岩巷道	及时封闭暴露面，控制巷道蠕变	锚喷；锚喷＋高强可缩性金属支架
高应力软岩巷道	卸压，提高支护阻力并适当让压，加强巷道底板控制	预留刚柔层和预留刚缝柔层＋底板锚注；锚网喷＋可缩性金属支架＋底板锚注
节理化软岩巷道	高围岩自身阻力，控制弱结构面	锚注；锚注＋可缩性金属支架
复合性软岩巷道	封闭、卸压和提高巷道自身阻力控制围岩蠕变	锚梁网喷；锚网喷＋锚索；锚索＋可缩性金属支架

表 4-3　强力锚杆钢材力学性能

牌　　号	公称直径(mm)	屈服强度(MPa)	抗拉强度(MPa)	伸长率(%)
BHRB500	22～25	500	670	18
BHRB600	22～25	600	800	18

4.2　隧道围岩稳定性理论研究进展

4.2.1　围岩稳定性理论历程

隧道围岩稳定性分析研究大致经历了三个研究阶段：①20 世纪 50 年代以前，主要采用弹性和弹塑性理论分析和计算围岩应力、变形和稳定性。②自 20 世纪 50 年代来，人们已认识到岩体流变现象，于是将流变理论引入到岩体力学，至 70 年代，岩石(体)流变特性及流变地压的研究已非常活跃。③自 80 年代以来，弹塑性(考虑软化)和流变分析仍是主流；同时，损伤、断裂、扩容及膨胀耦合作用等围岩力学模型已成为研究热点。

基于莫尔-库仑(Mohr-Coulomb)准则，Fenner(1938)最早开展了地下工程领域中真正意义上的理论研究。弹塑性理论及塑性楔体模式可完美地解释地下洞室及围岩的多种变形破坏特征，故 Fenner 研究迅速被后人推广。更重要的是，它被新奥法(NATM)和收敛-约束法

(CCM)所采纳,并成为其理论基础的重组成部分。或许由于被新奥法用作重要理论基础的缘故,后来的众多研究者不仅积极推广,而且不断对 Fenner 的研究成果进行修正、补充和发展,主要表现如下:①不仅完善了 Mohr-Coulomb 准则,而且还发展了 Drucker-prager 准则、Mises 准则、霍克-布朗(Hoek-Brown)准则,并对这些准则进行了对比研究,如斯里瓦斯塔瓦(R. K. Srivastava)等人(1986)通过有限元计算,指出:在地下洞室工程中,在有因开挖而起应力释放之处,Hoek-Brown 准则较优,因为在低应力水平时,破坏包络线的非线性是显著的,而在德鲁克-普拉格(Drucker-Prager)准则或 Mohr-Coulomb 准则通常假定为线性强度特性而未加以考虑,可能给计算带来很大的误差。②不仅考虑了理想弹塑性材料,而且也考虑材料应变软化或硬化;不仅考虑关联流动法则,也研究了非关联流动法则,从而使岩体的弹塑性本构方程趋于完善和多样化。③用多种方法研究了非均匀初始应力场中洞室(圆形或椭圆形)的弹塑性问。④对塑性区围岩行为提出了不同的处理方法,但韩德润(Hendron A J)等人(1989)通过研究指出,当考虑塑性区体积变化时,在非均匀初始应力状态下,无闭合解。⑤研究了地下洞室开挖过程及时空效应,分析衬砌与围岩相互作用,认识到开挖面的作用。

4.2.2 隧道围岩稳定性评价

隧道稳定性评价是隧道与地下工程设计、施工以及维护中的一个重要环节,稳定性评价结果的正确与否直接影响着工程的安全性和经济性。在隧道稳定性分析中,判别方法可归纳为两类,即围岩强度判据和变形量或变形速率判据。

(1)围岩强度判据:围岩强度判据的理论基础是强度准则,如 Hoek-Brown 经验强度准则、Mohr-Coulomb 准则以及 Drucker-Prager 强度准则等。强度判据的实际工程应用并不多见,这是因为,一方面面岩体强度、地应力等关键参数不易定量获取;另一方面围岩往往在破坏中维护,经典岩石力学理论对该阶段岩石工作状态已不适用;另外,隧道施工是多因素的耦合作用,复杂的环境、地质条件以及施工条件使得经典强度理论在对围岩稳定性分析时陷入困境。

(2)隧道变形量或变形速率判据:该方法认为,隧道的稳定体现为隧道围岩变形速率呈收敛趋势并逐渐趋于零,而失稳则表现为围岩变形速率呈递增趋势,最终累计变形超过极限位移而发生失稳。因此,在有关规范中,隧道稳定性判据多以变形值或变形速率为主,认为隧道变形量或变形速率超过一定限值岩体即发生破坏具体有容许位移判据、变形速率判据、位移加速度判据和收敛比判据等。

(3)隧道稳定性极限位移:上述两判别标准中以变形参数判据最能综合反映洞室开挖效应和施工稳定状态,因此被国内外隧道界普遍接受。位移判据关键点和难点在于隧道极限位移确定。一般情况下,隧道极限位移获取途径主要有理论分析、数值计算、现场量测和室内试验等。朱永全等采用收敛-约束原理和室内试验方法对铁路单、双线隧道极限位移进行了详细研究,研究成果对于一般地质条件下铁路隧道施工具有普遍指导作用,并被现行《铁路隧道施工规范》和《铁路隧道设计规范》所吸纳。张素敏等(2004)采用特征曲线法分别对毛洞阶段和支护阶段的隧道极限位移进行了分析,并对两阶段极限位移限值及其增长速率进行了对比分析。李晓红,王宏图等(2005)也采用收敛-约束法对隧道围岩位移极限状态进行了分析,并在此基础上提出了隧道及地下工程围岩稳定性及可靠性位移判别方法。但由于缺乏基础数据统计,因此其研究成果与实际应用还有很大差距。在利用收敛一约束方法确定高地应力软弱围岩隧道极限位移时却遇到了如下问题:(a)该方法确定的极限状态只是局部个别点(或某一方位)围岩的极限状态,并不代表围岩或洞室的整体失稳临界状态。在实际工程中发现围岩局部破坏有时并不影响整体稳定性。(b)对于地应力水平相对较高的山岭隧道，洞室开挖后，即使大部分地应力被释放，最后作用在支护上的形变压力与松动压力相比，在数值上仍有较大差距，表现在围岩特征曲线上，拐点位置不易找到，因此，对于深埋软弱围岩隧道采用该法在确定洞室极限位移时遇到了极大困难；(c)该法一般将隧道支护结构视为附在围岩上的一层薄壳，可随围岩一起变形，但在深埋软弱围岩隧道中，支护结构厚度和刚度都相对较大，其本身工程特性和贡献不容忽略。

(4)突变理论在隧道稳定性判别中的应用：突变理论首先由托姆(Thom)1972 年提出，后经特罗特曼(Trotman)、波斯顿(Poston)以及塞曼(Zeeman)等人不断扩充和完善，最终形成了一门相对独立和系统的理论体系。突变理论是非线性理论的一个分支，它利用数学模型讨论了动力学系统中状态发生跳跃性变化的普遍规律，其主要出发点是分叉理论和奇异性理论，以及结构稳定性概念。突变理论主要阐述非线性系统如何从连续渐变状态走向系统性质的突变，亦即参数的连续改变如何导致不连续现象的产生。陈应天、程不时、凌复华等先后对突变理论的基本概念、应用前景以及应用方式等进行了介绍和阐述，对该理论的引入作出了重要贡献。目前，该理论在国内边坡工程中已经被广泛应用，尤其是采用基于塑性应变突变原理的强度折减法进行边坡稳定性判别技术已被多数工程技术人员所接受，并被广泛应用于工程实际。而用突变理论进行地下工程稳定性分析的研究才刚刚起步，比较典型的有熵突变原理和能量突变原理。在上述研究成果中，两种准则的建立均要求工程技术人员具备相对深厚的理论基础，这给研究成果的推广应用带来了困难，同时，从上述两种准则应用的实例来看，均未考虑支护结构影响，因此从严格意义上讲，这些判别标准仅实现了对围岩稳定性判别，而并未实现对由围岩和支护结构共同组成的隧道结构体系稳定性的判别。

(5)屈曲理论在拱形结构工程中的应用：结构屈曲(稳定性)理论是结构分析的一个重要的独立的分支，严格上讲也应归属为突变理论的一个组成部分。屈曲分析在地面结构工程(如拱桥工程)的研究与应用已经日渐成熟，但在地下工程中的应用实例却并不多见，分析其原因主要在于：以往交通隧道工程跨度相对较小、地层压力不大，同时受地层的约束作用，因此一般情况下不会发生整体失稳现象，但随着交通运输标准的逐渐提高，受运行时速、线形标准、隧道埋深、围岩级别以及空气动力学效应等的影响，隧道断面面积(尤其是深埋软弱围岩隧道)不断增大，隧道施工过程中支护结构整体失稳的可能性逐渐加大，为屈曲理论在地下工程中的应用创造了条件。

4.2.3　软岩支护理论的发展

(1)软岩隧道支护理论技术的发展历程

对于软岩隧道，尤其是高应力软岩隧道，在施工期间具有持续时间长，变形剧烈的特点，甚至在隧道完工后几年内仍不稳定。由于隧道围岩大变形主要发生在软岩中，因此，对大变形隧道的支护也可理解为对软岩的支护。目前，软岩支护理论如下：

20 世纪初发展起来的以海姆(Haim)、朗肯(Rankine)和 ИНИК 理论为代表的古典压力理论。以太沙基(Terzaghi)和普氏理论为代表的坍落拱理论。20 世纪 50 年代以来，人们用弹塑性力学来解决巷道支护问题，其中最著名的是芬纳(Fenner)公式和卡斯特纳(Kastner)公式。20 世纪 60 年代，奥地利工程师拉比采维茨(L V. Rabcewicz)提出的以围岩-支护理论为核心的新奥法原理，简称新奥法(NATM)。日本的山地宏和樱井春辅提出的围岩支护的应变控制理论。20 世纪 70 年代，萨拉蒙(M. D. Salamon)等人又提出了能量支护理论。

20 世纪 50 年代，由于受当时工程实例的局限性的影响，我国高地应力软岩隧道支护技术和理论发展缓慢，随着近期高地应力软岩隧道的增多，支护技术及理论有了较大发展。

于学馥教授等人(1981)提出“轴变论”理论。冯豫、陆家梁、郑雨天、朱效嘉等学者提出的“联合支护理论”,对软岩隧道支护要“先柔后刚、先抗后让、柔让适度、稳定支护”。孙钧、郑雨天和朱效嘉等学者提出的“锚喷—弧板支护理论”,认为对软岩隧道不能只强调释放围岩压力,围岩压力释放到一定程度,要及时支护,控制围岩的变形。董方庭教授提出松动圈理论。方祖烈教授提出主次承载区支护理论。起源于苏联的应力控制理论,也称为围岩弱化法、卸压法等。

何满潮教授提出的软岩工程力学支护理论。针对高地应力软岩隧道变形机理,提出了预留变形层的支护技术,首先在隧道开挖后设置足够的刚柔层吸收高地应力软岩隧道的大变形能量,并使柔性层具有足够的强度来控制软岩隧道的变形,在刚柔层的控制下,围岩的破坏性变形得以控制。软弱围岩的隧道支护必须要考虑到改变围岩的应力状态、控制支护强度、合理选择支护时间等因素。

经过多年努力探索研究,已逐步形成了具有我国特色的软岩洞室支护框架。“因地制宜、综合治理、联合支护、长期监控”的十六字方针已深入人心;“对症下药、定向选位、合理断面、及时封闭、先柔后刚、多层多次、复合支护、全面支护、减震治水、监控施工”等十项基本措施已广泛应用;以共同变形理论为基础的软岩地压理论,以加固围岩为核心的软岩支护理论,以及以锚杆系列为主体的软岩支护体系已得到普遍接受。

对于深埋软弱围岩隧道,由于施工过程中变形大、产生压力较快,常规支护结构容易发生开裂破损、钢架扭曲,甚至发生侵限现象。因此,针对深埋软弱围岩应适当采取加强型或控制型支护措施,以应对显著的变形量。长锚杆技术、长锚索技术、大截面钢架技术、可缩式钢架技术、早高强喷混凝土技术、扩大拱脚支护技术、双侧或多层支护技术等均为控制软岩大变形的有效措施。

(2)软岩隧道支护理念及重点突破方向

除浅埋破碎围岩洞室外(无自承拱),支护体系是指洞室一定范围内的围岩以及辅助支护构件和材料,支护承载的主体为洞室一定范围内具有承载和抗变形能力的破裂岩体,支护构件辅助承载。工程活动中最优支护:支护结构可视为“药引子”,以充分调动支护主体(即围岩体)的承载积极性(即让“主药发挥药性”),化被动为主动,支护结构作为安全储备,起到辅助支护的作用。

针对隧道施工过程中面临的大变形灾害,目前亟需解决的问题及重点突破方向如下:

①形成统一的大变形分级标准、判定方法及控制准则。深部高地应力大变形频发,但现行规范不能对目前的施工开挖方法、支护手段起到指导作用。设计、施工、监测反馈造成巨大的困难,如设计上很难提供针对性较强的支护方案,仅凭经验设计,施工阶段再调整,降低效率,增加造价。

②研发掌子面前方位移自动化监测与预警技术。提出适合于不同类别软岩隧道围岩大变形的预测方法,建立围岩施工开挖稳定性保证的理论依据,调研当前监测技术现状,重点突破掌子面前方位移监测技术难题,形成掌子面前后三维立体空间化监测技术体系,如研发智能动态围岩变形监测系统,通过埋设在不同围岩位置处的元器件,实现掌子面前方及掌子面位移的实时监测,动态反馈指导施工。

③建立大变形段施工优化与变形控制技术体系。复杂地层及深部地下空间的开发与利用过程中,围岩软弱、地应力高、变形大且持续时间长,对支护结构设计、施工和后期运营维护等方面产生一系列难题,给设计和施工带来了巨大挑战,针对大变形地层施工及变形控制的技术亟待解决。

④重视深部高应力硬岩大变形。高地应力条件下基于原岩应力与洞室容许位移(或支护

后实际量测位移)，考虑岩性特征、应力场、施工条件等各种因素，探寻围岩作用在洞室结构上的荷载分布规律，形成有效实用的围岩压力计算方法。

⑤研究注浆加固材料、工艺及关键技术。工程活动中发生高压、大流量涌水时，围岩稳定性差和岩性不均，极易引起大变形，注浆加固涉及动水封堵、破碎围岩加固等一系列技术难题，合理的治理方案，优化的注浆参数及注浆材料对注浆堵水加固控制围岩变形有决定性的作用。建议研发可实现初期支护壁后注浆与引排的新型结构形式；重点关注钢管混凝土支护体系、六肢格栅等新型支护结构，尤其是具有动态智能化吸能让压和增阻的支护锚固一体化结构体系；研发新型监测设备和方法，如掌子面推进围岩压力的释放规律以电流的形式转化为编码，形成数控智能支护体系，实现与围岩作用的动态调整。

(3)软岩大变形支护体系研发及应用的关键问题

目前较成熟的传统大变形支护思想为先柔后刚，刚柔并济。工程上多采用让压锚杆(索)、可缩支架+锚网喷等联合支护形式，对于极软破碎遇水泥化围岩，让压锚杆(索)控制变形效果不理想，极易发生锚盘悬空、杆体拉断、锚固失效等问题；可缩支架让压量无法确定、被动支护等缺点，应用有限。加大拱架支护面积无疑是治理软弱破碎围岩的良策，六肢格栅拱架、双排拱架、复合拱架等支护形式被广泛应用。洞室开挖后局部围岩变形挤入，应力集中，引起拱架局部扭曲失稳破坏，进而引发整个支护体系的失效破坏。

针对围岩大变形支护体系的研发及应用有四个关键问题：①支护体系本身可以适当变形(让压)，允许围岩发生可控变形，释放部分荷载，调动围岩的自承能力。②支护体系可控让压须有足够的刚度保证，抵抗长期流变、碎胀等持续压力作用，确保洞室结构的长期稳定。③考虑自重、造价、施工等因素，结构与围岩应有较大的接触面积，实现均匀承载。④洞室局部挤出变形，应力高度集中，支护结构应具有抵抗扭转失稳破坏能力。

4.3 国内外隧道支护理论研究现状

软岩地下工程变形破坏具有自身显著特点，支护结构只有适合软岩工程变形破坏特征，才能有效地维护软岩洞室的稳定。对于软岩隧道的支护理论，学者们从不同角度提出了各自的认识，常见的支护理论有：轴变论、松动圈理论、围岩—支护耦合理论、锚喷—弧板支护理论以及基于收敛—约束法的多层支护等。

4.3.1 围岩塌落拱理论

(1)基本概念：坍落拱理论是一种描述隧道或洞室开挖后顶部土体坍塌现象及其后续稳定状态的学说。早在 20 世纪初形成了隧道围岩与支护结构相互作用的古典压力理论——塌落拱理论，该理论认为坍落拱的高度与地下工程跨度和围岩性质有关，坍落拱理论的最大贡献是提出隧道围岩具有自承能力。

(2)理论要点：该理论认为，隧道开挖后，如果不及时进行支护，洞顶的岩体会持续垮落并逐渐形成一个拱形结构，这种初始状态下不稳定的拱形随着时间的推移会逐步达到一个新的稳定平衡状态。在这个过程中，塌落的岩体会在一定条件下形成自然的平衡拱，从而使得洞室上方不再继续坍塌。塌落拱理论也被称为平衡拱理论，属于地质学的范畴，特别是在地质资源与地质工程领域有重要应用。这一理论的提出者是苏联学者 M. M. 普罗托齐雅科诺夫，即普氏塌落拱理论。根据普氏塌落拱理论，洞室上方的岩体需要具有一定的厚度(通常大于洞径的

5倍)才能形成平衡拱。此外,理论还提出了几个关键假设,包括岩体因节理切割形成的松散岩体具有一定的黏结力;洞顶岩体将以自然平衡拱的形式存在,作用在洞顶的围岩压力主要由自然平衡拱内的岩体重力决定;应考虑岩体的强度、完整性以及地下水的存在;自然平衡拱下的岩体只能承受压应力而不适合承受拉应力。

(3)适用范围:普氏塌落拱理论不仅适用于散体结构的岩体,如强风化、强烈破碎岩体、松动岩体和新近堆积的土体等,而且对于深埋洞室的松动围岩压力的计算尤为有用。通过运用这一理论,可以有效地预测和设计洞室的安全支护方案,确保施工安全。

4.3.2 弹塑性力学理论

(1)概述:弹塑性力学作为固体力学的一门分支学科已有很长的发展历史其理论与方法的体系基本完善,并在建筑工程、机械工程、水利工程航空航天工程等诸多技术领域得到了成功的应用。20世纪50年代以来,引入弹塑性力学来解决隧道支护问题。

①弹塑性力学的概念和研究对象:弹塑性力学是研究物体在载荷(包括外力、温度变化或外界约束变动等)作用下产生的应力、变形和承载能力,包括弹性力学和塑性力学,分别用来研究弹性变形和塑性变形的力学问题。弹性变形指卸载后可以恢复和消失的变形,塑性变形时指卸载后不能恢复而残留下的变形。弹塑性力学的研究对象可以是各种固体,特别是各种结构包括建筑结构、车身骨架、飞机机身、船舶结构等,也研究梁的弯曲、柱的扭转等问题。其基本任务在于针对实际问题构建力学模型和微分方程并设法求解它们,以获得结构在载荷作用下产生的变形,应力分布及结构强度等。

②弹塑性简化模型及基本假定:在弹性理论中,实际固体的简化模型为理想弹性体,它的特征是,定温度下,应力应变之间存在一一对应关系,而与加载过程以及时间无关。在塑性理论中,常用的简化模型为:理想塑性模型和强化模型。理想塑性模型又分为理想弹塑性模型和理想刚塑性模型:强化模型包括线性强化弹塑性模型、线性强化刚塑性模型和幂次强化模型弹塑性力学有五个最基本的力学假定,分别为:连续性假定、均匀性假定、各向同性假定、小变形假定和无初应力假定。

③研究方法及其与初等力学理论的联系和区别:一般来说,弹塑性力学的求解方法有经典方法、数值方法、试验方法和实验与数值分析相结合的方法。经典方法是采用数学分析方法求解,一般采用近似解法,例如,基于能量原理的Ritz法和伽辽金法;数值法常用的有差分法、有限元法及边界条件法:实验法是采用机电方法、光学方法、声学方法等来测定应力应变分布规律,如光弹性法和云纹法弹塑性力学与初等理论力学既有联系又有区别,见表4-4。

表4-4 弹塑性力学与初等力学理论的联系和区别

理论	联系	区别
材料力学	①研究对象均为可变形固体; ②都在连续、均匀、各向同性和小变形的假定之下,从静力学、几何学和物理学三个方面,出发,建立问题的定解方程(组),求解出研究对象的应力、应变和位移; ③本构关系均与时间无关	研究杆件的应力、内力和位移,基本局限在线弹性范围
结构力学		研究杆件结构的应力、内力和位移,局限在线弹性范围
弹塑性力学		研究范围涉及土木工程结构的所有类型求解工程结构在弹性阶段和塑性阶段的应力和位移

(2)基本理论框架

①基本方程。弹塑性力学和材料力学所求解的问题都是超静定问题,因此在分析问题研究问题时基本思路都是要经过三个方面的分析:静力平衡条件分析、几何变形协调条件分析、物理条件分析,从而获得三类基本方程,联立求解,再满足具体问题的边界条件,即可使静不定问题得到解决,这三方面方程为:

• 平衡(或运动方程)内部应力与外部体力之间的关系:

$$\frac{\partial \sigma_x}{\partial x}+\frac{\partial \tau_{yx}}{\partial y}+\frac{\partial \tau_{zx}}{\partial z}+x=0 \tag{4-1}$$

$$\frac{\partial \tau_{xy}}{\partial x}+\frac{\partial \sigma_y}{\partial y}+\frac{\partial \tau_{zy}}{\partial z}+y=0 \tag{4-2}$$

$$\frac{\partial \tau_{xz}}{\partial x}+\frac{\partial \tau_{yz}}{\partial y}+\frac{\partial \sigma_z}{\partial z}+z=0 \tag{4-3}$$

或

$$\sigma_{ij}+f_i=0 \tag{4-4}$$

• 几何方程(应变与位移之间的关系):

$$\varepsilon_x=\frac{\partial u}{\partial x},\gamma_{xy}=\frac{\partial v}{\partial x}+\frac{\partial u}{\partial y} \tag{4-5}$$

$$\varepsilon_y=\frac{\partial v}{\partial y},\gamma_{yz}=\frac{\partial w}{\partial y}+\frac{\partial v}{\partial z} \tag{4-6}$$

$$\varepsilon_z=\frac{\partial w}{\partial z},\gamma_{zx}=\frac{\partial u}{\partial z}+\frac{\partial w}{\partial x} \tag{4-7}$$

或

$$\varepsilon_{ij}=\frac{1}{2}(u_{i,j}+u_{j,i}) \tag{4-8}$$

• 本构方程(应力与应变之间的关系):分弹性变形阶段和弹塑性变形阶段。弹性变形阶段:

$$\varepsilon_x=\frac{1}{E}[\sigma_x-\nu(\sigma_y+\sigma_z)],\gamma_{xy}=\frac{1}{G}\tau_{xy} \tag{4-9}$$

$$\varepsilon_y=\frac{1}{E}[\sigma_y-\nu(\sigma_x+\sigma_z)],\gamma_{yz}=\frac{1}{G}\tau_{yz} \tag{4-10}$$

$$\varepsilon_z=\frac{1}{E}[\sigma_z-\nu(\sigma_x+\sigma_y)],\gamma_{zx}=\frac{1}{G}\tau_{zx} \tag{4-11}$$

或

$$\varepsilon_{ij}=\frac{1+\nu}{E}\sigma_{ij}-\frac{\nu}{E}\sigma_{kk}\delta_{ij} \tag{4-12}$$

弹塑性变形阶段:屈服函数 $f(\sigma_{ij})\geqslant 0$,则有增量理论(流动理论)、全量理论(变形理论)。而增量理论分为:

(a)Prandtl-Reuss 理论$\left(\nu\leqslant\frac{1}{2}\right)$

塑性增量本构关系:

$$\mathrm{d}e_{ij}=\mathrm{d}e_{ij}^{e}+\mathrm{d}e_{ij}^{p}=\frac{1}{2G}\mathrm{d}s_{ij}+\mathrm{d}\lambda s_{ij} \tag{4-13}$$

$$\mathrm{d}\varepsilon_{ii}=\mathrm{d}e_{ii}^{e}=\frac{1-2\nu}{E}\mathrm{d}\sigma_{ii} \tag{4-14}$$

理想弹塑性材料:

$$\mathrm{d}e_{ij}=\frac{1}{2G}\mathrm{d}s_{ij}+\frac{3\mathrm{d}w_d}{2\sigma_s^2}s_{ij} \tag{4-15}$$

$$\mathrm{d}\varepsilon_{ii}=\mathrm{d}e_{ii}^e=\frac{1-2\nu}{E}\mathrm{d}\sigma_{ii} \tag{4-16}$$

(b)Levy-Mises 理论$\left(\nu=\frac{1}{2}\right)$

理想刚塑性材料

$$\mathrm{d}\varepsilon_{ij}=\frac{1-2\mathrm{d}\varepsilon_i}{2\sigma_s}s_{ij} \tag{4-17}$$

全量理论(形变理论),依留申理论(强化材料)$\left(\nu\leqslant\frac{1}{2}\right)$:

$$\varepsilon_{ii}=\frac{1-2\nu}{E}\sigma_{ii},e_{ij}=\frac{3\varepsilon_i}{2\sigma_i}s_{ij},\sigma_i=\phi(\varepsilon_i) \tag{4-18}$$

总之,当物体发生变形时,不论弹性变形还是塑性变形问题,共有 3 个平衡微分方程,6 个几何方程和 6 个本构方程,共计 15 个独立方程(统称为泛定方程)而问题共有 σ_{ij}、ε_{ij}、u_i 15 个基本未知函数,因此在给定边界条件时,问题是可以求解的,弹塑性静力学的这种问题在数学上成为求解边值问题。

任何一个固体力学参量在具体受力物体内一般都是体内各点(x、y、z)的函数,他们满足的方程泛定方程相同。然而由于物体几何尺寸的不同,载荷大小与分布的不同,必然导致物体内各点应力、应变和位移的大小和变化规律是千变万化的,也就是说,单靠这些泛定方程是不足以解决具体问题的。从力学观点上来说,所有满足泛定方程的应力、应变和位移也应该同时满足(表面)与外界作用的条件,即应力边界条件和位移边界条件。

• 边界条件:包括应力边界条件、应力边界条件。

应力边界条件:

$$\sigma_x l_1+\tau_{xy}l_2+\tau_{xz}l_3=\overline{x} \tag{4-19}$$

$$\tau_{yx}l_1+\sigma_y l_2+\tau_{yz}l_3=\overline{y} \tag{4-20}$$

$$\tau_{zx}l_1+\tau_{xy}l_2+\sigma_z l_3=\overline{z} \tag{4-21}$$

或

$$\sigma_{ij}l_j=\overline{x_i}(\text{在 } s_\sigma \text{ 上}) \tag{4-22}$$

位移边界条件:

$$u=\overline{u},\nu=\overline{v},w=\overline{w}(\text{在 } s_u \text{ 上}) \tag{4-23}$$

根据具体问题边界条件类型的不同,常把边值问题分为第一、第二、第三类边值问题。

②应力理论:应力是指受力物体内某点某截面上内力的分布集度。分为正应力和剪应力,如应力矢量 p_n,产生的正应力和剪应力分别为 $\sigma_n=p_n\cdot\vec{n}$,$\tau_n=p_n\cdot\vec{s}=\sqrt{p^2-\sigma_n^2}$ 在直角坐标系中还可表示为 $p_n=\vec{p}_x i+\vec{p}_y j+\vec{p}_z k$。用应力张量(对称二阶张量)$\sigma_{ij}$ 来描述一点的应力状态,通过关系式 $p_i=\sigma_{ij}l_j$ 得到过这一点任意微分截面上的总应力,正应力和剪应力分别为

$$p=\sqrt{p_x^2+P_y^2+p_z^2} \tag{4-24}$$

$$\sigma_n=p\vec{n}=\sigma_x l_1^2+\sigma_y l_2^2+\sigma_z l_2^2+2\tau_{xy}l_1 l_2+2\tau_{yz}l_3 l_2+2\tau_{zx}l_3 l_1 \tag{4-25}$$

$$\sigma_n=\sqrt{p^2-\sigma_n^2} \tag{4-26}$$

通过应力分量的坐标变换公式 $\sigma_{ij}=\sigma_{ij}l_{ii}l_{jj}$(矩阵形式 $\sigma'=\beta\sigma\beta^{\mathrm{T}}$)求得同一点在坐标旋转后得到应力分量,并证明了应力分量的确是个对称二阶张量。通过应力状态特征方程 σ^3-

$I_1\sigma-I_3=0$，若已知一点应力分量 σ_{ij}，可求得此点三个主应力 σ_1、σ_2、σ_3，在主应力空间里得到应力张量的第一、第二、第三不变量 $I_1=\sigma_1+\sigma_2+\sigma_3$，$I_2=\sigma_1\sigma_2+\sigma_2\sigma_3+\sigma_3\sigma_1$，$I_3=\sigma_1\sigma_2\sigma_3$。外力作用下，物体的变形通常分为体积改变和形状变化，并认为体积的改变是由各向相等的应力引起的，故通常应力分解为球应力张量和偏应力张量 $I_{ij}=\sigma_m\delta_{ij}+s_{ij}$，即，在球应力状态下，微分单元体只产生体积变化，不发生形状变化，而偏斜应力张量反映了一个实际的应力状态偏离均匀应力状态的程度，所以，应力张量的分解，更有利于研究固体材料的塑性变形行为。在主应力空间中，推导了八面体应力和应力强度分别表示为 $\sigma_8=\frac{1}{3}I_1$，$\tau_8=\sqrt{\frac{2}{3}J_2}$，$\sigma_i=\frac{3}{\sqrt{2}}\tau_8=\sqrt{3J_2}$，最重要的是建立了物体内任意点的应力分量和体力分量之间的关系式平衡微分方程 $\sigma_{ij}+F_i=0$ 和物体边界上任意点的应力分量和面力分量之间的关系式静力边界条件：$\overline{F}_i=\sigma_{ij}l_j$。

③应变理论：应变理论中引入了物体内一点的位移场，同时引入并解释了应力张量的概念，它是一个对称二阶张量，来完整的表述一点的应变状态建立了应变分量与位移分量的关系式，几何方程 $\varepsilon_{ij}=\frac{1}{2}(u_{i,j}+u_{j,i})(i,j=x、y、z)$。证明了应变分量服从坐标变换规律 $\varepsilon_{i'j'}=l_{i'i}l_{j'j}\varepsilon_{ij}$。同应力理论相似，通过应变特征方程，已知一点的应变状态可以求得该点的主应变并在主应变空间表示出了三个应变不变量。将应变张量分解为应变球张量和应变偏张量，即 $\varepsilon_{ij}=\varepsilon+e_{ij}=\varepsilon_m\delta_{ij}+e_{ij}$，应变偏张量也是一个是对称的二阶张量，同样存在三个不变量 J'_1、J'_2、J'_3，其中：

$$J'_1=e_x+e_y+e_z=e_1+e_2+e_3=0 \tag{4-27}$$

$$\begin{aligned}J'_2&=\frac{1}{6}[(\varepsilon_x-\varepsilon_y)^2+(\varepsilon_y-\varepsilon_z)^2+(\varepsilon_z-\varepsilon_x)^2]+\frac{1}{4}(\gamma_{xy}^2+\gamma_{yz}^2+\gamma_{zx}^2)\\&=\frac{1}{6}[(\varepsilon_1-\varepsilon_2)^2+(\varepsilon_2-\varepsilon_3)^2+(\varepsilon_3-\varepsilon_1)^2]\end{aligned} \tag{4-28}$$

$$J'_3=e_1e_2e_3 \tag{4-29}$$

并引入了体积变量（物体变形后单位体积的变化）$\Theta=\varepsilon_x+e_y+e_z=I'_1$。

(3)弹塑性力学的基本解法

在求解弹塑性边值问题时，有三种不同的解题方法，即位移法（用位移作为基本未知量来求解边值问题）、应力法（用应力作为基本未知量）、混合法，这三种方法统称为直接法，但在实际问题中，为克服数学上的困难和复杂性经常应用的是逆解法和半逆解法。

4.3.3 新奥法支护理论

(1)支护理念概述

①应用现状：新奥法的英文简称 NATM(New Austrian Tunnelling Method)。奥地利学者拉布采维兹教授于 20 世纪 50 年代提出的一种新的隧道设计施工方法，它是以隧道工程经验和岩体力学的理论为基础，将锚杆和喷射混凝土组合在一起作为主要支护手段的一种施工方法，经过一些国家的许多实践和理论研究，于 20 世纪 60 年代取得专利权并正式命名。之后这个方法在西欧、北欧、美国和日本等许多地下工程中获得极为迅速发展，已成为现代隧道工程新 365JT 技术标志之一。20 世纪 60 年代 NATM 被介绍到我国，20 世纪 70 年代末 80 年代初得到迅速发展。可以说在所有重点难点的地下工程中都离不开 NATM。新奥法几乎成为在软弱破碎围岩地段修筑隧道的一种基本方法。新奥法施工采用喷锚支护为主要支护手

段，可以最大限度地紧跟开挖作业面施工，因此可以利用开挖施工面的时空效应，以限制支护前的变形发展，阻止围岩进入松动的状态，在必要的情况下可以进行超前支护，加之喷射混凝土的早强和全面粘结性因而保证了支护的及时性和有效性。

②核心理念：是利用隧道围岩自承作用来支撑隧道，促使围岩本身变为支护结构的重要组成部分，使围岩与构筑的支护结构共同形成坚固的支承环。目前，新奥法已成为隧道工程设计施工的主要方法之一，也是软弱围岩支护主要的理论之一。

③新奥法实质：是利用围岩自承能力，使围岩本身形成支承环。

④设计施工原则：在考虑岩体物理力学特性前提下，利用现场监控信息，在适宜时机构筑适宜支护结构，避免围岩及支护结构中出现不利应力应变状态，使隧道形成力学上十分稳定的结构。

(2)发展历史

1934 年，新奥法主要创始人拉布采维茨在就试图将喷混凝土方法用于地下工程。他在 1942—1945 年建造的洛伊布尔隧道中采用了双层薄衬砌，即先喷一层混凝土，待变形收敛后再喷一层。1944 年，他发表了有关喷混凝土的论文，并指出了围岩动态随时间变化的重要性。1948 年，又指出了量测工作的重要性。又公布了新喷敷方法。1948—1953 年喷混凝土在奥地利首次用于卡普伦水力发电站的默尔隧洞。最早在欧洲推广使用锚杆的是 1951—1953 年建造的伊泽尔—阿尔克电站的有压输水隧洞。1953—1955 年修建普鲁茨—伊姆斯特电站的有压输水隧洞时，按照拉布采维茨的建议，充分采用锚杆而获得成功。1957—1965 年是着手发展新奥法的时期。拉布采维茨于 1963 年将这一方法正式命名为新奥地利隧道施工法。1964—1969 年又提出了在岩石压力下隧道稳定性的理论分析，强调采用薄层支护，并及时修筑仰拱以闭合衬砌的重要性。根据实验证实，衬砌应按剪切破坏进行设计计算。奥地利的马森贝格道路隧道由于地质不良，用比国法失败后，改用新奥法使闭合隧道衬砌环的经验取得成功，并在 1971 年及 1974 年分别用于地压很大的陶恩隧道和阿尔贝格隧道。

(3)施工特点

①及时性：新奥法施工采用喷锚支护为主要手段，可以最大限度地紧跟开挖作业面施工，因此可以利用开挖施工面的时空效应，以限制支护前的变形发展，阻止围岩进入松动的状态，在必要的情况下可以进行超前支护，加之喷射混凝土的早强和全面黏结性因而保证了支护的及时性和有效性。在巷道爆破后立即施工以喷射混凝土支护能有效地制止岩层变形的发展，并控制应力降低区的伸展而减轻支护的承载，增强了岩层的稳定性。

②封闭性：由于喷锚支护能及时施工，而且是全面密粘的支护，因此能及时有效地防止因水和风化作用造成围岩的破坏和剥落，制止膨胀岩体的潮解和膨胀，保护原有岩体强度。巷道开挖后，围岩由于爆破作用产生新的裂缝，加上原有地质构造上的裂缝，随时都有可能产生变形或塌落。当喷射混凝土混合物以较高的速度射向岩面，很好的充填围岩的裂隙，节理和凹穴，大大提高了围岩的强度。(提高围岩的黏聚力 c 和内摩擦角 φ)。同时喷锚支护起到了封闭围岩的作用，隔绝了水和空气同岩层的接触，使裂隙充填物不致软化、解体而使裂隙张开，导致围岩失去稳定。

③粘结性：喷锚支护同围岩能全面粘结，这种粘结作用可以产生三种作用。(a)联锁作用，即将被裂隙分割的岩块粘结在一起若围岩的某块危岩活石发生滑移坠落，则引起邻近岩块的联锁反应，相继丧失稳定，从而造成较大范围的冒顶或片帮。开挖后如能及时进行喷锚支护，喷锚支护的黏聚力和抗剪强度是可以抵抗围岩的局部破坏，防止个别危岩活石滑移和坠落，从而保持围岩的稳定性。(b)复合作用，即围岩与支护构成一个复合体(受力体系)共同支护围

岩。喷锚支护可以提高围岩的稳定性和自身的支撑能力，同时与围岩形成了一个共同工作的力学系统，具有把岩石荷载转化为岩石承载结构的作用，从根本上改变了支护消极承担的弱点。(c)增加作用。开挖后及时进行喷锚支护，一方面将围岩表面的凹凸不平处填平，消除因岩面不平引起的应力集中现象，避免过大的应力集中所造成的围岩破坏；另一方面，使巷道周边围岩由双方向受力状态，提高了围岩的黏聚力 c 和内摩擦角 φ，也就是提高了围岩的强度。

④柔性：喷锚支护属于柔性薄性支护，能够和围岩紧粘在一起共同作用，由于喷锚支护具有一定柔性，可以和围岩共同产生变形，在围岩中形成一定范围的非弹性变形区，并能有效控制允许围岩塑性区有适度的发展，使围岩的自承能力得以充分发挥。另一方面，喷锚支护在与围岩共同变形中受到压缩，对围岩产生越来越大的支护反力，能够抑制围岩产生过大变形，防止围岩发生松动破坏。

(4)基本要点

①洞室开挖后，应使围岩自身承担主要的支护作用，而衬砌只是对围岩进行加固，使成为一个整体而共同发生作用。因此，须最大限度地保持围岩的固有强度，以发挥围岩的自承能力。如及时喷混凝土封闭岩壁，就能有效地防止围岩松弛，而不使其强度大幅度降低，同时也不存在因顶替支撑而使围岩变形松弛。总之应使围岩经常处于三轴应力约束状态，最为理想。

②预计围岩有较大变形和松弛时，应对开挖面施作保护层，而且应在恰当的时候敷设，过早或过迟均不利。其刚度不能太大或太小，又必须是能与围岩密贴，而要做成薄层柔性，允许有一定变形，以使围岩释放应力时起卸载作用，尽量不使其有弯矩破坏的可能。这种支护和传统的支护不同，不是因受弯矩而是受压剪作用破坏的。由于混凝土的抗压和抗剪强度比抗拉和抗弯强度大得多，从而具有更高的承载能力。一次支护的位移收敛后，可在其光滑的表面上敷设高质量的防水层，并修筑为提高安全度的二次支护。前后两次支护与围岩之间都只有径向力作用。

③衬砌需要加强的区段，不是增大混凝土的厚度，而是加钢筋网、钢支撑和锚杆，使隧道全长范围采用大致相同的开挖断面。此外，因为新奥法不在坑道内架设杆件支撑，空间宽敞，从而提高了安全性和作业效率。

④为正确掌握和评价围岩与支护的时间特性，可在进行室内试验的同时，在现场进行量测。量测内容为衬砌内的应力、围岩与衬砌间的接触应力以及围岩的变位，据以确定围岩的稳定时间、变形速度和围岩分类等最重要的参数，以便适应地质情况的变化，及时变更设计和施工。量测监控是新奥法的基本特征，量测的重点是围岩和支护的力学特征随时间的变化动态。衬砌的做法和施作时间是依据围岩变位量测决定的。

⑤隧道支护在力学上可看作厚壁圆筒。它是由围岩支承环和衬砌环组成的结构，且两者存在共同作用。圆筒只有在闭合后才能在力学上起圆筒作用，所以除在坚硬岩层之外，敷设仰拱使衬砌闭合是特别重要的。围岩的动态主要取决于衬砌环的闭合时间。当上半断面超前掘进过多时，就相应地推迟了它的闭合时间，在隧道纵方向形成悬臂梁的状态而产生大弯曲的不良影响。另外，为防止引起围岩破坏的应力集中，断面应做到无角隅，最好采用圆形断面。

⑥围岩的时间因素还受开挖和衬砌等施工方法的影响，它对结构的安全性起着决定的作用。考虑掘进循环周期、衬砌中仰拱的闭合时间、拱部导坑的长度以及衬砌强度等变化因素，把围岩和支护作为一个整体来谋求稳定。从应力重分布角度去考虑，全断面一次开挖是最有利的；分部开挖会使应力反复分布而造成围岩受损。

⑦岩层内的渗透水压力，必须采取排水措施来降低。

(5)理论核心与实践要点

①岩承理论及柔性支护理论,新奥法将围岩视作一种承载结构,应用柔性的、与围岩紧贴的支护结构,以使围岩与支护结构共同变形,共同承受压力;其允许围岩变形,并强调通过控制围岩的变形最终使围岩与支护达到最佳平衡。

②对围岩扰动的最小化,围岩的自承能力来源于围岩强度,充分发挥围岩自承能力的前提是最大限度地保持围岩强度和原有的平衡状态。因此,新奥法强调施工时应尽可能地采用全断面工法,以减少分部开挖对围岩的反复扰动,并尽量采用光面爆破、微差爆破等方法,减少对围岩的振动影响,保全其整体性,同时强调注意隧洞表面尽可能平滑,以避免局部的应力集中。

③监控量测的作用,新奥法最大的创新与变革内容在于施工期间运用监控量测信息来指导设计和施工,监控量测在某种意义上将隧道施工变成了一门信息科学。通过对系列观测资料和量测数据的分析,对隧道围岩与支护的状态进行判断与分析,进而调整施工方案,最终达到安全与经济的目的。因此,监控量测是新奥法施工的必要条件。

(6)新奥法适用范围

新奥法的支护结构仍处于经验设计的阶段,它的前提是要科学地进行围岩分类,并根据已经修建的类似工程的经验,提出支护设计参数或标准设计模式。这种工程类比法还只考虑了岩体结构、岩块单轴抗压强度、弱面特性等工程地质性质、坑道的跨度以及围岩自稳时间等主要因素,需在各种设计与施工规程的实施过程中,依据量测数据加以修正。现场监控设计,一般分为预先设计阶段和最后设计阶段,后者是根据现场监控量测数据,经分析比较或计算后,最后提出设计。理论解析和有限元数值计算,还不能得出充分可靠和满意的结果,必须由上述两种方法即经验和量测加以验证。

(7)新奥法在国内应用现状:新奥法于20世纪70年代末传入我国,首先应用在军都山、大瑶山等铁路隧道中,并取得了良好的效果,随之在全国兴起。多年来我国隧道建设事业迅速发展并成为世界隧道大国,新奥法在此过程中发挥了决定性作用。然而随着在建隧道的不断增多,新奥法在隧道建设的应用中逐渐出现一些问题,施工事故时有发生。产生这些问题的原因分析如下:

①对新奥法应用的度的把握。任何一种科学技术都有其局限性,新奥法自然也并非适用于所有情况,然而目前大多数工程人员习惯性地把所有成功的技术都归功于新奥法,这种以偏概全的做法显然是存在一定问题的。

②工程从业人员的业务素养。目前隧道一线施工人员多为普通民工,专业素养相对较低,对新奥法的认识也相对肤浅,经常导致施工质量难以达到标准,使得新奥法在实施中的效果大打折扣。

③监控量测的重视程度。大量工程的监控量测工作通过分包的形式由第三方机构承担,而第三方监测机构的专业水平与素养参差不齐,且现场技术人员很多对于监测数据也缺乏足够的重视,大大降低了工程质量。

④在软弱围岩隧道中,基于新奥法的先开挖后支护的施工方法往往效果不佳,强行施工容易引起安全事故。

新奥法作为我国隧道工程建设的主要理论基础,在常规隧道开挖中具有方法简单、经济性好等优势;然而在软弱围岩大断面隧道的施工中,其控制沉降差、施工步序复杂的弊端也尽显无遗。首先,为了控制沉降、保证隧道开挖的安全性,新奥法往往选择缩小开挖断面的分部开挖方法,如多台阶法、CD法、CRD法等。这些方法能够在一定程度上缓解隧道开挖引起的变形过大等问题,但又不可避免地会对围岩造成多次扰动,增加施工管理难度的同时,也为隧道的长期稳定留下了隐患。其次,在人为缩小的工作面上,无法满足很多大型机械的施工空间,掌子面处往往需要投入大量的人力,这不仅造成了劳动力的浪费,且一旦发生事故,生命财产损失也大大增加。如何解决新奥法在软弱围岩隧道施工中的种种矛盾和弊端,成为中国现阶段隧道工程建设的一大难题,因此研究和引进更加先进的隧道设计和施工方法已经迫在眉睫。

随着"一带一路"倡议的提出和实施,中国工程建设将进入一个新纪元。隧道工程作为线路穿越山岭的控制性工程,其穿越地层越来越复杂,修建断面越来越大,施工里程逐年增加。因此,选择合适的施工工法是长大隧道必须优先考虑的因素之一。新意法是在隧道设计施工方面具有革命性意义的新方法。依照新意法理论不仅可以有效控制隧道开挖引起的各种围岩变形,保证隧道的短期和长期稳定性,而且在极端地质条件下仍然能够应用全断面工法进行隧道掘进,最大限度地减少对围岩的扰动次数,新意法无疑为隧道工程的安全高效建设提供了一种新的思路。

4.3.4 新意法支护理论

(1)概述:20 世纪 70 年代中期意大利卢纳尔迪(Pietro Lunardi)教授开始对数百座隧道进行理论和现场试验研究,首次将隧道开挖过程中的变形效应通过三维空间进行分析,打破了过去只考虑与隧道掘进方向正交平面变形分析的陈规,并逐步创立了岩土控制变形分析法(ADECO-RS 法)并且将之运用于隧道设计与施工中。ADECO-RS 法是通过对隧道掌子面前方超前核心土的勘察、量测,预报围岩的应力—应变形态,并依据隧道开挖后围岩稳定、暂时稳定、不稳定划分为 ABC 三种类型,在此基础上进行信息化设计和施工,确保隧道安全穿越各种地层(尤其是复杂不良地层)和实现全断面开挖的一种隧道设计、施工方法。

卢纳尔迪认为,隧道结构承受最大应力阶段并不是隧道施工完成后,而是在隧道开挖阶段,通过对 1000 多例隧道的研究,形成了 ADECO-RS 工法的核心观点。即掌子面前方超前核心岩土的滑动与隧道塌方之间存在着紧密联系,隧道塌方总是发生在核心土体滑动之后,掌子面超前核心岩土的强度、稳定性,以及对变形的敏感性在隧道施工中起到决定性作用。

ADECO-RS 法广泛应用于意大利的公路和铁路领域,并已纳入意大利的隧道设计和施工规范。ADECO-RS 法还应用于欧洲其他一些国家的隧道项目。2006 年 11 月,在北京召开的"中国高速铁路隧道国际学术研讨会"上,意大利特莱维集团对 ADECO-RS 法作了专题报告,并将其用中文解释为"新意法"。国际岩石力学学会(ISRM)的 Frederic L. Pellet 教授在 2006 年中国巡回讲学中也称岩土控制变形分析法(ADECO-RS 法)为"新意大利隧道施工法"(New Italian Tunneling Method,简称 NITM)。后文中,对 ADECO-RS 法统一简称为新意法。

(2)理论基础

①基本术语:从 20 世纪 70 年代开始,卢纳尔迪教授开始对围岩的变形反应进行试验与理论研究。为了便于理解卢纳尔迪教授的开挖介质变形反应理论,需要掌握以下术语。(a)超前核心土:超前核心土是隧道掌子面前方一定体积的土体,呈圆柱形,圆柱体高度和直径大致等于隧道直径。(b)掌子面挤出变形:掌子面挤出变形是开挖介质对隧道开挖产生的变形反应的主要表现形式,主要发生在超前核心土内。挤出变形的大小取决于超前核心土的强度、变形特性及其所处的原始应力场。挤出变形发生在隧道掌子面的表面,沿隧道水平轴线方向发展,其几何形状大概呈轴对称(掌子面鼓出),或在掌子面形成螺旋状突出。(c)隧道预收敛:隧道预收敛是隧道掌子面前方的理论轮廓线的收敛变形,完全取决于超前核心土的强度及变形特性与其原始应力状态之间的关系。

②开挖介质变形反应研究阶段:开挖介质变形反应研究经历了以下三个阶段:(a)第一研

究阶段：确定了隧道的三种基本变形类型（掌子面挤出变形、预收敛变形及收敛变形）及相应的隧道不稳定的表现形式（围岩脱落、剥落、掌子面坍塌及隧道塌方），如图 4-14 所示。(b)第二研究阶段：试验证实所有变形（掌子面挤出变形、收敛变形及预收敛变形）及变形引起的不稳定现象（围岩脱落、剥落、掌子面坍塌及隧道塌方）均直接或间接与掌子面前方超前核心土的强度有关。(c)第三研究阶段：进行了人为调节或改良超前核心土强度以调节隧道变形的试验，试验中研究了如何将超前核心土作为稳定围岩的工具。

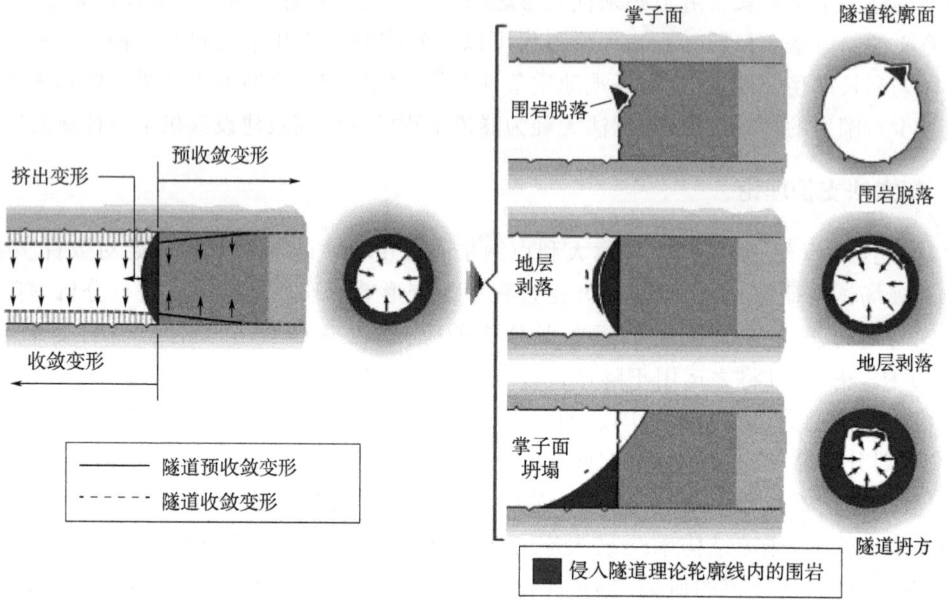

(a) 隧道围岩变形类型　　(b) 隧道不稳定表现形式

图 4-14　隧道围岩变形类型与隧道不稳定表现形式

③开挖介质变形反应研究成果。通过三个阶段的开挖介质变形反应研究，得出以下结论：(a)开挖介质对隧道开挖作业的变形反应预示着是否能够形成成拱效应以及成拱效应的位置，即预示着隧道所能达到的稳定等级。(b)变形反应从掌子面前方的超前核心土开始，逐步沿隧道向后发展。变形反应不仅包括收敛变形，而是由挤出变形、预收敛变形及收敛变形组成。收敛变形只是错综复杂的应力-应变过程的最后阶段。(c)掌子面—超前核心土体系的变形反应与隧道洞身变形之间存在直接联系，前者是因，后者是果，从而强调对掌子面—超前核心土体系的变形反应进行监测的重要性，而不仅仅只对隧道洞身的变形进行监测。(d)对超前核心土进行防护和加固，提高其刚度，可以控制超前核心土的变形（挤出变形及预收敛变形）从而可以控制隧道洞身的收敛变形。

研究结论证实：可以把超前核心土视作一种新的隧道长期和短期稳定的工具。超前核心土的强度及变形特性是隧道变形（挤出变形、预收敛变形及收敛变形）的真正原因。可以通过对超前核心土进行防护和加固，提高其强度，以达到控制超前核心土变形（挤出变形及预收敛变形）并最终达到控制隧道变形（收敛变形）的目的。超前核心土的强度和变形特性对隧道的长期和短期稳定起决定性作用。

(3)设计施工程序

新意法隧道设计施工的基本步骤如图 4-15 所示。设计工程师通过对地层的应力—应变状态进行深入分析，预测出掌子面-超前核心土体系的稳定性，在此基础上把隧道分为三种基本变形形态(A 类、B 类和 C 类)。对于确定的具有相同变形状态的每一个隧道区段,确定将要采用何种作用类型(超前约束作用或简单约束作用)以控制变形,并选择最适合于每个特定隧道区段的稳定措施以及隧道的纵、横断面类型。对于每种地层类型及每种应力—应变状态,新意法都可以提供相应的断面类型。对于每一种断面类型,都可以自动计算出每延米隧道的造价和所需的施工时间。根据设计的隧道纵、横断面类型,进行隧道施工。施工期间进行持续不断的监测,并根据监测结果,对原设计进行调整。

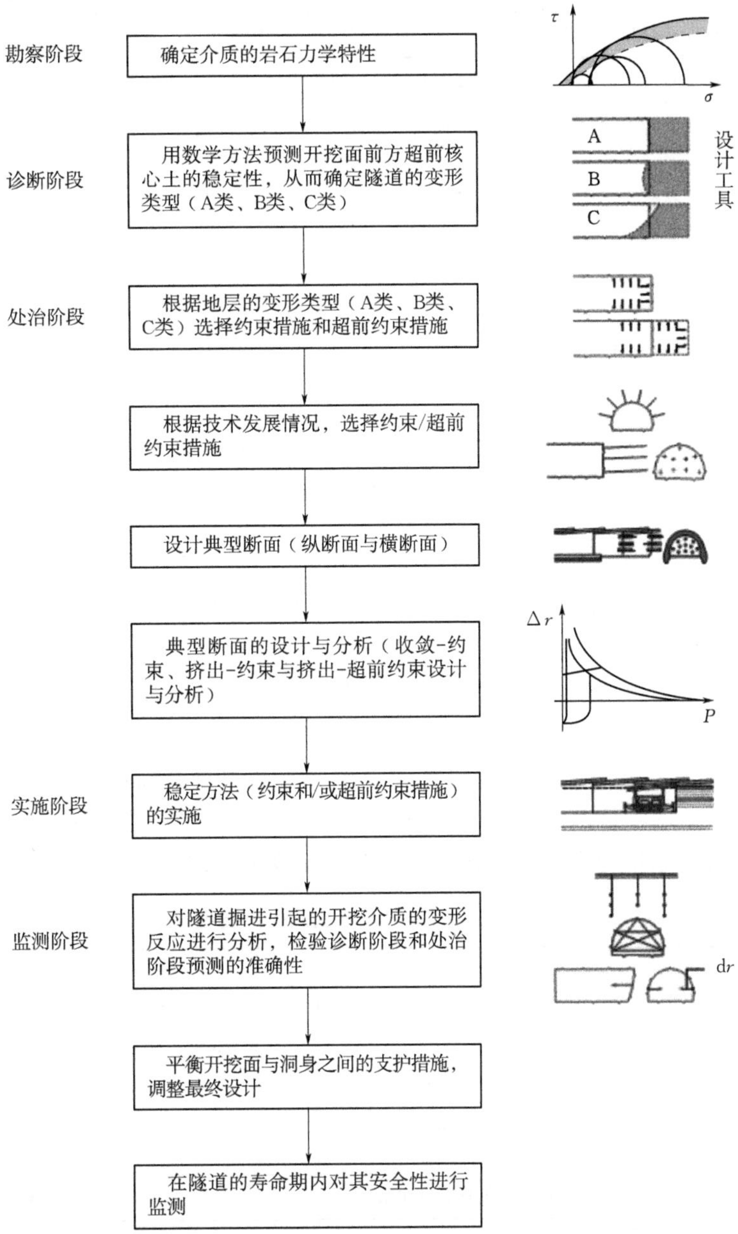

图 4-15　新意法隧道设计施工步骤

①勘察阶段:在隧道设计和施工之前,必须进行隧道勘察,收集影响隧道修建的地层信息,如岩性、结构、地层、形态、构造、水文、地质、地质力学和应力状态等,以掌握介质的强度和变形特性。勘察阶段由两步组成:(a)对隧道线路的地质剖面进行初步评估。(b)对地质勘察进行

规划，包括确定间接地球物理勘察现场试验和钻孔勘察等。

②诊断阶段：设计工程师运用理论方法，预测介质对隧道开挖的变形反应。在此基础上，利用勘察阶段获得的数据，把整个隧道划分成应力-应变条件相同的几个部分（A 类：掌子面稳定；B 类：掌子面短期稳定；C 类：掌子面不稳定）。新意法隧道稳定性的分类判定标准见表 4-5。

表 4-5 新意法隧道稳定性分类判定标准

判定条件	A 类（掌子面稳定）	B 类（掌子面短期稳定）	C 类（掌子面不稳定）
地层强度	地层强度能够保持隧道稳定	地层强度能够保持隧道短期稳定	地层强度小于地层应力，隧道失稳
成拱效应	接近开挖轮廓面形成成拱效应	远离开挖轮廓面形成成拱效应	不形成成拱效应
围岩变形	变形处于弹性范围内，大小以厘米计	变形处于弹-塑性范围内，大小以厘米计	必须对掌子面前方地层进行超前加固，否则围岩会出现明显的不稳定现象
掌子面	整个掌子面是稳定的	掌子面在短期内稳定	必须对掌子面前方地层进行超前加固，否则掌子面将坍塌
地下水	只要地下水不降低地层的强度，隧道的稳定性就不受地下水的影响	地下水会降低地层的强度，从而影响隧道的稳定性，因此需要把动态的地下水从超前核心土排出	必须采取措施，把动态的地下水从超前核心土排出，否则将严重影响隧道的稳定性
支护方式	一般处理，主要是防止围岩弱化和保持开挖轮廓面的稳定	在掌子面后方采取传统的径向围岩约束措施，有时需要采取掌子面前方超前约束措施	必须对掌子面前方地层进行超前加固，以提供能够形成人工成拱效应的超前约束作用

③处治阶段：根据诊断阶段所划分的隧道变形形态的类别，确定采取何种加固形式（约束或超前约束）以保证隧道处于完全稳定状态。(a)对掌子面应力-应变处于稳定状态的隧道（A 类），可以采用简单的约束措施。(b)对掌子面应力-应变处于不稳定状态的隧道（C 类）除采取约束措施外，还必须采取有效的超前约束措施。(c)对掌子面应力-应变处于短期稳定状态的隧道（B 类），可以根据预计的隧道掘进进尺，采取超前约束措施或简单的约束措施。

确定了将要采取的加固形式后，设计工程师需要确定具体的隧道稳定措施，设计出隧道的典型纵横断面。各种隧道稳定措施的作用类型及适用范围分别见表 4-6、表 4-7。

表 4-6 采取的稳定措施的作用类型

对隧道的作用	稳定措施		作用参数		压力水
			地层黏聚力 c 和内摩擦角 φ	约束压力 σ_3	
超前约束作用	掌子面前方地层改良	传统的注浆	★	★	★
		冻结		★	★
		近水平方向的旋喷注浆		★	
		机械预切槽		★	
		排水管排水	★		★
		采用玻璃纤维构件加固隧道周围地层及核心土		★	

续上表

对隧道的作用	稳定措施		作用参数		压力水
			地层黏聚力 c 和内摩擦角 φ	约束压力 σ_3	
约束作用		机械压力盾构		★	
		土压平衡盾构与泥水式盾构		★	★
	径向地层改良	全长锚固型洞顶锚杆	★		
		端部锚固型洞顶锚杆		★	
		仰拱		★	
		敞开式盾构		★	
超前支护作用		管棚(超前小导管)			

表 4-7　各种隧道稳定措施的适用范围

隧道稳定措施	掌子面稳定(A 类)		掌子面短期稳定(B 类)			掌子面不稳定(C 类)				
	A_1	A_2	B_1	B_2	B_3	C_1	C_2	C_3	C_4	C_5
径向洞顶锚杆	★		★							
加筋喷射混凝土	★	★	★	★		★	★	★	★	★
用玻璃纤维构件加固核心土				★			★		★	
用玻璃纤维构件加固隧道周围地层									★	
施作隧道仰拱			★	★	★	★	★	★	★	★
机械预切槽					★		★			
从导洞内进行径向地层加固								★		
近水平方向旋喷注浆						★				
超前注浆或冻结										★
排水管排水	★	★	★	★	★	★	★		★	
管棚(超前小导向)		★								

④实施阶段：设计完成后，进入实施阶段。根据设计确定的典型纵、横断面，进行隧道开挖和支护。对于软弱不良地层，一般需要进行超前加固，然后进行全断面机械化开挖，进度可达 50 m/月。

⑤监测阶段：由于隧道的整个设计都是基于诊断阶段和处治阶段所做的预测，因此监测极为重要。介质对开挖的反应表现为以下变形现象：(a)隧道内部、掌子面及隧道边墙的变形。(b)隧道线路上方的地表变形。

如果预测到隧道掘进处于掌子面短期稳定或不稳定情况下，那么在隧道覆盖层厚度允许情况下，建议在隧道掌子面到达前对特定的横断面安装分层沉降监测仪，以量测掌子面到达前发生的径向变形(预收敛)。对于掌子面-超前核心土体系，采用滑动式纵向测微计量测其挤出值。采用杆式分层径向变形计量测隧道上方地表及距隧道不同距离处地层的收敛。采用特制的条带式变形计量测掌子面后方隧道周边的收敛。

同时，对掌子面-超前核心土体系的变形以及隧道洞身表面及地层内部的收敛进行分析，以掌握变形随时间和空间的发展情况，并根据监测结果分析，及时进行反馈，一方面对掌子面加固措施和隧道洞身加固措施的强度和分布进行优化，另一方面对加固措施的实施阶段、掘进进尺和开挖方法进行调整。隧道完工后，必须继续进行系统的监测，以保证隧道在整个寿命期内的安全。

(4)新意法和新奥法重大差异

①地层变形反应的分析方式不同：新奥法对地层变形反应的分析仅限于掌子面的后方，仅对隧道收敛进行分析；新意法不仅对掌子面后方的地层变形反应(收敛)进行分析，而且更注重对掌子面及掌子面前方地层的变形反应(掌子面挤出变形和预收敛)进行分析，如图 4-16 所示。

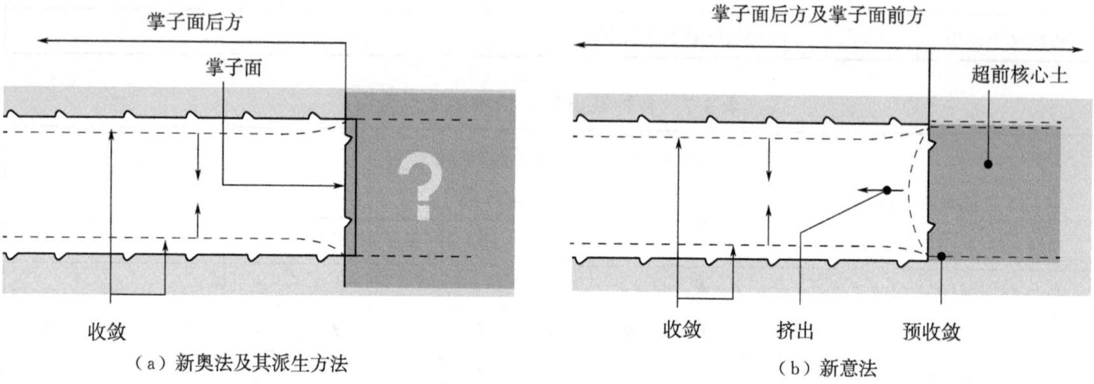

图 4-16　地层变形反应分析方式对比

②地层变形反应的控制方式不同：由于对地层变形反应的分析方式不同，新奥法与新意法对地层变形反应的控制方式也不同。新奥法采用锚杆、喷射混凝土、钢拱架、施作仰拱等手段，仅对掌子面后方的隧道施加约束作用如图 4-17 所示。图 4-18 所示，新意法不仅要求隧道的

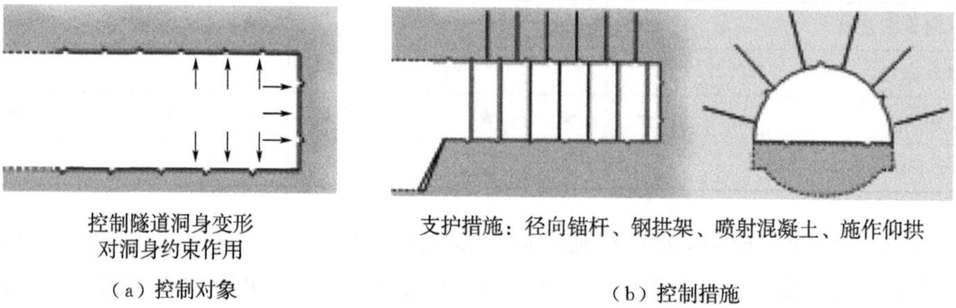

图 4-17　新奥法及其派生方法对地层变形反应的控制方式

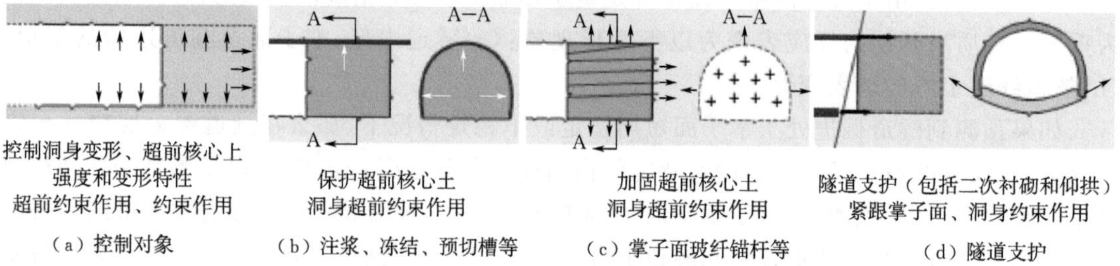

图 4-18　新意法对地层变形反应的控制方式

支护措施(包括二次衬砌和仰拱)要与掌子面保持适当距离,不能落后掌子面太远,对隧道提供连续的约束作用,而且要求对超前核心土采取适当的防护和加固措施,提高其强度和变形特性,对隧道提供超前约束作用。

(5)新意法和新奥法的区别联系

新奥法创始人拉布采维茨曾经指出,隧道工程的开挖应在可能的情况下尽量选择全断面施工方法,现在,新意法满足了 Rabcewicz 的愿望,因为按照新意法的理论,在任何条件的围岩中进行全断面隧道施工都已经成为可能。

①新奥法理论特征要点:(a)新奥法更加注重隧道开挖前后横截面上的变形反应,而在一定程度上忽视了隧道开挖的三维力学特性。(b)新奥法建议隧道开挖应该尽可能地选择全断面施工方法。同时新奥法认为,相比分部开挖法,全断面施工方法可最大限度地减小围岩扰动,满足大型机械所需的施工空间,缩短工期,减少投资。(c)新奥法没有提出超前核心土的概念,也不够重视掌子面前方围岩的强度和稳定性,更没有一套完备的加固超前核心土的具体措施。(d)新奥法流行于 20 世纪 60～70 年代,当时的科学技术无法为其提供可靠的措施来保证在任何地质条件下全断面工法的可行性和安全性。(e)监控量测及其信息反馈是新奥法理论得以实施的重要前提。

②新意法理论特征要点:相比新奥法理论,新意法理论对以上问题具有全新的认识和解决方法。(a)新意法更加注重隧道掘进的三维力学特性。(b)新意法不仅意识到全断面工法在围岩扰动、工期成本上的优势,而且使这些部分变成了现实。(c)新意法通过对隧道掘进的三维力学特性分析,发现了围岩变形的真正起因是隧道开挖引起的超前核心土变形,并提出一套完整可行的超前核心土稳固措施。(d)科学技术的发展使得新意法提出的超前核心土稳固措施得以实现,从而保证了新意法可在任何地质条件下应用全断面工法进行隧道开挖。(e)相比新奥法的监控量测项目,新意法对隧道掘进的三维力学特性同样体现在监测阶段,其对超前核心土的变形监测可有效地检验设计决策的正确性并加以修正,以保证隧道开挖随时处在安全的环境中。

③新奥法与新意法区别与联系:两者在隧道开挖方法的选择上有共同的目标与诉求,区别在于,新奥法轻视了隧道掘进过程中的三维力学特性;而新意法意识到了这一点,并在此基础上提出了超前核心土的概念及稳固措施,借助先进的科学技术,最终完成了新奥法较难实现的目标—在任何地质条件下应用全断面工法进行隧道掘进。

新奥法与新意法的主要区别在于对洞室变形的认识。事实上,随着新奥法的不断发展和完善,国内外众多学者也已经认识到了隧道三维力学特性对隧道开挖的重要影响,并展开了一系列研究,但是这些研究始终没有认识到超前核心土力学特性对隧道变形的决定性作用,基于这些研究的结论及处置方法,最终大都归于施工过程的管理、支护时机的选择和参数优化上。新意法打破了这一常规思维,将隧道工程建设的理论基础向前推进了一大步,因此研究新意法的基本理论,认识到其与新奥法的异同,在此基础上优化中国隧道工程建设的设计、施工方法,是隧道技术人员值得研究的新方向。

(6)新意法优势

①新意法重视隧道加固措施,把隧道加固措施视为控制和调节隧道变形不可缺少的工具,从而把隧道加固措施视为保证隧道最终稳定的结构的一部分(关注隧道的变形量,隧道工程的造价与其变形量成正比)。但在地下工程的总造价中,隧道加固措施和地层改良措施的造价变化幅度很大;而隧道开挖和衬砌的造价相对较为稳定,对于所有地层,其变化幅

度都不大。

②新意法可以对隧道进行完整的、可靠的设计，从而使主承包商可以在各种地层中，甚至在最困难的地层条件下，都可以进行机械化全断面隧道施工。

③新意法可以估计出工程的工期和造价，从而可以避免业主与承包商之间的各种纠纷。

④采用新意法可以在隧道施工期间很容易地、客观地量测出掌子面-超前核心土体系的应力-应变状态，从而有效克服了以前围岩分类方法缺陷（以前围岩分类方法对地质力学类别与地层的变形反应进行比较）。采用以前围岩分类方法会在业主与承包商之间造成许多纠纷。

(7)国内新意法应用前景

对新意法核心理论的研究表明，通过调节超前核心土的强度和稳定性，新意法可适用于各种地质条件下的隧道工程建设。从这一方面来说，吸收、引进并逐渐推广和应用新意法对我国的隧道工程具有重大的意义。另一方面，结合我国具体国情来看，首先，在大型机械的研发能力上，我国与欧洲国家仍有一定的差距；其次，由于我国拥有全球最大的廉价劳动力市场，因此一旦全面推广新意法主张的机械化施工，将对工程领域的就业趋势产生不小的影响；再次，新奥法在我国隧道工程建设历史上具有不可替代的地位，一旦隧道工程施工出现问题，人们总是首先想到在新奥法的基础上修修补补，而难以接受新的方法；另外，从短期的经济性来看，新意法需要投入大量新的大型机械，相比新奥法投入更大，这些因素都使得新意法在我国的推广应用有相当的阻力。然而，随着我国经济增长方式由“粗放型”向“集约型”的逐步转变、人口老龄化引起的廉价劳动力市场的萎缩，以及大型工程机械研发能力的不断增强，新意法必将与新奥法一道，共同成为我国隧道建设的理论基础。

从现阶段来看，新意法可作为新奥法的补充，填补新奥法在极端地质条件下无法安全施工的空白。如武广高铁浏阳河隧道及兰渝铁路桃树坪隧道都是国内应用新意法的成功案例。其中桃树坪隧道在施工中同时应用新意法和新奥法进行施工，结果显示新意法在进度上具有一定的优势。同时桃树坪隧道在施工过程中结合具体国情，在应用新意法理论基础的前提下，采用了两台阶施工方法，相比新意法推荐的全断面施工方法，节省了引进大型工程机械的资金，同时又保证了施工的安全，为新意法在我国现阶段的推广应用积累了经验。

综上所述，新意法在我国具有很好的应用前景，也有一些结合具体国情的应用经验。因此，结合已有的研究成果，基于新意法理论提出一套完整的、适合我国国情的隧道设计和施工方法，并在时机成熟时应用于具体工程，是未来隧道工程发展的一个重要方向。

4.3.5 松动圈支护理论

隧道围岩是一种天然的复杂地质体，试图用一种理论来解决现场遇到的不同岩性条件和工程环境下的巷道支护问题是十分困难的，多年来在隧道支护理论研究方面出现了多种多样的理论学派和计算方法。其中，围岩松动圈其理论直观、操作性强，在深、浅部岩体中得到广泛应用。在岩体中开凿隧道后，原岩应力的平衡状态被破坏了，由原来的三向应力变成了近似两向，此时会在围岩中产生应力集中现象，且隧道开挖后造成岩石强度较大幅度地下降，如果围岩中集中的应力值小于下降后的岩石强度，围岩处于弹塑性状态，围岩可自行稳定不存在支护问题；反之亦反，围岩将发生破坏，这种破坏从周边逐渐向深部扩展，直至达到新的三向应力平衡状态为止。此时围岩中出现了一个破裂带，把这个由于应力作用产生的破裂带称为围岩松动圈，其理论分析和现场实测获得的松动圈分别如图 4-19、图 4-20 所示。

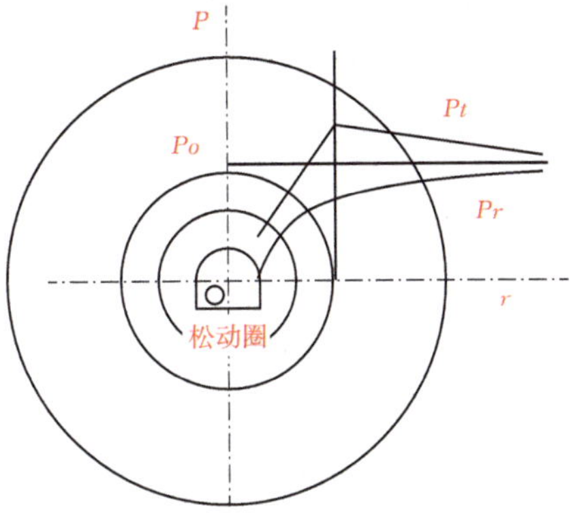

图 4-19　理论分析的松动圈示意图

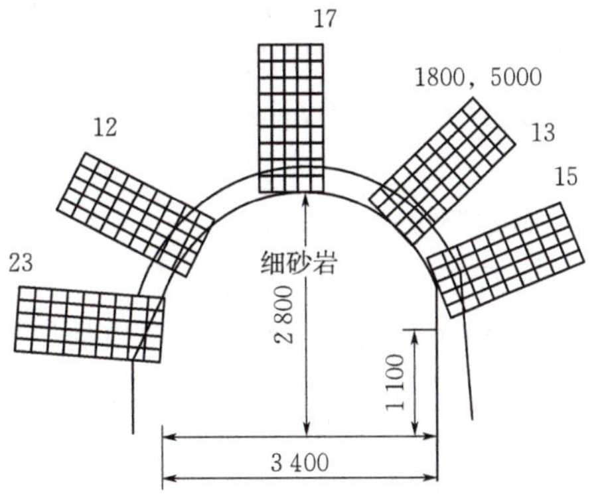

图 4-20　现场实测的同种岩体中的松动圈(单位:mm)

20 世纪 70 年代末～80 年代中期，在国内外专家和学者的研究和实践中发展形成了围岩松动圈支护理论。围岩松动圈支护理论的围岩稳定性分类表和支护设计方法在煤矿中得到了大量应用，取得了良好的技术经济效果。此外，人们也经常采用围岩松动圈来指导开隧布置、分析隧道稳定性等问题。松动圈支护理论是根据围岩中存在松动破碎带的客观状态提出的，隧道支护的对象要是松动圈内围岩的碎胀变形和岩石的吸水膨胀变形(仅限膨胀性地层)；另外，深部围岩的部分弹塑性、扩容变形和松动围岩自重也可能对支护产生压力。围岩松动圈是开巷后地应力超过围岩强度的结果。在现有支护条件下，试图采用支护手段阻止围岩的松动破坏是不可能的。因此，松动圈支护理论认为：支护的作用是限制围岩松动圈形成过程中碎胀力所造成的有害变形。

下面阐述的松动圈理论在一定程度上反映了目前在松动圈确定理论研究方面的发展水平。但有的方法应用范围很窄，比较粗略、近似。一方面，绝大多数理论是在一种假定之上进行的研究，而这些假定与实际的工程情况有很大出入。另一方面，多数理论对于松动圈的确定没有考虑时间因素的影响，实际工程中，随着时间的推移，松动圈的发展常富于变化；另外，岩层的复杂多样，结构面、节理等也对松动圈的发展有很大影响。

近些年，各大软件公司纷纷推出基于有限元、有限差分法的计算程序，例如 ANSYS、ABAQUS、ADINA、GEO STUDIO、FLAC 等等，基于这些软件所进行的数值模拟分析大大拉近了松动圈预测结果与实际的差距。在实际工程中，以实测数据为依据，使用数值模拟方法得到预测结果，结合多年的工程数据进行矫正，最终得到具有工程价值结果的方法，正在被越来越广泛地接受、运用。

(1)国外围岩松动圈的研究成果

①自然平衡拱理论：早在 1907 年，俄国学者普罗托齐雅科诺夫通过工程观察和模型试验，注意到巷道上方围岩自行冒落后能形成类似拱形的稳定结构，并在 1926 年提出了自然平衡拱理论，该理论把冒落拱内的破碎岩体的重量当作为支护外载。认为支护是支撑冒落岩石，这是对围岩松动破坏最初的认识。这种学说的核心是岩石开掘后组成围岩的各单元体在自重作用下向洞室空间方向移动。图 4-21 所示，在下移的过程中，原来占据曲线 A 的位置的各个单元体将下移到曲线 B 的位置。由于曲线 B 的长度小于曲线 A 的长度，因此各单元体被迫

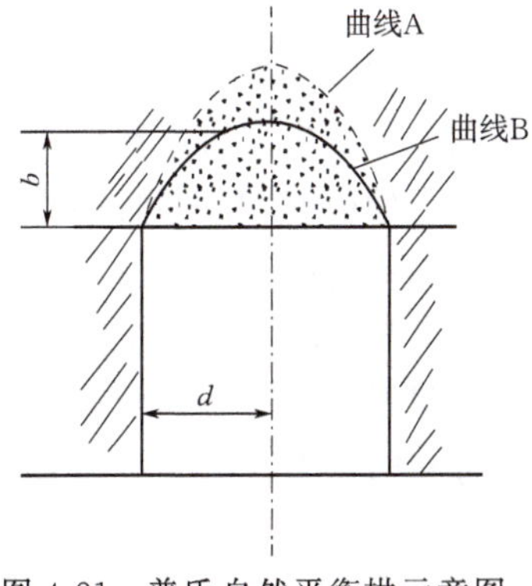

图 4-21　普氏自然平衡拱示意图

相互挤压，出现了一个拱。作用于拱顶的各个单元体都满足 $L=\sigma\tan\varphi$ 的极限平衡条件。拱以下的各个单元体由于挤压程度的不够，脱离下来。拱以上的岩石重量则经过挤压传递到两边。这个拱就是自然平衡拱，其形状基本上是抛物线形状。拱的高度计算式(4-30)。

$$b=d/f \tag{4-30}$$

式中　d——洞室跨度的一半(m)；

f——岩石坚固系数即普氏系数。

普罗托奇亚科诺夫引入了结构力学中的压力曲线理论来分析围岩的破坏与稳定，为岩石力学奠定了基础。但是，形成平衡拱的物理实质并没有分析清楚。他假设沿拱线上遍布切向力，这在实际情况下难以形成，平衡拱的允许使用范围只是限于均质黏性岩石中。后人给平衡拱增加了限定条件见式(4-31)。

$$\sigma<\frac{1}{3}rL \tag{4-31}$$

式中　σ——岩石的极限断裂强度(kPa)；

L——地下洞室的跨度(m)。

②楔形体理论：1946 年太沙基提出了地压理论，认为在开挖后的洞室两侧将产生楔形体，提出了冒落拱理论(楔形拱体学说)。图 4-22 所示该理论认为在松散介质中存在自然平衡拱，而平衡拱内的岩体为松散破碎岩体，但是由于地下工程的深度越来越大，这种理论遭遇到很大的挑战，在一些情况下已经不再适用。太沙基楔形体拱由统计资料结合数理分析确定，这一点是十分可取的，直到今天，这种理论仍然在某些计算中应用。但是，它并不能够解释一些变形严重的采矿巷道在支护力量远大于冒落体岩石重量的情况下仍然无法维护的问题。计算楔形体高度的式(4-32)。

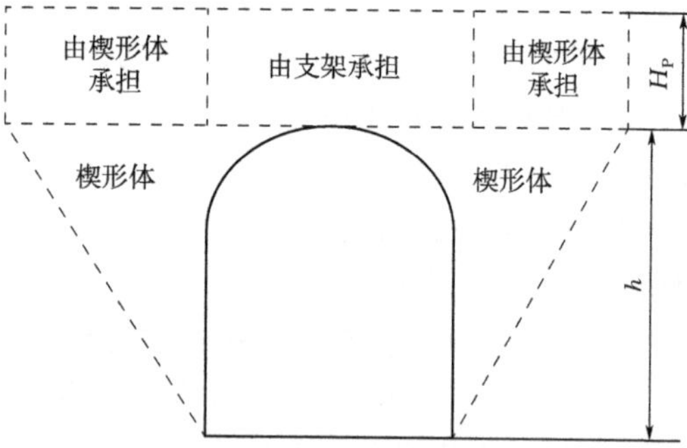

图 4-22　太沙基楔形拱示意图

$$H_p=\alpha(2d+h) \tag{4-32}$$

式中　H_p——楔形体高度(m)；

α——荷载系数，根据岩体条件和地下水的影响确定；

d——洞室跨度的一半(m)；

h——洞室高度(m)。

③弹性介质理论：20 世纪 30 年代起，金尼克把弹性理论应用到地下洞室中来，提出在垂直剖面上的岩层可以类似无限弹性半平面，圆形断面的洞室只是其中的圆形切口。通过对集中应力的研究，表明弹性介质中切口周围的应力状态的变化特征和弹性常数、切口形状、边界条件等许多因素有关。一般情况下，主应力轨迹流从切口两边绕过去。所以，均质弹性岩石中洞室上部会形成一定范围的卸载区。圆形洞室周围的径向位移量 ΔV 的计算公式见式(4-33)，此公式只是对均质各向同性的弹性材料是正确的，在岩体完整的硬砂岩、石灰岩洞室中，仅供应力分析时参考。

$$\Delta V=\frac{d}{E[\sigma_z+\sigma_x-(\sigma_z-\sigma_x)2\cos 2\theta]} \tag{4-33}$$

式中　d——洞室半径(m)；

E——岩石的弹性模量；

σ_z——垂直应力 $\sigma_x=\left(\frac{\mu}{1-\mu}\right)\sigma_z$；

σ_x——水平应力；

θ——极坐标角；

μ——泊松比。

④塑性介质理论：20 世纪 40 年代，芬纳尔应用弹塑性力学理论论证了一定条件下塑性岩石中的洞室周围可以形成屈服区。竖井的屈服区半径 b 计算式(4-34)。

$$b=d^{K-2}\sqrt{\frac{2\gamma h}{K(K-1)q}}\tag{4-34}$$

式中　d——井筒半径(m)；

K——屈服系数，$K=\frac{2}{(1-\sin\varphi)}$；

φ——岩石内摩擦角；

γ——岩石容重；

h——分析井筒断面位置的深度；

q——支护应力。

水平洞室的屈服区近似于椭圆形，长轴在垂直方向。如果支护应力满足条件：$q_{\min}=\frac{dr}{K-3}-\frac{K^2-5K+7}{(K-1)(K-3)}rh\left[\frac{2d}{(K-2)h}\right]^{K-2}$，则塑性区将是圆形，其半径为 $r=\frac{K-d}{2}h$。但芬纳尔理论中，没有证明弹性介质中洞室周围的屈服区是如何形成的。而对于塑性区的分析也是以假设为基础的。假设的理想介质是性质不变、结构一致，在屈服极限范围内符合虎克定律。这在实际中很难办到。

⑤松动裂隙理论：20 世纪 50 年代，拉巴斯在塑性介质理论基础上进一步提出水平洞室周围由表及里将形成岩石松动裂隙区、应力升高区、天然假塑性区。认为松动裂隙区为一头大一头小的卵形椭圆，它的半径与岩石强度性能、开挖深度和时间无关，仅取决于洞室的胀碎变形。在裂隙区内，岩石被裂隙切割成各种形状和尺寸的块体，属分离块体介质，有自己的位移变形规律。所以，这样的区域应该视为散体介质，而这种学说是按照连续介质条件推出的公式，除了在个别情况下外，与实际不相符合。松裂区的半径 b 计算式(4-35)。

$$b=\sqrt{\frac{\pi d^2(K-1)+\Delta S}{\pi(K-1)}}\tag{4-35}$$

式中　d——洞室半径(m)；

K——岩石碎胀系数；

ΔS——洞室周边极限变形量(m^2)。

⑥弹塑性介质理论：鲁宾涅特以芬纳尔和拉巴斯的基本原理为基础，认为洞室周围的岩石被裂隙切割，局部发生破坏，不能阻抗线性拉力，这个区域被称为非弹性变形区，也就是松动裂隙区。鲁宾涅特应用弹塑性理论进行分析计算，得到结果表明非弹性变形区的轮廓并不是卵形，而是中间稍细的哑铃形。非弹性变形区也并不像前面所述的那样沿垂直轴拉长，而是沿水平轴拉长。圆形断面洞室周围岩石位移量与非弹性变形区的半径的关系式(4-36)。

$$U_0=\frac{R\alpha}{4G}(P+K\cdot\cot\varphi)\cdot r^{d+2} \tag{4-36}$$

式中 U_0——洞室周边岩石位移量；

R——洞室半径；

G——剪切模量；

P——支护反力；

K——岩石内聚力；

φ——岩石内摩擦角；

r——非弹性变形区半径；

α——变形系数，$\alpha=\frac{2\sin\varphi}{(1-\sin\varphi)}$。

测定洞室位移量代入公式(4-36)，就可以求出非弹性变形区的半径了。鲁宾涅特采用的是匀布压力计算方法，但是，一般情况下，洞室周围都会有支护，并且有主应力场作用，压力不会是均匀分布，所以，这种公式与实际也有一定差距。

上述理论虽然与实际不太符合，但是将弹塑性力学引入了围岩应力分析中，促进了岩石力学的发展。与以前使用较多的材料力学不同，弹塑性力学摒弃了过于粗糙的简化假定，采用了比较精确的力学模型。经过不断发展的弹塑性力学在岩石力学中的各种理论解答至今仍然占据着统治地位。在岩石力学中新发展的断裂力学、流变力学、复合材料力学等也是在弹塑性力学的基础上建立起来的。

⑦岩体波速分类理论：1974 年日本池田和彦等人用现代声测技术首次现场实测了围岩破碎区，证明了松动圈在围岩中客观存在的事实；根据弹性波在围岩中的传播速度和岩质的情况将围岩分成七级，进而建立了松动圈厚度与岩体波速、岩石波速、洞室跨度、洞室高度间经验公式(4-37)，实测松动圈相对于用理论求解来说，与实际较为接近：

$$R=0.015(D+h)\left(6.0-V\frac{V}{\overline{V}}\right)^2 \tag{4-37}$$

式中 R——松动圈厚度；

D——洞室跨度；

h——洞室高度；

V——岩体的弹性波波速；

$\overline{V}$——岩石的试件弹性波波速。

⑧破碎区图示理论：1982 年印度的杜克(A. K. Duke)等，从弹塑性分析出发，对受压条件下破碎区的半径进行了估算，提出了图示法确定破碎区半径的方法，但是只是停留在理论研究阶段，与实际情况并不相符。对受压条件下，破碎区(松动圈)的半径进行了估算，认为随着巷道的掘进，破碎区的形状并非总是圆的或一直不变的，其半径随着巷道的掘进而增大，并在掘到巷道半径的 5～15 倍距离时达到稳定，而破碎区半径为巷道半径的 5～8 倍。由于该理论忽略了岩石性质、围岩应力等因素的影响，而得到巷道不存在松动圈厚度为零的情况，这与实际情况不符。

图示法先根据弹塑性应力分析可以估算出给定条件下的岩石压力值，再根据数学推理，假定破碎区只延伸到一定的半径，这个半径称之为破碎区半径。图示法的理论基础是，破碎区半径随着工作面的推进而增大，对于每个阶段破碎区的发展，其径向位移计算公式(4-38)。

$$K_{1\cdot 2}=\frac{2(r_1 u_{r1}-r_2 u_{r2})}{r_2^2-r_1^2} \tag{4-38}$$

式中　$K_{1\cdot 2}$——体积膨胀体系数；

r_1——洞室内径；

r_2——破碎区与弹性区界面半径；

u_{r1}——r_1 的径向位移；

u_{r2}——r_2 的径向位移。

所有的位移—距离曲线都汇聚到图 4-23 的 X 点，X 是充分发展的破碎区与弹性区的交汇点。X 表示弹性位移，而横坐标给出了破碎区的半径。但是，在破碎区充分发展前，位移与距离曲线并不汇聚，而落到 OX 支线的某些点上面。直线 OX 表示弹性区和破碎区界面的位移。这条直线通过原点，直线在坐标轴上的投影表示不同时间或者工作面不同距离的条件下破碎区的半径。这些阶段相应的弹性位移对于不同的破碎区半径，通过 A、B、C 等坐标值反映出来。实测过程中，因仪器安装等因素的影响，不能马上进行测试，由于曲线最后汇聚，因此并不影响最终结果。

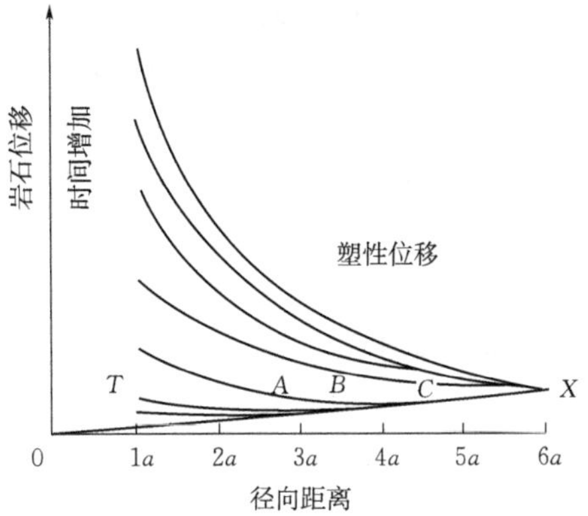

图 4-23　松动圈内典型岩石位移与时间关系曲线

想要确定破碎区半径，可以对不同时期的位移与距离曲线进行绘制，半径变化和时间的关系可以通过绘制曲线获得。确定松动圈时，对岩体内的岩石位移进行观测。最后得出了以下结论：随着洞室的掘进，破碎区的形状并非总是圆的或者一直不变的，它的半径随着洞室掘进而增大，并在开挖到半径 5～15 倍距离时达到稳定，破碎区的半径为洞室半径 5～8 倍。按照这种结论，洞室不存在松动圈厚度为零的情况，所有洞室都存在破碎区并最终都能稳定。它忽略了岩石的性质、围岩应力等因素的影响，与实际应用有较大的出入。

⑨不连续区理论：1989 年苏联谢米亚金(E. I. Shemyakin)等学者根据现场实测，提出了不连续区的概念，并经过模型试验和理论分析，建立了松动圈与埋深、跨度、原岩应力、岩石强度等相互关系的经验公式。认为洞室埋深符合公式(4-39)时，围岩中开始出现不连续区：

$$H \geqslant \frac{\varepsilon_t \varepsilon_{ut}}{2\gamma(1-2\nu)(K-1.5-E_c/E_t)} \tag{4-39}$$

这个公式还能够表明，不连续区的发生在很大程度上与岩性有关，所以，在开挖和支护的时候必须要充分了解岩石的力学性能。在确定不连续区的厚度时候，由于问题的复杂性，只给出了经验公式(4-40)。

$$E_c L_p = r\cdot[B\cdot\ln(A\cdot\sigma/R_0)+1] \tag{4-40}$$

式中　E_c——压力弹性模量；

E_t——拉力弹性模量；

K——表面应力集中系数；

γ——岩石容重；

ν——泊松比；

ε_t——拉应变；

ε_{ut}——极限压应变值；

L_p——不连续区的厚度；

r——洞室半径；

A,B——经验常数；

σ——原岩应力；

R_0——考虑弱面影响后的抗压强度。

由式(4-40)可知不连续区的厚度与作用于岩体上的应力、岩体的抗压强度、弱面的影响等有关。该理论已进入到半经验半理论状态，但在实测中，洞室半径 r 与松动圈厚度并非总是线性关系，并且 A、B 常量如何确定，所有这些都有待进一步完善。

⑩其他理论

1984 年，英国的怀台克等在系统研究了煤矿岩石破裂后的力学特性，通过全应力应变与碎胀曲线，用数学模型方法，确定了松动圈的尺寸和产生的收敛变形，得到松动圈内应力与岩石实验数据的关系，可用公式(4-41)确定松动圈，建议选择支架形式和确定巷道位置时可参照松动圈的大小。

$$\partial\sigma_r=\frac{A\sigma_r^B+C-\sigma_r}{r}\partial r \tag{4-41}$$

式中 A,B,C——岩石实验数据；

r——巷道中心距。

1987 年，南非的 L. Z. Wojno 等根据围岩破碎深度和侧帮位移对岩石进行了分类，将围岩粗略地定为正常条件和严重条件(软岩)两类，并对具体支护要求进行了描述。

(2)国内围岩松动圈支护理论的研究进展

我国学者在松动圈的研究方面也颇有建树。从 20 世纪 80 年代至今，做了大量现场和实验室研究工作，目前提出了一套围岩松动圈理论。包括：围岩松动圈的大小是地应力与围岩强度的函数；支护的主要对象；松动圈分级及相应的支护；支护的作用的讨论等等。我国学者提出的碎胀力是支护的主要对象的观点具有独到之处。松动圈由实测得到，没有做任何原理方面的假设，这样不会引起计算分析误差。围岩的分类是按照喷锚支护机理来划分的，便于支护设计，在近几年，这种学说推广很快。但是，仍然有一些需要进一步研究、完善的地方。

1977 年，长春煤研所研制出了用于煤矿条件的超声波围岩裂隙探仪，国内学者开始测试地下工程围岩的状态，从而对围岩状态与围岩稳定性的关系有了更加深入的认识，这为分析支护机理、设计合理的支护结构提供了依据。

1979 年，中国矿业大学的董方庭等从现场研究地下工程附近岩体的状态—松动破裂入手，在现场大量实测围岩中的松动圈，提出松动圈围岩稳定性分类方法：得到了中国煤炭系统的广泛应用。董方庭等人又结合相似模型实验和理论分析，深入研究了松动圈的性质，1985 年正式提出了松动圈支护理论，认为支护的对象是松动圈发展过程中的碎胀变形(碎胀力)。

1986 年，阎凤山在真三轴试验台架上做了关于围岩松动圈的相似模拟试验，如图 4-24 所示。研究认为，松动圈厚度越大，支护破坏越严重；锚喷支护不能明显影响松动圈的厚度；原岩应力越大，松动圈厚度越大；锚喷支护在“软岩”中，能把破碎的岩石重新锚固在一起形成锚固体，支护巷道。从根本上回答了围岩松动圈是原岩应力的函数，用松动圈的厚度作为岩石分类的指标是科学合理的。

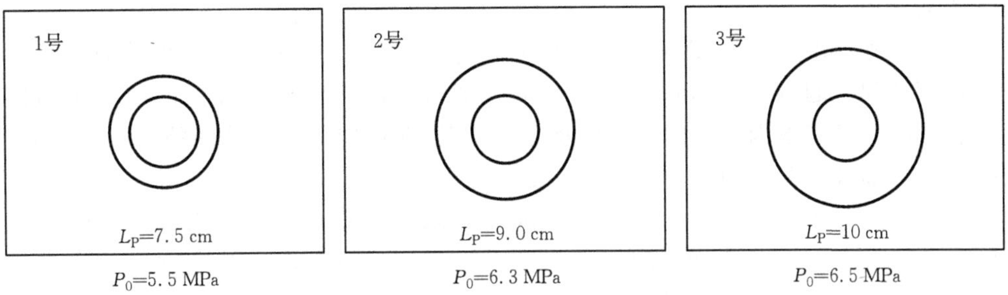

图 4-24　不同应力条件下试块上的松动圈

1987 年，董方庭、鹿宁敏、高树棠从围岩状态出发，研究巷道支护问题，把开巷后围岩的物理状态的变化作为研究巷道支护问题的突破点。通过模拟试验对围岩松动圈进行了研究，进一步证明围岩松动圈是围岩应力及围岩强度的函数。

1990 年，宋宏伟与梁士杰等以现场实测为基础，建立松动圈厚度与已知（或可测）量的数学关系式(4-42)。

$$\Delta R_p = 2.22B^{2.94}R_a^{-1.05}h^{4.30}\times 10^{-11} \tag{4-42}$$

式中　ΔR_p——松动圈的厚度；

B——拱形巷道跨度；

R_a——围岩岩样单轴抗压强度；

h——巷道埋深。

其中，B、h 为已知量，R_a 可测量。

1993 年，宋宏伟等人利用中国矿业大学的真三轴静力学试验台，开展了关于松动圈及其影响因素的相似模拟正交试验，研究认为，松动圈厚度值与岩石单轴抗压强度的关系最大，与原岩应力的关系较大，而与巷道跨度关系很小可以忽略。用正交试验得到松动圈与有关因素的关系式，证明了巷道收敛变形量主要是围岩松动圈形成过程中的碎胀变形，再次说明原岩应力越大，岩石强度越小，则松动圈厚度越大，支护越困难。

1996 年，靖洪文、付国彬、董方庭对千米深井按五水平、分岩性及是否受采动影响底板岩巷围岩松动圈的实测分析，着重探讨了围岩松动圈与采深及受采动影响下的变化规律等，并对深水平巷道围岩松动圈进行预分类，据此进行工业性试验，取得了良好的效果。

1999 年宋宏伟基于松动圈理论提出了锚喷支护设计专家系统，利用该系统可合理地对煤矿巷道进行围岩稳定分类、断面形状选择、支护形式与参数设计和施工工艺选择，并直接输出便于使用的咨询报告和常用巷道断面形状的支护布置图。工程实践表明，该系统的使用有利于松动圈理论的推广和降低支护费用。

1999 年，靖洪文等通过对软岩巷道工程特征的研究，提出用定量指标—稳定的围岩松动圈厚度值 L_p($L_p \geqslant 150$ cm)来判定“软岩巷道工程”的方法。以此为基础，进而分析了围岩松动圈碎胀、水胀及复合等变形机理，提出对大松动圈碎胀变形Ⅳ、Ⅴ类软岩采用锚喷网支护，类软岩采用联合支护，对水胀变形软岩首先采用综合防治水措施的新思路，并被大量的工程证明是正确的。

2002 年宋宏伟采用现场实测、解析分析、非连续岩体数值模拟和现场工程实践相结合的方法，以围岩客观存在的破裂松动圈围岩状态为主线，探讨了地下工程围岩松动圈的性质，松动圈与地下工程稳定性的关系，松动圈的维护对地下工程稳定性的作用，对矩形断面地下工程中松动圈形成过程，影响松动圈的因素，获得了非连续岩体地下工程围岩中围岩松动圈的深入的、进一步的性质。

2003年刘刚、宋宏伟采用ANSYS数值计算程序，对矩形巷道的围岩松动圈进行数值计算，并用回归法建立起围岩松动圈与地压、围岩强度以及巷道跨高比之间的关系。通过假设检验，得出松动圈与其影响因素之间的定性及定量关系，即地应力对松动圈的影响最为显著，其次为围岩强度，而巷道跨度的影响最小的重要结论。

2004年贾颖绚、宋宏伟等对测试围岩松动圈的技术方法做了总结，认为可用声波法、多点位移计法、地质雷达法、地震波法、电阻率法和渗透法等测试围岩松动圈，其中地质雷达和地震波的方法测试数据较精确。同时指出，钻孔光学电镜法、放射性元素法可行性和不足之处，并预测小型化智能化松动圈测试专用仪器、配套软件和动态松动圈测试技术的研究将是今后的发展重点。

2006年李宁对围岩松动圈的弹塑性位移反分析方法进行了探索，从洞室监测过程的实际情况出发，根据掌子面的推进过程与监测位移间的变化情况，巧妙地对监测位移进行了弹塑性分析，最后结合围岩的实际受力状态，反推得到真实工作状态下的岩体强度参数。该方法密切结合工程实践，是一种有效、易于操作的弹塑性位移反分析方法，具有较好的实用性的。

2006年王学滨采用FLAC研究了围压对巷道围岩应力分布及松动圈的影响，研究认为当围压较低时，松动圈的外边界近似为圆形，应变软化区类似圆环，当围压较高时，松动圈的外边界为矩形，应变软化区为薄壁矩形，随着围压的增加，松动圈的厚度增大，而应变软化区的尺寸不改变。

2009年靖洪文、李元海等利用全景钻孔数字摄像技术和数字图像处理与分析方法，研制了全景数字钻孔摄像煤矿巷道围岩松动圈测试系统，提出了用钻孔图像中围岩裂缝的圆形度指标作为判断围岩松动圈标准的新思路。

(3)松动圈巷道支护理论的基本观点

提出围岩松动圈的支护对象：松动圈支护理论是根据围岩中存在松动破坏带的客观状态提出的，重视研究围岩破坏过程中的性质。巷道支护对象除松动圈岩石自重和巷道深部围岩的部分弹塑性变形外，还有松动圈扩展过程中产生的碎胀力及其所造成的有害变形，后者往往占主导地位，也即支护的主要对象，因此研究支护理论应以围岩破坏碎胀为基础。

回答了围岩支护的作用：相似物理模型试验和现场研究认为，支护不能有限阻止围岩破裂的发生与发展，即支护对松动圈作用不大。而围岩进行支护作用在于，其一是维护破裂的岩石在原位不垮落；其二是限制围岩松动圈形成过程中的有害变形。

提出巷道支护松动圈分类及相应的支护方式：地下工程围岩分类是将支护理论推向应用的重要一步，董方庭等采用以松动圈的值 L_p 作为综合指标的分类方法，利用 L_p 值进行松动圈围岩分类，有效克服了原岩应力、围岩强度、地下水等诸多影响围岩稳定性因素难测定的困难。同时结合支护方式特别是锚喷支护对不同范围的松动圈值进行了大量现场调研，提出了围岩类别划定标准和相应的支护方案见表4-8。

表4-8　巷道支护围岩松动圈分类表

围岩类别		分类名称	松动圈 L_p(cm)	支护机理及方式	备　注
小松动圈	Ⅰ	围岩稳定	0～40	喷混凝土支护	围岩整体性好，不易风化，可不支护
中松动圈	Ⅱ	较稳定围岩	40～100	锚杆悬吊理论喷层局部支护	
	Ⅲ	一般围岩	100～150	锚杆悬吊理论喷层局部支护	刚性支护有局部破坏

续上表

围岩类别		分类名称	松动圈 L_p(cm)	支护机理及方式	备　注
大松动圈	Ⅳ	一般不稳定	150～200	锚杆组合拱理论喷层，金属网局部支护	刚性支护大面积破坏，采用可缩性支护
	Ⅴ	围岩（软岩）	200～300	锚杆组合拱理论喷层，金属网局部支护	围岩变形有稳定期
	Ⅵ	不稳定围岩	＞300	二次支护理论	围岩变形一般在支护下无稳定期

（4）国内应用现状

围岩松动圈支护理论认为，松动圈的厚度包含了原岩应力的大小、岩体性质、被动影响等影响围岩稳定性的重要因素，用松动圈厚度指标 L_p 综合评价围岩稳定性及支护难度，既包含了这些因素的影响，又绕开了测试原岩应力、岩体强度的难题，把它作为确定锚杆支护参数的重要依据。而且松动圈的测试工作比较简单，现场人员均可完成，一般情况下，不必再去实测较难获得的原岩应力、岩体强度、节理间距等参数，因此该理论在国内煤炭系统的支护设计中运用越来越广。实践证明，松动圈支护理论捕捉住了支护的主要对象，其分类方法和所确定的支护形式与参数符合现场实际，取得的技术经济与社会效益显著。

松动圈支护理论的合理之处在于它充分考虑了岩石破裂后的物理力学性质，考虑了并且绕过了支护理论研究中的两个世界级难题—地压和岩体强度定量问题。用它们的相互作用结果—松动圈范围尺寸来衡量围岩的稳定性、分析锚杆支护作用机理，较好的从工程实践上、从理论概念上解决了地下工程岩体的稳定性问题。但是，松动圈支护理论仍然是经验与理论参半，其中原因如下：围岩松动圈厚度目前完全靠实测，没有通用的松动圈计算公式；锚杆作用机理还停留在传统的几种原理上，对锚杆与非连续岩体相互作用深入研究不够；锚杆设计上，由于碎胀变形定量没有解决，还停留在经验方法上；对松动圈的位移场和应力场演化规律研究非常鲜见，所以，该理论上尚需进行许多深入的研究，进一步提高和完善。

中国矿业大学董方庭教授认为：凡是坚硬围岩的裸体隧道，其围岩松动圈都接近于零，此时隧道围岩的弹塑性变形虽然存在，但并不需要支护。松动圈越大，收敛变形越大，支护难度就越大。因此，支护的目的在于防止围岩松动圈发展过程中的有害变形。提出松动圈软岩锚喷支护理论和技术，指出巷道支护的主要对象为松动圈发展过程中的碎胀变形，建议用锚喷支护代替U型钢支架来解决软岩支护问题。

（5）松动圈理论优缺点。①支护机理：隧道开挖后，洞体周围的土体会发生松动和塑性变形，同时引起应力分布的变化，从而形成一个特定的应力状态。采用分步开挖法，分阶段加固衬砌并逐渐卸载松动圈所产生的应力，以保证隧道的稳定性和安全性。②实施优点：量化简单，通过对松动圈的计算，可以量化评估围岩的稳定性，并预测出基本的围岩类型和支护措施；适用范围广，松动圈理论适用于大多数不同类型的岩层，如软弱岩层、脆性岩层和坚硬岩层等。③实施缺点：松动圈理论是依据基本的力学分析理论计算推导出来的，而没有考虑到复杂的地质物理现象，如流体渗流、岩层变形、岩石损伤等；这种简化可能会导致其计算结果与实际情况存在偏差。

4.3.6　其他支护理论

（1）应变控制理论：20世纪60年代，日本山地宏和樱井春辅（Sakurai S）等提出了围岩支护的应变控制理论，认为隧道围岩的应变随支护结构的增加强而减小，而容许应变则随支护结构的增强而增大，通过增强支护结构能较容易地将围岩应变控制在容许范围之内。

(2)能量支护理论：20世纪70年代萨拉蒙(M. D. Salamon)等人提出了能量支护理论，认为支护结构与围岩相互作用、共同变形，在变形过程中，围岩释放一部分能量，支护结构吸收一部分能量，但总的能量没有变化，主张利用支护结构的特点，使支架自动调整围岩释放的能量和支护体系吸收的能量。起源于苏联的应力控制理论，其基本原理是通过一定的技术手段改变某些部分围岩的物理力学性质，改善围岩内的应力及能量分布，使支承压力向围岩深部转移，以此来提高围岩自稳能力。

(3)控制隧道使用期稳定性的有效理论：C. Wang，Y. Wang，S. Lu(2000)根据对位于采矿区的某软岩隧道超过十年的监测资料进行分析，总结了六条变形特征，即相对于地层压力的重分布变形速率快、显著的流变变形、对应力变化高度敏感、对水流渗入高度敏感、隧道全断面各方向均变形，以及拱顶—底板收敛变形中底板拱起占主要部分等，并提出了控制隧道使用期稳定性的有效理论。

(4)洞室失稳判断方法：Y. Jiang、米田(H. Yoneda)和田桥(Y. Tanabashi)(2001)提出了一种预测软岩隧道塑性区发展和松动压力的理论方法，讨论了软岩力学特性对松动压力的影响，根据地层特征曲线，提出了判断洞室失稳的方法。

(5)轴变论理论：于学馥教授等(1981)提出轴变论理论，认为隧道坍落可以自行稳定。围岩破坏是由于围岩应力超过岩体强度极限引起的，坍落改变了隧道轴比，导致围岩进行应力重分布，应力重分布的特点是高应力下降，低应力上升，并逐渐向无拉力和均匀分布发展，直到稳定而停止。应力均匀分布的轴比是隧道最稳定的轴比，此时隧道形状为椭圆形。①支护机理：基于深埋隧道周围的土体，通过施加适当的轴向约束来调节隧道周围土体的内部应力状态，使其达到平衡状态和隧道可用性的轴比，从而保证隧道的安全稳定。②实施优点：轴变论方法简便，数学模型具有易于计算的性质；可以针对不同地质情况建立不同的分析模型并进行计算并考虑不同的隧道支护形式并进行设计和优化。③实施缺点：轴变论是一种经典的弹性理论方法，忽略了岩石材料的非弹性行为和岩土之间的黏聚性、摩擦性等特性；对于复杂的岩体结构和各向异性的情况，轴变论的计算结果可能会偏差较大。

(6)联合支护理论，由陆家梁、冯豫、郑雨天、朱效嘉等提出的联合支护技术是在新奥法的基础上发展起来的，其观点可概括为：对于巷道支护，一味强调支护刚度是不行的，要先柔后刚，先让后抗，柔刚适度，稳定支护，并由此发展了锚喷网技术、锚喷网架技术、锚带网架技术、锚带喷架等联合支护技术。

(7)锚喷—弧板支护理论：孙钧教授根据软岩巷道变形破坏特点，指出要维护软岩巷道的稳定，支护结构必须具备强柔性、高可缩性、边支边让、增阻性、有限的可缩性、合理的结构构造、施工方便和经济性等特点，并设计了高强度大弧板复合支护结构。由孙钧、郑雨天和朱效嘉教授等提出的，实际是联合支护理论的新进展。①理论要点：对软弱围岩总是强调放压是不行的，放压到一定程度，要坚决顶住，坚决限制和顶住围岩向临空方向变形。②支护机理：软岩隧道支护过程中让压到一定程度后，采用高标号、高强度钢筋混凝土弧板作为先柔后刚的刚性支护形式。③实施优点：适用性广，锚喷—弧板支护技术可以适用于各种隧道断面形状和地质条件。支护效果好，该方法通过锚杆、锚网等器具对不稳定的原始围岩进行支护，同时用预制混凝土弧板来固定锚杆和钢架系统。这种配合使用的方法可以使原始围岩保持稳定。④实施缺点：锚喷—弧板支护的成本较高。因为它需要大量的材料和设备，包括预制混凝土弧板、锚杆和附属设备等；弧板后充填技术要求严格，允许围岩变形有限，需要很高的阻抗力。

(8)主次承载区支护理论，由方祖烈教授根据深部围岩变形力学形态提出的，理论要点：认为巷道开挖后，在围岩中形成拉压域，压缩域在围岩深部，是维护巷道稳定的主承载区；张拉域形成于巷道周围，起辅助承载作用。支护对象为张拉域，支护结构与支护参数要根据主次承载区的协调作用决定巷道最终稳定。

(9)软岩流变地压控制原理：范秋雁教授提出建立在岩石流变学原理基础上的软岩流变地压控制原理，认为将围岩中弹性区部分围岩的蠕变控制在稳定蠕变范围内就可达到新奥法所提倡的最佳支护状态。

(10)软岩巷道锚注支护技术：由陆士良教授根据软岩工程特征提出的，利用锚杆兼做注浆管，外锚内注，实现“锚注一体化”，不仅可提高围岩强度和完整性，而且可发挥锚杆对软岩的锚固作用，并在实践应用中取得了显著效果。

(11)软岩巷道关键部位耦合支护理论：由何满潮教授(2002)根据软岩巷道破坏机理，针对关键部位产生原因，通过位移反分析原理，确定合理支护最佳时间，对软岩巷道围岩由于塑性大变形而产生的变形不协调部位即关键部位，通过支护的耦合而使其变形协调，限制围岩产生有害变形损伤，同时最大限度地发挥围岩自承能力，使支护体的支护抗力降到最小，从而实现支护一体化、荷载均匀化，达到巷道稳定的目的。①支护机理：岩体和支护结构之间存在一种相互作用关系，二者的力学行为将会相互影响。其中，支护结构可以对围岩施加一定的约束力，从而保证其稳定性；而围岩也会对支护结构产生一定的反作用力，因此需要通过支护结构来承受这部分力。②实施优点：精度高，这一理论将围岩和支护结构看作一个整体，从而可以比较准确地考虑强度、变形、稳定性等多个因素之间的相互影响。经济效益好，作为一种可行的设计方法，围岩—支护耦合理论有助于预测维护费用和工期，并降低岩土围护结构的施工风险，从而获得更好的经济效益。③实施缺点：计算量大：由于围岩—支护耦合理论所涉及的模型参数非常多，因此需要大量的计算来确定各种参数。这也导致该方法计算时间相对较长，甚至需要使用数值分析软件进行模拟。

(12)基于收敛－约束法的多层支护。①收敛－约束法的支护机理：利用岩体的特征曲线与支护结构的特征曲线相交的特征，来判断支护体系的最佳平衡条件。②多层支护的机理：在确保预留充足的变形量，隧洞开挖后设置第一层支护的基础上设置第二层或者多层支护，这样即使第一层甚至第二层支护屈服，但剩下的支护层依旧可以使变形收敛。③实施优点：可靠性高，多层支护理论使支护结构在分层设计的情况下逐层承担岩体的荷载，从而减轻单层支护的负担，提高整个支护结构的可靠性。④实施缺点：设计难度较大，多层支护理论设计涉及许多变量，如所用材料、施工方案等。且难以精确计算各层之间的相互作用。对环境影响大，多层支护理论需要更长的时间来完成开挖并且会产生大量废料，对其周围的环境造成负面影响。

第 5 章　隧道围岩与支护结构体系研究

5.1　隧道围岩与支护作用机制

5.1.1　围岩与支护结构体系

(1)隧道支护结构体系概念

岩体与人类同是大自然的一部分,彼此相互影响制约。和谐共处,不单指人类与自然,亦指工程活动中岩体与其赋存的特定环境。工程活动前,岩体与其赋存环境处于一种相对变化的平衡模态中,岩体特征与其赋存的应力场作为主导因素决定着赋存平衡模态;工程活动打破了这种平衡,即失衡(不稳定),岩体与其赋存的环境就会转化为另外一种平衡,在无人为因素干预引导下,最终平衡趋向于两种平衡模态:破坏和稳定。在平衡转化过程中,人为因素干预,即加入操控转化模态的催化剂(支护体系),新平衡将会向预期的模态转化,达到正常生产的目的。人类工程活动过程中平衡转化机制及支护结构体系发挥作用的流程示意如图 5-1 所示。

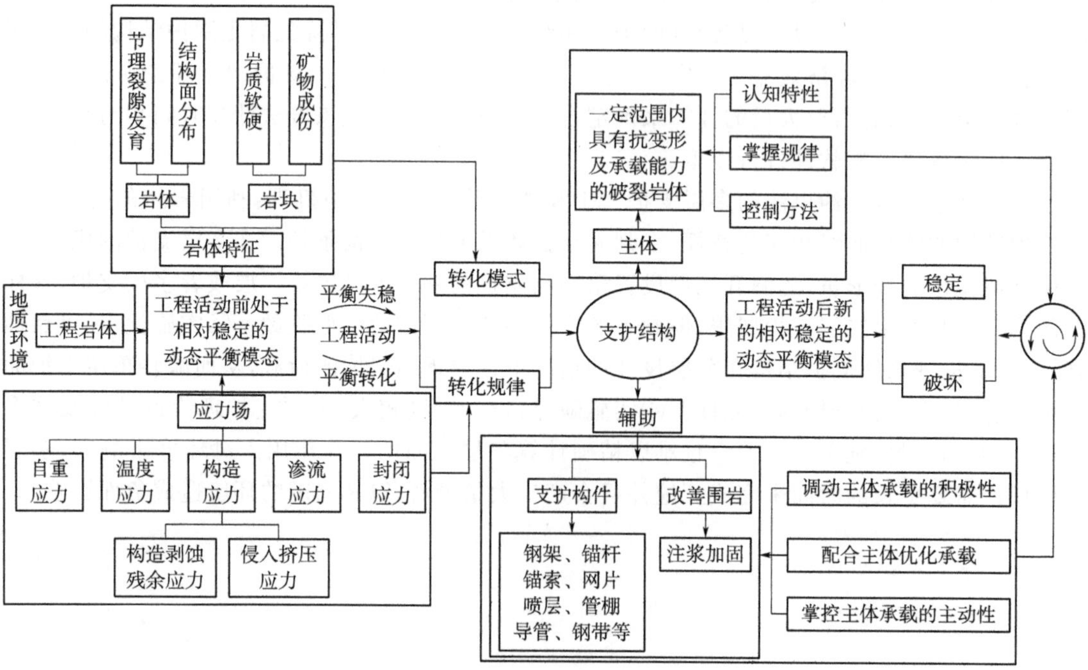

图 5-1　工程活动过程中平衡转化机制及支护结构体系作用示意图

人类从事隧道等地下工程活动,宏观可理解为一个过程:打破岩体与赋存环境原有平衡建立新的平衡。应指出,相对不同的时空域这两种平衡是动态的也是静态的。为了实现对平衡转化过程的控制新平衡的赋存模态达到预期,需注意以下三点:①掌握原平衡的赋存模态,即通过地勘调查、超前地质预报等手段，掌握工程岩体的特性及应力场（地应力场、渗流场、温度场等）分布特征。②理论计算、数值仿真、工程经验类比，分析研究可能趋向的几种平衡转化模态，即研究施工过程中围岩应力应变时空动态演化规律和破坏机制。③寻求新方法实现平衡转化可控性操控，即研发新型注浆材料改善围岩力学性能，突破传统束缚以新理念研发新型支护结构及配套施工技术体系。

与地面结构体系完全不同，隧道支护结构体系是由周围地质体和人工修筑的支护构件组成的，并且周围地质体起着主导作用。从工程结构角度看，这种支护结构体系形成是通过一定施工过程或者说一定力学过程来实现，这个过程状态的变化如图 5-2 所示。可以看出，隧道施工是一个开挖与支护的过程，从力学角度上讲就是应力释放和应力控制过程，从变形角度上讲就是变形和控制变形过程。基于隧道施工过程中应力释放与应力控制这种动态作用关系，在此侧重研究软弱围岩隧道支护结构与围岩作用体系，阐述隧道结构体系组成和该体系中各个子构件的力学作用、软弱围岩隧道支护与围岩作用原理、软弱围岩隧道支护结构的设计理念；以围岩变形控制为核心，对软弱围岩隧道支护结构各个构件力学特性进行系统研究；在此基础上建立考虑应力释放的隧道结构体系理论模型，并对不同等级软弱围岩进行了验算与分析。

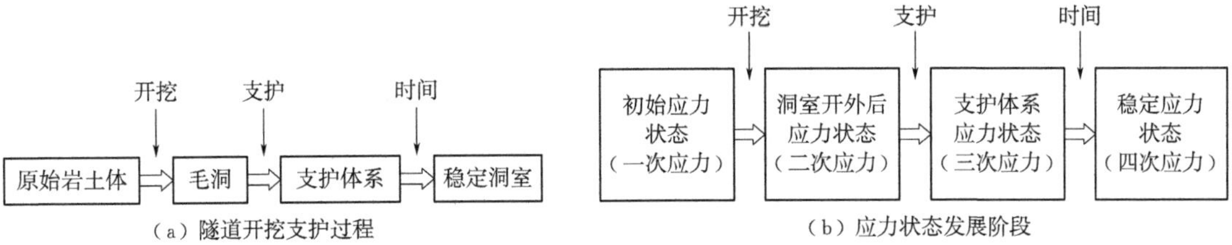

图 5-2　隧道施工力学状态变化过程

（2）隧道围岩作用机理

对于由周围岩体和支护结构共同组成的隧道结构体系而言，围岩既是荷载来源又是承载体，围岩自身承担了大部分围岩自重荷载和地层构造荷载，即广义上的围岩荷载。其中隧道附近围岩受隧道开挖扰动后由于应力释放造成的应力集中和力学特性指标劣化会造成局部损伤、破坏，通常需要进行加固处理，是隧道围岩稳定性控制的核心；该部分岩体通常也具有一定时间自稳能力和承载能力。隧道远部围岩受隧道施工扰动相对较小，保持了原有应力状态和力学特性，具有较强长期稳定性，成为发挥结构承载能力主体。隧道施工中必须充分发挥围岩自承能力，一方面不能让围岩进入松动状态，以保持围岩稳定性；另一方面允许围岩发生一定程度塑性变形，使围岩自承载能力得到最大限度发挥。

（3）隧道支护结构作用机理

隧道支护结构作用机理是指超前支护、初期支护和二次衬砌，其中超前支护和初期支护与围岩体共同形成承载结构，二次衬砌仅作为安全储备，主要承担附加荷载和残余变形引起的荷载，如图 5-3、图 5-4 所示。

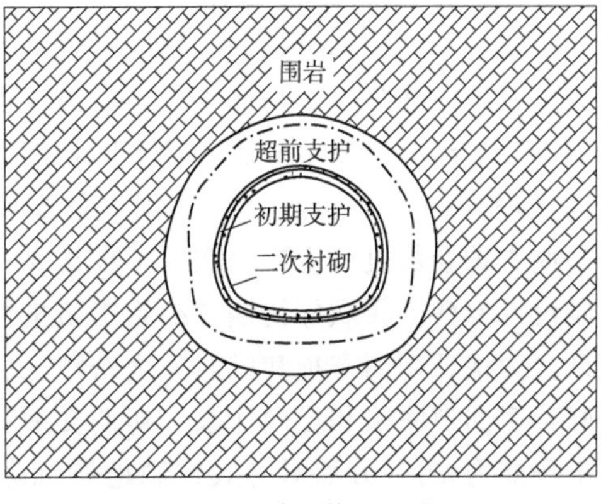

图 5-3　隧道结构体系示意图

①超前支护：指开挖前对需要采取拱顶稳定对策及抑制地表面下沉而采取控制掌子面前方围岩的超前变形，防护和强化掌子面前方围岩的对策。按施工目的分类有：洞周超前加固、掌子面超前加

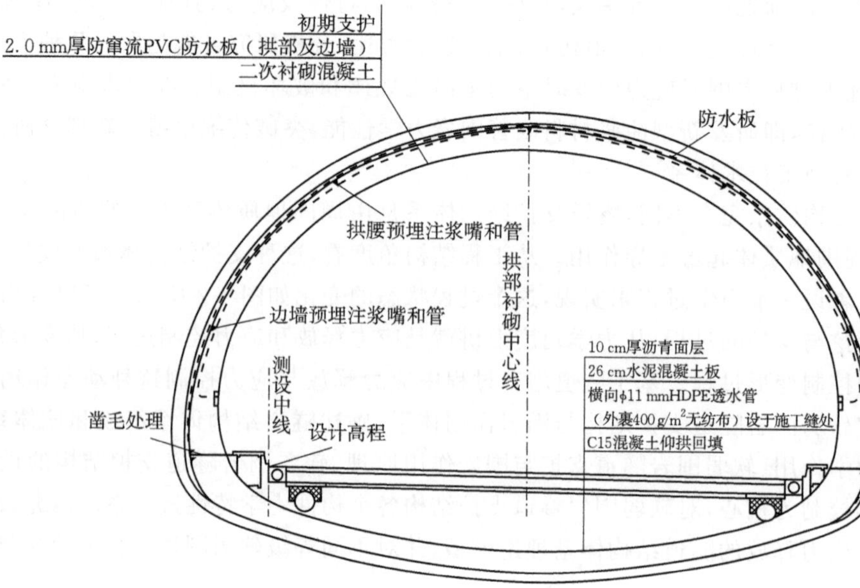

图 5-4　隧道结构支护参数设计

固、拱脚加固、突涌水防范、围岩补强等。常用的超前支护有：超前小导管注浆、管棚、掌子面超前锚杆、全断面帷幕注浆等。采用超前支护时，要考虑隧道安全性、超前支护效果、对周边环境影响等，进行经济性及与施工方法适应性等比较，从而选定合适的超前支护。从初步设计阶段就要判断采用超前支护的可能性。

②初期支护：由锚杆、喷射混凝土、钢拱架（型钢钢拱架、格栅钢拱架）、钢筋网等组成。隧道开挖后及时喷射混凝土、施作锚杆、型钢钢拱架或格栅钢拱架中的一种或几种对围岩进行加固，待初期支护变形基本稳定后，再模筑二次衬砌。这样的施工步序可保证绝大多数隧道正常施工和运营（不考虑高地应力、高水压、软岩大变形等条件下隧道）。当初期支护工程措施不能满足变形控制基准时，应采取掌子面超前支护和预加固工程措施。由于二次衬砌在初期支护变形稳定后施作，复合式衬砌结构中主要承载构件是初期支护，初期支护承担了隧道开挖后围岩应力释放引起的狭义上的围岩荷载，二次衬砌作为安全储备。

③二次衬砌：通常指模筑素混凝土、钢纤维混凝土或钢筋混凝土。作为安全储备的设计理念要求初期支护和围岩共同构成的承载结构应能够承受全部荷载作用。

(4)初期支护结构要求

①初期支护不再是“临时承载结构”，而是作为永久支护结构的一部分，且是永久支护结构的重要组成部分。②初期支护参数设计也要随之细化、科学化、规范化，而不应是根据围岩级别Ⅰ～Ⅵ级围岩简单分成6种不同初期支护设计参数。实际工程中Ⅰ级围岩和Ⅵ级围岩很少见，多分布在Ⅱ～Ⅳ级，4种不同初期支护设计参数是无法应对各种地质情况类型隧道工程。初期支护参数设计应根据实际工程情况，制定相应初期支护和围岩变形控制基准，从而确定相应设计参数。③做好初期支护施工质量控制，同时建立和健全相应初期支护质量检测评价体系。为保证初期支护和围岩完全密贴，更好调动围岩自身承载能力，隧道初期支护形成后应做好背后回填注浆和径向注浆。初期支护背后回填注浆一方面能更好发挥初期支护和围岩协同工作能力，另一方面对有效控制地层沉降作用也至关重要，并且上覆地层强度越低影响越明显，是软弱岩土层隧道控制地层沉降较为有效和经济技术措施。

5.1.2　围岩与支护作用机制

（1）开挖作业后的力学行为

隧道洞室开挖破坏了围岩原有三向应力平衡，围岩受力状态由三向变成近似二向，产生应力重新分布。根据弹塑性理论，一方面环向应力增加并产生应力集中；另一方面径向应力降低，洞室周边处径向应力达到零；围岩受力状态改变的同时伴随着应力集中和（围岩）岩体强度下降，如果集中应力值等于或大于下降后的（围岩）岩体强度，围岩将发生塑性破坏，且这种破坏由洞室周边开始逐渐向围岩深部扩展，直至达到新的三向应力平衡状态为止。围岩松动区有一个发生、发展和稳定过程，稳定后的松动圈厚度值反映了围岩应力、围岩强度等共同作用结果，其外是塑性区及弹性区。弹性区、塑性区、破坏区（三区）力学行为与岩石全应力应变曲线相应段是对应的，其中围岩弹性区、塑性区对应于全应力应变曲线峰前段弹性、塑性阶段，破坏区（围岩松动圈）对应峰后“软化”段和残余强度段。为了防止松动区范围扩大造成大的冒顶、塌方，隧道开挖后，必须在适时条件下采用合适支护措施进行支护。

（2）围岩与支护特征曲线

指在支护与围岩紧密接触的情况下，围岩与支护共同承担隧道开挖引起的应力释放。隧道围岩与支护之间相互作用关系可由围岩、支护特征曲线来反映，如图 5-5 所示。其中曲线①代表洞室侧壁径向压应力 σ_r 与径向位移 σ_P 之间的关系曲线。曲线②、③、④为不同支护模式的支护反力 P_i 与洞壁径向位移 u_P 之间的关系曲线，工程上称为支护补给曲线。曲线⑤为实测洞壁位移—时间曲线，它分四个阶段：第Ⅰ阶段围岩无约束自由变形；第Ⅱ阶段由设置初期支护开始，变形由于支护反力而减缓；第Ⅲ阶段从仰拱完成开始，由于形成封闭结构致使变形速度大大降低；最后围岩变形稳定进入第Ⅳ阶段。实测隧道洞壁位移—时间曲线⑤可供技术人员判断围岩和支护变形是否趋于稳定，它反映了新奥法的重要思想。

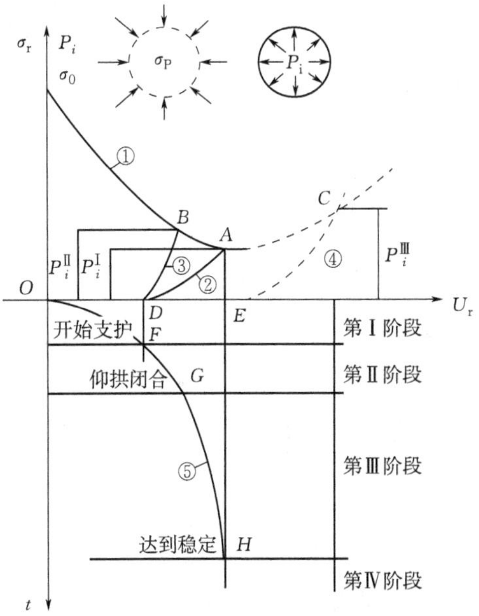

图 5-5　隧道围岩与支护特征曲线

（3）围岩与支护相互作用：在围岩变形过程中，随着支护结构的约束阻力进一步增长，如果支护结构有足够强度和刚度，则围岩特征曲线和支护结构支护补给（特征）曲线会相交于一点，从而达到平衡。不同刚度支护结构与围岩达成平衡时 P_i 是 u_p 不同。比较理想情况是曲线①和曲线②相交于点 A，此时作用在支护上的围岩压力为 P_i^{I}，此时作用于支护结构的围岩压力最小。如果所采用支护刚度较大，则围岩压力急剧增长，如曲线③，其围岩压力为 P_i^{II}。如果隧道开挖后立即施作刚度足够大支护结构，则可将隧道围岩变形控制在很小范围内，但是此支护结构将承受非常大围岩压力，然而在深埋隧道工程中，由于现有支护形式特点（滞后性、不密贴及支护阻力小），单纯依靠支架微小阻力不可能改变深埋隧道围岩松弛状态，也不可能从根本上阻止围岩变形，因此使支护结构特征曲线和围岩特征曲线过早相交，在经济上和技术上都是不可行。如果支护设置时间太晚或支护刚度过小，支护补给曲线将不能和围岩特征曲线相交，支护结构所能提供约束阻力满足不了围岩稳定需要，这种情况最终导致围岩失稳，则出现

松动压力 $P_i^{Ⅲ}$，如曲线④。值得注意的是：随着时间推移，围岩性质恶化、锚杆锈蚀等，这个平衡状态还将调整。

(4)隧道支护结构适用性：支护施作时机、支护本身刚度及支护与围岩接触情况都将影响到围岩的稳定性和支护所受荷载大小。刚度大的支护结构承受较大围岩压力；反之，柔性较好支护结构所承受的围岩压力要小得多，但是柔性太大支护结构易产生较大变形，甚至引起塌方等安全事故。因此在工程中强调采用刚柔结合的支护结构，以节约成本，有效地控制围岩变形，从而达到围岩稳定。当然，增加支护结构刚度并不总是意味着要增加支护结构数量或尺寸，有时使支护结构及早闭合成环显得更重要。同样刚度支护结构，施作时机不同，最后达成平衡状态也是不同的，如图 5-5 中的曲线②和曲线④。支护结构施作越早，它所承受围岩压力就越大，但这并不等于说支护结构参与相互作用时间越晚越好，因为初始变形不加控制会导致围岩迅速松弛而崩塌。因此，原则上要及早地施作初期支护，以控制围岩初始变形在适当范围内。这个范围大小取决于岩体特性、洞室埋深和围岩赋存条件。

(5)软弱围岩隧道支护结构适应性：对于软弱围岩隧道，当原始地应力极高时，过早地施作刚度较大的支护结构，反而有可能使支护结构因受力过大而破坏，此时，应强调超前支护地层改良作用，必要时可通过超前应力释放降低初期支护承受的围岩压力。软弱围岩隧道不良地质段施工中，往往可以通过超前支护改良地质条件，使初期支护更好发挥其承载能力。此时，超前支护起到了重要桥梁和纽带作用，通过地层改良降低了初期支护与围岩强度比和刚度比，使初期支护能够或更好联合围岩承受全部荷载。合理开挖方式也是控制软弱围岩隧道变形的关键环节，台阶数量、高度、长度、封闭时间等都对围岩变形有重大影响，施工原则应该是快挖、快支、快封闭。

5.2 软弱围岩隧道支护结构作用效果

从地质工程观来看，软岩由于其强度较小，无法自稳，因此必须对其进行改造，以满足软岩隧道工程的要求。在软岩支护的方法措施中，都需用上不同程度、不同量的锚喷网架和注浆。为了更好地发挥各支护结构的潜能，使工程造价经济合理，必须正确认识它们的作用机理。

软岩隧道支护的分类方法如下：

(1)根据支护施作时间分类：超前支护、临时支护、永久支护等。①超前支护方法：超前大管棚($\phi70$～$\phi120$ mm 的大直径钢管)；超前小导管($\phi42$～$\phi70$ mm 小直径的钢管)；超前锚杆($\phi16$～$\phi28$ mm 的钢筋锚杆或注浆锚杆)。超前支护除锚杆外，一般都伴随注浆作业。②临时支护：一般采用锚杆、钢筋网、喷射混凝土、钢架、砌石等。③永久支护：一般采用钢筋混凝土或无筋混凝土支护，也有采用喷射混凝土支护。

(2)根据支护施作方法分类：可分为锚杆支护、挂钢筋网支护、喷射混凝土支护、注浆支护、钢架支护、混凝土衬砌支护等。

(3)根据支护结构发挥功效分类：可分为超前支护、初期支护和二次衬砌三部分。

5.2.1 支护结构特点要求

(1)隧道支护结构的作用

隧道支护结构基本作用就是与围岩一起组成一个有足够安全度的地下结构体系，能承受可能出现的各种荷载，保证隧道断面使用净空。对于具有一定自稳能力围岩，如在坚硬围岩

(Ⅱ、Ⅲ级围岩)条件下，尽管其结构面较发育且整体强度较低，运用常规隧道支护方法，一般均能获得成功。但在软弱围岩(Ⅳ、Ⅴ级围岩)及某些特殊地层等复杂地质条件下，如遭受过强烈构造运动地区，岩体极度破碎(块度十几厘米，甚至几十毫米)、断层破碎带、挤压岩层带、极度软弱岩层(包括膨胀性地层)等非常发育，洞室围岩自稳能力极差，甚至无自稳能力，隧道开挖后往往伴随着大变形和严重破坏。尤其当埋深较大或者处于高地应力区，有时还处于地下水位之下，常规支护方法已显得无能为力，对支护结构施作提出了新要求。软弱围岩隧道施工应针对不同地层特点对喷锚支护作适当改进，如使用钢纤维喷层或在喷层中预留纵向伸缩缝(如陶恩隧道、惠那山隧道等)、使用可收缩钢拱架、设置系统锚杆、组合锚杆、可伸缩锚杆；此外，高强度大弧板、锚索、围岩注浆等也得到应用。

(2)软岩隧道支护结构特点

根据软岩隧道变形破坏的特点，支护结构需要选择合适的刚柔度来适应软岩变形的特征，使得支护结构对隧道支护做到边支边让，保证围岩的自稳能力得到充分利用，围岩通过产生变形来释放围岩部分压力，不仅能有效控制围岩安全稳定而且可以做到支护材料不浪费，从而减小工程成本。做到这些需要软岩隧道的支护结构满足以下几个特征：

①柔韧性：围岩发生适度变形一方面可以使围岩发挥其自稳能力，另一方面也可以使支护结构承担的围岩应力减小，这个过程不仅需要通过采用合适的支护时机来实现，也需要通过支护结构的柔韧性来实现，支护结构良好的柔韧性，可以让围岩和支护结构一起再发生适度的共同变形。所以支护结构具有一定的柔韧性是非常有必要的。

②一定的可缩性：支护结构需要具备较高的可缩性来使得支护结构和围岩能够一起变形，避免围岩释放的部分应力作用到支护结构上，从而降低直接作用在支护结构上的围岩应力；但是也不是无限高的可缩性，支护结构过高的可缩性会导致无法有效控制围岩变形，从而使得围岩塑性区发展成为松动区，进而导致支护结构承受的应力发生回弹现象，即围岩压力降低到最小值之后又开始增大，同时也不能是很低的可缩性，如若支护的可缩性不能有效的控制软岩的收敛变形，则很有可能出现围岩变形过大造成支护结构侵限或者破坏。

③边支边让：软岩的力学性能表明，若围岩没有承受围岩压力却处于压缩状态时，软岩会呈现出其弹脆性的一面，即围岩强度会随着围岩破坏大大降低，若围岩承受较大的应力时，软岩就会呈现出其塑性的一面，随着围岩达到屈服状态，塑性性能明显增强，但强度降低却不明显，这表明，围岩自身能承担一部分的围岩应力而且承担一部分的应力不仅对围岩自身有利，更可以减少作用在支护结构上的围岩压力，节约支护材料，即在支护结构上，就要求支护结构能控制围岩不产生过大变形破坏，又让围岩自身承担一部分围岩压力，做到边支护边让步。

④增阻性：软岩隧道的支护结构需要具备增阻性，围岩变形量越大，所需支护抗力就越大，即支护结构的刚度随之增大，在软岩隧道变形破坏后期，支护结构的增阻性就更重要，支护结构的支护抗力骤然增大能有效控制围岩发生过量形变而失稳。

⑤方便施工：受软弱围岩地质条件的影响，一般隧道断面尺寸都较小，空间作业面小，大规模的机械设备施工操作不便，这时合理便捷的支护结构不仅能够加大施工速度而且能够保证施工过程的安全。

⑥经济性：一些支护结构虽然能够起到很好的控制软岩隧道变形的效果，但是在施工操作方便或是经济技术方面就不是那么理想，所以在选择合理支护结构时，需要从多方面考虑，在技术上满足安全有效、方便施工，在经济上做到合理、可行，只有二者都满足支护结构才有采纳和使用的价值。

(3)软弱围岩隧道支护结构基本要求

根据软弱围岩隧道支护与围岩相互作用关系可知，软弱围岩隧道支护结构应满足以下基本要求：

①应保证支护结构与围岩接触密实：即保证二者作为一个整体进行工作。只有支护结构与围岩紧密接触，才能很好发挥其协同承载能力。作为初期支护的一个重要构件，喷射混凝土支护可以向围岩提供比较均匀的径向及切向约束力，能够改善围岩的应力状态和支护结构的受力状态，从而促进围岩隧道结构体系的稳定。在硬岩（Ⅱ、Ⅲ级围岩）条件下，隧道初期支护采用挂网喷射混凝土就可以很好实现支护结构与围岩密实接触；但在软岩（Ⅳ、Ⅴ级围岩）及某些特殊地层等复杂地质条件下，为很好地控制围岩变形，工程中常采用钢拱架加强初期支护的刚度。然而工程中常用的型钢钢拱架与喷射混凝土结合不好，黏结力较小，尤其与围岩接触面难以由喷射混凝土充填密实；与喷射混凝土粘结握裹好的格栅钢拱架却独立承载能力较差，且架设后不能立即承载，及时支护作用差。为改善钢拱架支护效果，可在型钢、喷射混凝土施作后进行初期支护背后回填注浆和径向注浆，也可采用早期强度高的喷射混凝土加格栅钢拱架控制软弱围岩隧道的早期变形速度。

②保证支护结构与围岩协调共同工作：当原始地应力极高时，软弱围岩隧道过早地施作刚度较大的支护结构，反而有可能使支护结构因受力过大而破坏，此时应允许软弱围岩隧道能产生可以限制的变形，一方面充分发挥围岩自承载能力，另一方面改善支护结构受力状态，优化支护结构设计参数，使支护结构与围岩更加协调共同工作。必要时将初期支护分期施工，并使早期支护和后期支护相结合，主动控制围岩变形。围岩变形是随着时间推移而逐渐发展的，因此，在开挖早期如果能适时地进行初期支护，其刚度不宜过大，应能让围岩产生一定变形量，当这种变形发展到一定程度时，初期支护可能因强度不足而产生问题，需要适时补强直到变形趋于稳定。这种可分式支护结构不仅使作业灵活，而且可以保证支护结构的经济性和合理性。

③强调超前支护地层改良作用：通过地层改良降低初期支护与围岩强度比和刚度比，必要时可通过超前应力释放降低初期支护承受的围岩压力，使初期支护更好发挥其承载能力。

④采用合理开挖方式：也是控制软弱围岩隧道变形的关键环节，台阶数量、高度、长度、封闭时间等都对围岩变形有重大影响，施工原则应该是快挖、快支、快封闭。

⑤采用适用经济支护结构：支护结构要易于架设，构件可以互换，断面类型单一等施工技术上的要求。某一种支护结构要完全满足上述要求是很困难的，必须正确评价各种类型支护结构，以便根据变化地质条件加以合理选择。

5.2.2 超前支护结构功效

(1)超前支护作用机理

①施作目的：在初期支护手段和分部开挖措施不能有效或高效作用场合而采取的辅助特殊措施，是在隧道开挖中以促进掌子面稳定、保护周边环境等各种对策工法的总称，工程上又称其为辅助工法，其目的是控制掌子面挤出变形及其前方超前变形、保证掌子面稳定、隧道结构安全和周围环境安全。

②稳定地层作用：隧道位于软弱松散地层条件时，自稳性非常差。施工中除了采用合理施工方案外，开挖前必须采用一些辅助工法先对工作面前方沿隧道轮廓线进行超前加固，然后再开挖以保证施工安全。超前支护体系能够有效地抑制地面沉陷，并全面地保持自然地层在稳定状态下开挖隧道。研究表明：地面全部沉降量的30%～40%和地下地层全部沉降量的

40%～50%是在一般支护开始发生作用之前发生的。所以，加固掌子面前方地层，对抑制地层沉降是非常重要的。

③适用条件。采用超前支护的围岩条件和环境条件是各种各样的，但代表性的有：未固结围岩、膨胀性围岩、有涌水地层等围岩条件，以及埋深小、地表面下沉问题、通过市区靠近结构物等环境条件。超前支护也可应用于隧道洞口段、扩幅段、分叉段等特殊断面地段。

④按支护长度分类：超前支护种类繁多，作用模式各异。超前支护按其长度划分为短超前支护(包括超前小导管、插板、超前锚杆以及预衬砌，一般长度不超过 6 m)、中长超前支护(包括水平旋喷注浆、6～10 m 的钢管超前支护)、长超前支护(10 m 以上的长钢管超前支护、管幕、冻结加固地层等)。

(2)管棚超前支护作用效果

隧道通过软弱破碎岩体、流塑状黏土、岩溶充填流泥、流沙等不良地质地段开挖时的一种超前支护。

①管棚支护作用机理：管棚在隧道中超前预支护的作用机理，就是将管棚上部围岩传来的比较集中荷载分散到掌子面前方岩土体和格栅(钢)拱架上，从而减少了掌子面前方岩土体所受压力，取得了比无管棚预支护条件下更大的掌子面土坡稳定安全系数，从而保证了掌子面前方岩土体稳定。

②管棚支护整体作用效果：沿隧道开挖轮廓周边间隔一定间距、沿洞轴以一定外插角(上仰角度一般不宜超过 5°)呈外插状分布，钢管起双重作用(超前管棚作用、注浆管作用)。通过注浆加固，拱顶以上被加固密实形成结实体，整体稳定性增强，加之管棚临时支护作用可达到理想开挖条件。管棚支护即在隧道开挖轮廓线以外沿隧道掘进方向打入一排管，以支撑隧道上部松散土层，防止其塌落，必要时在管内进行置换注浆，将钢管周围土层和钢管固结成整体，以增强其支撑能力并起到防水作用。

③管棚钢管作用效果：在开挖之前先将钢管打入围岩中，外露端支承焊接在立好钢拱架上，一般布置在隧道上断面(拱部)，在开挖面上形成了一个"保护棚"后进行随后开挖工序。"保护棚"钢管发挥的作用：(a)钢管起着普通锚杆功用加强整体性，使围岩形成较强的围岩壳；(b)钢管又具有"梁"的功能，一端支承于拱架上，另一端在围岩中(开挖中要保证有一定长度在未开挖岩体中，并满足最小搭接长度要求)，那么具有两端支承的"梁"就能承受一定荷载，即松散下坠岩块的压力。(c)发挥加固围岩作用，对松散破碎岩体还可通过钢管壁上钻眼进行预注浆，使围岩固结而成整体。可以加固围岩、防止局部掉块、滑塌而形成的大超挖与塌方。(d)发挥棚支撑作用，大管棚除具有锚杆功能加固围岩外，还因其本身具有一定刚度与拱架结合能起到棚支撑作用，在软弱围岩施工中是一种防止控制塌方的有效技术措施。(e)拱形结构作用，管棚穿过松散破碎塌方段时，底端搭接在稳固岩体上，从孔口端一边开挖，一边采用 I 字钢支撑，逐步形成圆棚状管，上覆岩体压力通过圆棚状管传递到支护结构上。同时，开挖中可采用相应临时支护手段(喷锚支护、浇筑薄壳混凝土)等以防岩体松动、掉块和松动圈出现和扩大，这样管棚钢支撑和临时支护将塌方段松散岩体形成了拱形结构体，可较成功地通过塌方段。

(3)管棚支护效应

隧道施工中应用管棚技术，将管棚周围土层和钢管固结成整体，以增强其支撑能力和防水作用，开挖前使围岩固结成整体防止及控制塌方，增大围岩强度形成拱形薄壳，拱顶预加固形成伞形保护环防止土层坍塌，使塌方体具有一定支撑和自稳能力，并起到可能的棚架作用。管棚支护效应体现在以下方面：

①梁的效应：管棚因前端嵌入围岩内，沿隧道工作面推进方向布置的一端与初期支护结构体相联结成，后端与砂浆锚杆出露端相焊接而形成纵向支撑梁，这种结构是最有效提供竖向抗力布置方式，是典型的超前管棚的梁效应，但隧道纵轴方向管棚的板和壳效应，一定条件下也是存在的。

②拱的效应：沿隧道横断面方向若没有超前管棚，则横断面方向地层拱必须依靠两侧墙一定范围内相对稳定土体作为拱脚来建立拱平衡状态。在施作超前管棚时，若间距适合或注浆饱满，各个超前管棚单元体间极易发生成拱现象，且其小拱跨度等于其支护间距，因此与原来可能形成的拱跨相比，必将成倍地缩小。很显然随拱跨度缩小，调整和成拱达到平衡所需时间大为减少。因此在建立了成组排列拱脚以后，隧道很快就建立起新的平衡，使边界为连续的小拱群严密控制，而小拱下的土体则由随后及时喷射混凝土来约束，这便是管棚的成拱效应。

③强化岩体效应：管棚钢管插入后，用注浆泵通过花管注入的浆液经壁孔挤入围岩裂隙或缝隙中加固围岩，从而提高岩土体弹性模量和强度。遇到隧道浅埋、地表存在结构物、隧道接近地中结构物、地下埋设物开挖等情况时，可以有效地控制隧道开挖造成的影响和防止围岩松弛。

④环槽效应：因沿隧道轮廓钻环形密集孔槽，故掌子面爆破产生的爆炸冲击波传播和爆生气体扩展遇环形孔槽被反射、吸收或绕射，大大降低了反向拉伸波所造成的围岩破坏程度及扰动范围。据我国声波测试表明，普通钻爆法往往在隧道周边形成厚度为 0.6～1.0 m 的松动区。但是，如果管棚布置恰到好处，炮孔装药结构合理，就可使爆效接近于非爆破法的开挖影响。

5.2.3　初期支护结构功效

初期支护力学特性是比较复杂的，因为它不仅仅取决于初期支护本身构造，而且与周围岩体接触条件以及施工中出现的各种变异有关。因此，目前在评价初期支护力学特性时，原则上都假定其他条件相同不变(如紧密接触、压力分布均匀、径向分布等)，只研究初期支护引起本身结构组成不同产生的力学效应。初期支护是由锚杆、喷射混凝土、钢拱架(型钢钢拱架、格栅钢拱架)等组成。

(1)锚杆

锚杆支护是一种主动支护形式，它是通过锚杆及其辅助构件与锚固范围的围岩形成锚固结构体，利用锚杆的横向作用提高锚固范围岩体的强度参数，锚杆的轴向作用改变锚固范围岩体的应力状态，从而达到提高巷道稳定性的目的。锚杆可能是在所有支护中进行理论和试验研究最多的一种支护手段。许多国家在锚杆支护机理和支护效果上所进行的研究为发展和提高锚杆设计技术水平起到了良好作用。

①锚杆作用效果

锚杆是唯一从内部补强围岩的手段，可提高裂隙围岩抗剪强度，也可以改善围岩物性指标，更可以将一些不连续岩块联系在一起，基本上不占用作业空间，施工性好，因此得到广泛应用。锚杆是隧道施工过程中，维护围岩稳定保证施工安全的重要手段之一。施工完成后，在一定程度上作为永久支护结构的一部分发挥作用。锚杆作为初期支护构件之一，设计施工中是必不可少的，软弱围岩中加固作用十分明显。软弱围岩喷射混凝土难以抵抗围岩巨大形变压力，不能有效保证支护可靠性，将喷射混凝土与锚杆联合使用，且锚杆作为主要支护措施，起到的作用效果：(a)加固围岩作用，形成具有一定厚度的"加固圈"加固围岩。"加固圈"承担外层围岩传来的荷载，使得最后传到喷射混凝土土层的荷载大为减小。围岩多数处于受剪破坏状态，锚杆的抗剪能力能够提高围岩锚固区的 c、φ 值，尤其是节理发育的岩体，加固作用更为显著。(b)通过锚杆周围水泥砂浆与围岩的黏聚力实现加固作用，需保证锚固可靠，且锚杆垫板须与岩面紧贴。(c)加固不稳定岩体。局部锚杆一般是用于加固不稳定块体，如利用锚杆的悬吊作用阻止拱顶不稳定块体的塌落，利用锚杆的抗剪作用阻止变强不稳定块体的滑落。显然，锚杆加固软弱结构面的作用是极为卓越的。(d)形成沿开挖面的受力环区，将开挖面处的高应力延伸到岩体深处。(e)改善"岩石—混凝土结构体系"的承重效果，起到锁定岩石共同受力的作用。(f)限制围岩位移，部分减少开挖过程中引起的松动。(g)梁作用。在层状岩体中，其作用如叠合梁一样，由于锚杆使用使层间紧密，使之能传递剪力，具有组合梁的效果。

②锚杆施作质量难以保证

施工中如何保证和检查锚杆的施工质量是极为重要的。从目前施工状况看，锚杆长度不足、不配置垫板、布置不合理、砂浆充填不密实，甚至"长锚短打"现象时有发生。造成这种现象的原因虽然是多方面的，但主要还是对锚杆在隧道施工中的作用认识不足，不能完全按照要求施工，而且缺乏有效检测手段。

③锚杆种类和作用

锚杆分为端头锚固式、全长粘结式、摩擦式、预应力式等多种形式。从材料特性角度讲，锚杆加固作用表现在提高围岩力学参数，从而使得围岩强度增大变形减小；从力学特性角度讲，锚杆加固作用体现在给隧道洞壁提供支护力，从而改善围岩力学状态、提高围岩承载能力。这两方面的作用相辅相成，共同作用保证围岩稳定。

④锚杆支护理论

随着锚杆支护工程实践的不断丰富，锚杆支护的理论计算模型已有许多有价值的成果。这些理论都是以一定的假说为基础的，各自从不同的角度、不同的条件阐述锚杆支护的作用机理，而且力学模型简单，计算方法简便易懂，适用于不同的围岩条件，得到了国内外的承认和应用。目前，较成熟的理论主要可归纳为三大类。

第一类，基于锚杆的悬吊作用而提出的悬吊理论、减跨理论。(a)悬吊理论：锚杆上端锚固在围岩内部较坚硬的岩石中，把一层或几层稳定(或不稳定)且比较平而薄的直接顶板通过锚杆下端的托板及螺栓，锚固在比较坚硬的岩层上，从而起到了悬吊作用。锚杆的悬吊作用理论能很好地解释锚杆长度范围内存在稳定岩层的情况，但不能说明松软岩层高度超出锚固范围情况下的锚杆作用机理。只适用于隧(巷)道顶板，不适用于帮、底。且开掘隧(巷)道的顶板在一定范围内，必须有坚硬稳定的岩层，当跨度较大的软岩巷道中普氏拱高往往超过锚杆长度，或顶板软弱岩层较厚，围岩破碎区范围较大时，无法将锚杆锚固到上面坚硬岩层或者未松动岩层上，悬吊理论就不适用了。(b)减跨理论：包括两方面的内容，一是基于松散介质的自然冒落拱理论提出的锚杆作用原理，其依据是冒落拱高度与跨度成正比关系，认为利用锚杆的悬吊作用可增加顶板岩层的支点，从而减小支点间的跨距，进而达到降低冒落拱高度、减小所需支护强度的目的；二是基于梁的理论而提出的锚杆作用原理，即当巷道顶板为层状岩层时，其变形特性近似于梁的性质，此时锚杆的作用是缩短梁的跨距，以减小其中的横向应力产生的弯矩及弯矩产生的弯曲应力，尤其是弯曲拉应力，从而提高顶板的稳定性。从以上两种情况可以看出，减跨理论中的锚杆作用机理以及适用条件与悬吊理论等同，即需要以稳定岩层或稳定岩层结构为依托。

第二类，基于锚杆的挤压加固作用而提出的组合梁理论、加固拱理论以及楔固理论。(a)组合梁理论：通过锚杆的轴向作用力将顶板各分层压紧，以增强各分层间的摩擦作用，并借助锚杆自身的横向承载能力提高顶板各分层间的抗剪切强度以及层间粘结程度，使各分层在弯矩作用下发生整体弯曲变形，呈现出组合梁的弯曲变形特征，从而提高了顶板的抗弯强度。适用于顶板由多层厚度小的连续性岩层组成的隧(巷)支护。隧(巷)道帮底不能应用。(b)加固拱理论(挤压加固理论)：通过系统地布置锚杆，使隧(巷)道拱顶节理发育的岩体串联在一起，沿隧(巷)道的断面形成一个连续的具有自承受能力的拱形压缩带，使岩层得到补强，成为一个整体结构，支承其自身重量和上部的顶板压力。对于平顶巷道的层状连续性顶板而言，挤压加固理论等同于组合梁理论，此时，锚杆的挤压加固作用既可使层状顶板形成组合梁结构，从而提高了其抗弯强度，又可改善岩层的应力状态，使岩层沿平行于岩层层理方向的抗压强度得到提高。本理论适用性较强，几乎适用于所有的围岩条件。(c)楔固理论：主要是针对隧(巷)道围岩中的地层有时会沿其中的弱面滑移而提出的围岩加固理论。当巷道围岩中的部分岩体被其中的弱面切割为块体时，其稳定性状况一定程度上将取决于对关键块体的维护情况，因为这种条件下围岩的失稳大多起因于关键块体的失稳。对此可将锚杆沿与弱面相交的方向布置，并借助锚杆的抗拉、抗剪、抗弯等作用防止围岩发生滑动甚至脱离岩层而冒落，从而保持巷道围岩的整体稳定性。

第三类，综合锚杆的各种作用或基于特殊条件而提出的最大水平应力理论、围岩松动圈理论、围岩强度强化理论、锚杆桁架支护理论、锚固平衡拱支护理论、锚注支护理论。(a)最大水平应力理论：隧(巷)道围岩的水平应力有时会大于垂直应力，此时，隧(巷)道顶、底板的稳定性主要受水平应力的影响；水平应力具有明显的方向性，隧(巷)道轴向与最大水平应力之间的夹角不同，水平应力对顶、底板稳定性的影响程度也会有所差异，表现为三种情况：与最大水平应力方向平行的隧(巷)道受其影响最小，顶、底板稳定性最好；与最大水平应力方向成锐角的隧(巷)道的顶、底板变形破坏偏向隧(巷)道的某一帮；与最大水平应力方向垂直的隧(巷)道受其影响最大，顶、底板稳定性最差。基于该理论，英国学者研究发现，在深部开采的高应力环境下，最大水平应力的作用使顶、底板岩层发生剪切破坏而出现错动和膨胀，造成围岩变形，随着变形的发展，顶板对支护的载荷迅速增长，并使支护系统发生破坏，在这种作用下，锚杆的作用应当是在顶板变形的早期阶段提高其稳定性，以控制顶板后期变形的严重程度。即锚杆的加固应在顶板岩层发生松动膨胀变形之前进行，而不是等顶板已经松动破坏、几乎丧失自承能力后才被动地承受围岩压力。同时，应充分重视垂直应力对两帮的影响：顶板锚固后，两帮垂直应力集中区更靠近隧(巷)帮表面，控制两帮破坏、防止顶板有效跨度超过顶板锚杆的有效支护范围，对围岩稳定极为重要。(b)围岩松动圈支护理论：基于隧(巷)道围岩状态特征的研究，董方庭教授等提出了松动圈支护理论，并提出了关于锚杆作用机理的动态解释，认为在矩形巷道围岩中，锚杆除了可以发挥悬吊作用以外，形成组合拱是其主要的支护作用，即破裂顶板在锚杆锚固力作用下可以形成具有一定强度和厚度的锚固层，随着顶板的下沉变形，锚固层将达到新的平衡状态，形成压力拱或称之为裂隙体梁式的平衡结构。(c)围岩强度强化理论：通过对处于不同物性状态岩体加锚前后的力学性质的研究，侯朝炯教授等提出了巷道锚杆支护围岩强度强化理论。巷道锚杆支护的实质是锚杆和锚固区域岩体相互作用，并形成统一的承载结构；锚杆支护可以提高锚固体强度破坏前、后的力学参数，改善锚固体的力学性能；锚杆作用可以提高围岩各状态下的强度值，使巷道围岩强度得到强化，通过对巷道底臌机理的深入研究，侯朝炯教授提出了加固巷道帮、角控制底臌的理论及方法，为巷道底臌的防治提供了一条有效、实用的途径。(d)锚杆桁架支护理论：出现于20世纪60年代，人们通过对其支护机理的研究认为桁架锚杆的作用原理属于挤压加固一类。锚杆桁架对巷道围岩的加固作用主要表现在以下三个方面：一是改变巷道顶板的应力状态。即随着锚杆桁架预紧力的增加，顶板中部的拉应力将减小，甚至出现压应力使顶板不受拉应力，从而弥补岩体抗拉强度较小的弱点。二是促进顶板裂隙体梁的形成。当巷道开挖在层状岩体中时，顶板的破坏和变形可以用“岩梁”理论来分析它的稳定性取决于裂隙体梁的成拱作用；三是提高顶板裂隙体梁拱座处的抗滑动性能。根据静力平衡原理，当岩梁拱座处的抗剪切能力过低时，顶板将发生整体剪切滑动。桁架预紧力引起的主动作用将与拱座处的水平推力叠加，增大了该危险部位岩石或不连续面的摩擦阻力，从而提高顶板裂隙体梁在拱座处的剪切强度。(e)锚固平衡拱支护理论：根据困难条件下锚杆支护成拱的重要作用，煤炭科学院北京开采研究所的林崇德高工提出了锚固平衡拱支护理论。其主要内容包括：一是煤巷软弱顶板岩层在矿山压力作用下经历压缩变形的过程；二是锚固岩层没有整体达到塑性破坏之前，顶板岩层仍可视为岩梁；三是锚固岩层整体进入破坏阶段后，岩层已经不是一个连续体；四是锚固支架是否具有较大的承载能力和变形能力，取决于顶板岩层的力学性质和锚杆的成拱作用大小；五是锚固支架形成锚固平衡拱的关键是通过锚杆的作用保持锚固岩层的整体性。(f)锚注支护理论：通过对软岩巷道围岩控制方法的研究，陆士良教授提出了外锚内注式的支护方法，认为软岩巷道围岩的破裂范围及变形量都很大，传统的刚性支护难以适应，而单纯的锚杆支护或组合锚杆支护欲使破裂岩体处于挤紧状态，从而形成平衡拱也难以实现。对于节理裂隙发育的软岩，采用注浆的方法可以改变其松散结构，提高黏聚力和内摩擦角，提高围岩的整体性和强度系数，从而形成一个注浆加固圈，为锚杆提供可靠的着力基础，使其能够充分发挥悬吊、组合等基本功能，对注浆加固圈以下的松碎岩石起到支护的作用，这种支护方式的提出极大地拓宽了锚杆支护技术的应用范围。

⑤锚杆支护机理要点：(a)锚杆支护的主要作用在于控制锚固区围岩的离层、滑动、裂隙张开、新裂纹产生等扩容变形与破坏，使围岩处于受压状态，抑制围岩弯曲变形、拉伸与剪切破坏的出现，最大限度地保持锚固区围岩的完整性，减小锚固区围岩强度的降低，使围岩成为承载的主体。在锚固区内形成刚度较大的预应力承载结构，阻止锚固区外岩层产生离层，同时改变围岩深部的应力分布状态。锚杆支护对岩石的弹性变形、峰值强度之前的塑性变形控制作用不明显，要求支护系统应具有一定的延伸性，使围岩的弹性变形、产生明显扩容变形之前的塑性变形得以释放。(b)锚杆支护系统的刚度十分重要，锚杆预紧力及其扩散起着决定性作用。根据巷道条件确定合理的预紧力并使预紧力实现有效扩散是支护设计的关键。单根锚索预紧力的作用范围是很有限的，必须通过托板、刚度和金属网等构件将锚杆预紧力扩散到离锚杆更远的围岩中。特别是对于巷道表面，即使施加很小的支护力，也会明显抑制围岩的变形与破坏，保持顶板的完整。护表构件在预应力支护系统中发挥极其重要的作用。(c)锚杆支护系统存在临界支护刚度，即使锚固区不产生明显离层和拉应力区所需要支护系统提供的刚度。支护系统刚度小于临界支护刚度，围岩将长期处于变形和不稳定状态；相反，支护系统的刚度达到或超过临界支护刚度，围岩变形得到有效抑制，巷道处于长期稳定状态。支护刚度的关键影响因素是锚杆预紧力，因此存在锚杆临界预紧力值。当锚杆预紧力达到一定数值后，可以有效控制围岩变形和离层，而且锚杆受力变化不大。(d)锚索的作用主要有两方面：其一是将锚杆支护形成的预应力承载结构与深部围岩相连，提高预应力承载结构的稳定性，同时充分调动深部围岩的承载能力，使更大范围内的岩体共同承载；其二是锚索施加较大的预紧力，给围岩提供压力，与锚杆形成的压力区组合成骨架网状结构，主动支护围岩，保持其完整性。

⑥设计要点：(a)一般沿洞室周边径向均匀布置，必要时底部加锚杆。(b)为保证加固带有一定厚度，长度与间距之比一般为 2∶1。(c)为防止锚杆间围岩坍落，应配合网喷混凝土，喷层主要承担锚杆间的局部坍塌荷载。

⑦锚杆施工要点：一般情况下，隧道边墙采用普通砂浆锚杆，拱部采用组合式中空注浆锚杆，临时支护和加固可采用玻纤树脂锚杆。施工要点：(a)按设计要求定出位置，孔位允许偏差不超过±100 mm。(b)杆体插入锚杆孔时，应保持位置居中，插入深度应满足设计要求。(c)砂浆锚杆孔内灌砂浆应饱满密实，砂浆或水泥浆内可添加适量微膨胀速凝剂。(d)锚杆安设后灌注砂浆终凝后应立即安装垫板，拧紧螺帽。(e)锚杆打设角度宜与岩层层面垂直。(f)破碎岩层、水平岩层应加强拱部锚杆支护，土质浅埋隧道拱部可不设置锚杆。(g)锚杆锚固可靠，全长粘结。(h)锚杆安装要用垫板，且垫板要求与岩面紧贴。锚杆加固机理及施工安装如图 5-6 所示。

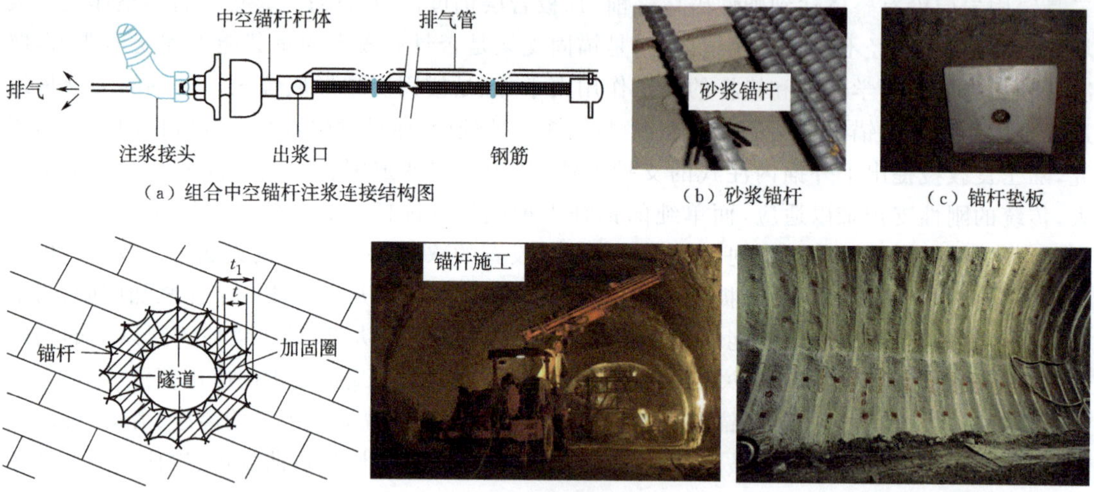

(a) 组合中空锚杆注浆连接结构图　(b) 砂浆锚杆　(c) 锚杆垫板

(d) 锚杆加固机理　(e) 锚杆施作　(f) 系统锚杆

图 5-6　锚杆加固机理及施工安装

(2)喷射混凝土

在隧道及地下工程中，喷射混凝土广泛应用于各种不同地质条件，发挥不同支护作用。

①喷射混凝土工作特性：及时性、分次性、黏结性、柔性、密实性、挂网防裂等，这些特性能最大限度地利用、发挥围岩强度和分配外力，使支护结构受力均匀。(a)及时性：指喷射混凝土支护可在隧道开挖后几小时内施作，用喷射混凝土初期强度控制围岩松弛。由于喷射混凝土及时喷射形成一定厚度喷层，再加上它能紧跟掌子面施作且初期强度高，充分利用空间效应，形成能够向围岩提供支护反力的拱形结构，使其背后围岩应力状态从二维状态变成三维状态。因此，及时喷射、较大的初期强度、早期闭合是喷射混凝土支护发挥力学作用的关键所在。(b)分次性：围岩性状、喷射时期不同，喷射混凝土支护作用也不同，从控制围岩变形和调整混凝土刚度来看，喷射混凝土多数是分层喷射。喷射混凝土的喷射时间决定了其支护作用，其中初次喷射、及时闭合的支护作用最明显，初次喷射后，虽然围岩强度小，但喷射后可防止拱顶和掌子面掉块控制围岩松弛；二次喷射后，如喷射厚度充分，随着混凝土强度出现，则能控制围岩变形继续发展。(c)粘结性：指喷射混凝土与围岩紧密附着粘结，在喷射混凝土和周边围岩接触界面上产生抵抗剥离的附着力和沿接触面的剪切阻力，传递剪应力、拉应力和压应力，改变围岩表面受力状态，防止围岩强度恶化，而且喷层本身的抗冲切能力也能阻止不稳定块体滑

落。与围岩全面密贴的喷射会极大地提高喷射混凝土支护作用，可充填围岩表层节理裂隙、填充围岩表面凹穴，使被裂隙分割的岩块联合起来，保持岩块间的咬合镶嵌作用，提高其粘结力、摩阻力，防止围岩松动，避免或缓和围岩应力集中，使不稳定围岩荷载得到转移，提高围岩自承能力。另外，喷射混凝土还能覆盖开挖围岩表面，防止围岩因与空气接触而劣化，或者防止与水接触而软化和岩土颗粒流失等。(d)柔性：指喷射混凝土可以沿围岩表面施作成薄层(较厚的喷射混凝土可以分期完成)，刚度相对较小，但能与钢筋网、锚杆或钢拱架等初期支护其他构件很好地协同工作的特性。喷射混凝土的良好柔性对于控制塑性流变围岩的初始变形显得特别重要，它容许围岩产生一定的塑性变形，可以避开应力峰值，能充分发挥围岩自承能力并有效利用支护结构支撑能力。必要时喷层可设置纵向变形缝，将其设计成具有一定支撑能力又有良好柔性的支护结构。现行复合式衬砌中初期支护刚度相对较小，喷层厚度一般为 20～30 cm，仅为高速铁路双线隧道开挖跨度的 1%～3%，较之过去厚度达到隧道开挖跨度 8%的刚性初期支护，喷射混凝土厚度大大减小。虽然支护结构厚度减小了，但不影响支护结构承载能力。因为柔性支护结构可以调整围岩变形，使围岩与支护结构之间相互作用力分布均匀，所以支护结构主要是受压而弯矩很小，但柔性支护结构的柔度应根据工程实践而具有一定限度，也不是越柔越好。(e)密实性：指喷射混凝土高度的密封性和良好的不透水性，这是因为与普通浇筑混凝土相比，喷射混凝土具有高水泥含量、低水灰比和封闭的毛细孔。喷射混凝土支护覆盖在围岩表面，阻止或限制了水流从地层中流出，反之亦然，这样就大大降低了地下水或潮湿空气对岩体的侵蚀，阻止了节理间充填物和断层泥的流失，保持岩块间的摩擦力，有利于保持岩体的固有强度，也提高了岩体的抗冻性，有利于围岩稳定。(f)挂网防裂：为防止喷射混凝土收缩裂缝出现或减小裂缝数量和限制裂缝宽度，常采用挂钢筋网片的工程措施。钢筋网能够使喷射混凝土应力得到比较均匀的分布，增强锚喷支护整体性，防止喷射混凝土局部破坏；提高喷射混凝土承载能力，主要表现在提高喷射混凝土抗剪和抗拉能力；增强喷射混凝土柔性改变其变形性能；提高喷射混凝土抗动载能力。

②作用机理：混凝土喷层在软岩隧道支护中曾取得过显著效果，对其支护作用仍在不断的探索。混凝土喷层的作用机理概括为以下七点：(a)改变围岩表面受力状态。喷层能与围岩密贴和粘结，并能给围岩表面提供抗力和剪力，从而使围岩处于三向受力的有利状态，防止围岩强度恶化。此外，喷层本身的抗冲切能力则阻止不稳定块体的塌滑。(b)“卸载”作用。喷层属柔性，能控制地使围岩在不出现有害变形的前提下，进入一定程度的塑性，从而使洞壁处的岩压减小。并且喷层的柔性也能使喷层中的弯曲应力减小，有利于混凝土承载能力的发挥。(c)填平补强围岩。喷混凝土因可射入围岩张开的裂隙，从而能填充表面凹穴，使裂隙分割的岩块层面粘连在一起，保持岩块间的咬合、镶嵌作用，提高其间的黏聚力、摩阻力，有利于防止围岩松动，并避免或缓和围岩应力集中。(d)覆盖围岩表面。喷层直接粘贴岩面，形成防风化和止水的防护层，并阻止节理裂隙中充填物流失。(e)防止围岩松动。喷层能紧跟掘进工作面，实施及时的支护，提供初期支护，阻止围岩松动或过快地发生大变形，对于保护围岩强度起到很大的作用。(f)分配外力。通过喷层把外力传给锚杆、网架等，使支护结构受力均匀。(g)间接提高围岩中的环向力，提高组合拱的质量，使组合拱的支撑能力增强。

③设计要点：(a)应有必要的早期强度，尽快对围岩提供支承力，24 h 抗压强度不应低于 10 MPa。(b)应具有足够的后期强度，强度等级不应低于 C25。(c)与围岩应具有足够的粘附强度，使与围岩尽快形成整体，阻止围岩松动下滑，与围岩的粘结强度不应低于 0.5 MPa。(d)软弱围岩采用钢筋网喷射混凝土，增强喷射混凝土的抗剪强度、提高粘附性。

④施工要点：如图 5-7 所示，(a)分段分片自下而上顺序喷射，一次喷射厚度拱部不得超过 10 cm，边墙不得超过 15 cm，喷嘴与岩面保持垂直，距受喷面 0.8～1.2 m。(b)喷射压力控制在 0.15～0.2 MPa，混凝土喷射终凝 2 h 后，应进行湿润养护，养护时间不得少于 14 d。(c)喷混凝土拌和料从拌和、运输到使用不应超过 1 h。(d)随着材料、配合比、施工机械发展，喷混凝土稳定的高强度已经成为可能，因此喷混凝土的设计基准强度有向高强度方向发展的趋势；在不良地质条件下的隧道应提高喷混凝土的强度等级。(e)回弹率及粉尘浓度，回弹意味着粗骨料的损失，而粉尘则意味着微细颗粒的损失，这两者对附着的喷混凝土质量，具有重要的影响。《岩土锚杆与喷射混凝土支护工程技术规范》(GB 50086—2015)，回弹率边墙不大于 15%，拱部不大于 25%，粉尘浓度小于 10 mg/m^3。(f)采用湿喷工艺，喷射混合料进入喷射机前按规定加水拌和均匀，较干喷工艺易准确控制水灰比，利于水泥水化，施工粉尘小，回弹少，混凝土均质性好，强度高。

(a) 锚、喷、网、钢架初期支护　　(b) 现场喷射工艺　　(c) 格栅钢架及喷射混凝土

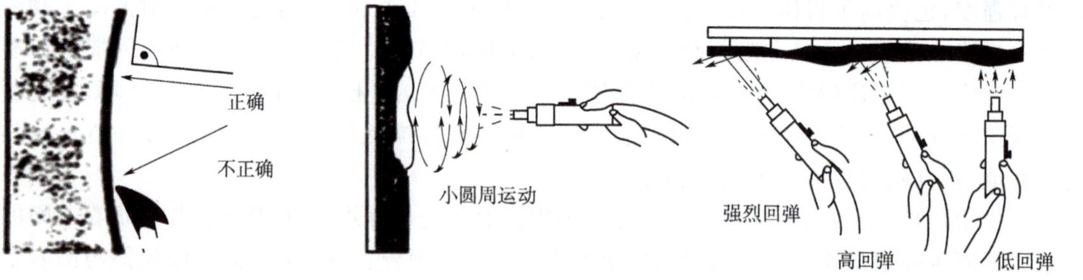

(d) 边墙喷射角度　　(e) 喷嘴运动状态　　(f) 顶板喷射角度

图 5-7　现场喷射混凝土施作

(3)钢拱架(钢支撑)

在软弱破碎或土质围岩中，隧道开挖后围岩自稳时间很短，而喷射混凝土、锚杆不能及时提供足够支护抗力，为维持围岩稳定和保证隧道设计断面净空要求，需要在开挖后的短时间内给予围岩强有力的支护，这时常采用具有较大支护强度和刚度的钢拱架(钢支撑)进行支护。常用的钢拱架形式分为型钢钢拱架和格栅钢拱架两种，二者都可形成比较有效的喷射混凝土钢骨架，在开挖后短时间内可提供围岩强有力的支护。钢拱架常与喷射混凝土、锚杆等组合使用。

①钢拱架作用特点：(a)强度和刚度较高，作为喷射混凝土支护功能出现前的支持物，安装后能与混凝土共同承受荷载，在自稳时间短一次变形大的软岩中，对控制隧道围岩变形起到了至关重要的作用。(b)补强承载，作为混凝土的环形构造钢筋，能够对喷射混凝土进行补强，提高了喷射混凝土承载能力，同时还可以作为超前支护的支点。(c)强力支护，能按照隧道设计断面制作，其强力支护保证了设计断面尺寸要求，围岩稳定性和施工安全性也大大提高。(d)型钢拱架即时承载强，型钢拱架自身刚度大，可独立起到承载作用，架设后能够立即承载，及时支护作用强。缺陷是由于其与喷射混凝土结合不好，粘结力较小，尤其与围岩接触面难以

由喷射混凝土充填密实；另外型钢钢拱架自重大，加工安装困难。(e)格栅拱架共同承载强，格栅钢拱架与喷射混凝土黏结握裹好，形成后不会因受力出现黏结面开裂和脱离现象，两者能够共同承受围岩压力；格栅钢拱架重量轻，施工架设容易；但其独立承载能力较差。

②作用机理：(a)钢支撑强度和刚度高，能够承受较高的围岩松动压力和形变压力。(b)钢支撑较易按照隧道设计断面制作，其强力支护保证了设计断面的要求，围岩稳定性和施工安全性显著提高。(c)钢支撑支护施工快速方便，在短时间内即给软岩隧道围岩强力支护，防止了隧道围岩变形过大发生破坏。但钢支撑耐腐蚀性较差，一般不用于永久支护，最终支护结构基本都采用混凝土和钢筋混凝土结构。

③作用效果：(a)喷射混凝土发挥作用前支撑围岩；(b)对喷射混凝土补强；(c)超前支护的支点；(d)与锚杆、喷射混凝土共同发挥初期支护的作用。

④适用范围：最大特点是刚度大，架设后能够立即承载受力。多用于软弱破碎或土质围岩中，需要控制围岩变形迅速发展的场合。如浅埋、偏压及土层隧道等。

⑤设计要点：(a)一般采用工字钢，或“八字结”形联系钢筋的格栅钢架。(b)钢架间距一般为 0.6～1.0 m。(c)为增加钢架的整体性，每榀钢架间应设纵向连接构件。(d)钢架拱脚及墙脚应有控制钢架位移和下沉的措施。

⑥施工要点：(a)钢架不宜在受力较大拱顶及其他受力较大部位分节，格栅钢架钢筋间焊接牢靠。(b)钢架加工后必须进行试拼检查，架立位置准确，安装后利用锁脚锚杆固定。(c)钢架安装时，应严格控制其内轮廓尺寸且预留变形量。钢架与围岩间的间隙必须用喷混凝土充填密实。(d)接头是整个钢架的薄弱环节，必须加强。(e)钢架应直立安装，并用混凝土预制块与围岩顶紧。(f)型钢钢架应预留注浆孔，及时对喷射混凝土层后回填注浆，保证与围岩密贴。(g)分部开挖钢架接长时，要注意防止失稳。钢架的设计制作安装如图 5-8 所示。

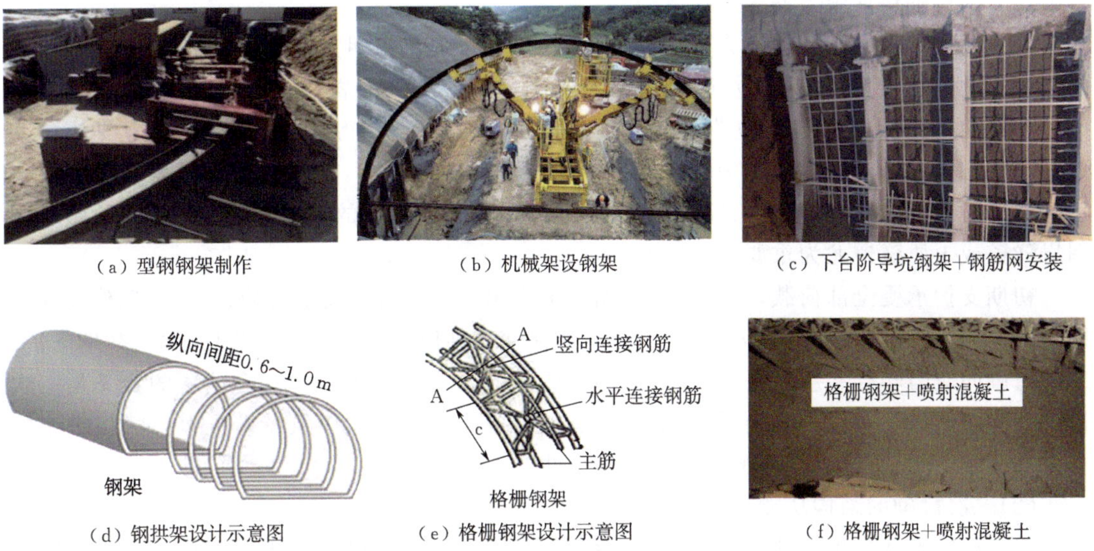

(a) 型钢钢架制作　(b) 机械架设钢架　(c) 下台阶导坑钢架+钢筋网安装

(d) 钢拱架设计示意图　(e) 格栅钢架设计示意图　(f) 格栅钢架+喷射混凝土

图 5-8　钢架的设计制作安装

(4)钢筋网片。初期支护喷射混凝土中设置钢筋网的理由如下：①规范要求：根据国标《公路隧道设计规范　第一册　土建工程》(JTG 3370.1—2018)规定，在喷射混凝土内应设带肋钢筋焊接网片，有利于提高喷射混凝土的抗剪和抗弯强度，提高混凝土的抗冲切能力、抗弯曲能力，提高喷混凝土的整体性，减少喷混凝土的收缩裂纹，防止局部掉块。②作用效果：在喷射混凝土中设置钢筋网，可以减少喷射混凝土层的开裂，增强初期支护的整体作用，通常与锚杆或钢架焊接成一体。③技术要求：钢筋焊接网片网格应按矩形布置，钢筋网的搭接长度不应小于 30 d(d 为钢筋直径)。钢筋网的喷射混凝土保护层的厚度不得小于 20 mm，当采用双层钢筋焊接网片时，两层钢筋焊接网片之间的间隔距离不应小于 60 mm。④施工要点：(a)纵横向钢筋采用点焊联结，使用前应除锈、清除油迹和浮土。(b)钢筋网要被喷射混凝土包裹，混凝土保护层不小于 20 mm。(c)必要时，可采用双层钢筋网。钢筋网加工安装如图 5-9 所示。

(a) 钢筋网加工模具

(b) 钢筋网成品

(c) 钢筋网焊接固定

图 5-9　钢筋网加工安装

5.2.4　二次衬砌结构功效

(1)二次衬砌的安全储备作用

根据软弱围岩隧道支护结构设计理念，二次衬砌在软弱围岩中是主要承载结构，与初期支护共同承担较大后期围岩变形压力。二次衬砌在整个隧道结构体系中的作用是作为安全储备，其主要作用是发挥承载、安全储备、保障运营安全。由于初期支护＋二次衬砌共同承载，适时施作二次衬砌保证施工安全。

为了使得二次衬砌能够作为安全储备，二次衬砌必须在初期支护变形稳定后施作：在坚硬围岩(Ⅱ、Ⅲ级围岩)条件下是易于实现的；软弱围岩(Ⅳ、Ⅴ级围岩)条件下可以考虑加强初期支护、采用超前支护甚至两层初期支护的方法控制围岩变形，使得二次衬砌可以在初期支护变形稳定后施作。目前国内隧道为保证施工过程安全和顺利进行，施作超前支护发挥着重要作用。二次衬砌作为安全储备的设计理念要求充分强调超前支护的重要作用，这对Ⅴ、Ⅵ级软弱围岩隧道或土质隧道尤为重要。

初期支护承受全部荷载，指围岩在初期支护作用下完全可以实现自稳；二次衬砌作为安全储备，并不是说二次衬砌不受力，由于岩土介质流变特性以及二次衬砌施作后围岩、初期支护、二次衬砌间应力转移和重新分布，二次衬砌必然受力。二次衬砌作为安全储备的含义是二次衬砌在常规条件下有较高安全系数，能够抵抗围岩可能发生恶化以及特殊灾害(地震)带来的非常规荷载，并且可以提高隧道结构体系耐久性。

(2)二次衬砌的结构功能特性

①二次衬砌在常规条件下有较高安全系数，能够抵抗围岩可能发生的恶化以及特殊灾害(地震)带来的非常规荷载。②考虑围岩不均匀性、支护材料质量离散、锚杆腐蚀等不确定性因素，以及隧道正常运营后土压、水压和上覆荷载等外力变化和支护材料劣化，增加支护结构安全系数，可以提高隧道结构体系的耐久性。③对于具有较大流变性的围岩，则二次衬砌需承受部分围岩荷载，以抵抗残余变形。④二次衬砌具有圆顺轮廓，可减少空气阻力。⑤二次衬砌还具有隧道通风、照明等的保持功能、内装功能、维修管理功能。

(3)二次衬砌的结构功能优势

尤其在软弱围岩隧道结构中发挥着特殊的功能优势:①符合充分发挥围岩承载能力设计理念,围岩与初期支护在必要时设超前支护共同作用下达到平衡。②超前支护和初期支护联合围岩能够承受全部荷载保证了后续施工安全,可更加灵活地选取二次衬砌施作时机。③初期支护与二次衬砌作用机理更加明确,初期支护和超前支护联合围岩能够承受全部荷载,不存在初期支护荷载和二次衬砌荷载在设计上荷载分担这种概念上的模糊。④目前我国隧道设计普遍偏于保守,二次衬砌既然作为安全储备,可以减小其设计厚度,按照构造要求进行配筋,甚至不设置钢筋,为避免二次衬砌开裂,可采用纤维混凝土,这样可有效减小工程造价并加快施工进度,提高衬砌结构耐久性。⑤初期支护联合超前支护和围岩承受全部荷载,二次衬砌作为安全储备设计理念是对大量隧道工程实践总结,符合隧道施工力学原理。

(4)二次衬砌的设置目的

①考虑围岩的不均匀性、支护材料质量的离散、锚杆的腐蚀等不确定因素,要增加以提高结构物的安全系数;②衬砌施工后,因土压、水压、上覆荷载等外力发生时,需要加以支持;③考虑使用后外力的变化和材料的劣化,需要提高作为结构物的耐久性;④在隧道变形没有收敛时构筑衬砌的场合,需要给予必要的约束力让隧道稳定。因此,在一般场合下,原则上都要设置二次衬砌。

(5)二次衬砌的作用效果

由于软岩隧道围岩的流变,作用在衬砌上的围岩压力随时间的增长而增加。隧道开挖后,即使围岩处于稳定状态,但经过一定时间的流变后,仍有可能发生破坏。因二次支护结构变形较小,强度较高,它既可提供补强支护力,又能限制围岩发生蠕变,所以在具有流变性质的软岩隧道中,设置二次支护(衬砌)是必要的,它的设置可以保证隧道的设计断面和使用功能。在二次衬砌修筑前,由于应力再分配,隧道已经稳定。因此,二次衬砌不承受开挖所产生的土压的作用,但在软弱围岩和不稳定的偏压地形的围岩场合,以及要考虑附加荷载的场合,还是需要考虑土压作用的。二次衬砌在原则上是在初期支护的位移收敛后实施的,由于初期支护能够和围岩形成一体,成为稳定的结构支护体,所以有时候在构筑的初期,它并不承受压力。这样可以根据初期支护的应力状态,来判断二次衬砌是否需要,即二次衬砌在构造上是以提高初期支护的安全性为目的的。在初期控制围岩稳定性方面,二次衬砌并不起太多的作用,一般而言它所担当的是一个长远的功能。但是在下列情况下,也会出现例外的情况,这时二次衬砌对控制围岩的稳定性也起着相当的作用:①土砂围岩等埋深小,不能形成平衡拱的场合。②地形有偏压作用的场合。③因为地下水变动,形成很大的地下水压作用,导致初期支护无法维持围岩的稳定的场合。④塑性变形大、膨胀性围岩、初期支护位移不收敛,不得不用衬砌来抵抗土压的场合。这种情况由于围压的变形很大,形变压力难以抵御,因此要在适当的条件下(就是需要二次衬砌提供的支护阻力能限制围岩的形变压力),需要早做二次衬砌来维持围岩的稳定。⑤虽然初期支护位移收敛,可以确保周边围岩稳定,但是初期支护的承载力接近极限的场合。这种情况下,初期支护是不安全的,若有外力的变动,就会引起失稳和塌方。

(6)二次衬砌的施工要点

二次衬砌采用模板台车进行拱墙衬砌一次灌注。洞口段应设加强二次衬砌,地层软硬分界处应设置变形缝。仰拱应超前拱墙衬砌,仰拱、填充应分开浇筑,且应全幅灌注。为解决仰拱施工和运输作业的干扰,应采用仰拱栈桥。二次衬砌的施工要点如下(图5-10、图5-11):①仰拱施工前应清除虚渣、杂物和积水。仰拱施工缝和变形缝处应做防水处理。②二次衬砌距掌子面的距离，Ⅴ、Ⅵ级围岩不宜大于 70 m，Ⅳ级围岩不宜大于 90 m，Ⅲ级围岩不宜大于 120 m。变形量大的挤压性地层的隧道应通过强化初期支护手段控制围岩变形，并加强二次衬砌结构。③二次衬砌拆模时应符合规定：在初期支护变形稳定后施工的，二次衬砌混凝土强度应达到 8.0 MPa 以上，初期支护未稳定，二次衬砌提前施作时混凝土强度应达到设计强度的 100%。④二次衬砌应先施工仰拱，分段整体浇筑。⑤二次衬砌背后空洞应回填密实。⑥仰拱应超前拱墙衬砌，仰拱、填充应分开浇筑，且应全幅灌注。⑦仰拱和底板混凝土强度达到 5 MPa 后行人方可通行，达到设计强度的 100%后车辆方可通行。⑧为解决仰拱施工和运输作业干扰，应采用仰拱栈桥。

（a）仰拱栈桥示意图　（b）仰拱栈桥　（c）仰拱钢筋绑扎

图 5-10　二次衬砌与仰拱施工

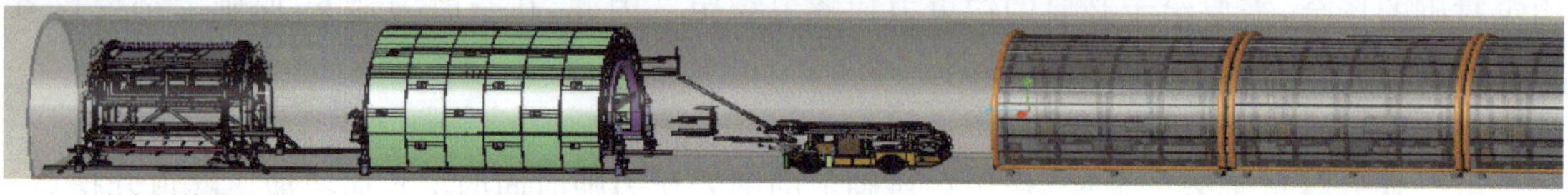

（a）防水板挂设台车　（b）数字化衬砌台车　（c）检测台车　（d）养护台车

图 5-11　衬砌与仰拱施工机械化

(7)二次衬砌合理施作时机判定

软岩大变形隧道二次衬砌合理施作时机判定一直是隧道工程界长期关注的技术难题，它直接决定了隧道结构施作后的安全性与稳定性。因软弱围岩隧道有围岩自身强度低、变形大、流变性强特性，若二次衬砌施作过早，施作后围岩还处于流变变形尚未结束，继此黏塑性变形加在二次衬砌结构上，导致二次衬砌结构承受很大形变压力和个别部位弹性抗力。且在二次衬砌施作后不久，二次衬砌混凝土尚未完全硬化至所设计的强度标准，在低强度时期承受“生命中不能承受之重”，势必导致混凝土产生缺陷，随流变年限增长，可能会使混凝土内部因承受很大应力而产生裂缝，继而导致二次衬砌使用寿命降低和一系列安全性问题。若二次衬砌施作过晚，则可能造成初期支护出现塑性屈服导致变形过大，继而引发一系列侵限、裂缝、剥落等安全事故，而且会严重滞后施工工期。受围岩岩性、模型本构的选取等因素的影响，在实际工程中对二次衬砌合理支护时机方法的选用受到很大限制。

(8)二次衬砌施作时机影响因素

①工程地质因素：对于高地应力深埋软弱围岩隧道，围岩岩性一般较差，变形量大，工程地质环境成为影响隧道二次衬砌支护时机的首要因素。二次衬砌结构稳定性与初始地应力、岩体完整性系数、地下水发育程度等因素有关，也与岩石物理力学性质指标息息相关，如岩石抗压强度、容重、黏聚力、内摩擦角、弹性模量、泊松比等。围岩综合条件越好，施作的二次衬砌结构越稳定。同时，对于不同的围岩级别、围岩岩性、含水损伤等，也对隧道二次衬砌支护的合理时机有显著影响。

②构造地应力因素：进行二次衬砌结构施工之前，必须要评估该隧址区域内是否存在较大范围构造地应力场以及构造地应力大小和最大主应力方向。地应力越大，应力和变形释放过程越长，则二次衬砌施作时机就越晚。若向上的底鼓压力越大，则二次衬砌仰拱基础就要越早

施工，早封闭早成环，加强底板结构稳定性。深、浅埋隧道支护时机二者有较大差别，深埋隧道由于埋深越大，竖直围岩压力就越大，释放过程越长，二次衬砌支护时机就越晚。浅埋隧道由于覆层较薄，成拱效应不明显，拱部以上容易坍塌，二次衬砌结构此时就应当及早施作，避免引起地面的过度沉降变形。

③工程影响因素：(a)隧道内轮廓线的尺寸与形状。一般来说，隧道洞径越小、内轮廓线越平滑圆顺，隧道结构所受弯矩愈小，地层变形就愈小，结构愈稳定，此时二次衬砌施作时机可相对较早一些。(b)支护结构参数。支护结构刚度越大则越有利于隧道稳定，可提早施作二次衬砌，但也不能过早，须等初期支护变形进入稳定状态。需要说明的是，支护结构刚度不宜过大，否则会造成工程上的浪费。(c)施工方法与施工工序。使用不同的工法及工序会影响初期支护成环的时间，继而影响到二次衬砌的施作时机。例如采用预留核心土环形开挖法施工中，核心土预留长度、左右边墙错开距离、仰拱回填封闭时间等因素都会对其有所影响。(d)施工过程中人为因素。二次衬砌在隧道施工现场具体施作时机，一般通过对现场监测数据进行回归分析与计算后得到，但监测过程中量测数据时效性、准确性和全位移计算所采取理论方法以及数值计算时所采用本构模型、屈服准则等均将带来很大影响。

④其他影响因素：(a)开挖进尺：因开挖进尺长短与地层中初始地应力释放量大小有关，开挖进尺越大，地应力释放越多，隧道变形越大，进入变形稳定状态时间相对滞后，则二次衬砌施作时间就要相对晚一点。(b)初期支护厚度：因初期支护厚度对洞周围岩稳定性影响比较明显，其厚度越大支护刚度越大，支撑效应越强，支护与围岩协调作用、共同变形时间就越长，二次衬砌施作时间就要相应延迟。

(9)二次衬砌施作准则

根据以下准则或条件进行二次衬砌合理施作时机的判定依据。①变形速率准则：对于变形速率准则，规范明确规定为：周边位移速率小于 0.1～0.2 mm/d 或拱部下沉速率小于 0.07～0.15 mm/d。按照新奥法理念和岩承理论精髓——要保护好围岩，允许其产生一部分有利变形，以充分展现出围岩所具备自承能力。即应当在围岩变形速率小于上述临界值之后施作。该判定准则因监测数据回归值系数 B 准确性不够高（$v=B/t$），故有一定局限性，仅适用于在施工现场粗略、定性地确定二次衬砌施作时机和预测后期支护变形量。②极限位移准则：对于极限位移准则，施作二次衬砌最佳时机为已发生各项位移量达到预计位移总量的 80%～90%。该准则相比变形速率准则考虑了充分释放围岩应力和变形，故比变形速率准则更为可靠、合理一些。③支护抗力准则：支护抗力准则是通过施工现场监测手段，对数据进行回归分析，找到二次衬砌结构所受支护抗力最小时的时刻作为二次衬砌的施作时机，该准则理论上简洁直观、直达本质，且得到的结论相对客观真实，只是需要大量的现场监测辅助工作，需额外增加一些费用，但尚在接受范围内。④其他准则：施工过程中，经常使用二次衬砌与掘进面之间距离（施工安全步距）来直接把握二次衬砌施作时机，这个准则对于施工单位来说更加地简单直观、易于操作。该法实际上还是依赖于其他准则判定出来的初期支护与二次衬砌施作的间隔天数，而现场往往依靠施工经验来估算天数，故并不是很准确。另外还有观察法准则，即通过观察初期支护表面的开裂剥落稳定程度来判断二次衬砌施作时机，往往具有主观性和随意性。

5.3　围岩与支护相互作用理论计算

在岩石地层中开挖隧道的过程，是一个在时间和空间上动态变化的过程，伴随着开挖面的向前掘进，隧道围岩不断受到扰动，其受力和变形随时间与空间而逐渐发展。对于复杂地质条件下的隧道工程，围岩介质具有明显的非线性特点，而对其进行开挖支护的施工作业，是一个在时间和空间上都不断变化的过程，实质上是一个不断对围岩进行反复加、卸载的复杂过程，因此，围岩的稳定不仅与最终状态有关，而且还与过程相关。在这个过程中，围岩—支护系统不断进行能量交换，这个过程也是与时间和空间上介质的性质变化和力学状态的演变相关的。

对于深埋软岩隧道，面临的挤压性围岩具有明显的非线性力学性质，隧道掘进时空效应更加显著。如何尽可能地使岩体初始应力状态不受过大扰动，从而使围岩处于相对稳定状态是一个非常复杂的问题。从力学角度看，软岩隧道开挖与支护作业都是对围岩施加荷载，其结果必然与应力路径相关，这是隧道稳定性非常重要的控制性因素，因此，有必要研究软岩隧道施工过程中围岩应力和位移随时间与空间的发展演化规律，进而有效地分析隧道稳定性。

5.3.1 隧道施工时空效应

(1)隧道施工时空效应

挤压性地层软弱围岩具有明显的流变时效属性，同时，隧道围岩受力和洞室变形规律与开挖支护作业密切相关，表现出明显的非线性力学特点。以上现象的整合，统称之为隧道围岩的“黏性时效”和“空间效应”，即受开挖作业面影响的“时空效应”。运用岩土流变学的观点和方法，考虑隧道施工时空效应，能以更充分阐明围岩与支护相互作用机理的实质；并且，还可用于合理选择衬砌施作时机及其支护刚度，优化隧道结构设计。

隧道开挖后出现了新的临空面，引起围岩应力的重新分布。在应力重分布过程中，存在由于开挖面的向前推进围岩应力逐步释放的空间效应和围岩介质固有的流变(时间)效应。对于重分布后的围岩应力，如果处处小于围岩强度，围岩仍处于弹性状态；反之，当围岩局部区域应力达到岩(土)体强度，即满足一定的屈服准则，围岩进入塑性或破坏状态。围岩塑性破坏包括局部区域拉应力达到了抗拉强度，产生局部受拉分离破坏，以及局部区域剪应力达到了围岩抗剪强度产生的剪切滑移破坏。

围岩塑性区应力强度特征：伴随着围岩内塑性区出现，围岩不断向隧道方向变形并逐渐释放塑性区应力，使围岩应力不断向围岩深部转移。根据围岩塑性区内应力分布可以分为围岩承载区和松动区，深部塑性区应力高于初始应力，该区域与围岩弹性区中应力升高部分合在一起称为围岩承载区；浅部塑性区应力低于初始应力称为松动区。围岩松动区应力和强度都有明显下降，裂隙扩展增多体积膨胀，出现了明显塑性滑移，这时没有足够支护反力就不能使围岩维持平衡状态。围岩塑性区的出现大都会伴随着围岩强度弱化、弹性模量 E 和黏聚力 c 明显降低、内摩擦角 φ 也有所降低、泊松比 μ 增大，且越靠近洞壁的点 E、c、φ 值降低越大，μ 值增大越大。因此，在围岩应力与变形计算中应考虑塑性区物性参数 E、μ、c、φ 值变化。简化计算时可视物性参数为常数应选取一个合适平均值作为计算参数。

(2)开挖面时间效应

在岩体地层开挖隧道的过程中，伴随着开挖面的向前推进，如何尽可能地使岩体的初始应力状态不受过大扰动，从而使围岩处于相对稳定状态是一个非常复杂的问题。新奥法的基本思想在于：把岩体视为连续介质，在弹、黏、塑性理论指导下，根据在岩体中开挖隧道后从变形产生到岩体破坏，要有一个时间历程，适时地构筑支护结构，使围岩与支护共同形成坚固的承载环。这里提及的“隧道围岩从变形产生到破坏的过程”这一时间效应，主要反映在“围岩应力和变形随时间而持续增长发展”，包括两部分内容：①围岩介质固有的流变性态；②围岩应力与变形随时间而不断地逐步释放：由隧道作业面沿纵向的“虚拟支撑力”和沿横向的围岩“承载拱效应”，产生对围岩应力和变形的约束作用。

由于开挖作业面的空间“虚拟”支撑作用，在开挖面附近隧道围岩受到作业面空间效应约束(1.5～2.0 倍洞径范围内)，其应力与变形逐步释放。当开挖面向前推进时，岩体本身固有的流变时效逐渐显现并发展，尤其是对软弱破碎围岩，在开挖面空间效应消失之后，隧道边界因开挖引起的围岩荷载完全释放，而此时，围岩流变的黏性时效仍将持续存在，围岩应力与变形的后续释放主要由岩体流变产生。比如对于挤压性地层高地应力大变形软岩，过大变形将使围岩进入黏塑性(时效屈服)状态，在变形及其速率持续增长条件下，此时若不及时支护，将导致围岩垮落、坍塌和失稳。

(3)开挖面空间效应

开挖面向前推进的时间效应取决于开挖面推进的速度，因而与开挖面的空间效应又有着密切的联系。现场监测表明，在开挖面前方约一倍洞径处的地层在开挖作业到达前已经存在可测读的变形；而在开挖面后方距离达一倍洞径后接收的位移信息才与最大位移值接近。有限元分析结果则表明，圆形隧道开挖面前方两倍洞径处地层已开始发生变形，开挖面上发生的洞周径向位移已约达总位移的四分之一，此后洞周径向位移沿洞轴变化的曲线出现反弯点，变形增长梯度迅速加大，然而由地层开挖引起的围岩位移并未立即达到最大值，开挖面后方四分之一洞径处的位移仅约达总位移的四分之三，离开挖面 1.5～2.0 倍洞径处的位移才与最大径向位移量基本相等，上述规律即洞室开挖的空间效应，如图 5-12 所示。

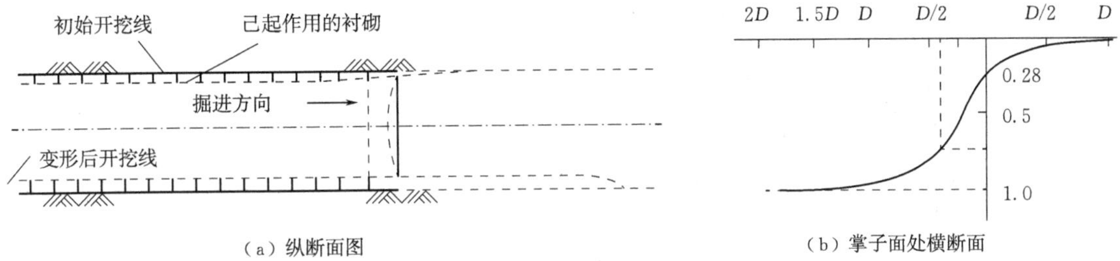

(a) 纵断面图　　(b) 掌子面处横断面

图 5-12　隧道开挖空间效应

在隧道开挖过程中及开挖之后，围岩存在着两种主要的、不同的支护作用，即开挖面空间效应。隧道开挖面的空间几何效应在横断面上表现为“环形”约束，在纵断面上则表现为“半圆弯”约束，这两种约束方式的联合作用使得开挖面附近一定范围内的围岩体在无支护的情形下得以稳定。围岩的第一种支护作用发生在隧道的横断面上，如图 5-13(a)所示，即人们所熟悉的“成拱作用”。以往，人们认为围岩的“成拱作用”主要出现在开挖横断面顶部，而现在已逐步认识到“成拱作用”是一个包括由顶部、侧帮和底部围所形成的完整闭合拱。这是一个厚度比开挖断面半径大许多倍的巨大岩石环，因而具有相当大的承载能力。当然，其承载能力大小应视围岩的强度和围岩自身的稳定状态来决定。围岩在横断面上这种环形支护是一种十分有效的隧道永久性支护，只要它不垮下来，就能在隧道开挖后持久地发挥作用。

围岩的第二种支护作用出现在开挖纵断面上靠近掌子面附近，如图 5-13(b)所示，是一种开挖过程中掌子面的临时支撑作用(称为“虚拟”支撑力)。这种临时支撑作用依赖于掌子面存在及掌子面的有效支撑范围。当隧道挖通之后，或在远离掌子面处，这种支撑作用则失去存在的条件。对掌子面的纵向支撑作用的存在及形式，目前大体上有两种认识，即所谓的“半岩拱作用”和“桥梁作用”。前者是把纵断面方向围岩看作是一个仅具有一个支座的连续体，认为掌

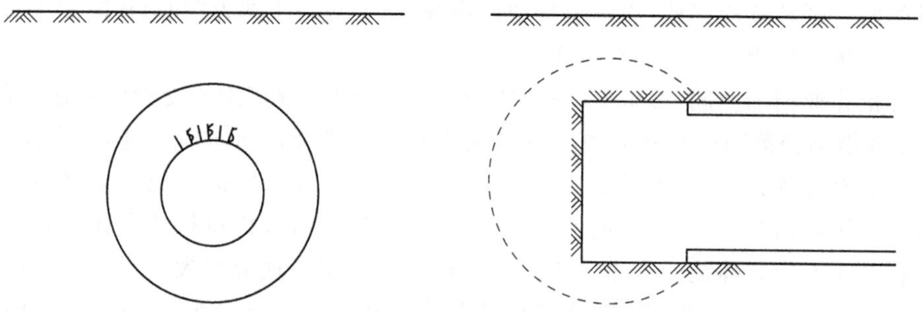

（a）横向成拱效应　　　（b）纵向支护效应

图 5-13　隧道空间效应示意图

子面前方围岩是一个巨大支座，而掌子面后方围岩是个半悬壁拱，二者组成“半岩拱”。这个“半岩拱”在纵断面方向有支撑作用，其支撑作用范围以掌子面后方围岩弹性变形终止处来量度，支撑作用最强的是靠近掌子面处，然而随着与掌子面的距离增大很快消失。“桥梁作用”则是把纵断面方向围岩看作是块体结构岩石组成的桥梁，认为隧道开挖过程中除掌子面前方围岩是一个支座外，掌子面后方的人工支护（不管是临时支撑还是永久性支护）也是个支座，这样未被支护的围岩像个梁，这个围岩梁上的岩块是靠岩块间的“互锁作用”来维持稳定的。岩块间的这种互锁作用取决于岩块的形状、大小和结合面状况，以及开挖爆破的强弱与次数。一般“互锁作用”以围岩梁的长度和岩块的自稳时间来度量。对于节理化的围岩，这种由于岩块间的“互锁作用”而形成的“桥梁作用”，其支撑作用范围是很小的，岩块的自稳时间也是很短的。岩块间的“互锁作用”一经消失，纵向的“桥梁作用”则不存在，岩块失去稳定而坍落。

尽管围岩的纵向支护作用是带有临时支护性质的，但正是这种临时的支撑作用为在隧道施工掌子面附近的人们提供了相应的安全感，在一定的范围内，起到了限制围岩的开挖变形和维持围岩稳定性的作用。隧道围岩在横断面与纵断面上的这两种支护作用统称之为“空间效应”，其空间约束效应可视为对洞周的“虚拟”支撑力作用，通常采用围岩应力释放系数为 β 或“位移释放系数 δ”（或称位移放松率）或来表示并衡量开挖面的空间效应。新奥法的秘诀就在于它能积极调动围岩的这两种支护作用，促使其形成，并对围岩这两种支护作用加以充分利用。

(4)软岩隧道开挖支护力学过程

隧道掘进时，围岩地层的变形规律与施工过程有关。隧道开挖面不断向前推进的过程，也就是对其后续开挖洞壁围岩逐渐卸载的过程，在这一卸载过程中，软岩性态逐渐由弹性状态进入非线性屈服的黏塑性状态，洞周围岩亦逐渐由开挖面前方仅受初始扰动时的稳定状态转变为距开挖面一定距离后的非稳定状态，因此，需要在适当的位置和时机分别施作初次支护和二次支护。

如图 5-14 所示，表示一个典型隧道开挖支护作业中力学发展过程，其整个开挖过程被分为四个受力阶段：①开挖面前方岩体受扰动和影响的区域，进入该区域的初始扰动断面至开挖面的距离约为 1.0D（一倍洞径）。②毛洞已经开挖但尚未支护的洞段，该临空面毛洞段的长度应视岩体自稳条件（包括已施作初次锚喷支护但尚未能承力的洞段），一般约取为 1.5D。③施作初次支护后的洞段。④为二次支护洞段，设置整筑混凝土衬砌，对软弱围岩，二次支护将作为整体“围岩—隧道支护系统”的一部分，参与承受岩体流变压力。四个施工阶段为各典型洞室断面所共有，但产生于不同时刻，而且由第一阶段至第四阶段，地层的非线性效应也有一个积累过程，也即围岩开挖面空间效应和流变发展都有一呈非线性变化的积累过程。为此，在顾及开挖面空间约束效应的同时，考虑时间效应，模拟开挖面向前推进时的隧道时空动态过程，能以较翔实地反映挤压性软弱岩体施工时流变力学性态，对于隧道工程动态设计与施工控制具有重要的意义。

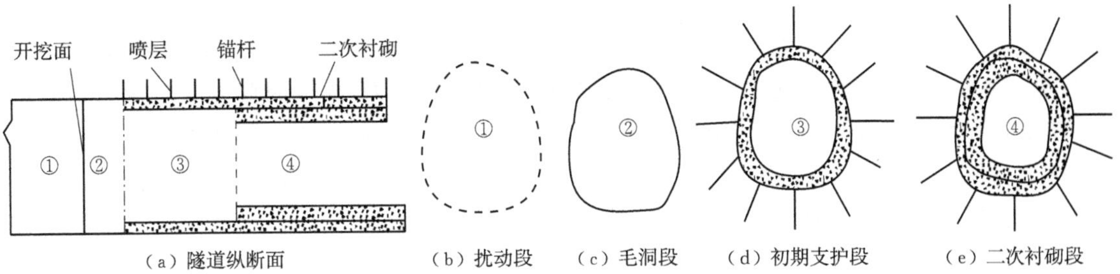

图 5-14　隧道典型开挖支护力学过程

(5)考虑时空效应的科学性

在地层中开挖隧道，伴随着开挖面的推进，围岩受力和变形不断发生变化，这是一个动态的三维非线性力学过程。众所周知，高地应力、大变形、软岩洞室的变形是与时间相密切关联的，考虑隧道的受力及其稳定性时，需要计入岩土体的流变属性；对具有明显非线性特性的软岩隧道，施工过程对其稳定性影响很大，进行施工力学分析可以更加有效地指导工程设计与施工。因此，在分析围岩支护系统相互作用时，只有计入软岩黏性时效和开挖面空间影响作用，在理念上才是完善的，才能更加充分阐明软弱围岩与支护结构相互作用机理的实质，用以指导隧道的变形与受力研究也更符合实际。

隧道开挖之前，岩体处于初始应力平衡状态，隧道开挖后，岩体初始应力状态遭到破坏，应力在隧道围岩内重新分布，并以变形的方式释放能量，其重分布后的岩体应力状态叫作二次应力状态。对隧道进行理论计算时，可认为毛洞围岩的二次应力场是围岩初始应力场与由开挖洞室引起的附加应力场的叠加应力场。一般来说，毛洞围岩二次应力状态计算中需要确定的位移场仅是由洞室开挖引起的附加应力场形成的位移部分，而不计入洞室开挖前已形成的初始位移场。沿用洞室开挖效应的概念，假设围岩初始应力场可由实测确定，并认为它已经是稳定了，需要计算的只是洞室在释放边界力作用下所产生的应力、变形和位移，与初始地应力场相叠加，即可得围岩二次应力场。

(6)隧道围岩与支护理论解析研究现状

在岩土体中开挖隧道引起的应力释放过程是伴随着复杂时空效应非线性发展历程，如何模拟和理论解析隧道开挖后围岩卸载过程和支护结构力学效应是隧道工程的一个重要课题。经典理论解析公式如 Fenner 公式、Kastner 公式和 Caquot 公式等均忽略了支护结构对于围岩制约作用；王明斌等运用傅氏理论的级数展开技术推导了含支护结构圆形压力隧道的弹塑性解；任青文等考虑了支护结构和围岩相互作用，推导了具有支护结构圆形隧道弹塑性解；刘保国等将释放荷载看作时间函数，用解析方法分析推演了圆形隧道围岩与支护结构之间相互作用的时效规律。上述研究成果大都未考虑开挖面超前应力释放作用和支护结构施作时机的影响。隧道开挖后，支护结构起作用前的围岩应力释放包括三部分：开挖面挤出变形引起的超前应力释放、支护结构施作滞后引起的应力释放、支护结构施作后刚度硬化过程中的应力释放。在此将三部分围岩应力释放统称为隧道开挖后支护结构施作前围岩应力释放，以厚壁圆筒受均布压力的弹塑性解为基础，研究深埋隧道开挖后的应力释放对支护结构及围岩力学特性的影响。按照隧道复合衬砌支护结构设计理念，二次衬砌应在初期支护变形稳定后进行施作，即二次衬砌是不参与控制围岩变形的。因此，文中进行理论解析推导及实例计算分析中提及的支护结构，未做特殊说明时均指初期支护。

5.3.2 理论计算模型建立

目前，对地下结构的研究通常都简化为平面变形问题来进行分析，在软弱围岩隧道中，采用新奥法支护，紧跟开挖面施工，开挖面附近岩体的位移和应力，除受时间效应等因素的影响外，还受到开挖面前方待开挖岩体的支撑作用。如采用平面变形假定，忽略开挖面空间支撑效应，结果将偏于保守，不能正确反映实际条件。本节在隧道二维平面解析理论的基础上，考虑了开挖面空间效应，计入释放荷载的时空效应，进行了解析推演。

(1)理论计算模型假定条件

为提高计算效率，可把围岩简化为不考虑其流变特性的线弹性或弹塑性材料，建立平面应变模型进行分析。假定深埋隧道支护结构及周边围岩都是均质体，忽略计算介质的自重，计算中将隧道中心点处的原始地应力作为足够远处的地应力为 P_0，隧道内压力 P_a；设隧道支护结构与围岩间的接触压力为 P_1；假定隧道支护结构为弹性材料：弹性模量为 E_1、泊松比为 μ_1。围岩为弹塑性材料：弹性模量为 E_s、泊松比为 μ_s、黏聚力为 c_s、摩擦角为 φ_s。隧道内半径为 r_a、支护结构外半径为 r_1、足够远处外半径为 r_0。在以上假设前提下可将原模型近似按轴对称平面应变问题计算深埋隧道围岩及支护结构的应力和位移，如图 5-15 所示。图中虚线为隧道开挖后围岩弹塑性交界面，r_p 为塑性区半径。

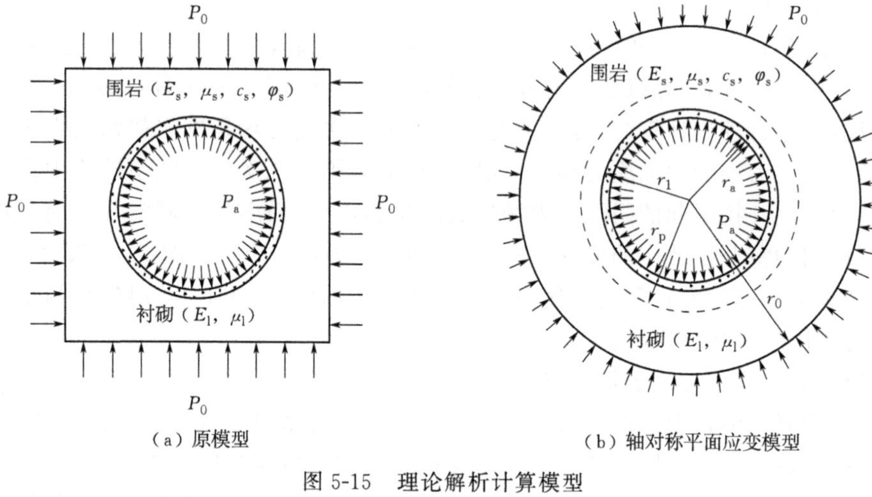

图 5-15 理论解析计算模型

(2)围岩应力释放时空效应计算

在根据平面应变模型模拟隧道开挖与支护过程时，采用“施加虚拟支撑力逐步释放法”以考虑围岩开挖应力释放过程、支护结构施作时机等时空效应的影响。将深埋隧道开挖计算分为 3 个阶段：初始状态、开挖阶段、支护阶段，如图 5-16 所示。

根据弹性力学，隧道开挖前地层初始应力场为 $\sigma_{\rho0}^{s}=\sigma_{\theta0}^{s}=p_0$，$\sigma_\rho$、$\sigma_\theta$ 分别表示径向正应力和环(切)向正应力，简称为径向应力和环向应力，规定拉应力为正，压应力为负。设隧道开挖后支护结构施作前的围岩应力释放系数 β，则删除开挖单元并在开挖边界施加虚拟的支撑力 $p_i=(1-\beta)p_0$，p_0 为开挖边界的初始地应力，至计算平衡，设此阶段隧道围岩弹性区应力位移

分别为 $\sigma_{\rho s}^{e1}$、$\sigma_{\theta s}^{e1}$ 和 $u_{\rho s}^{e1}$，塑性区应力位移分别为 $\sigma_{\rho s}^{p1}$、$\sigma_{\theta s}^{p1}$ 和 $u_{\rho s}^{p1}$，围岩塑性区半径为 r_{p1}；支护结构施作后移除虚拟支撑力 P_i，支护结构与围岩共同变形至计算平衡，则此时支护结构围岩接触应力 $P_l=\xi P_i=\xi(1-\beta)P_0$，其中 ξ 为因隧道支护结构围岩共同变形造成的应力折减系数，此阶段隧道围岩弹性区应力位移分别为 $\sigma_{\rho s}^{e2}$、$\sigma_{\theta s}^{e2}$ 和 $u_{\rho s}^{e2}$，塑性区应力位移分别为 $\sigma_{\rho s}^{p2}$、$\sigma_{\theta s}^{p2}$ 和 $u_{\rho s}^{p2}$，围岩塑性区半径为 r_{p2}，支护结构应力位移分别为 $\sigma_{\rho l}$、$\sigma_{\theta l}$ 和 $u_{\rho l}$。

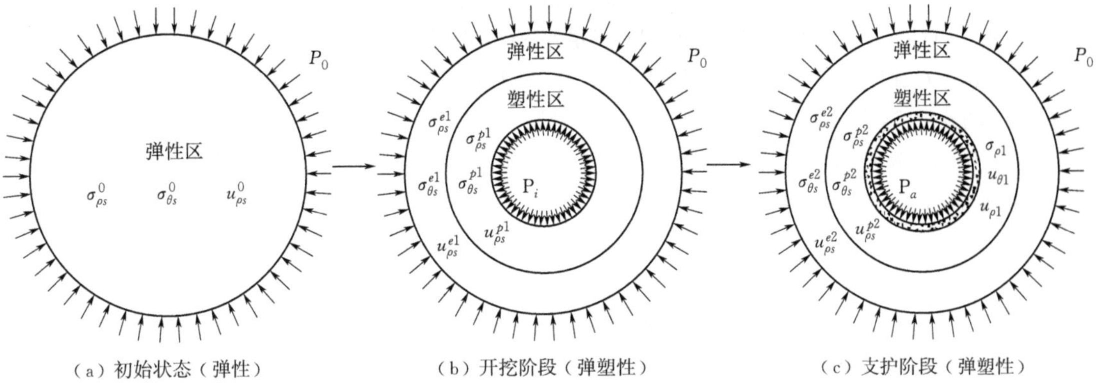

图 5-16　平面应变模型计算阶段

根据弹性力学可以解得隧道开挖前地层初始位移场为

$$u_{\rho s}^{0}=\frac{(1+\mu_s)(1-2\mu_s)\rho\cdot p_0}{E_s} \tag{5-1}$$

(3)弹塑性方程及其边界条件

假定隧道支护结构及周围岩土体都是均质体，忽略计算介质自重，建立微元体的应力平衡微分方程为

$$\frac{d\sigma_\rho}{d_\rho}+\frac{\sigma_\rho-\sigma_\theta}{\rho}=0 \tag{5-2}$$

①隧道开挖阶段边界条件为

$$\begin{cases}(\sigma_\rho)_{\rho=r_l}=p_i\\(\sigma_\rho)_{\rho=r_{p1}}=p_{p1}\\(\sigma_\rho)_{\rho=r_0}=p_0\end{cases} \tag{5-3}$$

②支护阶段边界条件为

$$\begin{cases}(\sigma_\rho)_{\rho=r_a}=p_a\\(\sigma_\rho)_{\rho=r_l}=p_1\\(\sigma_\rho)_{\rho=r_{p2}}=p_{p2}\\(\sigma_\rho)_{\rho=r_0}=p_0\end{cases} \tag{5-4}$$

5.3.3　理论计算模型求解

(1)隧道开挖阶段围岩应力与位移

①围岩弹性区：根据围岩微元体的应力平衡微分方程式(5-2)和边界条件式(5-3)，按平面应变问题求解得到围岩弹性区应力与位移为

$$\sigma_{\rho s}^{e1}=\frac{(r_0^2/\rho^2)-1}{(r_0^2/r_{p1}^2)-1}p_{p1}+\frac{1-(r_{p1}^2/\rho^2)}{1-(r_{p1}^2/r_0^2)}p_0 \tag{5-5}$$

$$\sigma_{\theta s}^{e1}=\frac{(r_0^2/\rho^2)+1}{-(r_0^2/r_{p1}^2)-1}p_{p1}+\frac{1+(r_{p1}^2/\rho^2)}{1-(r_{p1}^2/r_0^2)}p_0 \tag{5-6}$$

$$u_{\rho s}^{e1}=\frac{(1+\mu_s)[r_0^2(p_0-p_{p1})+(1-2\mu_s)\rho^2(p_0\frac{r_0^2}{r_{p1}^2}-p_{p1})]}{\rho[(r_0^2/r_{p1}^2)-1]E_s} \tag{5-7}$$

式中　p_{p1}——开挖阶段围岩弹塑性交界面的接触径向应力，其他符号及意义同前。

②围岩塑性区：在塑性区围岩应力除满足平衡方程外，尚须满足屈服条件，若假设屈服条件满足 Mohr-Coulomb 准则。采用 Mohr-Coulomb 准则时需确定围岩的最大、最小主应力。对于一般的交通隧道，隧道内压力为 0，因此围岩环向应力（绝对值）一般大于径向应力（绝对值），同时为简化分析，假设沿隧道走向的围岩应力为 P_0，即中间主应力，因此可令 $\sigma_1=\sigma_{\rho p}$，$\sigma_3=\sigma_{\theta p}$，则屈服条件为

$$\sigma_{\rho s}^{p1}=\frac{1-\sin\varphi_s}{1+\sin\varphi_s}\sigma_{\theta s}^{p1}+\frac{2c_s\cos\varphi_s}{1+\sin\varphi_s} \tag{5-8}$$

根据围岩微元体的应力平衡微分方程式(5-2)和边界条件式(5-3)和式(5-8)，按平面应变问题求解得到围岩塑性区应力为

$$\sigma_{\rho s}^{p1}=c_s\cot\varphi_s-(c_s\cot\varphi_s-p_i)\left(\frac{\rho}{r_1}\right)^{\frac{2\sin\varphi_s}{1-\sin\varphi_s}} \tag{5-9}$$

$$\sigma_{\theta s}^{p1}=c_s\cot\varphi_s-(c_s\cot\varphi_s-p_i)\left(\frac{1+\sin\varphi_s}{1-\sin\varphi_s}\right)\left(\frac{\rho}{r_1}\right)^{\frac{2\sin\varphi_s}{1-\sin\varphi_s}} \tag{5-10}$$

在推导围岩塑性区位移时采用非关联的流动法则，即塑性势函数与屈服函数不同，取塑性势函数 Q 为

$$Q=\sigma_{\rho s}^{p1}=(1+\sin\psi_s)-(1-\sin\psi_s)\sigma_{\theta s}^{p1}-2c_s\cos\psi_s=0 \tag{5-11}$$

式中，ψ_s 为围岩的剪胀角，围岩塑性区位移为

$$u_{\rho s}^{p1}=K_0[(P_i-c_s\cot\varphi_s)(K_1+4\sin\varphi_s K_2)+K_3] \tag{5-12}$$

式中　$K_0=\dfrac{(1-\mu_s^2)\rho}{E_s}$；

$K_1=\left(\dfrac{1+\sin\varphi_s}{1-\sin\varphi_s}-\dfrac{\mu_s}{1-\mu_s}\right)\left(\dfrac{\rho}{r_1}\right)^{\frac{2\sin\varphi_s}{1-\sin\varphi_s}}$；

$K_2=\dfrac{\left(\dfrac{r_{p1}}{\rho}\right)^{\frac{2}{1-\sin\psi_s}}\left(\dfrac{r_{p1}}{r_1}\right)^{\frac{2\sin\varphi_s}{1-\sin\varphi_s}}-\left(\dfrac{\rho}{r_1}\right)^{\frac{2\sin\varphi_s}{1-\sin\varphi_s}}}{(1-\sin\varphi_s)^2\left(\dfrac{1+\sin\varphi_s}{1-\sin\varphi_s}+\dfrac{1+\sin\psi_s}{1-\sin\psi_s}\right)}$；

$K_3=\dfrac{c_s\cot\varphi_s(1-2\mu_s)}{1-\mu_s}$。

(2)支护阶段支护结构(围岩)应力与位移

①同理解得支护阶段支护结构应力与位移的弹性解为

$$\sigma_\rho^l=-\frac{(r_1^2/\rho^2)-1}{(r_1^2/r_a^2)-1}p_a+\frac{1-(r_a^2/\rho^2)}{1-(r_a^2/r_1^2)}p_1 \tag{5-13}$$

$$\sigma_\theta^l=-\frac{(r_1^2/\rho^2)+1}{(r_1^2/r_a^2)-1}p_a+\frac{1+(r_a^2/\rho^2)}{1-(r_a^2/r_1^2)}p_1 \tag{5-14}$$

$$u_\rho^l=\frac{(1+\mu_1)\left[r_1^2(p_1-p_a)+(1-2\mu_1)\rho^2\left(p_1\frac{r_1^2}{r_a^2}-p_a\right)\right]}{\rho[(r_1^2/r_a^2)-1]E_1} \tag{5-15}$$

②支护阶段围岩弹、塑性区的应力和位移，计算方法同式(5-5)～式(5-12)，只需将式中的 p_i 替换为 p_1，r_{p1} 替换为 r_{p2}，p_1 替换为 p_2。隧道开挖后的实际应力场应为初始应力场和开挖释放应力场的叠加，而位移场则应考虑对工程具有实际意义的"开挖后围岩变形"，应将初始位移场清零，因此隧道开挖后支护结构施作前围岩弹性区位移为 $u_{\rho s}^{e1}-u_{\rho s}^0$、塑性区位移为 $u_{\rho s}^{p1}-u_{\rho s}^0$；隧道开挖、支护完成后围岩弹性区位移为 $u_{\rho s}^{e2}-u_{\rho s}^0$、塑性区位移为 $u_{\rho s}^{p2}-u_{\rho s}^0$、支护结构总位移仍为 $u_{\rho 1}^s$。

5.3.4　围岩塑性半径计算

(1)隧道开挖阶段：根据围岩弹塑性接触界面应力连续，得

$$\begin{cases}(\sigma_{\rho s}^{p1})_{\rho=r_{p1}}=(\sigma_{\rho s}^{e1})_{\rho=r_{p1}}\\(\sigma_{\theta s}^{p1})_{\rho=r_{p1}}=(\sigma_{\theta s}^{e1})_{\rho=r_{p1}}\end{cases} \tag{5-16}$$

将 $\rho=r_{p1}$ 代入式(5-5)、式(5-6)、式(5-9)、式(5-10)，然后代入式(5-16)得

$$\left(\frac{r_{p1}}{r_1}\right)^{\frac{2\sin\varphi_s}{1-\sin\varphi_s}}\left[1-\sin\varphi_s\left(\frac{r_{p1}}{r_0}\right)^2\right]=\frac{(c_s\cot\varphi_s-p_0)(1-\sin\varphi_s)}{c_s\cot\varphi_s-p_i} \tag{5-17}$$

式(5-17)为关于 r_{p1} 的超越方程，需要迭代求得，若考虑 $r_0\to\infty$ 时，则退化为修正的 Fenner 公式为

$$r_{p1}=r_1\cdot\left[\frac{(c_s\cot\varphi_s-p_0)(1-\sin\varphi_s)}{c_s\cot\varphi_s-p_i}\right]^{\frac{1-\sin\varphi_s}{2\sin\varphi_s}} \tag{5-18}$$

应当指出，当 $r_{p1}\leqslant r_1$ 时，围岩塑性区为零，此时需按弹性模型计算围岩应力与位移。由 $r_{p1}\leqslant r_1$ 得

$$\beta\leqslant\sin\varphi_s+\frac{c_s}{-p_0}\cos\varphi_s \tag{5-19}$$

(2)支护阶段：同理，根据围岩弹塑性接触界面应力连续得到支护阶段围岩塑性区半径 r_{p2} 的超越方程为

$$\left(\frac{r_{p2}}{r_1}\right)^{\frac{2\sin\varphi_s}{1-\sin\varphi_s}}\left[1-\sin\varphi_s\left(\frac{r_{p2}}{r_0}\right)^2\right]=\frac{(c_s\cot\varphi_s-p_0)(1-\sin\varphi_s)}{c_s\cot\varphi_s-p_l} \tag{5-20}$$

由式(5-17)～式(5-20)可知，围岩应力释放率越小，围岩越不容易产生塑性变形；对于黏聚力较小的土砂而言，近似有 $c_s=0$，而内摩擦角多在 30°左右，因此根据式(5-19)，为避免深埋土砂隧道出现塑性区应将应力释放率控制在 0.5 以下。

5.3.5　界面接触应力计算

根据以上分析可知，支护结构围岩接触应力 P_l 的确定需考虑以下 3 种工况：

(1)工况一：隧道开挖后，支护结构施作前围岩全部处于弹性状态，支护结构施作后围岩仍处于弹性状态。根据支护结构围岩接触边界变形连续这一条件得

$$(u_{\rho s}^{e2}-u_{\rho s}^{e1})_{\rho=r_l}=(u_{\rho 1})_{\rho=r_l} \tag{5-21}$$

对于一般的交通隧道取 $P_a=0$，将式(5-7)、式(5-15)及 $P_l=\xi P_i=\xi(1-\beta)P_0$ 代入式(5-21)得：

$$\xi=\left\{1+\frac{E_s(r_0^2-r_1^2)(1+\mu_1)[r_a^2+(1-2\mu_1)r_1^2]}{E_s(r_1^2-r_a^2)(1+\mu_s)[r_0^2-(1-2\mu_s)r_1^2]}\right\}^{-1} \tag{5-22}$$

(2)工况二：隧道开挖后，支护结构施作前围岩全部处于弹性状态，支护结构施作后围岩出现塑性区。根据支护结构围岩接触边界变形连续这一条件得

$$(u_{\rho s}^{p2}-u_{\rho s}^{e1})_{\rho=r_1}=(u_{\rho l})_{\rho=r_l} \tag{5-23}$$

对于一般的交通隧道取 $P_a=0$，将式(5-7)、式(5-12)、式(5-15)及 $P_l=\xi\cdot P_i=\xi(1-\beta)P_0$ 代入式(5-23)得

$$\xi=\frac{c_s\cot\varphi_s\left(K_1'+4\sin\varphi_sK_2'-\dfrac{1-2\mu_s}{1-\mu_s}\right)+\dfrac{K_4E_s}{(1-\mu_s^2)r_1}}{(1-\beta)P_0\left[K_1'+4\sin\varphi_sK_2'-\dfrac{K_5E_s}{(1-\mu_s^2)r_l}\right]} \tag{5-24}$$

式中，$K_1'=\left(\dfrac{1+\sin\varphi_s}{1-\sin\varphi_s}-\dfrac{\mu_s}{1-\mu_s}\right)$

$$K_2'=\frac{\left(\dfrac{r_{p2}}{r_1}\right)^{\frac{2}{1-\sin\psi_s}}\left(\dfrac{r_{p2}}{r_1}\right)^{\frac{2\sin\varphi_s}{1-\sin\varphi_s}}-1}{(1-\sin\varphi_s)^2\left(\dfrac{1+\sin\varphi_s}{1-\sin\varphi_s}+\dfrac{1+\sin\psi_s}{1-\sin\psi_s}\right)}$$

$$K_4=\frac{(1+\mu_s)[r_0^2(p_0-p_i)+(1-2\mu_s)(p_0r_0^2-p_ir_l^2)]}{r_1(r_0^2/r_1^2-1)E_s}$$

$$K_5=\frac{(1+\mu_1)\cdot r_1\cdot[r_a^2+(1-2\mu_s)]\cdot r_l^2}{(r_1^2-r_a^2)E_1}$$

联立式(5-20)和式(5-24)可以解得 r_{p2} 和 ξ 然后求得 P_1，根据式(5-9)得

$$P_{p2}=c_s\cot\varphi_s-(c_s\cot\varphi_s-p_l)\left(\frac{r_{p2}}{r_l}\right)^{\frac{2\sin\varphi_s}{1-\sin\varphi_s}} \tag{5-25}$$

由于隧道开挖阶段围岩没有出现塑性区，则 $r_{p1}=r_l$，$p_{p1}=p_i$。将解得的 p_l 和 P_{p2} 代入式(5-5)～ 式(5-16)可以解得工况②支护结构围岩弹塑性解。

(3)工况三：隧道开挖后，支护结构施作前围岩出现塑性区，支护结构施作后围岩塑性区进一步扩展。根据支护结构围岩接触边界变形连续这一条件，得

$$(u_{\rho s}^{p2}-u_{\rho s}^{p1})_{\rho=r_l}=(u_{\rho l})_{\rho=r_l} \tag{5-26}$$

同理取 $P_a=0$，将 $p_1=\xi\cdot p_i=\xi(1-\beta)p_0$ 代入式(5-26)得

$$\xi=\frac{4c_s\cos\varphi_s(K_2'-K_2'')P_i(K_1'+4\sin\varphi_sK_2'')}{(1-\beta)P_0\left[K_1'+4\sin\varphi_sK_2'-\dfrac{K_5E_s}{(1-\mu_s^2)r_l}\right]} \tag{5-27}$$

式中，$K_2''=\dfrac{\left(\dfrac{r_{p1}}{r_l}\right)^{\frac{2}{1-\sin\psi_s}}\left(\dfrac{r_{p1}}{r_l}\right)^{\frac{2\sin\varphi_s}{1-\sin\varphi_s}}-1}{(1-\sin\varphi_s)^2\left(\dfrac{1+\sin\varphi_s}{1-\sin\varphi_s}+\dfrac{1+\sin\psi_s}{1-\sin\psi_s}\right)}$

联立式(5-20)和式(5-27)可以解得 r_{p2} 和 ξ，然后求得 P_1，根据式(5-9)得

$$P_{p1}=c_s\cot\varphi_s-(c_s\cot\varphi_s-p_i)\left(\frac{r_{p1}}{r_1}\right)^{\frac{2\sin\varphi_s}{1-\sin\varphi_s}} \tag{5-28}$$

工况三 p_{p2} 的解同式(5-25)，只是两种工况 r_{p2} 的表达形式不一样。将解得的 p_1、p_{p1} 和 p_{p2} 代入式(5-5)～式(5-16)可解得工况三支护结构围岩弹塑性解。

5.4　围岩与支护相互作用数值模拟

5.4.1　数值计算模型建立

赵勇等采用解析模型对软弱围岩位移场和应力场分布规律开展研究，比较分析围岩物理力学参数对计算结果的影响。共计算 3 种工况，隧道工程概况：隧道开挖面积约 152.2 m^2，等效为开挖半径 6.96 m 标准圆形断面。隧道埋深 200 m，远场半径 r_0=200 m，围岩剪胀角取 ψ_s=30°，围岩容重 20 kN/m^3，原始地应力 P_0=−4.0 MPa，取隧道内压力 P_a=0 MPa。初期支护为型钢钢架混凝土、等效弹性模量 E=25 GPa、泊松比 μ=0.2，见表 5-1。同时，为验证解析公式的正确性和适用性，并与 Midas GTS 有限元软件模拟计算进行对比分析。建立隧道三维模型沿隧道纵向单元网格 1 m，为分析围岩与支护结构应力与变形，将支护结构及周边围岩网格加密，采用在节点施加反向虚拟支撑力方法考虑支护结构施作前的应力释放，如图 5-17 所示。

表 5-1　围岩物理力学参数

计算工况	软弱围岩分级	围岩级别	弹性模量 E(GPa)	泊松比 μ	内摩擦角 φ(°)	黏聚力 c(kPa)
工况①	Ⅰ	V_1	2.0	0.35	27	200
工况②	Ⅱ	V_2	1.0	0.45	20	50
工况③	Ⅲ	Ⅵ	0.1	0.45	15	40

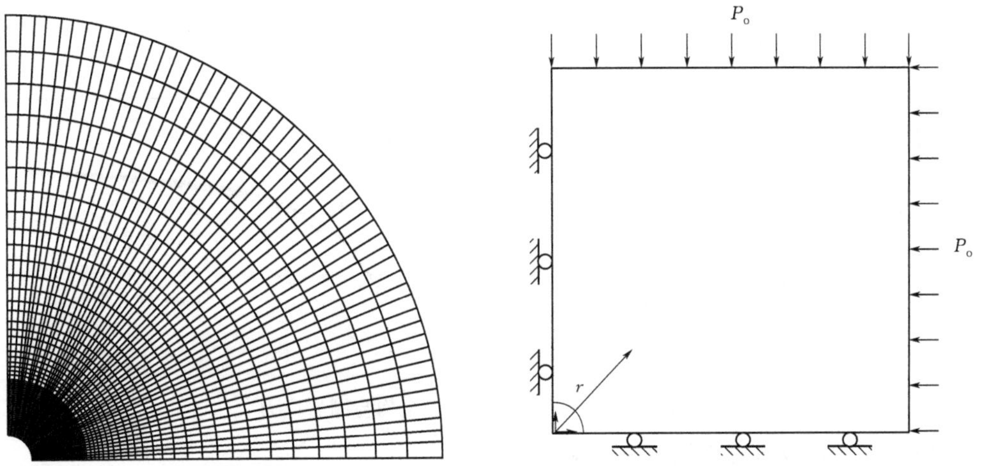

(a) 模型网格　　(b) 边界条件

图 5-17　数值计算模型

5.4.2 数值模拟计算结果

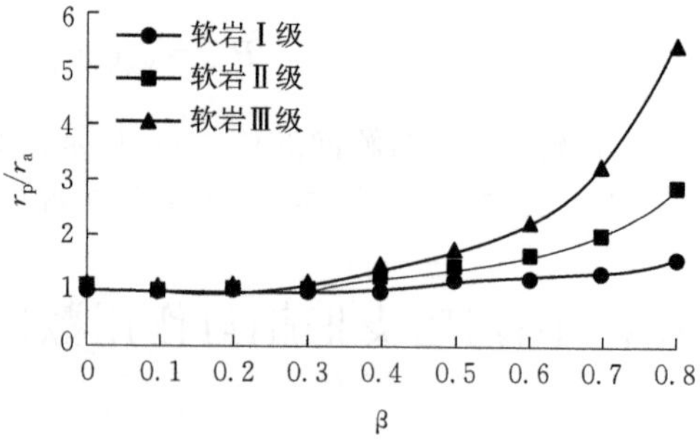

图 5-18 围岩塑性区半径与应力释放率系数关系

(1)围岩塑性区计算结果

根据围岩塑性区计算结果,得到围岩塑性区表现出以下规律特征(图 5-18)。①围岩塑性区半径与应力释放率系数β表现出规律:当 $0<\beta<0.2$,3种工况均没有出现塑性区;当 $0.2<\beta\leqslant0.3$ 时,软岩Ⅰ级、Ⅱ级没有出现塑性区,而软岩Ⅲ级出现了塑性区;当 $0.3<\beta\leqslant0.4$ 时,软岩Ⅰ级没有出现塑性区,而软岩Ⅱ级、Ⅲ级均出现了塑性区;当 $\beta>0.4$ 时,3种工况均出现了塑性区,塑性区范围随应力释放系数的增大明显增大。同样的释放系数条件下,围岩条件越差,塑性区的范围越大。②当 β 达到一定程度后,隧道开挖阶段将出现大量塑性区,且改变支护结构参数时不能改变围岩塑性区范围。当 $\beta=0.5$ 时,3种工况围岩塑性区范围分别为 1.24 m、2.62 m、4.76 m。③为避免或尽量减小围岩出现塑性变形,一方面要及时支护减小支护结构施作前的围岩应力释放;另一方面要使支护结构具有一定的刚度,尤其是早期刚度,以提供足够支护抗力来抵制围岩塑性变形发生。

(2)模型应力场计算结果

应力释放系数 $\beta=0.5$ 时,3种计算工况支护结构、围岩应力如图 5-19 所示,可以看出隧道围岩、支护结构呈现出如下规律特征:

①支护结构、围岩径向应力由洞周向外逐渐增大,在模型远场边界达到原岩应力水平;围岩条件变化对围岩弹性区径向应力分布影响较小,而对塑性区径向应力分布存在一定影响,主要表现在围岩条件越差,围岩塑性区径向应力越大。

②围岩环向应力由洞内向外存在一个先增大后减小的过程,在围岩弹塑性交界面处达到最大值;同样围岩条件变化对围岩弹性区环向应力分布影响较小,而对塑性区环向应力分布影响较大,主要表现在围岩条件越差,围岩塑性区环向应力越小。

③支护结构、围岩环向应力均由洞内向外逐渐减小,在二者接触界面发生跳跃,只是支护结构环向应力要远大于围岩,且围岩条件越差支护结构环向应力越大。

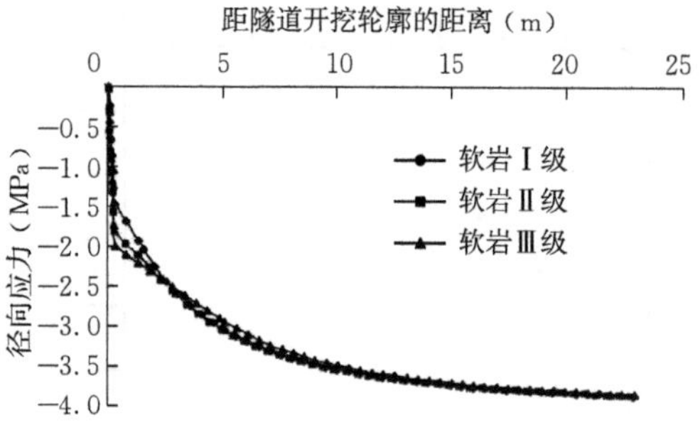

（a）径向应力

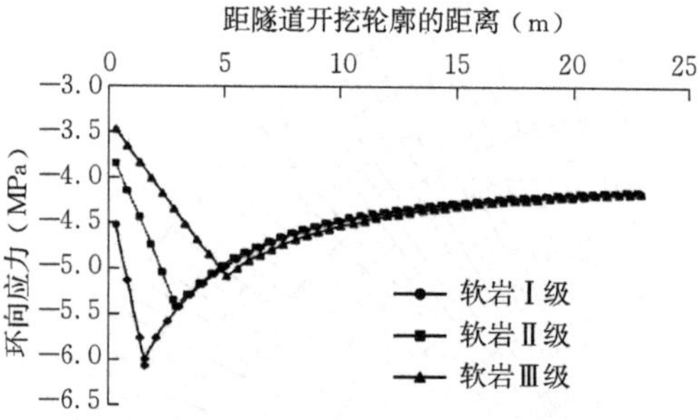

（b）环向应力

图 5-19 不同围岩级别下支护结构与围岩应力

(3)应力释放系数对应力场分布影响

软岩Ⅰ级不同应力释放系数下支护结构、围岩应力如图 5-20 所示,可以看出应力释放系数对应力场分布影响规律:①支护结构、围岩径向应力由洞周向外逐渐增大,且随应力释放的增大不断减小,可见应力释放同时减小支护结构和围岩径向应力;另外数值解与解析解完全吻合,验证了考虑应力释放解析模型的正确性。②支护结构环向应力随应力释放系数增大逐渐减小,但围岩环向应力却随应力释放系数增大而增大。

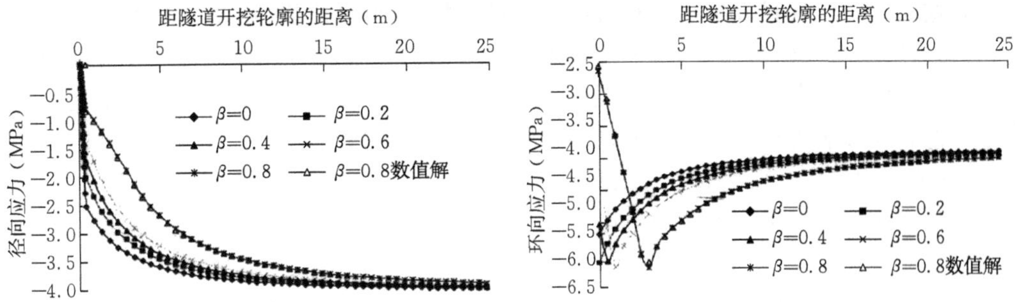

(a) 径向应力　　(b) 环向应力

图 5-20　不同应力释放率下的支护结构、围岩应力

(4)位移场计算结果

相对于几何非线性比较明显的围岩应力特性,通常地下工程围岩变形是随时间单调递增的。通过变形量和变形速率监测可较好反映隧道围岩稳定性的演化过程,而且变形、破坏、狭义失稳是一个统一过程。选取围岩变形特征作为判断围岩稳定性控制指标还具有监测及时、数据准确可靠、监测方法简单等优点。

应力释放系数 $\beta=0.5$ 时,3 种计算工况支护结构、围岩变形曲线如图 5-21(a)所示。可以看出洞周围岩位移变形场分布规律:①由于支护结构施作前围岩应力释放,造成隧道支护结构和围岩的最终位移并不连续,在二者接触界面发生跳跃。②隧道开挖引起围岩变形由洞周向外逐渐减小。③围岩条件越差,洞周围岩位移越大,3 种计算工况围岩最大位移分别为 −15 mm、−32 mm 和 −384 mm。④目前的支护参数和原岩应力条件下,软岩Ⅰ级、Ⅱ级隧道围岩变形量满足规范规定的允许变形量,而软岩Ⅲ级隧道围岩变形量超出了规范规定允许变形量。⑤当围岩条件较差时,仅靠初期支护控制围岩变形量不可行,必须充分发挥超前支护对围岩条件的加固作用以控制开挖后围岩变形。

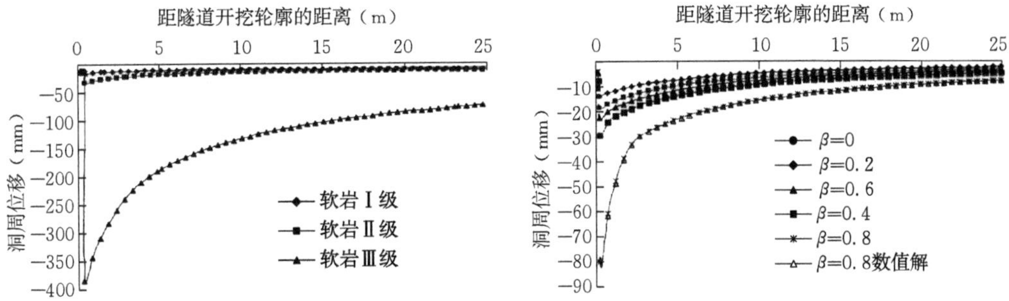

(a) 不同围岩条件　　(b) 不同应力释放率

图 5-21　软弱围岩隧道支护结构与围岩位移

(5)应力释放系数对位移场分布影响

图 5-21(b)为软岩Ⅱ级不同应力释放系数下的支护结构、围岩变形曲线。可以看出应力释放系数对位移场分布影响规律:

①由于支护结构施作前的围岩应力释放,造成隧道支护结构围岩最终位移并不连续,在二者接触界面发生跳跃;隧道开挖引起的围岩变形由洞周向外逐渐减小,且随应力释放系数增大

逐渐增大;另外数值解与解析解完全吻合,再次验证了考虑应力释放解析模型正确性。

②开挖面围岩位移随着应力释放系数增大而增大,且开挖面附近围岩变形随应力释放系数增大而明显增大,可见及时施作支护结构可以有效抑制围岩变形。

③开挖面围岩位移释放量(支护结构施作前后围岩变形量比值)随着应力释放系数增大而增大,且初始阶段增大较为明显,后来增大幅度逐渐降低。当应力释放系数为 0.2 时,位移释放量为 0.40,可见隧道开挖引起的“超前变形”是相当大的,这一点在软岩隧道中更为明显。当洞室开挖规模及应力释放系数一定,位移释放量与支护围岩的刚度比关系紧密,支护结构刚度越大,支护结构施作后对围岩变形的约束力越强。

④位移释放量反映了支护结构施作前后开挖面围岩变形比值,该值越大表明支护结构施作前围岩变形量也越大。

⑤隧道开挖后的洞内变形监测多是在支护结构施作后进行,当位移释放量较大时,开挖面围岩变形量远大于此时支护结构变形量,因此将支护结构变形等价于围岩变形来判断其是否超出围岩“预留变形量”是不科学的。

第6章　软弱围岩隧道变形控制技术措施

6.1　围岩变形预测和控制基准研究

6.1.1　变形控制对策措施

近年来，在复杂地质环境下软弱围岩区的长大、深埋隧道工程越来越多，当隧道围岩变形大于规范规定的容许变形量时，隧道围岩的整体稳定性和施工安全均难以保证。因此，在隧道开挖过程中对掌子面前方围岩变形的预测和控制是保证安全施工的重要一步，而经验关系法、数值分析法、回归分析法、灰色模型法、神经网络法、位移反演法等是当前国内外隧道工程围岩变形预测的方法；针对地质状况极其复杂的大断面软弱围岩隧道工程，如何控制隧道围岩大变形是世界工程界的难题。

潘国荣利用神经网络法在处理非线性问题上的优势，探讨了该法应用于地铁隧道变形预测中影响网络收敛各技术参数的选择问题，提出了防止网络训练过拟合及局部最小的措施。雷军军运用灰色理论预测了望垄江隧道围岩变形的变化趋势，进而评价隧道围岩的稳定性。王彦清采用位移反演分析法对厦门翔安海底隧道的变形进行预测，研究结果表明该法对控制隧道围岩变形起到了重要的作用。

国内外由隧道围岩发生大变形引起的工程事故常见于报道，如陶恩(Tauern)隧道、家竹箐隧道、都灵(Torino)隧道以及圣哥达(Gotthard)隧道等，都是典型的“长、大、深”隧道，其中陶恩(Tauern)隧道在施工过程中监测到的初期支护最大位移达到了120 cm。左清军基于姚家隧道现场监测数据，研究了不同隧道开挖工法下围岩变形的时空分布规律，为确定二次衬砌的最佳支护时机提供依据和参考。杜耀辉根据木寨岭隧道围岩支护结构的受力和变形分析结果，提出了“先柔后刚、先放后抗”的大变形控制理念，分阶段加强支护结构并提高支护体系的整体稳定性。严竞雄针对家竹箐隧道大变形问题采用U29型可缩性钢拱架，结合自进式长锚杆及加大预留变形量等措施有效地控制高地应力引起的支护结构大变形。奚正兵等通过模拟隧道开挖过程中发生的地表沉降和塑性区分布，研究了不同开挖工法施工引起的塑性区分布及地表沉降变形规律，提出了保障隧道安全施工的技术措施。

何满潮院士针对深部软岩工程变形机理和灾害控制理论的进一步研究工作，提出了包括深部软岩高应力场条件下的支护荷载力学模型及其变化机理研究等在内的七个重点研究方向。为了避免软弱围岩隧道发生大变形灾害，保证隧道围岩的稳定性，采用有效的控制措施来改善围岩的力学性能及保证隧道施工阶段的安全是十分必要的。有学者总结了目前对隧道围岩在稳定性方面的研究和分析中的主要方法包括力学分析法、数值计算法、人工智能法：围岩分类法和位移反分析法，隧道支护的分析方法主要有理论分析法、模型试验法和数值分析法。早期的支护以砌碹、锚喷、金属支架等为主，近几十年以锚杆支护为主体，目前常用的控制大变形灾害的措施主要可以分为两类：刚性支护和柔性支护。其中，刚性支护主要包括：大刚度支护结构和大范围围岩加固法等;柔性支护主要包括:多重支护方法、可缩式支护方法和分阶段综合控制法等。

但是随着高地应力软岩隧道工程的发展,单纯采用一种支护结构已经难以控制围岩的变形,“先放后抗,以柔克刚”的支护思想已逐渐形成为主导。目前主要采用设置支护预留变形量和可缩钢架等方式进行应力释放,两种方式均为预先限定围岩变形空间的被动卸压,常由于参数确定得不合理,造成支护效果不理想。闫鑫认为超前应力释放技术的应用,能有效改善隧道围岩的恶劣应力环境,使高地应力围岩转化为低地应力围岩,进而减小围岩变形,能从根本上解决高地应力所带来的问题。

由于大变形问题一直是在软弱围岩隧道施工过程中困扰技术人员的首要难题,往往会给工程的施工带来极大的困难,甚至会造成人员伤亡等重大工程事故。因此,国内外的很多专家学者都为解决这一难题做了大量的科学研究工作并取得了丰硕的成果。

何磊等(2011)基于兰渝铁路毛羽山隧道出口在开挖过程中出现严重大变形的工程实例进行分析,并利用有限差分软件 $FLAC^{3D}$ 建立三维数值模型进行动态模拟,研究结果表明:台阶长度对控制大变形十分重要,应该尽量减小上台阶的长度,宜采用超短台阶法进行施工;仰拱可以有效控制挤压性围岩隧道的大变形,所以施工中要尽早封闭成环;在适当的范围内,随着锚杆长度的增加,隧道变形会呈现逐渐减小的趋势;开挖后立即施作二次衬砌,可有效控制围岩蠕变变形。

关宝树(2011)分析了软弱围岩隧道变形的基本规律,系统总结了国内外,尤其是日本控制隧道开挖后变形的基本对策,包括四个方面:控制先行位移的超前支护、控制掌子面挤出位移的掌子面补强、控制脚部下沉的脚部补强以及加强初期支护,并且还提出了在确定隧道容许位移值时按照全位移值进行考虑的概念。

刘泉声等(2011)基于顾桥煤矿深井岩巷破碎软弱围岩支护方法的探索,结合围岩表面位移、深部位移等现场监测数据,指出:深部岩巷的支护受高地应力、岩体力学性质等因素影响,应结合巷道围岩地质条件采取适当的支护措施,并且要充分发挥并提高围岩的自身承载能力,即实现“应力恢复”“围岩增强”“固结修复”和“应力转移”等 4 个步骤在时间和空间上的有效结合。

赵勇等(2011)通过对贵阳—广州铁路天平山隧道试验段锚杆轴力、围岩压力及钢架应力的监测,分析了各支护构件的受力特征,研究结果表明:对于初期变形速率较大的软弱围岩,锚杆轴力多呈中间大两端小的分布形式,且轴力变化历时长,不易稳定:在同等地质软弱围岩条件下,型钢钢架的围岩压力比格栅钢架增大 70%～90%,型钢钢架的应力分布较均匀,支护效果要优于格栅钢架。

许崇帮等(2011)利用非连续变形分析(DDA)法对金鸡山隧道围岩变形、破坏过程进行模拟计算,指出:隧道围岩变形破坏过程中,受节理展布影响显著部位出现在隧道边墙位置、靠近中墙的内侧拱顶及拱肩部位,这些部位往往是隧道稳定性控制的关键对象。

李利平等(2012)以兰渝线两水隧道为背景,开展铁路双线隧道在软弱破碎地层中超大断面开挖的大比例三维模型试验,研究表明:软弱破碎低强度和流变特性使围岩变形具有更强的时空效应;软弱破碎围岩变形的三维扰动深度一般在 3 倍洞径内,台阶法支护开挖扰动范围最小,全断面支护开挖次之但后续长距离推进极易诱发围岩坍塌;台阶法较大断面开挖有利于控制收敛变形,可减少 10%～25%,沉降变形则相差不大。

刘泉声等(2012)通过总结分析高地应力破碎软岩巷道底臌的变形破坏特性，指出：高地应力破碎软岩巷道底板不仅受动荷载和水影响较大，而且底臌量非常大，呈现挤压剪切流变特性，在支护对策上应将支护体系视为完整体系，对于底板的控制，一方面要利用好顶、帮的间接限制；另一方面要加强底板的修复固结、应力转移以及围岩承载圈的扩大。

张梅等(2012)依托兰渝铁路高地应力软岩隧道进行分析，研究结果表明：高地应力软岩隧道宜根据岩石类别、岩层层厚、地质构造、岩层走向与隧道轴线夹角等因素将其分为 4 级；同时，施工时宜采取中台阶运输的三台阶开挖工法，上台阶长度宜为 5 m 左右，初期支护闭合距离不宜超过 35 m，闭合时间不宜超过 15 d。

汪波等(2012)根据对多次出现大变形、塌方等地质灾害的广甘高速公路杜家山软岩隧道的研究指出，在实际工程中应结合现场监测及围岩—结构安全性状况综合分析，施工工法应以三台阶法和预留核心土的微台阶法为主，尽可能采用机械开挖的方式以减少对围岩的破坏扰动，同时应增强支护参数的优化设计及施工重要环节的控制，支护及早封闭成环可以有效控制岩体位移的发展。

周艺等(2013)为探明强震区软岩隧道大变形破坏特征及其成因机制、分析支护参数变化与衬砌结构变形的相互作用关系，基于广甘高速杜家山绢云母千枚岩隧道的工程实例进行研究，总结提出了软岩隧道支护参数技术要领及方法，并指出在隧道施工监测过程中，隧道竖向位移的控制应以拱顶、拱肩作为控制部位，水平位移的控制应以上拱腰至边墙部作为控制部位。

王银(2013)基于巫奉高速某隧道的工程实例进行现场测试，并利用有限差分软件 $FLAC^{3D}$ 对实际工况以及不同因素对高地应力软岩隧道初期支护的影响进行数值模拟，研究表明：高地应力软岩隧道变形破坏的主要原因是原岩应力高，隧道开挖应力重分布后主应力差大，隧道初始变形大，宜采用“先柔后刚、先放后抗、多重支护”的措施，能够有效地控制围岩大变形，并且在施工过程中应遵循“弱爆破、短进尺、强支护、勤量测、早封闭”的总体施工原则。

刘广民(2013)依托洞松水电站引水隧洞工程：对软弱围岩大变形特征及控制对策进行了较深入的研究，并且通过数值模拟分析，得出了几个主要影响因素(埋深、侧压力系数、偏压和围岩强度)的影响规律，以及隧洞周边位移和塑性半径与初期支护刚度和施作时间的关系图，指出采用台阶法施工比全断面法引起的位移小 35%左右，并大大减小了塑性区范围，对隧洞开挖初期的稳定性非常有利。

夏冲(2013)基于省道线马鞍山隧道工程实例通过对软岩隧道现场监测研究和支护方案优化的数值模拟，指出软岩隧道的变形大致可以分为三个阶段：急剧变形阶段(开挖支护后 0～10 d)、缓慢变形阶段(开挖支护后 10～30 d)和基本稳定阶段(开挖支护后 30～40 d)；并且施工中采用临时仰拱台阶法开挖配合一定长度的锚杆和适当的注浆加固地层，能有效控制围岩变形。

张文龙(2014)依托兰新高铁第二双线大梁隧道的工程实例，结合在大梁隧道做的现场试验，并利用有限差分软件 $FLCA^{3D}$ 对采用的几种施工工法引起的掌子面挤出变形进行数值模拟，指出掌子面挤出变形是开挖介质对隧道开挖产生的变形反应的主要表现形式，主要发生在超前核心土内。同时也提出由于掌子面暴露时间短，无法长期监测，另外也无法监测到超前核心土的预变形，因此找到一种既可以长期监测掌子面位移又可以监测超前核心土位移的方法是十分必要的。

施玉晶(2014)以兰渝铁路新城子隧道为工程背景，采用理论分析、现场试验检测、数值模拟等主要方法，对该隧道工程小净距段支护结构展开研究，得到了用三台阶施工工法开挖时隧道变形随时间变化规律：拱顶位移变形快速变化时间为20～25 d；上台位移变形快速变化时间为15～20 d；下台位移变形快速变化时间为10～15 d；并说明了对于软岩隧道支护应本着“先柔后刚、先放后抗、变形留够、因势利导、相互制约、充分改善围岩稳定性”的基本原则，可以有效控制变形发生。

杨家松(2015)从分析围岩的强度应力比的角度出发，指出：预留变形量选择要充分考虑隧道的最大地应力和不同软岩物理特性的影响，在上台阶采取有效预加固措施后，可以实施大断面开挖，并且应该充分考虑监测信息成果，根据变形特征对支护参数进行优化设计。

谢江胜、仲维玲(2015)以大梁隧道为工程背景，从围岩岩性、地质构造、应力大小及分布规律等方面进行研究，并通过不同支护参数的现场试验对比得出了变形特征(支护破坏形式多样、变形速率快、变形持续时间长、变形量大、破坏范围广)和变形原因(岩性因素、地质构造因素、地应力因素、初期支护因素、施工因素)，指出应加强超前地质预报、围岩量测分析等手段来指导现场施工，在隧道施工时必须做好“预支护”，实现“快挖、快支、快闭合”，用锚、注、喷、支相结合的一体化支护技术来控制隧道大变形的发生。

赵亢等(2015)基于关垭子隧道在施工中发生大变形的工程实例，通过工程地质勘查、现场调研、岩石力学试验以及监控量测等主要方法进行研究，指出：软岩隧道大变形具有变形量大、发展快、蠕变性强以及不对称性，并与埋深、围岩岩性、地应力和施工方法有较大的关系，并说明了新意法在软弱围岩隧道设计施工过程中具有施工速度快、对围岩扰动少、支护结构能够快速封闭等优点，可作为软岩隧道大变形控制研究方向进一步深入研究。

内外专家学者针对高地应力深埋软弱围岩隧道大变形这一工程难题的研究，大多是基于个别工程实例来进行，研究工作主要集中于软弱围岩大变形破坏特征、软岩隧道支护措施及施工工法、支护时机、支护结构与软弱围岩相互作用的关系等方面。这样的研究与分析虽然能够指导个别工程的设计与施工，具有一定的工程实际意义，但并没有深入揭示高地应力条件下软弱围岩隧道的大变形机理，也没有将宝贵科研结果形成一套完整的理论体系，对于现行的交通隧道设计规范而言，缺乏具体可操作的设计准则，迫使设计人员在面对可能发生软弱围岩大变形问题时，往往只能依靠自身的经验来加强结构强度来进行设计。

在后续研究工作中，根据岩体分类、软岩的流变性以及节理、地质构造、初始地应力、埋深深度、地下水等原因，形成完整、全面、标准的设计规范来指导工程实践，就可以在很大程度上确保工程的整个施工周期安全进行，避免地质灾害的发生，减少不必要的损失。

6.1.2 围岩变形控制原则

(1)围岩全变形量的组成部分

软弱围岩隧道变形控制的总原则是把隧道开挖后围岩变形控制在容许范围之内，即满足式(6-1)要求。

$$u \leqslant u_s \tag{6-1}$$

式中 u——隧道开挖后围岩的总变形量；

u_s——围岩容许变形量，即隧道围岩的变形控制标准。

一般来说，隧道开挖后围岩的总变形量 u，包括掌子面到达前的变形(超前变形，也称先行位移)u_f，掌子面通过后量测开始前的变形(初始变形)u_i，以及量测开始后的变形(量测变形)u_m，如图5-1所示。全变形也就是隧道开挖后在有支护条件下的最大可能的变形值 u。

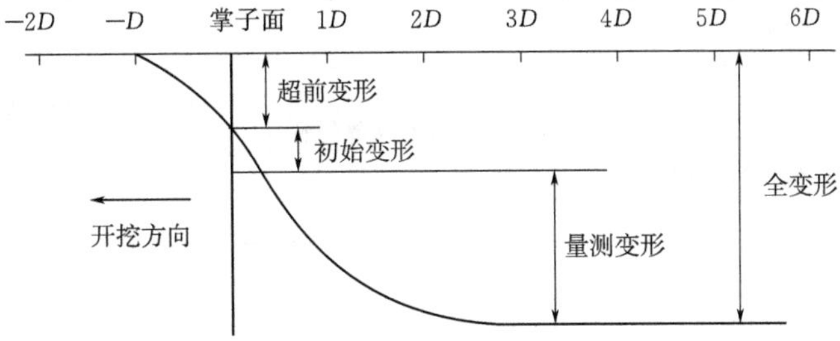

注：D为隧道直径。

图 6-1　软弱围岩隧道中的变形组成

由图 6-1 可知，围岩的全变形 u 采用式(6-2)。

$$u=u_f+u_i+u_m \tag{6-2}$$

式中　u——围岩的全变形量(m)；

u_f——围岩超前变形量(m)；

u_i——围岩初始变形量(m)；

u_m——围岩量测变形量(m)。

(2)隧道围岩稳定性分类

在隧道开挖过程中，将遇到不同稳定性类型围岩：①稳定性较好围岩：隧道开挖后围岩具有一定的自稳时间，保证初期支护具有足够施作时间，此类围岩中初期支护应承担隧道开挖后释放的全部荷载。②稳定性较差围岩：隧道开挖后围岩的自稳时间很短，初期支护来不及施作，围岩变形就可能超过其容许范围，此类围岩中应采用超前支护措施，事先减轻开挖后可能释放的荷载，用初期支护承担开挖后由超前支护减轻的释放荷载，即用超前支护和初期支护承担挖后围岩可能释放的全部荷载。③稳定性极差的特殊围岩：其变形长期不收敛，则应采取二次衬砌承担未收敛部分荷载，此时，二次衬砌应按具有力学功能的结构物进行设计。

(3)隧道围岩变形控制总原则

隧道工程安全施工的基本要求是保持隧道围岩的稳定，软弱围岩中可以用围岩变形量来衡量围岩的稳定性，所以，控制了软弱围岩的变形，也就控制了围岩的稳定性。根据围岩变形的时空分布规律，采取相应的对策分别控制掌子面前方、掌子面，以及掌子面后方变形，使围岩变形控制在其变形基准值以内，是围岩变形控制的主要目标。

隧道变形控制总原则：支护设置后必须把全变形值控制在容许变形值范围之内。可采用表 6-1 所列的具体原则来控制不同类型围岩的变形。

表 6-1　不同稳定性类型围岩变形控制原则

变形控制总原则		围岩类型	围岩自稳性特征
原则一	初期支护承担开挖后释放的全部荷载	稳定性较好	隧道开挖后，围岩具有一定的自稳时间，以保证初期支护拥有足够的施作时间
原则二	超前支护和初期支护承担开挖后释放的全部荷载	稳定性较差	隧道开挖后，围岩的自稳时间很短，初期支护来不及施作，围岩变形就可能超过其容许范围

续上表

变形控制总原则		围岩类型	围岩自稳性特征
原则三	变形长期不收敛时，用二次衬砌负担收敛部分的荷载	变形长期不收敛的特殊围岩	围岩具有明显的黏性变形，需要很长时间变形才能收敛，此时，二次衬砌应按具有力学功能的结构物进行设计

6.1.3　围岩变形预测方法

软弱围岩变形控制的总原则是把隧道开挖后围岩变形控制在容许范围之内，即要求隧道开挖后围岩的变形量小于围岩容许变形量(隧道围岩变形的控制标准)。为实现围岩变形控制的总原则，又必须先对围岩变形进行预测，并制定变形控制的标准。隧道围岩的变形受诸多因素的影响，包括围岩的地质条件、隧道尺寸、形状、埋深、隧道施工方法与管理，以及支护设计等。围岩的变形预测必须在上述影响因素已确定的情况下才能完成，而隧道的支护设计又是基于变形预测的结果，可见，围岩变形预测与支护设计是一个相辅相成的统一体，围岩变形预测随着支护设计的深入而不断深入，如图 6-2 所示。

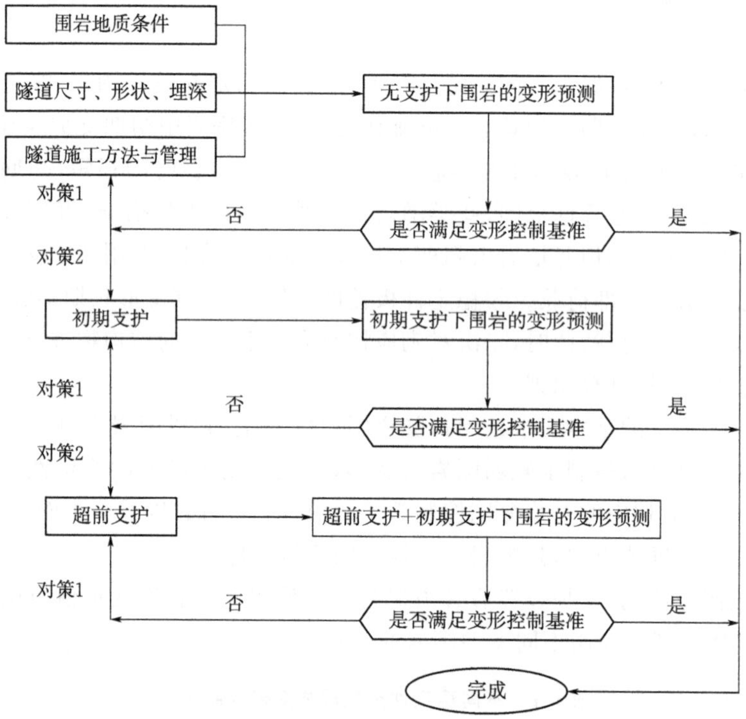

图 6-2　围岩变形预测的三个阶段

(1)围岩变形预测方法综述

目前，预测隧道围岩变形的方法比较多，主要有经验法、数值法、实验分析法、现场监测法、回归预测法、反分析预测法、灰色预测法、神经网络预测法等。但由于隧道围岩的复杂性和多变性，每一种预测方法都有着自己的缺陷，都难于准确地预测出围岩的变形量。如灰色模型不能用来长期预测，有失真趋势，传统模型采用等时距原始数据，限制了在工程实际中的应用；人工神经元网络模型的学习样本有限时精度难以保证，学习样本数量很多时，又会陷入“维数灾难”、泛化性能不高，其精度受样本影响较大；基于数值分析的预测预报方法的本构模型尚不能真实反映围岩特性，尤其是围岩的结构特性；现场监测法通过对大量实测数据进行统计分析，以此预测围岩的变形量，其统计的离散性较大；经验法虽然比较贴近现实，但经验方法也要有统计数据和理论解析的支撑。

(2)根据支护类型进行预测

如图 6-2 所示，根据支护的不同类型，变形预测可分为无支护下围岩的变形预测、初期支护下围岩的变形预测、超前支护＋初期支护下围岩的变形预测三个阶段。①首先是根据围岩地质条件、隧道尺寸、形状、埋深，以及隧道施工方法与管理水平等条件预测围岩在无支护条件下的变形量，当其变形量不满足变形控制基准时，可采用两个对策，对策 1 是改变施工方法或提高管理水平；对策 2 是增设初期支护。②若采用初期支护后，根据初期支护的设计参数预测围岩在初期支护下的变形量，当其变形量仍不能满足变形控制基准时，此时也可采用两个对策，对策 1 是增加初期支护的强度，如喷射高性能混凝土，施设高承载力的锚杆、高规格的钢支撑等；对策 2 是增设超前支护措施。③若采用超前支护措施，则根据超前支护的设计参数预测围岩在超前支护下的变形量，当其变形量还不能满足变形控制基准时，则需进一步增加超前支护的强度，并最终使围岩变形满足其变形控制基准。

(3)根据所处施工阶段预测

围岩变形预测随着施工阶段的不同，可供参考选择的资料也不相同，其预测方法也随之发生变化。因此，可根据施工阶段将围岩变形预测分为隧道施工前的变形预测和隧道施工过程的变形预测。

①隧道施工前的变形预测：隧道施工前，由于没有量测数据，因此，只能根据地质条件、隧道尺寸、拟采用的施工工法等情况，采用经验法、数值法、实验分析法对围岩变形量进行初步预测。隧道开工前，应根据地质勘察资料，初步预测围岩的变形量，以便确定是否需要设置超前支护，如果需要超前支护，则还需确定超前支护以及初期支护的类型及支护参数。此时隧道尚未开工，没有实测的变形量测数据，因此多采用经验法、数值法、实验分析法对围岩变形量进行初步预测。经验法需要有围岩的 RMR 值或者 Q 值，而铁路隧道地质勘察中一般缺少这两个值，因此，经验法一般不适用于铁路隧道围岩的变形预测。数值预测方法虽然也存在一些自身的问题，但是在隧道施工前，无变形实测数据的情况下，数值法相对来说是一种较为理想的变形预测方法。

经验法：通过对围岩质量进行评估，得到一个表征围岩质量的评估值，如 RMR 值、Q 值、RQD 值等，然后建立围岩评估值与围岩变形模量的关系式，从而计算出围岩的变形。该方法在实际中得到了较广泛的应用。比尼亚夫斯基(Bieniawski)在泥岩、砂岩、辉绿岩、板岩、千枚岩和石英岩等岩石中，在研究岩体现场变形模量实测资料的基础上，建立了原位变形模量值与岩体分类指标 RMR 之间的统计关系，并建立了公式(6-3)的关系式，如图 6-3 所示。1981 年斯蒂尔(Still)等人发现公式(6-3)仅适用于 RMR＞55 的岩体，对于 RMR＜55 的岩体不适用。他们根据比尼亚夫斯基(Bieniawski)提供的数据和收集到的资料，统计分析提出了用于估算 RMR＜55 的岩体变形模量，见公式(6-4)。1983 年塞拉芬(Serafin)和皮瑞尔(Pereira)结合工程数据，提出了 RMR 和 Q 指标之间的关系式(6-5)。以上关系式已被工程界广泛应用及验证，但普遍认为公式(6-5)估算结果更接近工程实际。

$$E_{\mathrm{m}}=2\mathrm{RMR}-100 \quad (\mathrm{GPa}) \tag{6-3}$$

$$E_m = 0.05\text{RMR} \quad (\text{GPa}) \tag{6-4}$$

$$E_m = 10^{\frac{\text{RMR}-100}{40}} = 25\lg(Q) \quad (\text{GPa}) \tag{6-5}$$

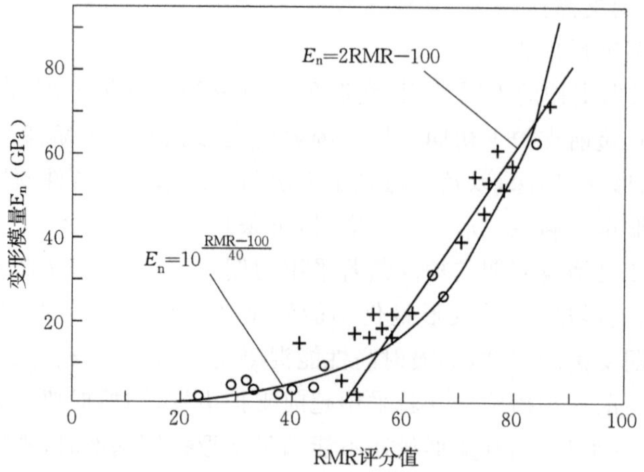

图 6-3　岩体变形模量与 RMR 的关系图

数值法：数值法广泛应用于地下工程的分析和研究。作为一种工具，数值分析在计算围岩应力及位移场的分布特征与变化规律中有重要作用。数值法也存在着自身难以克服的缺陷，主要表现在围岩本构模型的建立及围岩参数的选取，现有的围岩本构模型都难于准确地刻画围岩这种复杂的介质，都有待于进一步完善和提高。但是数值法仍不失为一种预测围岩变形的有效方法。基于数值方法的变形预测包括两种方法：(a)由室内、现场试验或者根据经验法获取参数作为输入的数值正分析方法。(b)基于量测变形来反分析地应力场及岩石力学性态参数再以之进行数值正分析的方法。罗维(Rowe)和李(Lee)指出，有限元技术用于预报由于隧道施工引起岩层移动变形已获得非常成功，且在岩土工程预报领域内占有很大比例。在隧道施工中，基于监控量测的有限元技术(正、反分析)对围岩变形进行预测预报，根据预报情况设置支护，并将设置支护后围岩变形及锚杆应力的预报值与实测值相比较，验证根据有限元预报来设计支护的正确性。数值方法用于岩体变形预报，除了使用有限元外，还有边界元、离散元及其各种数值方法的耦合，以及数值方法与物理模型相结合的方法。

②隧道施工过程的变形预测：隧道开始施工后，对围岩变形进行监控量测，并根据实测数据，采用现场监测法、回归预测法、反分析预测法等方法对预测变形量进行校对。隧道施工后，可根据已有变形监测数据对围岩变形进行较为准确预测：可根据最大变形速度预测最终变形值、可根据量测数据与数值法计算数据对比分析预测最终变形值。

根据最大变形速率预测最终变形值：隧道开挖后，其初期的最大变形速率(mm/d)与围岩最终变形值(mm)存在着一定的相关关系，这是这种预测方法的理论基础。日本多数隧道是基于这种方法来预测最终变形值的。图 6-4 是日本单线、双线铁路隧道采用全断面法和台阶法施工时，最大变形速度和最终变形值统计的相关关系。据此，就可以根据量测的初期变形速度，大致确定可能发生最大变形值。当最大变形值，超过变形管理值或容许值时，就能够及早采取相应的对策加以控制。这也是强调加强初期变形速度量测的一个目的。例如，以双线、全断面法施工的隧道为例，当初始变形速度为 10 mm/d 时，由图 6-4 可知，其最终变形值约在 30 mm 左右，而采用台阶法施工时，则在 70 mm 左右。两者相差很大。

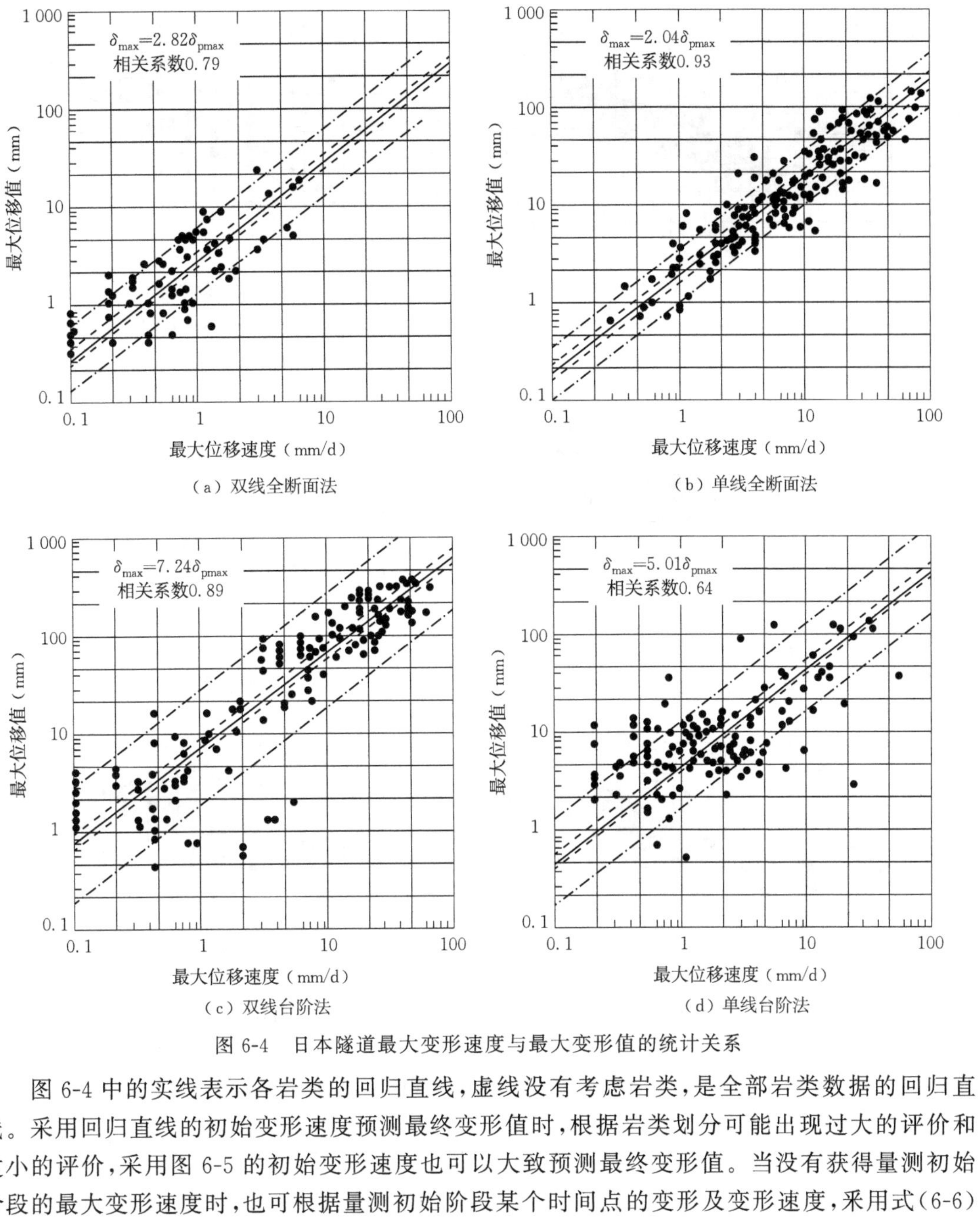

（a）双线全断面法　（b）单线全断面法

（c）双线台阶法　（d）单线台阶法

图 6-4　日本隧道最大变形速度与最大变形值的统计关系

图 6-4 中的实线表示各岩类的回归直线，虚线没有考虑岩类，是全部岩类数据的回归直线。采用回归直线的初始变形速度预测最终变形值时，根据岩类划分可能出现过大的评价和过小的评价，采用图 6-5 的初始变形速度也可以大致预测最终变形值。当没有获得量测初始阶段的最大变形速度时，也可根据量测初始阶段某个时间点的变形及变形速度，采用式(6-6)预测最终变形值。

$$u_{t\to\infty}=cv_{\mathrm{t}}+u_{\mathrm{t}} \tag{6-6}$$

式中　u_{t}——时间的变形；

v_{t}——时间的变形速度；

c——常数，一般取 5～10(d)。

根据现场实测与数值计算数据对比分析预测最终变形值：在隧道施工前，先采用数值解析法预测围岩的变形量。隧道施工后，对围岩变形进行监控量测，对比分析计算值与实测值的差异，据此调整计算参数，从而预测最终变形值，如图 6-6 所示。

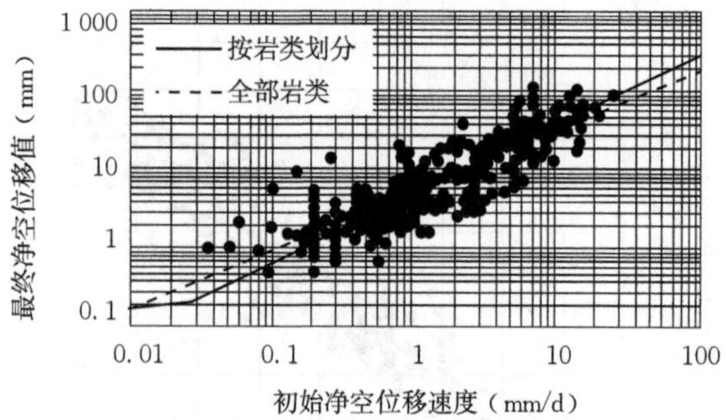

（a）B岩类初始净空位移速度的预测

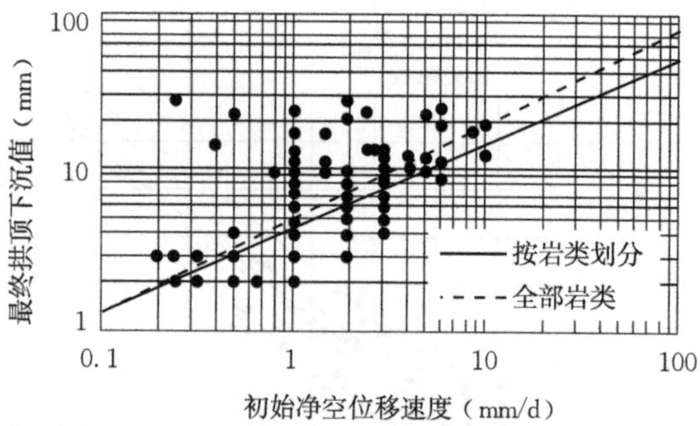

（b）B岩类初始拱顶下沉速度的预测

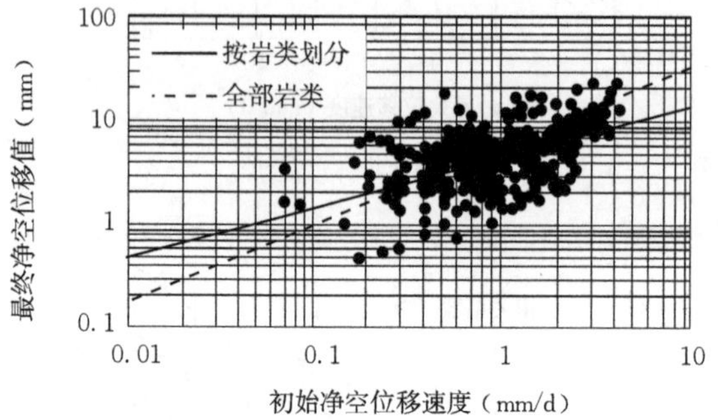

（c）C岩类初始净空位移速度的预测

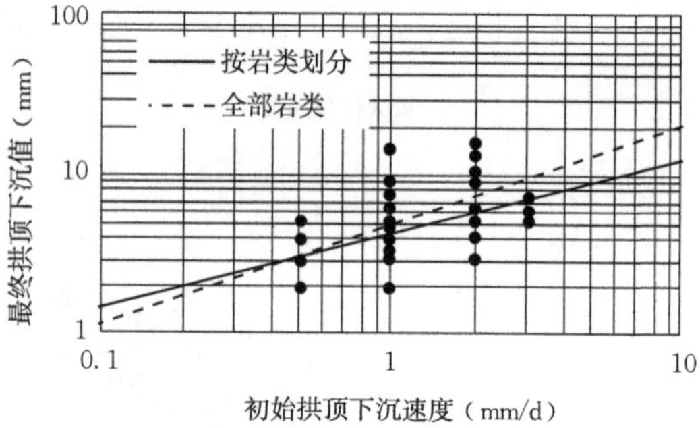

（d）C岩类初始拱顶下沉速度的预测

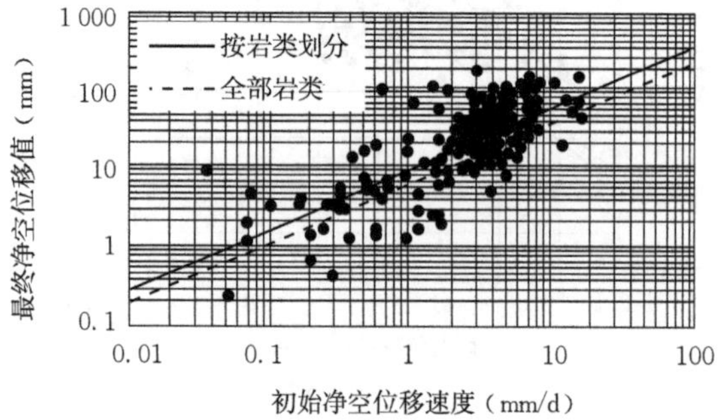

（e）D岩类初始净空位移速度的预测

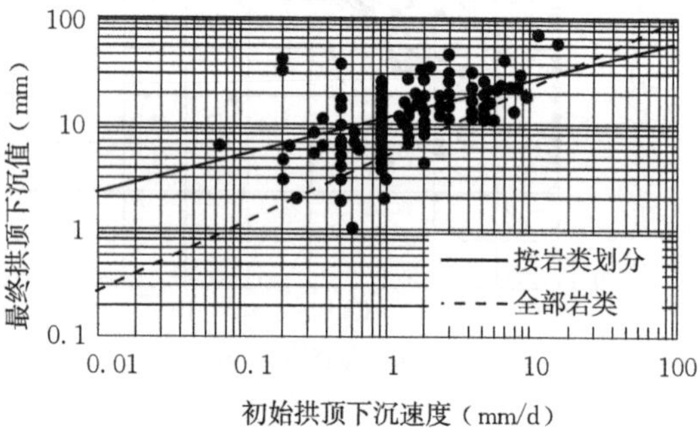

（f）D岩类初始拱顶下沉速度的预测

图 6-5　各岩类的初始变形速度和最终变形值的关系

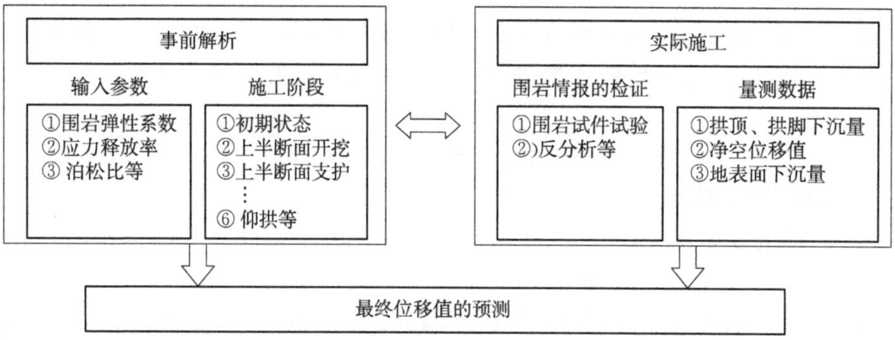

图 6-6　量测数据与数值解析结果对比预测围岩最终变形

根据自身量测数据的统计分析法：在开挖初期阶段，隧道量测数据较少，此时多根据其他隧道的量测数据进行最终变形值的初步预测。随施工进展可得到自身实际的量测数据，当数据积累到一定程度后就可以根据自身的量测数据进行预测。量测的变形值会因其初始值的设定时期不同会有很大差异，因此，预测用的量测数据，应尽可能让初始值设定时期及测定方法一致。如果初始值测定比通常情况推迟的场合，其数据要与其他数据加以区别。采用函数预测式和采用回归模式预测式（表 6-2），加上基于自身的施工实际预测最终变形，能够更好地进行预测，代入图 6-7 的收敛型函数预测式，就可以反推出没有量测到的初始变形，并预测可能的最终变形值。但此变形值不包括掌子面的超前变形，因此还需加上其值，才能确定全变形值。

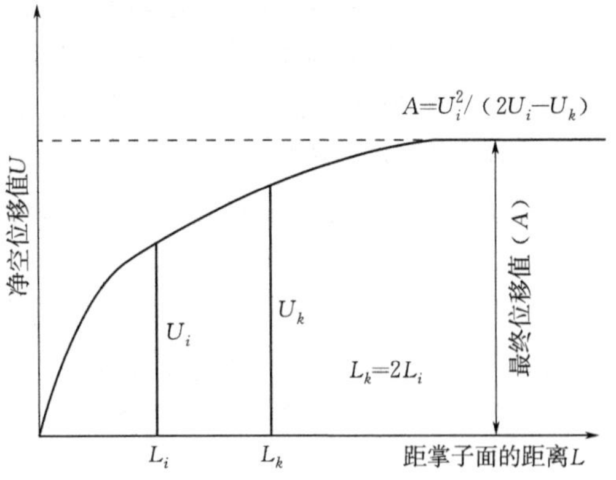

图 6-7　根据函数预测最终变形值例

此时，假定开挖进尺是一定的，上半断面的变形和下半断面的变形的比例也是已知的。量测得到的数据因存在着偶然性偏差，必须通过回归分析对量测数据进行处理拟合，找出变形随时间的变化规律，才能预测围岩的变形值和变形速率。通常将利用监测得到的变形值作为原始数据，建立围岩变形值与时间的回归函数，然后利用建立的回归函数对隧道围岩变形值进行预测。在实际工程中常常采用回归预测模型，见表 6-2。隧道施工后，根据已有的实测变形数据可较为准确地预测围岩变形。在以上三种方法中，根据最大变形速率预测最终变形值的方法需要量测围岩的最大变形速率，而最大变形速率一般出现隧道开挖初期，而在施工实践中，隧道开挖初期的变形速率往往由于施工作业方面的原因而不大容易量测。而量测数据与数值法的计算数据两者往往相差较大，不易预测出最终变形值。因此，当前工程中常用的预测方法是基于自身量测数据的统计分析法预测围岩变形。

表 6-2　统计分析法预报数学模型

序号	回归函数模型	表　达　式
1	直线方程	$y=a+bx$
2	二次抛物线	$y=a+bx+cx^2$
3	幂函数	$y=ax^b$
4	对数函数	$y=a+b\lg x$
5	指数函数	$y=a\mathrm{e}^{bx}$；$y=a\mathrm{e}^{\frac{b}{x}}$
6	经验公式	$y=1/(a+bx)$；$y=1/\left(a+\frac{b}{x}\right)$

6.1.4　围岩变形控制基准

(1)围岩容许变形值概念

隧道的变形控制基准是围岩变形控制的前提。众所周知，隧道开挖后必然会引起各种变形的发生，但如果仅仅是弹性变形是容许的，即使发生塑性变形，只要不造成围岩松弛，也是容许的。容许这些变形的发生，也就是利用了围岩自身的支护效应。但如果变形超过这个范围，围岩会发生松弛，松弛的后果就可能出现各种预料到的和预料不到的问题。软弱围岩隧道安全管理的一个基本理念就是在施工过程中将隧道围岩的变形控制在允许变形值之内。允许变形值是指采用隧道施工中各种支护手段实施后的容许变形值。容许值应该包括：掌子面超前变形最大值、挤出变形最大值、开挖后的初始变形速度及拱顶下沉量、净空收敛值及脚部下沉量的收敛值、变形收敛距离等。

从图 6-1 可以看出，目前量测到的变形仅仅是全变形值的一部分，如何从量测变形转换为全变形值是目前量测中要解决的问题之一，也是理论上和工程应用上要解决的一个问题。由图 6-1、式(6-2)可知，围岩的全变形 $u=u_f+u_i+u_m$，则容许变形量 u_s 可通过式(6-7)求得。

$$u_s=u/k \tag{6-7}$$

式中 u_s——围岩容许变形量(m)；

k——安全系数。

(2)日本提出的净空位移管理基准

日本规定的容许变形值，基本上不与埋深挂钩，即隧道深埋和浅埋的管理基准值不变，因为围岩的极限应变是一样的。日本隧道技术规范(2006 年版)规定的日本铁路隧道净空位移管理值见表 6-3。由表 6-3 可知，即使在特 S 级围岩(松散软弱围岩，相当于我国铁路隧道围岩分级的Ⅵ级围岩)、Ⅰs 级围岩(相当于我国铁路隧道围岩分级的Ⅴ～Ⅵ级围岩)，其变形管理值也在 150 mm 左右(如以相对位移计，约为 1.5%)。就是在大变形的隧道中，也力求把变形控制在 200～300 mm 以内(如以相对位移计约为 2%～3%)。在一般围岩条件下，其变形管理值均不超过 50 mm(如以相对位移计约为 0.5%)。

表 6-3 日本铁路隧道的净空位移管理基准

序号	围岩级别	单线(mm)	双线、新干线(mm)
1	$Ⅰ_S$、特 S	75	150
2	$Ⅰ_{N-1}$	25～75	50～100
3	$Ⅰ_{N-2}$～$Ⅴ_N$	25	50

(3)我国铁路隧道变形控制管理基准

根据铁道部重大科技开发项目“隧道施工过程力学及安全施工技术研究”关于软弱围岩隧道施工变形控制与管理技术研究中的大量统计分析和数值理论计算，提出并制定我国铁路隧道变形控制的管理基准见表 6-4、表 6-5。

表 6-4 铁路隧道的净空位移＋拱顶下沉的管理基准

围岩级别	净空位移值(mm)		拱顶下沉(mm)	
	小跨度～较大跨度	大跨度～特大跨度	小跨度～较大跨度	大跨度～特大跨度
Ⅵ	150	200	200	350
Ⅴ	100～150	150～200	100～200	200～300
Ⅳ	50～100	100～150	50～100	100～200
Ⅰ～Ⅲ	50 以下	100 以下	50 以下	100 以下

表6-5 铁路隧道掌子面和拱脚变形的管理基准

围岩级别	掌子面挤出变形(mm)		掌子面后方初期支护净空变形速度(mm/d)		掌子面超前变形	拱脚下沉量
	小跨度～较大跨度	大跨度～特大跨度	小跨度～较大跨度	大跨度～特大跨度		
Ⅵ～Ⅴ	50～70	70～100	10	20	总变形的20%～30%	小于拱顶下沉值
Ⅳ	≤50	≤70				

6.2 软岩变形控制理念与技术要点

6.2.1 软岩变形控制理念

隧道围岩变形控制的目的，就是在开挖过程和支护施工中把变形控制在容许范围之内，并确保隧道结构体系的长期稳定。隧道开挖是释放应力的过程，不同的开挖方法，应力释放的过程及程度也是不同的，支护则是应力控制的方法，但不同的支护方法其应力控制过程和程度也是不同的。根据对软弱围岩变形机制研究，可以把软弱围岩变形控制对策理念归纳为三种，即：刚性结构控制理念、柔性结构控制理念、刚柔结合的控制理念。

(1)刚性结构控制理念

刚性结构控制理念是为了控制围岩的变形，加强支护结构的刚度和强度，即采用“刚性支护”尽可能早地控制围岩变形，这种方法将初期支护设计得非常强，同时要求二次衬砌尽早施作，抵抗变形。两种主要控制措施如图6-8所示。

①加强支护和衬砌结构刚度：在浅埋地层、地层自重或围岩压力小、地层松软条件下，为控制地面沉降变形或隧道变形，而采用系统长锚杆(索)、重型钢架和大厚度喷射混凝土支护等，加大模筑混凝土结构刚度，并实现尽早闭合的方法。采用长锚杆(索)能充分调动深部围岩强度，扩大承载圈，与浅层支护岩体共同作用。适用于地表有结构物，对沉降控制有一定的要求，不具备在地面采取工程措施，只有在洞内采取加强工程措施的情况。

②提高围岩自支护能力：在浅埋地层、地层自重或围岩压力小、地层松软等条件下，为减少地面沉降变形或隧道变形，着力改善并加固地层。采用掌子面自进式超前纤维锚杆可控制掌子面超前变形，增强围岩整体强度，防止坍塌。采用深孔大范围超前注浆或刚性较大的水平旋喷或大管棚超前支护、掌子面超前长大锚管加固围岩改良地层、提高围岩整体强度和刚度。适用于洞口段或浅埋隧道段，附近有结构物，对隧道沉降或变形有较高的要求，地表作业场地开阔，工期比较紧张等条件，这种情况下可大面积同时进行地层的加固改良。这种方法工艺简单，质量可靠，施工速度快，但投资较高。

(2)柔性结构控制理念

柔性结构控制理念是为了减轻作用在支护上的荷载，简化支护结构，采取释放变形的方法，即通过施作超前导洞、超前钻孔，加大预留变形量，使围岩应力充分释放，然后再施作支护结构，如图6-9所示。柔性结构控制理念常采用多重支护、可缩式支护和分阶段综合控制等措施来控制围岩变形。三种主要控制措施如下：

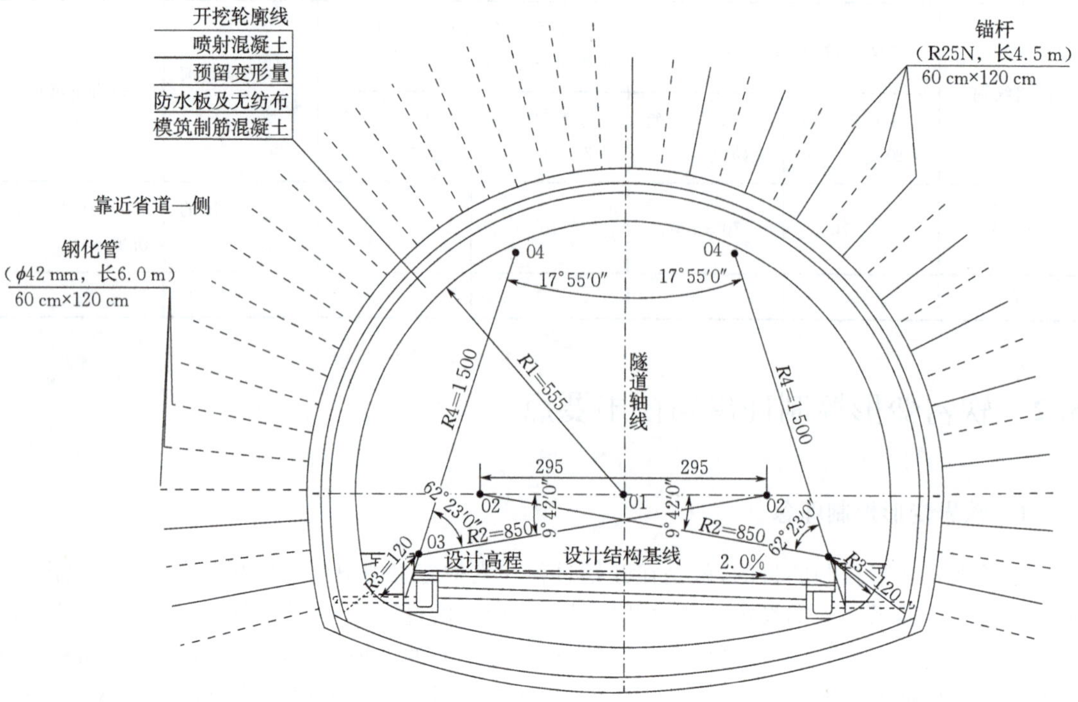

（a）长锚杆（索）

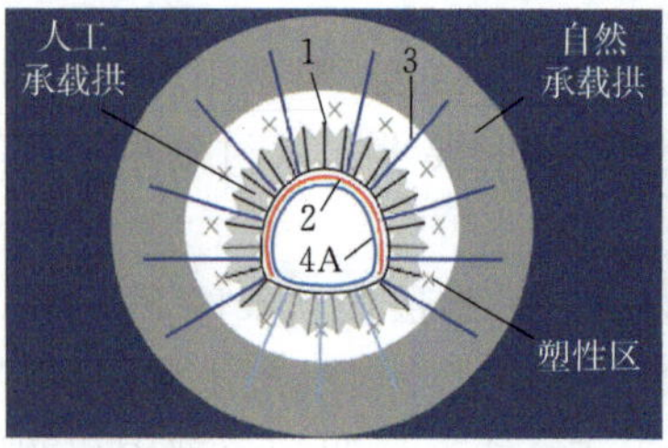

（b）系统锚杆（管）与长锚杆（索）长短组合－群锚效应

（c）掌子面自进式超前纤维锚杆

（d）注浆加固

图 6-8　刚性结构控制（主动支护措施）

（a）超前导洞

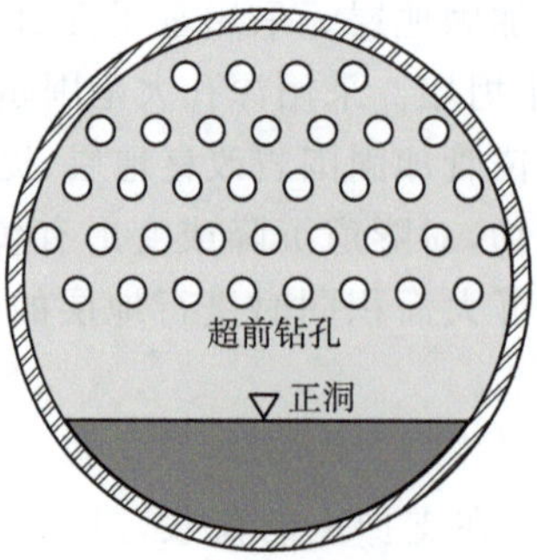

（b）超前钻孔

（c）超前导洞（毛羽山隧道）

图 6-9　超前应力释放

①多重支护措施：根据围岩变形支护特征曲线特性采用多层延期支护措施达到控制变形目的，如图 6-10 所示。隧道开挖支护施工过程中，预留足够的允许变形量和二次支护空间，在超前锚管或锚杆支护下，开挖后先设置第一层支护，约束围岩的初期变形；而后在距掌子面后方 3.0D(D 为洞径)左右的位置设置第二层支护，使隧道稳定、从而控制围岩大变形。本方法的概念是允许一次支护发生屈服，设置二次支护后，地压和支护反力应得到平衡。此法二次支护需要预留的支护空间较大，需要二次支护作业平台等。

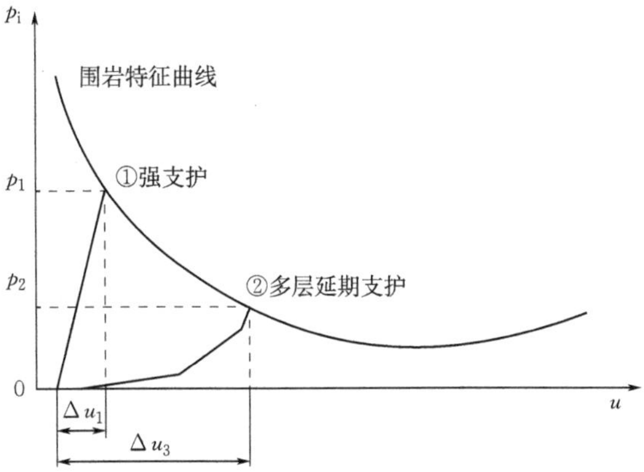

图 6-10　多层延期支护约束曲线

②可缩式支护措施：可缩式支护措施需要预留足够的允许变形量和二次支护空间，在超前锚管或锚杆支护下，隧道开挖后及时安装可缩式钢拱架、设置可压缩层(或泡沫混凝土缓冲层)、衬砌应力控制构件、预留变形槽或可压缩构件、架设可缩式锚杆等支护体系，允许产生较大变形，释放围岩压力，以减轻支护结构上的荷载。可缩式支护结构工艺复杂，技术要求高，施工工期较长，如图 6-11～图 6-14 所示。如图 6-15(a)所示，何满潮院士提出的恒阻大变形锚杆是其中一种比较有代表性的可让压式锚杆。能够在围岩蠕变阶段提供近乎恒定的高阻力，具有延伸性，可被拉伸到一定长度以适应围岩的大变形。如图 6-15(b)所示，孙钧院士提出的大尺度让压锚杆，其最大让压量可达 1 000 mm 以上，这种锚杆在其随围岩下行走动的过程中形成“让压”，并将由锚头在锚腔(套筒)中对凸凹筒壁同步施加强大的挤压力和动摩擦力、而产生恒阻式锚杆的“让压支护抗力”。

③分阶段综合控制：预设足够预留变形和二次支护空间，在超前锚管或锚杆支护下，开挖后先设置中短系统锚杆、钢架、喷射混凝土支护，约束围岩的初期变形；而后在距掌子面后方 3.0D(D 为洞径)左右的位置，设置系统长锚杆补强加固围岩，必要时采用网喷射混凝土或钢架喷射混凝土支护补强。该方法先期支护因刚性不足，仅能约束围岩的初期变形、难以控制变形；利用长锚杆补强方式分阶段地提高支护刚性来控制变形，使隧道趋于稳定。该方法需要预留的支护补强空间较小，在工作面后方施作补强锚杆有利于长锚杆施工，有利于锚杆数量与质量检查，也有利于施工平行作业。

(3)刚柔结构控制理念

刚柔结合的控制理念是允许围岩发生变形，但其变形不能超过围岩变形允许值，即把围岩变形控制在允许范围之内，让初期支护承担围岩释放的全部荷载，让超前支护控制围岩荷载的释放程度。主要采用初期支护控制围岩变形，对于自稳时间很短，初期支护来不及施作就可能坍塌的围岩，则采取超前支护措施预先控制围岩荷载的释放，使围岩荷载控制在初期支护能够承受的范围之内。

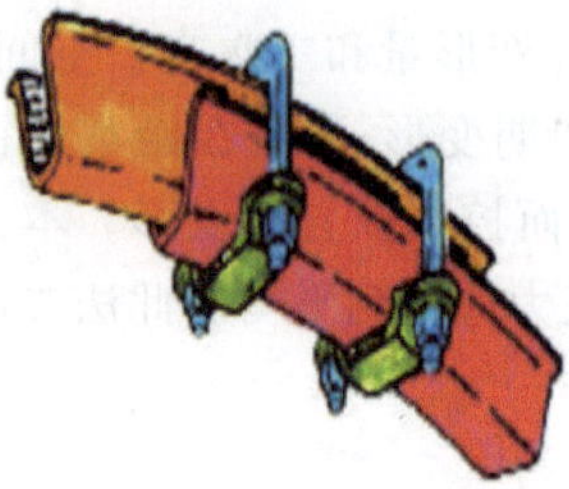

（a）U形钢支架接头

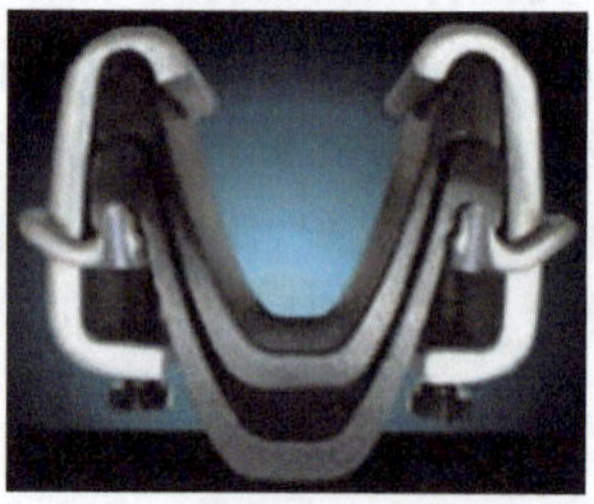

（b）U形钢支架接头

（c）高限阻器钢架

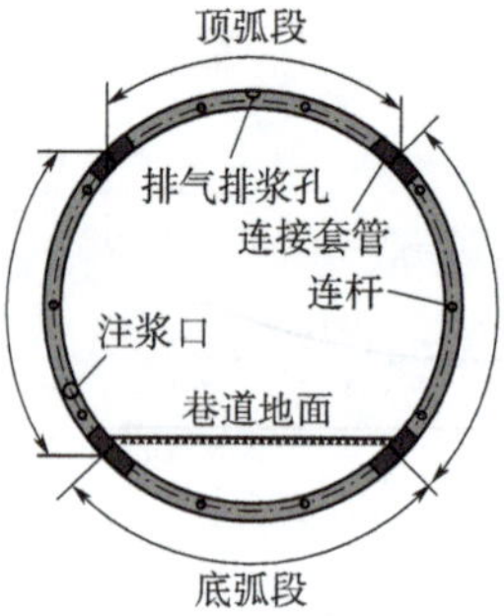

（d）支护结构示意图

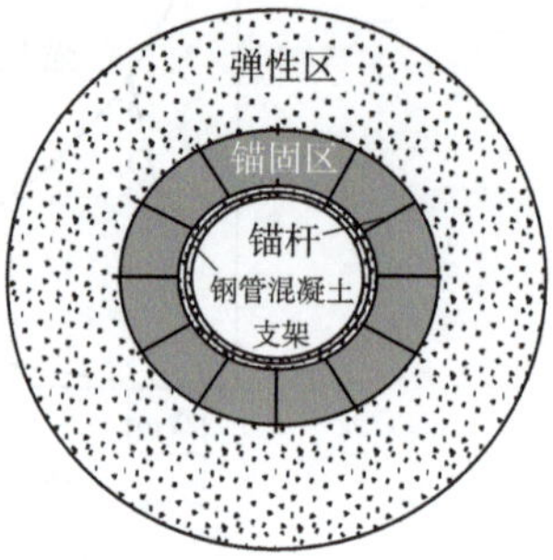

（e）支护与围岩共同作用力学模型

图 6-11　可让压式结构：可缩式钢拱架（钢管混凝土支架为主体的复合支护体系）

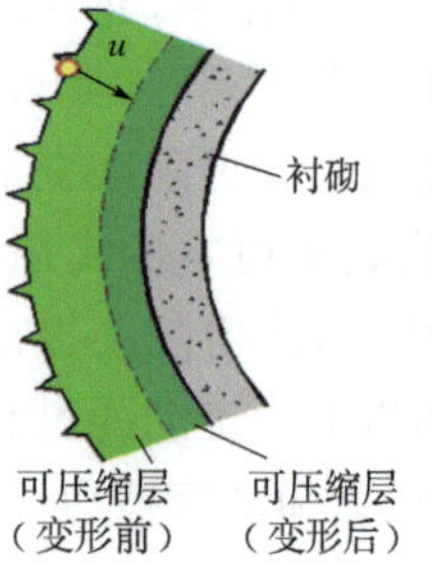

（a）衬砌背后设置可压缩层

（b）新型吸能泡沫混凝土缓冲层
（掺聚丙烯纤维）

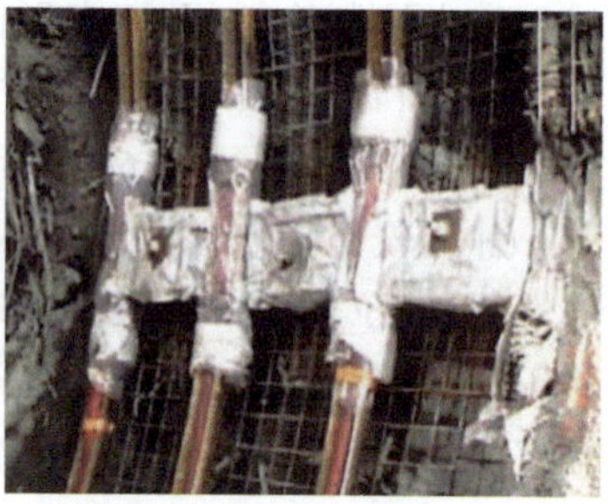

（c）Saint Martin La Porte
隧道中的HiDCon构件

图 6-12　可让压式结构：可压缩层或缓冲层

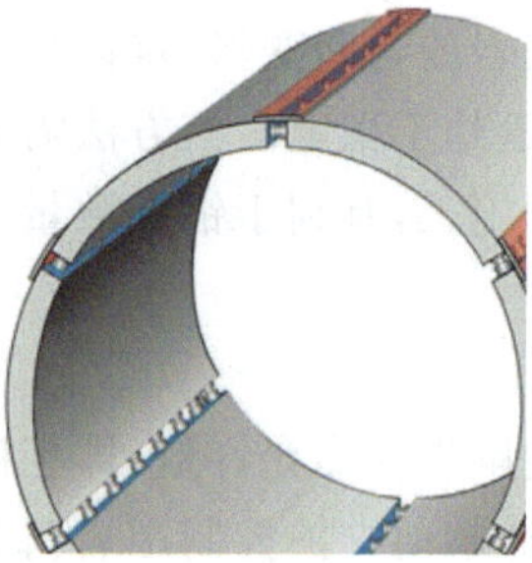

（a）隧道整体结构

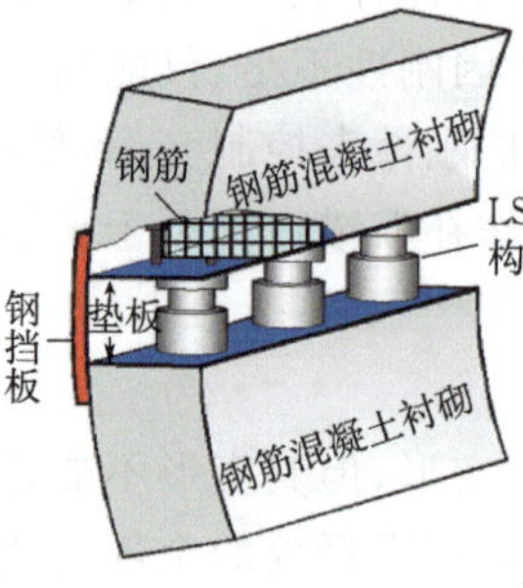

（b）应力控制下构件

（c）实景图

图 6-13　可让压式结构：衬砌应力控制构件

（a）预留变形槽

（b）蜂窝状可压缩构件

（c）实景图

图 6-14　可让压式结构：预留变形槽与蜂窝状可压缩构件

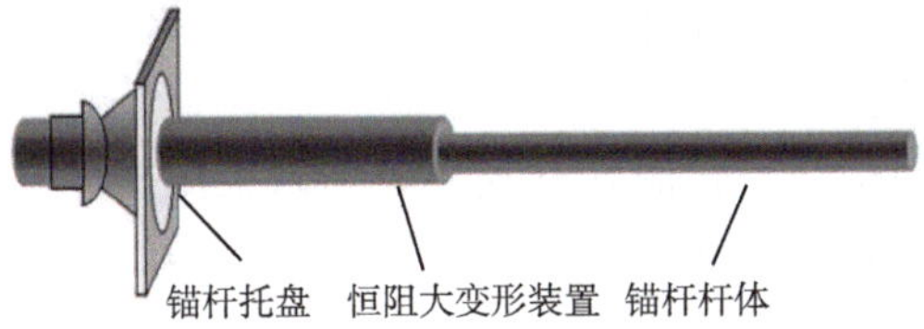

（a）恒阻大变形锚杆（何满潮）

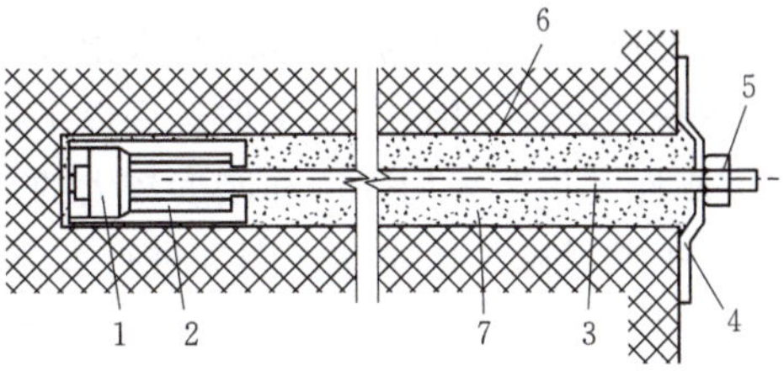

（b）大尺度让压锚杆（孙钧）

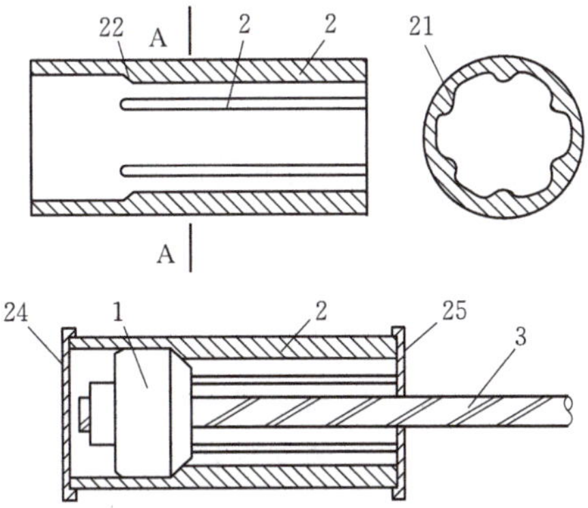

（c）细部图

图 6-15　可让压式结构：恒阻大变形锚索（杆）

刚柔结合的控制理念符合软弱围岩的变形规律，是比较科学的软弱围岩控制理念，但工程实践中采用刚性结构和柔性结构控制理念的工程实例比较多。比如，造成隧道初期支护严重侵限而被迫拆换，就是采用柔性结构控制理念的典型失败案例，这种情况下，预留变形量预留的越多，隧道断面开挖的就越大，围岩松动圈范围就越大，软弱围岩变形就更加难以控制。而工程实践中为控制围岩变形要求二次衬砌尽量紧跟和“衬砌才是硬道理”，致使施工后隧道设计较厚钢筋衬砌发生开裂，影响运营的安全，这是采用刚性结构控制理念的典型失败案例。

6.2.2　变形控制流程对策

(1)软岩大变形控制总体流程

首先根据围岩大变形特征，分析产生大变形的机理，针对不同隧道工程特点具体问题具体分析，然后制定适用性的大变形控制对策，图 6-16 为软岩隧道大变形控制总体流程。

(2)软岩大变形控制对策

为实现隧道施工“初期支护不侵限不拆换、衬砌不开裂安全耐久”的质量安全目标，对于软弱围岩大变形控制对策，不能完全遵循“新奥法”理念，既不能强支硬顶，也不能过度让放，既要

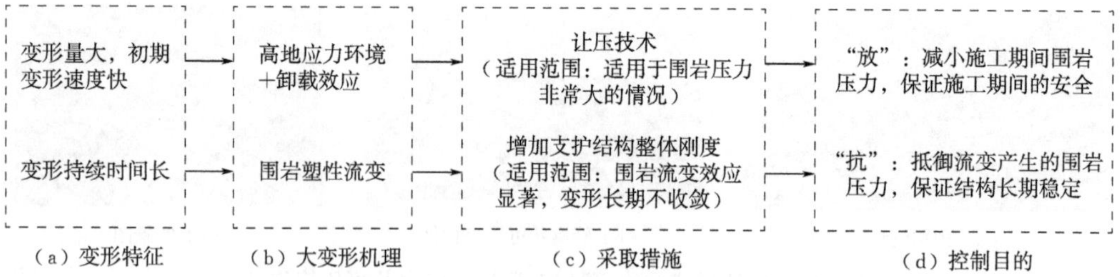

图 6-16　软岩隧道大变形控制总体流程

有控制的形成合理厚度的塑性圈，最大限度释放围岩变性能，还要充分发挥塑性区承载能力，不能出现松动破坏。因此，应采取运用以下对策：

①“刚性支护”：采用强度和刚度较大的支护结构。在洞室开挖后短期内采用强度和刚度较大的支护或衬砌结构对隧道围岩进行大范围加固，尽早恢复围岩三向应力平衡状态，最大程度约束围岩变形；该对策适用于轻微变形，传统的软岩隧道支护方案大多采用重型钢拱架支撑、厚混凝土衬砌等。

②“先让后抗”：加大预留变形量，先释放部分形变压力，待变形达到预期值后再施作支护。该对策适用于常规变形。随着新奥法的出现，锚喷等柔性支护手段以良好的支护效果和较低的支护成本逐渐被采纳。伴随着现代隧道工程的发展，隧道支护方案已经由单一的锚喷支护发展为多种联合支护，如双层初期支护、钢格栅混凝土核心筒支护等，并且支护效果良好，对控制软岩隧道大变形具有一定借鉴意义。

③“边让边抗”：增大预留变形量的同时增强初期支护刚度，利用深部承载力形成“成拱效应”，既释放了一部分形变压力，又不会因让得过多而产生松动压力。该对策适用于地应力较高或者变形量较大、对初期支护刚度有较高要求的大变形区段。孔令喜等人采用边让边抗的支护对策，设计了一种带有让压阻尼装置的新型让压锚杆支护体系，通过实测软岩隧道支护力和水平收敛证明了该支护体系的有效性。刘宇鹏等人通过对比短长锚杆联合支护与普通短锚杆支护的特征曲线后发现，联合支护具有较高支护强度，能够大幅度减小隧道洞壁位移，有效控制围岩变形。何满潮等人基于软岩隧道支护结构的强度和刚度应耦合的思路，研发了一种恒阻大变形高预应力锚索。该锚索具有负泊松比效应和恒阻力特性，既能够释放部分围岩应力，又具有足够的刚度来限制围岩大变形。

(3)软岩大变形被动支护措施

针对软岩大变形问题采用的主要支护措施：①对于大变形隧道最终变形量大，隧道掘进断面要预留足够的空间，允许围岩产生一定的变形，保证变形后的隧道空间能满足运行需要。合理预留变形量，确定预留变形量的主要依据是隧道断面、围岩性质、地应力和地下水环境。②通过强预支护或锚注支护强化围岩，提高围岩自承能力。③采用短台阶法或超短台阶法施工，增加临时仰拱或临时支撑，用喷层及时封闭围岩。④强化初期支护，采用加长或加密锚杆、增厚喷层、增设底板与脚部锚杆架设可缩钢架等组合技术，使围岩在较强的初期支护作用下发生可控的位移，起到卸压和向深处转移二次应力的作用。⑤二次衬砌通过增厚或加筋使其得到强化，并及时施作，对围岩施加高强度的支护，促使围岩稳定；对膨胀性软岩要加强治水，对其他类型的大变形隧道也是如此。⑥针对软岩大变形问题，应秉行“先柔后刚，先放后抗”变形控制理念的前提条件下，去甄选适用性的支护措施，可采用多重支护措施控制变形，对于隧道底部采用加强措施，抑制仰拱隆起。

被动支护措施"抗"和"强"概念的技术要点。①被动支护措施中的"抗"指的是增加支护整体刚度、强度的变形控制措施(传统方法),主要包括以下两类措施:(a)及时支护,隧道开挖后及时尽早施作支护结构;目的是及早提供支护阻力,限制围岩松动圈。(b)强支护,主要包括提高混凝土强度等级、加大喷射混凝土厚度、加大钢架型号且减小间距、注浆加固地层形成承载圈,目的是抑制变形,支护结构应具有高强度以提供高支护阻力。②被动支护措施中的"强"指的是补强加固及强抗措施,抵御流变变形,增强长期稳定性。主要包括以下两类措施:(a)塑性软化区围岩加固,对塑性软化区(破碎区)围岩进行加固处理来提高围岩强度。(b)支护结构加固补偿,结合监控量测数据,对第一次支护体系进行补偿加固,采用如双层衬砌、多层支护、加长加密锚杆(索),施加二次预应力。(c)采用高强度钢筋混凝土衬砌。

(4)软岩大变形支护技术重点

①加强预支护:大变形隧道变形特点之一是初始变形速率大,表明隧道开挖后会迅速产生变形,导致围岩结构不断恶化,自承能力下降。由于初期支护采用了长锚杆、注浆和可缩支架等,工序复杂且工程量大,施工时间较长。在施加初次支护过程中,隧道已发生了较大的变形,围岩发生塑性流动,原始结构已受到明显破坏,塑性区范围过大,这不利于围岩稳定;合理的设计理念是加强预支护,使围岩从开挖的瞬间就受到预支护强有力的控制作用。

②加强初期支护:大变形隧道与一般隧道相比较,初期支护应具有更高的强度,使围岩处于较高支护力作用下的变形过程中,实现围岩发生可控的变形,塑性区处于可控的发展过程中,起到卸压和向深处转移二次应力的作用。

以锚杆、锚索为主体构件,配合金属网、喷层、钢拱架组成的支护结构是合理的初期支护形式。主要技术方案应是:加长和加密锚杆,增大喷层厚度并铺设金属网,增设底板与拱脚锚杆,架设可缩钢架等。

锚喷网架组成的初期支护结构属于柔性支护体系;因此,不必再考虑增大其柔性,支护时越早越好。

③及时施作二次衬砌:当围岩位移达到一定值时必须施加强力支护,坚决顶住。变形持续时间长是大变形隧道的特点之一。工程实践表明,隧道变形稳定后再施加二次衬砌的一般性要求难以达到。因此,二次衬砌施加时机比一般隧道要早,当围岩和初期支护位移达到一定值时,即要施加二次衬砌,给围岩施加强有力的支护,这也是控制围岩的重要措施,避免变形过大引起初期支护破坏和围岩失稳。大变形隧道二次衬砌不可避免地受到流变载荷的作用,而且二次衬砌施加较早;因此,二次衬砌要通过加厚并配置钢筋增大其承载力,对围岩施加高强度的支护,促使围岩稳定。

④适宜的开挖工法:软岩隧道在开挖过程中会对围岩原始应力场造成扰动,破坏围岩应力平衡状态。卸荷效应引起的围岩应力重分布与时间、空间相关,隧道开挖面空间效应对围岩的影响占主导地位。因此,应选择合理的隧道开挖方法,尽量减少超挖量,快速封闭成环,提升围岩承受能力。对于膨胀型大变形,在隧道开挖过程中除了拱部承受围岩压力外,边墙和底部同时还承受膨胀压力,因此膨胀性软岩开挖过程中需要控制开挖断面形状,尽量采用圆形或马蹄形等圆顺断面,避免应力集中。膨胀性软岩隧道施工过程中需要制定合理防排水方案,避免围岩开挖后长期暴露于富水环境中产生膨胀变形。

在软岩隧道开挖方案中,中隔壁法、交叉中隔壁法和台阶法均可有效抑制软岩大变形,但各有利弊。中隔壁法、交叉中隔壁法虽然相对安全,但工序繁多导致工期较长,对围岩扰动程度大,会很大程度降低围岩强度。台阶法能够有效缩短工期,但安全性相对较差。在开挖过程中不能一味地追求速度，还要兼顾卸荷效应对围岩应力、变形的影响，考虑隧道施工的需要，因地制宜地选择隧道开挖工法。

6.2.3 变形控制技术要点

(1)做好安全风险评估：①开展安全风险评估，制定风险控制措施和应急预案。②加强风险控制与风险管理，尤其是对初期支护开裂与侵限、变形坍塌、仰拱隆起、二次衬砌开裂等，确保施工安全。

(2)合理确定变形控制基准：①净空位移(预留变形量)、变形速率一般采用工程类比确定。②复杂大变形隧道应遵循试验段先行的原则，验证、优化。③衬砌施工在变形基本稳定，变形速率明显下降并趋于缓和后进行，可按变形速率 1～2 mm/d 控制。④当围岩变形大、流变特性明显时，应采取加强支护体系或采取超前应力释放等工程措施。

(3)留够变形量：①留够变形量，用空间换时间，先行释能，防止侵限。②上、中台阶施工是变形的主要阶段，是变形控制的重点。③结合地层特征、主地应力方向、变形特征可差异化预留变形。

(4)微台阶、短进尺、快开挖：①采用微台阶(上下台阶，台阶长度 3～5 m)或上中下三台阶(下台阶带初期支护仰拱)开挖方法，短台阶、小进尺，台阶法开挖也相当于逐步释放地应力。②减少分部开挖、大断面施工、及时封闭成环。③预留核心土，增强掌子面稳定性，根据需要增加临时仰拱，如图 6-17 所示。④从上至下可适当缩小预留变形量，力争不侵限不换拱。

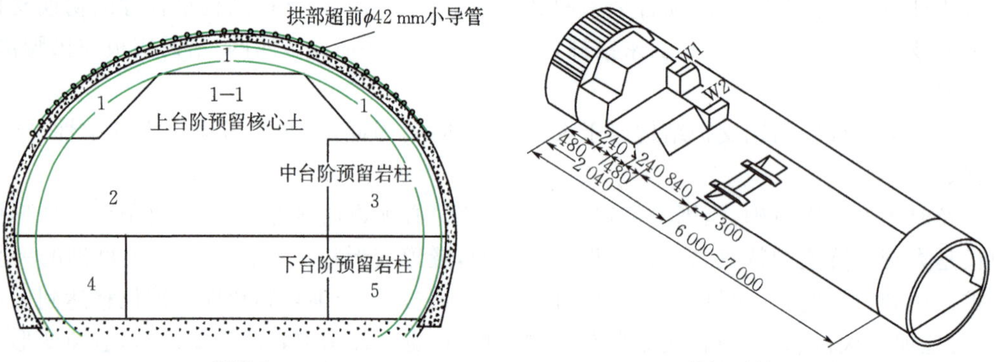

(a) 横断面　　(b) 纵断面轴侧图(单位：cm)

图 6-17　环形开挖预留核心土(岩柱)

(5)控爆破，少振动、少扰动：①采用控制爆破、弱爆破开挖，控制一次同时起爆炸药量，降低爆破振动对围岩的影响。②非爆开挖可采用单臂掘进机、铣挖机、挖掘机等开挖，对围岩及初期支护的扰动小，最大限度地保护岩体自承能力，如图 6-18 所示。

(a) 多臂凿岩机　　(b) 履带式挖掘机　　(c) 铣挖机　　(d) 履带扒渣机

图 6-18　机械开挖减少对围岩与支护扰动

(6)机械配套，提高工效，快挖快封闭：①强化机械配套，关键工序应采用专用设备施工。如湿喷机械手、钢拱架拼装机、专用钻机尤其是钻深孔设备，高效快速开挖、快速锚固，快速支护，快速封闭。②加强工序衔接与工程控制，稳妥推进，挖一米成一米。

(7)快锚、强支、快封闭：①充分利用时空效应，尽早、尽快支护，尽量减少对围岩的扰动，限制塑性区发展。②重视长锚索(杆)在控制大变形中的良好作用，尽早打设锚索、锚杆等主动锚固措施，采用预应力锚杆代替砂浆锚杆，锚索(杆)均应施加预紧力，长短结合，快速形成围压。③根据公路木寨岭隧道施工效果看，长、短锚索应早施作。④多层支护分层施作，后续支护应在前一层支护累积变形达到该阶段允许变形量前及时施作。⑤初期支护钢架快速封闭成环，联合支护，二次衬砌适时跟进。⑥同一断面不同开挖部位的预留变形量可以采用差异化设置、差异性支护。⑦加强关键部位控制与补偿加固。

(8)加强辅助工程措施(图 6-19)：①加强钢架纵向连接，台阶脚以及钢架之间连接槽钢。②拱架连接处是整个支护系统最为薄弱的环节，应准确就位，强化锁脚，打设 1～2 组锁脚锚管(ϕ50 mm、ϕ89 mm、ϕ108 mm)，保证角度，注浆饱满，连接可靠。③加深仰拱，可采用钢拱形桁架，仰拱具足够强度，抑制隆起。④增加临时仰拱。⑤掌子面超前加固。⑥加强洞内施工排水，避免积水浸泡软化基底围岩。⑦在变形达到一定程度时适时注浆对围岩补强加固，可最大限度地遏制变形。

(a) 增加临时仰拱　(b) 注浆加固地层　(c) 打设锁脚锚管　(d) 钢架间连接槽钢

图 6-19　加强辅助工程措施

(9)加强工艺质量控制：①严格强调各道工序的工艺质量。从钢架的安装、每节钢架的接长质量，钢架底脚的处理，到锁脚锚杆、锁固锚杆的施作质量、注浆质量、喷射混凝土的厚度、强度等，各个环节必须严格做到位。②任何一个环节的疏忽，都有可能导致某处初期支护鼓包，变形过大，最终导致因初期支护侵限不得不拆换钢架。

(10)准确把控支护施作时机：①锚索(杆)先施作，形成复合压缩带及长短组合受力结构，主动控制变形。②边让边抗，适时补偿加固。③抗流变，强二次衬砌，防开裂，二次衬砌在变形趋于稳定时施作。

(11)试验先行、智能监测，及时反馈、动态控制：①按照大变形的不同类型、不同级别，先做试验段，确定支护参数和施工方法。②通过信息化施工使支护结构适用于围岩条件及地应力环境，尽早形成基于主动控制的让压支护体系。③稍超勿欠，宁补勿拆，加强机械化施工，现场监测与反馈，准确预测变形量。④根据工程地质素描、超前地质预报以及监控量测结果，动态设计，使隧道的支护措施针对性更强，促进设计与施工的深度融合。⑤出现异常情况，及时采取控制措施，防止围岩大变形的发生，如图 6-20 所示。

在施工过程中需根据现场监测情况动态调整支护方案或参数，确保隧道支护措施和围岩塑性变形相互协调。围岩的拱顶沉降、水平收敛、围岩压力、钢拱架应力、混凝土应力等变形监

（a）智能监测　（b）动态控制　（c）TSP地质预报　（d）GPR地质预报

图 6-20　隧道信息化动态施工

控数据，是对围岩变形和支护效果的反馈，也是软岩隧道变形控制措施制定和调整的依据。因此，应加强对隧道变形和应力的系统监测，贯彻动态的信息化施工的理念。

6.3　软岩隧道三维空间变形控制技术

根据隧道工程开挖与支护施工过程、以及围岩产生变形的三维空间分布规律，根据围岩变形与开挖工作面（掌子面）的空间关系，将隧道围岩产生变形区分为工作面前方变形、工作面挤出变形和工作面后方变形三部分。因此，软岩隧道变形控制技术相应地分为工作面前方变形控制技术、工作面挤出变形控制技术和工作面后方变形控制技术。

6.3.1　工作面前方变形控制

对于稳定性较差的围岩，隧道开挖后，围岩的自稳时间很短，初期支护来不及施作，围岩变形就可能超过其容许范围，此时需采用变形控制的原则二控制围岩变形，即采用超前支护措施，事先减轻开挖后可能释放的荷载，用初期支护承担开挖后由超前支护减轻释放荷载，此时超前支护和初期支护共同承担了开挖后可能释放的全部荷载。合理设置超前支护，使开挖释放的荷载控制在初期支护承载能力之内是原则二控制技术的关键。按照原则二的变形控制方法关键是控制掌子面的超前变形、掌子面挤出变形。只有把以上两个部位变形控制在允许范围内，才能保证初期支护能够顺利施作，并与超前支护共同承担围岩释放的全部荷载。

超前支护技术是指在隧道开挖之前，通过向掌子面前方地层里注浆、冷冻、打入钢管、钢板、锚杆等技术措施在隧道横断面上形成一个拱形连续体，使其加固开挖面前方地层，同时利用其支撑力保持前方土体的稳定，减少地表沉降量的技术总称。研究表明，围岩注浆加固可提高其强度和变形模量，从根本上改善围岩的变形规律，资料表明，砂岩在注浆后的强度可增加50％～70％，粉砂岩和泥质岩增加2～4倍，而岩石强度的增大可使支护荷载减少2/3～4/5。实践表明超前支护体系能够有效地限制地面沉降，并全面地保持自然地层在稳定状态下开挖隧道。研究表明地面的整个沉降量的30％～40％和地下地层的整个沉降量的40％～50％是在一般的支护开始发生作用之前发生的，超前支护对地面沉降有30％～35％的抑制效果，对隧道顶上地层（拱顶）沉降有40％的抑制效果，所以，加固掌子面前方的地层对抑制地面沉降有非常重要的作用。超前支护技术作为加固地层、稳定拱顶及掌子面、减少地表沉降的辅助施工工法，已经在地下工程施工中得到了广泛地应用。

根据采取的加固措施对周围地层特性和应力分布的影响，可将超前支护分为地层改良法和预支护法。地层改良法就是提高开挖面周围地层土的特性的方法，这种方法包括注浆、土壤加固、排水和地层冻结等。预支护法就是在隧道开挖前，先超前对围岩进行加固，以增加围岩的自稳能力，并使开挖面周围应力干扰达到最小的方法。超前支护方法主要包括：管棚法、机械预切槽法、预衬砌法、水平旋喷注浆法、超前小导管法、超前锚杆法、冻结法等等。其中管棚法、水平旋喷注浆法、小导管法等支护方法同时也改良和加固了地层。

控制掌子面超前变形主要采用超前支护，超前支护大体上可以按构造分类，分为利用隧道纵向刚性梁构造和利用横向刚性拱形构造两大类，如图 6-21 所示。梁构造可分为采用钢管、钢棒系材料的工法和高压喷射改良围岩的工法 2 种。过去在岩堆地段和断层破碎带等不良围岩中，多把开挖断面分割为小断面进行开挖，但最近由于机械大型化和新材料及新工法的实用化，也可采用超前支护后与一般区间采用同样施工机械、支护材料及断面进行施工。各种超前支护的分类和特征见表 6-6。由于超前支护材料、使用机械、设备、地质条件及一次打设长度等，各具特色。为此选定超前支护时，要选定适合地质条件和周边环境条件，而且经济的工法。

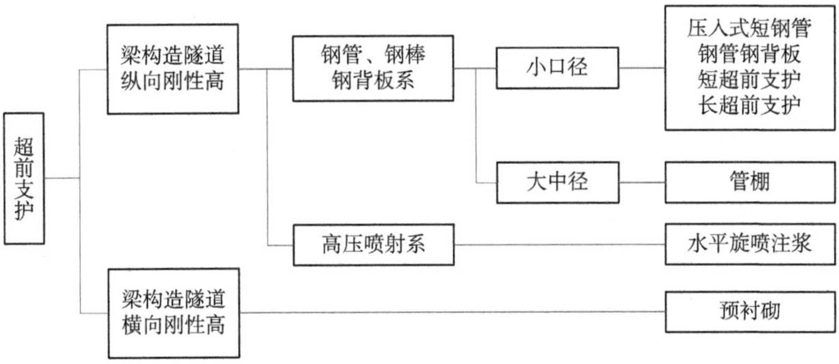

图 6-21　超前支护的分类

表 6-6　超前支护的种类和特征

工　法	短超前支护		长 钢 管	水平旋喷注浆	预 衬 砌	管　　幕
	充填式	注浆式				
示意图	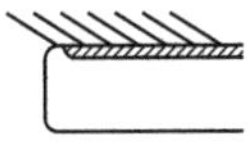	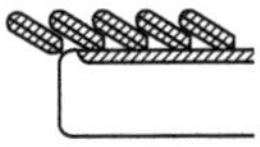	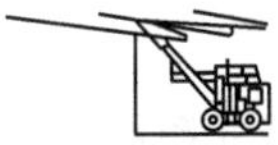		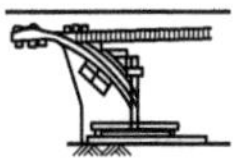	
概况	钻孔台车沿掌子面外周每隔 60 cm 打入超前锚杆（钢筋）等	钻孔台车沿掌子面外周打入中空锚杆并注浆，打入间隔约 60 cm	钻孔台车或专用机械打设直径约 10 cm 钢管并注浆，间隔 45～60 cm	专用机械钻孔后，从前端喷射搅拌地层。间隔、改良直径约 60 cm	专用机械在开挖前于掌子面前方构筑拱状衬砌	用机械沿隧道横断面外周配置比较大的直径的钢管
特征	锚杆（钢筋）等表观提高掌子面前方围岩约束力	形成注浆带能改良围岩	钢管和注浆材料能改良围岩，同时，因超前长度长，可控制掌子面超前变形	高压喷射能够确实地改良掌子面周边围岩，同时，因超前长度长，可控制掌子面超前变形	预衬砌能稳定拱部，同时也能够抑制围岩的位移	能根据环境条件选择各种管径钢管。钢管刚性高，抑制变形效果高

续上表

工法	短超前支护		长钢管	水平旋喷注浆	预衬砌	管幕
	充填式	注浆式				
适用地质	黏性土、砂质土、砂砾、裂隙岩体、卵石	黏性土、砂质土、砂砾、裂隙岩体、卵石	黏性土、砂质土、砂砾、裂隙岩体、卵石	黏性土、砂质	黏性土、砂质	黏性土、砂质土、砂砾、卵石
施工性	通常设备	需要注浆设备	需要注浆设备	需要高压喷射设备	需要专用设备	需要专用设备
单环长度	小于5 m	小于5 m	12 m左右	12 m左右	2～3 m	20～100 m

(1)超前小导管支护:小导管是普遍采用的防止拱顶崩塌技术。超前小导管是在隧道开挖前,沿隧道拱部开挖轮廓线按一定外插角度安设直径32～60 mm、长度2.5～6 m的钢管,与钢架连成一体、联合使用,必要时利用小导管注浆对围岩超前加固的支护方式,如图6-22所示。其类型也比较多,归纳国内外采用小导管护的经验,其种类和适用条件见表6-7。小导管支护是在开挖前向掌子面前方的拱部,斜向打入长6 m以内的锚杆、钢管等,打设范围是隧道中线左右各60°,计120°左右,每一次掘进后打设。视崩落规模和位置,范围和间距可以调整。①适用条件:施工安全要求较高条件下使用。在破碎围岩、堆积体、砂土质地层、断层破碎带中普遍采用。当地层卡钻严重时,可采用自进式锚杆。根据地层稳定情况可进行注浆,加固周边地层。②施作要点:超前小导管沿隧道拱部周边布设,环向间距不宜大于40 cm,外插角控制在10°～15°。两环小导管间搭接不小于1 m。根据地质情况可选择单液浆、双液浆,注浆压力控制在0.8 MPa以内。锚杆的锚固可用砂浆充填,但孔壁不能自稳场合可采用后充填的自钻式锚杆。在固结度低的砂质围岩等,也可采用单管和铁插板,用打击力打入,确保拱顶稳定的方法。

表6-7　小导管支护种类和适用条件

种类	使用材料	长度(m)	适用条件
非充填式	钢筋(D25)	3	不充填拱顶也稳定
	钢管	3	压入可能的黏性土,需要刚性的场合
	钢背板	1～2	未固结砂层,喷射混凝土附着不良
	钢管(膨胀型)	3～4	孔壁难以自稳的场合,需早期附着强度的
充填式	钢筋(D25)	3	孔壁自稳的场合,几乎所有地质都适用
注浆式	注浆管	3	需改良开挖轮廓带围岩场合;孔壁可自稳场合
	中空锚杆(自钻式)	3～4	需改良开挖轮廓带围岩场合;孔壁不能自稳场合

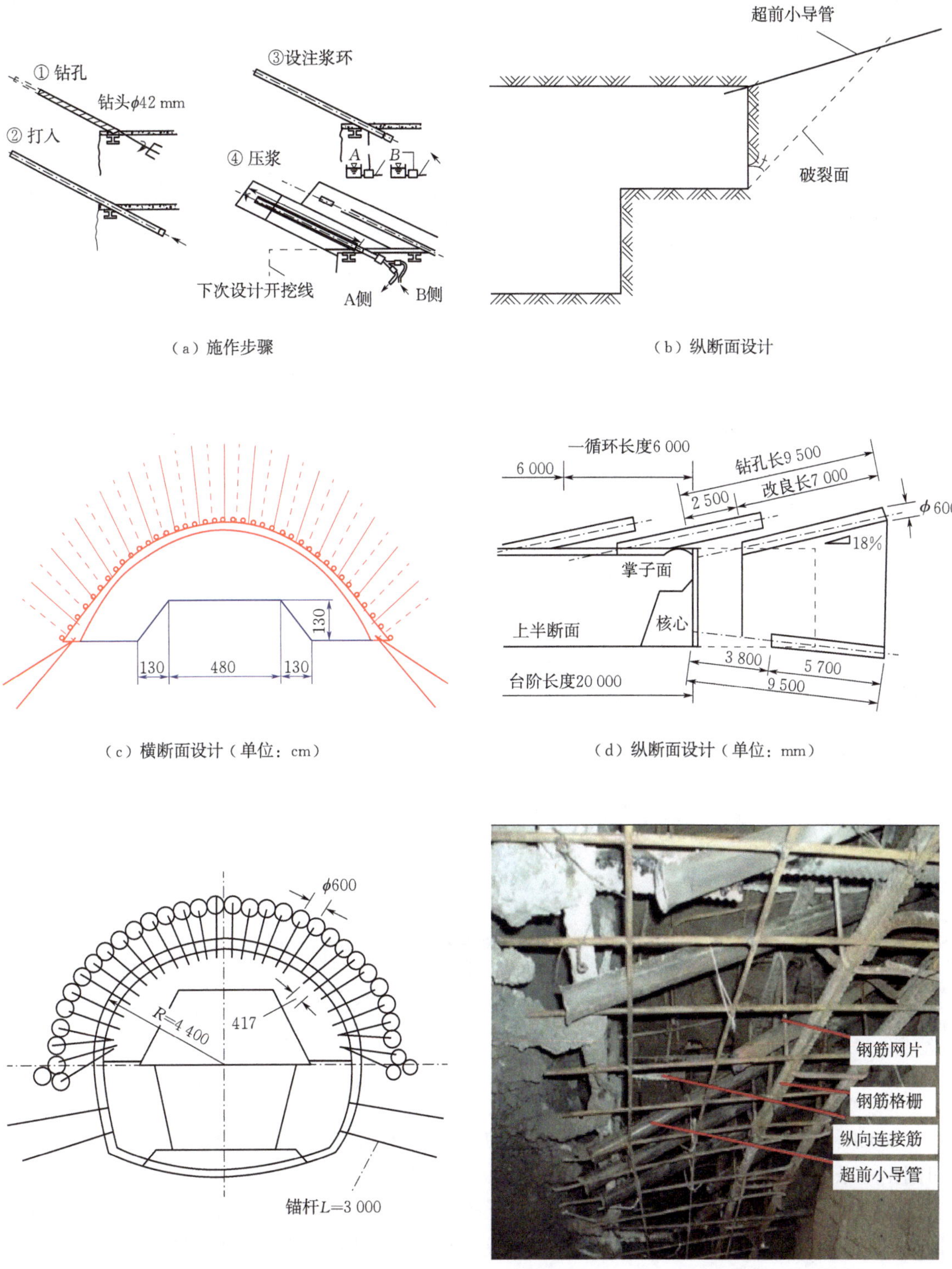

（a）施作步骤　（b）纵断面设计

（c）横断面设计（单位：cm）　（d）纵断面设计（单位：mm）

（e）横断面设计（单位：mm）　（f）小导管实景图

图 6-22　超前小导管支护方法

(2)插板法:插板法也是采用比较多的一种支护方法。在崩塌性显著以及砂质围岩中采用钢插板,以较大面积地支护拱顶,插板相互搭接,可以防止砂砾的泄漏,如图 6-23 所示。钢插板的宽度一般采用 15~25 cm,长度为 1.2~1.6 m,以间隔 30 cm 左右打入。一般都在拱顶 120°范围内施设。

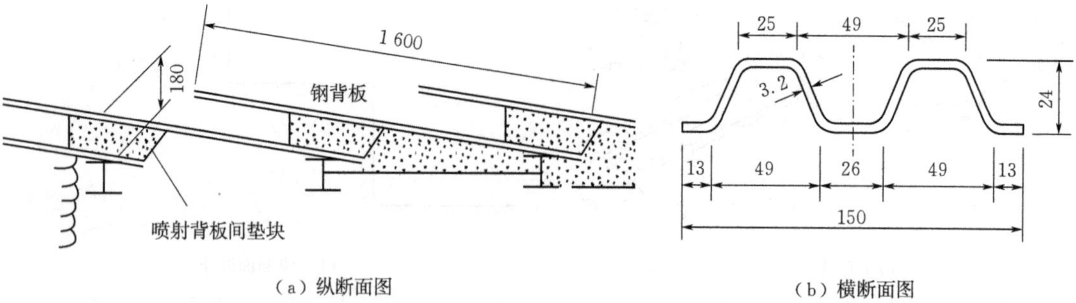

图 6-23 钢插板超前支护方法(单位:mm)

日本在近期修建的新干线隧道中,把钢管和插板结合在一起,研发出钢管钢背板压入打击工法,并在隧道拱顶附近地质软弱场合作为掌子面稳定对策而应用。把装备有轻型钢背板的(ϕ65 mm)的钢管(图 6-24),搭载在钻孔台车的导向槽上,用钻机的压入力和打击力打设到掌子面前方的工法。钢管的目的是使钢背板形成一个连续的拱形构造,从而起到导向的效果、提高超前支护刚性的效果及固结钢管外侧围岩的效果。钢背板比注浆式的改良体的刚性大,能够确实地形成拱形构造和使周边围岩固结的作用。压入带有钢背板的钢管,适用于围岩刚性比较低的围岩。预计从钢背板之间有砂流出的场合,可加设注浆管(ϕ19 mm)进行注浆。钢管钢背板超前支护施工方法如图 6-25 所示。

图 6-24 钢管钢背板

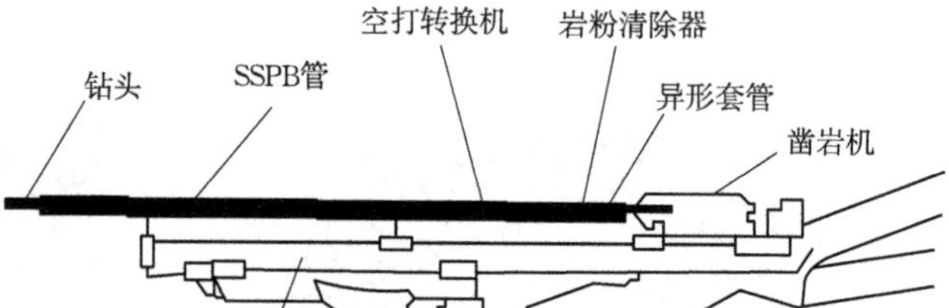

图 6-25 钢管钢背板超前支护施工方法

(3)预衬砌法:预衬砌法属于短超前支护的一种。用特制的链式机械切刀沿断面周边连续切割出一条厚约数 10 cm、深数米的窄槽;同时应用与切刀一体化的混凝土灌注设备注入混凝土,形成一个连续的,起预先支护作用的混凝土拱壳;然后在"拱壳"支护下进行全断面机械挖掘。厚约 10~20 cm 混凝土壳或砂浆拱壳形成比较柔性的拱壳,也可以用厚约 30 cm 混凝土形成刚性比较大的拱壳。柔性拱壳主要用于稳定掌子面,刚性拱壳用于控制地表下沉,但应该指出,控制围岩松弛和地表下沉的许多方法是与止水方法相联系的,很难截然分开。图 6-26 是日本铁道和公路隧道的预衬砌的标准模式。

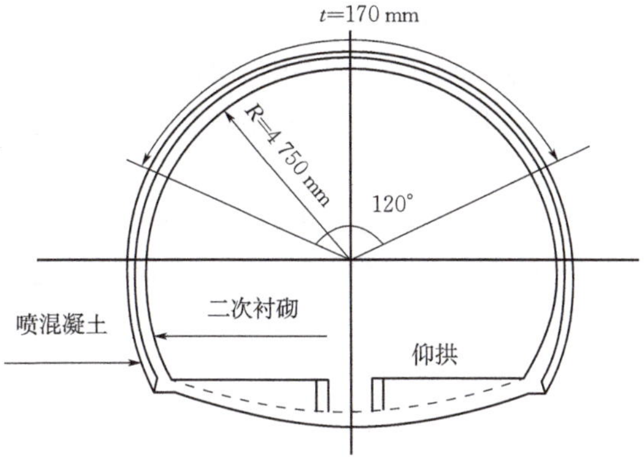

（a）隧道横断面

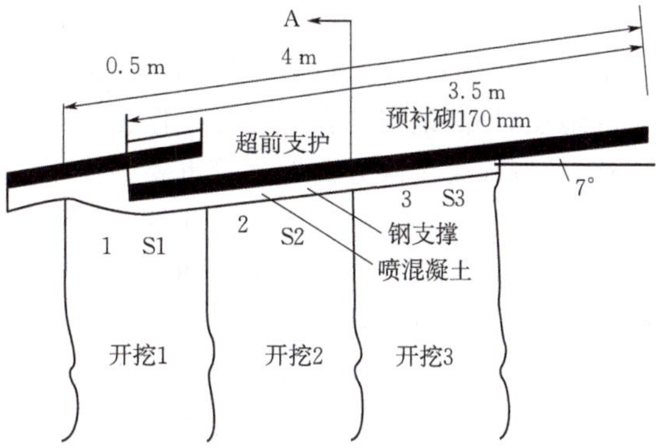

（b）隧道纵断面

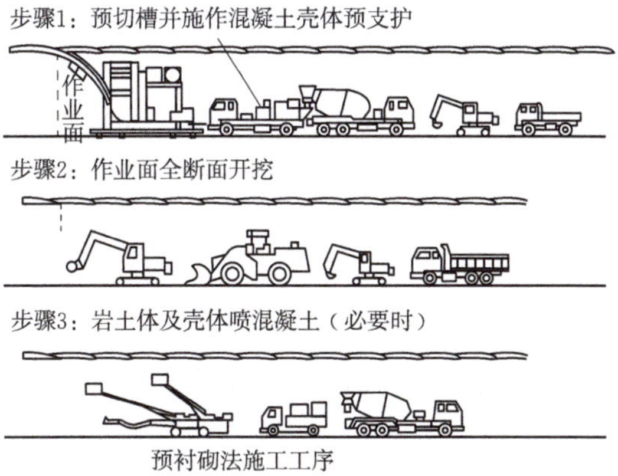

（c）预衬砌法施工工序

（d）预切槽并施作混凝土壳体

（e）施工设备—链槽机

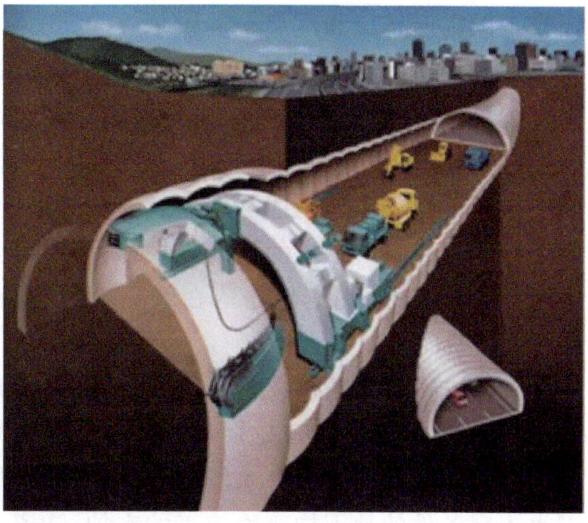

（f）预衬砌施工三维示意图

图 6-26　预衬砌设计施工支护方法

(4)超前长钢管(大管棚)法:长超前支护是打设长度超过 6 m 超前支护总称,即把一组钢管沿开挖轮廓外已钻好的孔中打入地层内,并与钢拱架组合形成强大的棚架预支护加固体系,支承来自管棚上部的荷载,通过钢管的梅花形布置的注浆孔加压向地层中注浆,以加固软弱破碎的地层,提高地层的自稳能力。作为隧道开挖的一种辅助工法,在防止隧道塌方、抑制地层位移、控制地表沉降方面发挥着重要的作用。

管棚支护技术要点:在隧道开挖前,沿隧道开挖轮廓线外纵向近水平方向呈拱形设置直径大于 70 mm(ϕ70～159 mm)、长度 6～12 m(10～100 m)钢管,并将钢管内采用水泥砂浆充填密实,必要时通过长管棚注浆预加固隧道前方拱部土体,以减少开挖时土体沉降坍塌的超前支护方式,以控制掌子面前方围岩超前位移,同时发挥稳定掌子面效果和控制地表面下沉效果。多采用长钢管超前支护。适用钢管直径采用外径 ϕ108 mm 最多,根据围岩条件和环境条件、目的和荷载条件等,外径变化在 ϕ80～ϕ140 mm 之间、钢管壁厚为 6～11 mm,打设角度是 4°～10°,打设范围取以拱顶为中心约 120°左右,搭接长度为 3.5 m。一次打设标准长度是 12.5 m,大致变化在 10～20 m 之间,但也有超过 30 m 施工案例。环向打设间距标准是 450 mm,根据围岩条件和与其他辅助工法的组合,也有采用 600 mm 间隔的。应视围岩条件和地表结构物位置关系,确定更有效的配置,如图 6-27 所示。

长管棚支护作用机理:主要是钢管与浆液固结体共同作用的结果,一方面进行钻孔、下设钢管,当钢管穿过松散软弱围岩、岩石(土)等破坏区后,伸入到原状土部位时,有力地保障了开挖掌子面岩土体的稳定,起到骨架、格栅作用;另一方面通过注浆使浆液从钢花管孔眼中压出,并在一定的压力作用下注入钢管周围松散、软弱的地层中,从而形成复合稳定的固结体,使周围地层的力学性质得到改变,稳定性能得到加强,可以防止土层坍塌和地表下沉。

管棚支护作用效果:长钢管的刚性大,起到梁的作用效果,同时钢管间的围岩因注浆也有改良围岩效果,因此超前支护的效果好。相对超前锚杆、超前小导管等以防止拱顶崩落和小规模崩塌为主的工法来说,此工法主要是能够抑制超前位移和挤出位移,从而提高拱顶的稳定性。注浆材料与注入式小导管相同,应根据围岩、涌水状况和注浆材料的特性等选定。作为拱顶稳定对策是一个可靠性高的工法,在注入式超前小导管支护不能满足的场合可以采用。管棚支护的主要作用和优点。①梁拱效应:先行施设的管棚,以掌子面和后方支撑为支点,形成一个梁式结构,二者构成环绕隧洞轮廓的壳状结构,可有效抑制围岩松动和垮塌。②加固效应:注浆浆液经管壁孔压入围岩裂隙中,使松散岩体胶结、固结,从而改善了软弱围岩的物理力学性质,增强了围岩的自承能力,达到加固钢管周边软弱围岩的目的。③环槽效应:掌子面爆破产生的爆炸冲击波传播和爆生气体扩展遇管棚密集环形孔槽后被反射、吸收或绕射,大大降低了反向拉伸波所造成的围岩破坏程度及扰动范围。④确保施工安全:管棚支护刚度较大,施工时如发生塌方,塌渣也是落在管棚上部岩渣上,起到缓冲作用,即使管棚失稳,其破坏也较缓慢。

管棚支护适用条件:根据国内外的施工实践,综合我国目前地下工程管棚支护应用的实际案例,管棚支护可适用于软弱砂土质地层、砂卵砾石地层,膨胀性软流塑、硬可塑状粉质黏土地层,裂隙发育岩体、突泥突水段、断层破碎带、塌方段、破碎土岩堆地段、浅埋大偏压等地质和地下水丰富条件的地下构筑物施工的支护,隧道进出口段开挖的支护,也多应用于地铁等穿越城区的地下工程的开挖预支护,可作为穿越既有建筑物、公路、铁路及地下结构物下方修建隧道的辅助方法;作为隧道洞口段及修建大断面隧道施工的辅助工法及作为其他施工的辅助工法,长管棚也常用于地表沉降控制严格的地段,如堆积体、砂土质地层、断层破碎带,也适用于浅埋

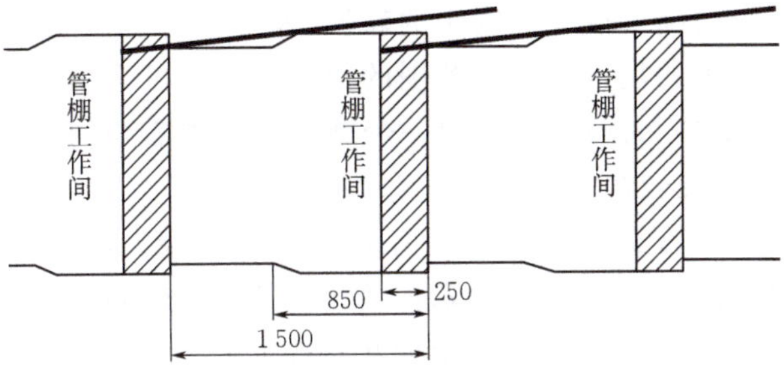

（a）隧道纵断面管棚设置（单位：mm）

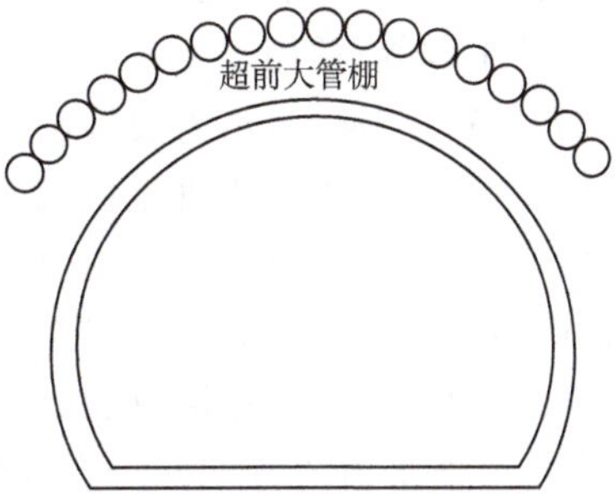

（b）隧道横断面管棚设置

（c）隧道洞口管棚施工

（d）管棚套拱

（e）洞内管棚设置

（f）洞内管棚施作

（g）自进式管棚施作

（h）自进式管棚钢管

图 6-27 超前长钢管（管棚）支护方法

但不宜明挖地段或浅埋隧道情况下，地表有建筑物、或隧道接近地中结构物时等对施工沉降有特殊要求的工程等；适用于不连续面非常发育的围岩或者强度小的软岩、破碎带和土砂围岩、埋深小的洞口段和河谷段，需要抑制地表面下沉的场合等广泛范围的地质条件。可采用隧道用凿岩台车，也可采用专用机进行施工，不需要特殊作业人员，但一个施工循环中需要的时间较长。由于安全性高，可提高开挖效率，施工进度较快。

管棚支护工法优势：管棚注浆是一种长距离超前支护方法，超前距离长，刚度较大，适用于掌子面不能自稳、含水的地层，控制地表沉降、防渗止水的效果较好，施工工艺要求较高。如将管棚注浆与小导管补充注浆法结合，除具有大管棚的特点外，能够防止管棚下方三角土体的塌落，这种长短结合的预支护效果更为理想。长管棚法与利用设置在隧道纵向钢管的刚性补强的管幕类似，但由于长钢管超前支护用注浆改良了钢管周围的围岩，在隧道横向也保持了一定的连续性，这一点与管幕是不同的。管幕主要是在洞口段按隧道纵向坡度打设的，其全长是用钢支撑来支持的。而长钢管超前支护，主要是在洞内对隧道纵向坡度有 5°～10°的仰角打设的，直接支持钢管的钢支撑只有 1～2 榀。

管棚支护设计要点：管棚支护的设计参数主要包括：钢管直径、长度、间距、仰角、水平搭接长度、钢架间距、注浆参数等，当需要增大钢管的强度和刚度时，可在管内设置钢筋笼而后用水泥砂浆填充。通常认为，管棚用钢管直径宜为 ϕ70～ϕ127 mm；钢管中心间距宜为管径的 2～3 倍；管棚长度应根据地层情况选用，不宜小于 10 m；纵向两组管棚的搭接长度应大于 3 m。管棚支护参数可按工程类比法确定，并在施工中根据实际情况调整。①管棚钢管管径的选择：大部分工程的钢管直径在 ϕ50(70)～ϕ180 mm 之间，有学者将管棚支护按管径分类为小管棚、中管棚、大管棚，小管棚管径一般在 ϕ30～ϕ50 mm，大管棚管径介于ϕ89～ϕ159 mm，工程中多用 ϕ108 mm 的钢管，环向间距以不大于 3～5 倍管径为宜。管棚钢管的选择根据计算结果和技术经济因素分析，对于支护条件要求较高的松软地层，应选取 ϕ127 mm 钢管，土体凝聚力较高的黏性土，可选取 ϕ89 mm 钢管，一般土层在多数情况下选取 ϕ108 mm 钢管。②管棚钢管环向间距的确定：常规的沿隧道开挖轮廓线等间距设置管棚的方法是不科学的，应针对不同情况合理设计。钢拱架布置间距根据塌方体的松散与开挖难易程度及施工效果，可在 40～80 cm 范围内调整选择，特殊情况下需加密。根据对工程实例的地质条件、工程断面尺寸、埋深等影响因素的总结和对比分析，得出以下经验结论，可用于地下工程支护的施工依据：管棚钢管直径范围一般为 ϕ70～ϕ180 mm，可将管棚支护按管径分类为小管棚、中管棚、管为宜，环向间距一般取 30～40 cm，水平搭接长度 1.0～1.5 m。中管棚管径一般在 ϕ50～ϕ89 mm 范围内，管长一般不超过 20 m，环向间距一般取 30～40 cm，水平搭接长度 1.0～2 m。大管棚一般可选用 ϕ89～ϕ159 mm 的钢管，常用管径 ϕ108 mm，管长以不超过 40 m 为宜，钢管一般分节长 4 m 或 6 m，以丝扣连接，丝扣长不小于 150 mm，环向间距一般不大于 3～5 倍管径为宜。③管棚外插角的合理确定：角度过小，将可能导致管棚远端下垂至隧道开挖幅员内影响后期施工；相反，角度过大，管棚离开挖幅员距离过大，管棚下方的三角土体坍塌给洞身开挖支护带来很大困难，还应根据管棚钻机工作室空间大小，以及钻杆长度等情况综合考虑确定。小管棚外插角常取 5°～15°，中管棚常取 2°～8°，长管棚多取 1°～3°。钢拱架支撑一般用工字钢，或工字钢与格栅钢架间隔使用，间距一般不大于 1 m，特殊情况下需加密。④管棚布置方式：根据地形地质以及荷载情况不同，通常管棚可布置方式如图 6-28、图 6-29 所示，(a)扇形布置：用于隧道断面内地层比较稳定但拱部附近地层不稳定的场合。(b)半圆形布置：用于隧道下半部地层是稳定的，但起拱线以上的地层不稳定的场合。此外，即使地层比较稳定，但地表、周围有结构物、埋深很浅时也多采用此种布置形式。(c)双层布置：用于隧道上部有重要设施、拱部地层是坍塌性、不稳定的或地铁车站等大断面隧道施工或突破河海底段施工场合。(d)一字形布置：在铁路、公路正下方施工或在某些结构物下方施工时采用。(e)门形布置：隧道除底部外，布置成半圆、侧壁的门形。用于隧道基础是稳定的，断面内地层及上部地层不稳定的场合。(f)全周布置：用于软弱地层或膨胀性、挤出性围岩等极差的场合。(g)上部一侧布置：隧道一侧有公路、铁路、重要结构物、需防护或斜坡地形可能形成偏压时采用。

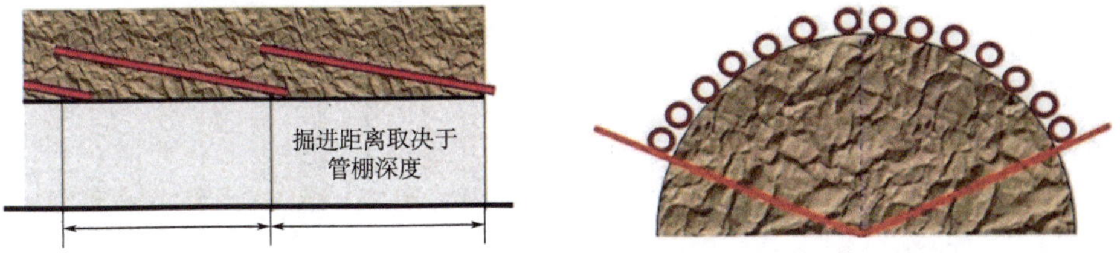

(a) 纵断面图　　(b) 横断面图

图 6-28　管棚扇形布置形式

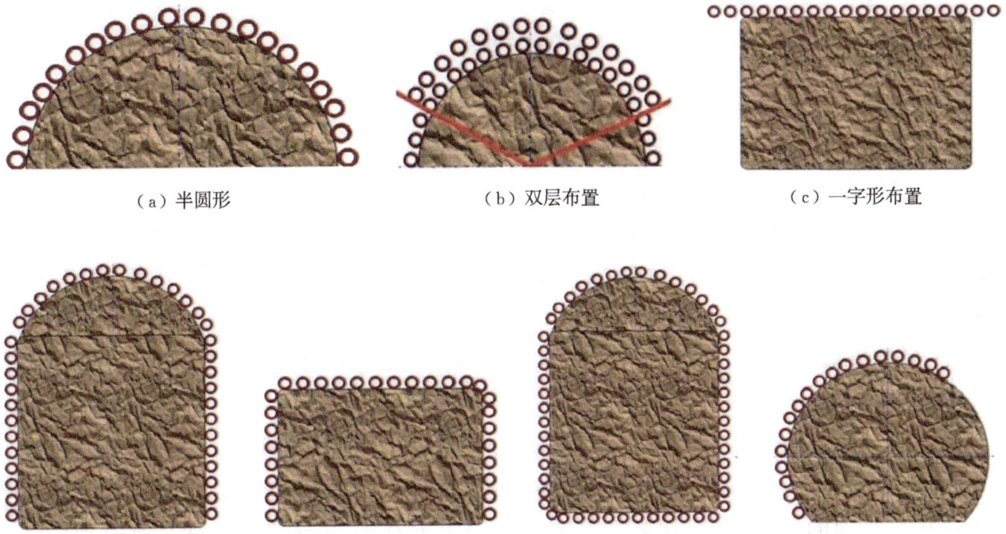

(a) 半圆形　(b) 双层布置　(c) 一字形布置

(d) 门形布置　(e) 门形布置　(f) 全周布置　(g) 上部一侧布置

图 6-29　管棚的多种布置形式

管棚支护钻孔施工方法：常用的施工方法有夯管法、顶管法、钻孔等。但钻孔法是目前最常用的成孔方法。随着钻探设备的专业化分工越来越细，多种管棚专用钻机也应运而生，如图 6-30 所示。但管棚钻进为近水平钻进，性质上与勘探钻孔有所不同，对钻孔方向(空间位置)的精度要求很高，终孔测量一旦发现孔斜或超出设计允许偏差，会造成严重的后果。管棚钻孔轨迹控制方法：管棚钢管钻孔一旦出现孔斜或超出设计允许偏差，会妨碍邻近钢管的钻设，造成洞体形状参差不齐，支护效果不好等结果；若钢管下沉到一定程度，开挖时还需要切除，造成间隔增大，易坍塌。为此，钻进时可采取中压给进、中等转速、中等循环液量钻进；钻孔平面误差径向应控制在 20 cm 内，角度误差小于 1°以免因孔径过大而造成管棚钢管偏斜和向下弯曲。在实际施工中水平钻孔弯曲一般较难避免，因此除提高管棚定位精度外，可再给以适当的上抬量(根据现场地质情况定)，以补偿部分钻孔下垂量。

（a）意大利管棚钻机

（b）意大利卡萨C6钻机

（c）日本RDP-180C多功能钻机

（d）德国KM805钻机

（e）意大利SN400钻机

（f）日本RDP-150C钻机

图 6-30　管棚钻机类型

管棚支护注浆要点：管棚注浆是管棚施工的关键环节之一，注浆效果的优劣同样影响着整个管棚体系的施工质量。①注浆要根据地质情况选用合适的浆液、压力和合理的流量，在注浆过程中压力小则注不进，压力过大则会造成地面外鼓、崩裂，在城市浅埋地段对地面建筑物造成影响。注浆时，一般采用先低压、中流量注入，注浆过程压力逐渐升高，注浆流量逐渐减少；当压力升至终压时，继续压注 5 min，再结束注浆。②在设计给出浆液种类、预期注浆效果等条件下，为保证施工质量，在实际注浆施工前宜进行现场原位注入试验，确定最优注浆参数等来指导注浆，以保证注浆效果。③为防止出现塌孔或注浆窜孔，可在钻孔时隔孔位钻孔，加大孔与孔之间的距离，待注浆完成凝固后再钻相连孔位，这样可有效保证钻孔和注浆质量，管棚和注浆混凝土形成厚拱，实现管棚纵向成梁、横向成拱的承载作用。④为减少相邻管孔注浆间的相互影响，注浆顺序通常采用由下往上，左右对称进行；但由于塌体内有许多块石相互支架，致使塌体内空洞大而多，这些空洞有的直接与塌空区相连，注浆时浆液在压力作用下通过这些空洞泄流至塌空区，而不能在管棚附近均匀扩散，从而使注浆加固带无法形成，为此，根据经验采用间歇注浆法，即当长时间注浆压力上不来时，说明浆液顺空隙泄流至塌空区，这时将浆液凝结时间调整至 30～50 s，注浆 1～5 min，停 40 s，待原注入浆液初凝变稠后再注，如此反复，则原先的泄浆通道逐渐变小并最终堵塞，浆液即在管棚周围达到均匀扩散的目的。

管棚支护施工注意事项：①管棚环向间距 30～50 cm，超浅埋地段或特殊地层也可采用密排方式，沿隧道周边轮廓线布设，外倾角 1°～3°，连续使用大管棚，纵搭接长度一般不应小于 3 m。②需要注浆加固地层时，注浆材料、注浆压力视地质情况而确定，钢管内根据需要可灌注水泥砂浆，必要时在管棚内放置钢筋笼，提高钢管的抗弯能力。③洞内施作长管棚时一般情况下设置扩大洞室作为工作室，其断面、长度应满足钻机作业要求。也可采用特殊工艺或根据钻机选型情况，不设置扩大洞室。

管棚工作间设置问题(图 6-31):①一般施作管棚时都要设置管棚工作间,管棚工作间按钻机特点设计,比隧道断面加宽 50～70 cm,工作间长度 7～10 m,如果只进行一个循环管棚施作,管棚工作间比较简单。若循环多时,施作多个管棚工作间就存在着 3 个问题:(a)施作工作间导致隧道断面加大,开挖难度加大,开挖安全风险增加。(b)循环注浆后未能按设计开挖到位,工作间尺寸将满足不了要求,将无法进行正常管棚作业。(c)采取扩挖断面,增加开挖费用及回填混凝土的费用。②无工作间管棚施作技术:在标准断面采用顶进器将管棚顶到开挖断面外。该技术不需要扩大断面,不切割大量的管棚,降低施工风险,提高工效,节约投资,应大力推广。

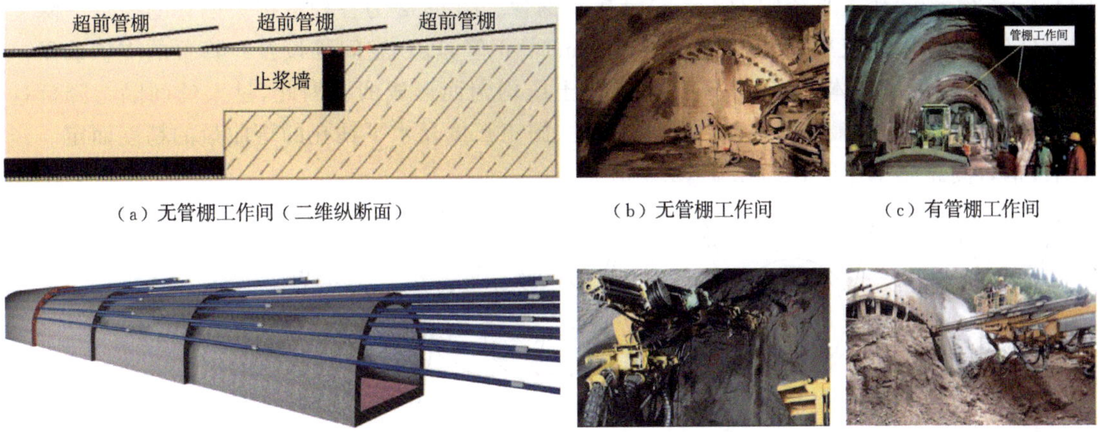

(a) 无管棚工作间(二维纵断面)　(b) 无管棚工作间　(c) 有管棚工作间

(d) 无管棚工作间(三维纵断面)　(e) 洞内管棚施工　(f) 洞口管棚施工

图 6-31　超前长钢管(管棚)工作间设置

管棚支护技术发展趋势:在目前的超前支护方法中,主要有超前锚杆、超前小导管注浆和超前管棚。超前锚杆和超前小导管注浆具有施工便捷、技术易掌握、机械化配套程度要求不高等优点,但支护长度小(仅 3～5 m),锚杆或小导管伸入工作面前端滑动线内距离短,开挖循环进尺受限制,一般在浅埋松散地层中循环进尺多控制在 15～17 m,循环次数增加,工序交换频繁,特别是在自稳能力极差的围岩中,锚杆和导管前端仍在滑移面内,起不到超前支撑保护的作用,极易造成工作面失稳,存在较大的安全隐患。因此,长管棚的应用越来越普遍。

(5)管幕法:是在隧道开挖前沿隧道外周用钻机打置超前长钢管,而后在钢管内外充填砂浆的工法。是抑制洞口、拱顶稳定和超前变形、地表面下沉及保护周边环境的一种方法。采用的钢管比一般管棚用钢管直径大,控制地表面下沉的效果很高。一般采用的钢管直径约 150 mm 以上,施工长度约 30 m 以上,施工范围在拱部 120°左右,打设间隔约 30～50 cm。该法多用于在隧道正上方有道路、铁道、建筑物等作为防止地表面塌陷的对策。此工法需要设置反力壁等比较大的临时设备,施工速度也比较慢,要很好地考虑施工条件、隧道的工期等选定。由于插入比较大的钢管对抑制地表面下沉是最可靠的工法,适用范围比较广泛,如填土、岩堆等各种未固结围岩。

为了长距离施工也有采用 ϕ1 000 mm 以上大口径钢管案例,而方向控制采用小直径的掘进机进行。钢管外侧的注浆如不充分就不能充分发挥其效果。钢支撑要确保能支持钢管,同时也要抑制钢支撑的下沉。钢管施工中的下沉可能比隧道施工中的下沉还大,因此在施工管理上,管幕施工时一定要把对围岩的影响控制在最小范围内。过去都是在城市及其周边的住宅区等建筑物、道路和铁道等交通设施、地中结构物等重要结构物的正下方,从两端用钻机插入钢管的管幕工法，但近年由于特殊钻头的开发，可以采用双重管在隧道洞内插入长钢管的管幕工法(如 AGF 工法等)，作为隧道洞口段的控制对策被广泛采用。

钢管直径采用回转插入方式时，多为 89～150 mm，非回转插入方式的多在 150 mm 以上，目前采用最大直径的达 812.8 mm。为了提高钢管的刚性可向管内注浆。受到钻孔影响的周边围岩也要进行注浆补强。在设计中，要充分考虑地质、周边环境、隧道开挖断面、埋深以及开挖方法等，决定管幕的配置、形状、施工范围、管幕间隔及断面等。隧道在公路、铁道下方通过时，或者接近结构物施工时，或者隧道开挖对周边环境有直接影响时，或者在管幕间土颗粒能够流出的软弱围岩时，为了能直接承受荷载、防止土颗粒流出，应选用刚性大的、中直径(ϕ150～220 mm)或大直径(ϕ318 mm)带接头钢管。图 6-32 为各种带接头钢管的构造。除上述条件外，多采用比较小直径(ϕ89～ϕ150 mm)的钢管，以一定间隔设置。管幕的支护效果是因围岩与钢管形成一体，使有效断面扩大、使土压均匀而形成的。因此，过大的间隔会降低这些效果。管幕钢管的最小间隔，根据地质条件、施工长度及水平钻孔的弯曲量的精度而定。经验上，钢管间距多采用管径的 2.0～3.5 倍。

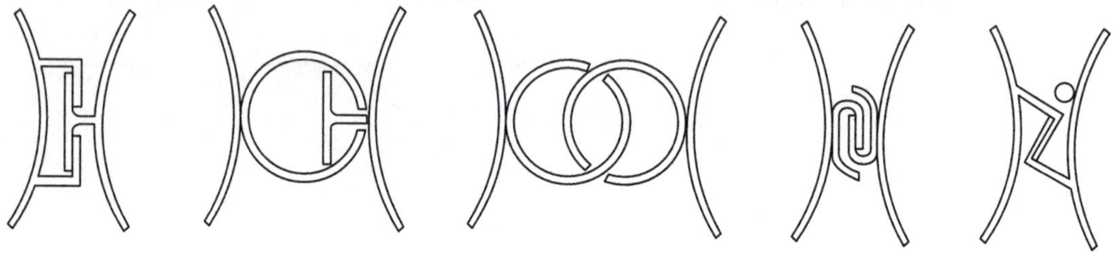

图 6-32　带接头钢管示意图

(6)水平旋喷注浆：采用专用机械进行钻孔，按规定速度回转钻杆，从钻杆前端用超高压泵向管体内高压喷射水泥系固化材，切削围岩并形成 ϕ50～70 cm 需要的圆柱体改良体的工法，如图 6-33 所示。材料 3 d 的强度可达 8～10 MPa，改善围岩的效果很高，是改善掌子面自稳性和控制地表下沉的较好的方法。但施工设备多，系统庞大。在改良体内也可设置钢管提高改良体纵向刚度。水平旋喷注浆因为能够造成连续的改良体，是有效果的，但因采用专用机械、超高压泵、水泥仓等设备，费用较高，故在矿山法中采用较少。在城市的黏性围岩中注浆困难的场合，水平旋喷注浆的效果很好，近年不仅作为拱顶部的超前支护，也作为拱脚部补强得到应用。水平旋喷注浆的分类见表 6-8。

(a) 特殊专用机械钻孔　　(b) 水平旋喷桩成品

图 6-33　水平高压旋喷桩支护方法

表 6-8　水平旋喷注浆的分类

<table>
<tr><th>工　法</th><th>施工长度（m）</th><th>适用围岩（N 值）</th><th>喷射压力（MPa）</th><th>主要设备</th><th>标准水泥浆配比</th></tr>
<tr><td>旋转喷射工法</td><td>10～15</td><td><10</td><td>40</td><td>专用钻机、超高压泵、水泥仓等</td><td rowspan="3">普通硫酸盐水泥:700 kg
水:750 kg
混合材:12 kg
比重:1.522</td></tr>
<tr><td>双重管喷射工法</td><td>10～40</td><td><30</td><td>40</td><td>专用钻机、超高压泵、水泥仓等</td></tr>
<tr><td>高压喷射搅拌工法</td><td>50～80</td><td><10</td><td>40</td><td>专用钻机、超高压泵、水泥仓等</td></tr>
</table>

从目前隧道支护技术的发展趋势看，超前支护是一个很重要的领域。日本在新的“城市矿山法隧道设计标准”中，已经规定短、中、长三种超前支护的基本参数，对进一步发展超前支护技术具有重要意义。从中、长超前支护的发展来看，洞内施工的主要是两种方式，一个是中、长钢管超前支护，一个是水平喷射注浆超前支护。管幕多数是在洞口段采用的超前支护方式。不同超前支护方法的适用性对比见表 6-9。

表 6-9　不同超前支护方法的适用性对比表

<table>
<tr><th rowspan="2">围岩支护适用性（适用围岩）</th><th rowspan="2">超前支护类型</th><th colspan="3">目　的</th><th rowspan="2">备　注</th></tr>
<tr><th>确保掌子面稳定性</th><th>抑制地下面下沉</th><th>抑制对近接结构物影响</th></tr>
<tr><td rowspan="3">砂质土</td><td>预衬砌</td><td>●</td><td>★</td><td>★</td><td rowspan="12">●——适用性一般（能够取得某种程度效果）
★——适用性高（能够期待很大的效果）
◇——施工困难，适用性低</td></tr>
<tr><td>水平旋喷</td><td>★</td><td>●</td><td>●</td></tr>
<tr><td>长钢管</td><td>★</td><td>●</td><td>●</td></tr>
<tr><td rowspan="3">黏性土</td><td>预衬砌</td><td>★</td><td>★</td><td>★</td></tr>
<tr><td>水平旋喷</td><td>★</td><td>●</td><td>●</td></tr>
<tr><td>长钢管</td><td>●</td><td>●</td><td>●</td></tr>
<tr><td rowspan="3">砾质土</td><td>预衬砌</td><td>◇</td><td>◇</td><td>◇</td></tr>
<tr><td>水平旋喷</td><td>◇</td><td>◇</td><td>◇</td></tr>
<tr><td>长钢管</td><td>★</td><td>●</td><td>●</td></tr>
<tr><td rowspan="3">软岩（$q<5$ MPa）</td><td>预衬砌</td><td>●</td><td>★</td><td>★</td></tr>
<tr><td>水平旋喷</td><td>◇</td><td>◇</td><td>◇</td></tr>
<tr><td>长钢管</td><td>★</td><td>●</td><td>●</td></tr>
</table>

6.3.2　工作面挤出变形控制

控制工作面（掌子面）挤出位移的方法主要有：改变掌子面形状、预留核心土、掌子面喷射混凝土、掌子面锚杆、掌子面前方围岩注浆加固等。

(1)改变掌子面形状

隧道开挖过程中,为了提高掌子面稳定性和作业人员的安全,采用倾斜的掌子面进行开挖可取得良好的稳定效果。该法优点:减少作业人员的风险;因采用倾斜掌子面,减少了地表面的下沉;大幅度改善进度和闭合时间;提高了喷射混凝土的品质和耐久性;提高了喷射混凝土的形状、厚度、位置、成形的精度。

图 6-34 为日本在松本隧道中曾采用的倾斜掌子面,因掌子面是倾斜的,能够防止掌子面的崩塌。此时锚杆推迟 3 榀钢架距离打设。球形掌子面是把掌子面开挖成球形,有效地利用在掌子面前方及隧道周围形成的承载拱效果,来保证掌子面的稳定。

图 6-35 为日本对不同形状掌子面进行数值模拟计算的结果。显然,把掌子面作为一个支护构件看,形状对掌子面的稳定性是有影响的,球形掌子面的稳定性比目前普遍采用的直掌子面的稳定性要好,倾斜掌子面居于两者之间。

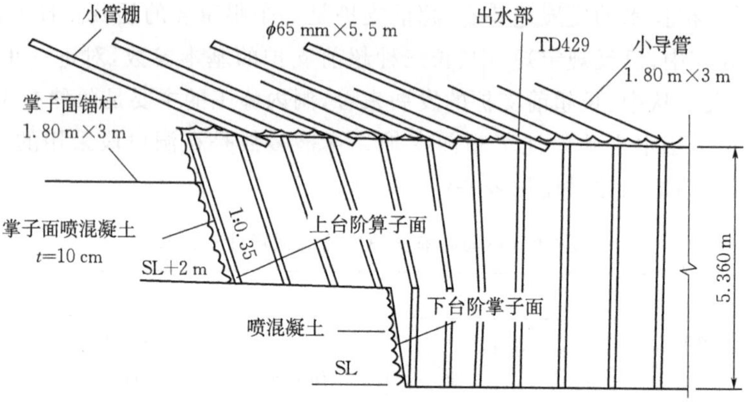

图 6-34　日本松本隧道采用倾斜掌子面开挖

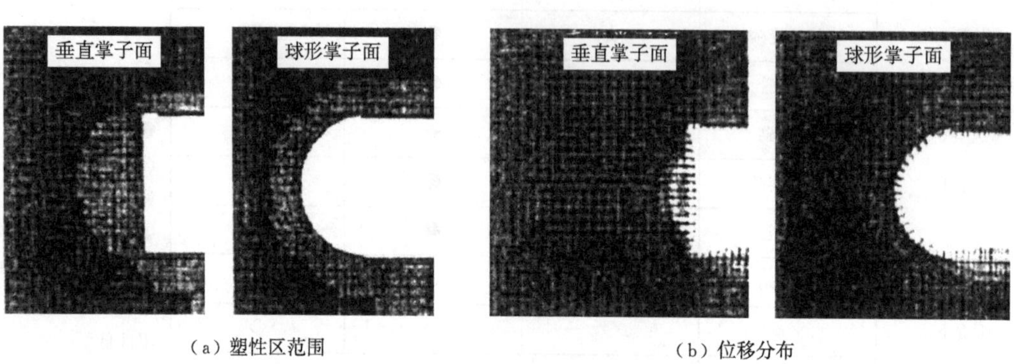

图 6-35　不同形状掌子面的影响

(2)预留核心土:为了充分利用掌子面的空间支护效应,预留核心土,也是比较有效的稳定掌子面方法。掌子面预留核心土防止掌子面失稳、坍方是隧道中运用最广、最简单、最经济的技术措施之一。在掌子面不能自稳的不良围岩中,开挖时把掌子面中央部留下残留的核心土是以填土的形态促使掌子面稳定的工法,如图 6-36 所示。多与掌子面喷射混凝土和掌子面锚杆组合在一起来保证掌子面的稳定。拱部开挖称为弧形开挖。可用反铲、液压铲、自由断面掘进机等开挖,特别是在自稳性差的围岩,弧形开挖部还可进一步分割开挖。开挖后立即喷射混凝土,闭合后再进行相邻部分的开挖。施工时要确实掌握地质状况,判定核心土和掌子面喷射混凝土、掌子面锚杆等的稳定对策是否能够使掌子面稳定。不留核心土自稳性差的场合,要研究采用长掌子面锚杆和注浆等工法。围岩裂隙是顺层的场合，要注意核心土有崩塌的可能。此时，要与掌子面锚杆并用。在核心土地段，因核心土与支护的间隔小，要注意围岩的剥离、剥落、掌子面崩塌。在核心土地段，靠近掌子面打设锚杆很困难，多推迟 2～3 榀钢架距离打设锚杆。

（a）上台阶预留方形核心土　（b）弧形开挖预留核心土　（c）隧道侧墙预留核心土

图 6-36　预留核心土不同工况对变形控制的影响

在台阶法施工中，为了掌子面的稳定，经常采用弧形开挖法，即预留核心土法。实际上，预留核心土是控制掌子面挤出位移、防止掌子面崩塌的最有效的方法之一。日本对不留核心土、留核心土以及不同台阶长度的影响等进行的研究成果表明：①不留核心土工况，掌子面挤出量超过 70 mm 的部分可达到掌子面前方 1.3 m。②预留核心土工况，掌子面挤出量超过 70 mm 的部分，只达到掌子面前方 0.6 m 处。③预留核心土对掌子面起到了控制掌子面挤出位移的效果，如图 6-37、图 6-38 所示。

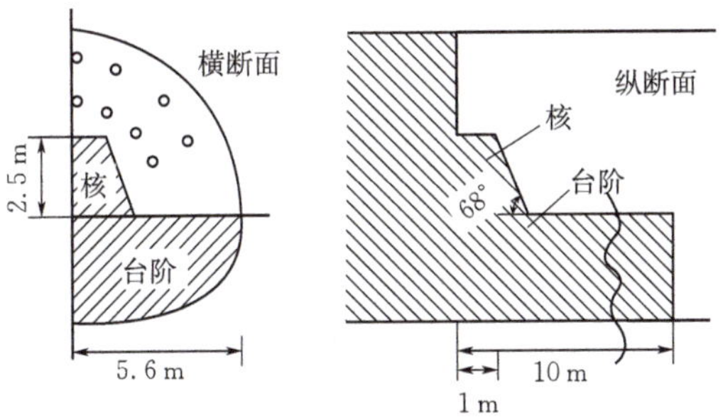

（a）10 m台阶+核心土

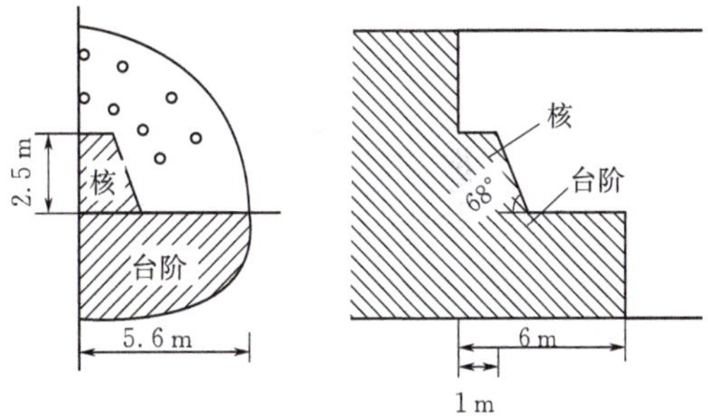

（b）6 m台阶+核心土

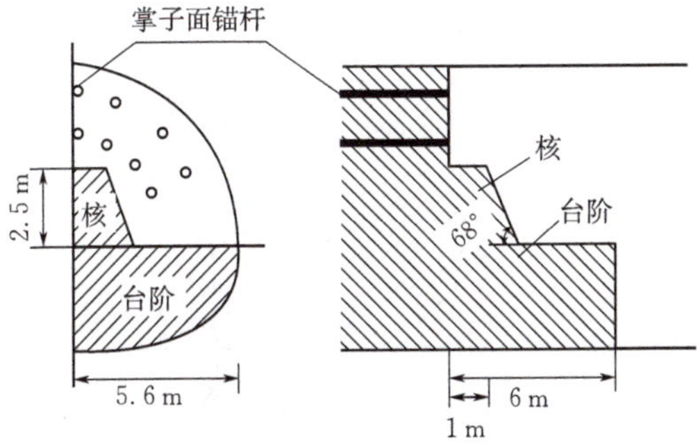

（c）10 m台阶+核心土+长掌子面锚杆

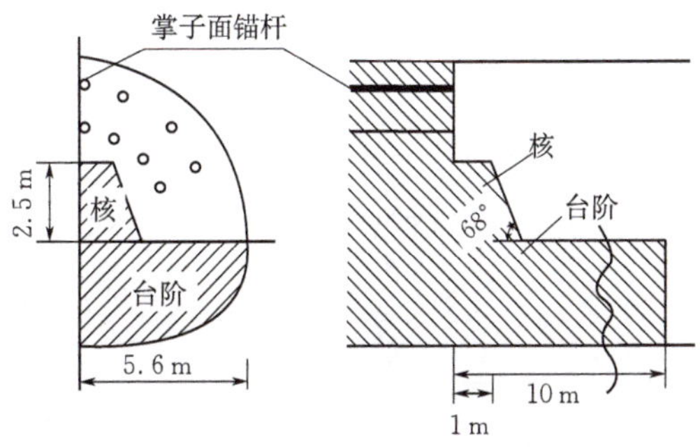

（d）6 m台阶+核心土+长掌子面锚杆

图 6-37　预留核心土不同工况对挤出变形的影响

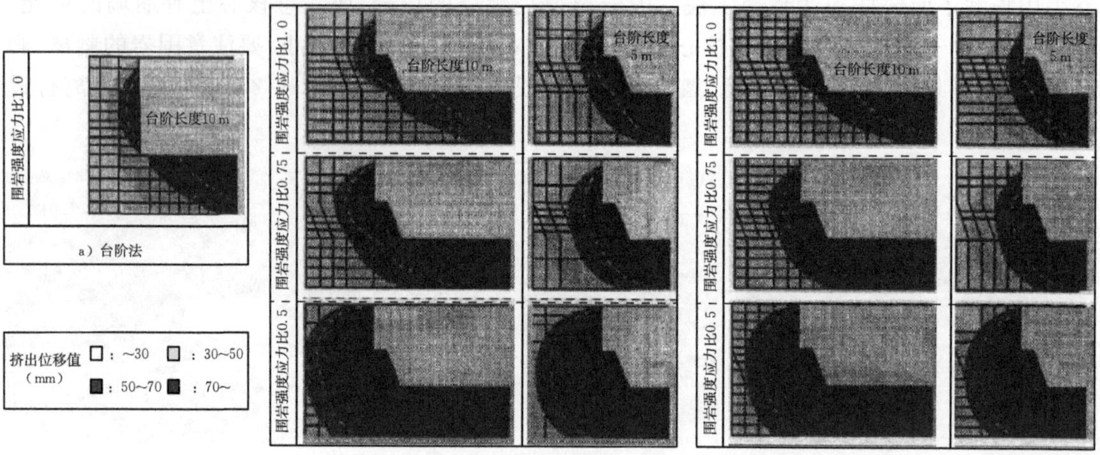

（a）台阶法　（b）台阶+核心土　（c）台阶+核心土+长掌子面锚杆

图 6-38　数值模拟核心土台阶长度对挤出变形控制影响

图 6-39 为研究预留核心土形状控制掌子面挤出变形的作用效果，设置不同参数的核心土形状。研究表明，图 6-39(f)中的方法抑制掌子面挤出的效果最好，即采用弧形开挖时，需根据隧道断面的大小确定核心土宽度取值，通常情况下核心土宽度取 1～3 m 为宜，核心土上部宽度取 2～3 m，下部宽度取 3～5 m 左右比较合适。

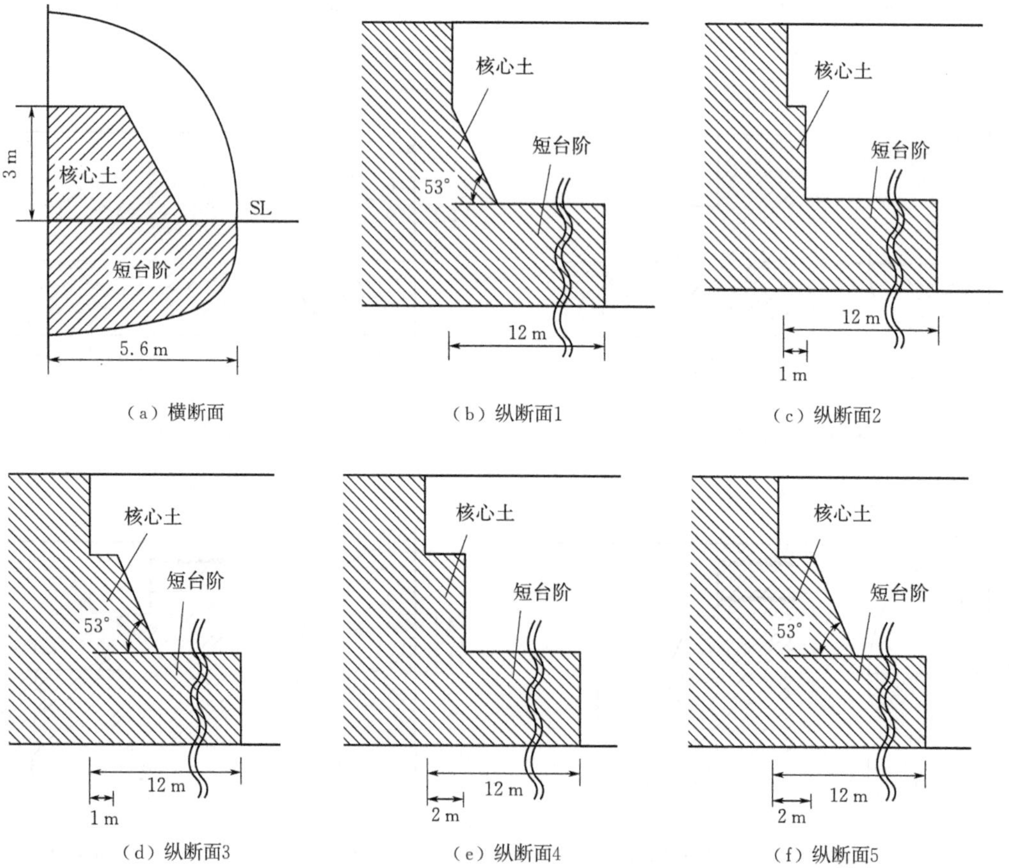

（a）横断面　（b）纵断面1　（c）纵断面2

（d）纵断面3　（e）纵断面4　（f）纵断面5

图 6-39　核心土不同形状工况对挤出变形影响

据赵勇等学者的研究表明，预留核心土长度对掌子面挤出变形的控制效果具有明显影响。赵勇等通过对核心土长度为 0 m、3 m、4.5 m、6 m 工况进行了数值模拟，计算时假设围岩为Ⅴ级，隧道埋深 300 m，采用断面形式为时速 200 km 的客货共线铁路单线隧道的标准断面，隧道采用台阶法、环形开挖预留核心土开挖方法，并考虑不同工况的隧道开挖方法参数进行数值模拟计算，模拟计算统计结果见表 6-10。由模拟计算结果分析得到以下结论：①预留核心土长度 4.5 m 较 3 m 工况上台阶挤出变形控制效果相对明显。②预留核心土长度 4.5 m 和 6 m 两种工况上台阶挤出变形控制效果相差不大，同时，③预留核心土加长时，下台阶掌子面纵向变形有增大趋势，因此对于Ⅴ级围岩单线隧道，预留核心土的纵向长度宜取 4.5 m 左右。

表 6-10　不同开挖方法工况掌子面最大纵向位移(挤出变形)

计算工况	开挖方法	开挖工法参数			掌子面最大纵向位移(挤出变形)			
					上台阶		下台阶	
		上台阶长度(m)	下台阶长度(m)	核心土长度(m)	计算值(mm)	与无核心土地对比(%)	计算值(mm)	与无核心土地对比(%)
1	台阶法	6	6	0	−94.2	—	−137.1	—
2	环形开挖预留核心土	9	6	3	−60.2	−33.85	−137.4	16.94
3		9	6	4.5	−56.2	−38.24	−153.0	30.21
4		9	6	6	−55.5	−39.01	−154.7	31.66

(3)掌子面正面喷射混凝土：正面喷射混凝土是在开挖后自稳性差的开挖面喷射 3～10 cm 左右混凝土，覆盖掌子面以防止掌子面松弛，提高掌子面自稳性。喷混凝土不是作为轴力构件发挥作用的，是防止剥离的，常常与正面锚杆同时使用。此外通过观察喷射表面是否有龟裂发生，还可以获得有无崩塌发生的信息。①在隧道不良地质围岩地段施工，掌子面正面喷射混凝土多与核心土和掌子面锚杆并用。这对留核心土的脚部作业和在掌子面打设掌子面锚杆作业的安全是很重要的。掌子面喷射混凝土封闭，是开挖过后立即施工可以防止初期的崩塌和抑制掌子面围岩的松弛，因此应尽可能早地进行喷射，如图 6-40 所示。②在不良地质围岩地段施工时，由于掌子面自稳性非常差，故最好把开挖机械和喷射机并列，局部开挖后立即喷射混凝土，使掌子面暴露时间尽可能短。③在挤压性围岩地段施工时，掌子面喷射混凝土多会发生开裂，继续发生新的开裂和出现开口时，会造成大规模的崩塌，因此对掌子面喷射混凝土开裂的观察是非常重要的。

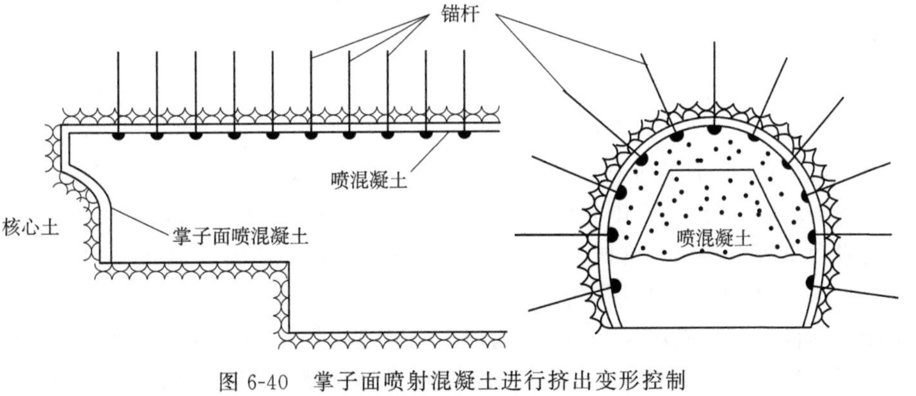

图 6-40　掌子面喷射混凝土进行挤出变形控制

(4)掌子面锚杆:设置掌子面锚杆的目的是控制围岩开挖后的先行位移和掌子面位移,也是给大断面开挖创造条件,有利于控制先行和后期围岩、支护变形。掌子面锚杆在掌子面流坍显著的场合采用。同时,在小埋深隧道等有塌陷风险的场合,可以作为预防对策采用。掌子面锚杆的长度一般都在 10~20 m 之间,宜优先采用易于切割的玻璃纤维锚杆,如图 6-41 所示。掌子面锚杆一般有长度在 6 m 以下的短锚杆和 6 m 以上的长锚杆。掌子面短锚杆是把开挖引起松动的岩块固定在深部的围岩中。锚杆长度多采用 2~6 m,多采用 4 m 左右。为了确保连续的补强效果,锚杆全长的一半的残余长度作为搭接长度。钻孔与锚杆施工同样采用钻孔台车钻机。由于采用掌子面锚杆,核心土长度可以缩短,这样也可以使初期支护中的锚杆靠近掌子面施工。掌子面锚杆一般是在不良围岩中采用的,几乎都是在采用自由断面掘进机和反铲等机械开挖的场合采用。因此,锚杆材料要考虑开挖时易于切断,多采用玻璃纤维锚杆(GFRP),表 6-11 中列出了短掌子面锚杆种类和规格。

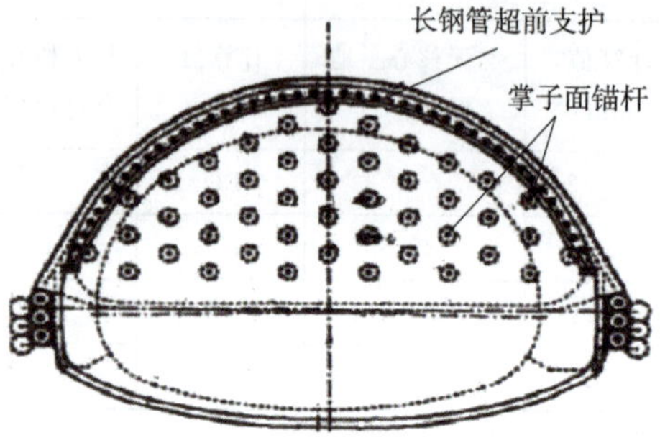

(a) 掌子面锚杆设计

(b) 掌子面玻璃纤维锚杆施工

图 6-41　隧道掌子面锚杆设计与施工

表 6-11　短掌子面锚杆种类和规格(日本)

锚杆种类	GFRP 锚杆	GFRP 锚杆 中空	GFRP 锚杆 中空、自钻式	钢管膨胀型锚杆
外径(mm)/内径(mm)	27	32/14	32/14	36(54/48)
标准钻孔直径(mm)	45~55	45~60	45~60	43~52
1 单元长度(m)	3~6	3~6	3~6	3.4
单位重量(kg/m)	1.06	1.0	0.95	约 4.0
施工方法	充填式/注浆式	注浆式	注浆式	摩擦式

与掌子面短锚杆比较,掌子面长锚杆的优点如下:①一次打设长度长,减少了打设次数,提高了施工效率。②因为打入到前方围岩没有产生松弛和变形的围岩部分,可抑制开挖时产生的掌子面挤出位移而发生轴力,出现锚杆内压效果。因此可进一步提高掌子面自稳性。③在小埋深隧道中,具有加固掌子面前方围岩,抑制地表面下沉效果。④因为注浆压力高,注浆材料能够渗透到围岩中,起到改良围岩效果。⑤在不良围岩中,开挖掌子面高度大,能够采用开挖机械和凿岩台车等大型施工机械,提高了施工效率。⑥在不良围岩中,可采用超短台阶全断面法和短台阶法,使仰拱能够早期闭合。

掌子面长锚杆一般是采用 3~5 m 的锚杆用螺纹连接器接续,采用长 12.5 m 等锚杆。锚杆材料考虑开挖机械时的切断,多采用 GFRP 锚杆。另外因为开挖和锚杆材料要与弃渣分别回收,也有采用开槽式钢管作为锚杆材料的。表 6-12 中列出了掌子面长锚杆种类和规格。

表 6-12　掌子面长锚杆种类和规格

锚杆种类		GFRP 锚杆(中空)	GFRP 锚杆	开槽式钢管	连接式钢管膨胀型
外径(mm)/内径 mm		32/14	76/60	76.3/65.9	插入时外径 36; 扩张时 54/48
标准钻孔直径(mm)		65	90	89	43～51
1 单元长度(m)	一般部	4.0,5.0,6.0	3.0	3.05	3.0,4.0
	头部	—	3.5	3.65	—
单位重量(kg/m)		0.92	3.0	9.1	约 4.0
施工方法	钻孔	单管式	双重管式	双重管式	单管式
	锚固	注浆式	注浆式	注浆式	摩擦式

(5)掌子面前方围岩注浆加固:掌子面前方围岩注浆加固施工时,应根据注浆目的和工程地质条件等因素综合选择注浆方法,如图 6-42 所示。①两种注浆方法及其特点。(a)全断面注浆法:钻孔数量多,施作周期长。(b)局部注浆法:针对隧道前方地层特点,对薄弱部位进行注浆,钻孔数量少,施作周期短。②常用的注浆方式:有全断面帷幕注浆、周边半封闭帷幕注浆、径向注浆、小导管注浆、局部注浆等。③注浆配备:全断面注浆、局部注浆都要求必须配备先进的钻孔注浆设备,必须采取信息化注浆。须配备专业队伍、专业设备,进行专项设计,保证加固效果。④适用条件:断层破碎带和软弱地层(尤其富含水),须对围岩进行超前加固,常采取全断面注浆,改良地层,确保隧道安全施工。⑤加固参数:纵向加固长度应根据钻机能力和地层特点确定,一般为 20～30 m。特殊地层条件应调整纵向注浆加固长度,否则影响进度和质量。环向加固厚度一般为 3～5 m,局部可增加到 5～8 m。⑥超前注浆原理及理念:喷混凝土防水+防水板+防水衬砌。让围岩自防水,是止水于隧道之外的最佳方案。超前注浆止水工程案例:世界最长公路隧道挪威洛达尔隧道,全长 24.51 km,在开挖前采用超前注浆止水,喷射钢纤维混凝土和锚杆支护,无二次衬砌。运行 15 年,无一滴漏水,如图 6-43 所示。

(a) 周边半封闭帷幕注浆　(b) 别岩槽隧道F1断层注浆加固　(c) 齐岳山隧道F11断层注浆加固

图 6-42　隧道掌子面前方围岩注浆加固施工

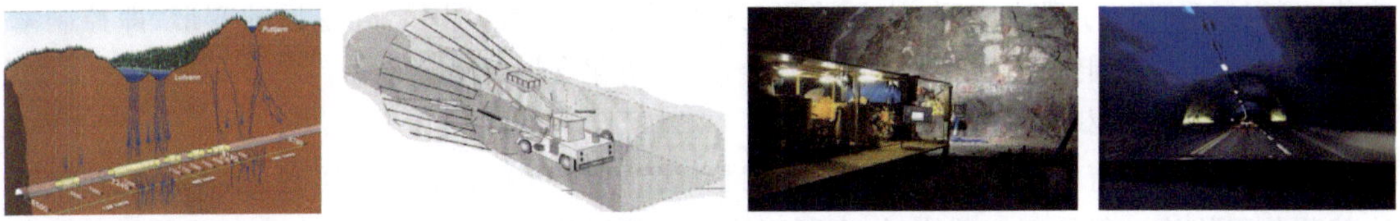

(a) 隧道纵断面示意图　(b) 隧道注浆加固示意图　(c) 隧道现场施工　(d) 隧道运营状态

图 6-43　挪威洛达尔隧道超前注浆止水

(6)掌子面位移控制特征:为对比分析不同控制技术对掌子面挤出变形的控制效果,赵勇等学者以时速 200 km 客货共线铁路单线隧道(双层集装箱运输)和双线隧道的Ⅴ级和Ⅵ级围岩为研究背景,模拟采用不同控制方法时对掌子面挤出变形的影响。根据数值模拟计算工况结果,统计得出了掌子面最大纵向位移、位置及前方围岩受影响范围见表 6-13,由表 6-13 可知:①各工况下台阶的最大纵向位移大于上台阶的最大纵向位移,上台阶最大纵向位移位于上台阶隧道中线上 0.4 倍左右上台阶高度位置,采用预留核心土措施后,掌子面最大位移位置上移,位于核心土顶部与掌子面交界位置。②下台阶最大纵向位移位于下台阶顶部。采用掌子面预加固措施对控制掌子面挤出变形最为显著,预留核心土对控制上台阶掌子面挤出变形效果亦很明显,但由于核心土自重的影响,会使下台阶掌子面最大纵向位移增大。

表 6-13 采用不同变形控制技术的掌子面位移控制效果

计算工况	围岩级别	开挖方法	开挖工法参数(m)			掌子面最大纵向位移+前方围岩受影响范围					
						上台阶			下台阶		
			上台阶长度	下台阶长度	核心土/预加固长度	最大纵向位移(mm)	α	影响范围(D)	最大纵向位移(mm)	α	影响范围(D)
1	Ⅴ	常规台阶法	9	6	0	90.97	0.38	0.50	117.51	1	1.49
2		环形开挖预留核心土	9	6	3(核心土)	60.25	0.61	0.50	137.28	1	1.49
3		超前深孔帷幕注浆预加固	9	6	7.5(预加固)	50.76	0.42	0.66	90.25	1	1.49
4	Ⅵ	常规台阶法	9	6	0	552.61	0.38	0.66	857.80	1	1.64
5		环形开挖预留核心土	9	6	3(核心土)	378.95	0.61	0.66	984.78	1	1.48
6		超前深孔帷幕注浆预加固	9	6	15(预加固)	262.78	0.33	0.82	492.51	1	1.48

注:α 为最大纵向位移位置距上台阶底部高度与上台阶高度比值;D 为洞径。

6.3.3 工作面后方变形控制

当围岩所具有的自稳时间足以保证初期支护能够顺利施作时,均可采用变形控制的原则来控制围岩的变形,即采用锚杆、喷射混凝土、钢架等初期支护来承担隧道开挖后释放的全部荷载,而二次衬砌仅起装饰作用或者作为安全储备。初期支护要承担隧道开挖后释放的全部荷载,可以通过两个手段来实现:从开挖和支护两个方面来控制围岩开挖后的变形,即控制掌子面后方变形。即调整开挖荷载释放的节奏、提高初期支护的承载能力。

(1)调整开挖荷载释放的节奏

调整隧道开挖荷载释放的节奏是通过调整开挖方法和施工工艺来实现的,不同的开挖方法其荷载释放的过程是不一样的,如全断面法其荷载释放速度较快,开挖完成后荷载一次释放完毕,而台阶法、分部开挖法等施工方法,因为围岩是分部逐步开挖,围岩荷载也是逐步释放。

即使是同一种开挖方法，其荷载释放过程也随着施工工艺不同而异，如全断面法可通过改变循环进尺的长度来调整一次开挖荷载释放的大小，而台阶法可以通过台阶的高度、长度、循环进尺等参数来控制荷载的释放速度。开挖方法及施工工艺的选择不仅影响着荷载的释放过程，同时也影响着隧道施工的速度、安全及成本。因此，需要合理选择开挖方法并对施工工艺进行优化。台阶法工法简单、灵活，施工效率相对较高，没有复杂的临时支撑，因此成为隧道施工中最为常用的工法。在此对台阶法施工过程的力学效应进行分析，研究其荷载释放过程及其对围岩变形的影响，以确定最佳的台阶高度和长度。

①台阶开挖高度的优化分析。(a)计算模型工况设计(图 6-44)：台阶开挖高度优化的计算分三种工况，台阶高度分别取 $H/3$、$H/2$ 和 $2H/3$（H 为隧道高度），为使计算过程中得到的差异完全来自台阶高度变化，故全部计算工况的上下台阶长度、开挖循环进尺及围岩级别统一，进行不同埋深情况下的台阶高度优化。(b)台阶开挖高度优化结论：根据图 6-45 中计算结果分析得出结论：隧道Ⅴ级围岩、埋深 100 m、循环进尺 1 m 条件下，各种工况中的变形值模型Ⅰ最大、模型Ⅱ和模型Ⅲ变形值接近，故可以首先确定模型Ⅱ和模型Ⅲ在整体变形控制上是优于模型Ⅰ的。(c)根据赵勇等学者基于Ⅴ级围岩、500 m 埋深、2 m 循环进尺建立数值模型计算结果得到了不同台阶施工方法下开挖前后隧道断面轮廓线，并得出了隧道拱顶、拱腰以及拱脚处，以模型Ⅱ工况变形最小的结论。(d)综合不同模型条件下，对开挖进尺、隧道埋深以及掌子面挤出变形的模拟计算，在隧道台阶开挖方法中，确定模型Ⅱ，即上、下台阶高度一致均为 $H/2$ 的台阶开挖方法为最优法台阶开挖高度。(e)根据大断面软弱围岩隧道变形监测的实践经验，上台阶的高度宜选择在开挖最大跨度处，对于双线高速铁路隧道断面，建议上台阶高度选择在 $3H/5$ 处。

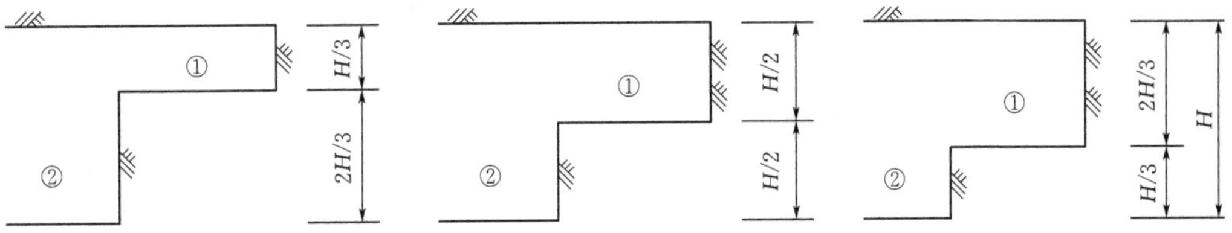

(a) 模型Ⅰ　(b) 模型Ⅱ　(c) 模型Ⅲ

图 6-44　不同台阶开挖高度的台阶法施工方法

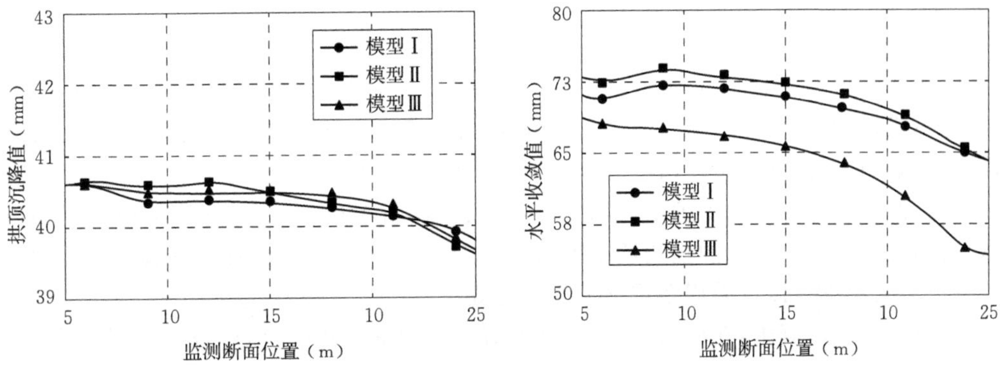

(a) 拱顶沉降　(b) 水平收敛

图 6-45　三种模拟工况的隧道纵向变形曲线

②台阶开挖长度的优化分析：在不同台阶长度条件下，围岩的拱顶沉降和水平收敛表现出一定的差异性。整体来看，当上台阶为 5 m、中台阶为 8 m 时，围岩整体变形远小于上台阶 5 m、中台阶 5 m 时的计算结果。图 6-46 为Ⅴ级围岩不同台阶长度条件下，围岩拱顶沉降和水平收敛沿隧道纵向变形规律。由图 6-46 可知：①不同台阶长度的台阶法开挖对隧道拱顶沉降最终值影响很小。②对于水平收敛值，由于上台阶为 5 m、中台阶为 8 m 情况下中台阶长度较长，更加有利于对隧道水平方向变形的控制。③上台阶长度 5 m、中台阶长度 8 m 这种开挖方式的中台阶长度较长，对洞壁变形尤其是水平收敛具有较好的控制作用。故两种工况条件，将上台阶长度 5 m、中台阶长度 8 m 为首选工法。

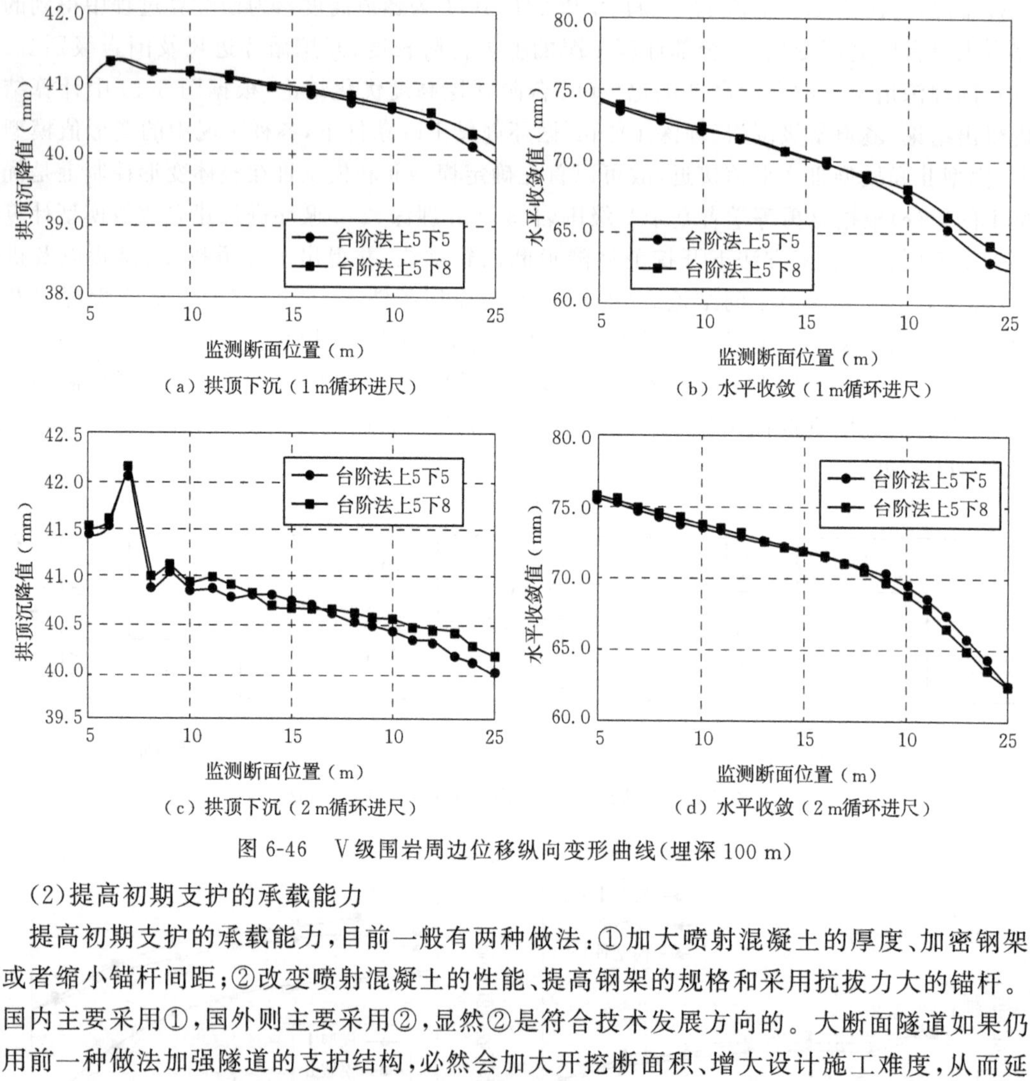

图 6-46　Ⅴ级围岩周边位移纵向变形曲线(埋深 100 m)

(2)提高初期支护的承载能力

提高初期支护的承载能力，目前一般有两种做法：①加大喷射混凝土的厚度、加密钢架间距或者缩小锚杆间距；②改变喷射混凝土的性能、提高钢架的规格和采用抗拔力大的锚杆。目前国内主要采用①，国外则主要采用②，显然②是符合技术发展方向的。大断面隧道如果仍然采用前一种做法加强隧道的支护结构，必然会加大开挖断面积、增大设计施工难度，从而延长工期和增加成本。比较好的加强初期支护的措施主要有：采用喷射高性能混凝土、高承载力的锚杆、高规格的钢支撑以及采用多重支护的措施等。

①喷射高性能混凝土：在矿山法中，喷射混凝土作为围岩开挖后的主要支护构件起着相当大的作用。(a)喷射混凝土是唯一地能够与围岩大面积的、牢固接触的一种支护方式，是其他方式所不能代替的。从力学意义上说，它既能传递径向应力也能够传递切向应力。(b)喷射混凝土与围岩的附着力可以把作用在喷射混凝土上的外力分散到围岩上，同时也提供了隧道

周边的裂隙和节理等以剪切阻力保持块体的平衡，防止局部掉块，在隧道壁面附近形成一承载环。在裂隙多的硬岩中这种效果是比较大的。(c)比较厚的喷射混凝土是作为一个连续构件支护围岩的，给予约束围岩变形的支护力(内压)，使围岩保持近于三轴的应力状态，控制了围岩的应力释放。同时，因早期铺设仰拱使断面临时封闭，更好地发挥了支护效果。这种效果在软岩和土砂围岩中是显著的。(d)具有能够将土压传递到钢支撑和锚杆上的作用。(e)填平围岩的凹面，覆盖软弱层，防止应力集中，并加强了软弱层。(f)喷射混凝土＋锚杆、喷射混凝土＋钢架、喷射混凝土＋钢架＋锚杆等多种形式的组合，对约束围岩的变形，提高初期支护的能力，控制掌子面后方变形效果是非常有效的。

近几年，喷射高性能混凝土可大大提高喷射混凝土支护结构质量，是今后喷射混凝土技术发展的方向。喷射高性能混凝土包括初期高强度喷射混凝土、高刚度喷射混凝土、高防水性能喷射混凝土、纤维喷射混凝土等。初期高强度喷射混凝土主要特征就是要求强度出现早。高强度喷射混凝土的喷射厚度能够减薄、能够削减喷射量，从而缩短工期，有比较大的经济效益。其次，喷射过后的高强度喷射混凝土能够省略钢支撑和防止钢支撑架设作业时围岩脱落和喷射混凝土剥落等灾害，由于开挖循环时间的缩短，隧道的掘进速度也可以提高。在膨胀性围岩中，由于喷射后能够发挥很高的支护性能而获得控制变形的效果。初期高强度喷射混凝土是在基本混凝土中添加高强度混合材和采用超速硬性粉体速凝剂，而在喷射 10 min 后就可获得 2 MPa 的强度。

②高承载力锚杆：锚杆的支护作用主要取决于锚杆与围岩的附着强度和抗剪强度。如何提高锚杆的附着性和抗剪强度，可以采用适当增大锚杆直径(增加附着面积)、适当改变锚杆表面形状，采用早强砂浆等措施。锚杆因围岩变形和滑动产生拉力和剪力而发挥其效果，但在显示连续动态的软弱围岩和节理发育的中硬岩中，因为变形模式不同，锚杆中产生的应力也不同。高承载力锚杆由于其强度高，在控制掌子面后方围岩变形方面能发挥较好效果。日本清水隧道进行了表 6-14 的试验施工。锚杆采用设计承载力 180 kN 和高承载力 310 kN 的锚杆，在表 6-14 的喷射混凝土和钢支撑的条件下，进行了表 6-15 的试验施工。从试验施工结果看：第 1 组的施工循环、成本最理想。第 3 组最差。因此，把第 1 组作为标准组合。试验结果表明：采用高承载力(310 kN)锚杆，比采用承载力 180 kN 的锚杆，其数量减少 30％。

表 6-14　高承载力锚杆的试验施工组合

项　目	喷射混凝土		钢支撑	
	厚度(cm)	强度(MPa)	规格	间距(m)
标准	20	18	H-200	1.5
高强度	12.5	40、SFRC		

表 6-15　锚杆的试验组合

项　目	长度(m)	横向间距(m)	纵向间距(m)	承载力(kN)
标准	6.0	1.2	1.5	180
1 组	6.0	2.0	1.5	310
2 组	4.0、6.0	1.0	1.5	180、310
3 组	4.0	0.8	1.5	180

③高规格钢支撑：钢支撑是沿隧道开挖面设置拱形型钢支护构件，因为架设的同时就能够发挥其功能（条件是要与围岩紧密接触），作为在喷射混凝土强度和锚杆锚固材料强度产生前的支护是有效的。设计钢支撑时，应明确其功能和期待的效果，决定其种类和配置，有效发挥喷射混凝土、锚杆及围岩成为一体的支护功能。为此架设钢支撑时，与围岩间的空隙要迅速地用喷射混凝土充填，与喷射混凝土成为一体，充分发挥其功能。钢支撑的功能及其作用效果的概念如图 6-47 所示、见表 6-16。

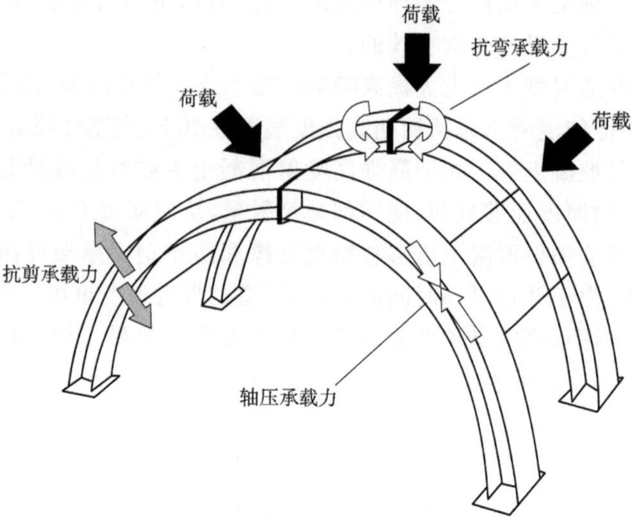

图 6-47　钢支撑的功能

表 6-16　钢支撑的作用效果

序号	钢支撑作用效果		示意图
	作用效果	说明	
1	岩块保持效果	因钢支撑域与围岩密贴设置，可因构件的弯曲承载力和抗剪承载力防止局部岩块崩落	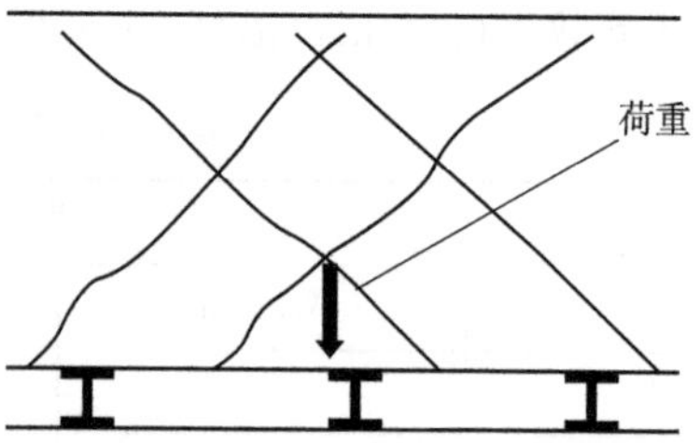
2	软弱层补强效果	开口裂隙和规模小的软弱层等是围岩薄弱处，因钢支撑的支持，可降低围岩内不连续面和软弱层影响	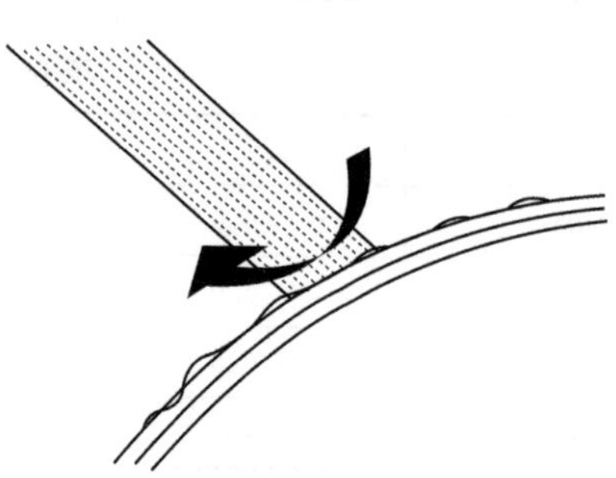

续上表

序号	钢支撑作用效果		示意图
	作用效果	说明	
3	内压效果	在难以形成承载拱的软岩和土砂围岩中，钢支撑反力可作为约束隧道径向位移、并使开挖面附近保持二轴状态，提高了围岩承载力	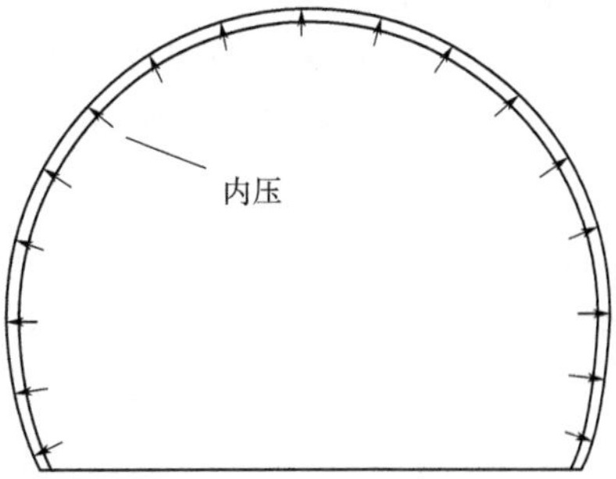
4	喷射混凝土补强效果	喷射混凝土在初期材龄时变形系数比较小，易于变形，强度也小，但与钢支撑成为一体后，支护整体的刚性、韧性都得到提高；喷射混凝土强度产生后与围岩成为一体，在隧道轴向形成一个连续拱形结构，使隧道和周边围岩得以稳定	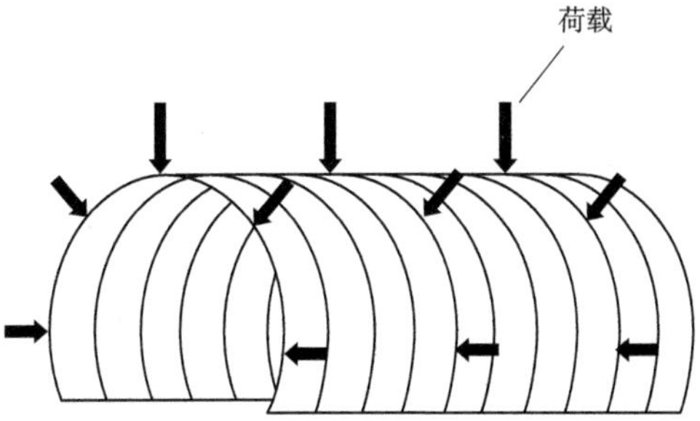
5	向围岩(脚部)传递荷载效果	作用在支护上的荷载通过钢支撑的底板等传递到围岩上	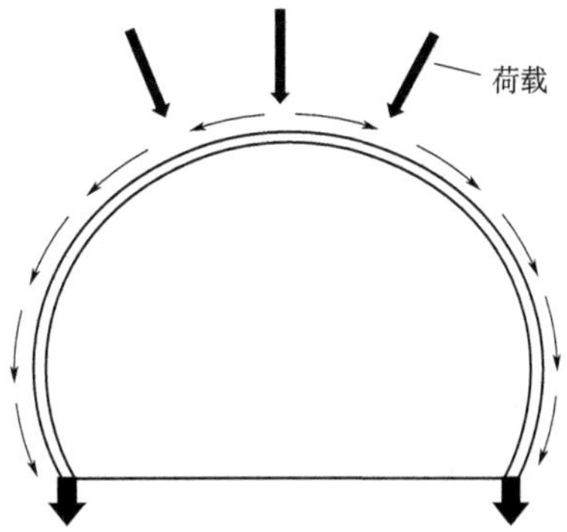
6	超前支护支点效果	在土砂围岩和破碎带等掌子面稳定性差的围岩采用超前支护的场合，作为超前钢管等的支点，支持掌子面前方围岩和荷载，抑制了围岩松弛和崩塌	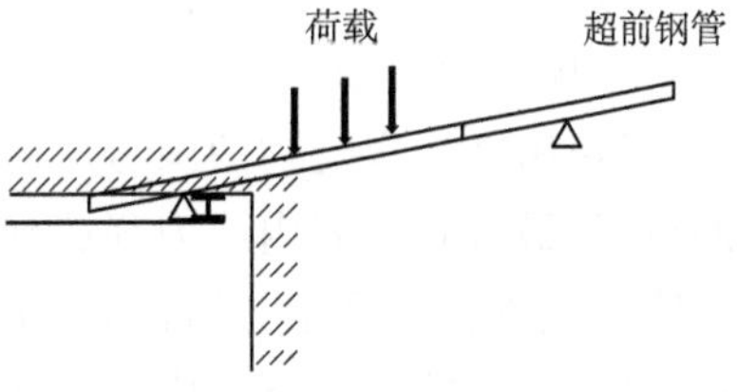

国内隧道施工过程中，当揭示的围岩地质条件与原设计的地质情况发生变化时，通常采用调整钢支撑的类型、型号、间距等方法来调整初期支护的强度。应用工程案例：①在高速铁路大断面隧道中，一般Ⅳ级围岩采用格栅钢架，格栅间距通常采用 1.0 m；Ⅴ级围岩一般采用Ⅰ20 型钢钢架，钢架间距采用 1.0 m；对于浅埋、偏压、断层破碎带的Ⅴ级围岩，通常采用Ⅰ22型钢钢架，间距调整为 0.6～0.8 m。②如果在遇到地应力较大，可能发生较大变形的Ⅴ级围岩时，通常采用Ⅰ25 型钢或 HW175 型钢钢架，钢架间距采用 0.6 m，同时喷射混凝土厚度也随着增大，从而造成钢架高度增加、间距减小，开挖和喷射混凝土工作量就大大增加，循环进尺减小，施工进度就显著降低。③国外通常采取提高钢架性能的方法，以高规格、高强度的钢架来替代普通钢架支撑，原来的施工方法、喷射混凝土厚度等均不进行调整，施工进度也不受影响。显然③方法更具有比较优势。日本的型钢钢架多采用 H 型钢，为优化支护效果，减少喷射混凝土厚度，一是采用低高度、高强度的型钢钢架，一是不设置喷射混凝土保护层。国外很少有型钢钢架保护层的规定，因为型钢钢架本身就在喷射混凝土包裹之中，而且隐蔽在防水板或二次衬砌之后的结构中。④日本某隧道对于同样围岩情况，对普通规格的钢支撑进行了优化对比，采用了与过去钢材有相同延伸率的抗拉强度 590 N/mm^2、破断延伸率 17%以上的高规格钢支撑。钢支撑的规格列于表 6-17 中。国外型钢钢架多数采用专用架设机械安装的，要求开挖断面必须具有架设钢架的作业空间，这也是隧道中采用大断面开挖的原因之一。与过去采用的钢支撑比，采用了小型的尺寸，见表 6-18。

表 6-17　钢支撑的规格

规　　格	屈服点(N/mm^2)	抗拉强度(N/mm^2)	破断延伸率(%)
高规格钢	≥440	≥590	≥17
普通规格钢	≥245	≥400～510	≥17

表 6-18　钢支撑尺寸比较

过去采用的钢支撑(mm)	高规格钢(mm)
NH-250×250×9×14	HH-200×201×9×12
NH-200×200×8×12	HH-154×151×8×12
NH-150×150×7×10	HH-123×125×6.5×8

④多重支护：多重支护控制变形技术是在隧道开挖时留出充分的变形富余量，先释放一部分变形，进行第一次支护，继续释放变形，一次支护达到极限状态后，再继续施作第二次支护，必要时，可继续施作第三次支护，最终将变形控制在容许范围之内的一种多重支护施工的方法。该法特点：不需要进行反复扩挖和反复支护，就是说没有拆除顶替已经承载的支护构件和对围岩的多次扰动的问题。该法基本观点：容许第一次支护变形损伤，设定比通常大的变形富余量，以减轻作用在二次支护的围岩压力，并在最内侧形成健全的壳体，使整个支护稳定。二次支护的设置，最好在围岩内应力释放到某一程度后实施，为了设置第二次支护，开挖断面要考虑设置第二次支护的富余；进行第二次支护，并形成闭合结构，能够控制变形的进一步发展，提高支护的安全性；第二次支护应在一次支护变形到一定程度后实施；第一次支护变形小的场合，可以不进行第二次支护。

工程案例分析：日本饭山隧道在膨胀性地层段，为控制围岩大变形采用了多重支护工法施工。(a)第一次支护采用钢纤维喷射混凝土，根据量测结果采用拉拔力 18 t 的锚杆加强，一次支护损伤后，在其内侧实施二次支护。仰拱加设底撑(H-125)，使第二次支护闭合。(b)辅助工法采用超前注浆锚杆并在正面设 22 根锚杆，即采用多重支护的方法。在上半断面开挖时，先设置了 4.0 m×10 根、6.0 m×6 根@1.00 m 的锚杆，H-200@1.00m 钢支撑，喷射厚 25 cm 的混凝土(金属网 5 mm×150 mm×150 mm)，变形到一定程度后，又设置了 3.0 m×4 根@1.00 m 锚杆，H-125@1.00 m 钢支撑和喷射 12.5 cm 的混凝土。下半断面开挖设置了 4.0 m×16 根@1.00 m 锚杆。(c)变形富余量第一次支护设 20 cm，第二次支护设 20 cm。饭山隧道多重支护结构如图 6-48 所示。(d)该法需要解决二个问题：一是第二次支护的设置时期，另一个问题是变形富余量的设置。根据施工实际情况，认为第二次支护自距掌子面 3.5D(D 为洞径)的左右设置是合适的，变形富余量按 35 cm 设置，一次支护容许变形 20 cm，二次支护容许 15 cm。实际情况是，一次支护屈服时的位移值约为 15～20 cm，而二次支护只有 1.9 cm。(e)饭山隧道喷射混凝土采用高强喷射混凝土。喷射混凝土的设计基准强度为 21 MPa(一般情况下为 18 MPa)，有的还掺入钢纤维。起拱线附近的锚杆均采用长 6.0 m 的高抗拔力的锚杆(锁脚锚杆)。为了控制掌子面的挤入和变形，在掌子面正面打了 22 根锚杆。(f)根据隧道多重支护变形的解析计算结果知：超前变形值 214 mm，一次支护变形值 55 mm，二次支护变形值只有 5 mm，一次支护累计变形值 60 mm，总变形累计 274 mm，说明支护的可靠度是很高的，多重支护的二次支护完全处于弹性状态。(g)图 6-49 表示两种情况的洞壁变形值的比较，

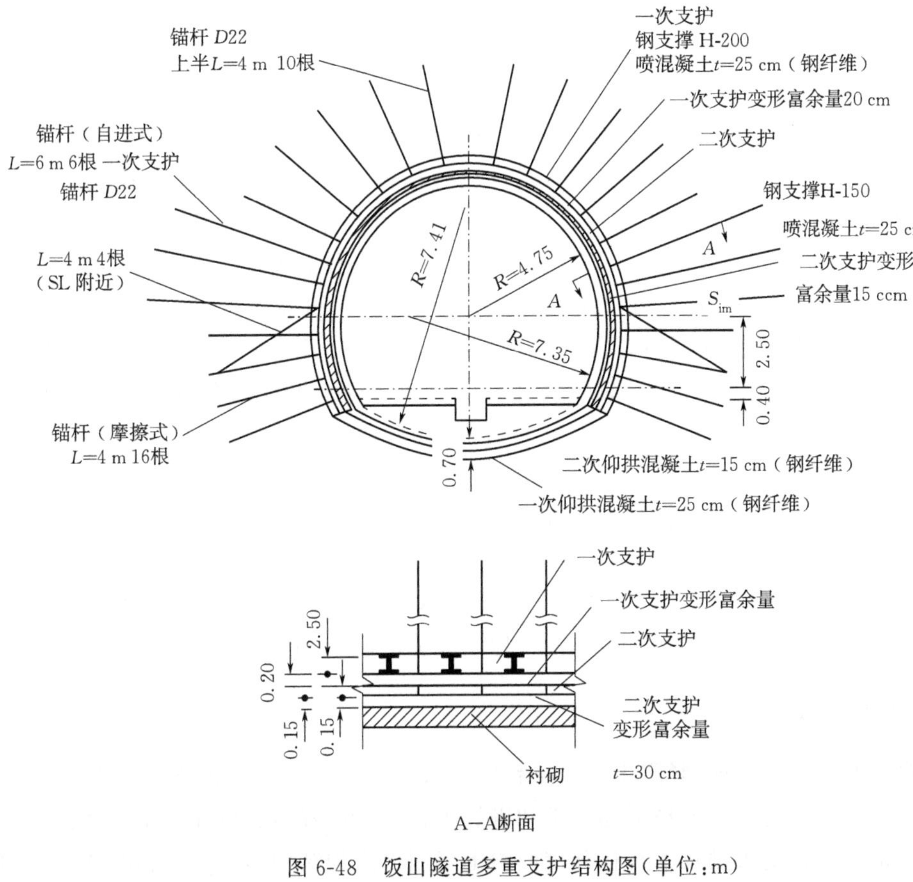

图 6-48　饭山隧道多重支护结构图(单位：m)

在多重支护中因没有进行再开挖，比反复扩挖反复支护的先行变形值的总和小，能够抑制围岩的劣化。

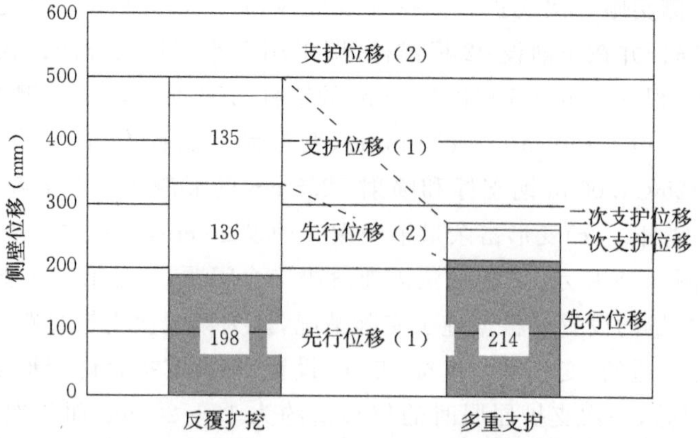

图 6-49　反复扩挖反复支护与多重支护的坑壁变形的比较

工程案例分析：标准多重支护法支护模式之一：(a)一次支护采用高规格的 200H 钢支撑和喷射混凝土厚度 25 cm 并掺以钢纤维，锚杆在上半断面设 $L=4$ m×10 根，$L=6$ m×6 根，下半断面设 $L=4$ m×16 根，总计 32 根，锚杆间距都采用 1.0 m。(b)二次支护采用 150H 钢支撑和 15 cm 的喷射混凝土，未设锚杆。研究表明，二次支护发生的应力与其设置位置有很大关系，二次支护设置位置距掌子面 3.5D(D 为洞径)以上时，二次支护的应力大幅度地降低。(c)变形富余要充分，一次支护变形富余量设为 20 cm，二次支护设为 15 cm，必要时也可设置三次支护。(d)开挖采用全断面微台阶法，上下断面连续用臂式掘进机开挖，为了早期闭合，仰拱也分一次、二次构筑。

隧道开挖过程中不同类型围岩变形控制对策：对于稳定性较好围岩，隧道开挖后，围岩具有一定的自稳时间，以保证初期支护拥有足够施作时间，在这类围岩中，初期支护应承担隧道开挖后释放的全部荷载。对于稳定性较差围岩，隧道开挖后，围岩自稳时间很短，初期支护来不及施作，围岩变形就可能超过其容许范围，在这类围岩中，应采用超前支护措施，事先减轻开挖后可能释放的荷载，用初期支护承担开挖后由超前支护减轻的释放荷载，即用超前支护和初期支护承担开挖后可能释放的全部荷载。对于稳定性极差特殊围岩中，围岩变形长期不收敛，则应采取二次衬砌负担未收敛部分荷载，此时二次衬砌应按具有力学功能的结构物进行设计。

6.4　其他辅助工法变形控制技术

辅助工法分为确保施工安全为目的的掌子面稳定对策和以保护周边环境为目的两类。以保护周边环境为目的的对策有：拱脚下沉对策、地表面下沉对策、地下水对策等。

6.4.1　拱脚下沉控制技术

隧道上台阶开挖支护完成，紧跟工序是下台阶落底开挖，这道工序风险极大。落底时上半部支护基础悬空，失去支撑，很容易引起支护和围岩失稳、坍方，容易造成前方掌子面作业人员被困和伤亡。落底开挖的关键技术是在开挖前给上半断面支护结构提供一个临时或永久的基础，控制支护拱脚的快速下沉。拱脚下沉控制措施有(图 6-50)：①锁脚锚管技术，锁脚锚管当它作为承载结构时，主要是传递来自上部初期支护的压力，因此，应尽量沿拱脚切线方向设置。若施作不到位，将降低锚管作用效果。②临时仰拱技术：临时仰拱在台阶法开挖的软岩大断面隧道中经常使用；能让上台阶临时封闭成环，有效地控制上半断面支护的沉降，保证下台阶开挖的安全。③扩大拱脚技术：扩大拱脚是通过展宽基础，减小地基压力的方法，实现控制支护沉降的有效技术手段。基础要有足够的宽度(0.8～1.0 m)，若拱脚宽度不够，将造成沉降过大，达不到设计要求。

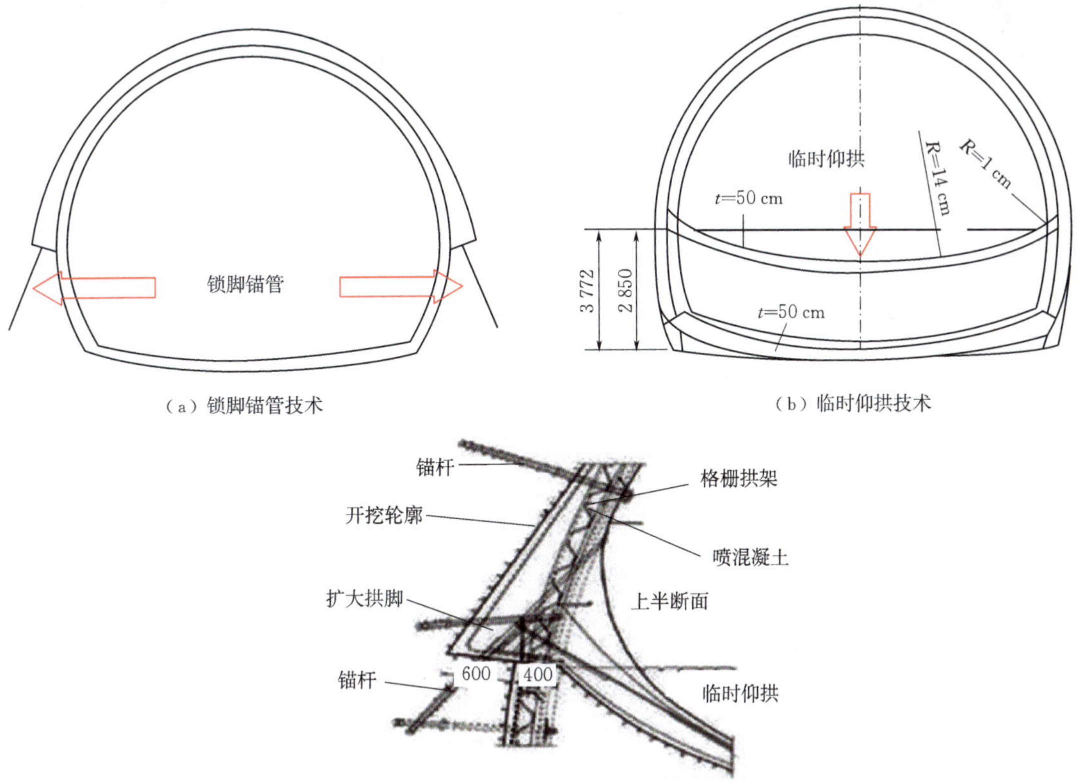

(c) 扩大拱脚技术

图 6-50　初期支护拱脚下沉控制措施(单位：mm)

隧道开挖时，在掌子面和周边围岩稳定性有问题的场合，因围岩承载力和刚性不足，支护的脚部会出现下沉现象。在下沉的同时，松弛区域也会随之扩大，也会引起拱顶附近作用荷载增加以及周边围岩出现大变形，从而使稳定性显著降低。对此，以稳定初期支护脚部周边围岩为目的进行脚部补强。隧道脚部补强分为上半断面脚部补强和增加脚部承载力的补强两类，如图 6-51 所示，隧道脚部补强法技术要点见表 6-19。

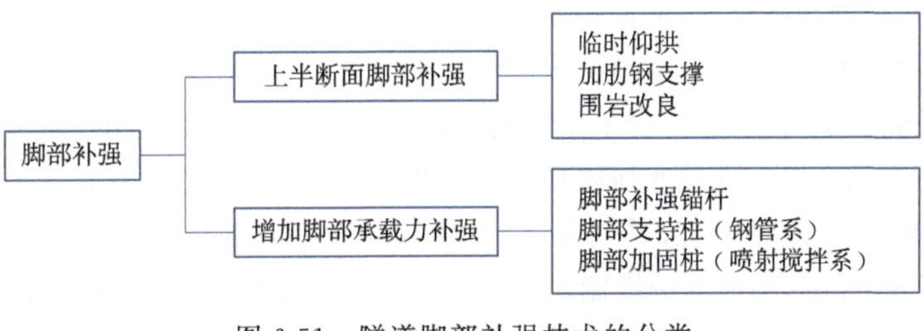

图 6-51　隧道脚部补强技术的分类

表 6-19　隧道脚部补强法汇总表(日本)

项目	隧道脚部补强法技术要点				
	围岩注浆	脚部补强(锁脚)锚杆	支持桩		
			围岩改良＋围岩补强	摩擦桩	置换桩
示意图	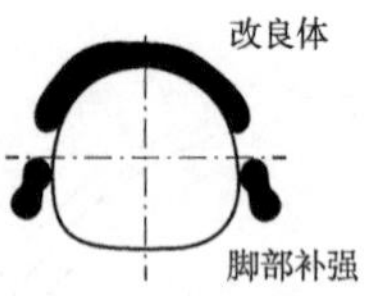	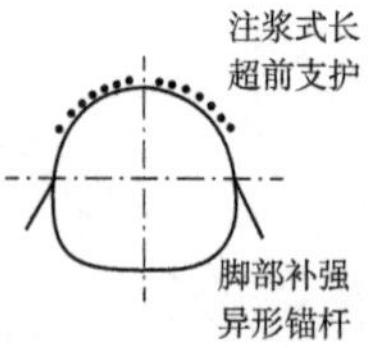	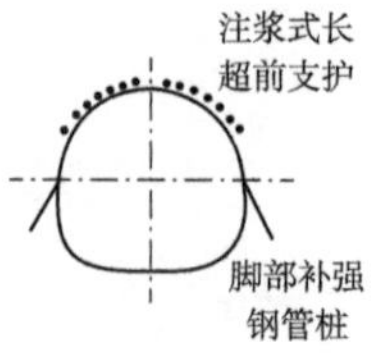	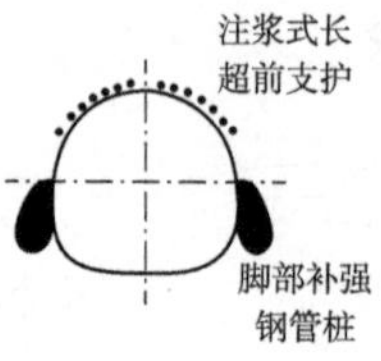	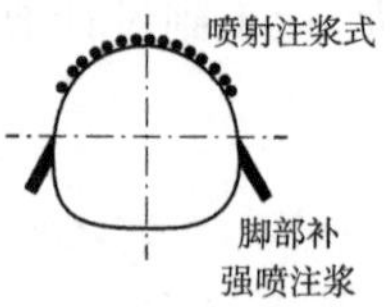
工法要点	在钢支撑脚部打注浆管、压注浆材料形成补强带的工法，因充填围岩空隙、固结、增加强度，而使围岩稳定和增加承载力的工法	打设全长胶结型锚杆，补强围岩的抗剪强度和注浆增加围岩强度而使围岩稳定和增加承载力的工法	用通用机械在钢支撑脚部围岩打设钢管并注浆，增加围岩强度和承载力，是一种抑制脚部下沉的工法	用专用机械向钢支撑脚部围岩打设钢管并注浆，构筑承载力大的支持桩，抑制脚部下沉和稳定的工法	对钢支撑脚部围岩进行高压喷射搅拌，构筑固结改良体，增加围岩强度和抗滑阻力，抑制脚部下沉和稳定的工法
长度	2～4 m	2～4 m	3～5 m	4～12 m	3～5 m
设备	通用机械	通用机械	通用机械	专用机械	专用机械
承载力	小	小	中	大	大

6.4.2　地表下沉控制技术

地表面下沉的主要因素包括地形、地质、地下水、埋深、隧道断面形状、支护等各种条件，是错综复杂的，但主要是开挖引起的围岩松弛(开挖的应力释放)和开挖中地下水位降低(孔隙水压降低)所造成的。由于开挖应力释放产生的地表面下沉，是因周边围岩的松弛影响到地表面所致，如以未固结围岩和小埋深隧道为例，周边围岩强度不足和隧道上方围岩不能形成承载拱是主要原因。为防止这种下沉，有必要对隧道上方围岩进行补强，作为对策要尽早防止隧道周边围岩松弛。因此，与掌子面稳定对策类同，要采用辅助工法，为了抑制地表面下沉，与掌子面稳定对策相比，要采用刚性更大的对策。孔隙水压降低造成的地表面下沉，主要是因地下水排出产生的黏性土压密下沉和砂质土的即时下沉，其对策要采用能够抑制向洞内涌水的可止水的注浆工法。表 6-20 为控制地表下沉的超前支护控制对策、表 6-21 为控制地表下沉的围岩补强技术对策，应用时多与拱顶稳定对策、掌子面稳定对策、脚部稳定对策和地下水对策等并用。

表 6-20　控制地表下沉的超前支护控制对策

工法	注浆小导管	管　幕	AGF 工法
示意图	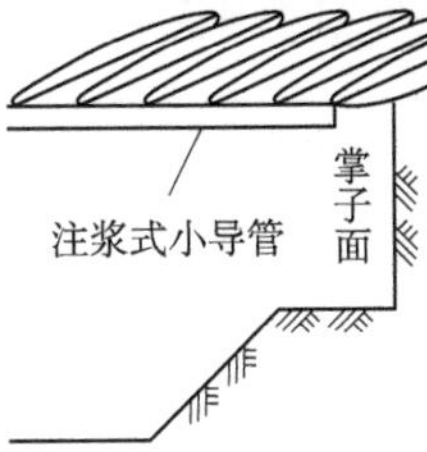	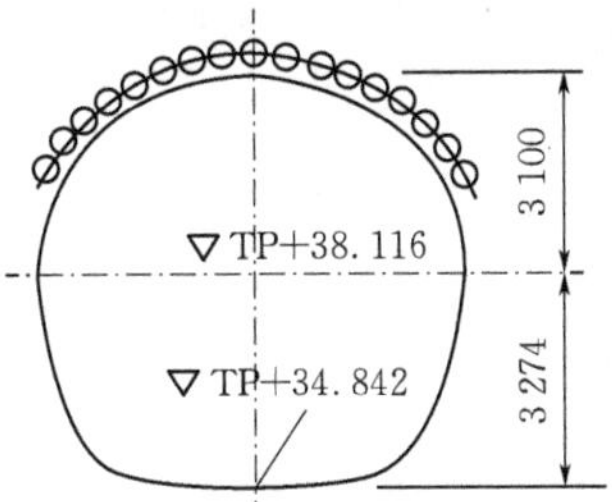	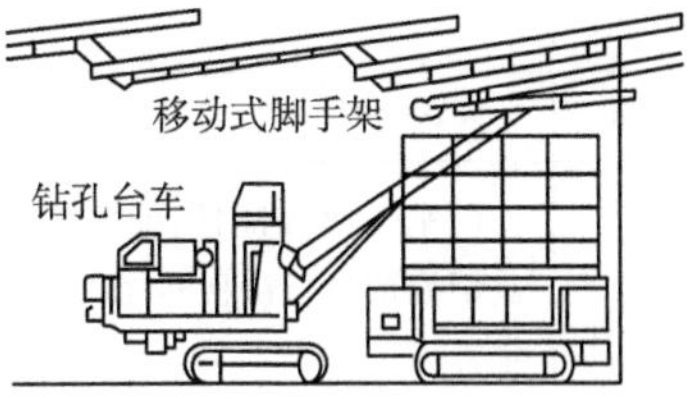
施工性	施工循环中,采用通用钻孔机械和简易注浆设备;不需要特殊专业人员	可从竖井一次打入钢管;打设时需专用机械和专业人员;打设时需要作业台架	施工循环中,采用通用机械和特殊钻头不需特殊专业人员;钢管的接续和注浆作业需脚手架
优缺点	长度短,作为超前支护的刚性小;作为掌子面和拱顶稳定对策是有效的;抑制地表面下沉的效果低	作业时临时设备规模大,施工工期长;因钢管长度长,固结度低的围岩中,钢管间有可能崩落	打设有角度钢管需要扩宽
综合评价	最经济,但抑制地表面下沉的效果低	城市地区应用较多,工费和工期方面也无优势	视钢管刚性和注浆效果,可期待抑制地表面下沉效果,工期工费方面也有优势

表 6-21　控制地表下沉的围岩补强技术对策

工法	地表垂直锚杆工法	注浆工法	围岩改良型垂直锚杆工法
地质	地质的大部分是岩堆堆积物(混有砾石黏性土),埋深 4 m 左右,比较薄,地下水位位于 GL-1.5 m 位置		
施工条件	施工用地窄小,与相邻明挖工区有干扰,不能进入大型机械、车辆,近邻房屋(4F)距隧道侧壁约 15 m		
示意图(单位:mm)	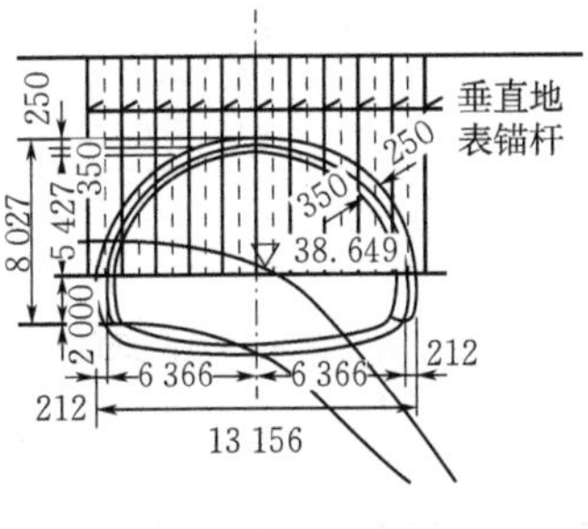	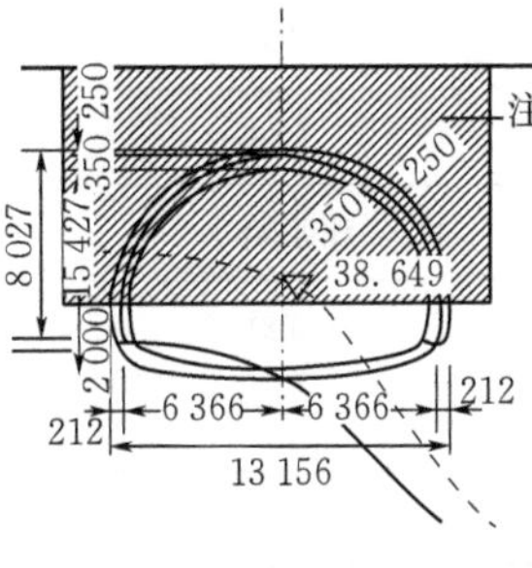	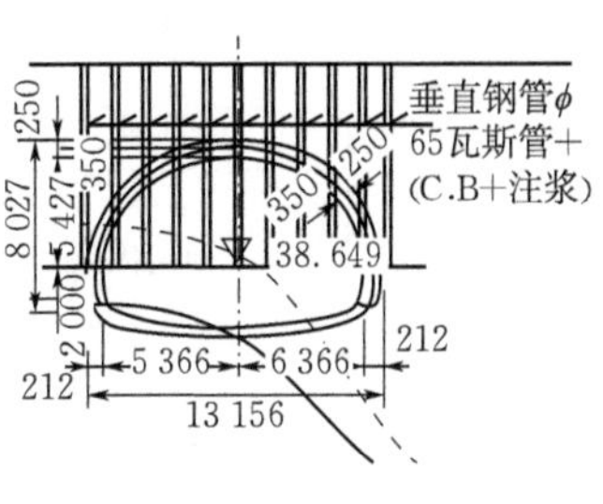
掌子面稳定	25 mm 的地表垂直描杆	C. B+压注溶液	65 mm 垂直钢管+(C. B+压注溶液)
施工性	在窄小用地能够施工	在窄小用地能够施工	在窄小用地能够施工

续上表

工法	地表垂直锚杆工法	注浆工法	围岩改良型垂直锚杆工法
施工设备	小型机械能够施工；需设备用地	小型机械能够施工；需设备用地	小型机械能够施工；需设备用地
进度	2.0 个月	2.5 个月	2.5 个月
效果、可靠性	因掌子面有锚杆，能够确实地抑制围岩的先行位移和提高掌子面稳定性	因地质是黏性土，注浆效果、可靠性低	因地质是黏性土，注浆效果、可靠性低，主要依赖钢管的抗剪强度
环境影响	噪声、振动、地下水污染均不影响	要进行充分的水质管理	要进行充分的水质管理
经济性（指数评价）	1.0	1.4	1.8
综合评价	可靠性、施工性、经济性均无问题，是推荐方案	是一般施工方法，在对象地质条件下可靠性低	工费高，注浆对象地质条件下可靠性低

6.4.3 地下水危害控制技术

地下水的处理是隧道施工中最大难题，在遇到涌水的场合，首先要“治水”，涌水对策就是“堵”和“排”，“堵排结合”是治水的基本对策，“排”就是积极地降低地下水位的方法（排水工法），“堵”就是积极地降低地层渗透系数减少涌水的方法（止水工法）。选定涌水对策时，要结合地下水排放条件，对周边环境和施工条件影响等来选定。其基本原则：一要维持掌子面自稳性，二要创造一个良好的施工环境。隧道涌水对策和主要适用条件见表 6-22。

表 6-22 隧道涌水对策和主要适用条件

分类		工法	主要适用条件
排水	重力排水	排水坑道	大量、高压、未固结围岩
	强制排水	排水钻孔	适用所有条件
		井点	水位降低 5 m 以下
		管井	未固结围岩
止水	地层固结	注浆堵水	不容许地下水位降低的场合
		冻结	
	止水壁	—	
	压气	—	

由于降低地下水位对围岩稳定性效果比较好，因此在涌水对策中，都优先选择排水工法，同时也能缩减开挖成本和提高施工安全性。在选择上述对策时，首先要进行详细涌水调查，掌握地下水动态和水量大小及动向，还要考虑围岩条件、水源、涌水量（压）、埋深、周边环境影响条件等综合因素决定。

(1)地下水排水措施

排水方法有利用重力自然排出排水钻孔、排水坑道以及利用井点的强制排水方法,地下水排水措施的选择可参照图 6-52 中的降低地下水位工法的选择工作流程。排水工法选择最重要一点:是否适合该地质条件和地下水状态。地下水位降低工法是利用水位差使地下水流动的方法。因此,掌握地下水赋存形态(裂隙水、地层水)和围岩渗透性很重要。地层水与构成地层土粒子的粒度、组成,渗透性有密切关系。采用排水工法时,除考虑埋深、涌水压、水源等,还要考虑地上的状况、周边环境等外部条件。对围岩稳定性来说,降低地下水位的效果是最好的,排水工法比止水工法在缩减开挖成本上、提高施工安全上是比较有利的。隧道埋深小而且涌水量少的场合,与隧道开挖能够并行作业、经济的井点和管井法也是有利的。隧道埋深大而且涌水量也大的场合,从洞内采用排水钻孔、排水坑道及轻型井点等也是可靠性比较高的。排水时要充分注意细粒成分的流失。未固结砂质围岩,均质系数在 5 以下细粒成分在 10%以下的场合,由于涌水掌子面易于变得不稳定。从上半断面进行排水时,也要注意因地质条件会出现掌子面松弛的现象。过度的排水会使围岩含水量极端降低也有造成掌子面崩塌可能。要仔细观察掌子面状态并管理好地下水位和排水量。

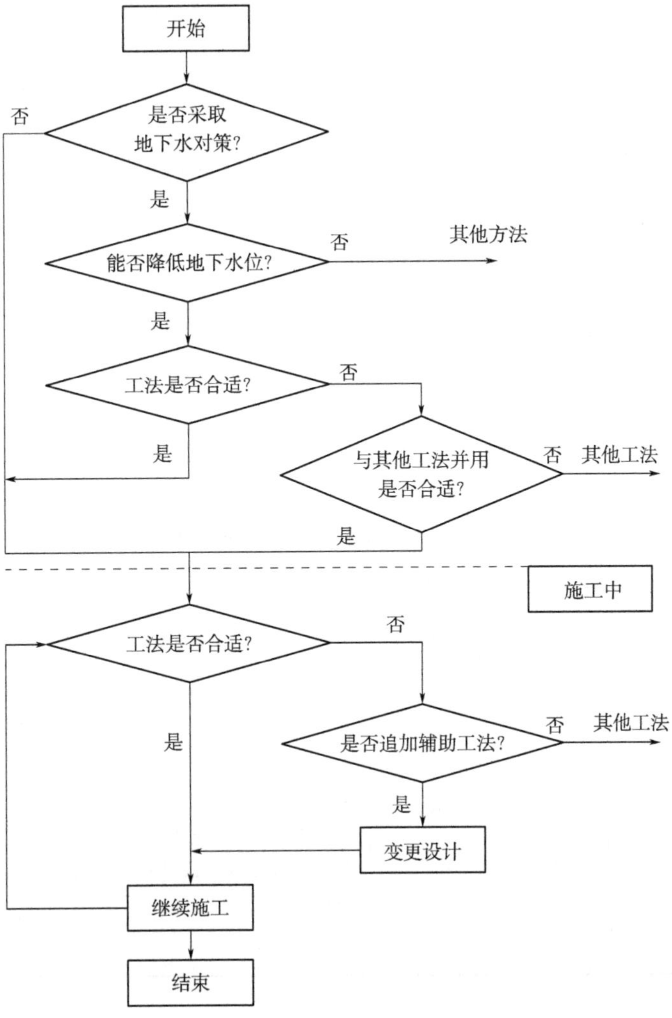

图 6-52　降低地下水位工法的选择工作流程

(2)地下水堵水措施

富水山岭隧道常采用的堵水方法是注浆，在城市矿山法隧道施工过程中，也有采用冻结方法进行止水，或者采用隔断水路的隔断壁方法。堵水工法中的注浆法是减少围岩的渗透系数(涌水量)、改良围岩强度，促使掌子面稳定对策中有效性比较高的工法。注浆法在山岭隧道中多与排水工法并用，可在仅用排水不能处理的大量涌水和砂质围岩中采用。也可采用注浆法把涌水减少到一定程度后再用排水钻孔等，一边排水一边进行开挖作业。为了发挥最佳注浆效果，视地质条件选定注浆材料和注浆方式。

通常在山岭隧道施工中，对妨碍开挖作业的地下水(地下水压)，原则上是采用排水工法予以排出，但由于排水在破碎带、软弱层等围岩和未固结的围岩可能产生崩塌的场合，或者在城市隧道中，可能产生基础结构物下沉和地表面下沉场合，采用注浆工法减少流入隧道的地下水是一个有效对策。注浆的目的大体上分为止水和围岩补强两类：(a)止水，是对地下水流动对隧道和周边环境产生不良影响的场合，抑制从隧道中排水量为目的。(b)围岩补强，是充填、浸透、固结围岩中的空隙和裂隙或者土粒子间空隙，力图增加围岩强度为目的。实际上两者效果是重叠的，要充分发挥这两种效果的叠加作用。

设计注浆工法时，选定注浆方式、注浆材料、注浆范围，和设定注浆率、注浆孔间隔配置、钻孔及注浆长度、注浆压力、注浆速度等是必要的。注浆方式有单管注浆、两重管注浆、两重管填塞注浆等。在山岭隧道中，对岩质围岩多采用单管注浆方式，在土砂围岩中，为了确实保证注浆效果，多采用两重管注浆方式。注浆材料的分类列于表6-23，注浆形态如图6-53所示。注浆范围多数是经验设定的，注浆范围视目的而异：山岭隧道以止水为目的时，多采用 $R/r=2$ (R 为注浆范围半径，r 为隧道半径)，即距隧道壁面5 m左右；日本青函隧道等水底隧道一般采用 $R/r=3\sim5$ 左右，都是以全周注浆为对象。

表6-23 注浆材料和适用范围

<table>
<tr><th>液态</th><th>状　态</th><th>浆液类型</th><th>胶凝时间</th><th>注浆形态</th><th>适用地层</th></tr>
<tr><td rowspan="5">溶液型</td><td>不含粒子，液体状态固结的材料</td><td>单液型</td><td>中</td><td rowspan="5">1. 浸透注浆：土粒子间的空隙水与注浆材料置换的状态。
2. 劈裂浸透注浆：空隙小的砂质地层，先行劈裂注浆，而后浸透注浆状态</td><td rowspan="5">1. 砂质地层；
2. 砂砾地层</td></tr>
<tr><td rowspan="4">低黏性、强度低，易于浸透地层，增加强度</td><td rowspan="4">双液型</td><td>长</td></tr>
<tr><td>瞬间</td></tr>
<tr><td>中</td></tr>
<tr><td>瞬间</td></tr>
<tr><td rowspan="2">悬浮型</td><td rowspan="2">含有水泥等粒子的固结材料；强度高</td><td rowspan="2">双液型</td><td>瞬间</td><td rowspan="2">劈裂注浆：割裂黏性土地层状态；增加地层压密效果和材料强度的复合状态</td><td rowspan="2">1. 黏性地层；
2. 大空隙地层(作为砾、埋土等大空隙先行性注浆材料使用)</td></tr>
<tr><td>中</td></tr>
</table>

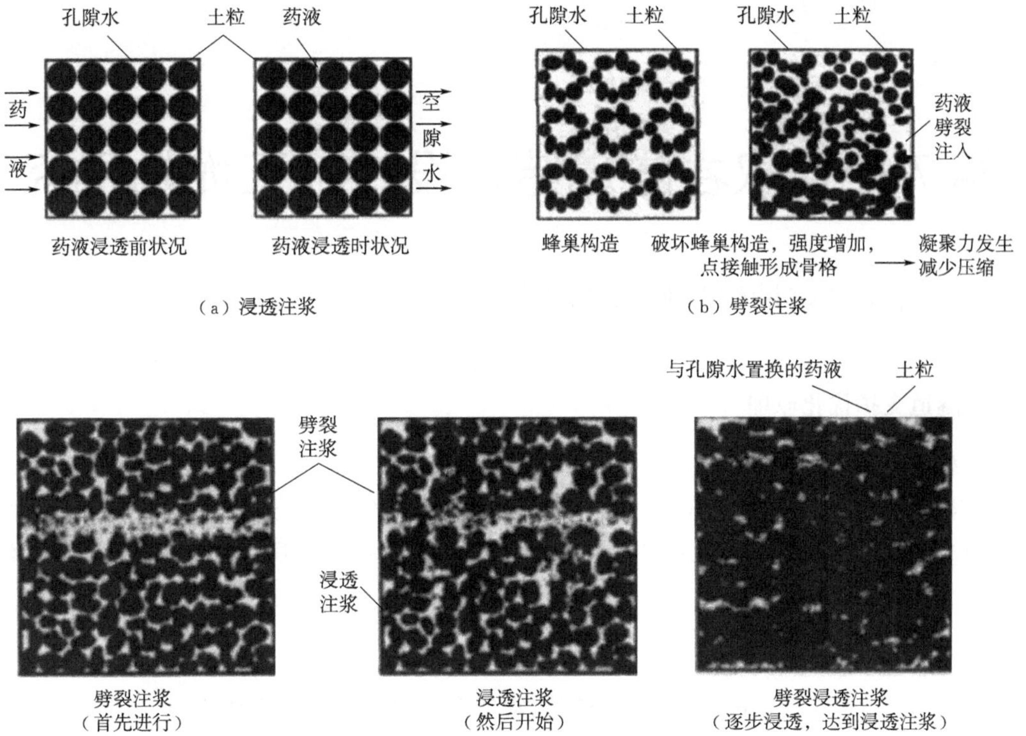

（a）浸透注浆　（b）劈裂注浆

（c）劈裂浸透注浆

图 6-53　注浆形态、过程和机理

第 7 章　软岩隧道结构设计施工优化研究

7.1　软岩隧道支护优化原理和方法

7.1.1　隧道支护优化原理

(1)软岩隧道支护优化原理

软岩隧道支护和硬岩完全不同,软岩隧道的塑性能必须以某些形式释放出来,否则会对支护造成较大的压力,软岩隧道支护必须允许软岩进入塑性状态,而且以达到其最大塑性承载力为最佳。因此软岩隧道支护优化可以用式(7-1)说明。

$$P_T = P_D + P_R + P_S \tag{7-1}$$

式中　P_T——隧道开挖后围岩向隧道空间运动的合力,包括重力、水作用力、膨胀力、构造应力等;

P_D——以变形形式转化的工程力,如弹塑性转化(与时间无关),黏弹塑性转化(与时间有关)、膨胀力的转化(与时间有关);

P_R——围岩的自承力,即围岩可承载部分荷载;

P_S——支护结构提供的支护力。

隧道开挖后引起的围岩向隧道空间运动的合力 P_T 由三部分来承担。P_T 的一部分通过软岩的弹塑性能以变形的方式释放掉,即这部分能转化为岩体形变能;P_T 的第二部分是由岩体承担,P_T 的剩余部分将由支护结构承担。优化的工程支护就是要想方设法使支护结构承担的荷载最小。显然要做到这点,就必须使前两部分尽可能最大,但前两部分 P_D 和 P_R 又是相互制约的,相互矛盾的,且 P_D 不能不切实际的大,否则造成围岩变形失稳,形成松动压力,且 P_D 的增大必然减小 P_R。因此,要同时满足 P_D 和 P_R 达到最大,关键是选取变形能释放的时间和支护时间。

(2)优化支护最佳支护时间和最佳时段

岩石力学理论研究和实践均表明:隧道开挖后,围岩变形会逐渐增大。以变形速度区分,围岩变形可分为三个阶段,即减速变形阶段、恒速变形阶段和加速变形阶段。隧道开挖后,变形逐渐发展,进而导致岩体结构联结丧失,强度大大降低,P_R 随时间的增加先慢后快的递减,而 P_D 则随时间的延续先快后慢的递增,因此要让 P_D 和 P_R 同时达到最大是不可能的,只有让(P_D+P_R)达到最大。这样,在(P_D+P_R)达到最大时的时间为最佳支护作用时间。

最佳支护时间就是(P_D+P_R)$-t$ 曲线峰值点所对应的时间 T_S,如图 7-1 所示。实践表明在工程中最佳支护时间往往很难准确确定,因此提出最佳支护时段概念,图 7-2 所示[$T_{S1}-T_{S2}$]时段即为最佳支护时段。工程实施时,只要在图 7-2 中 T_S 附近[$T_{S1}-T_{S2}$]时段进行永久支护,基本可以使 P_D、P_R 达到优化意义的最大,同时使 P_S 降至最小。

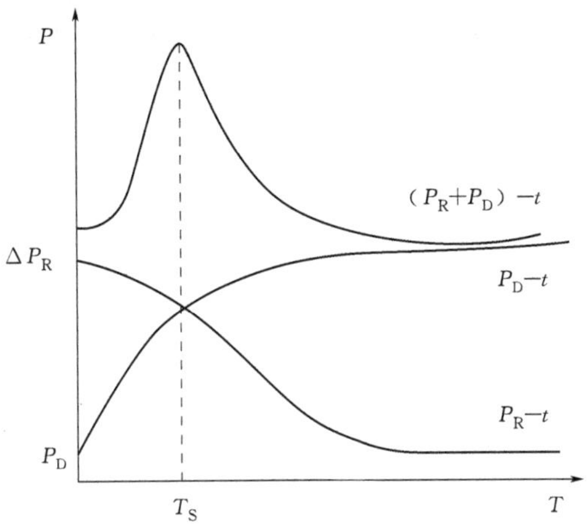

图 7-1　最佳支护时间 T_S 的含义

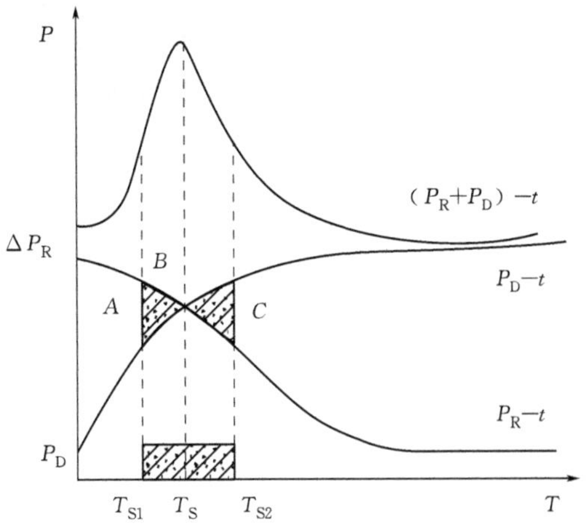

图 7-2　最佳支护时段概念

(3)软岩流变控制原理

目前,软岩支护主要采用新奥法理念。新奥法由一系列的定性原则组成,但对岩石和围岩蠕变机理认识不一,导致人们对这些定性原则的理解有很大不同,最优支护刚度和强度、围岩的允许最大变形量及最佳支护时间等软岩支护设计与施工中所需的重要参数也未能给出较为一致的理解和完善的定量计算方法。因此国内外对岩石与围岩流变特性的研究较多地集中在宏观流变力学模型研究方面,由于较少考虑围岩实际流变机理和支护过程,且参数众多,目前尚难以用于实际,也不能用来理解新奥法的一些定性原则。

为了弄清岩石和围岩的流变机理,一些学者进行了室内岩石流变试验和室内围岩流变模型试验,这些研究不仅有利于理解和完善新奥法定性原则,而且可以建立较为简单的力学模型并对一些重要参数进行计算。范秋雁、朱维申提出了建立在岩石和围岩蠕变机理基础上的软岩流变控制原则,并应用稳定蠕变准则,建立软岩最优支护计算方法,求出最优支护力与围岩允许最大变形量,是一种较为正确的正演方法。阿凯(Akai K)应用岩石流变力学理论,对新奥法的优点及不足进行了系统地分析,并较为全面地分析了岩石与围岩蠕变的全过程,同时提出了软岩流变控制原理:围岩蠕变主要受围岩中弹性区蠕变的控制,将围岩中弹性区的蠕变控制在稳定蠕变范围内,就可达到新奥法提出的既安全又经济的最佳支护状态。达到最佳状态的第一条途径是及时地提供足以使围岩形成稳定蠕变的支护,使围岩尽快形成压缩环,即达到安全目的;达到最佳状态的第二条途径是采用适度柔性支护,使支护在恒阻条件(最理想条件)下变形,以便减少这部分无害变形给支护带来的附加压力,同时设计支护力为刚好满足围岩进入稳定蠕变时的支护力,从而达到最经济的目的。这一新的软岩支护原则已在实际工程应用中取得了成功。

7.1.2　最优支护计算方法

(1)软岩最优支护计算方法

软岩最优支护计算方法基本框架是:首先进行室内试验,利用岩石蠕变机理确定一些必要参数,然后求支护前(即开挖后)的围岩弹性或弹塑性应力场,根据建立的稳定蠕变准则,求出最优(小)支护力及最优支护力下围岩的最大变形量。通过室内抗压和抗剪试验确定基本参数，求出泊松比 μ、弹性模量 E、内摩擦角 φ、凝聚力 c 和单轴抗压强度 σ_c，并绘出 σ-ε 曲线。再由 σ-ε 曲线确定另外两个参数：蠕变模量 E_1 和长期强度 R_L。图 7-3（由 σ-ε 曲线和蠕变曲线 ε-t 合绘而成）简单说明它们的物理意义及岩石蠕变机理。

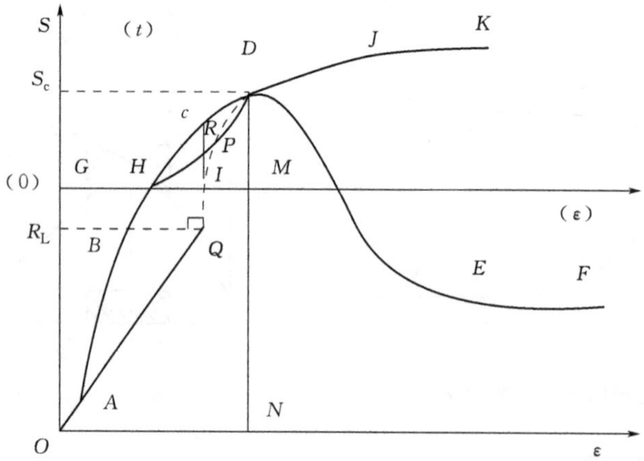

图 7-3　σ-ε 曲线和 ε-t 曲线

在 σ-ε 曲线 $ABCDEF$ 上，B 点是线弹性极限点或初始屈服点，也是裂隙起始稳定扩展点，C 点是裂隙非稳定扩展起始点，由 C 点开始结构逐步产生破坏。蠕变过程中裂隙的扩展与常规压缩试验中裂隙的扩展过程相对应。B 点以下进行蠕变试验时只产生第一阶段蠕变，只出现体积压缩现象。B 点是只产生第一阶段蠕变的最高点，即由 B 点进行的蠕变试验最终的裂隙扩展不超过 C 点处对应的不稳定裂隙扩展。长期强度 R_L 仅为线弹性极限。B 点以上各点进行的蠕变试验都具有三个阶段的不稳定蠕变特性。在中低应力状态下进行的蠕变试验中，第一阶段中出现体积压缩现象，即在 BC 段中进行的蠕变首先产生体积压缩，之后转为体积膨胀。蠕变第二阶段中一定产生体积膨胀，蠕变第一阶段并不以 CQ 线对应的应变结束，而是以 QRD 曲线为第一阶段的终点，原因在于由第一阶段进入第二阶段取决于应力调整后的裂隙扩展速度，由 B 点以上各点进行的蠕变试验的第二阶段末落在 DM 线上。蠕变试验中产生的总应变（包括瞬时应变）基本为一个常数，通过对泥岩、砂岩和煤进行的试验表明，其误差在 0.001%～0.004%。研究发现，蠕变第三阶段上的点对应于 σ-ε 曲线的 DEF 段。故由 H 点进行的蠕变试验，经 HI 和 IPD 的第一和第二阶段后进入 DJK 第三阶段。B 点以下的压缩蠕变的终点可较好地理解为 AQ 直线，它是蠕变过程中黏性特性控制线。将 AQ 线的斜率定义为蠕变模量 E_1，过 B 点和 C 点分别作水平线和垂直线交于 Q，再连 A 与 Q 得 AQ 直线。利用侧向应变或体积应变与应力的关系可更方便和准确地确定 B 点和 C 点的位置。

（2）软岩隧道支护前应力场求解

隧道开挖后瞬间，围岩形成弹性或弹塑性应力场，静水压力 P_0 作用下的半径为 r_0 的平面应变状态下的圆形隧道有支护时的应力场公式（当支护力 P_1 只为零时即为支护前的应力场）：

①支护前应力场弹性解

$$\sigma_r = P_0\left(1-\frac{r_0^2}{r^2}\right)+P_1\frac{r_0^2}{r^2} \tag{7-2}$$

$$\sigma_\theta = P_0\left(1+\frac{r_0^2}{r^2}\right)+P_1\frac{r_0^2}{r^2} \tag{7-3}$$

$$\sigma_z = 2\mu P_0 \tag{7-4}$$

式中　σ_r——洞壁径向应力(MPa)；
σ_θ——洞壁切(环)向应力(MPa)；
σ_z——洞壁轴向应力(MPa)；
r——所求点半径(m)；
r_0——圆形隧道半径(m)；
P_0——静水压力(MPa)；
P_1——支护力(MPa)；
μ——泊松比。

②支护前应场弹塑性解(Mohr-Coulomb 准则)

(a)围岩弹性区

$$\sigma_{r1} = P_0 + (c \cdot \cos\varphi + P_0 \sin\varphi)\left[\frac{(P_0 + c \cdot \cot\varphi)(1-\sin\varphi)}{P_1 + c \cdot \cot\varphi}\right]^{\frac{1-\sin\varphi}{\sin\varphi}}\left(\frac{r_0}{r}\right)^2 \tag{7-5}$$

$$\sigma_{\theta1} = P_0 - (c \cdot \cos\varphi + P_0 \sin\varphi)\left[\frac{(P_0 + c \cdot \cot\varphi)(1-\sin\varphi)}{P_1 + c \cdot \cot\varphi}\right]^{\frac{1-\sin\varphi}{\sin\varphi}}\left(\frac{r_0}{r}\right)^2 \tag{7-6}$$

$$\sigma_{z1} = 2\mu P_0 \tag{7-7}$$

式中　c——黏聚力(kPa)；
φ——内摩擦角(°)。

(b)围岩塑性区

$$\sigma_{r2} = (P_1 + c \cdot \cot\varphi)\left(\frac{r_0}{r}\right)^{\frac{2\sin\varphi}{1-\sin\varphi}} - c \cdot \cot\varphi \tag{7-8}$$

$$\sigma_{\theta2} = (P_1 + c \cdot \cot\varphi)\left(\frac{1+\sin\varphi}{1\text{-}\sin\varphi}\right)\left(\frac{r_0}{r}\right)^{\frac{2\sin\varphi}{1-\sin\varphi}} - c \cdot \cot\varphi \tag{7-9}$$

$$\sigma_{z2} = \mu(\sigma_{r2} + \sigma_{\theta2}) \tag{7-10}$$

(c)围岩塑性区半径

$$R_p = r_0 \cdot \left[\frac{(P_0 + c \cdot \cot\varphi)(1-\sin\varphi)}{P_1 + c \cdot \cot\varphi}\right]^{\frac{1-\sin\varphi^2}{2\sin\varphi}} \tag{7-11}$$

(2)软岩隧道最优支护力求解

①稳定蠕变准则:三维稳定蠕变准则主要考虑偏应力的作用。因为稳定蠕变上限值也是裂隙起始扩展点,从围压对裂隙起始扩展的影响分析,围压影响很小,故对于一般隧道可忽略不计。

$$\sigma_s = \sqrt{3J_2} \leqslant K \tag{7-12}$$

式中　σ_s——应力强度(MPa)；
J_2——应力偏量第二不变量；
K——常数,由单轴状态下($\sigma_s = \sigma_1$)的试验可确定 $K = R_L$。

②求最优(小)支护力:围岩产生的塑性流动,属于约束塑性变形,即它的流动量取决于弹性区变形量,也即取决于未进入塑性流动的弹性区($\sigma_s > K$ 的弹性区)的蠕变量。对于支护前已形成的塑性区蠕变问题,研究表明,破坏后各点的蠕变是一种与时间无关的流动,而这种流动也属于约束塑性变形。因此,控制围岩蠕变的关键就是要控制围岩中弹性区的蠕变,即通过支护使弹性区应力满足式(7-12)。虽然围岩中各点蠕变表现不同,但总体收敛表现出规律性,并认为围岩蠕变受某种作用控制,这种作用就是弹性区的蠕变。所需提供的支护力必须使弹性区围岩应力满足式(7-12),当式(7-12)取等号时,能使围岩刚好进入稳定蠕变的支护力即为最优(小)或最经济的支护力。

(a)弹性围岩最优支护力 $P_{\min}$:将式(7-2)、式(7-3)、式(7-4)代入式(7-12),可求出 $P_{\min}$。

$$P_{\min}=p_0-\frac{\sqrt{3}}{3}\sqrt{R_L^2}-(1\text{-}4\mu+4\mu^2)P_0^2 \tag{7-13}$$

式中 $P_{\min}$——围岩最优支护力;

P_0——静水压力(MPa);

R_L——常数,由单轴状态下($\sigma_s=\sigma_1$)的试验可确定 $K=R_L$;

μ——泊松比。

(b)塑性围岩最优支护力 $P_{\min}$:当支护时围岩已有塑性区存在时,支护的目的是降低塑性区后面的弹性区的应力,使之满足式(7-12)。设 R_{P1} 为支护前已形成的塑性区半径,支护后的塑性区半径减少到 R_{P2},R_{P1}~R_{P2} 范围围岩已经历了塑性流动,但应力低于塑性流动极限,仍按塑性区处理。支护的目的是使弹性应力满足式(7-12)。求解方法是先求出无支护条件下的 R_{P1},再将 R_{P1} 代入式(7-5)中的 r,即求得支护后在 R_{P1} 处的弹性应力场,再利用式(7-12),就可求出使弹塑性围岩进入稳定蠕变的最优支护力 $P_{\min}$。

(c)求围岩蠕变稳定时的最大变形量 $U_{\max}$:由图 7-3 可以看出,AQ 直线与 AB 线有相似的含义,即第一阶段稳定蠕变可以看成是一个滞后完成的弹性变形。通过定义蠕变模量 E_1,稳定蠕变的最终变形量就可方便地得到,而允许最大围岩变形量就是图 7-3 中 B 点处的蠕变量。

7.2 软弱围岩隧道设计优化理念方法

7.2.1 隧道设计优化理念

(1)大变形控制理念:①无论采取何种方法,开挖后初始地应力释放最终值要小于或等于支护构件的极限承载能力,才能保证支护构件不破坏。②开挖后应力释放产生变形小于或等于支护构件产生的位移极限值。

(2)重大安全隐患理念(图 7-4):①软弱围岩隧道施工安全事故频繁发生,造成财产损失、工期延误、人员伤亡和巨大社会影响。②软弱围岩地质条件复杂、施工工序繁多、工艺要求严格、技术含量高。③认清软弱围岩"变形与坍方的发展过程和变化规律"。④严格执行安全施工技术措施,可避免软弱围岩隧道事故发生,确保工程安全和生命安全。

(3)解决主要矛盾焦点:①围岩变形大、变形速率快,而传统支护结构变形能力小,支护结构封闭慢。②开挖后地应力高,来压快且强,而支护体系承载能力低,支护结构与围岩压力不匹配。

（a）地面坍坑

（b）洞口坍塌

（c）洞口关门

（d）掌子面挤出

图 7-4　软弱围岩隧道洞口失败案例

(5)洞身选线趋利避害：重视洞口地形、地质条件的同时，充分考虑隧道洞身地质条件，应尽量避免或减少通过软弱围岩地段。遵循“选线四原则”，从设计源头降低软弱围岩隧道风险。①选择构造简单，地层单一，地下水不发育，岩体完整性较好原地段。②尽量减少傍山、浅埋段，避免短隧道群。③隧道洞身宜平行水平最大主应力方向，争取垂直岩层走向。④避开或远离断层破碎带，必须穿过时，宜大角度穿过；并应注意选择在断层，特别是活动断层破碎带的被动盘内通过。

(6)洞口选定安全环保：①洞口位置选择充分考虑施工、运营安全和环保要求，遵循“早进晚出”原则。有条件时应尽量接长明洞，不要为了缩短隧道长度而偏压、拉槽进洞，使洞口处挖深过大，破坏山体坡面稳定和植被，给施工和运营安全带来隐患。②宜采用超前管棚进洞，对洞口临时开挖坡面采取锚杆(索)、压浆、钢筋网、喷射混凝土等支护措施；开挖进洞前，还应做好地表防排水系统，以确保隧道进洞安全。

(7)双洞单线优先理念：①高风险软弱围岩双线长隧道，宜采用双洞单线分修方案。②修建两座单线隧道优势：开挖跨度、断面减小，有利于施工时控制围岩和支护变形，防止坍方事故的发生。

(8)信息化动态设计理念(图 7-5)：①加强勘察，开展综合勘探，查明工程地质、水文地质条件，围岩合理定级。②查明软弱围岩在隧道洞身上分布段落、层位、工程特性。③加强超前地质预报工作。在开挖环境下、围岩受力、地下水径流条件均有所变化，应高度重视局部小构造、不同岩性接触带、层间不利结构面组合对隧道稳定性的不利影响。④开展信息化动态修正设计，通过信息化施工手段，及时评价围岩及支护体系稳定性状态，指导设计、施工、确保施工安全。

（a）地质雷达设备　（b）超前地质预报

（c）意大利C6钻机　（d）德国KM805钻机

图 7-5　隧道超前地质预报设备

（9）秉行“三个有利于”设计理念：①开挖方法设计：应有利于保护围岩，减小塑性区范围，最大限度调动围岩承载作用，控制围岩变形量。例如，采用弱爆破、围岩预加固等设计。②支护结构设计：应有利于支护结构尽快封闭，形成整体稳定封闭环状结构，减小支护自身变形。例如，采用有利于快封闭的 CD、CRD 等工法。③支护结构未封闭之前，辅助工程措施设计：应有利于控制支护结构整体下沉。例如，采用大拱脚或拱脚支撑桩等措施。

7.2.2　隧道设计优化原则

（1）设计优化基本原则

软岩工程支护已成为目前影响隧道工程的关键技术问题，不合理的设计及施工工艺给国家造成巨大的经济损失，为此其设计思想和观念应不断更新和改变。因此，从理论上阐述软岩工程的支护原则十分必要。软岩工程支护设计基本原则可以概括为 4 条:“对症下药”原则、过程原则、塑性圈原则和优化原则。

①“对症下药”原则:软岩类型多种多样即使宏观地质特点类似的软岩,微观上也千差万别,构成的软岩的复合变形力学机制亦多种多样。这导致了软岩工程的变形和破坏状况不同,从而对应的支护对策也应不同。因此,隧道支护要因地制宜对症下药,不能一概而论。只有正确分析软岩的变形力学机制,找到造成软岩工程变形的破坏原因,才能有效采取合理的支护措施,保证软岩工程支护的稳定。

②过程原则:软岩工程的变形与破坏是具有复合型变形力学机制的综合征,软岩隧道支护是一个过程,不能一蹴而就。因此,要对软岩工程稳定性实行有效控制,必须有一个从复合型向单一型的转化过程。这就要靠一系列的支护措施来实现这一过程的完成。

③塑性圈原则:软岩工程支护必须允许出现塑性圈,这一点和硬岩工程支护指导思想不同。硬岩工程支护力求最大限度发挥围岩自承能力,控制塑性区的产生。而软岩工程支护是力求最大限度释放围岩变形能,且有控制的产生一个合理厚度的塑性圈。这是软岩的成因、结构、环境及其岩石力学特性所决定的。对软岩工程稳定性来讲,塑性圈的出现具有以下几个力学效应:(a)大幅降低变形能;(b)减小切向应力集中程度;(c)改善围岩的承载状态。应力集中区向深部转移,从而内部围岩处于三向受力状态,承载力增强塑性圈不能任意自由地出现,必须从以下两个方面加以控制:一是控制变形速率,变形速率越慢,围岩在保持原有强度的前提下,允许变形量越大,释放的变形能越大。二是控制差异性变形,地层中软弱夹层的发育具有普遍性,软弱夹层等结构面具有差异性变形的力学特点。因此,必须加以控制,才能出现均匀的塑性圈,使支架承受均匀荷载。

④优化原则:一个优化的软岩工程支护,要同时满足三个条件:能充分释放围岩变形能;能充分保护围岩的力学强度;使支护造价小且工程稳定性好。

(2)设计优化总原则

软弱围岩大变形控制在设计阶段必须坚持设计总原则:“布局合理、优化断面、释能有效、变形留够、支护可靠、结构耐久”。

①优化总体布局,调查区域地应力,隧道选线时应沿着区域主应力方向或呈小角度相交布置,以最大程度降低主应力对隧道变形的影响。

②加深地质,掌握围岩条件、地应力特征、地质构造、地下水条件以及岩层产状、层厚、岩体强度等,尽量避开不良地质条件。

③优选洞型,将椭圆形断面改为马蹄形断面或圆形断面,底部加强,改善结构受力。

④预留变形、有效释能、边让边抗、抗让相随。

⑤双线隧道的隧道间距应当合理,以降低双洞开挖施工过程中的相互影响。

⑥通过建立大变形预测模型确定适宜的预留变形量,基于监控量测准确预测围岩变形,避免支护拆换。

⑦主动锚固、表层加固与深层锚固相结合,长短结合主动控制,快速形成围压,限制塑性区扩展。

⑧先行释能及导洞应力释放与多重支护协同联合作用,适时补强、加固围岩,实现结构安全耐久。

(3)支护结构设计优化原则

软弱围岩隧道支护结构设计,要针对软弱围岩变形形式、预测变形量、变形控制基准,根据不同跨度等级，采取相应支护工程措施。工程实践中，软弱围岩隧道支护结构设计优化要秉持以下原则：

①设置超前支护，控制掌子面超前变形和掌子面挤出变形，采用超前支护措施：超前小导管、钢管钢背板、长钢管、预衬砌、管棚、水平旋喷注浆、掌子面超前锚杆和前方围岩注浆补强等。

②加强初期支护，控制开挖掌子面后方变形：初期支护措施：喷射混凝土、锚杆、钢架。加强初期支护的措施，包括喷射高性能混凝土、采用高承载力锚杆、提高钢架支撑刚度、多重支护等。

③采用辅助支护措施，控制掌子面稳定和初期支护拱脚位移。辅助支护措施：改变掌子面形状、留核心土、掌子面喷射混凝土、采用扩大拱脚、设置锁脚锚管、临时仰拱等。

④采用二次衬砌，合理预留支护结构安全储备：软弱围岩隧道二次衬砌建成后，可能出现后荷现象，使作用荷载增加，二次衬砌应具有相应的力学功能设计，原则上宜采用钢筋混凝土衬砌。

7.2.3 隧道设计方法流程

(1)软弱围岩隧道支护结构设计方法

常规方法遵循的小变形力学理论或刚体力学，研究的介质对象是弹性体或不变形体，在力学过程分析中，服从叠加原理，并于荷载加载过程及其特性无关。因此，其设计方法就是经验模拟法或参数设计方法。

对大变形岩土工程而言，其标志是进入了明显的黏塑性变形，所以设计必须依据非线性大变形力学理论。非线性大变形力学区别于线性小变形是因为岩土介质已进入塑性、黏塑性和流变性阶段，在整个力学过程中，已经不服从叠加原理，而且力学平衡关系与各种荷载特性、加载顺序密切相关。设计不能简单的用参数设计来进行，首先应分析和确认作用在岩土体的各种荷载特性，进行力学对策设计；然后进行各种力学对策的施加方式、施加过程研究。非线性软岩工程力学耦合设计与传统的线性力学设计有本质的不同，主要表现有以下几个方面：①非线性力学变形可以是大变形。②非线性力学作用力是不可叠加的。③非线性力学的能量场是耗散场，能量在变形过程中有损失。④非线性力学作用力施加与过程有关，作用力的施加顺序不同，计算的边界条件有所改变，会使计算结果有很大差别。⑤非线性力学计算结果与每个分力的性质有关。

基于以上力学特性，非线性软岩采用以下设计过程：①对策设计，首先分析和确认作用在岩土体的各种荷载特性，做力学对策设计。②过程优化设计，进行各种力学对策的施加方式、施加过程研究，实践证明，相同的力学对策，不同的加载过程，其效果截然不同，所以要进行过程优化设计。③最优参数设计。在以上设计的基础上对应着最佳过程再进行最优参数设计。

(2)软弱围岩隧道结构设计方法流程

“查明地质”是隧道设计的基础，因此如何借助更先进的手段勘探查明地质条件、如何更好地体现“地质选线”、使支护结构与地质环境相适应是需要解决的问题。针对隧道大变形问题，应加强综合勘察手段，科学、合理预测大变形类型与分级，将“主动控制”的设计理念贯彻到位，重视长锚索(杆)、补强注浆等主动措施的作用，试验先行、监测为据、动态管理，实现变形可控、结构安全。

软弱围岩隧道的设计，应在正常工程设计基础上，增加软弱围岩隧道围岩分级、变形预测，制定变形控制基准，有针对性采取变形控制对策措施，通常采用支护结构经验参数法、解析计算法和既有工程类比设计等方法。对于软岩Ⅰ级围岩：一般采用经验参数法即可满足要求；变形较大的软岩Ⅱ和软岩Ⅲ级围岩：需要采用两种或三种方法进行相互复核设计。软岩隧道支护结构设计方法流程如图 7-6 所示。

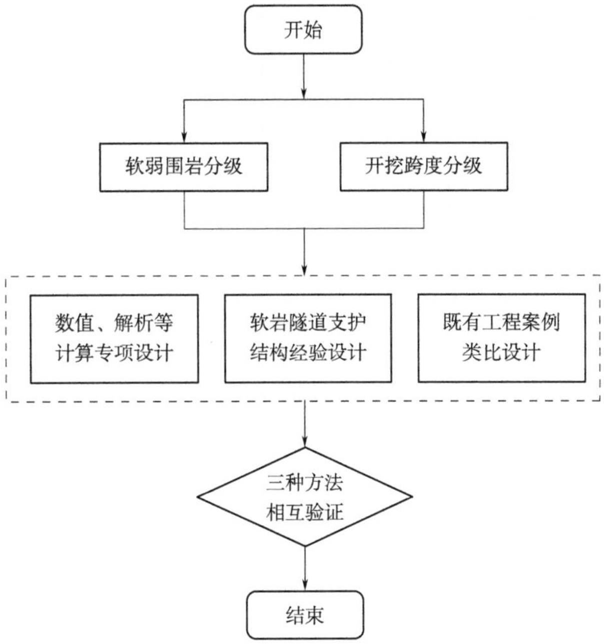

图 7-6　软岩隧道支护结构设计方法流程设计参数优化

(3)软弱围岩隧道支护参数建议

软弱围岩隧道由于其特殊工程性质，结构支护设计与一般围岩隧道也有较大不同。赵勇等人根据软弱围岩分级和跨度分级提出了软弱围岩隧道支护结构参数建议，供软弱围岩隧道支护结构设计和施工时参考，见表 7-1～表 7-4。

7.3　软弱围岩隧道开挖支护方法优化

7.3.1　隧道施工理念原则

针对软岩大变形隧道施工安全问题，一是不能强支硬顶，二是不能一味地“让”！尤其重要的是，如何在施工过程中坚持“主动控制，让抗结合，刚柔并济，协同作用，综合处治”软岩大变形施工安全原则理念并做到恰到好处。

(1)软弱围岩施工秉行理念

①抓住四个关键技术问题：软岩大变形隧道施工需要解决以下四个关键问题，(a)让压合理，即释能方式及预留变形量的合理确定。(b)减少扰动，即如何实现快挖、快锚、快支、早封闭，少扰动围岩。(c)支护协调，如何支护到位与补强到位，如何更好实现主动控制与被动防护形成协调联合受力体系，确保结构的长期稳定。(d)施工控制，如何把控施工控制基准及工序控制，如何做到柔让适度、边让边抗、稳定支护。

表 7-1　小跨(跨度 5～8.5 m)软弱围岩隧道支护参数表

软弱围岩级别	预留变形量(cm)	超前支护			初期支护						二次衬砌
		超前小导管			喷混凝土	锚杆			钢拱架		
		直径(mm)	长度(m)	环向间距(m)	厚度(cm)	直径(mm)	长度(m)	环纵间距(m)	型号	间距(m)	厚度(cm)
Ⅰ级	5～8	42	3.0	0.5	15～18	22	2.5	1.2×1.5	格栅	1.0～1.2	30～35
Ⅱ级	8～10	42	3.5	0.4	18～20	22	3.0	1.2×1.2	格栅或Ⅰ16	0.8～1.0	35～40
Ⅲ级	10～12	42	4.0	0.3	20～22	22	3.5	1.2×1.0	Ⅰ16～Ⅰ18	0.6～0.8	40※

注:※为钢筋混凝土、喷射混凝土宜采用早强喷射混凝土。

表 7-2　中跨(跨度 8.5～12 m)软弱围岩隧道支护参数表

软弱围岩级别	预留变形量(cm)	超前支护						初期支护						二次衬砌
		超前小导管			掌子面锚杆			喷混凝土	锚杆			钢拱架		
		直径(mm)	长度(m)	环向间距(m)	直径(mm)	长度(m)	间距(m)	厚度(cm)	直径(mm)	长度(m)	环纵间距(m)	型号	间距(m)	厚度(cm)
Ⅰ级	5～8	42	3.5	0.5	—	—	—	18～20	22	3.0	1.2×1.5	格栅	1.0～1.2	30～35
Ⅱ级	8～10	42	4.0	0.4	27	3～6	2	20～22	22	3.5	1.2×1.2	Ⅰ18～Ⅰ20	0.8～1.0	35～40※
Ⅲ级	10～12	42	4.5	0.3	32(中空)	10～15	1.5～2.0	22～25	22	4.0	1.2×1.0	Ⅰ20～Ⅰ22或H150	0.6～0.8	40～45※

注:※为钢筋混凝土、喷射混凝土宜采用早强喷射混凝土。

表 7-3　大跨(跨度 12～14 m)软弱围岩隧道支护参数表

软弱围岩级别	预留变形量(cm)	超前支护												初期支护						二次衬砌
		超前小导管			超前长钢管			掌子面锚杆			水平旋喷			喷混	锚杆			钢拱架		
		直径(mm)	长度(m)	间距(m)	直径(mm)	长度(m)	间距(m)	直径(mm)	长度(m)	间距(m)	直径(mm)	长度(m)	间距(m)	厚度(cm)	直径(mm)	长度(m)	环纵间距(m)	型号	间距(m)	厚度(cm)
Ⅰ级	8～10	42	4.5	0.3	—	—	—	—	—	—	—	—	—	20～22	25	3.5	1.2×1.2	Ⅰ20～Ⅰ22	0.8～1.0	45～50※
Ⅱ级	10～12	42	4.5	0.3	—	—	—	32(中空)	4～6	1.5	—	—	—	22～25	25	4.0	1.2×1.0	Ⅰ22～Ⅰ25	0.6～0.8	45～50※
Ⅲ级	12～15	—	—	—	76～108	12～18	0.3～0.5	32(中空)	12～15	1.0～1.5	40～60	16～24	0.4～0.6	25～30	25	4.5	1.0×1.0	H175	0.5～0.6	50～55※

注:※为钢筋混凝土、喷射混凝土宜采用早强喷射混凝土;超前长管棚和超前旋喷不同时使用。

表 7-4　特大跨(跨度 14～16 m)软弱围岩隧道支护参数表

软弱围岩级别	预留变形量(cm)	超前支护												初期支护						二次衬砌
		超前小导管			超前长钢管			掌子面锚杆			水平旋喷			喷混	锚杆			钢拱架		
		直径(mm)	长度(m)	间距(m)	直径(mm)	长度(m)	间距(m)	直径(mm)	长度(m)	间距(m)	直径(mm)	长度(m)	间距(m)	厚度(cm)	直径(mm)	长度(m)	环纵间距(m)	型号	间距(m)	厚度(cm)
Ⅰ级	10～12	42	4.5	0.3	—	—	—	—	—	—	—	—	—	25～28	25	3.5	1.2×1.2	Ⅰ20～Ⅰ22	0.6～0.8	50～55※
Ⅱ级	12～15	—	—	—	76～108	12～18	0.3～0.5	32(中空)	12～15	1.0～1.5	—	—	—	28～30	25	4.0	1.2×1.0	Ⅰ22～Ⅰ25	0.6～0.8	50～55※
Ⅲ级	15～20	—	—	—	—	—	—	32(中空)	15～20	1.0～1.5	60～80	15～40	0.4～0.6	30～35	25	4.5	1.0×1.0	H175	0.5～0.6	55～60※

注:※为钢筋混凝土、喷射混凝土宜采用早强喷射混凝土。

②秉行“让抗结合、综合处治”理念：(a)“让”——允许一定的变形量以释放部分围岩压力，减小作用在支护上的荷载；但仅采用让压控制措施是不够的。(b)“抗”——由于随着围岩流变变形随时间逐步增长，围岩压力也不断增加，需提供有足够的支护刚度与强度。(c)软岩大变形隧道施工时，如果不采取让压措施，开挖后立即支护，则所需支护压力将非常大，需要提供非常大的支护刚度，这是不经济也是不现实的。(d)如果采取过分让压措施，则会导致支护刚度不足，尽管在初期阶段支护结构能够与围岩协调变形，但随着围岩流变变形逐步增长，围岩压力也逐步增长，一旦围岩压力超过支护的承载能力后，支护将发生屈服，围岩受力失去平衡，变形急剧发展。

(2)软岩隧道施工中坚持的原则

①坚持软岩大变形控制施工总原则：多措施、重锚注、控步距、紧工序、降速率，分阶段分等级综合稳定协同控制技术，做到“十个到位”，如图 7-7 所示。

(a) 工法到位、工装保障

(b) 预加固到位

(c) 主动控制到位

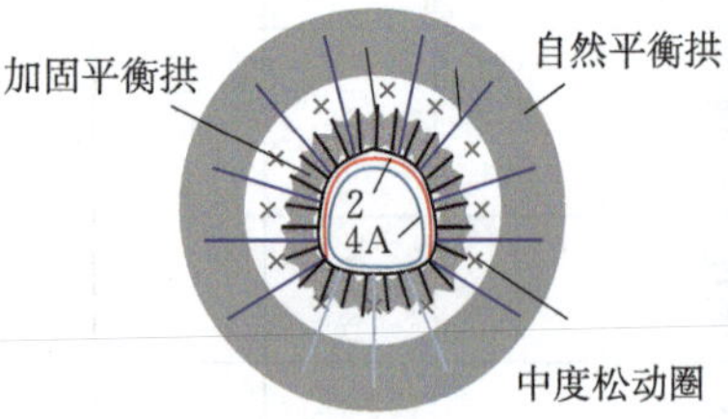

(d) 支护到位

(e) 释能到位、稍超勿欠到位

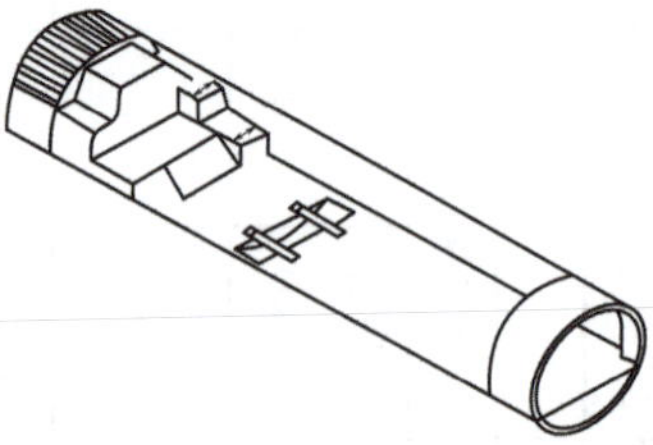

(f) 衬砌跟进到位

(g) 适时补强到位

(h) 仰拱快速闭合到位

(i) 扰动控制到位

(j) 监控到位

图 7-7　分阶段分等级综合协同控制技术的“十个到位”

②坚持重视施工步序，采用主动控制与主动锚固原则(图 7-8)：(a)开挖后及时采用预应力锚杆支护，主动加固围岩，恢复临空面的法向应力(第三主应力)，使洞壁处的围岩由二向受力状态转变为三向受力状态，改善围岩应力状态。(b)采用高强树脂预应力锚杆快速锚固，及早承载形成压缩带，限制围岩张开变形，控制松动区扩大。(c)结合岩层产状，采用不等强度穿层的主动控制措施，将松散薄层状岩层锚固成厚层状，起到将薄板地层锚固为厚层地层的支护作用效果。

（a）钻机

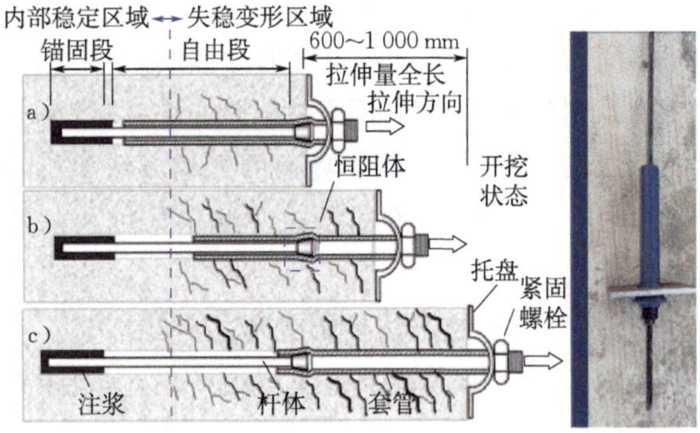

（b）预应力锚杆锚固机理

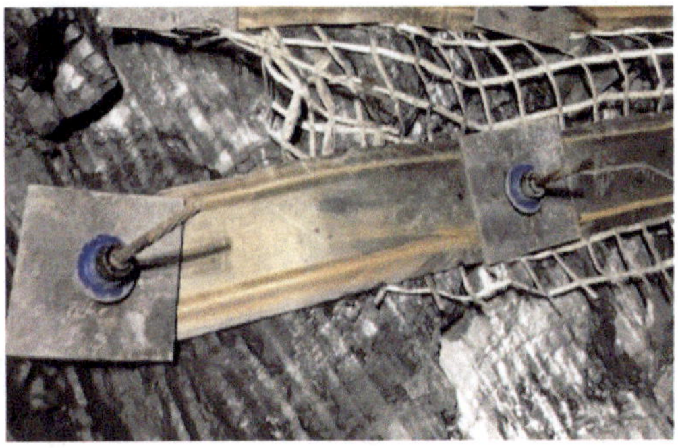

（c）锚固端实景图

图 7-8　预应力锚杆锚固机理

③坚持分阶段、分等级综合控制原则(图 7-9)。(a)轻微大变形:采用“抗”的措施来提高支护刚度和强度。(b)一般大变形:采用“以抗为主,辅之以让”的措施来控制变形。(c)较严重大变形:采用“让抗结合”的措施来控制变形。(d)严重大变形:采用“让抗结合、以抗为主,协调变形”的措施来控制变形。(e)极度严重大变形:采用“让、抗、强相结合,多重联合协同支护”的措施来控制变形。

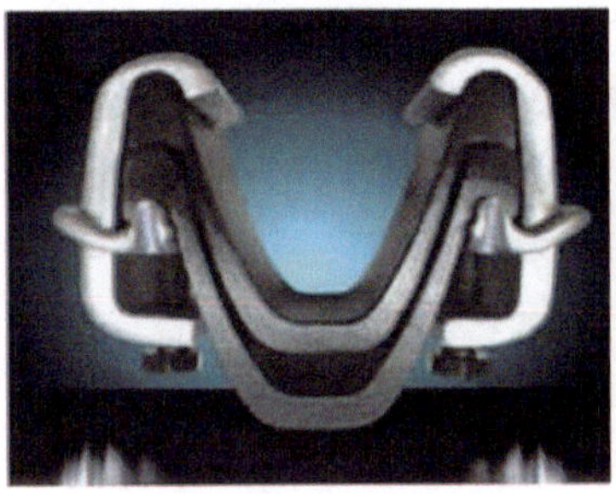

（a）U型钢可缩性支架接头（让）

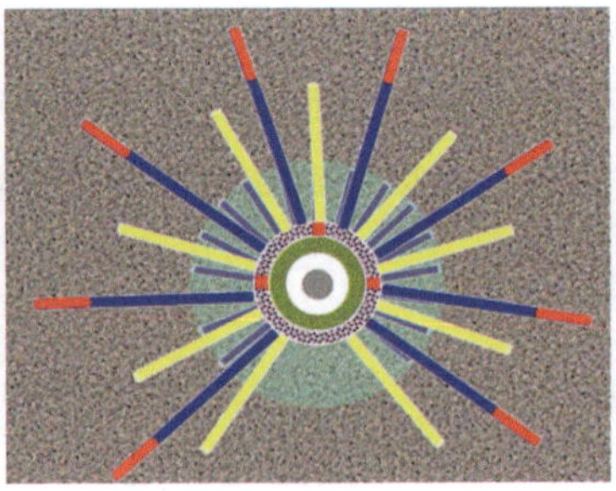

（b）支护结构加固补偿（强）

（c）改良地层加固围岩（抗）

图 7-9　软岩隧道分段分级综合控制措施

7.3.2　选择适用开挖方法

科学的开挖方法和合理的支护措施是隧道变形控制两种基本对策。开挖是释放应力的过程,不同的开挖方法,应力释放的过程及程度也是不同的;支护则是应力控制的方法,不同的支护方法应力控制的过程和程度也是不同的。

(1)选择适用的软弱围岩隧道开挖方法

不同的开挖方法对围岩变形的控制效果差异较大，一般来说，是根据地质条件的好坏以及对变形控制的要求采用不同的开挖方法，以使围岩的变形在可控范围之内。根据开挖断面大小及位置，适用于软弱围岩隧道的开挖方法包括：全断面法、台阶法、分部开挖法(如环形开挖预留核心土法、CD法、CRD法、单侧壁导坑法以及双侧壁导坑法等)。在隧道施工中应用较广泛的台阶法。

(2)多分部开挖方法控制变形的劣势

根据新奥法施工基本原理，对于软弱围岩隧道，应本着多分部、少开挖的基本原则进行施工。因此国内软弱围岩隧道(尤其大跨隧道)多采用多分部、多流程的施工方法，如郑西铁路黄土隧道曾提倡三台阶七步流程法。最新研究结果表明，这种多分部开挖技术从变形控制角度出发存在以下问题：①多分部开挖，引起围岩多次扰动，造成隧道围岩松动区域扩大，这一点在爆破开挖时更加显著；②多分部开挖使支护闭合距离加大，容易引发大变形的发生；③多分部开挖会增加施工组织难度，并且施工质量不容易得到保障；④多分部开挖时，各开挖断面相对较小，不利机械化作业，施工环境差，施工进度慢，投入高。

(3)全断面开挖方法控制变形的优势

在国外，从近年来意大利的相关工程经验可以看出，全断面开挖对软弱围岩隧道变形控制来讲更具有优点，具体表现在：①作业空间大，便于机械化作业，可实现工厂化施工，工程质量有保证；②支护闭合及时，利于对变形的控制；③开挖扰动次数少，有利于围岩稳定。基于这种观点，铁道部在借鉴意大利施工经验基础上开展"隧道围岩稳定性及其控制技术研究"，着重进行软弱围岩"少分部、快速施工技术"研究。从我国施工设备现状和施工工艺水平情况来看，目前实现软弱围岩大断面隧道全断面施工还存在较大困难，因此，对于软弱围岩隧道，采用分部少的台阶法应该是以后一定时期内的主要工法。

7.3.3 采用合理支护措施

随着不同围岩支护理论的出现，各种支护方法应运而生。如今，传统的刚性支撑(木支撑、钢架支撑)、衬砌(砌体、现浇混凝土衬砌、预制混凝土砌块)、喷混凝土、锚固(锚杆、预应力锚杆、锚索)、喷锚(网)支护以及上述诸方法组合而成的联合支护等，均在隧道与地下工程中得到了广泛应用。工程实践中，通常将隧道支护措施分为初期支护(常规形式、特殊形式)和超前支护两类。

(1)常规初期支护形式

初期支护通常是由喷射混凝土、锚杆、钢支撑等支护构件单独或组合构成的，它与围岩共同成为一体的承载支护体系，大多数山岭隧道是用这种方式修建的。由于围岩条件的不同，作为承载主体的围岩负担不了的部分荷载将由有不同承载能力的支护构件负担，这就是设计的基本原则。视围岩条件的不同，可能有多种支护模式予以对应，如：喷射混凝土、喷射混凝土＋锚杆、喷射混凝土＋钢架、喷射混凝土＋锚杆＋钢架等，以达到控制围岩变形的要求。

①喷射混凝土：能够在开挖后立即与围岩密贴粘着施工，不受开挖断面的大小和形状的左右，施工容易，是最一般的支护构件(包括开挖时、断面临时闭合时、返工时)。喷射混凝土的支护功能有抑制开挖后的变形和抵抗外力的压缩和剪切、弯曲等。

②锚杆：锚杆加固围岩的杆系结构。通过锚杆杆体的纵向拉力作用以及抗剪作用，改善围岩的性能和在周边一定范围内形成锚固环体，对周边围岩起到加固作用。

③格栅与型钢支撑，都归为构件支撑一类，但两者的力学作用是完全不同的。前者只有与喷射混凝土并用，才能发挥其支护作用，而且不能立即发挥承载作用。而后者可以立即地、独立地发挥承载作用。因此，需要采用钢支撑的场合，决不能用格栅代替。

(2)特殊初期支护形式

对于具有一定自稳能力的围岩，尽管其结构面较发育且整体强度较低，运用上述围岩支护理论和方法，一般均能获得成功。但在某些特殊条件下，如遭受过强烈构造运动的地区，岩体极度破碎、断层破碎带和挤压岩层带、极度软弱岩层(包括膨胀性地层)等非常发育，洞室围岩自稳能力极差，甚至无自稳能力，成洞后均伴随着大变形和严重破坏。尤其当埋深较大或者处于高应力区，有时还处于地下水位之下，常规的支护方法已显得无能为力，而不得不采用超越现有经典支护理论所规定的原则，选用非常规的、特殊的开挖和支护方法。特殊的初期支护形式如下：

①恒阻大变形锚杆：何满潮在恒阻大变形控制理念的指导下，研制成功了一种能适应深部巷道围岩大变形的恒阻大变形锚杆。该锚杆包括恒阻大变形装置、杆体、托盘和螺母。其中，恒阻装置套装于所述杆体的尾部，托盘和螺母依次套装在所述恒阻装置的尾部，螺母和恒阻装置通过螺纹连接，如图 7-10 所示。

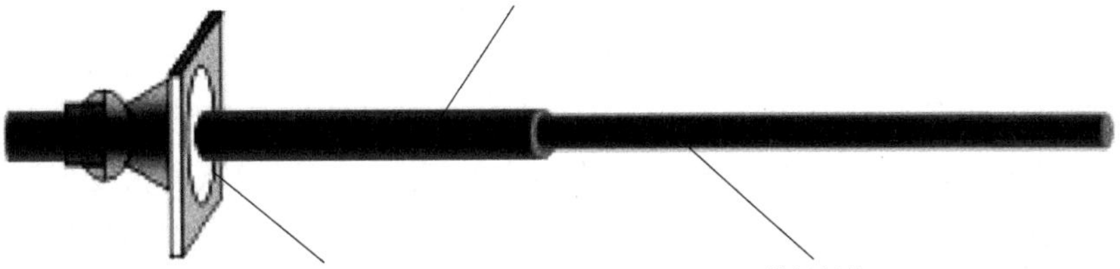

图 7-10　恒阻大变形锚杆

②小直径锚索：小直径张拉预应力锚索是以高强钢丝束组成的杆体，能在比较小的洞室中安装，其抗拉强度远高于一般的螺纹锚杆，而且当拉力达到一定的数值后，杆体有良好的弹性变形，能很好地适应千枚岩持续变形，并逐渐释放应力，从而能有效地控制了大变形，满足施工需要。在乌鞘岭隧道施工中采用的小直径岩石锚索是一种点锚固和径向锚固相结合的混合式新型锚索，它分为内锚固段、自由段和外锚固段。设计的自由段长度为 3 m，即按普通钢材的屈服塑性伸长率 21%计算，锚索的自由伸缩可达 600 mm，这一伸长率满足乌鞘岭隧道大变形要求，可确保锚索锚固的有效性。

③钢纤维喷射混凝土：钢纤维混凝土是在普通混凝土中掺入少量低碳钢、不锈钢或玻璃钢的纤维后形成的一种均匀而又多向分布的混凝土复合材料。在鹤煤八矿深部软岩巷道支护中，支护方式采用锚杆＋锚索＋金属网＋钢纤维混凝土。其中，钢纤维混凝土选用切削型钢纤维，纤维长度 30 mm，宽 3 mm，长径比为 60，钢纤维掺入量为总体积的 0.5%～0.75%，一般每立方米混凝土钢纤维掺入量为 50 kg；混凝土配合比：水泥：砂：石子＝1：2：2，石子粒径满足一定级配，但最大不超过 15 mm。喷层厚 150 mm，初喷 50 mm，复喷 100 mm。

(3)超前支护形式

目前,超前支护对围岩变形的控制效果尚不清楚。超前支护大体上按构造分类,分为利用隧道纵向刚性的梁构造和利用横向刚性的拱形构造两大类。

①梁构造可分为采用钢管、钢棒系材料的工法,如超前小导管、管棚等,和高压喷射改良围岩的工法,如水平旋喷注桩。

②拱构造的主要工法为预衬砌,这种工法需要专门的设备,在日本较常使用,而在国内较少采用。过去在岩堆地段和断层破碎带等不良围岩中,多把开挖断面分割为小断面进行开挖,但最近由于机械大型化和新材料及新工法的实用化,也可采用超前支护,以达到提高掌子面前方围岩等级的效果,同时采用台阶法开挖,减少开挖断面分割的块数,提高施工速度。意大利变形控制分析法就是主张用掌子面锚杆和长超前支护预加固掌子面前方的围岩,而采取全断面或大断面的施工方法,提高隧道施工机械化和掘进速度,取得了良好的效果。

(4)各种支护形式的工程应用分析

通常情况下,隧道采用常见支护措施如喷混凝土支护、锚杆支护、钢拱架支护、超前小导管、注浆等即可控制围岩变形。但在大变形实际治理过程中,常用的是联合支护措施的形式,如:网锚喷联合支护、锚网注喷联合支护、网锚喷+钢拱架+超前小导管联合支护等。各种支护形式的工程应用统计结果如图7-11所示。由图7-11可知:常规支护占89%(管棚、挂网喷锚及锚杆、钢拱架、超前小导管);特殊支护占11%(小直径锚索、可伸缩式钢架)。作为常规支护,喷锚支护是用得最普遍和最成功的一种支护,占41%。

根据隧道大变形处治的工程案例分析总结得到以下结论:①千枚岩、炭质页岩、变质砂岩等软弱岩体,在结构上岩体具有原生结构的特点,结合隧道大变形案例中的防治措施效果和工程实践表明,喷锚支护是最常用和最成功的一种支护。②对特定条件下的隧道大变形需采取特殊支护措施,特殊支护措施使用前景广阔,发展空间巨大。③隧道软岩大变形防治是一个动态的过程,应加强大变形动态信息化预测、支护设计思路,在施工阶段,加强现场地质调查和超前地质预报。④深埋软弱围岩隧道施工过程中变形大、来压快,常规支护结构容易发生开裂破损、钢架扭曲,甚至发生侵限现象,因此,针对深埋软弱围岩应适当采取加强型或控制型支护措施,以应对显著变形量,可选择控制措施包括:长锚杆技术、长锚索技术、大截面钢架技术、可缩式钢架技术、早高强喷混凝土技术、扩大拱脚支护技术、双层或多层支护技术等。

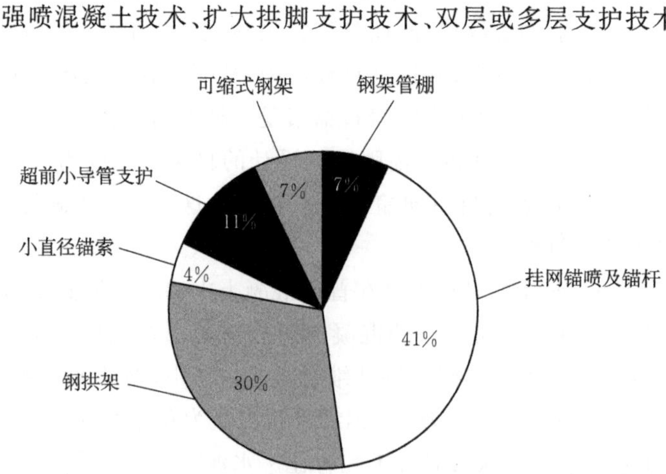

图7-11　各种支护形式的工程应用统计

(4)合理确定隧道施工开挖支护顺序

在矿山法施工中,隧道的开挖和支护是密切相关的。根据隧道地质情况来确定开挖和支护顺序,可分为以下三类:

①只挖不支的工况条件:在无需支护的整体状或大块状的硬质围岩中采用的方法。这种围岩的自支护能力比较高的,应力释放后能够自行控制而自稳。Ⅰ、Ⅱ级围岩隧道可采用。应该指出:在这种围岩中,基本上不存在变形控制问题,因为在这种围岩中隧道开挖后的变形,基本上都是弹性变形,开挖后的弹性变形是瞬时发生的,而且量值很小。但在大块状围岩中,块体移动也能够产生位移,但是局部的。通常用喷射混凝土和局部锚杆就可以解决。

②先挖后支的工况条件:开挖后进行支护的一般围岩、地形条件下采用的方法。在一般围岩地形条件下,基本上都采取"先挖后支"或"边挖边支"的施工方法,Ⅲ、Ⅳ级围岩多采用。这是应力释放与控制相结合的方法,即边开挖、边控制,最终形成稳定的隧道结构。实质上这是在开挖后以控制掌子面后方的变形为主要目的的一种施工方法,即先释放、后控制的方法。在"先挖后支"的场合,采用一般的初期支护方法,完全可以满足安全、快速施工的要求。通常,这种围岩条件下隧道变形通过初期支护,都可以收敛到变形容许值范围之内,而无需采用特殊的或辅助施工措施,这是与"先挖后支"围岩条件的一个分界点。

③先支后挖的工况条件:开挖前进行支护的土砂或特殊围岩、地形条件下采用的方法。在特殊围岩、地形条件下要先对围岩进行支护,才能顺利进行开挖的方法。实质上这是先用超前支护控制超前变形和掌子面挤出变形而后进行开挖的一种方法。即先控制、后释放,再控制的开挖支护方法。根据隧道变形状态采取加强初期支护、并用超前支护的综合措施控制隧道变形。在超前变形和掌子面挤出变形比较大的工况条件下,必须采用各种超前支护抑制超前变形和掌子面挤出变形,在此前提下,再用初期支护抑制掌子面后方的变形。这即是"先支后挖"工况控制变形的基本方法。

(5)开挖支护模型试验结论

①模型试验工况设计概况:隧道施工方法也是影响软弱围岩隧道变形的主要因素,选择科学施工开挖方法,对于控制软弱围岩变形至关重要。赵勇等学者建立室内模型试验开展了支护台阶法、支护全断面法、无支护全断面法三种施工工况的对比试验研究。

②模型试验装置设计情况:如图 7-12 所示,模型试验装置由 4 榀独立框架组合而成,每榀框架厚 0.5 m,均可配合前后反力墙及液压加载装置单独进行试验,可适应不同模型尺寸的要求。模型试验相似比为 1∶50,模型模拟尺寸为:2.4 m(宽)×2.4 m(高)×2 m(长)。

模型试验采用台阶法和全断面法两种开挖模式,台阶法开挖台阶高度 10.75 cm,开挖进尺为 2 cm,形成台阶长度 10 cm 时,上下台阶同步推进,下台阶高度 10.75 cm,循环进尺为 2 cm,落底滞后下台阶 10 cm,落底高度 4 cm。锚杆喷层支护滞后 1 个开挖循环进尺施作。全断面法开挖循环进尺为 2 cm,支护滞后 1 个开挖循环进尺施作。初期支护锚杆布置间距为 9.6 cm(环向间距)×4 cm(纵向间距)。每两个循环开挖后可进行一次锚杆施作,锚杆长度为 8 cm,梅花形布置。喷射混凝土厚 6 mm,相当于 30 cm 厚喷射混凝土,喷层强度 0.5 MPa,相当于喷射 C25 混凝土。

模型试验设置应变监测主断面 6 个(a～f)、位移监测主断面 6 个(A～F)、位移监测次断面 5 个(Ⅰ～Ⅴ)、围岩压力监测断面 2 个(甲～乙)。共计 17 个断面 256 个监测点,如图 7-13 所示。

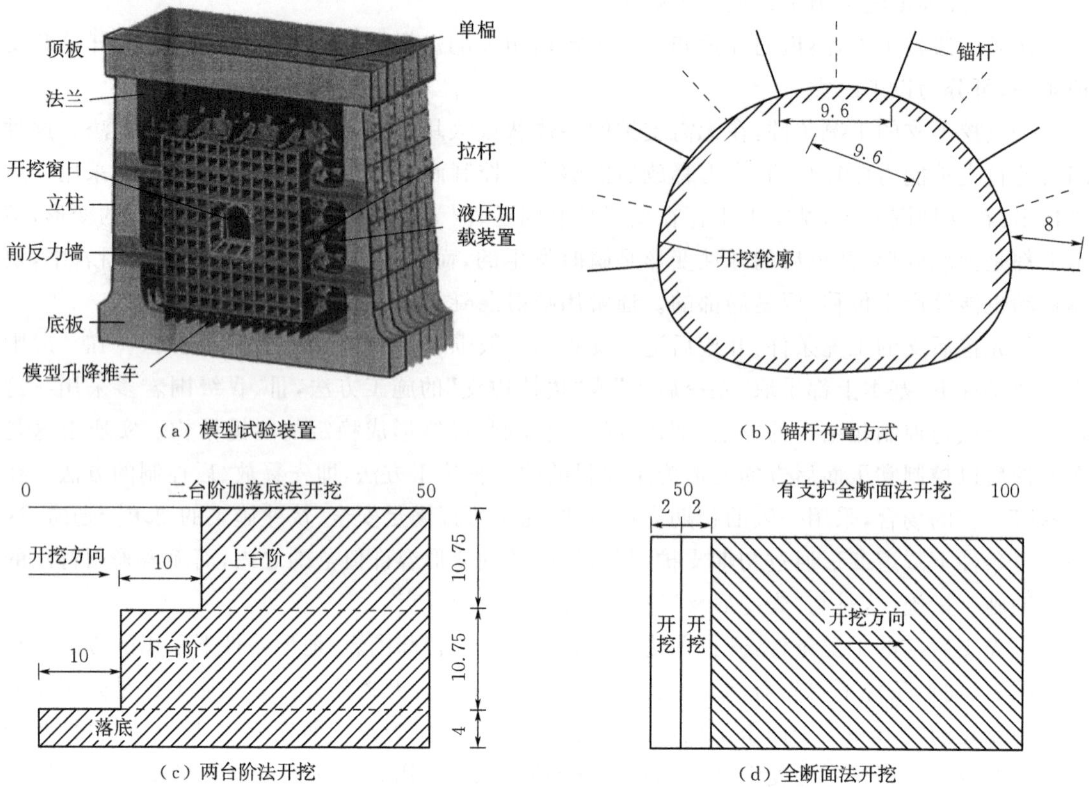

（a）模型试验装置　（b）锚杆布置方式　（c）两台阶法开挖　（d）全断面法开挖

图 7-12　隧道施工室内模型试验设计(单位:cm)

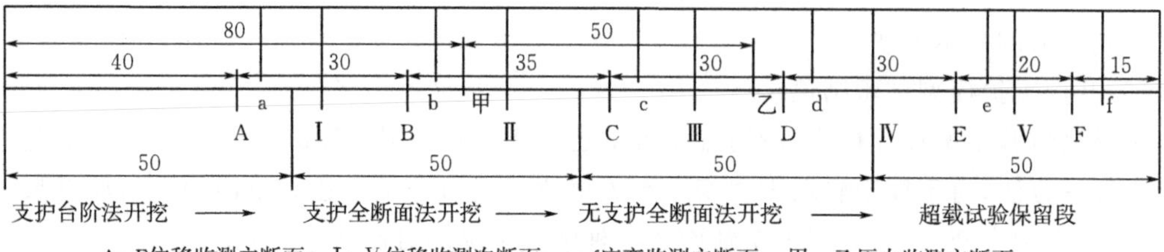

图 7-13　室内模型试验中监测断面布置(单位:cm)

③模型试验研究结论

(a)由图 7-14 知,相同开挖工法条件下,有无初期支护工况洞周变形特征:台阶法+初期支护的拱顶沉降和水平位移分别为 91.5 mm、28.8 mm,全断面法+初期支护的拱顶沉降和水平位移分别为 105.8 mm、31.8 mm,全断面法+无支护的拱顶沉降和水平位移分别为 125.9 mm、37.4 mm。相同支护条件下,台阶法的拱顶沉降比全断面法减少了 14%,水平位移减少了 9%。相同开挖方法下,如都采用全断面法开挖时,有初期支护的拱顶沉降比无支护减少了 16%,水平位移减少了 15%。

(b)由图 7-15 可知,相同开挖工法条件下,初期支护对围岩变形范围影响特征:相同开挖方法条件下,施加初期支护后,洞周的拱顶沉降明显减少,而越远离洞周,支护的效果越不明显,超过 1.5 倍洞径后,有无支护对岩体内部变形量控制不大,说明支护的有效影响范围在 1.5 倍洞径以内。

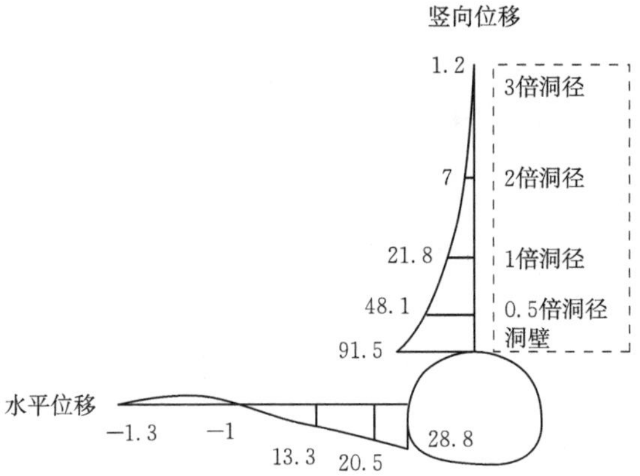

（a）台阶法+初期支护（单位：mm）

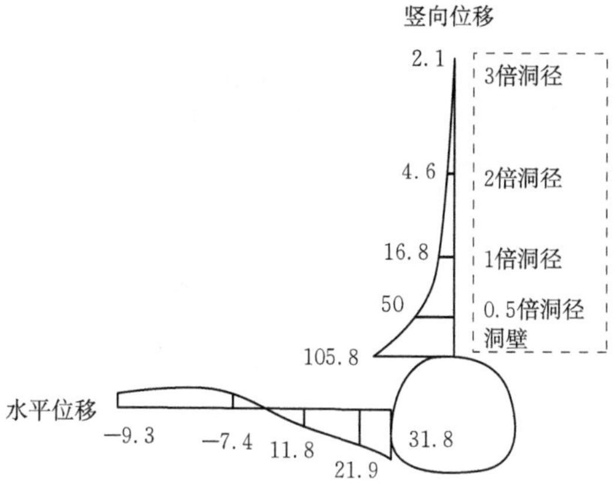

（b）全断面法+初期支护（单位：mm）

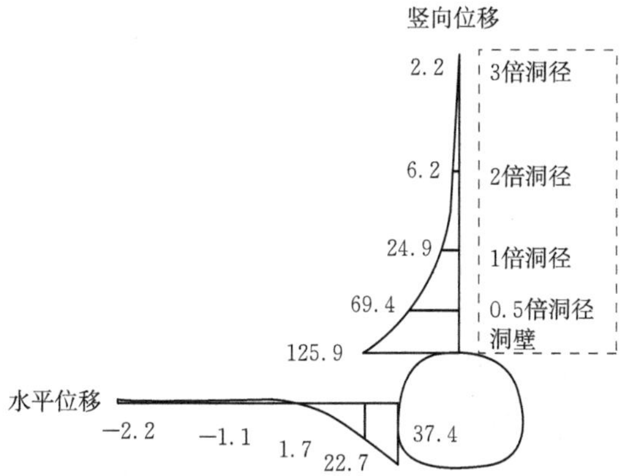

（c）全断面+无支护（单位：mm）

图 7-14　模型试验洞周最终位移分布曲线

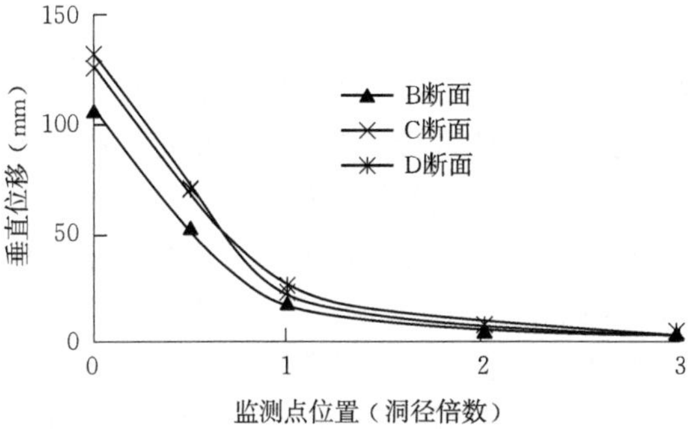

（a）拱顶沉降

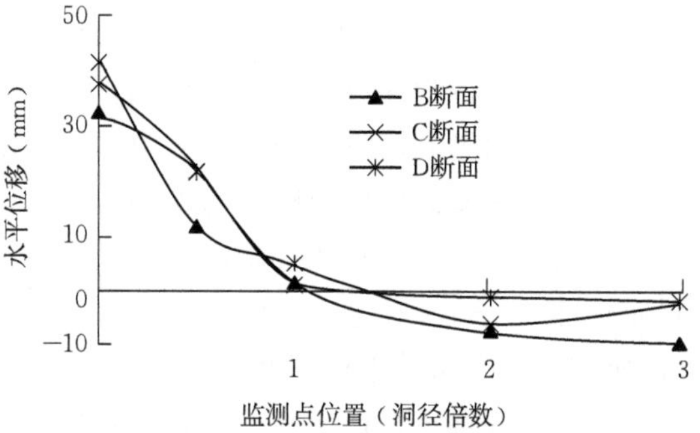

（b）水平位移

图 7-15　初期支护对围岩变形影响

(c)由图 7-16 可知，相同支护条件下，开挖工法对围岩变形范围影响特征：相同支护条件下，台阶法洞周围岩的拱顶沉降和水平位移都明显小于全断面法，而远离洞周大概 0.5 倍洞径后，台阶法和全断面法的围岩变形量相差不大，可见，开挖工法主要影响隧道洞周表层围岩的变形。

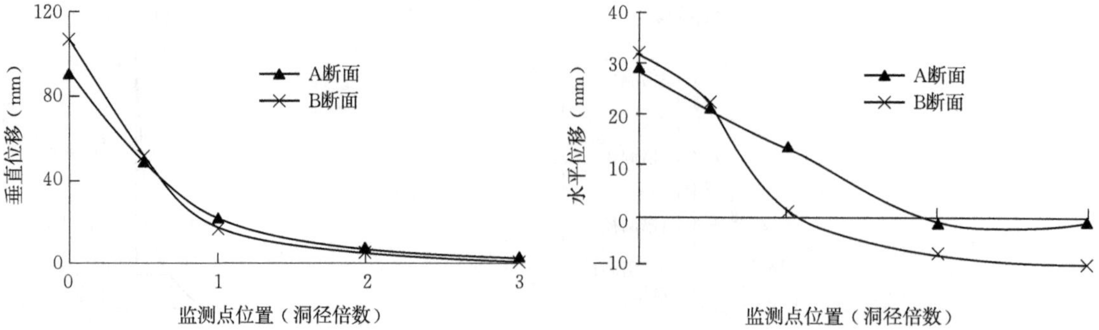

（a）拱顶沉降　　（b）水平位移

图 7-16　开挖方法对围岩变形影响

7.4　软岩隧道设计优化数值模拟方法

随着计算机学科的快速发展，有限元法、界面单元法、有限差分法、边界元法离散单元法等数值分析方法在隧道围岩稳定性的分析中得到了广泛的应用。有限元法是岩体工程中应用比较广泛且发展比较成熟的数值分析方法，孙钧等最早提出了有限单元法在隧道工程中的计算理论，并推导出基于有限元分析的地下结构计算公式及其本构模型。帕萨里斯(Passaris)等利用有限元法研究了层状岩体中隧道围岩的稳定性。托农(Tonon)等运用边界元法对弹性各向异性的隧道进行了洞周收敛变形机理研究，讨论了当前用于判别隧道围岩变形收敛公式的适用性。白运洲利用有限元软件 ANSYS 对大跨度隧道断层破碎带围岩进行数值模拟，研究了隧道开挖后初期支护和二次衬砌的结构荷载作用及其变形特性。李茂达运用 ABAOUS 软件模拟刘家庄隧道采用三种不同开挖工法(全断面法、台阶法和 CD 法)施工过程中的围岩应力和变形规律，结果表明：当隧道跨度很大、地表沉降要求严格、围岩条件较差时可选择 CD 法控制围岩的大变形。周云鹏根据唐家塬隧道现场勘察和围岩压力计算分析，提出了以隧道拱顶中心线岩体侧压力系数变化规律为依据的深、浅埋数值模拟方法，推断出唐家塬隧道的深浅埋界定范围为 90m，现场调研验证了其合理性。张玉军、刘谊平等研究了层状岩体的非均匀性，编写了数值分析程序，用于分析层状岩体强度非均向性和无拉应力计算模型的平面与黏弹塑性问题。肖明等利用三维非线性有限元法对层状非均匀性岩体进行了隧道围岩稳定性的分析与研究。顾义磊以西山坪隧道为例，研究了近水平倾角煤系地层隧道围岩的稳定性。宋战平等结合工程案例利用数值分析法对层状岩体的围岩稳定性进行了相关研究。宫成兵等运用有限元软件 ANSYS 对龙头山单向四车道隧道双侧壁导坑法进行了二维与三维数值仿真模拟分析，研究结果表明采用双侧壁导坑法开挖隧道是合理的。张连成等应用有限元法对大断面隧道的开挖过程进行数值仿真模拟，提前得到了隧道围岩应力变形随着掌子面开挖的分布规律，为拱顶沉降和水平收敛变形的监控量测提供较好的设计方案，也为隧道开挖过程中选择支护结构的施作时机提供参考。

7.4.1　数值模拟软件应用优势

目前隧道工程建造的主要开挖方法为新奥法，在新奥法施工中，一般步骤为开挖断面、喷射混凝土、安设锚杆或钢拱架，待初次支护的变形基本稳定后，再砌筑二次衬砌。隧道开挖与支护是一个典型的土体与结构相互作用问题。开挖与支护参数的确定取决于隧洞的几何尺寸和形状、受力状况、衬砌的刚度、建造隧洞所使用的材料、围岩特点、开挖顺序等。由于岩土材料的复杂性及支护结构和围岩应和状态的复杂性，使得在地下工程应力应变计算时，解析法受到了很大的限制。

目前对于软岩隧道支护的设计主要是采用工程类比和解析方法设计，其中解析方法设计更多的是借助有限元计算机模拟方法。在软岩隧道支护优化理论的基础上借助有限元软件，对该隧道支护进行数值模拟分析，从而得出软岩隧道支护合理参数。所以，计算机技术的迅速发展和普遍使用，数值计算方法也有了很大的发展，使得隧道开挖与支护设计可以采用有限元等数值软件得到实现。

MIDAS/GTS(Geotechnical & Tunnel analysis System)是岩土隧道结构专用有限元分析软件，该软件是针对岩土隧道领域的结构分析所需的功能开发的程序，与其他大型通用有限元软件相比，除了具有强大的前后处理及求解功能外，还可很方便地进行回填、开挖及施加支护结构等岩土及隧道工程施工阶段模拟。自从 1989 年以来，MIDAS 公司致力于有限元分析与数值模拟方面的研究，而 GTS 就是在其基础上发展形成的专门针对岩土与隧道工程的分析软件。MIDAS/GTS 岩土与隧道分析系统代表了当前工程软件发展的最新技术，为隧道工程与特殊结构领域提供了一个崭新的解决方案。MIDAS/GTS 软件是将通用的有限元分析内核与土木结构的专业性要求有机结合而开发的岩土与隧道结构有限元分析软件，能够提供完全的三维动态模拟功能。

MIDAS/GTS 适用于是包含施工阶段的应力分析和渗透分析等岩土和隧道所需的几乎所有分析功能的通用分析软件。MIDAS/GTS 的施工阶段分析采用的是累加模型，即每个施工阶段都继承上一个施工阶段的分析结果，并累加本施工阶段的分析结果。即上一个施工阶段中结构体系与荷载的变化会影响到后续阶段的分析结果，这样为模拟隧道施工阶段提供了方便，可以说是实现了动态模拟。MIDAS/GTS 的功能强大，可在数值模拟施工阶段分析时进行如下事项的模拟分析：①施工阶段模拟，单元的添加和删除(激活和钝化)；荷载的添加和删除(激活和钝化)；边界条件的变化；材料特性的变化。②地下水分析各施工阶段的稳定流分析，各施工阶段的非稳定流分析。③渗流—应力场耦合分析，利用渗流分析得到的孔隙水压力进行应力分析。故应用 MIDAS/GTS 进行隧道施工阶段数值模拟的可靠性是值得信赖的。

7.4.2　数值模拟材料屈服准则

隧道围岩中某点应力状态可以用应力矢量的六个分量 σ_x、σ_y、σ_z、τ_{xy}、τ_{yz}、τ_{xz} 来表示，或者用主应力 σ_1、σ_2、σ_3 来表示，还可以用应力张量不变量或应力偏量不变量来表示。

(1)摩尔-库仑(Mohr-Coulomb，简称 M-C)屈服准则

摩尔-库仑屈服准则中岩土介质的强度依据岩石的内摩擦角 φ 和黏聚力 c 而定，且满足：

$$\tau = c + \sigma \tan \varphi \tag{7-14}$$

式中　c——黏聚力；

σ——剪切面上正应力；

τ——剪切面上剪应力；

φ——内摩擦角。

对于二维应力状态，可由摩尔圆推广为

$$F(\sigma)=\frac{\sigma_1-\sigma_2}{2}-\left(\cot\varphi-\frac{\sigma_1+\sigma_3}{2}\right)\sin\varphi=0 \tag{7-15}$$

在做常规三轴试验时，可以用 p-q 平面来表示：

$$F(\sigma)=q+\frac{3\sin\theta}{\sqrt{3}\cos\theta-\sin\theta\sin\varphi}\cdot p-\frac{3\cos\theta}{\sqrt{3}\cos\theta-\sin\theta\sin\varphi}=0 \tag{7-16}$$

式中　θ——黏聚力；

$q=\frac{\sigma_1-\sigma_2}{2}$

$p=\frac{\sigma_3-2\sigma_1}{3}$。

摩尔-库仑屈服面在主应力空间是不规则六角形截面的角锥体表面，各屈服面之间存在脊梁，因而在该处的屈服条件是不定的。在实际计算中，可假定在脊梁处附近用假定的光滑曲面"圆角"或者该脊梁处的法线方向为两个相交的屈服面的平均法线方向。M-C 屈服准则能反映岩土类材料因抗压强度不同的 S-D 效应（即岩土材料的拉压强度不同，英文 Strength Difference Effect，简称为 S-D 效应）与对正应力的敏感性，简单实用，而且材料参数黏聚力 c、内摩擦角 φ 可以通过各种不同的常规试验仪器和方法测定。但 M-C 屈服准则不能反映中间主应力 σ_2 对屈服和破坏的影响及单纯的静水压力可以引起岩土屈服的特性，而且屈服曲面有棱角，不便于塑性应变增量的计算，给数值计算带来了困难。

(2)特雷斯卡(Tresca)准则

特雷斯卡准则假定：当最大剪应力等于材料的容许抗剪强度时，塑性流动开始发生。对于平面问题可写为

$$F(\sigma)=\left(\frac{\sigma_x-\sigma_y}{2}\right)^2+\tau_{xy}-k^2=0 \tag{7-17}$$

式中　k——材料单轴抗剪强度，$k=\frac{\sigma_s}{2}$；

σ_s——材料单轴压缩强度。

特雷斯卡准则又称为最大剪应力等于常量准则，适用于只具有内聚力 c 的黏性土壤和软岩，此时 $c=k$，上式可改写为

$$F(\sigma)=\sigma_1-\sigma_2-2c=0 \tag{7-18}$$

对于三维状态，以不变量表示，则有：

$$F(\sigma)=4J_2^3-27J_3^2-36J_2^2-96c^4-64c^6=0 \tag{7-19}$$

式中　J_2——应力偏量的第二不变量；

J_3——应力偏量的第三不变量。

特雷斯卡准则属于摩尔-库仑屈服准则的体系，是 M-C 屈服准则的特殊情况。Tresca 准则提出较早，当知道主应力顺序时，其应用非常简便，该准则主要适用于金属类材料和 $\varphi=0$ 的纯黏性土，作为岩土类材料的服准则，它的最大缺点是没有考虑静水压力对屈服的影响，并且具有棱角。广义的 Tresca 准则在 Tresca 准则的基础上虽考虑了静水压力的影响，但仍忽视了中间主应力 σ_2 的影响，且屈服线上的角点处理不便，因而不适于岩石和混凝土材料。

(3)辛克维奇-潘德(Zienkiewicz-Pande,简称 Z-P)准则

为了克服 M-C 准则的角尖或棱边,考虑到中间主应力 σ_2 对强度的影响和屈服与静水压力的非线性关系,Zienkiewicz-Pande 于 1975 年提出了 Z-P 准则,其一般形式(7-20)。

$$f=\beta p^2+\alpha_1 p-k+\left[\frac{q}{g(\theta_\sigma)}\right]^n=0 \tag{7-20}$$

式中　q——广义剪应力的大小;

$g(\theta_\sigma)$——π 平面上的屈服曲线形状函数;

β,α_1——系数;

n——指数,一般为 0,1 或 2;

k——屈服参数。

式(7-20)中 α_1,β,n 和 k 决定着子午面上屈服曲线的形状。当 $n=1$ 时,子午面上的屈服曲线为直线;当 $n=2$ 时,子午面上的屈服曲线为二次曲线。Z-P 准则选用了 $n=2$ 的双曲线、抛物线及椭圆三种二次屈服曲线。

Zienkiewciz-Pande 准则亦属于 M-C 准则体系,但克服了 M-C 准则的夹角和棱边缺点,是对 M-C 准则的推广和修正。Z-P 准则的三种屈服曲线在 p-q 子午面上都是光滑曲线,不仅有利于数值计算,而且在一定程度上考虑了屈服曲线与静水压力的非线性关系,单纯静水压力引起的屈服及 σ_2 对屈服的影响。

(4)米赛斯(Mises)准则

Mises(米赛斯)准则假定:屈服状态是由最大形状变形能(也称畸变能)所引起的。根据这个假定可以得到以下推理,即等效应力 σ_e 达到单轴状态下应力压缩强度 σ_s 时就开始发生屈服或应力偏量第二不变量 J_2 达到$\frac{1}{3}\sigma_s$ 时就开始屈服,写为:

$$F(\sigma)=J_2-k_1^2 \tag{7-21}$$

式中,$k_1=\frac{1}{3}\sigma_s^2$,$k$ 为纯剪时($\sigma_2=0,\sigma_1=-\sigma_3$)的抗剪强度。

式(7-21)的展开式(7-22)。

$$F(\sigma)=\frac{1}{6}[(\sigma_x-\sigma_y)^2+(\sigma_y-\sigma_z)^2+(\sigma_z-\sigma_x)^2]+(\tau_{xy}^2+\tau_{zy}^2+\tau_{xz}^2)-k_1^2=0 \tag{7-22}$$

Mises 准则同时考虑了三个主应力的影响,但没有考虑静水压力对屈服和破坏的影响,针对此缺点,Drucker 与 Prager 提出了广义的 Mises 准则,即 D-P 准则,二者都属于能量屈服与破坏准则,都考虑了中主应力 σ_2 对屈服与破坏的影响,屈服曲面光滑没有棱角,有利于应变增量方向的确定和数值计算。该二准则均比较简单,材料参数少且易于实验测定或通过 M-C 准则材料常数换算。Mises 准则没有考虑静水压力对屈服的影响,因此一般只适于金属类材料或 $\varphi=0$ 的软黏土的总应力分析。

(5)双剪应力及广义双剪应力准则

特雷斯卡准则与 M-C 准则都属于单一剪应力屈服理论,只考虑最大剪应力对屈服与破坏的影响,而未计及其他两个主剪应力对屈服与破坏的作用。为了克服这一缺陷,西安交通大学俞茂宏教授于 1982 年在双剪应力屈服准则的基础上,提出了广义双剪应力屈服与破坏理论。双剪应力准则考虑了两个较大主剪应力或中主应力 σ_2 及应力 Lade 角对屈服和破坏的影响;

广义双剪应力准则则进一步考虑了静水压力对屈服和破坏的影响，而且考虑了材料的拉压强度不同的 S-D 效应，它们较单一剪应力屈服准则及能量准则具有明显的优点，较适于岩土类材料。但二者的屈服曲面都具有棱角，不便于塑性应变增量方向的确定；同时，都没有考虑岩土类材料在单纯的静水压力作用下可以产生屈服的特性，俞茂宏先生又进行了相应的改进，并于 1990 年提出了统一强度理论。

(6)拉德-邓肯(Lade-Duncan)准则和拉德(Lade)准则

针对 M-C 等单剪应力屈服或破坏准则及 D-P 等破坏准则或能量屈服存在的缺点，结合岩土类材料的屈服和破坏特性，Lade 与 Duncan 于 1975 年和 1977 相继提出了一个屈服面的 Lade-Duncan(简称 L-D)屈服与破坏准则和两个屈服面的 Lade 屈服准则。L-D 屈服准则反映了三个主应力，特别是中主应力 σ_2 对屈服与破坏的影响，屈服曲面光滑没有棱角。但是该准则只适用于砂类土，不适于岩体、混凝土以及超固结黏土等具有抗拉强度或黏聚力的大多数岩土类材料，不能反映单纯的静水压力和比例加载时产生的屈服现象以及高应力水平作用下屈服曲线与静水压力的非线性关系。两个屈服面的 Lade 准则克服了 L-D 屈服准则的上述缺点，在理论上更加完善。除了 Lade 双屈服面屈服准则在剪胀屈服面与压缩屈服面的空间交线上具有奇异性或棱角外，L-D 及 Lade 屈服准则在主应力空间、偏平面与子午面上均为光滑曲线(锥体顶点除外)，有利于数值计算和塑性应变增量方向的确定。L-D 及 Lade 屈服准则的屈服曲线为应力的三次函数，因此较其他的一次曲线屈服准则和二次曲线屈服准则更趋合理。总之，L-D 及 Lade 屈服准则是一个较好的岩土类材料屈服与破坏准则，特别是 Lade 双屈服面准则，理论上比较完善，几乎能够反映岩土类材料的所有屈服与破坏特性，已经受到岩土工程界的普遍重视。除了作为 L-D 及 Lade 弹塑性本构模型的一部分应用于岩土工程问题的边值应力应变分析之外，如果作为一个破坏准则来代替岩土力学中广泛应用的 M-C 屈服与破坏准则，则可以应用于岩土边坡稳定、挡土墙应力及地基承载力等塑性极限平衡与极限分析之中，尽管目前尚无这方面的研究成果，但值得重视和研究。

(7)德鲁克-普拉格(Drucker-Prager，简称 D-P)准则

D-P 准则同时考虑了平均应力(或体应变能)及偏应力第二不变量(或形状变化能)的能量屈服函数。其表达式为

$$f(I_1,\sqrt{J_2})=\alpha I_1-K+\sqrt{J_2} \tag{7-23}$$

$$\alpha=\frac{\tan\varphi}{\sqrt{9+12\tan^2\varphi}},K=\frac{3c}{\sqrt{9+12\tan^2\varphi}} \tag{7-24}$$

式中 I_1——应力状态的第一不变量；

J_2——应力偏张量的第二不变量；

α,K——材料常数，按平面应变条件下与 M-C 准则的屈服极限相同的条件推导而得，即为 D-P 准则圆锥体与 M-C 准则六边锥体内切时的材料常数。

从式(7-23)、式(7-24)可见，D-P 准则形式简单，材料参数少，且易于获得，屈服面光滑连续有利于塑性应变增量方向的确定和数值计算。该准则不仅考虑了中主应力 σ_2 的影响，而且考虑了静水压力对屈服和破坏的作用，较适合于岩土类材料。在主应力空间，D-P 准则的屈服面为一个以空间对角线为轴的圆锥面；在 $\sigma_2=0$ 的平面上，D-P 准则的屈服曲线为一个圆心在 $\sigma_2=\sigma_3$ 直线上但偏离了原点的椭圆。

7.4.3　数值模拟计算参数实现

（1）初期支护等效模量计算

初期支护弹性模量的选取，考虑初期支护结构中的型钢拱架和喷射混凝土两者弹性模量的差异，数值模拟计算中采用等效模量参数。根据抗压刚度相等的原则，将钢架的弹性模量折算到喷射混凝土衬砌的弹性模量，以简化计算。计算方法如下：

$$E=E_0+\frac{S_g \cdot E_g}{S_c} \tag{7-25}$$

式中　E——初期支护等效模量，折算后喷混凝土弹性模量（MPa）；

E_0——喷射混凝土弹性模量（MPa）；

E_g——型钢弹性模量（MPa）；

S_g——钢拱架截面积（m^2）；

S_c——喷射混凝土截面积（m^2）。

（2）初期支护等效容重计算

与等效模量选取计算方法类似，初期支护容重的选取，在数值模拟计算中采用等效容重参数，假设喷射混凝土喷射饱满，等效容重的计算方法如下：

$$\gamma=\gamma_{混凝土}+\frac{nA}{b}(\gamma_{钢}-\gamma_{混凝土}) \tag{7-26}$$

式中　γ——初期支护等效容重，折算后喷射混凝土的容重（kN/m^3）；

$\gamma_{混凝土}$——喷射混凝土的容重（kN/m^3）；

$\gamma_{钢}$——1 m 长度范围内钢拱架的数量（kN/m^3）；

b——喷射混凝土的厚度（m）；

A——钢拱架的截面积（m^2）；

n——1 m 长度范围内钢拱架的数量。

（3）荷载释放系数的实现

在有限元模拟中，隧道施工过程的模拟一般通过在开挖边界上施加释放荷载实现。将一个相对完整的施工阶段称为施工步，并设每个施工步包含若干增量步，则与该施工步相应的开挖释放荷载可在所包含的增量步中逐步释放，以便较真实地模拟施工过程。具体计算中，每个增量步的荷载释放量可由释放系数控制。对各施工阶段的状态，有限元分析的表达式为式（7-27）、式（7-28）。

$$[K]_i\{\Delta\delta\}_i=\{\Delta F_r\}_i+\{\Delta F_g\}_i+\{\Delta F_p\}_i \qquad (i=1,L) \tag{7-27}$$

$$[K]_i=[K]_0+\sum_{\lambda=1}^{i}[\Delta K]_\lambda \qquad (i\geqslant 1) \tag{7-28}$$

式中　L——施工步总数；

$[K]_i$——第 i 施工步岩土体和结构的总刚度矩阵；

$[K]_0$——岩土体和结构（施工开始前存在）的初始总刚度矩阵；

$[\Delta K]_\lambda$——施工过程中，第 i 施工步的岩土体和结构刚度的增量或减量，用以体现岩土体单元的挖除、填筑及结构单元的施作或拆除；

$\{F_r\}_i$——第 i 施工步开挖边界上的释放荷载的等效结点力；

$\{\Delta F_g\}_i$——第 i 施工步新增自重等的等效结点力；

$\{\Delta F_p\}_i$——第 i 施工步增量荷载的等效结点力；

$\{\Delta\delta\}_i$——第 i 施工步的结点位移增量。

对每个施工步，增量加载过程的有限元分析的表达式为

$$[K]_{ij}\{\Delta\delta\}_{ij}=\{\Delta F_r\}_i\cdot\alpha_{ij}+\{\Delta F_g\}_{ij}+\{\Delta F_p\}_{ij}(i=1,L;j=1,M) \tag{7-29}$$

$$[K]_{ij}=[K]_{j-1}+\sum_{\epsilon=1}^{i}[\Delta K]_{j\epsilon} \tag{7-30}$$

式中 M——各施工步增量加载的次数；

$[K]_{ij}$——第 i 施工步中施加第 j 荷载增量步时的刚度矩阵；

α_{ij}——与第 i 施工步第 j 荷载增量步相应的开挖边界荷载释放系数，开挖边界荷载完全释放时有 $\sum_{j=1}^{M}\alpha_{ij}=1$；

$[\Delta F_g]_{ij}$——第 i 施工步第 j 增量步新增单元自重等的等效结点力；

$[\Delta\delta]_{ij}$——第 i 施工步第 j 增量步的结点位移增量；

$\{\Delta F_p\}_{ij}$——第 i 施工步第 j 增量步增量荷载的等效结点力。

第8章 渝武高速软岩隧道衬砌结构优化研究

8.1 中梁山隧道S4b型仰拱结构优化

渝武高速公路复线(北碚至合川段)。中梁山隧道起讫桩号为:右线K20+925~K226+235,长5 310 m;最大埋深358.83 m;左线ZK20+945~ZK26+210,长5 265 m;最大埋深379.29 m。按重丘区高速公路分离式断面设计为双向六车道特长隧道,采用复合式衬砌,设计速度为100 km/h。隧道主洞建筑限界:净宽14.50 m,高5.0 m。隧道紧急停车带建筑限界:净宽17.5 m,高度5.0 m;设计荷载:公路-Ⅰ级。

8.1.1 仰拱二次衬砌优化方案

(1)原设计方案

S4b型衬砌原设计方案适用于Ⅳ级围岩深埋较完整硬岩段衬砌如图8-1所示,参数见表8-1。Ⅰ18工字钢作为初期支护的加劲措施,其纵向间距为0.9 m,初期支护为锚杆喷射混凝土、钢筋网;二次衬砌为模筑混凝土;预留变形量设计为10 cm;系统锚杆采用ϕ20 mm药卷锚杆;钢筋网保护层厚度不小于2 cm,与岩面间隙不大于3 cm,钢筋与锚杆应连接牢固,钢筋接头按有关规定搭接;防水层由1.2 mm厚的EVA卷材和350 g/m^{2}无纺布组成,卷材采用双缝热焊,搭接宽度不小于10 cm。

表8-1 S4b型衬砌原设计支护参数

隧道形式	衬砌类型	初期支护				预留变形量(cm)	二次衬砌		辅助施工措施
		C25早强喷混凝土(cm)	工字钢/间距(cm/榀)	ϕ8 mm钢筋网(cm)	系统锚杆(cm)		拱 墙	仰 拱	
正洞深埋	S4b	24	Ⅰ18工字钢 90	@25 cm×25 cm	ϕ20 mm药卷锚杆@90 cm×100 cm L=3.5 m	10	50 cm C30钢筋混凝土	50 cm C30钢筋混凝土	超前小导管

(2)设计优化方案

本设计优化方案适用于Ⅳ级围岩深埋较完整硬岩段衬砌:与原衬砌设计断面图相比,唯一区别是仰拱二次衬砌钢拱架由拱形变为直横梁形成闭合结构,并取消C15混凝土仰拱填充层,其他所有衬砌设计参数不变。

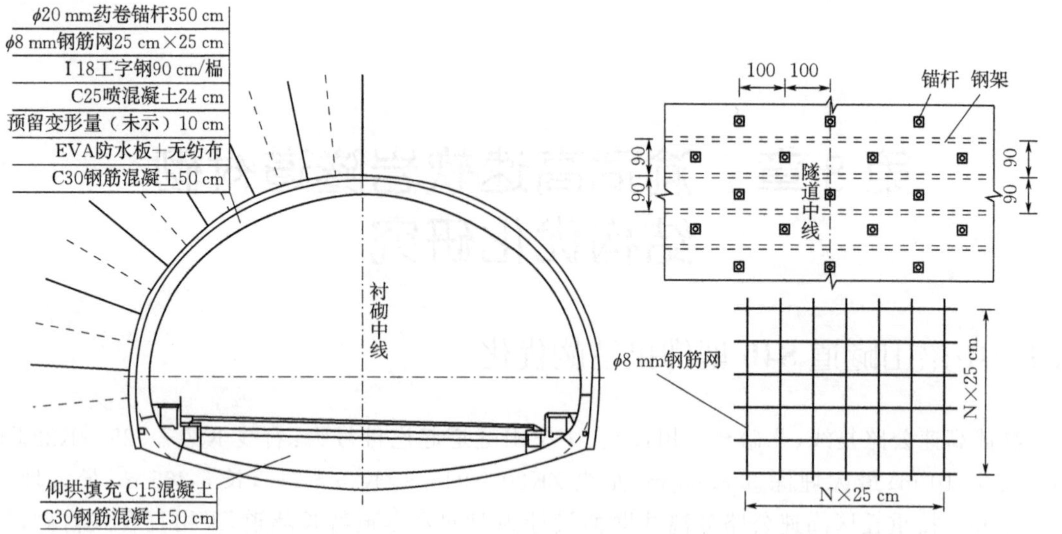

（a）S4b 衬砌结构设计图　　（b）工字钢、锚杆、φ8 mm钢筋网平面图（单位：cm）

图 8-1　S4b 衬砌断面设计图

8.1.3　建立三维数值模型

(1)几何模型

采用有限单元法对隧道支护结构进行计算时，计算区域的左右边界应在离相邻隧道毛洞壁面的距离达 3～5 倍以上毛洞跨度的位置上设置，下部边界距隧道毛洞底面的距离应为隧道毛洞高度的 3～5 倍以上，上部边界宜取至地表；对于深埋隧道，几何模型上部边界取值满足深埋边界条件即可，本模型中隧道顶板覆盖层厚度为 44.3 m。

计算模型采用单洞隧道建模进行模拟 S4b 型衬砌隧道。以隧道底板中点为坐标原点建立几何模型计算范围，整个边界的尺寸足以消除边界效应对计算结果的影响。几何模型尺寸为：X 方向 120 m，Y 方向 27 m，Z 方向 90 m。在模型高度范围内分为三层岩土，第一层为强风化泥岩，厚度 12 m，第二层为中风化泥岩 18 m，第三层为砂岩 60 m。原方案和优化方案数值计算几何模型参数见表 8-2，两种方案之处在于两个方案隧道断面形状参数不同，如图 8-2、图 8-3 所示。

表 8-2　S4b 型隧道几何模型参数

工况类型	几何模型参数			掌子面地层及厚度			毛洞几何参数			拱顶覆盖层
	X（m）	Y（m）	Z（m）	强风化泥岩（m）	中风化泥岩（m）	砂岩（m）	长（m）	宽（m）	高（m）	厚度（m）
原方案	120	27	90	12	18	60	36	16.6	9.43	44.3
优化方案	120	27	90	12	18	60	36	16.6	9.43	44.3

(2)材料属性

根据地质勘察资料、隧道地质纵断面图等设计文件，对Ⅳ级围岩 S4b 型衬砌结构隧道开挖支护进行模拟。采用三维实体单元模拟围岩地层、初期支护 C25 早强喷混凝土、二次衬砌；

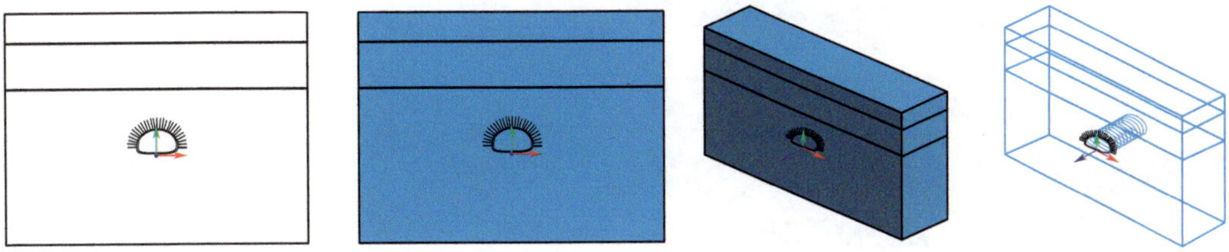

（a）几何模型线框　（b）前视图　（c）轴侧视图　（d）透视图

图 8-2　原设计方案几何模型

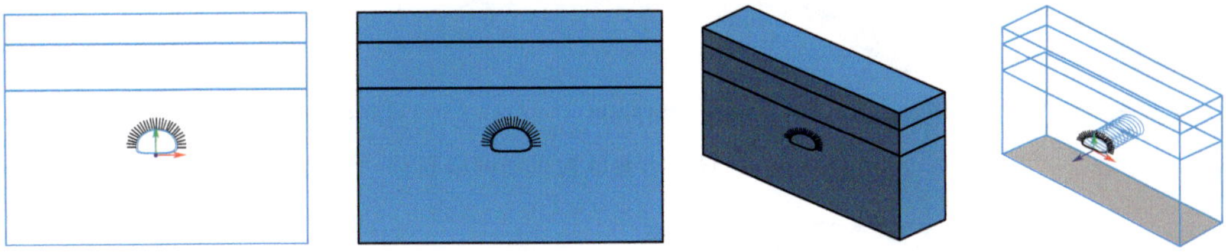

（a）几何模型线框　（b）前视图　（c）轴侧视图　（d）透视图

图 8-3　优化方案几何模型

采用一维植入式桁架单元模拟锚杆；围岩地层都采用 Mohr-Coulomb 本构模型，锚杆采用一维弹性本构模型，初期支护 C25 早强喷混凝土、二次衬砌采用三维弹性本构模型。

隧道围岩地层材料及属性参数、隧道结构材料参数及属性见表 8-3。

表 8-3　材料及其属性参数表

结构类型	材料类型	单元类型	本构模型	弹性模量（GPa）	泊松比	容重（kN/m^3）	黏聚力（MPa）	内摩擦角（°）	截面形状	模型参数（$X \times Y \times Z$）
围岩地层	强风化泥岩	三维	MC	0.1	0.4	26.4	0.6	35.8	矩形	120 m×27 m×12 m
	中风化泥岩	三维	MC	1.5	0.4	19.0	1.17	35.4	矩形	120 m×27 m×18 m
	砂岩	三维	MC	1.2	0.43	19.0	6.4	41	矩形	120 m×27 m×60 m
隧道结构	锚杆	一维植入式桁架	弹性	210	0.3	78.5			实心圆形	ϕ20 mm　$L=3.5$ m
	喷混凝土	三维	弹性	C25※	0.2	24				24 cm
	二次衬砌	三维	弹性	C30※	0.2	24				50 cm

注：表中参数存在分布区间时，通常取小值；C25※、C30※采用等效模量。

（3）网格划分

原方案与优化方案模拟三维实体网格划分情况如图 8-4、图 8-5 所示。

（4）边界条件及施工模拟

隧道模型边界条件如图 8-6 所示。

位移边界条件：因深埋条件隧道模型为规则边界条件，采用自动边界约束。

荷载边界条件：考虑自重荷载。在第一荷载步计算自重作用下的初始应力场。

施工过程模拟：隧道开挖及衬砌支护过程的施工阶段模拟过程如下：隧道采用全断面开挖，每循环开挖步距 2.7 m，共完成开挖支护循环 10 次，完成 27 m 进尺。

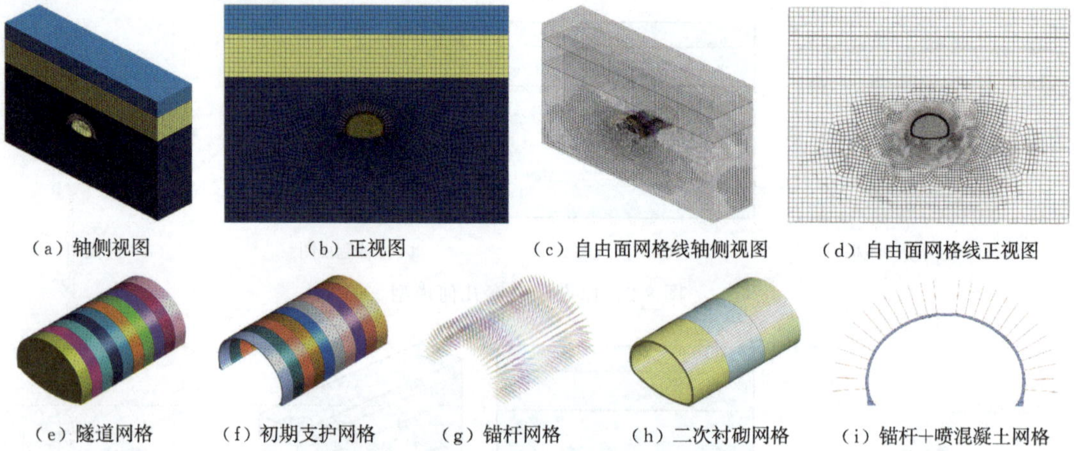

（a）轴侧视图 （b）正视图 （c）自由面网格线轴侧视图 （d）自由面网格线正视图

（e）隧道网格 （f）初期支护网格 （g）锚杆网格 （h）二次衬砌网格 （i）锚杆+喷混凝土网格

图 8-4 原设计方案隧道模型网格划分

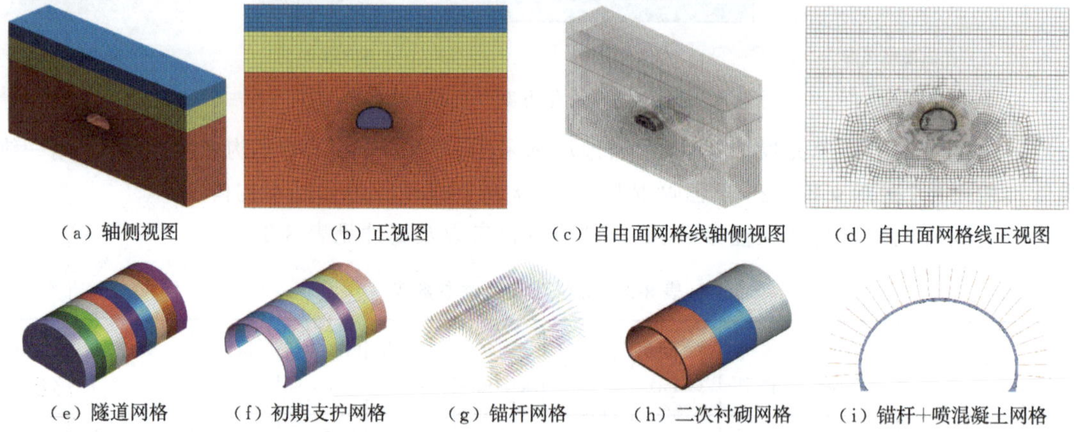

（a）轴侧视图 （b）正视图 （c）自由面网格线轴侧视图 （d）自由面网格线正视图

（e）隧道网格 （f）初期支护网格 （g）锚杆网格 （h）二次衬砌网格 （i）锚杆+喷混凝土网格

图 8-5 设计优化方案隧道模型网格划分

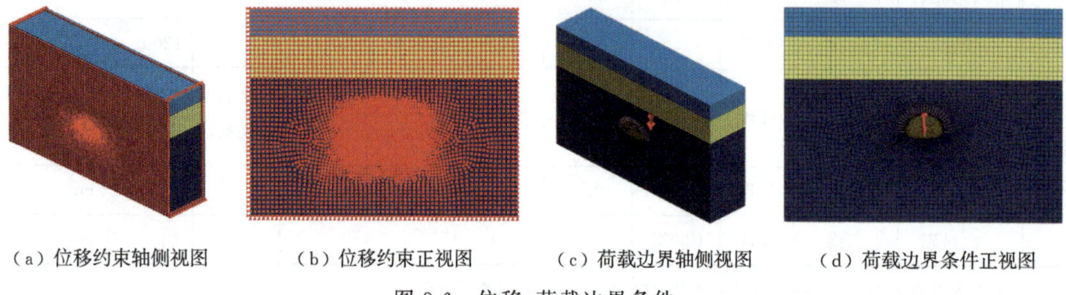

（a）位移约束轴侧视图 （b）位移约束正视图 （c）荷载边界轴侧视图 （d）荷载边界条件正视图

图 8-6 位移、荷载边界条件

隧道向 Y 方向开挖步距为 2.7 m，每开挖一步，施作 I 18 工字钢（90 cm/榀）、ϕ8 mm 钢筋网 25 cm×25 cm 间距，施作系统锚杆（ϕ20 mm 药卷锚杆设计参数：锚杆长度 $L=3.5$ m，间距 90 cm×100 cm）；随后施工 C25 喷射混凝土 24 cm；最后施作二次衬砌 50 cm C30 钢筋混凝土。

8.1.4 仰拱结构验算结论

建立三维实体数值计算模型并对原方案和优化方案进行计算，对原方案和优化方案两种方案的应力变形验算结果进行对比分析研究。在此对计算结果中物理量进行以下规定：力的单位为 kN，长度单位为 m，应力结果以拉应力为正。

（1）围岩主应力计算结果对比结论

对比分析原设计方案、优化设计方案两种计算工况的最后施工步围岩第一、第二、第三主应力分布图，得到两种方案工况主应力值计算表。由表 8-4、图 8-7～图 8-9，对比分析围岩主应力分布特征，并得出结论如下：①原设计方案和优化设计方案主应力计算值相差不大。②原设计方案和优化设计方案中的最大主拉应力计算值分别为 0.28 MPa、0.31 MPa；都远小于地勘报告提供的砂岩抗拉强度；据研究结果表明：抗拉强度值平均为抗压强度值的 1/4～1/6。③原设计方案和优化设计方案中的最大主压应力计算值分别为 4.82 MPa、4.75 MPa；都远小于地勘报告提供的砂岩抗压强度值。④原设计方案和优化设计方案中的最大主拉应力、最大主压应力分布位置相同。⑤优化设计方案中的最大主拉应力、最大主压应力值都略大于原设计方案对应值。⑥围岩在整体上是稳定的。

表 8-4　围岩主应力计算结果统计表

项目	原设计方案						优化设计方案					
	最大值(MPa)			最小值(MPa)			最大值(MPa)			最小值(MPa)		
	计算值	位置	性质	计算值	位置	性质	计算值	位置	性质	计算值	位置	性质
σ_1	0.28	左拱脚	拉	−2.58	左拱脚	压	0.31	左拱脚	拉	−1.37	右下边界	压
σ_2	−0.015	左上边界	压	−3.47	左拱脚	压	−0.015	右上边界	压	−2.29	左拱脚	压
σ_3	−0.026	上边界	压	−4.82	左拱脚	压	−0.026	上边界	压	−4.75	左拱脚	压

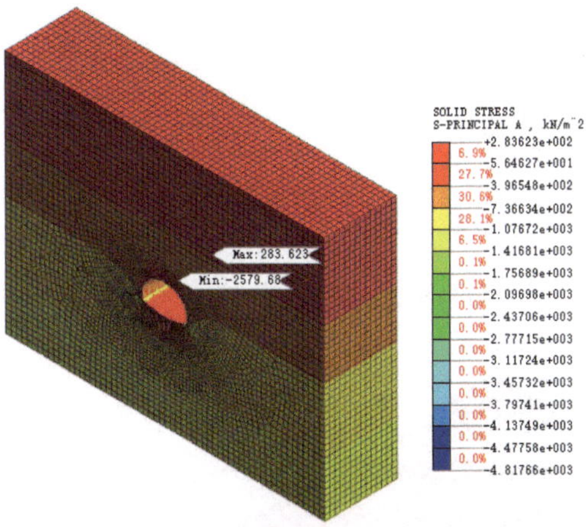

a）轴测视图

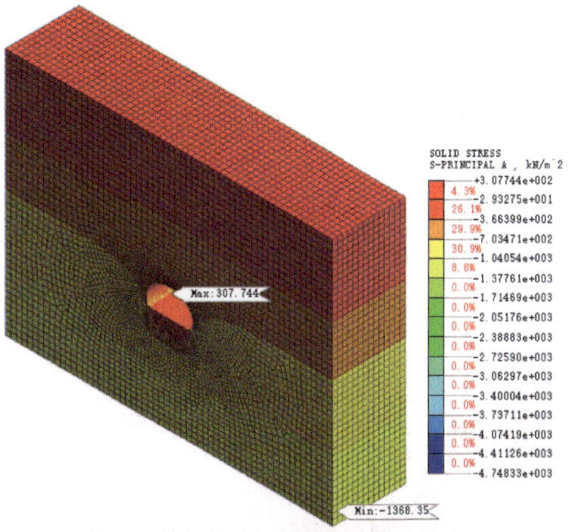

a）轴测视图

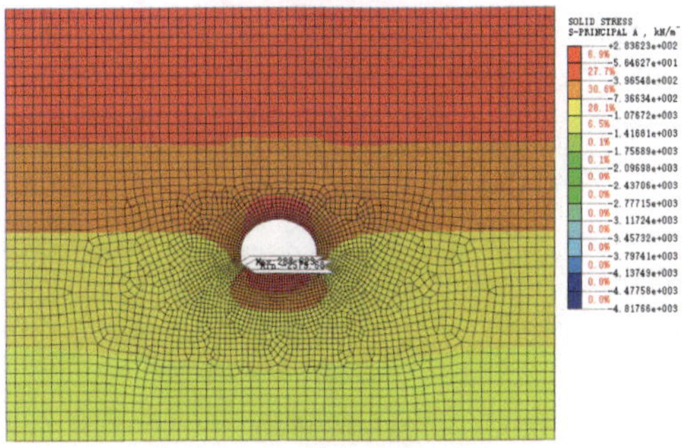

b）正视图

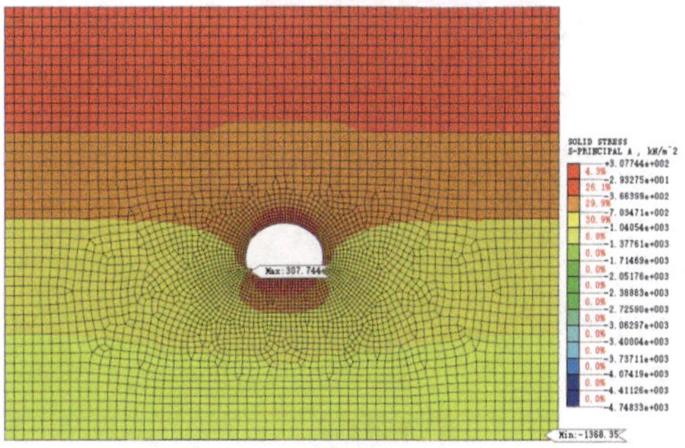

b）正视图

（a）原设计方案　　（b）优化设计方案

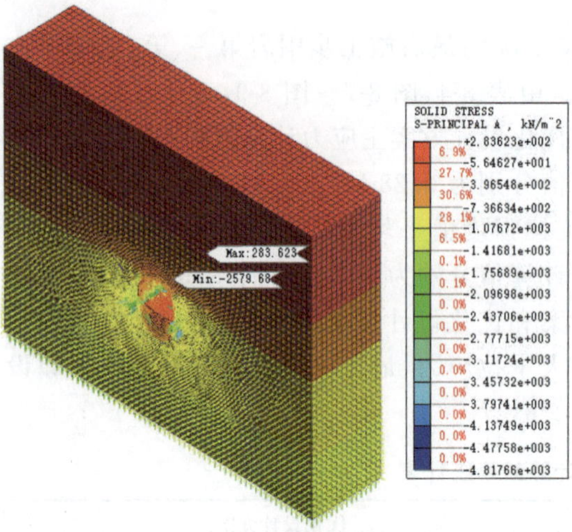

c）矢量场轴测图

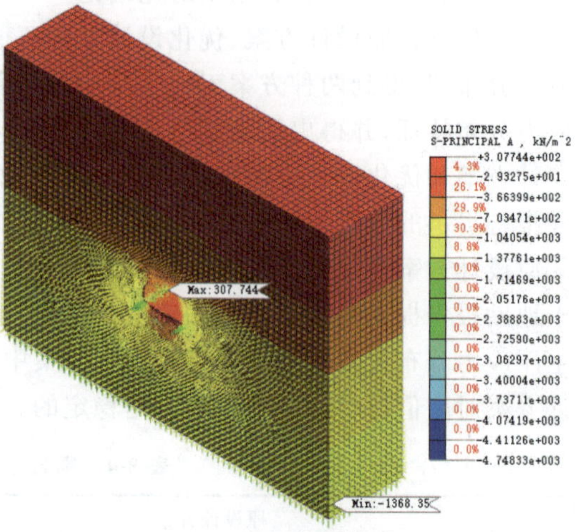

c）矢量场轴测图

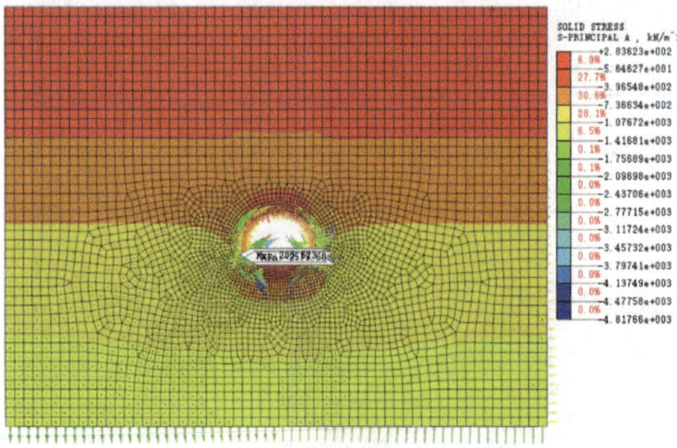

d）矢量场正视图

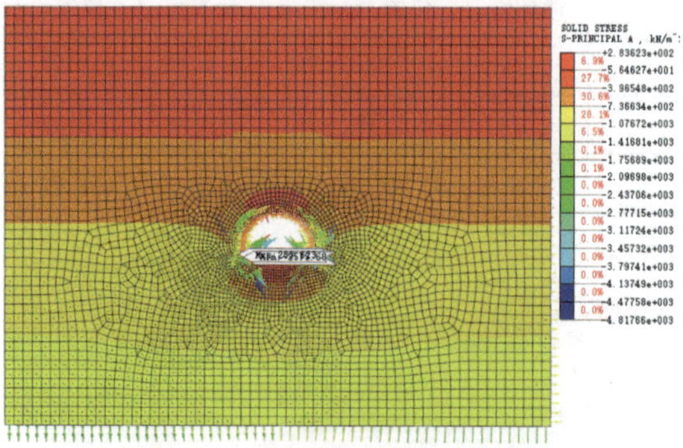

d）矢量场正视图

（a）原设计方案

（b）优化设计方案

图 8-7 围岩第一主应力计算结果对比

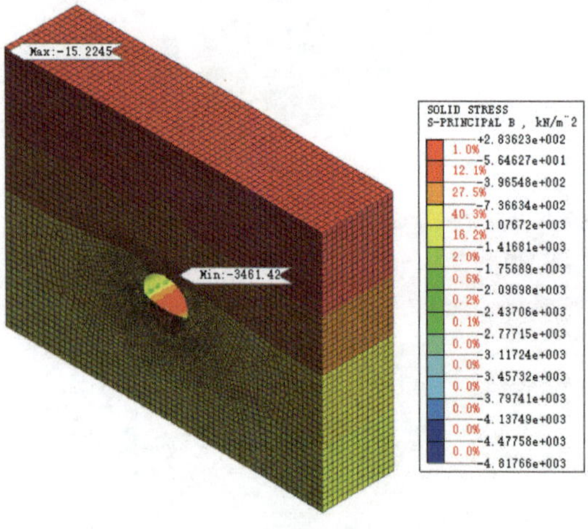

a）轴测视图

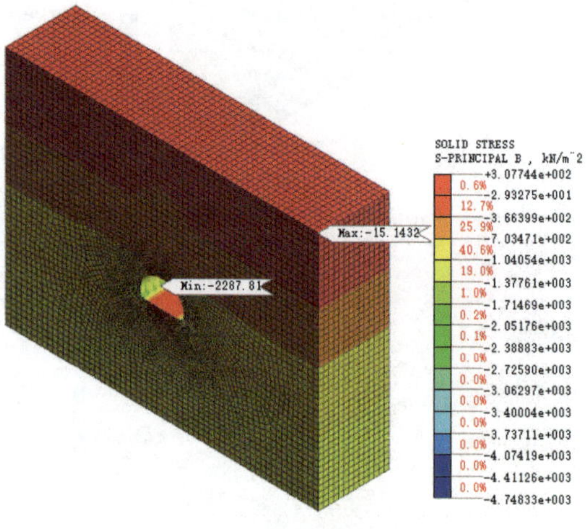

a）轴测视图

（a）原设计方案

（b）优化设计方案

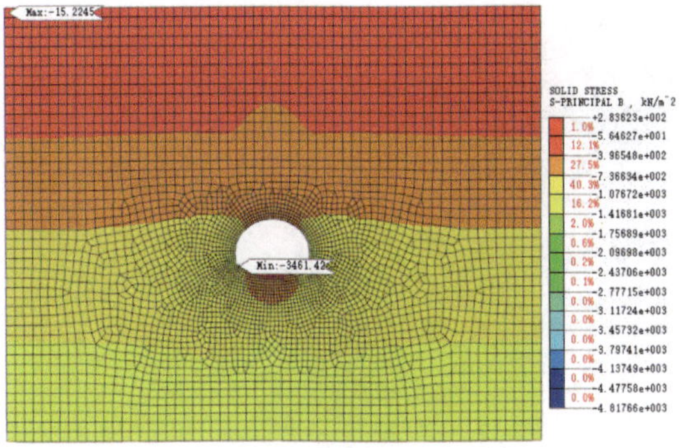

b）正视图

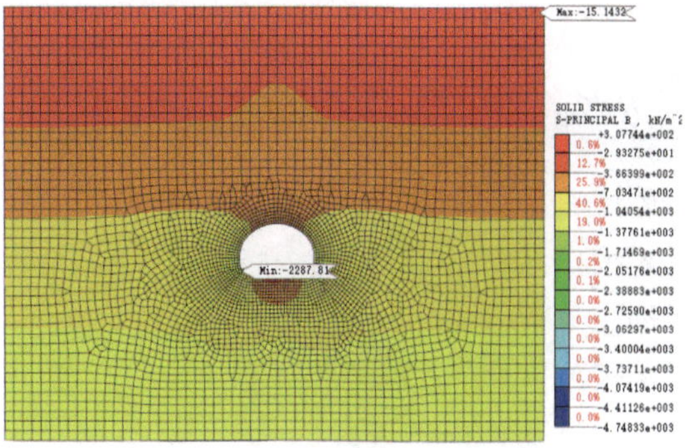

b）正视图

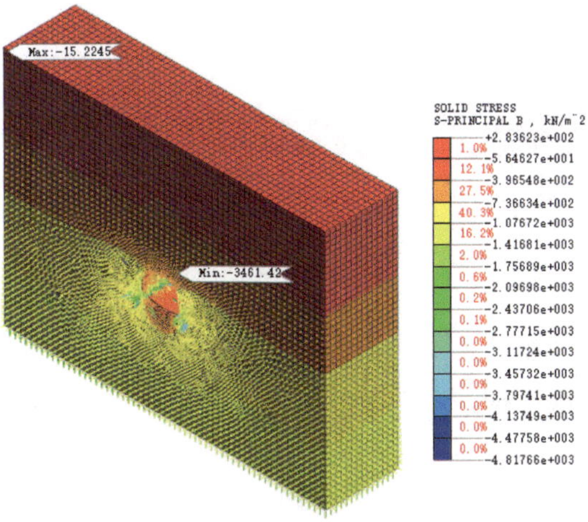

c）矢量场轴测图

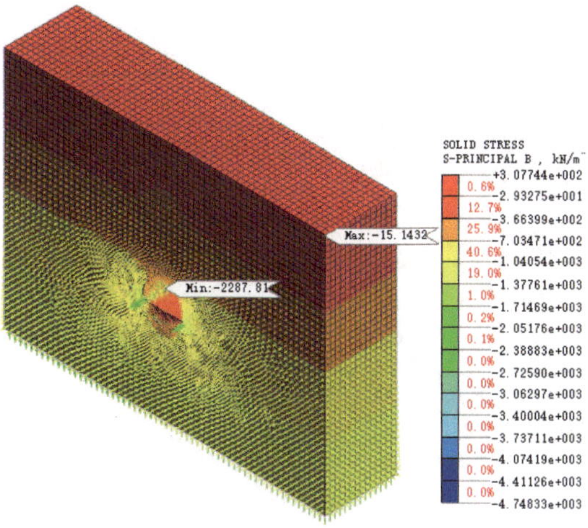

c）矢量场轴测图

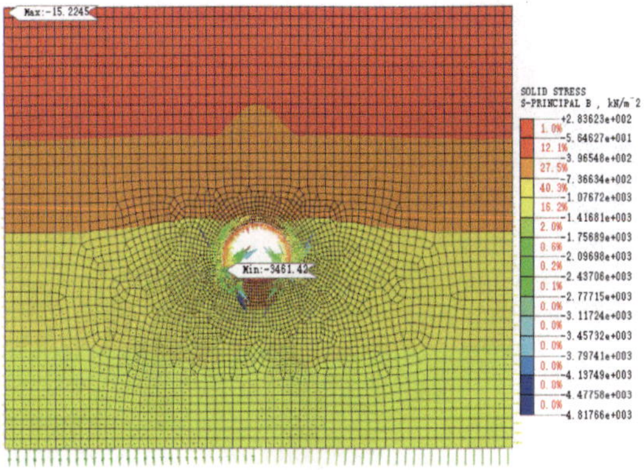

d）矢量场正视图

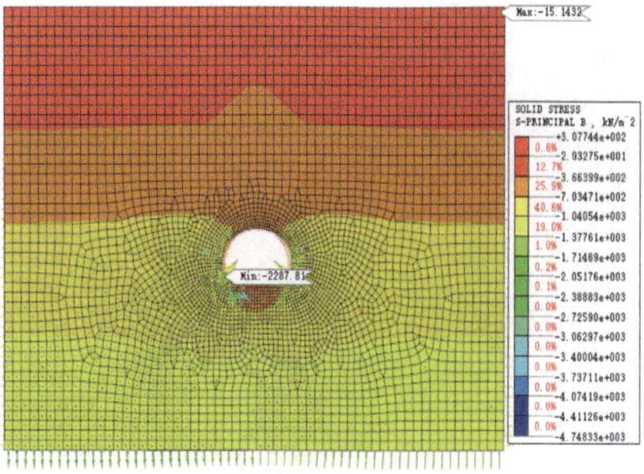

d）矢量场正视图

（a）原设计方案　　　　（b）优化设计方案

图 8-8　围岩第二主应力计算结果对比

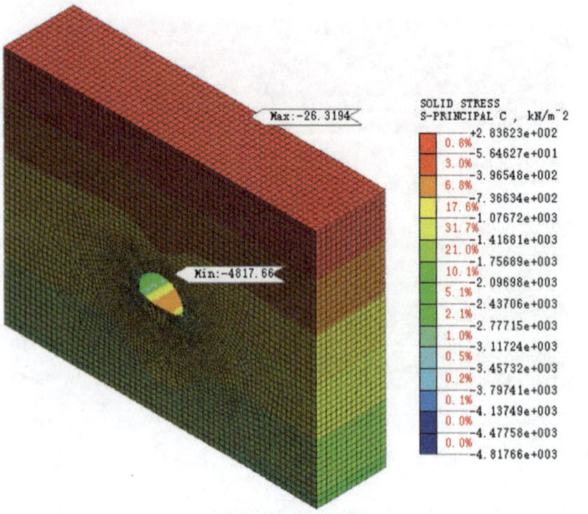

a）轴测视图

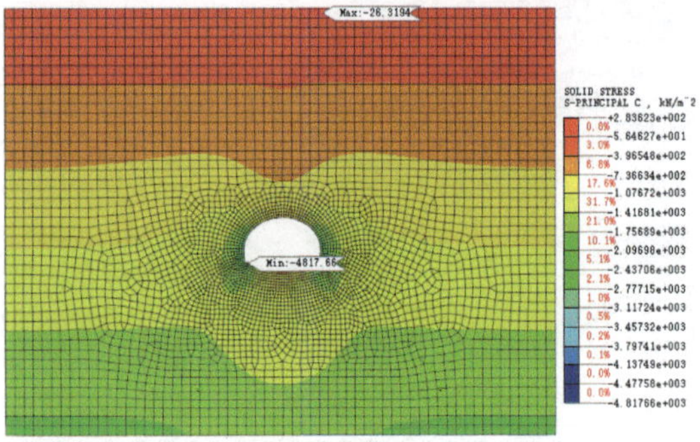

b）正视图

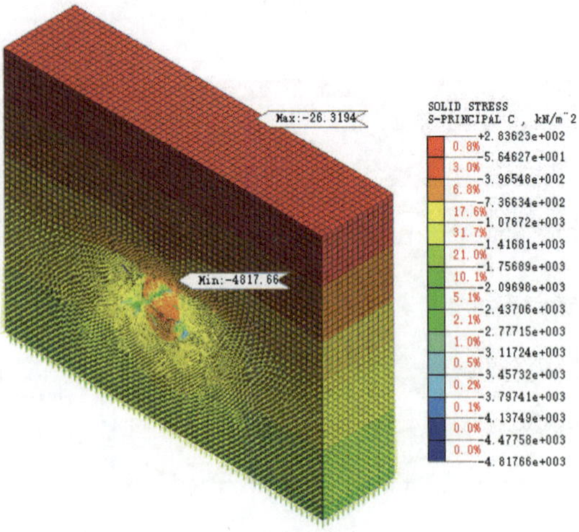

c）矢量场轴测图

（a）原设计方案

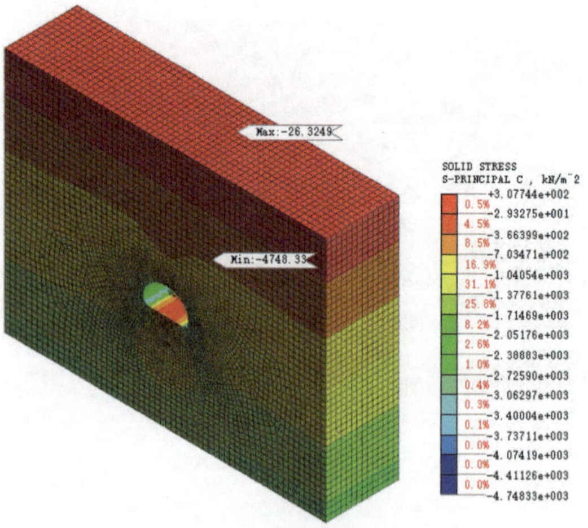

a）轴测视图

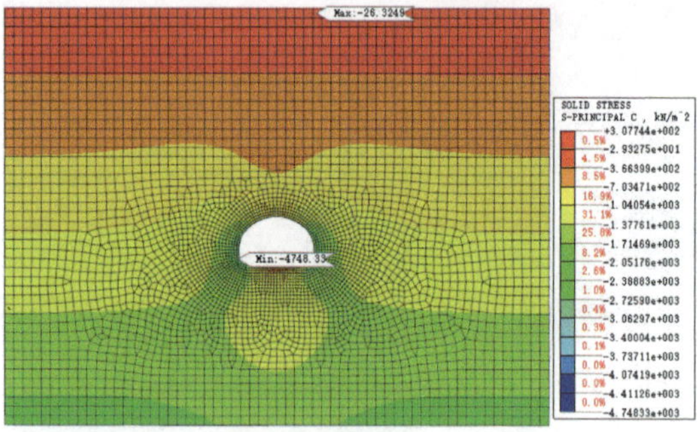

b）正视图

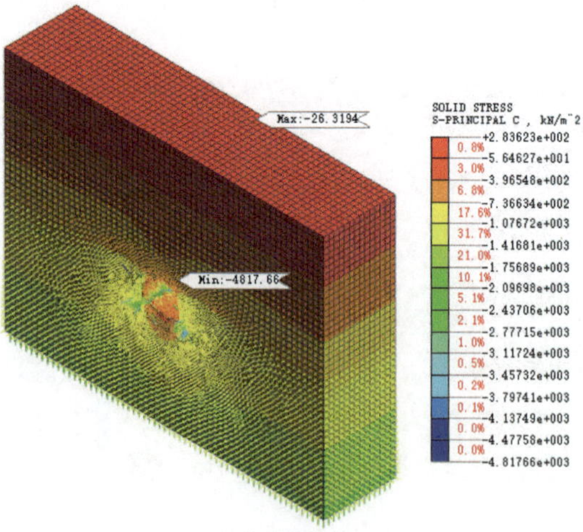

c）矢量场轴测图

（b）优化设计方案

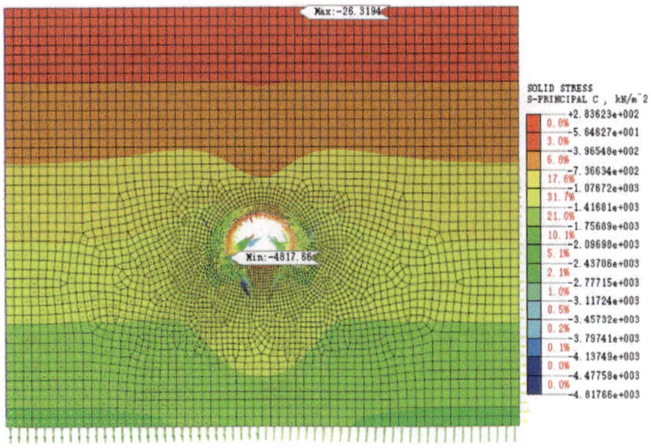

d）矢量场正视图

（a）原设计方案

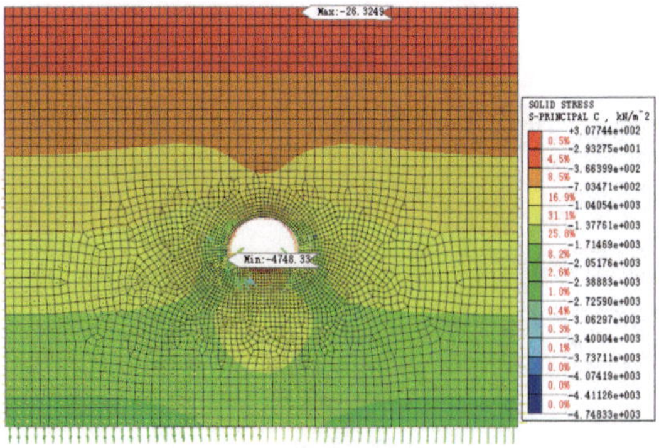

d）矢量场正视图

（b）优化设计方案

图 8-9　围岩第三主应力计算结果对比

(2)围岩位移变形计算结果

对比分析原设计方案、优化设计方案两种计算工况的最后施工步围岩垂直位移、水平位移、总位移变形图，得到两种方案围岩变形值计算表。根据表 8-5、图 8-10～图 8-12，对比分析围岩位移变形特征，得出如下结论：①原设计方案和优化设计方案位移变形计算值相差不大。②原设计方案和优化设计方案中的最大垂直位移计算值分别为 10.10 mm、10.62 mm；都远小于设计预留变形量(10 cm)。③原设计方案和优化设计方案中的最大水平位移计算值分别为 4.72 mm、4.70 mm；都远小于设计预留变形量(10 cm)。④原设计方案和优化设计方案中的最大垂直位移、最大水平位移分布位置相同。⑤优化设计方案中的最大垂直位移略大于原方案对应值，优化方案中最大水平位移值略小于原设计方案对应值。⑥围岩在整体上是稳定的。

表 8-5　围岩位移变形计算结果统计表

项目	原设计方案						优化设计方案					
	最大值(mm)			最小值(mm)			最大值(mm)			最小值(mm)		
	计算值	位置	性质	计算值	位置	性质	计算值	位置	性质	计算值	位置	性质
垂直位移	10.10	仰拱	向上	−11.11	拱顶	向下	10.62	仰拱	向上	−11.21	拱顶	向下
水平位移	4.72	左拱脚	向内	−4.71	右拱脚	向内	4.70	左拱脚	向内	−4.71	右拱脚	向内
总位移	11.11	拱顶	—	0	右下边界	—	11.21	拱顶	—	0	右下边界	—

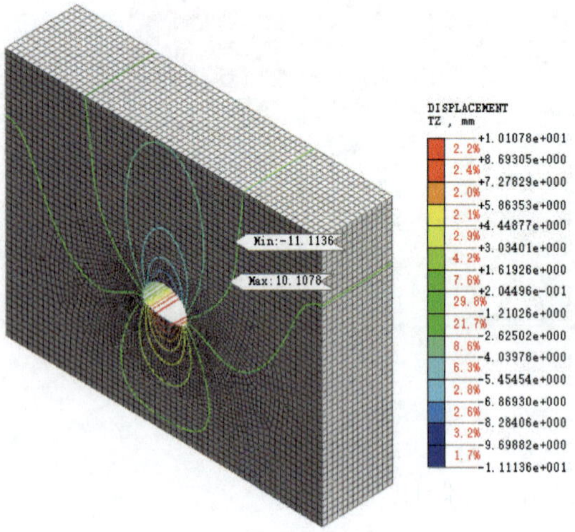

a）轴测视图

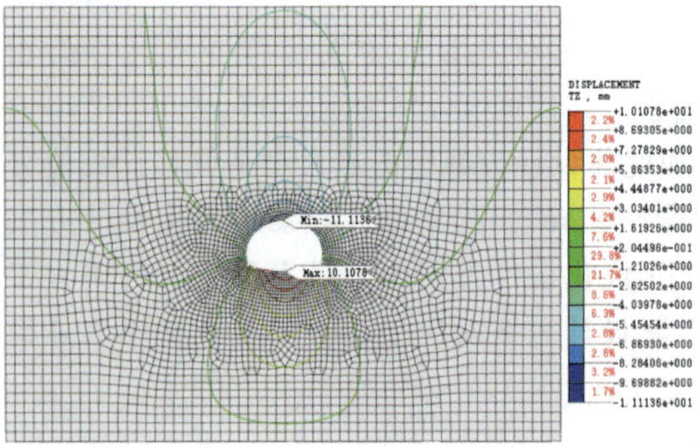

b）正视图

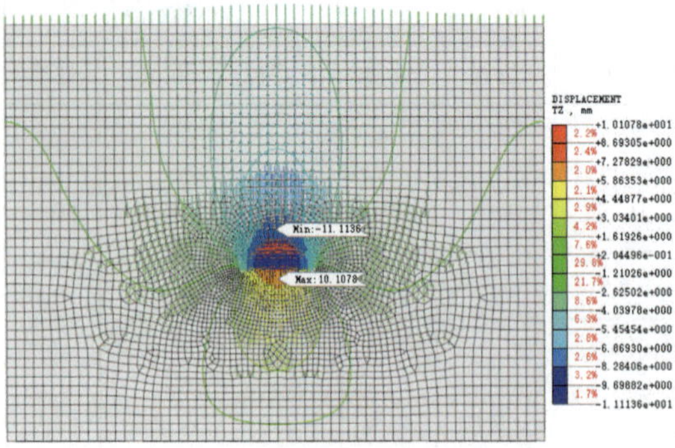

c）矢量场正视图

（a）原设计方案

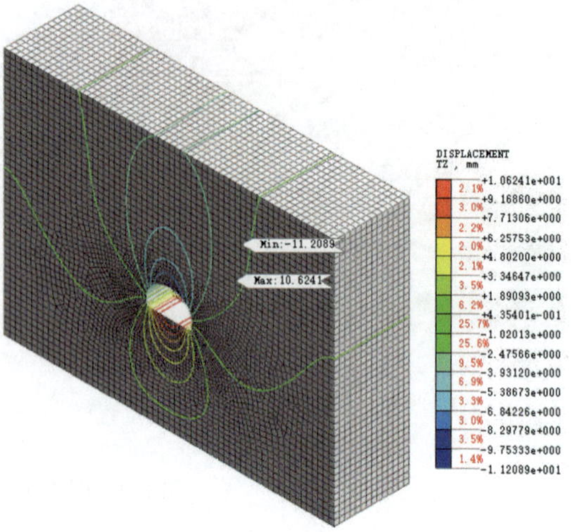

a）轴测视图

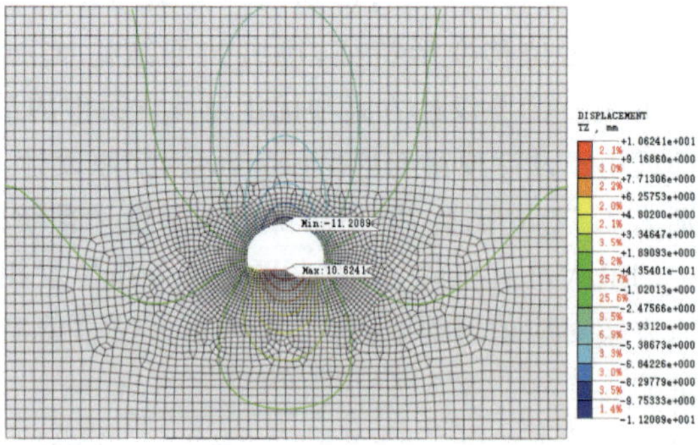

b）正视图

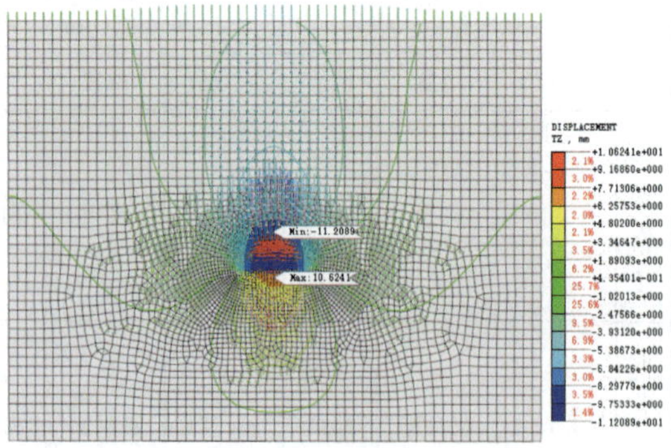

c）矢量场正视图

（b）优化设计方案

图 8-10　围岩垂直位移变形计算结果对比

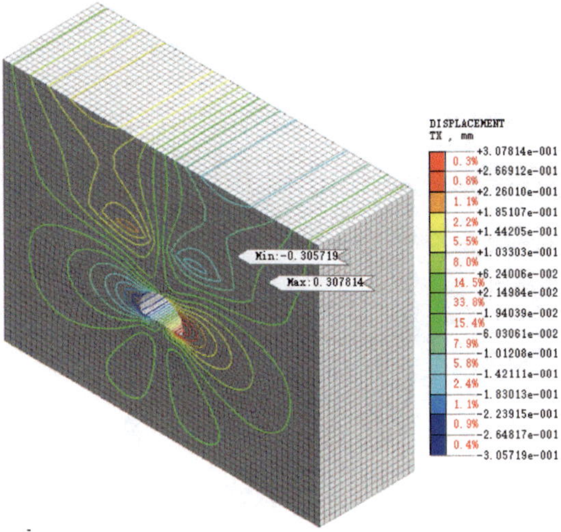

a）轴测视图

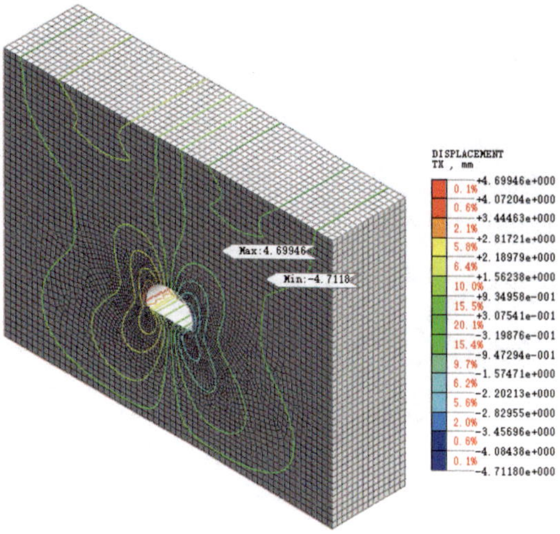

a）轴测视图

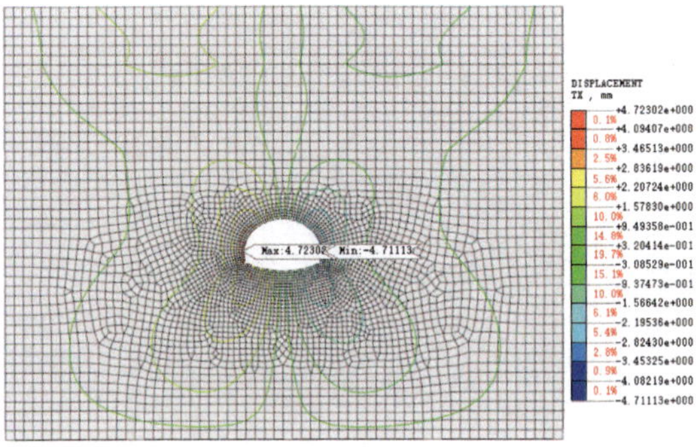

b）正视图

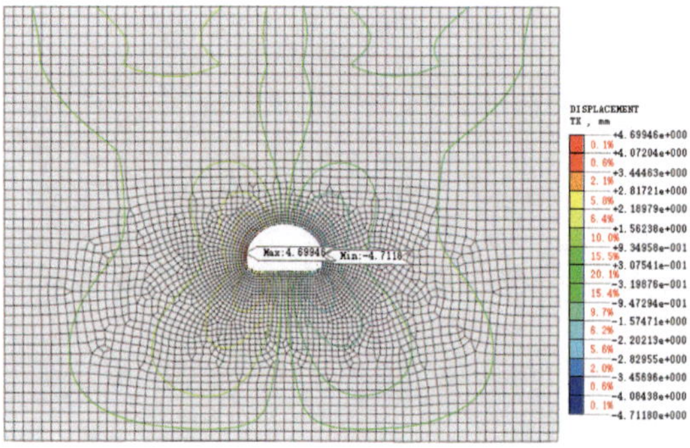

b）正视图

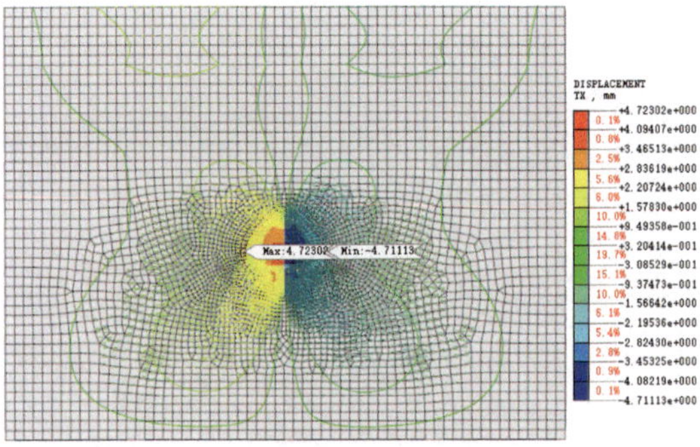

c）矢量场正视图

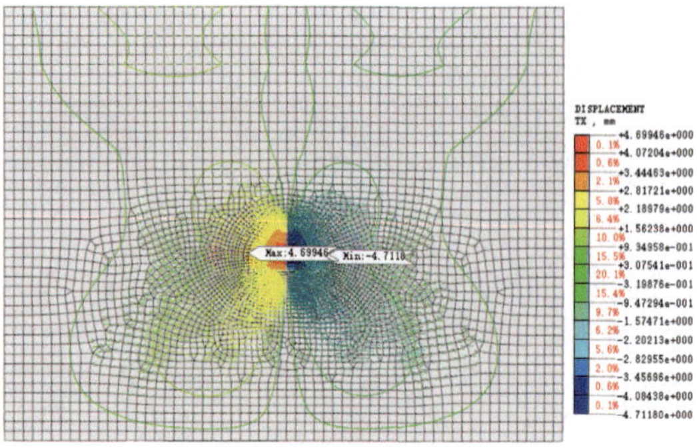

c）矢量场正视图

（a）原设计方案

（b）优化设计方案

图 8-11　围岩水平位移变形计算结果对比

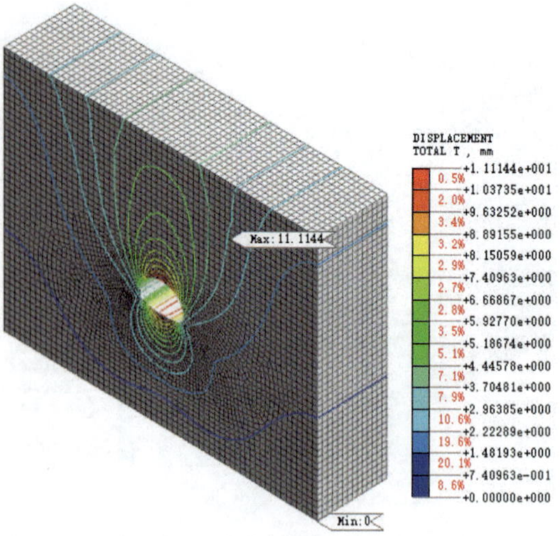

a）轴测视图

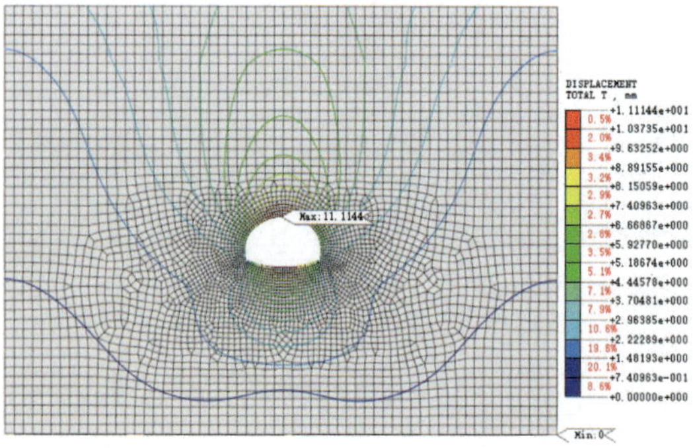

b）正视图

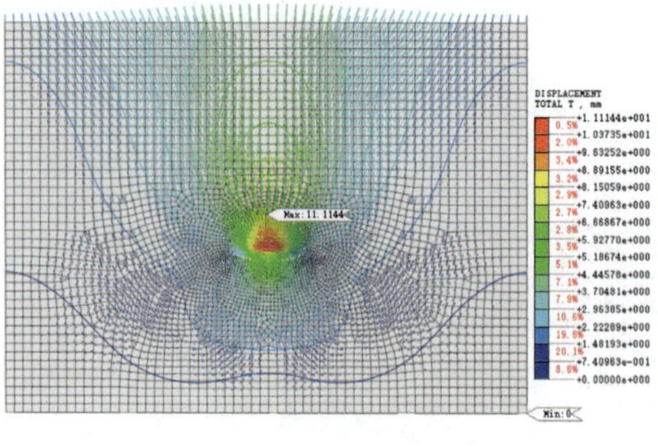

c）矢量场正视图

（a）原设计方案

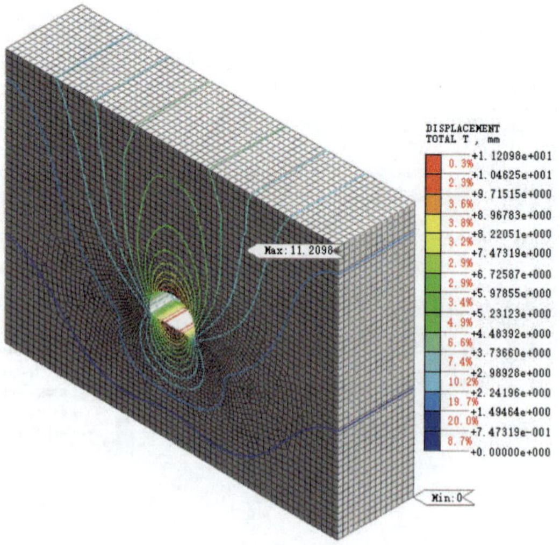

a）轴测视图

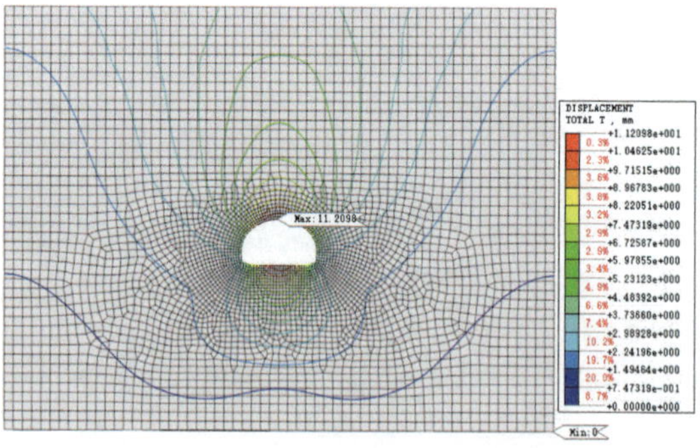

b）正视图

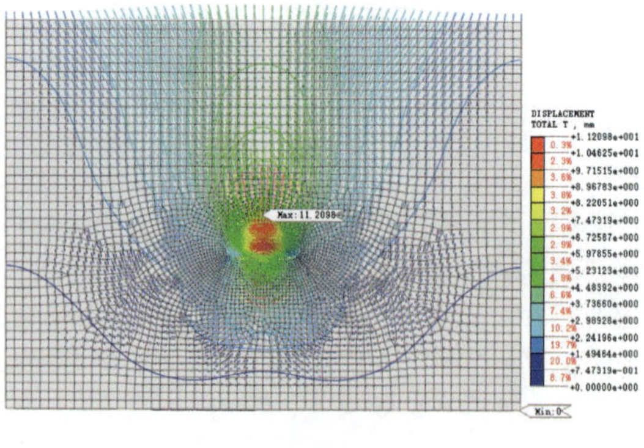

c）矢量场正视图

（b）优化设计方案

图 8-12　围岩总位移变形计算结果对比

(3)初期支护主应力计算结果

对比分析原设计方案、优化设计方案两种计算工况的最后施工步初期支护第一、第二、第三主应力分布图,得到两种方案工况主应力值计算表。根据表 8-6、表 8-7、图 8-13～图 8-15,对初期支护主应力计算结果对比分析,得出如下结论:①原设计方案和优化设计方案主应力计算值相差不大。②原设计方案和优化设计方案中的最大主拉应力计算值分别为 7.20 MPa、7.93 MPa;都小于初期支护抗拉强度;据研究结果表明:抗拉强度值平均为抗压强度值的 1/4～1/6。③原设计方案和优化设计方案中的最大主压应力计算值分别为 12.24 MPa、11.53 MPa;都小于初期支护抗压强度值。④原设计方案和优化设计方案中的最大主拉应力、最大主压应力分布位置相同。⑤优化设计方案中的最大主拉应力、最大主压应力值都小于原设计方案对应值。⑥C25 喷混凝土在整体上是稳定的。

表 8-6　初期支护主应力计算结果统计表

项目	原设计方案						优化设计方案					
	最大值(MPa)			最小值(MPa)			最大值(MPa)			最小值(MPa)		
	计算值	位置	性质	计算值	位置	性质	计算值	位置	性质	计算值	位置	性质
σ_1	7.20	左拱脚	拉	−0.32	左拱脚	压	7.93	左拱脚	拉	−1.46	右拱脚	压
σ_2	2.17	左拱脚	拉	−2.20	左拱脚	压	2.52	左拱脚	拉	−3.35	拱顶	压
σ_3	−0.005	拱顶	压	−12.24	左拱脚	压	−0.021	拱顶	压	−11.53	左拱脚	压

表 8-7　喷射混凝土(钢筋抗拉、抗压)**强度设计值**(MPa)

强度种类	喷射混凝土强度等级					钢筋牌号	钢筋抗拉和抗压强度		
	C20	C25	C30	C35	C40		HPB300	HPB400	HPB500
轴心抗压	9.6	11.9	14.3	16.7	19.1	抗拉强度设计值 *f*y	270	360	435
弯曲抗压	11.0	13.5	16.5	—	—	抗压强度设计值 *f*s	270	360	410
抗拉	1.1	1.27	1.43	1.57	1.71				

注:摘自《公路隧道设计规范　第一册　土建工程》(JTG 3370.1—2018)。

(4)二次衬砌主应力计算结果

对比分析原设计方案、优化设计方案两种计算工况的最后施工步二次衬砌第一、第二、第三主应力分布图,得到两种方案工况二次衬砌主应力值统计表。根据表 8-8、表 8-9、图 8-16～图 8-18,对二次衬砌主应力分布特征进行对比分析,得出结论如下:①原设计方案和优化设计方案主应力计算值相差不大。②原设计方案和优化设计方案中的最大主拉应力计算值分别为 1.85 MPa、2.45 MPa;都小于混凝土抗拉强度值;据研究结果表明:抗拉强度值平均为抗压强度值的 1/4～1/6。③原设计方案和优化设计方案中的最大主压应力计算值分别为 3.01 MPa、

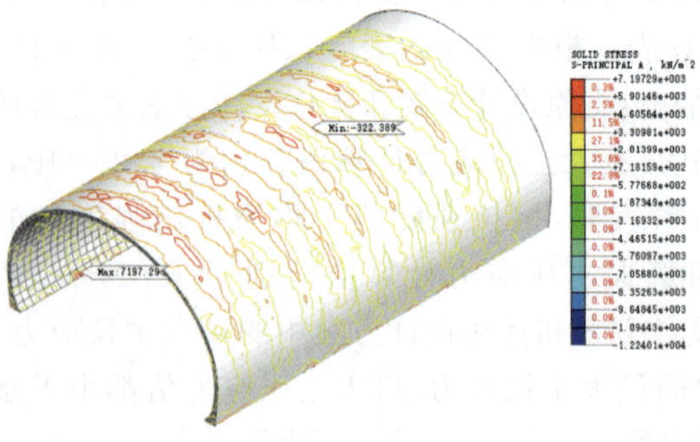

a）轴测视图

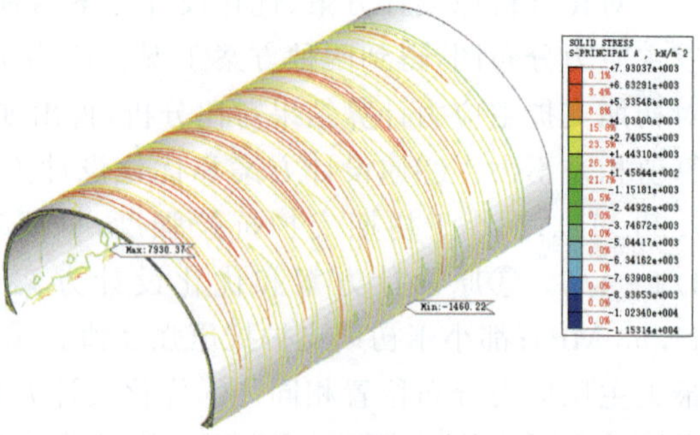

a）轴测视图

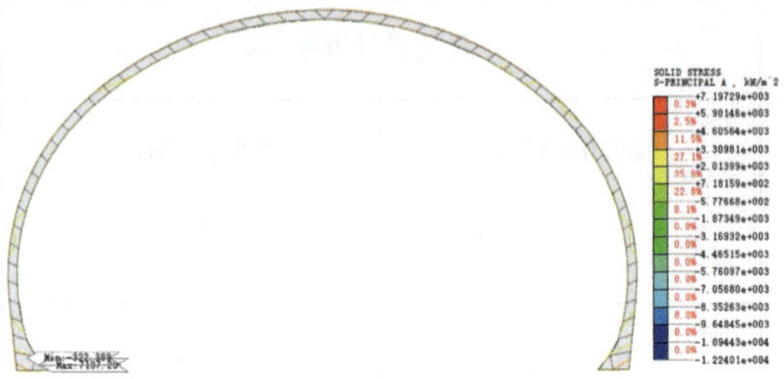

b）正视图

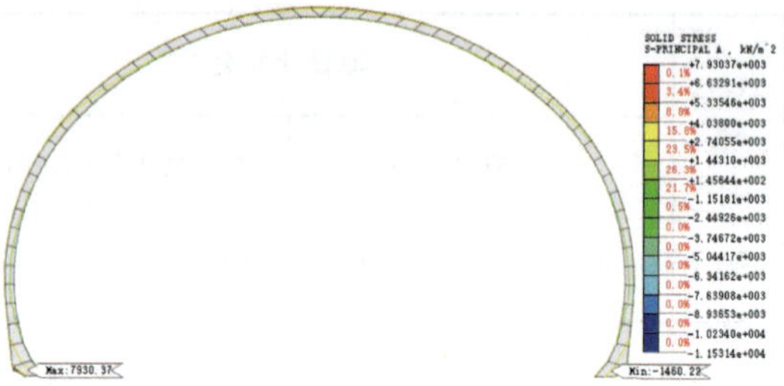

b）正视图

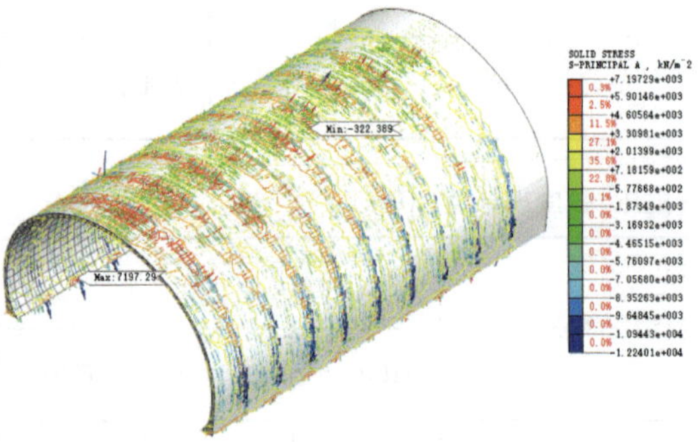

c）矢量场轴测图

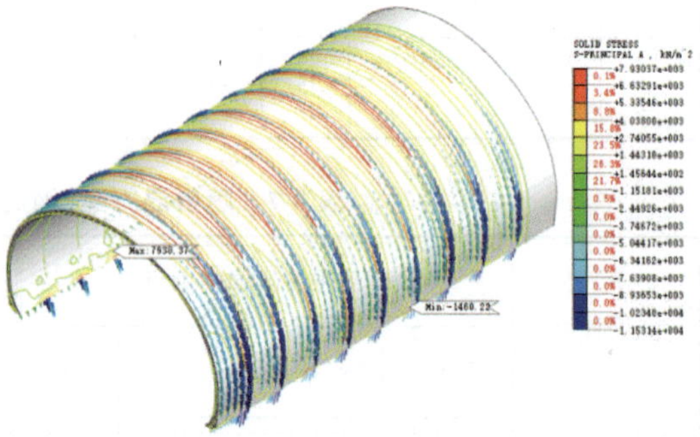

c）矢量场轴测图

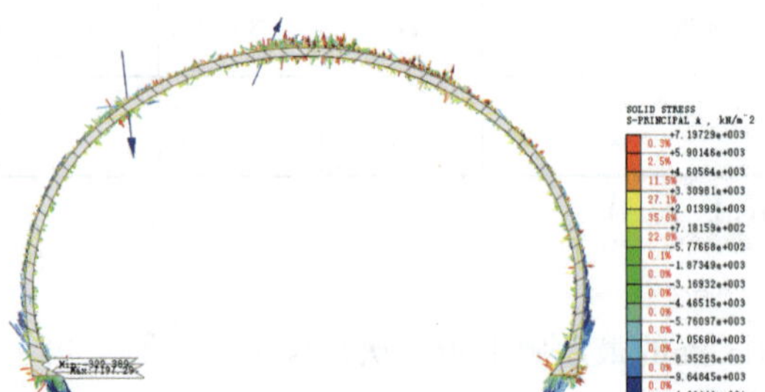

d）矢量场正视图

（a）原设计方案

d）矢量场正视图

（b）优化设计方案

图 8-13　初期支护第一主应力计算结果对比

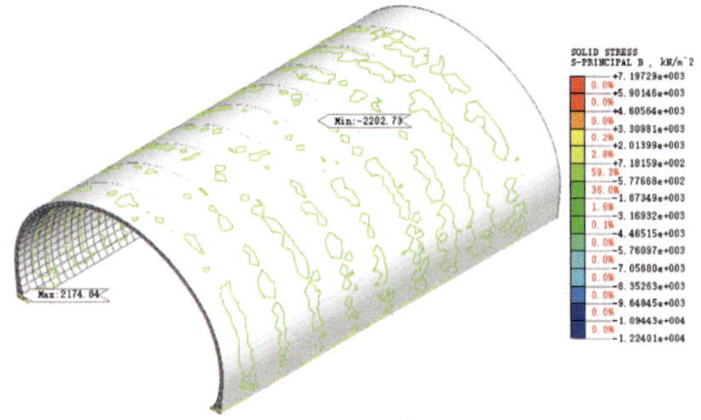

a）轴测视图

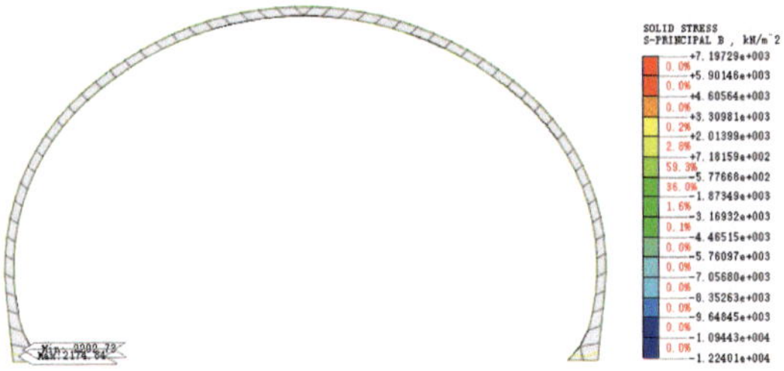

b）正视图

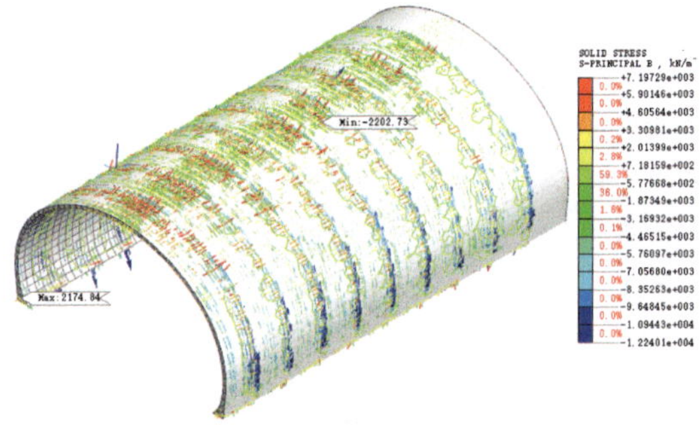

c）矢量场轴测图

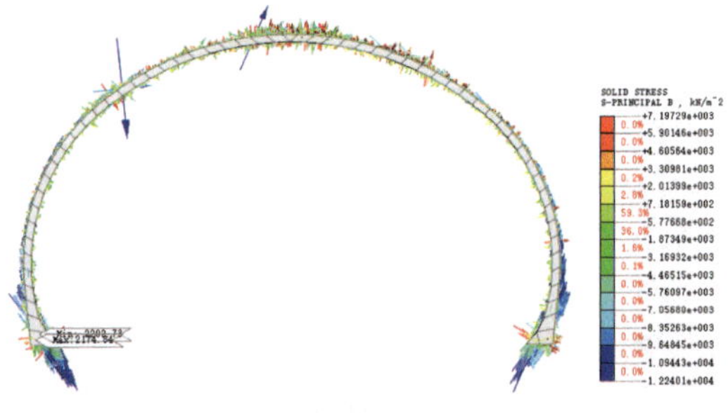

d）矢量场正视图

（a）原设计方案

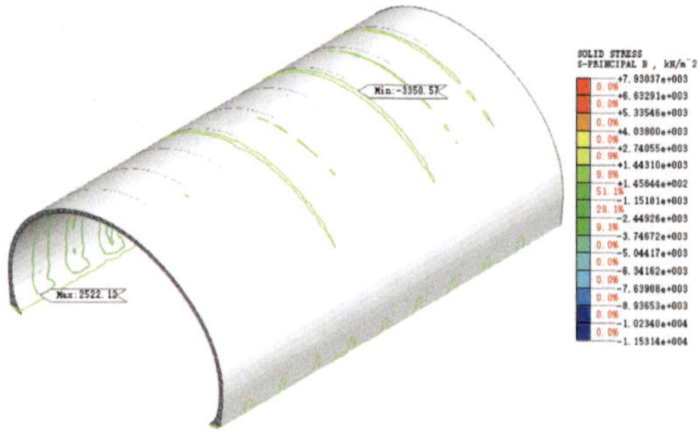

a）轴测视图

b）正视图

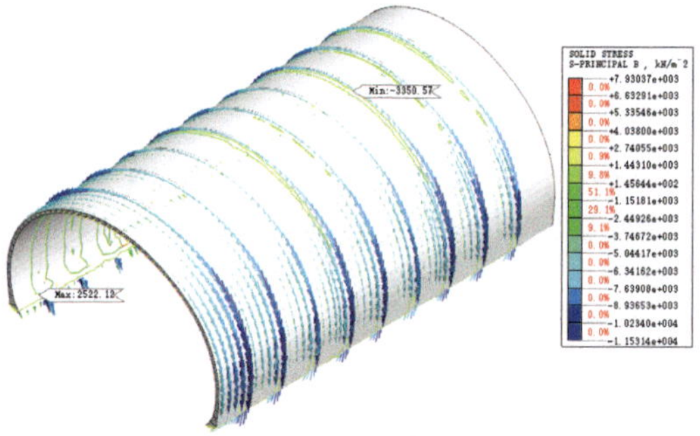

c）矢量场轴测图

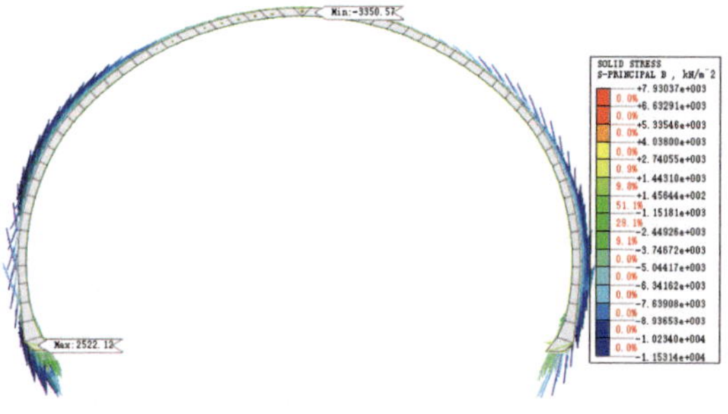

d）矢量场正视图

（b）优化设计方案

图 8-14　初期支护第二主应力计算结果对比

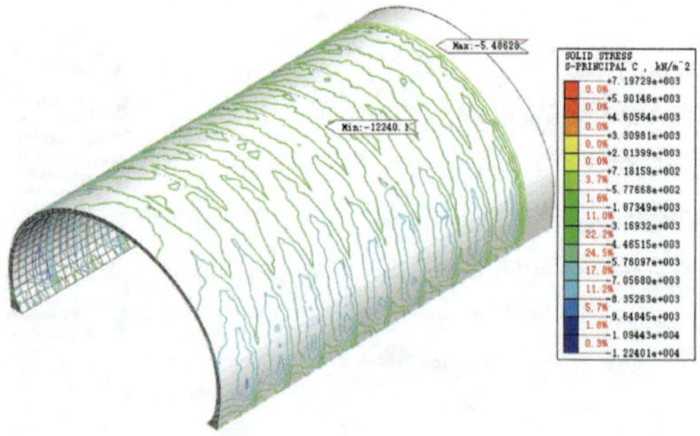

a）轴测视图

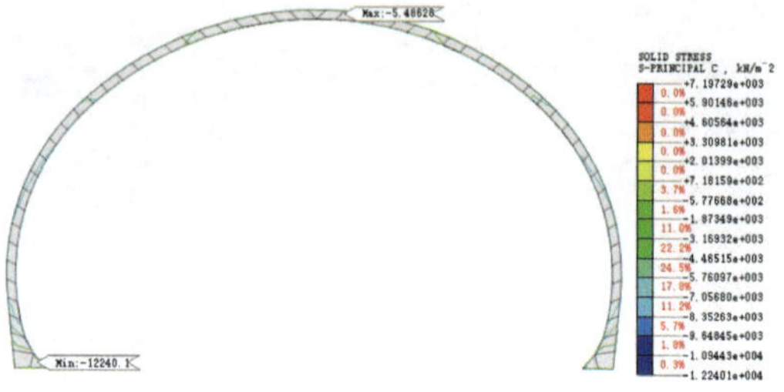

b）正视图

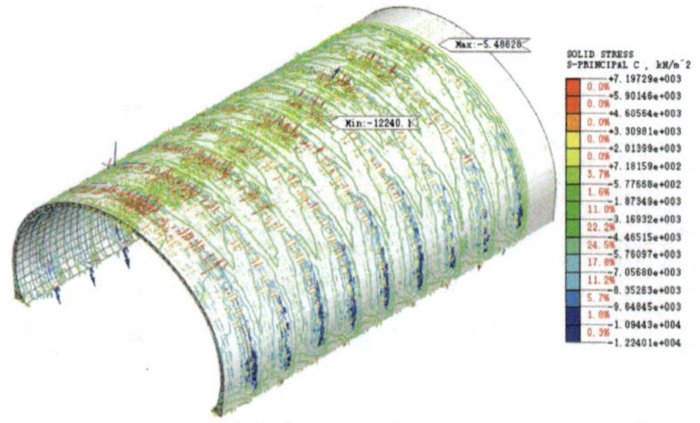

c）矢量场轴测图

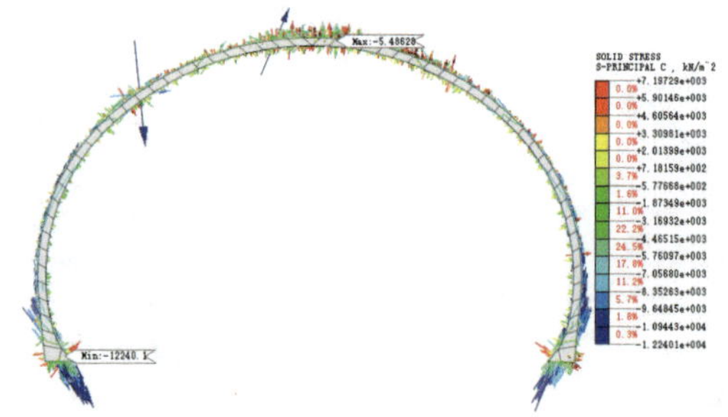

d）矢量场正视图

（a）原设计方案

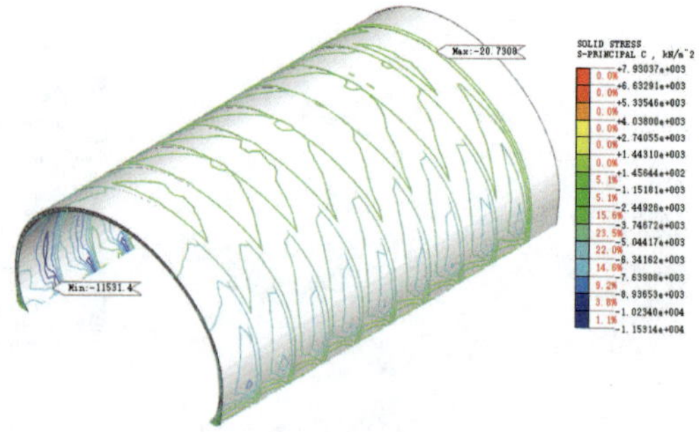

a）轴测视图

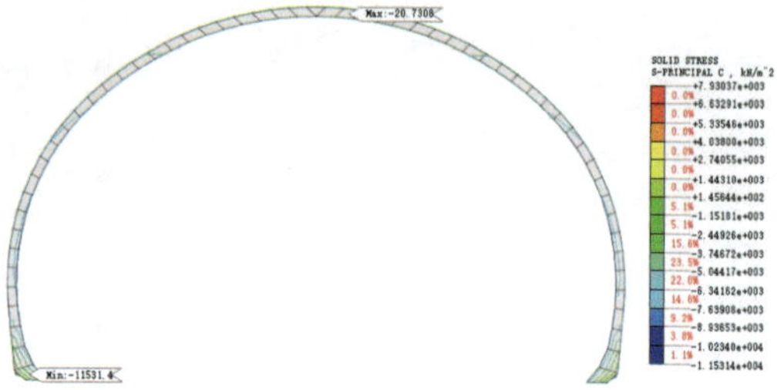

b）正视图

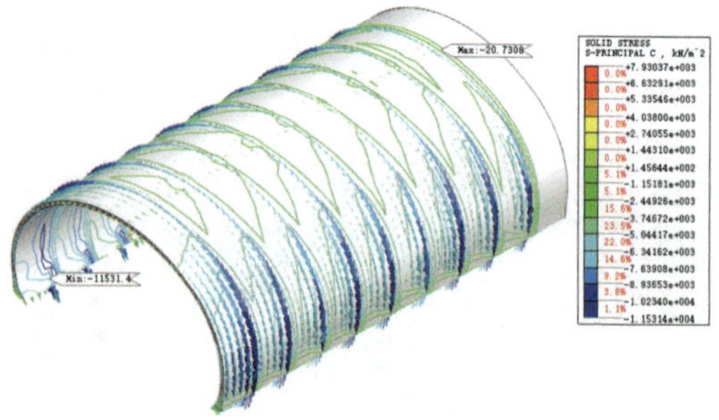

c）矢量场轴测图

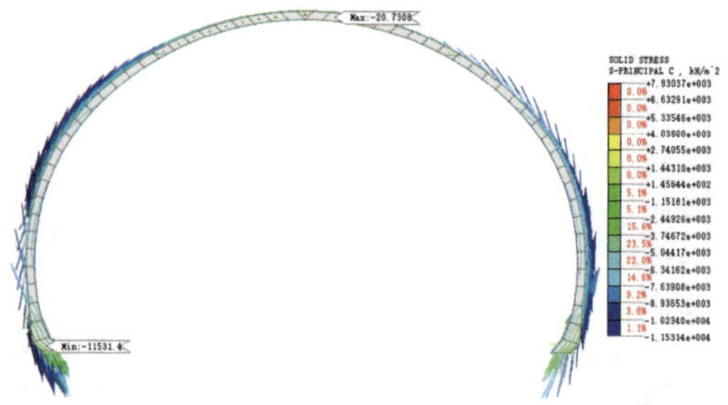

d）矢量场正视图

（b）优化设计方案

图 8-15　初期支护第三主应力计算结果对比

2.60 MPa；都小于混凝土抗压强度值。④原设计方案和优化设计方案中的最大主拉应力、最大主压应力分布位置相同。⑤优化设计方案中的最大主拉应力略大于原设计方案对应值，优化方案中最大主压应力值略小于原设计方案对应值。⑥二次衬砌在整体上是稳定的。

表 8-8　二次衬砌主应力计算结果统计表

项目	原设计方案						优化设计方案					
	最大值(MPa)			最小值(MPa)			最大值(MPa)			最小值(MPa)		
	计算值	位置	性质	计算值	位置	性质	计算值	位置	性质	计算值	位置	性质
σ_1	1.85	仰拱顶部	拉	−0.42	仰拱底部	压	2.45	仰拱顶部	拉	−0.60	仰拱底部	压
σ_2	0.72	仰拱顶部	拉	−1.27	仰拱底部	压	1.61	仰拱顶部	拉	−1.51	仰拱底部	压
σ_3	0.31	拱顶	拉	−3.01	仰拱底部	压	0.16	仰拱顶部	拉	−2.60	仰拱底部	压

表 8-9　混凝土强度标准值、设计值、极限强度值(MPa)

混凝土强度值	强度种类	混凝土强度等级								备　注
		C15	C20	C25	C30	C35	C40	C45	C50	
标准值	轴心抗压强度 f_{ck}	10	13.4	16.7	20.1	23.4	26.8	29.6	32.4	1. 混凝土垂直浇注，且一次浇注层高度大于 1.5 m 时，表中强度值应乘以系数 0.9。 2. 计算现浇钢筋混凝土轴心受压构件时，截面中的边长或直径小于 30 cm，表中强度值应乘以系数 0.8
	弯曲抗压强度 f_{cmk}	11	15	18.5	22	26	29.5	32.5	36	
	轴心抗拉强度 f_{ctk}	1.27	1.54	1.78	2.01	2.2	2.39	2.51	2.64	
设计值	轴心抗压 f_{cd}	7.2	9.6	11.9	14.3	16.7	19.1	21.1	23.1	
	弯曲抗压 f_{cmd}	8.5	11	13.5	16.5	19	21.5	24	27.5	
	轴心抗拉 f_{cmd}	0.91	1.10	1.27	1.43	1.57	1.71	1.80	1.89	
极限强度值	抗压强度 R_a	12.0	15.5	19.0	22.5	26.3	29.5	33.6	36.5	片石混凝土的抗压极限强度可采用表中数值
	弯曲抗压强度 R_w	15.0	19.4	23.6	28.1	32.9	36.9	42	45.6	
	抗拉强度 R_l	1.4	1.7	2.0	2.2	2.5	2.7	2.9	3.1	

注：摘自《公路隧道设计规范　第一册　土建工程》(JTG 3370.1—2018)。

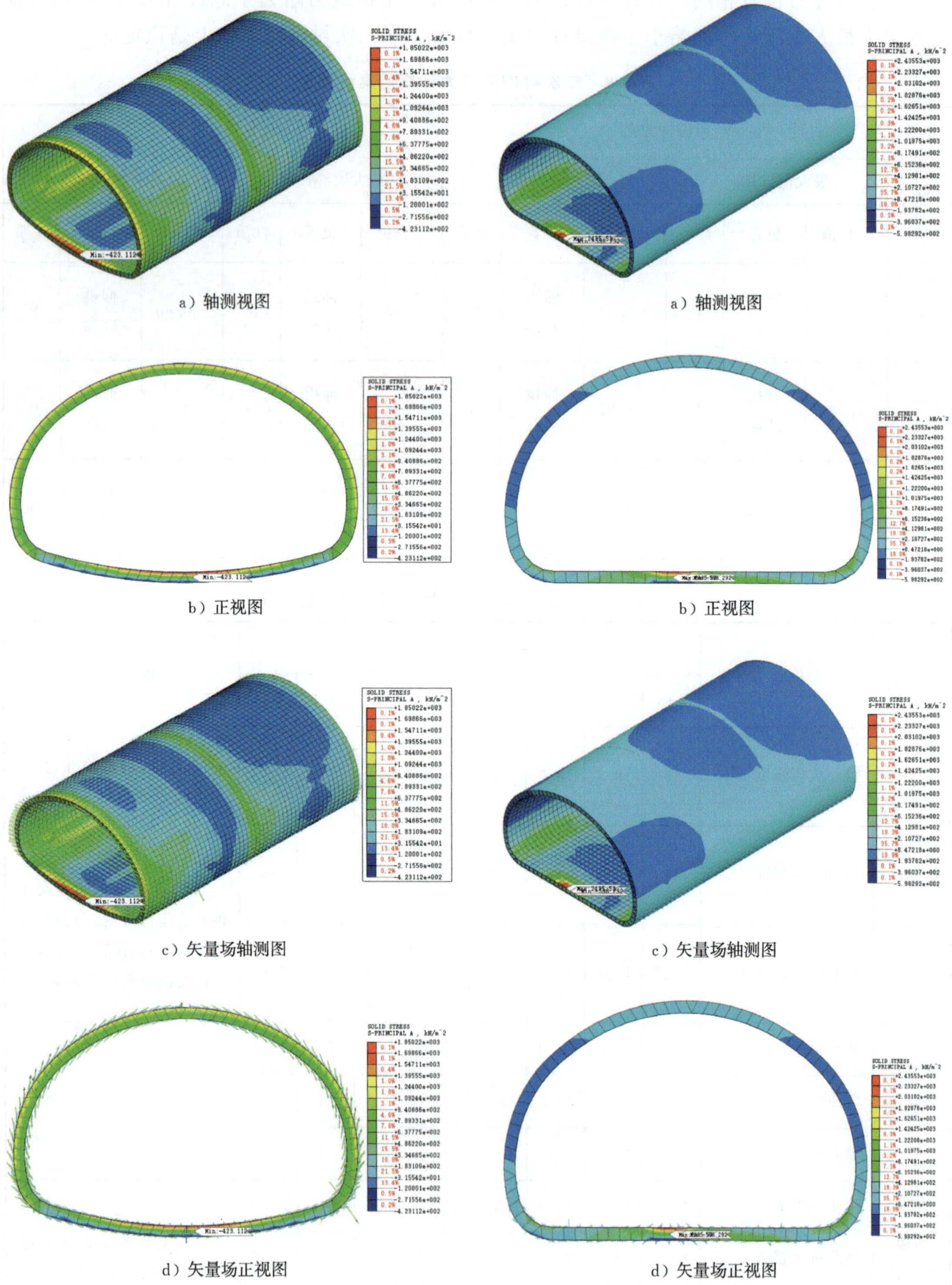

a）轴测视图　　a）轴测视图

b）正视图　　b）正视图

c）矢量场轴测图　　c）矢量场轴测图

d）矢量场正视图　　d）矢量场正视图

（a）原设计方案　　（b）优化设计方案

图 8-16　二次衬砌第一主应力计算结果对比

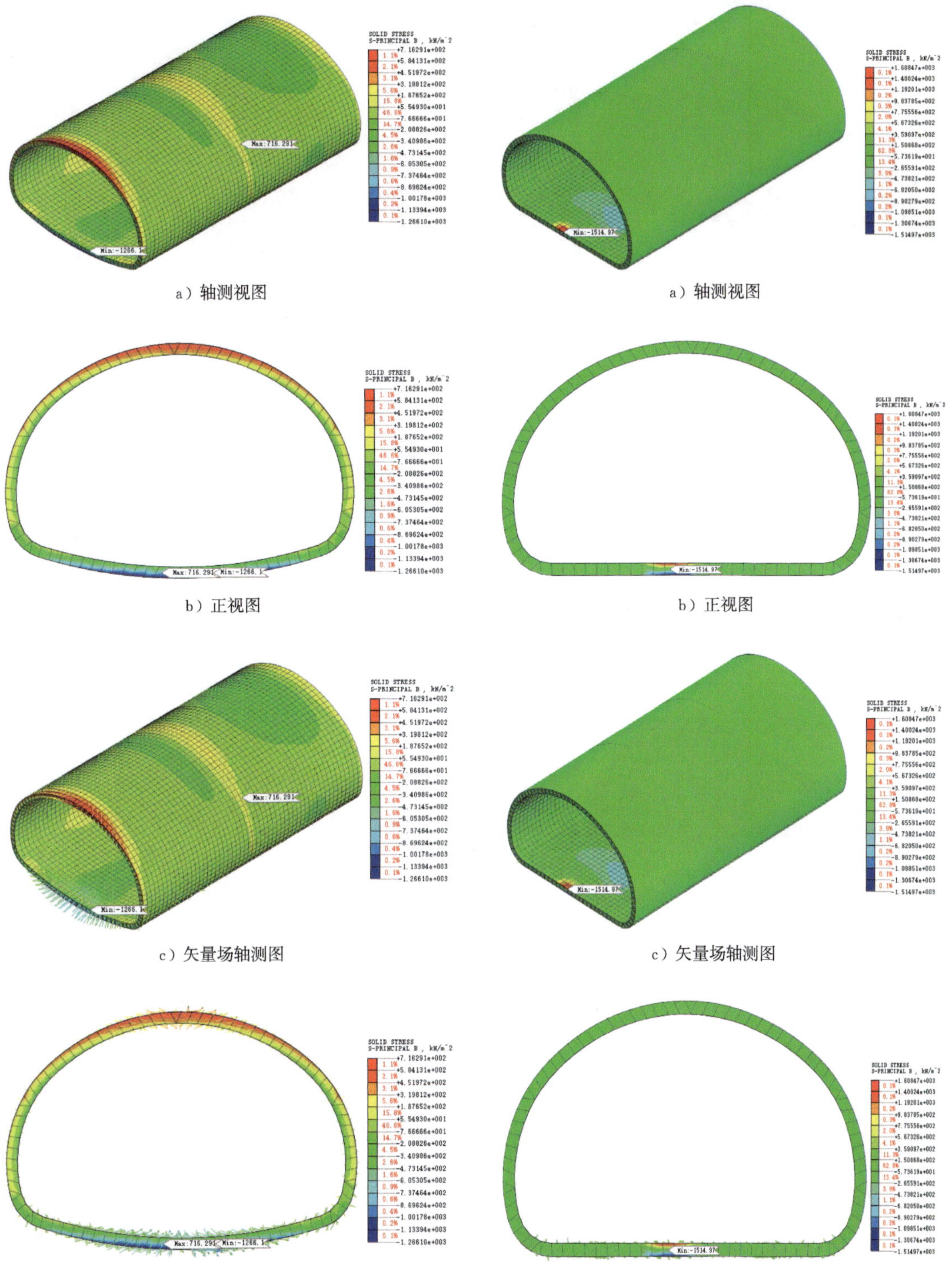

a）轴测视图

b）正视图

c）矢量场轴测图

d）矢量场正视图

（a）原设计方案

a）轴测视图

b）正视图

c）矢量场轴测图

d）矢量场正视图

（b）优化设计方案

图 8-17　二次衬砌第二主应力计算结果对比

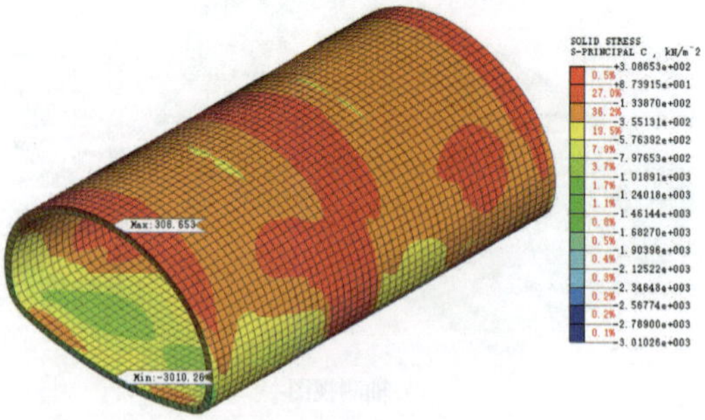

a）轴测视图

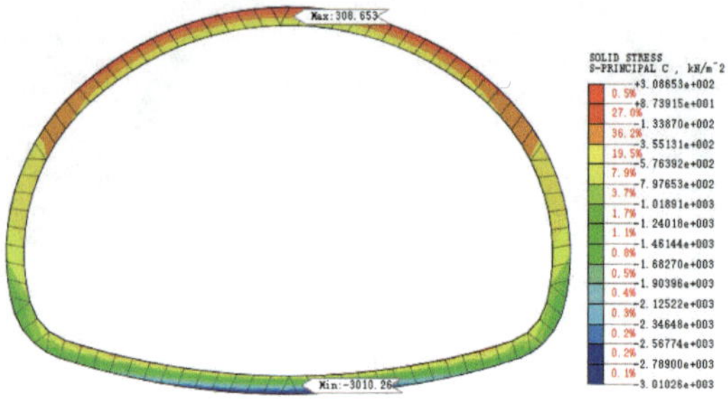

b）正视图

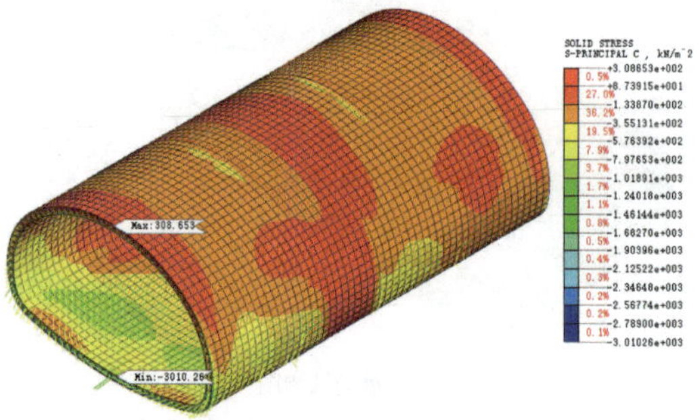

c）矢量场轴测图

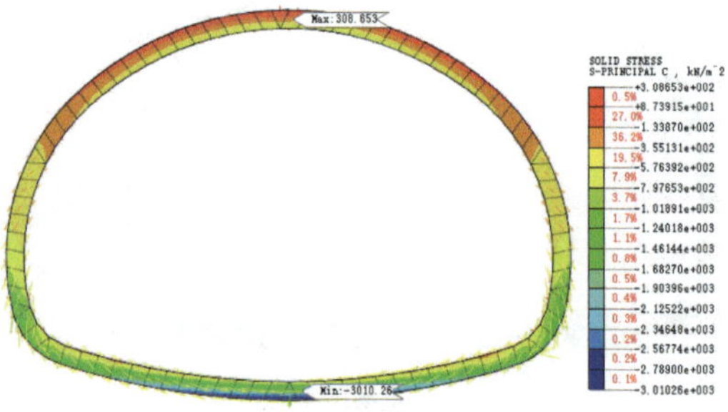

d）矢量场正视图

（a）原设计方案

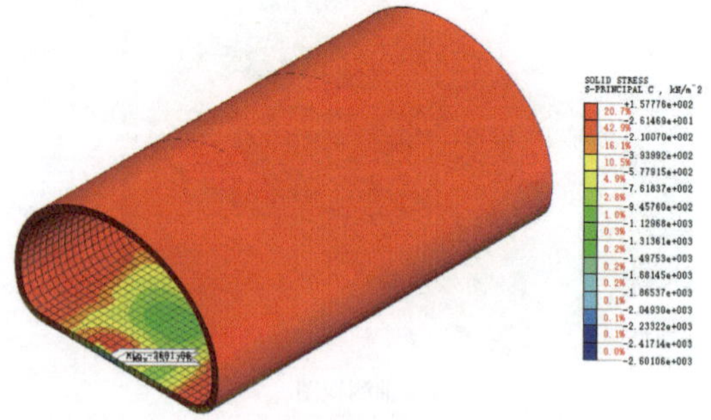

a）轴测视图

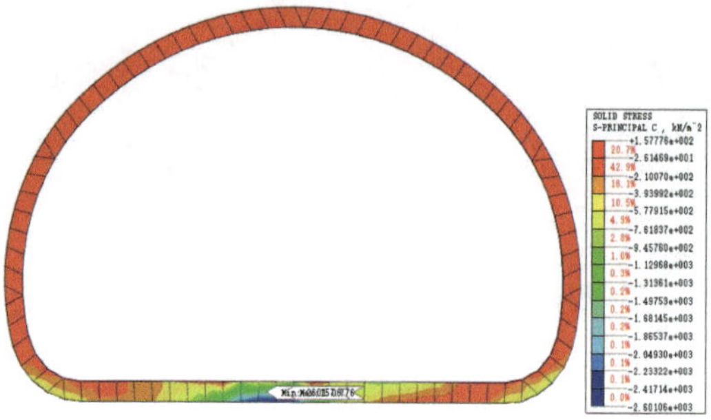

b）正视图

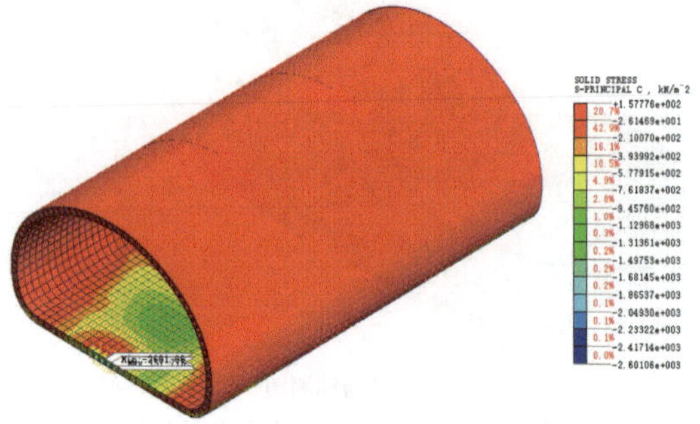

c）矢量场轴测图

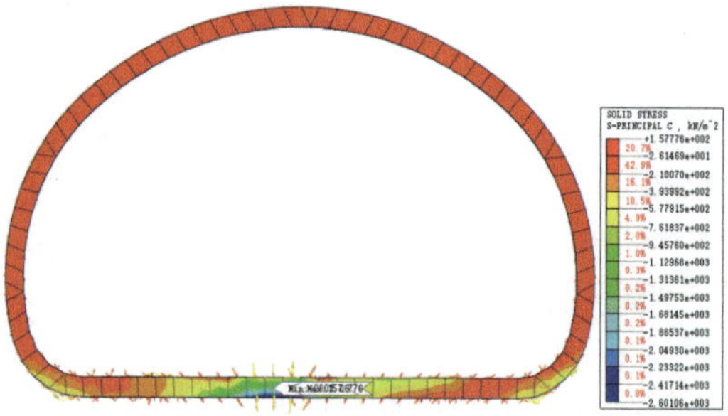

d）矢量场正视图

（b）优化设计方案

图 8-18　二次衬砌第三主应力计算结果对比

（5）系统锚杆作用效果

分析原设计方案计算工况的最后施工步初期支护系统锚杆受力分布图，得到原设计方案和优化设计方案工况系统锚杆受力计算结果统计表。根据表 8-10 及图 8-19 锚杆轴力应力特征进行对比分析得出如下结论：①原设计方案和优化设计方案中，系统锚杆轴力、应力计算结果相差不大。②原设计方案和优化设计方案中，系统锚杆轴力为受拉、系统锚杆轴力应力为拉应力。③原设计方案和优化设计方案中，系统锚杆轴力最大值分别为 45.16 kN、46.72 kN；系统锚杆轴力最小值分别为 20.87 kN、26.10 kN。④原设计方案和优化设计方案中，系统锚杆应力最大值分别为 143.76 MPa、148.72 MPa；系统锚杆应力最小值分别为 66.43 MPa、83.07 MPa。⑤原设计方案和优化设计方案中，优化设计方案中系统锚杆轴力、应力最大值都略大于原设计方案对应值。⑥原设计方案和优化设计方案中，优化设计方案中系统锚杆轴力、应力最小值都略大于原设计方案对应值。⑦原设计方案和优化设计方案中，系统锚杆轴力和应力的最大值、最小值分布位置相同。⑧通过以上 S4b 型衬砌原设计方案与优化设计方案的受力和变形等方面的对比分析，隧道系统锚杆对围岩受力和变形作用效果并不明显。

表 8-10　锚杆受力计算结果统计表

项目	原设计方案						优化设计方案					
	最 大 值			最 小 值			最 大 值			最 小 值		
	计算值	位置	性质	计算值	位置	性质	计算值	位置	性质	计算值	位置	性质
轴力（kN）	45.16	拱顶	受拉	20.87	拱脚	受拉	46.72	拱顶	受拉	26.10	拱脚	受拉
应力（MPa）	143.76	拱顶	受拉	66.43	拱脚	受拉	148.72	拱顶	受拉	83.07	拱脚	受拉

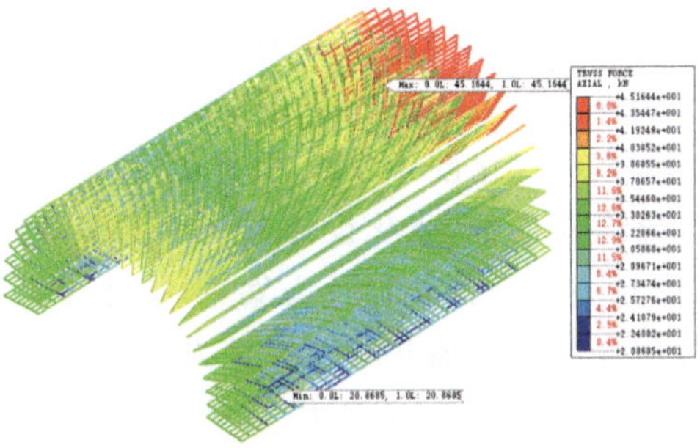

a）锚杆轴力轴测视图

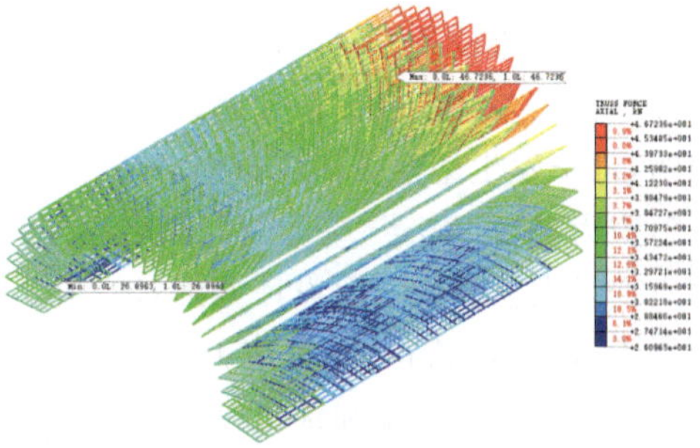

a）锚杆轴力轴测视图

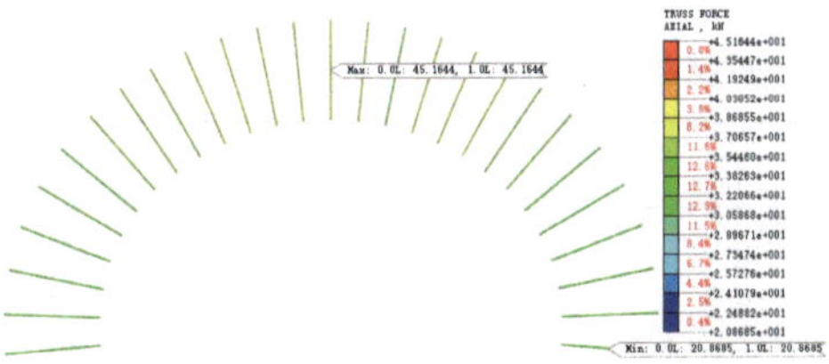

b）锚杆轴力正视图

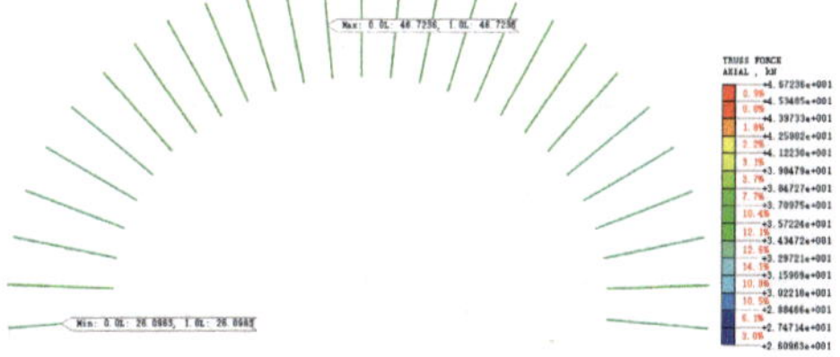

b）锚杆轴力正视图

（a）原设计方案　　（b）优化设计方案

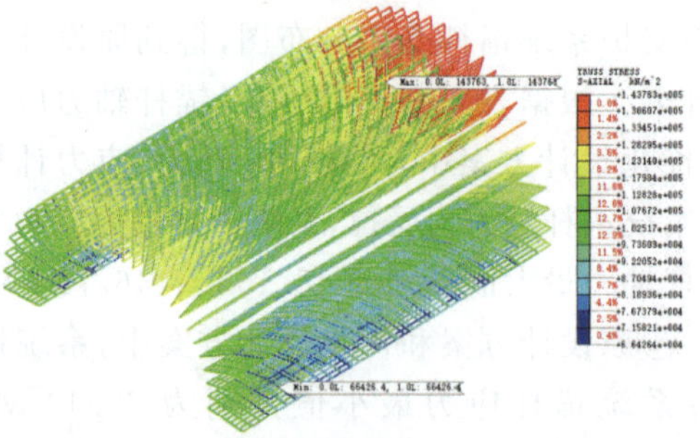

c）锚杆应力轴测图

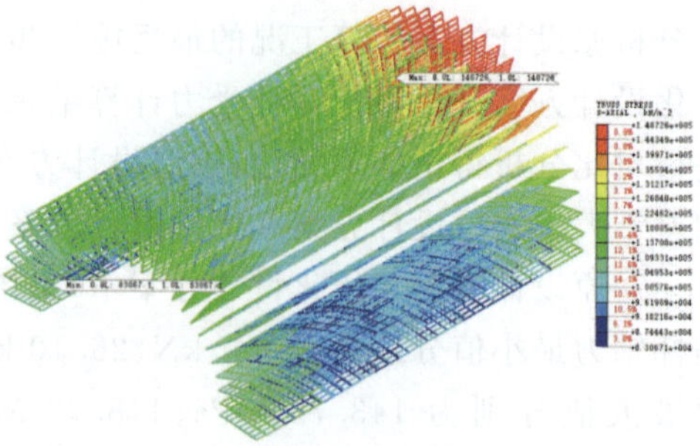

c）锚杆应力轴测图

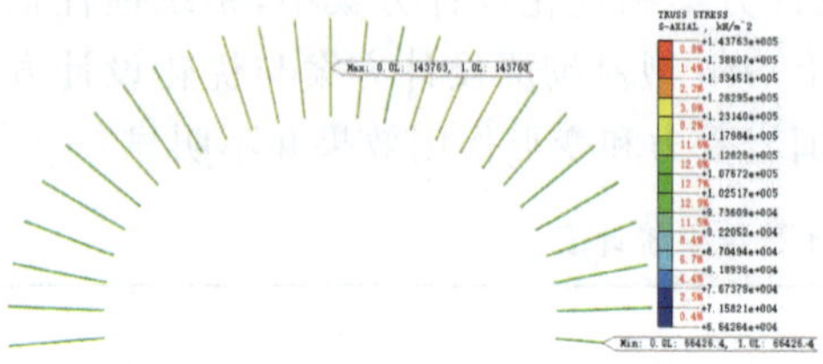

d）锚杆应力正视图

（a）原设计方案

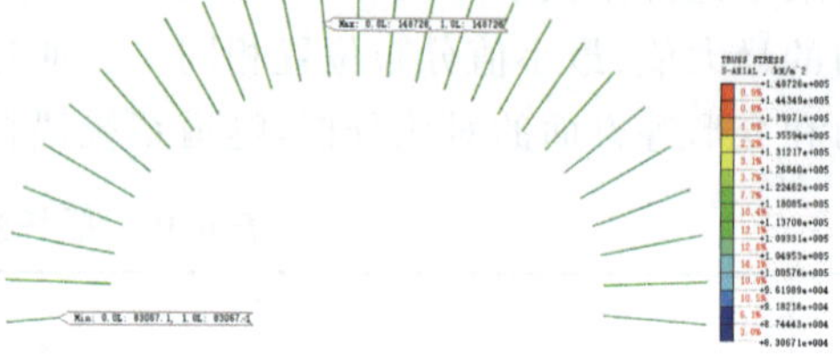

d）锚杆应力正视图

（b）优化设计方案

图 8-19　系统锚杆轴力、应力计算结果对比

（6）隧道材料状态结果

对比分析原设计方案、优化设计方案两种计算工况的最后施工步围岩最大剪应力、Von Mises 应力、等效应力、等效应变、材料状态计算结果，得到两种方案工况实体模型计算结果统计表。根据表 8-11、图 8-20～图 8-24 中隧道材料状态结果特征，对比分析得出如下结论：①原设计方案和优化设计方案中，三维实体模型的最大剪应力、Von Mises 应力、等效应力、等效应变的计算值相差并不悬殊。②原设计方案和优化设计方案中，三维实体模型材料状态计算结果表明，都未发生塑性破坏或拉伸破坏。③原设计方案和优化设计方案中，优化设计方案中的最大剪应力、Von Mises 应力最大值略小于原设计方案对应值；优化设计方案中的等效应力、等效应变最大值略大于原设计方案对应值。④原设计方案和优化设计方案中，优化设计方案中的最大剪应力、Von Mises 应力、等效应力、等效应变的最小值基与原设计方案对应值基本都相等。⑤原设计方案和优化设计方案中，最大剪应力、Von Mises 应力、等效应力、等效应变的最大值、最小值分布位置相同。⑥优化设计方案中，将仰拱优化为直横梁不影响隧道围岩、初期支护、二次衬砌稳定性。

表 8-11　三维实体模型计算结果统计表

项目	原设计方案						优化设计方案					
	最大值			最小值			最大值			最小值		
	计算值	位置	性质	计算值	位置	性质	计算值	位置	性质	计算值	位置	性质
最大剪应力（MPa）	8.27	左拱脚	顺时针	0.006	上边界	顺时针	3.87	左拱脚	顺时针	0.003	上边界	顺时针

续上表

<table>
<tr><td rowspan="3">项目</td><td colspan="6">原设计方案</td><td colspan="6">优化设计方案</td></tr>
<tr><td colspan="3">最大值</td><td colspan="3">最小值</td><td colspan="3">最大值</td><td colspan="3">最小值</td></tr>
<tr><td>计算值</td><td>位置</td><td>性质</td><td>计算值</td><td>位置</td><td>性质</td><td>计算值</td><td>位置</td><td>性质</td><td>计算值</td><td>位置</td><td>性质</td></tr>
<tr><td>Von Mises 应力(MPa)</td><td>14.72</td><td>左拱脚</td><td>—</td><td>0.005</td><td>上边界</td><td>—</td><td>6.88</td><td>右拱脚</td><td>—</td><td>0.005</td><td>上边界</td><td>—</td></tr>
<tr><td>等效应力(MPa)</td><td>3.23</td><td>左拱脚</td><td>—</td><td>0.005</td><td>上边界</td><td>—</td><td>3.52</td><td>右拱脚</td><td>—</td><td>0.005</td><td>上边界</td><td>—</td></tr>
<tr><td>等效应变</td><td>2.4×10^{-3}</td><td>左拱脚</td><td>拉应变</td><td>7.08×10^{-6}</td><td>右上边界</td><td>拉应变</td><td>2.70×10^{-3}</td><td>右拱脚</td><td>拉应变</td><td>6.98×10^{-6}</td><td>左上边界</td><td>拉应变</td></tr>
<tr><td rowspan="3">材料状态</td><td colspan="6">材料状态计算结果</td><td colspan="6">材料状态计算结果</td></tr>
<tr><td colspan="2">塑性破坏</td><td colspan="1">加卸载破坏</td><td colspan="2">拉抻破坏</td><td colspan="1">帽破Z坏</td><td colspan="2">塑性破坏</td><td colspan="1">加卸载破坏</td><td colspan="2">拉抻破坏</td><td colspan="1">帽破坏</td></tr>
<tr><td colspan="2">无</td><td colspan="1">—</td><td colspan="2">无</td><td colspan="1">—</td><td colspan="2">无</td><td colspan="1">—</td><td colspan="2">无</td><td colspan="1">—</td></tr>
</table>

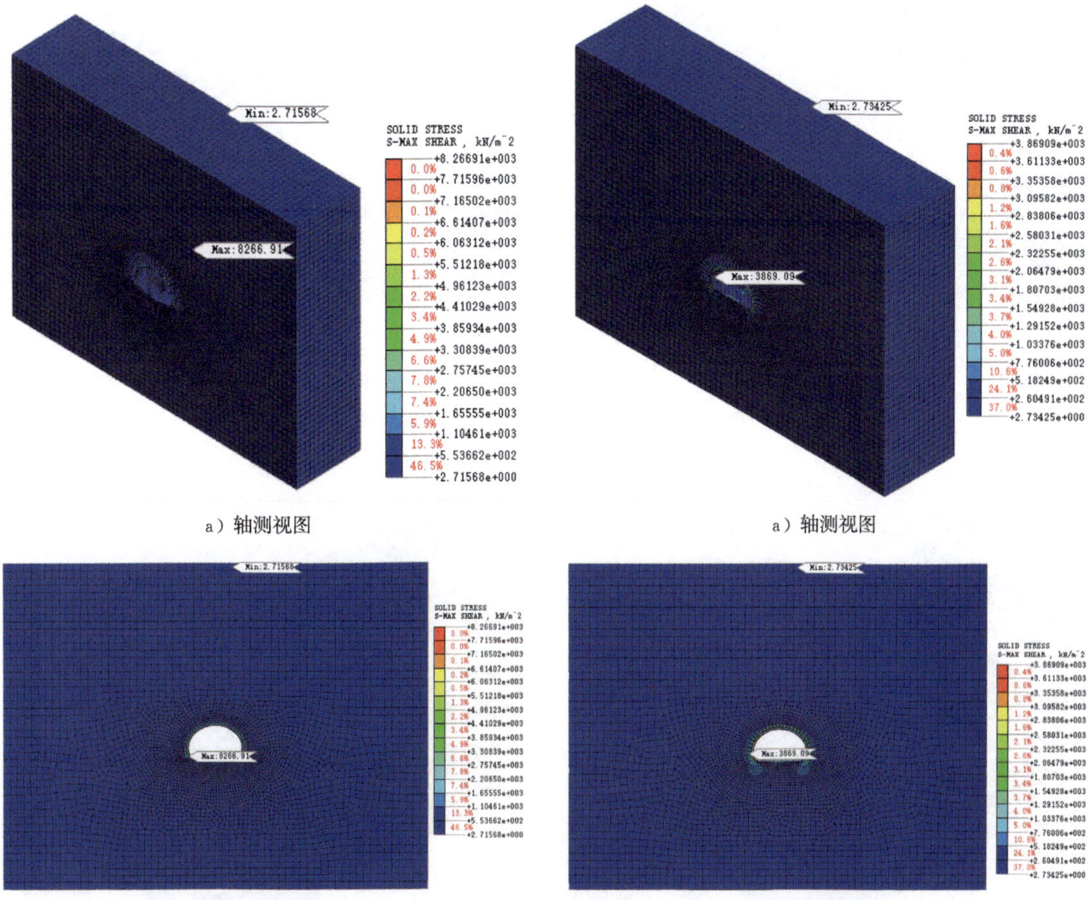

a）轴测视图　　a）轴测视图

b）正视图　　b）正视图

（a）原设计方案　　（b）优化设计方案

图 8-20　最大剪应力计算结果对比

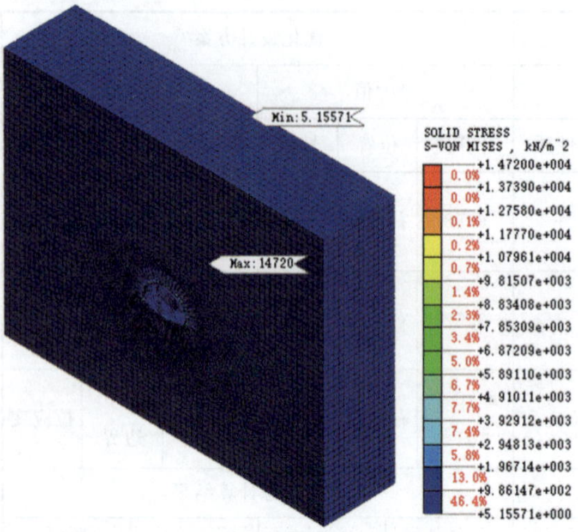

a）轴测视图

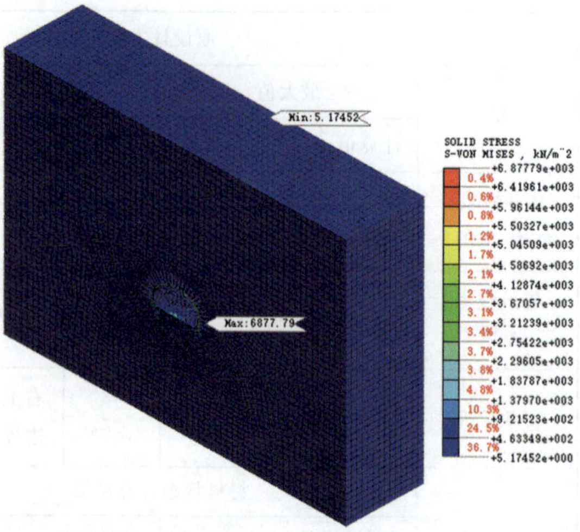

a）轴测视图

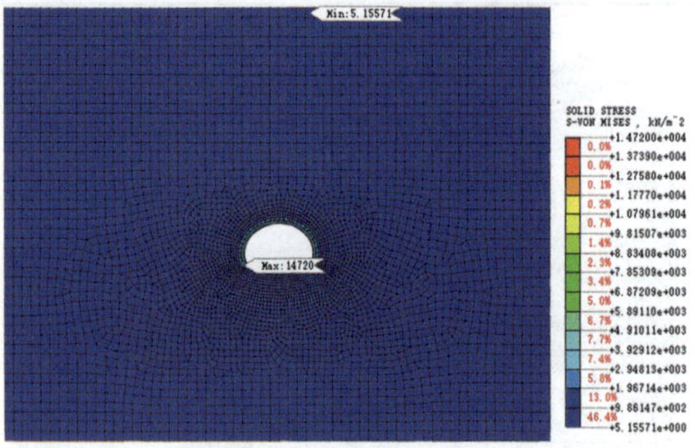

b）正视图

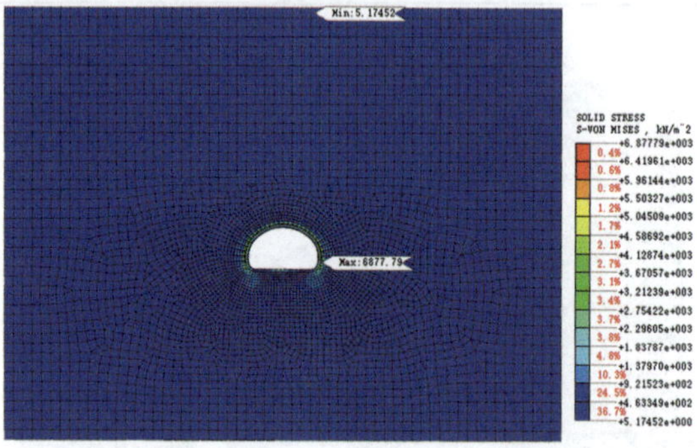

b）正视图

（a）原设计方案

（b）优化设计方案

图 8-21 Von Mises 应力计算结果对比

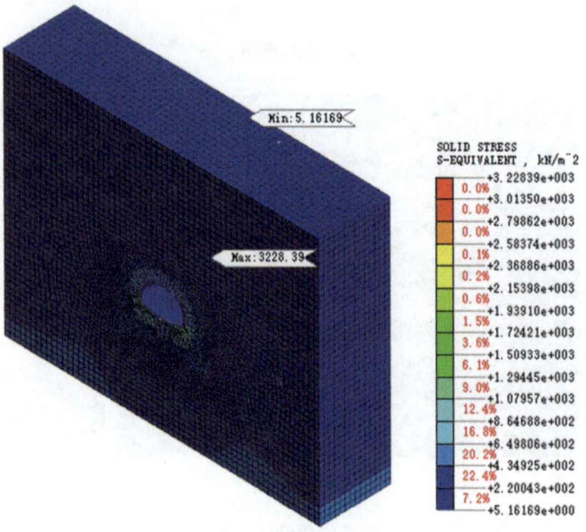

a）轴测视图

（a）原设计方案

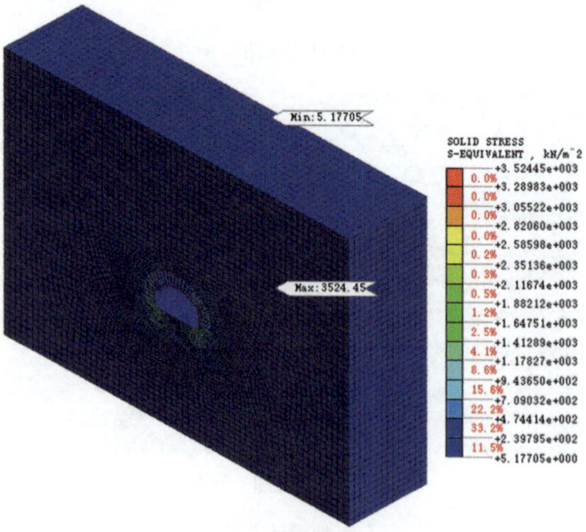

a）轴测视图

（b）优化设计方案

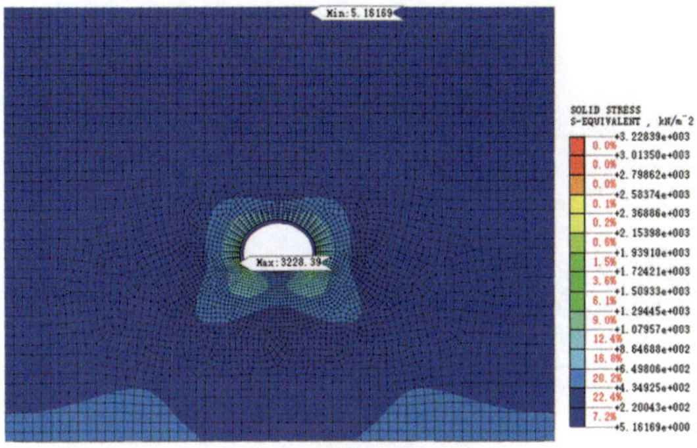

b）正视图

（a）原设计方案

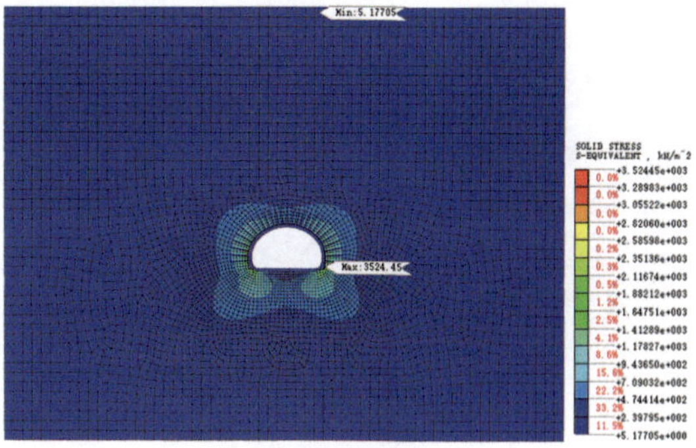

b）正视图

（b）优化设计方案

图 8-22　等效应力计算结果对比

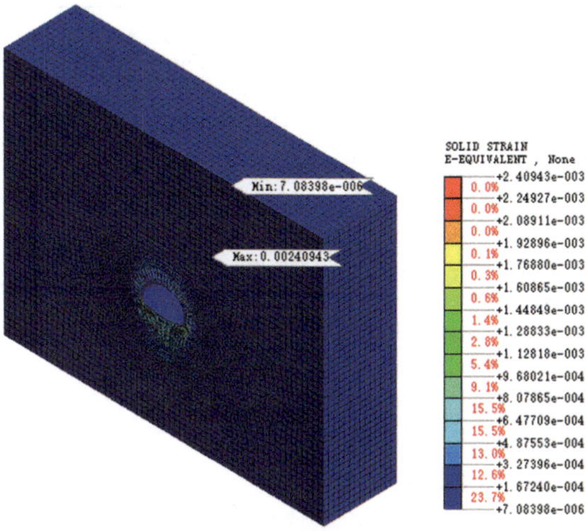

a）轴测视图

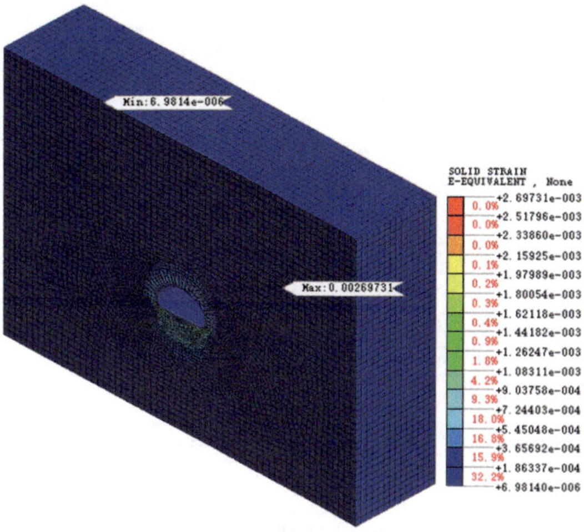

a）轴测视图

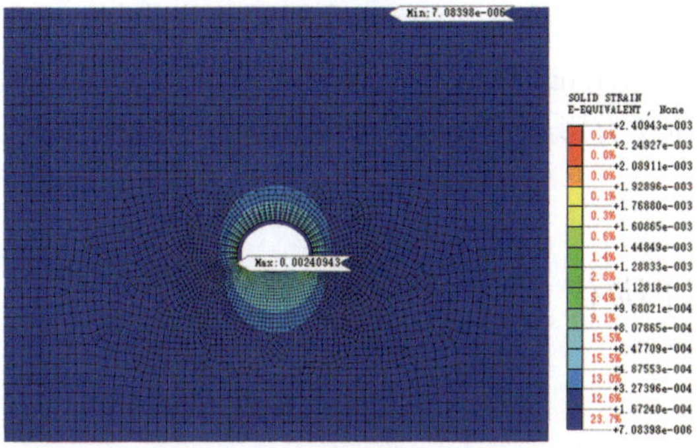

b）正视图

（a）原设计方案

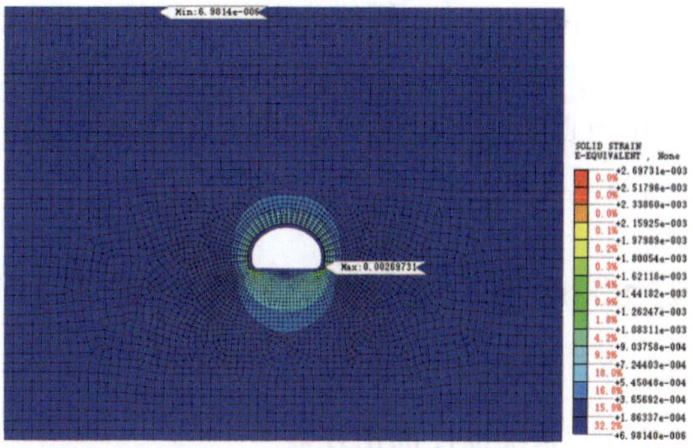

b）正视图

（b）优化设计方案

图 8-23　等效应变计算结果对比

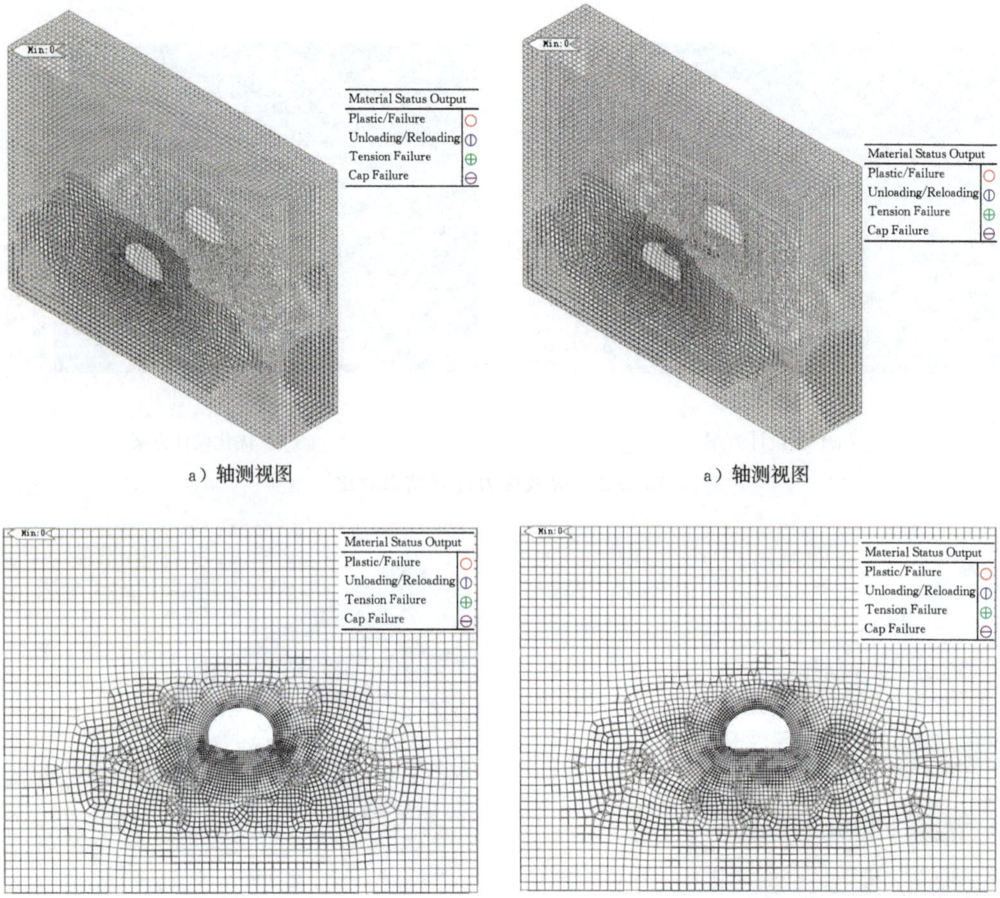

a）轴测视图　　a）轴测视图

b）正视图　　b）正视图

（a）原设计方案　　（b）优化设计方案

图 8-24　材料塑性状态计算结果对比

(7)仰拱二衬设计优化研究结论

通过以上 S4b 型衬砌原设计方案与仰拱填充优化设计方案三维地层结构法建模计算，并对隧道围岩和衬砌结构的围岩主应力、围岩变形、初期支护主应力、二次衬砌主应力、锚杆受力、实体模型受力状态验算结果进行对比分析。得出结论：隧道 S4b 型衬砌将仰拱二次衬砌优化为直横梁结构形式，对围岩和隧道结构变形和受力影响不大，可以保证隧道稳定性、安全性，技术上可行。

8.2　中梁山隧道 S4c 型衬砌锚杆设计优化

8.2.1　系统锚杆优化方案

本节开展中梁山隧道 S4c 型衬砌初期支护中系统锚杆设计优化研究。

(1)原设计方案

S4c 型衬砌设计方案适用于Ⅳ级围岩深埋较完整硬岩段衬砌(图 8-25)：H14×14 格栅钢架作为初期支护的加劲措施，其纵向间距为 1.0 m，初期支护为锚杆喷射混凝土、钢筋网；二次衬砌为模筑混凝土;预留变形量设计为 8 cm;锚杆设置于拱部,采用 ϕ20 mm 药卷锚杆;钢筋网保护层厚度不小于 2 cm,与岩面间隙不大于 3 cm,钢筋与锚杆应连接牢固,钢筋接头按有关规定搭接;防水层由 1.2 mm 厚的 EVA 卷材和 350 g/m^2 无纺布组成,卷材采用双缝热焊,搭接宽度不小于 10 cm,见表 8-12。

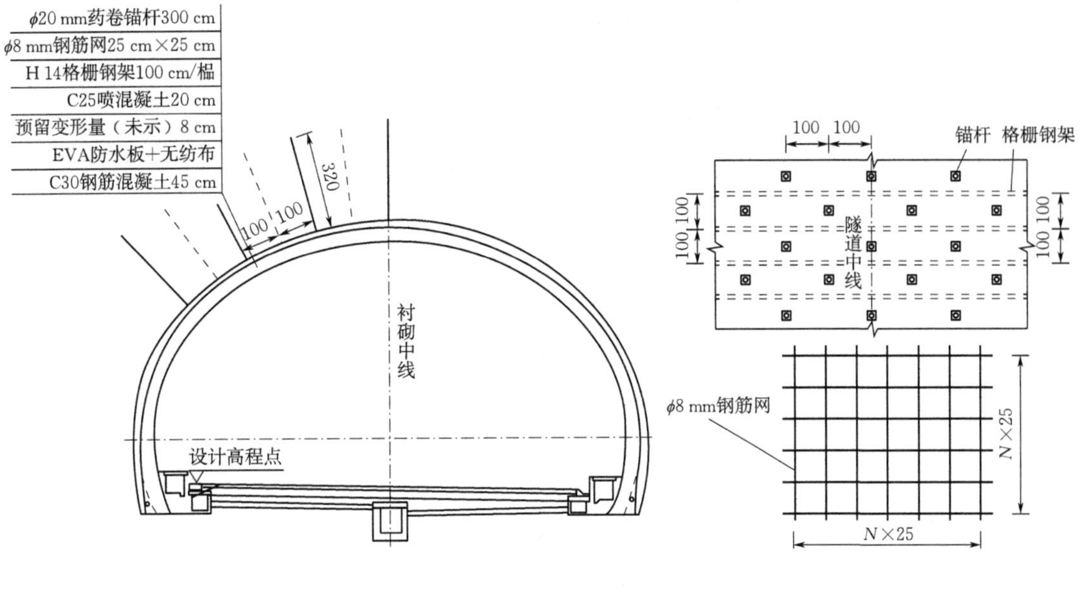

（a）S4c 衬砌结构设计图　　（b）格栅钢架、锚杆、φ8 mm钢筋网平面图

图 8-25　S4c 衬砌断面设计图(单位:cm)

表 8-12　S4c 型衬砌原设计支护参数

隧道形式	衬砌类型	初期支护				预留变形量(cm)	二次衬砌		辅助施工措施
		C25 早强喷混凝土	钢架/间距	ϕ8 mm 钢筋网(cm)	系统锚杆(cm)		拱　墙	仰　拱	
正洞深埋	S4c	20 cm	H14 格栅钢架 100 cm/榀	@25 cm ×25 cm	ϕ20 mm 锚杆 100 cm × 100 cm, L = 3.0 m	8	45 cmC30(C35) 钢筋混凝土	45 cmC30(C35) 钢筋混凝土	超前锚杆

(2)设计优化方案

本设计优化方案要适用于Ⅳ级围岩深埋较完整硬岩段衬砌(图 8-26):与原衬砌设计断面图相比,唯一区别是取消拱部 ϕ20 mm 药卷锚杆,其他衬砌设计参数不变。

8.2.2　建立三维数值模型

(1)隧道几何模型

采用有限单元法对隧道支护结构进行计算时,计算区域的左右边界应在离相邻隧道毛洞壁面的距离达 3～5 倍以上毛洞跨度的位置上设置,下部边界距隧道毛洞底面的距离应为隧道

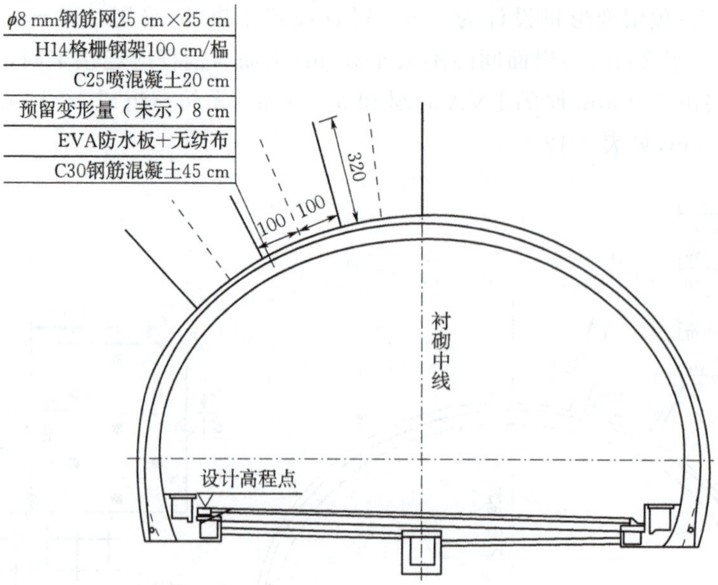

图 8-26　S4c 衬砌断面设计优化图(单位:cm)

毛洞高度的 3～5 倍以上,上部边界宜取至地表;对于深埋隧道,几何模型上部边界取值满足深埋边界条件即可,本模型中隧道顶板覆盖层厚度为 45.57 m。

采用单洞隧道建立计算模型来模拟 S4c 型衬砌隧道。以隧道底板中点为坐标原点建立几何模型计算范围,整个边界的尺寸足以消除边界效应对计算结果的影响,如图 8-27 所示。几何模型尺寸为:X 方向 120 m,Y 方向 36 m,Z 方向 90 m。在模型高度范围内分为三层土,第一层土为泥岩,厚度 12 m,第二层土为砂岩 18 m,第三层土为灰岩 60 m。隧道几何模型参数见表 8-13。

表 8-13　隧道 S4c 型衬砌几何模型参数

工况类型		几何模型参数			掌子面地层及厚度			毛洞几何参数			拱顶覆盖层
		X (m)	Y (m)	Z (m)	泥岩 (m)	砂岩 (m)	灰岩 (m)	长 (m)	宽 (m)	高 (m)	厚度 (m)
1	有锚杆	120	36	90	12	18	60	36	16.6	9.43	45.57
2	无锚杆	120	36	90	12	18	60	36	16.6	9.43	45.57

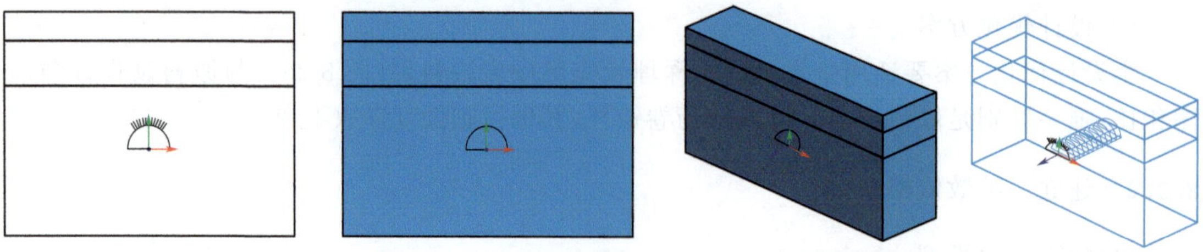

(a) 几何模型线框　(b) 前视图　(c) 轴侧视图　(d) 透视图

图 8-27　隧道几何模型

(2)隧道模型材料属性

根据地质勘察资料、隧道地质纵断面图等设计文件，对Ⅳ级围岩 S4c 型衬砌结构隧道开挖支护进行模拟。隧道围岩地层材料及属性参数、隧道结构材料参数及属性见表 8-14。

表 8-14　材料及其属性参数表

结构类型	材料类型	单元类型	本构模型	弹性模量(GPa)	泊松比	容重(kN/m^3)	黏聚力(MPa)	内摩擦角(°)	截面形状	模型参数 X(长度)×Y(宽度)×Z(厚度)
围岩地层	泥岩	三维	MC	2.5～2.1	0.28	27.3	37.47～36.53	5.92～4.0	矩形	120 m×36 m×12 m
	砂岩	三维	MC	3.0～2.4	0.28	23.6	37.4～36.53	4.46～3.18	矩形	120 m×36 m×18 m
	灰岩	三维	MC	25.1～22.8	0.12	26.9	39.73～38.93	9.01～7.55	矩形	120 m×36 m×6 0m
隧道结构	锚杆	一维植桁	弹性	210	0.3	78.5			实心圆形	ϕ20　L=3.0 m
	喷混凝土	二维板	弹性	C25※	0.2	24				20 cm(厚度)
	二次衬砌	三维	弹性	C30※	0.2	24				45 cm(厚度)

注：表中参数存在分布区间时，通常取小值；C25※、C30※采用等效模量。

(3)隧道模型网格划分

采用三维实体单元模拟围岩地层，采用 2D 板单元模拟初期支护 C25 早强喷混凝土，采用一维植入式桁架单元模拟锚杆；围岩地层都采用 Mohr-Coulomb 本构模型，锚杆一维弹性本构模型，喷射混凝土弹性本构模型，如图 8-28 所示。

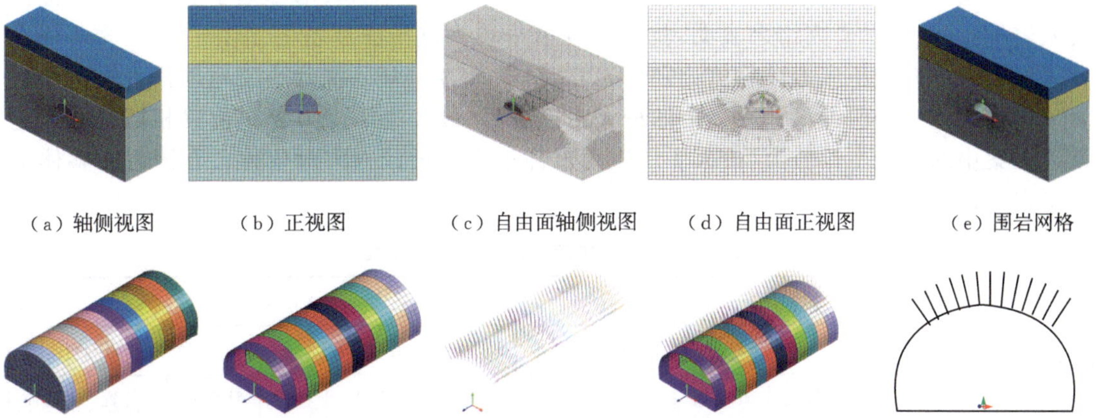

(a) 轴侧视图　(b) 正视图　(c) 自由面轴侧视图　(d) 自由面正视图　(e) 围岩网格

(f) 隧道网格　(g) 喷混凝土二维网格　(h) 锚杆一维网格　(i) 锚杆+喷混凝土网格　(j) 锚杆+喷混凝土正视图

图 8-28　隧道三维空间模型有限网格划分

(4)隧道模型边界条件

建立隧道模型边界条件，如图 8-29 所示。

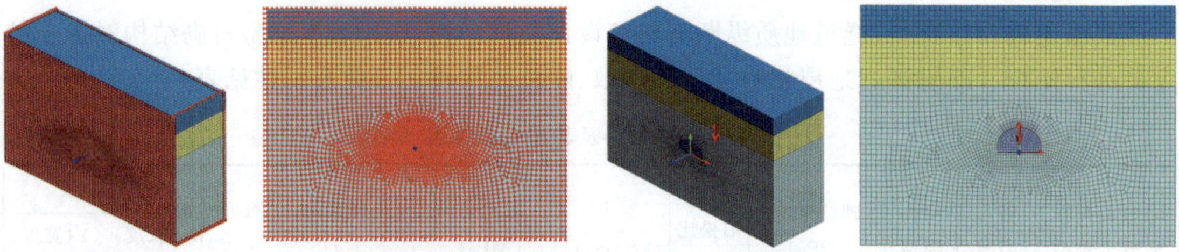

（a）位移边界轴侧视图　（b）位移边界正视图　（c）荷载边界轴侧视图　（d）荷载边界正视图

图 8-29　位移边界约束与荷载边界条件

位移边界条件：因深埋条件隧道模型为规则边界条件，采用自动边界约束。

荷载边界条件：考虑自重荷载。在第一荷载步计算自重作用下的初始应力。

(5)隧道施工过程模拟

隧道开挖及衬砌支护过程的施工阶段模拟过程如下：隧道采用全断面开挖，每循环开挖步距 3 m，共完成开挖支护循环 12 次，完成 36 m 进尺。隧道向 Y 方向开挖步距为 3 m，每开挖一步，施作 H14 格栅钢架(100 cm/榀)、ϕ8 mm 钢筋网@25 cm×25 cm，有锚杆工况需施作拱顶系统锚杆(ϕ20 mm 药卷锚杆设计参数：锚杆长度 $L=3.0$ m，@100 cm×100 cm)；随后施工 C25 喷射混凝土 20 cm；最后施作二次衬砌 45 cm C30 钢筋混凝土。

8.2.3　锚杆取消验算结论

以下为本次计算得到的主要结果，结果图形中的数值力的单位为 kN，长度单位为 m，应力结果以拉应力为正。

(1)围岩应力计算结果

对比分析原设计方案、优化设计方案两种计算工况的最后施工步围岩第一、第二、第三主应力分布图，得到两种方案工况主应力值计算表。根据表 8-15、图 8-30～图 8-32 围岩主应力分布特征的对比分析，得到如下结论：①两种设计方案主应力计算值相差不大。②两种设计方案中的最大主拉应力计算值分别为 1.01 MPa、0.99 MPa；都远小于地勘报告提供的灰岩抗拉强度；据研究结果表明：抗拉强度值平均为抗压强度值的 1/4～1/6。③两种设计方案中的最大主压应力计算值分别为 4.53 MPa、4.35 MPa；都远小于地勘报告提供的灰岩抗压强度值。④两种设计方案中的最大主拉应力、最大主压应力分布位置相同。⑤优化设计方案中的最大主拉应力、最大主压应力值都小于原设计方案对应值。⑥围岩在整体上是稳定的。

表 8-15　围岩主应力计算结果统计表

项目	原设计方案						优化设计方案					
	最大值(MPa)			最小值(MPa)			最大值(MPa)			最小值(MPa)		
	计算值	位置	性质	计算值	位置	性质	计算值	位置	性质	计算值	位置	性质
σ_1	1.01	仰拱	拉	−0.47	左拱脚	压	0.99	仰拱	拉	−0.46	左拱脚	压
σ_2	0.21	仰拱	拉	−0.75	拱脚	压	0.11	仰拱	拉	−0.75	拱脚	压
σ_3	0.03	拱顶	拉	−4.53	拱脚	压	0.02	拱顶	拉	−4.35	拱脚	压

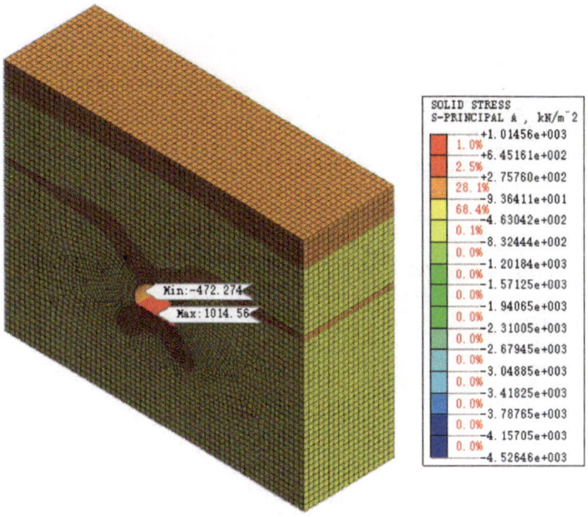

a）轴测视图

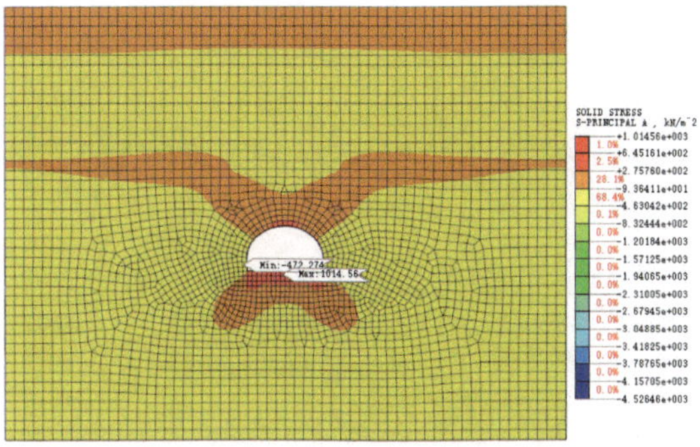

b）正视图

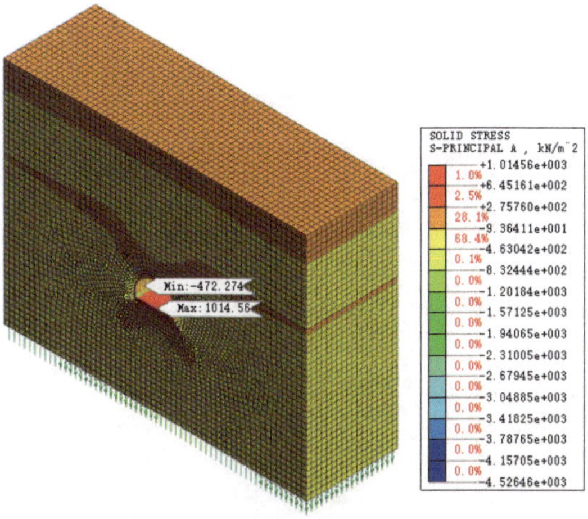

c）矢量场轴测图

（a）原设计方案

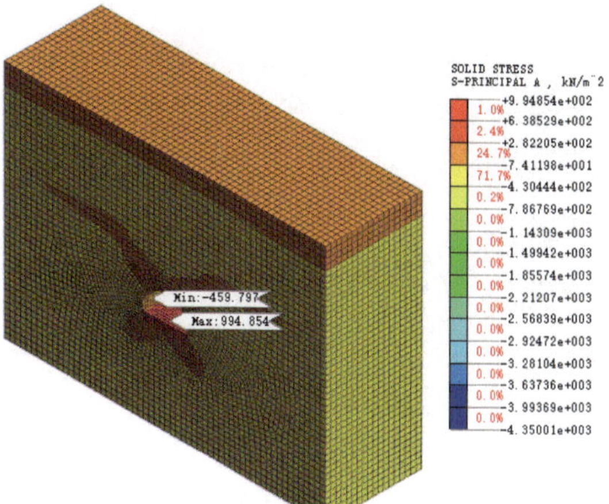

a）轴测视图

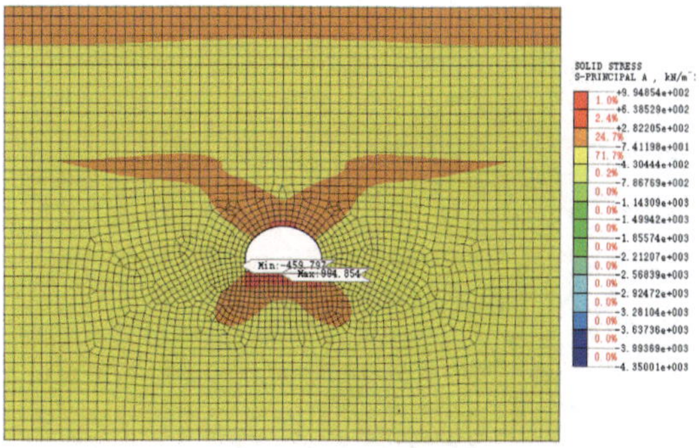

b）正视图

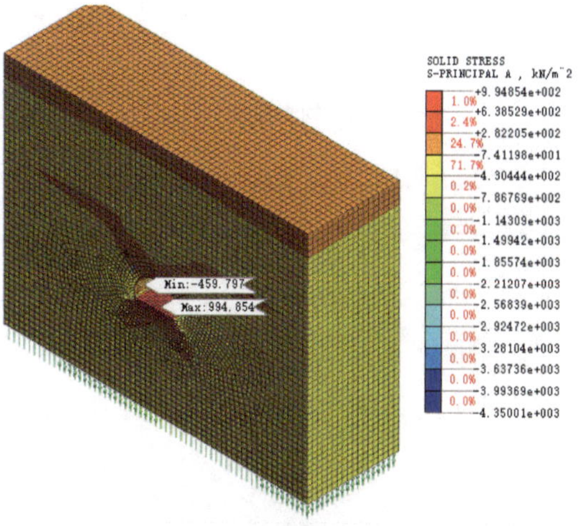

c）矢量场轴测图

（b）优化设计方案

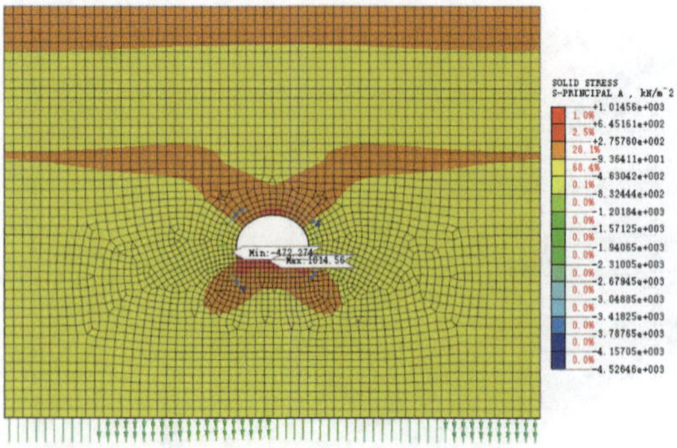

d）矢量场正视图

（a）原设计方案

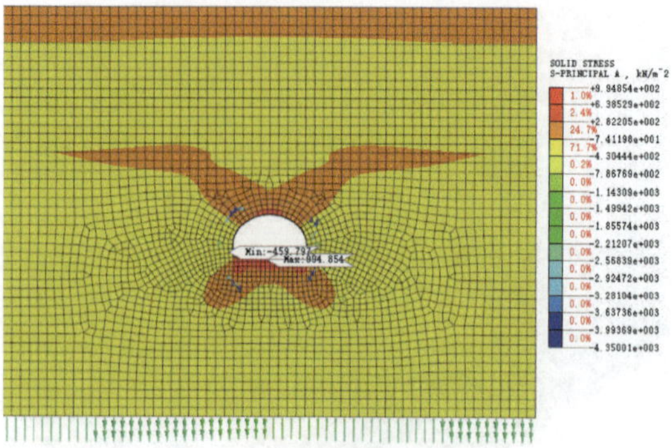

d）矢量场正视图

（b）优化设计方案

图 8-30　第一主应力计算结果对比

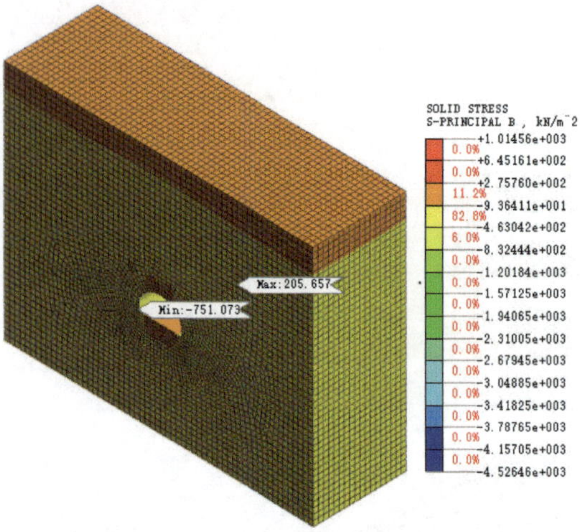

a）轴测视图

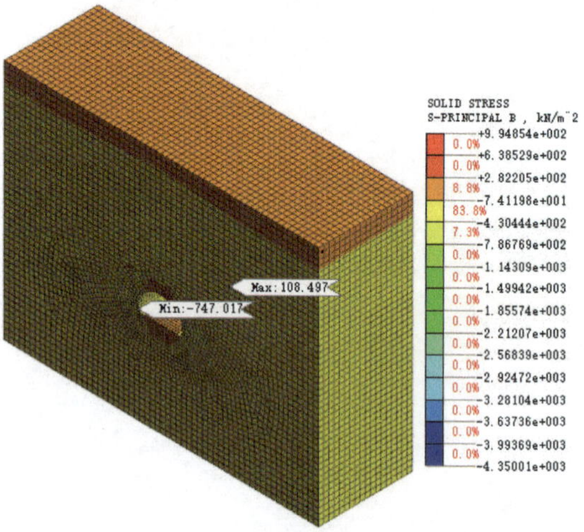

a）轴测视图

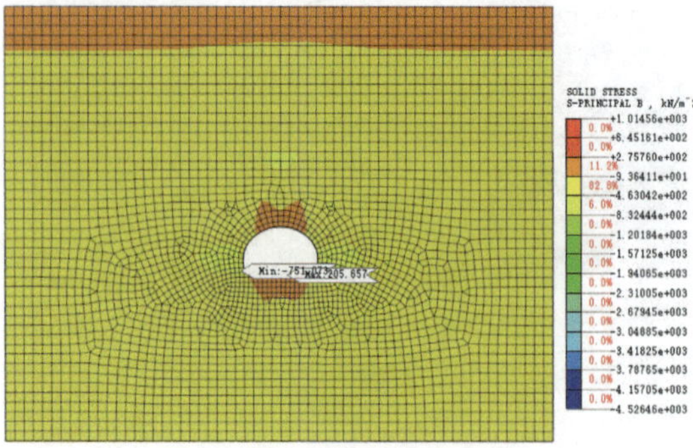

b）正视图

（a）原设计方案

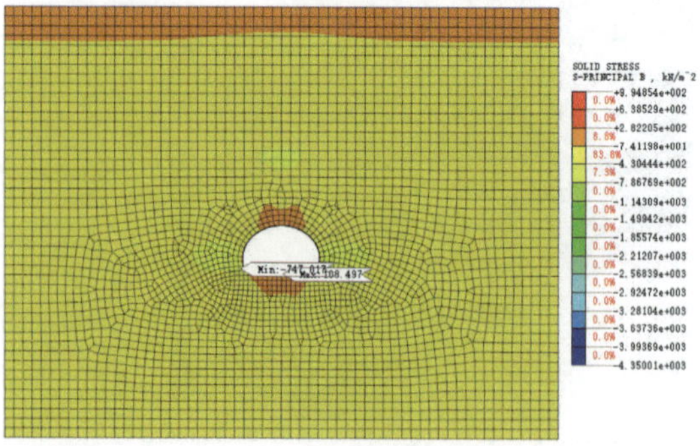

b）正视图

（b）优化设计方案

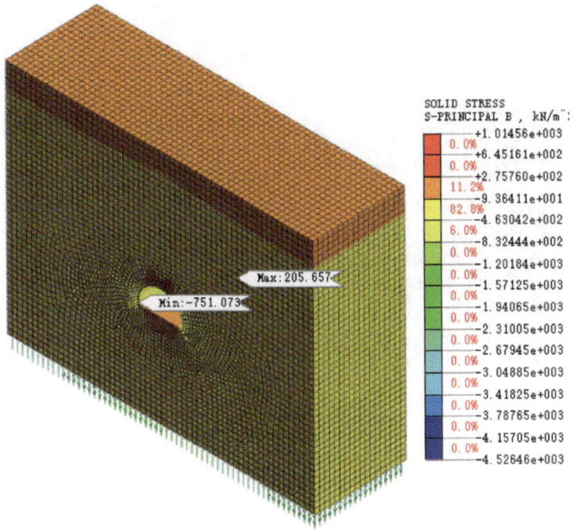

c）矢量场轴测图

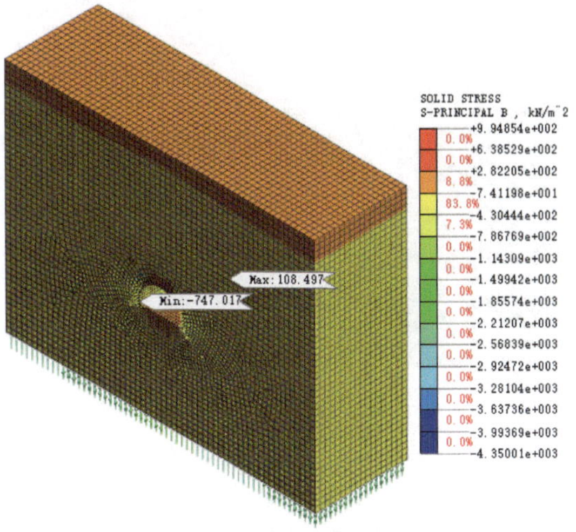

c）矢量场轴测图

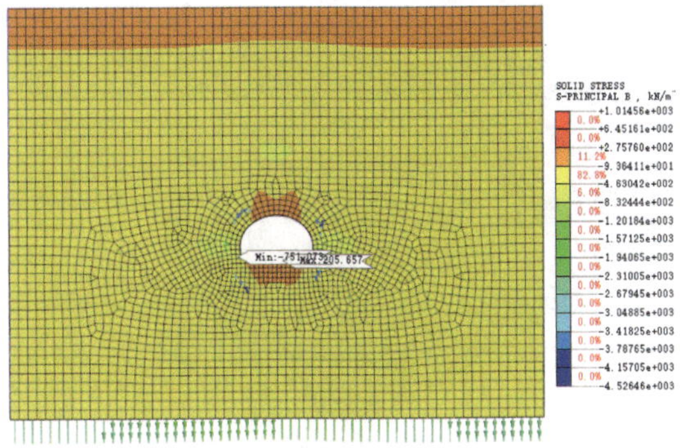

d）矢量场正视图

（a）原设计方案

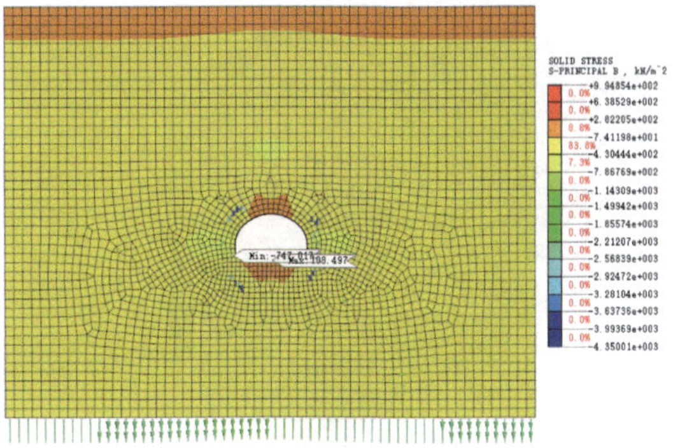

d）矢量场正视图

（b）优化设计方案

图 8-31　第二主应力计算结果对比

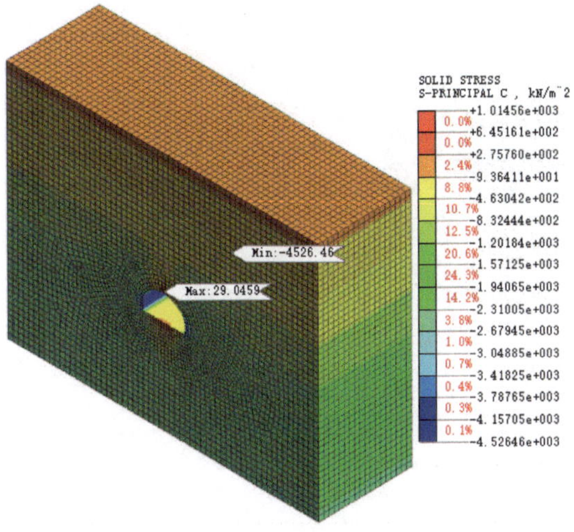

a）轴测视图

（a）原设计方案

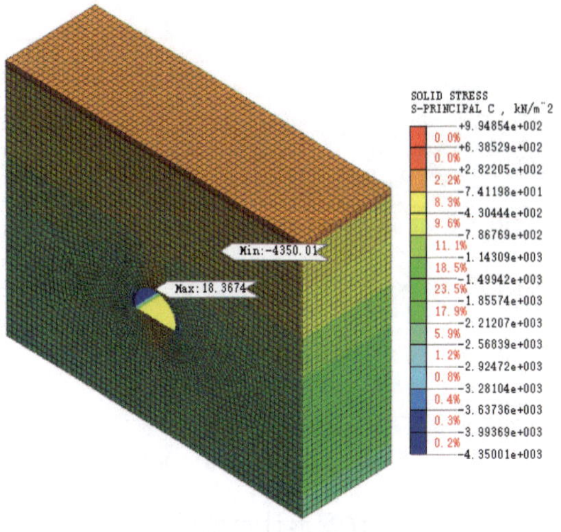

a）轴测视图

（b）优化设计方案

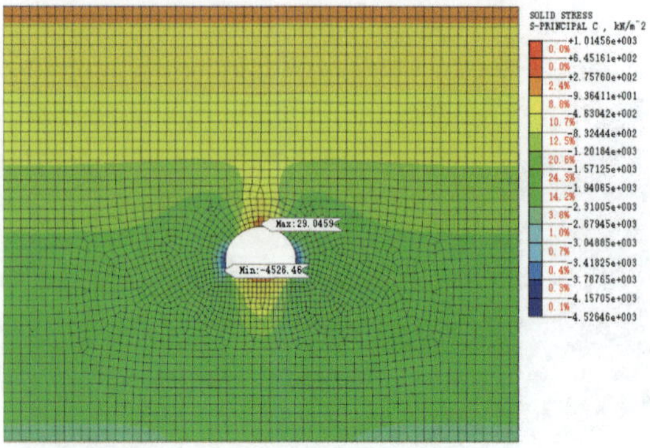

b）正视图

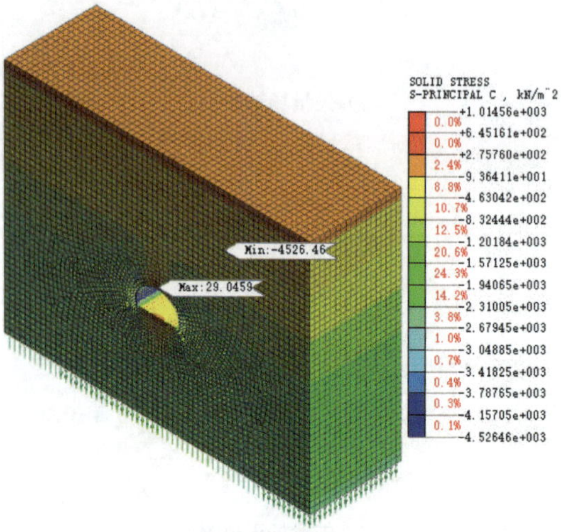

c）矢量场轴测图

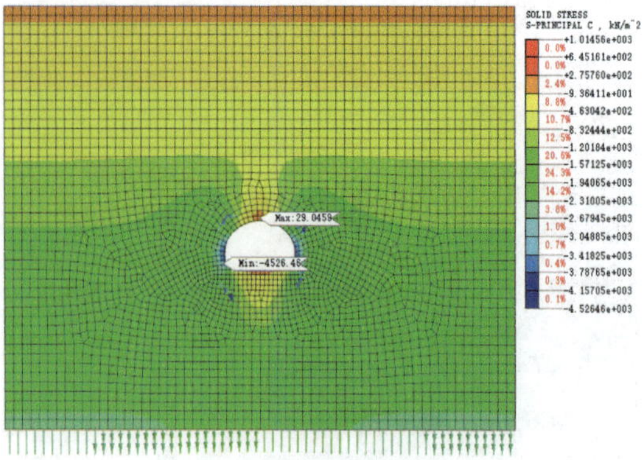

d）矢量场正视图

（a）原设计方案

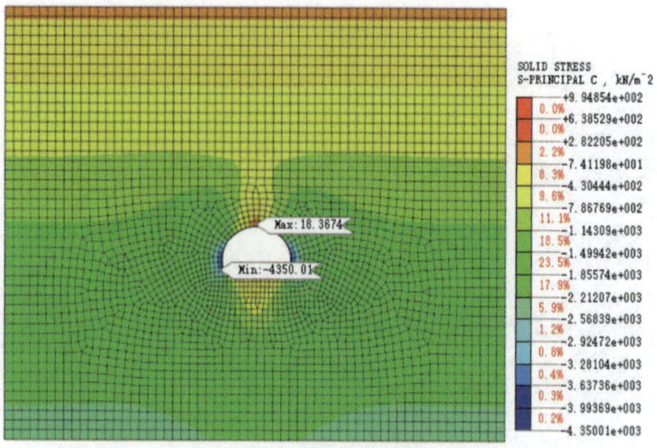

b）正视图

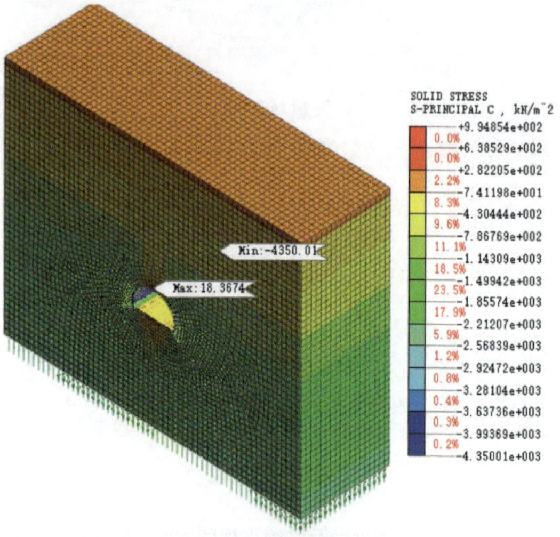

c）矢量场轴测图

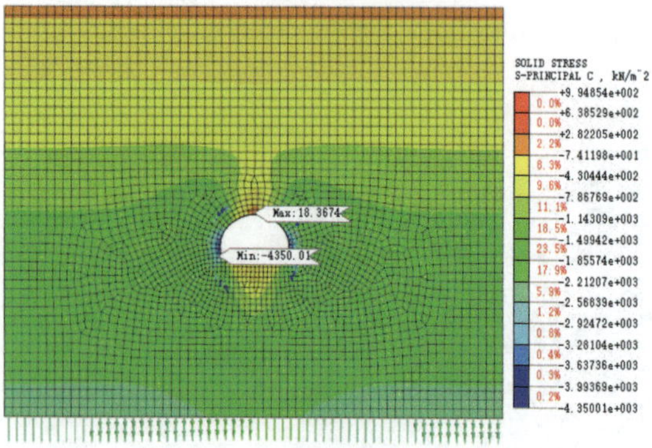

d）矢量场正视图

（b）优化设计方案

图 8-32　第三主应力计算结果对比

(2)围岩位移变形计算结果

对比分析原设计方案、优化设计方案两种计算工况的最后施工步围岩垂直位移、水平位移、总位移变形图，得到两种方案工况变形值计算表。根据表 8-16、图 8-33～图 8-35 围岩位移变形分布特征的对比分析，得出如下结论：①两种设计方案位移变形计算值相差不大。②两种设计方案中的最大垂直位移计算值分别为 0.91 mm、0.90 mm；都远小于设计预留变形量。③两种设计方案中的最大水平位移计算值分别为 0.31 mm、0.30 mm；都远小于设计预留变形量。④两种设计方案中的最大垂直位移、最大水平位移分布位置相同。⑤优化设计方案中的最大垂直位移、最大水平位移值都小于原设计方案对应值。⑥围岩在整体上是稳定的。

表 8-16　围岩位移变形计算结果统计表

项目	原设计方案						优化设计方案					
	最大值(mm)			最小值(mm)			最大值(mm)			最小值(mm)		
	计算值	位置	方向	计算值	位置	方向	计算值	位置	方向	计算值	位置	方向
垂直位移	0.91	仰拱	向上	−1.17	拱顶	向下	0.90	仰拱	向上	−1.15	拱顶	向下
水平位移	0.31	右拱脚	向外	−0.31	左拱脚	向外	0.30	右拱脚	向外	−0.30	左拱脚	向外
总位移	1.17	拱顶	—	0	左下边界	—	1.15	拱顶	—	0	左下边界	—

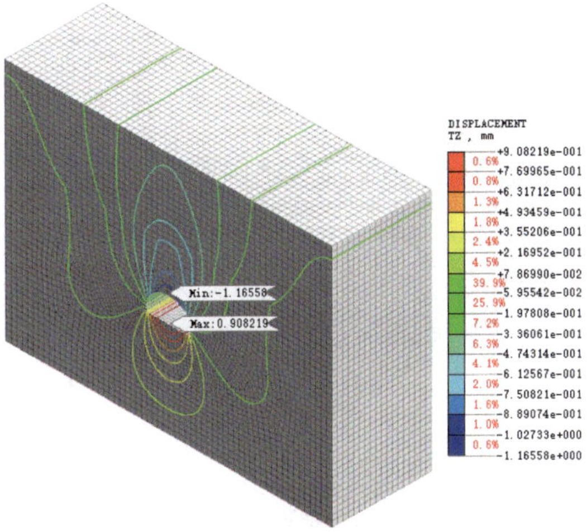

a）轴测视图

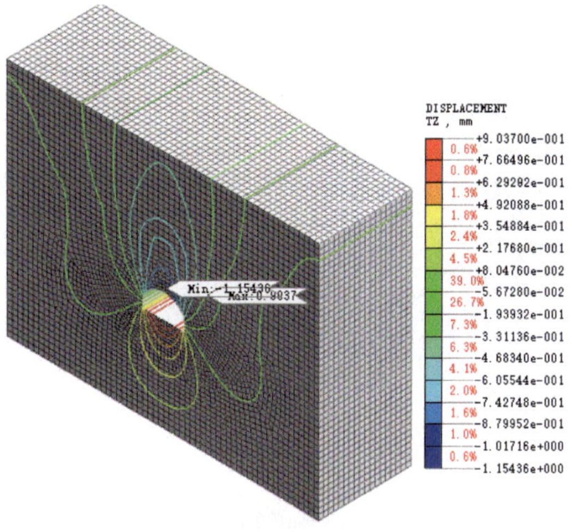

a）轴测视图

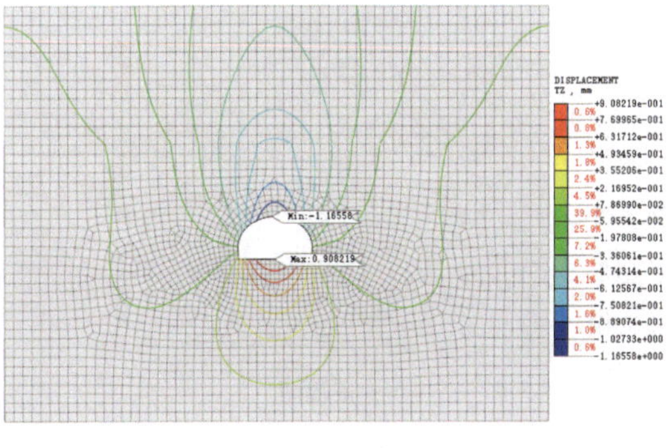

b）正视图

（a）原设计方案

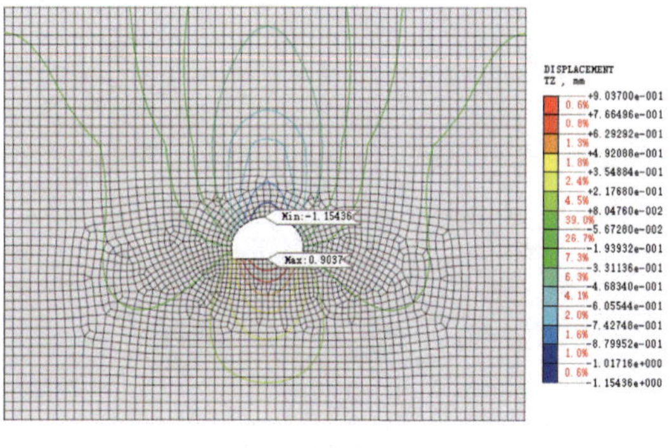

b）正视图

（b）优化设计方案

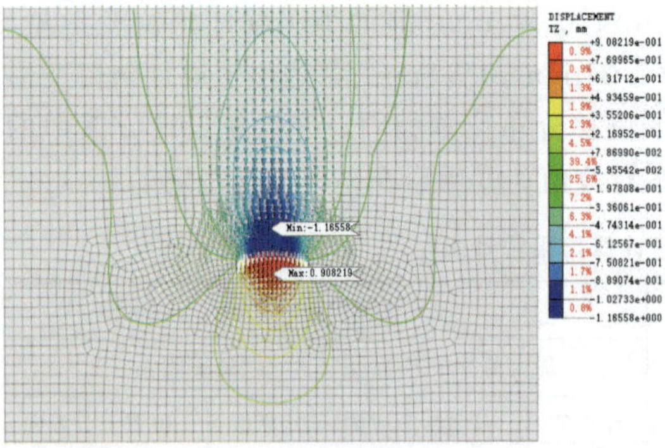

c）矢量场正视图

（a）原设计方案

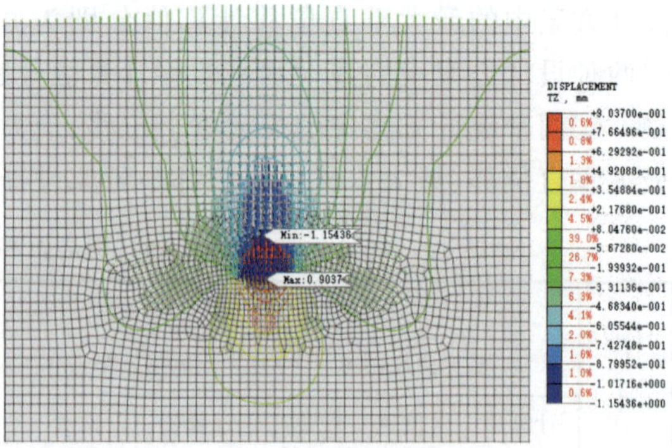

c）矢量场正视图

（b）优化设计方案

图 8-33　围岩垂直位移变形计算结果对比

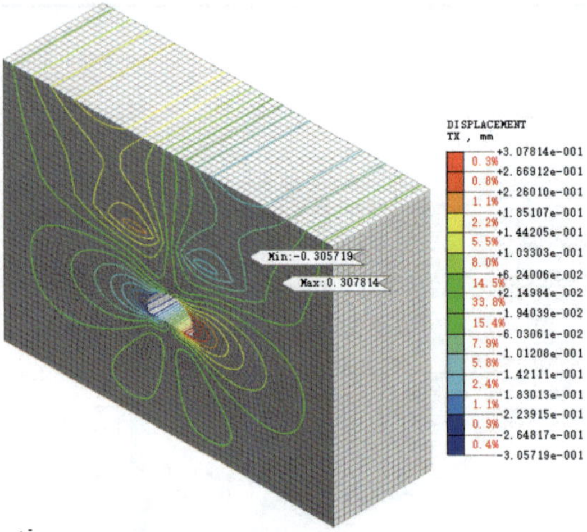

a）轴测视图

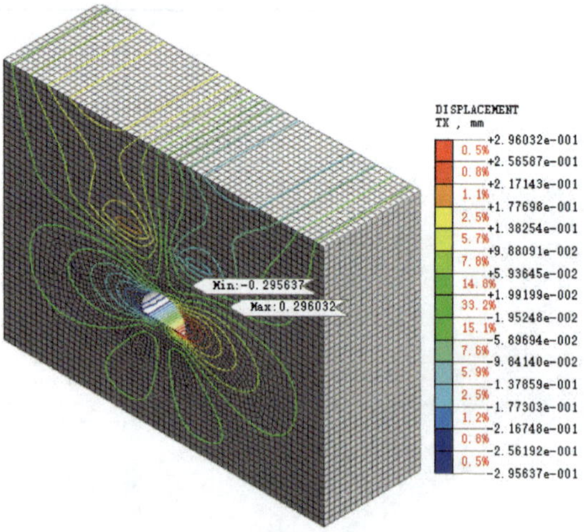

a）轴测视图

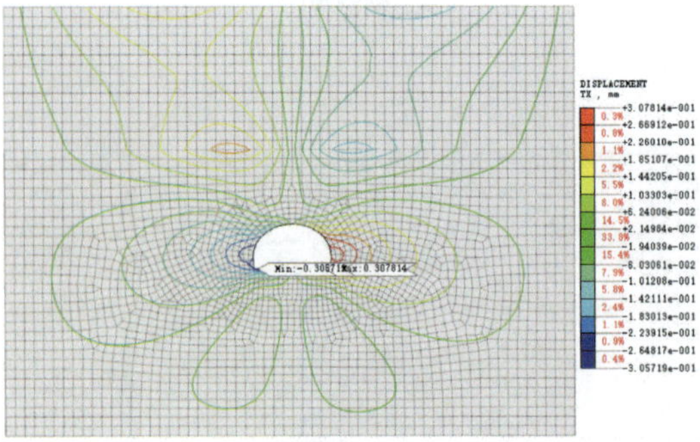

b）正视图

（a）原设计方案

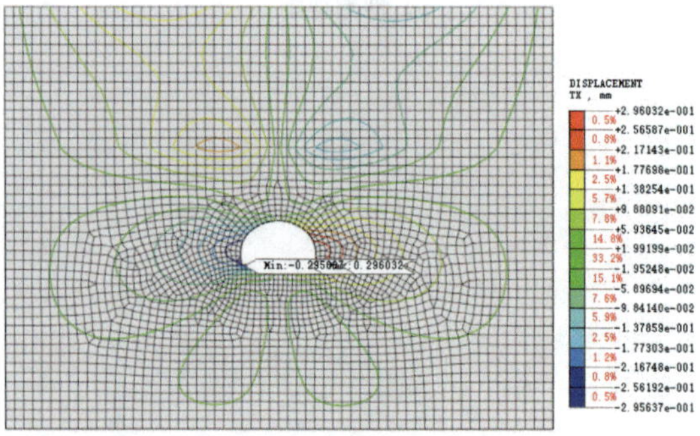

b）正视图

（b）优化设计方案

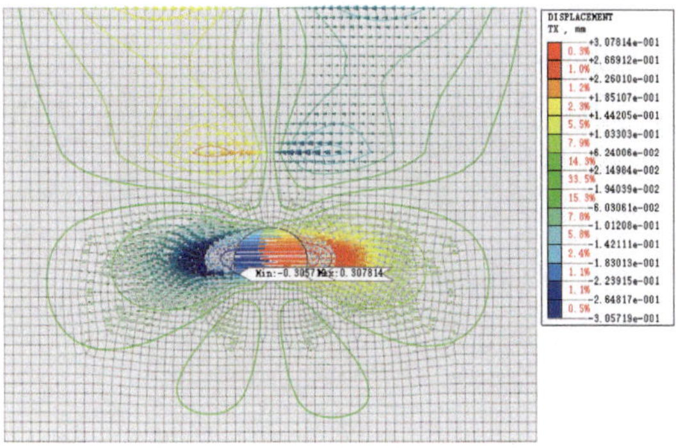

c）矢量场正视图

（a）原设计方案

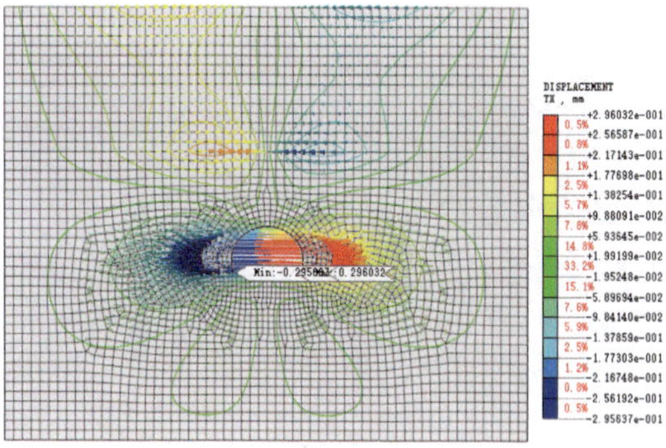

c）矢量场正视图

（b）优化设计方案

图 8-34　围岩水平位移变形计算结果对比

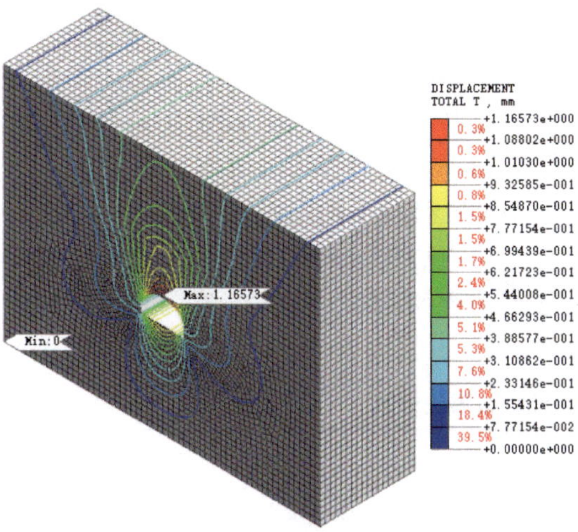

a）轴测视图

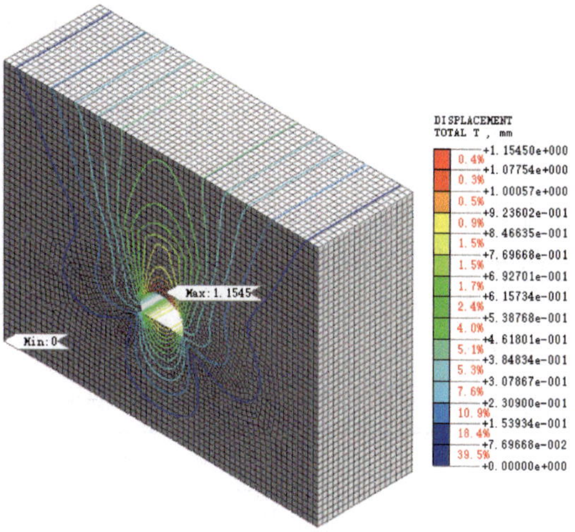

a）轴测视图

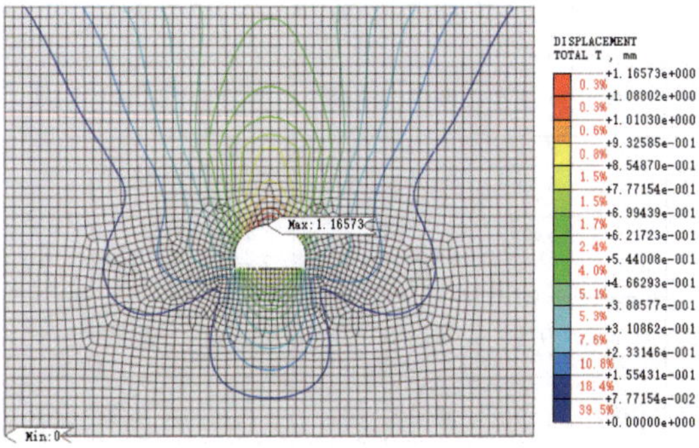

b）正视图

（a）原设计方案

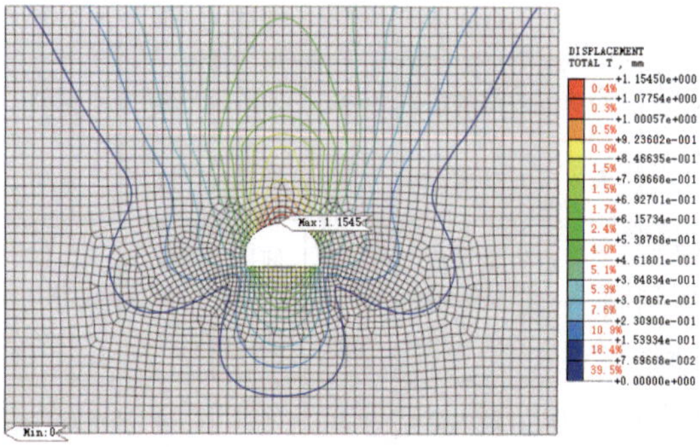

b）正视图

（b）优化设计方案

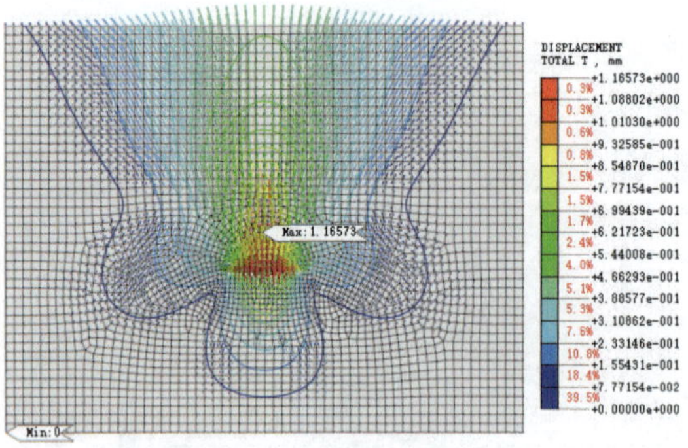

c）矢量场正视图

（a）原设计方案

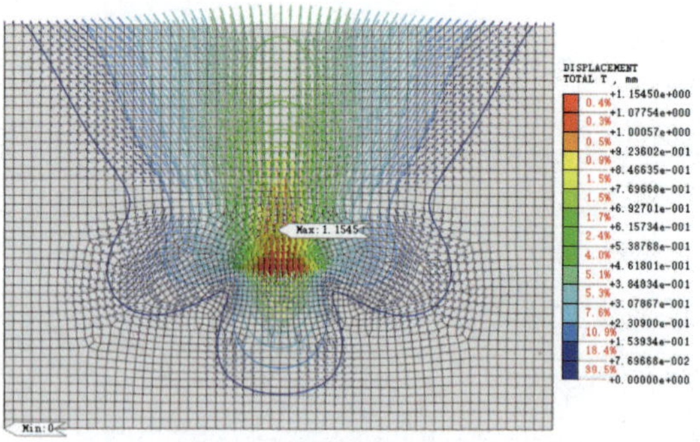

c）矢量场正视图

（b）优化设计方案

图 8-35　围岩总位移变形计算结果对比

(3)初期支护主应力结果

对比分析原设计方案、优化设计方案两种计算工况的最后施工步初期支护顶部、中部、底部以及初期支护整体主应力分布图，得到两种设计方案工况主应力值计算表。根据表 8-17、图 8-36～图 8-39 中初期支护主应力分布特征的对比分析，得出如下结论：①两种设计方案主应力计算值相差不大。②两种设计方案中的最大主拉应力计算值分别为 0.79 MPa、0.98 MPa；都远小于 C25 喷混凝土轴心抗拉强度 1.27 MPa。③两种设计方案中的最大主压应力计算值分别为 1.62 MPa、2.34 MPa；都远小于 C25 喷混凝土轴心抗压强度 11.9 MPa。④两种设计方案中的最大主拉应力(仰拱)、最大主压应力(拱脚)分布位置相同。⑤优化设计方案中的最大主拉应力、最大主压应力值都大于原设计方案对应值。⑥C25 喷混凝土在整体上是稳定的。

表 8-17　初期支护主应力计算结果统计表

初期支护部位		原设计方案						优化设计方案					
		最大值(MPa)			最小值(MPa)			最大值(MPa)			最小值(MPa)		
		计算值	位置	性质	计算值	位置	性质	计算值	位置	性质	计算值	位置	性质
顶部	大主应力最大值	0.79	仰拱	拉	−0.37	左拱脚	压	0.71	仰拱	拉	−0.46	右拱脚	压
	小主应力最大值	0.46	仰拱	拉	−1.62	左拱脚	压	0.47	仰拱	拉	−2.34	左拱脚	压
中部	大主应力最大值	0.63	仰拱	拉	−0.36	左拱脚	压	0.72	仰拱	拉	−0.41	右拱脚	压
	小主应力最大值	0.32	仰拱	拉	−1.43	左拱脚	压	0.54	仰拱	拉	−2.04	右拱脚	压
底部	大主应力最大值	0.60	仰拱	拉	−0.36	左拱腰	压	0.98	仰拱	拉	−0.44	右拱脚	压
	小主应力最大值	0.30	仰拱	拉	−1.50	左拱脚	压	0.70	仰拱	拉	−2.32	左拱脚	压
整体	大主应力最大值	0.79	仰拱	拉	−0.36	左拱腰	压	0.98	仰拱	拉	−0.39	左拱腰	压
	小主应力最大值	0.29	仰拱	拉	−1.62	左拱脚	压	0.47	仰拱	拉	−2.34	左拱脚	压

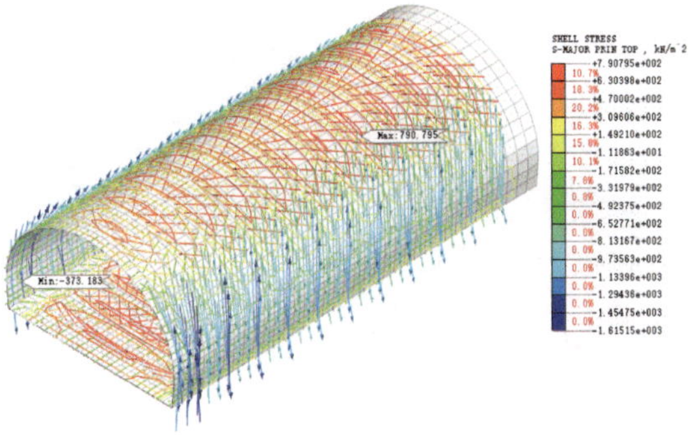

a）最大主应力矢量场轴测视图

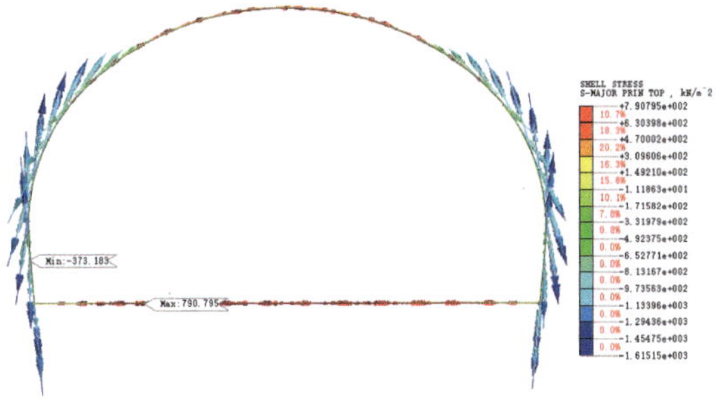

b）最大主应力矢量场正视图

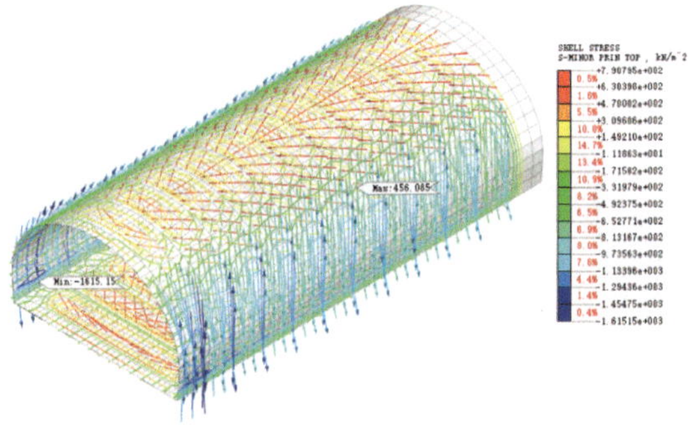

c）最小主应力矢量场轴测视图

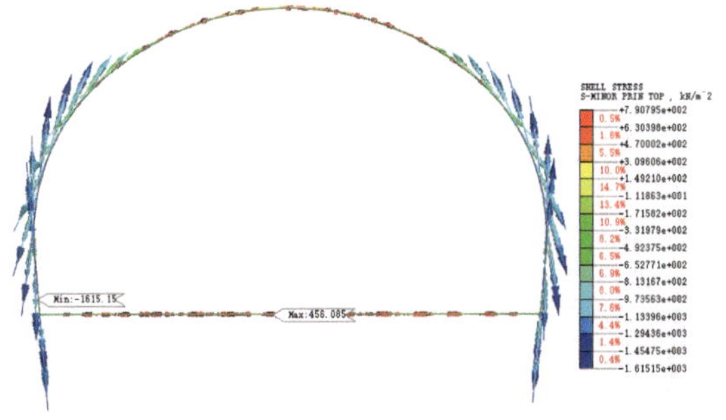

d）最小主应力矢量场正视图

（a）原设计方案

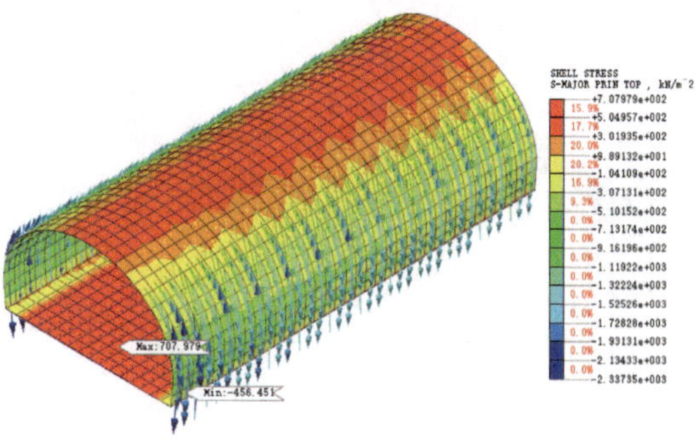

a）最大主应力矢量场轴测视图

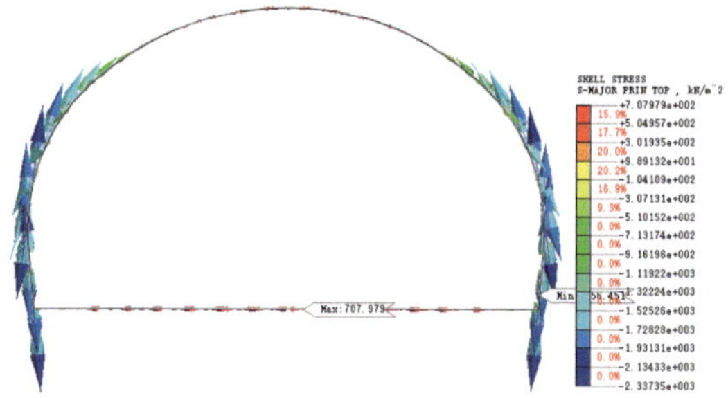

b）最大主应力矢量场正视图

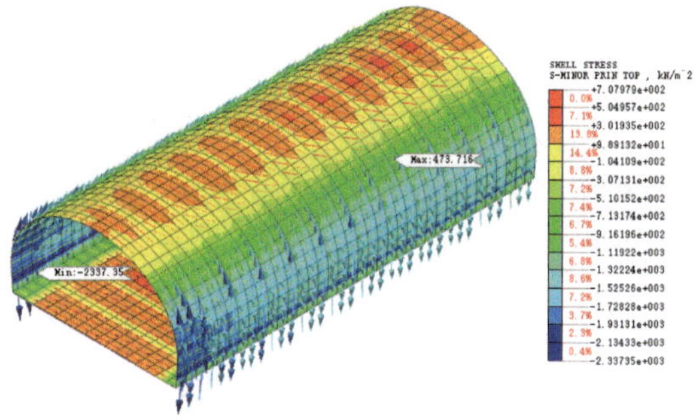

c）最小主应力矢量场轴测视图

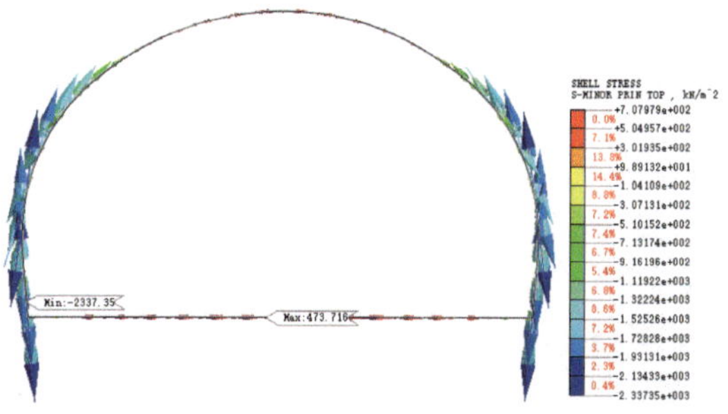

d）最小主应力矢量场正视图

（b）优化设计方案

图 8-36　初期支护顶部主应力计算结果对比

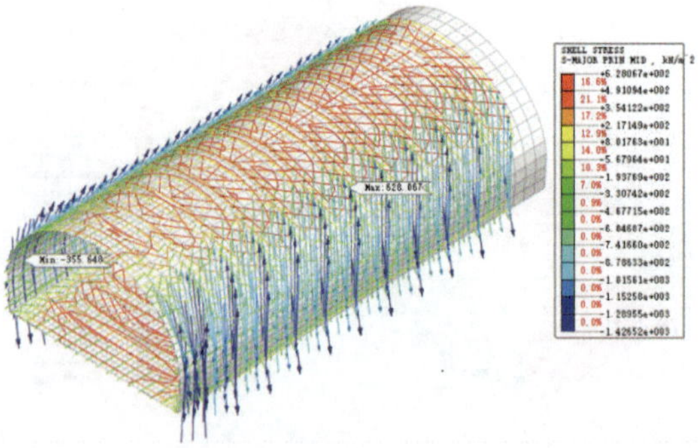

a）最大主应力矢量场轴测视图

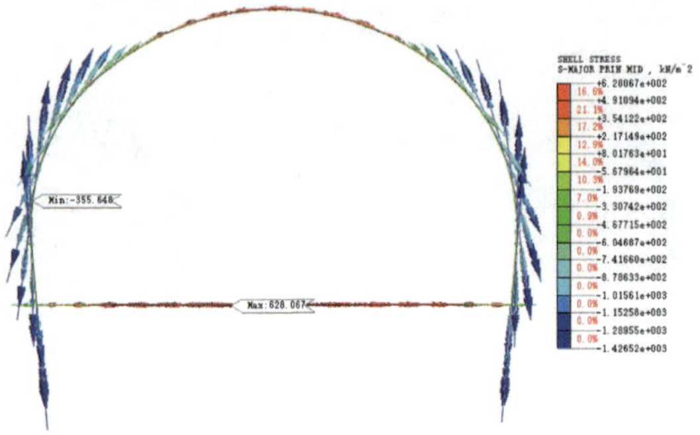

b）最大主应力矢量场正视图

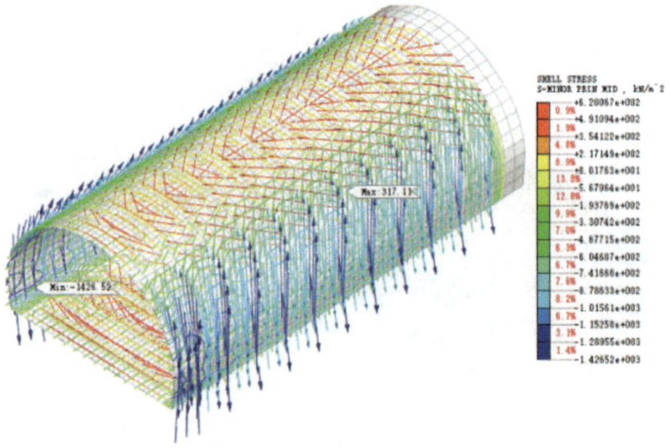

c）最小主应力矢量场轴测视图

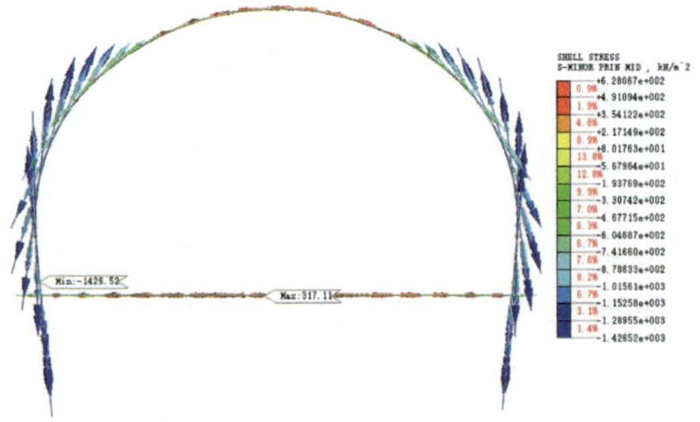

d）最小主应力矢量场正视图

（a）原设计方案

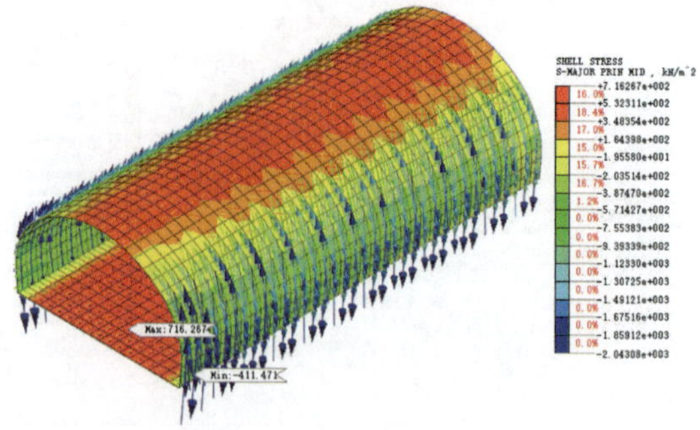

a）最大主应力矢量场轴测视图

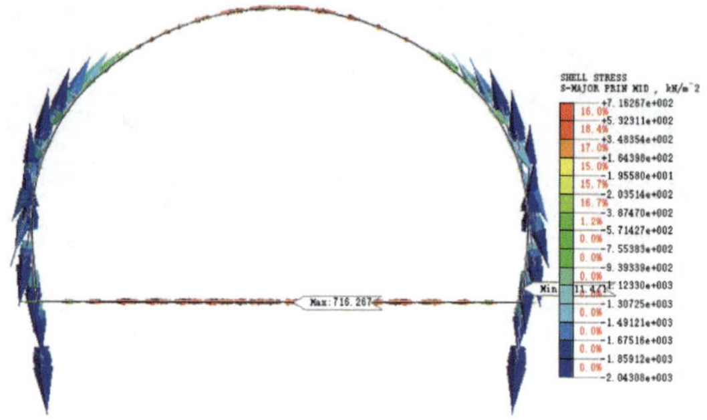

b）最大主应力矢量场正视图

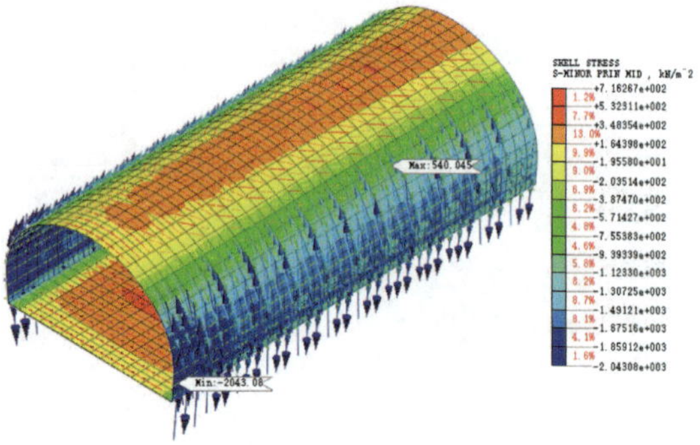

c）最小主应力矢量场轴测视图

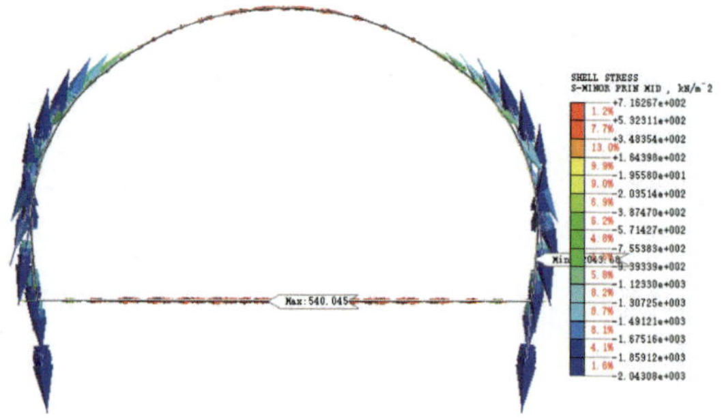

d）最小主应力矢量场正视图

（b）优化设计方案

图 8-37　初期支护中部主应力计算结果对比

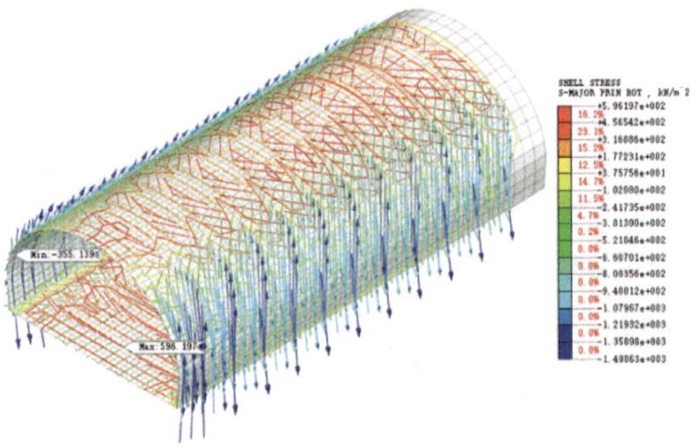

a）最大主应力矢量场轴测视图

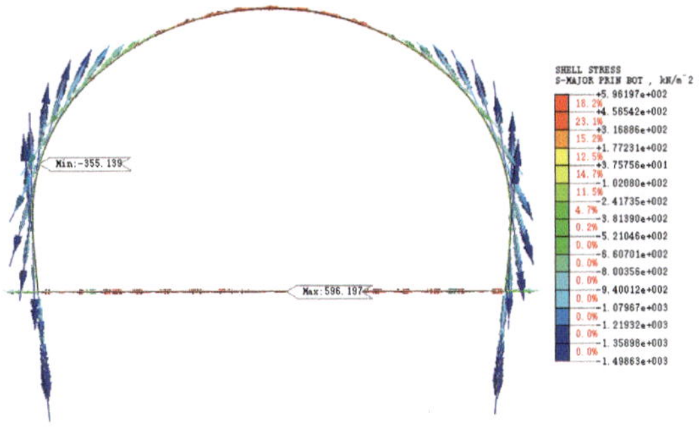

b）最大主应力矢量场正视图

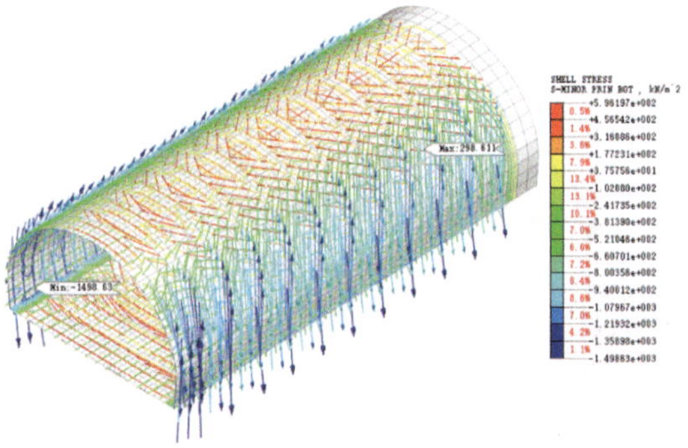

c）最小主应力矢量场轴测视图

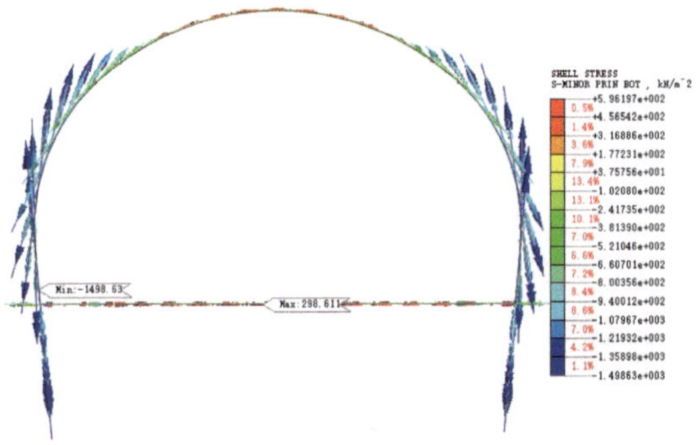

d）最小主应力矢量场正视图

（a）原设计方案

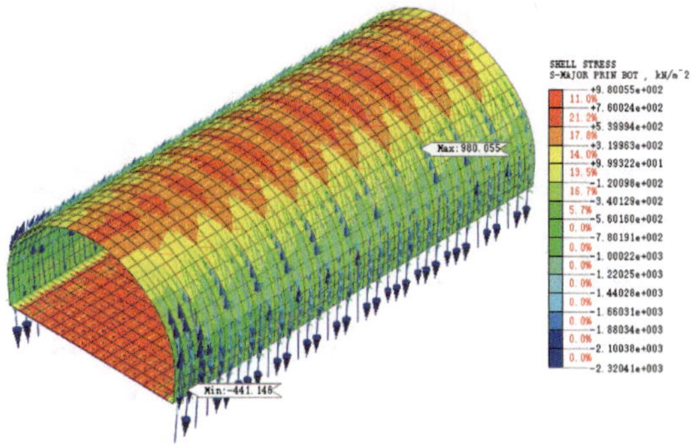

a）最大主应力矢量场轴测视图

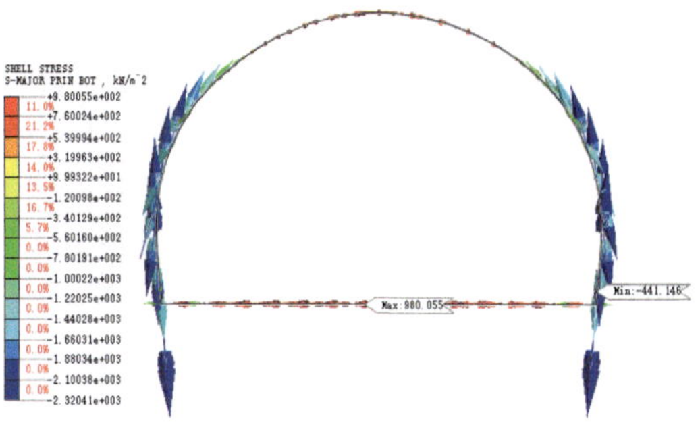

b）最大主应力矢量场正视图

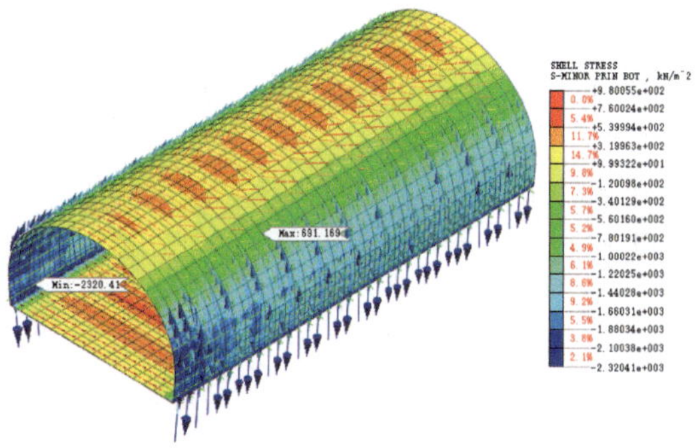

c）最小主应力矢量场轴测视图

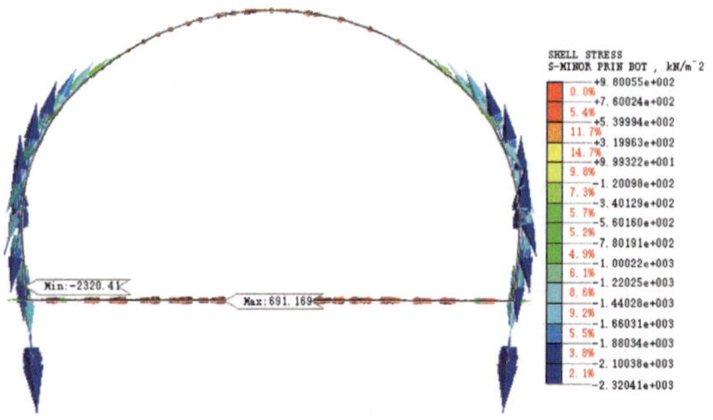

d）最小主应力矢量场正视图

（b）优化设计方案

图 8-38　初期支护底部主应力计算结果对比

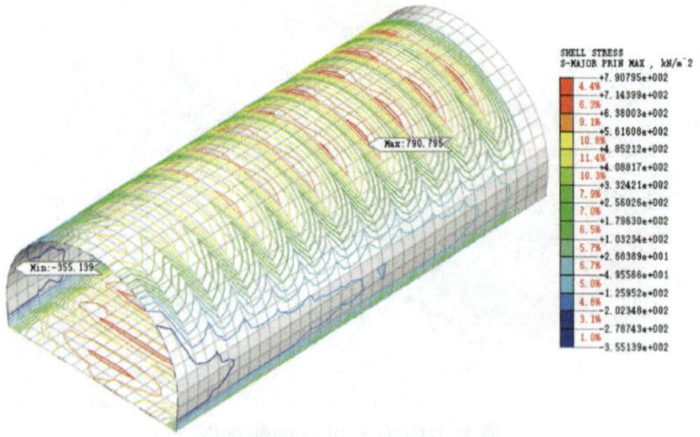

a）最大主应力矢量场轴测视图

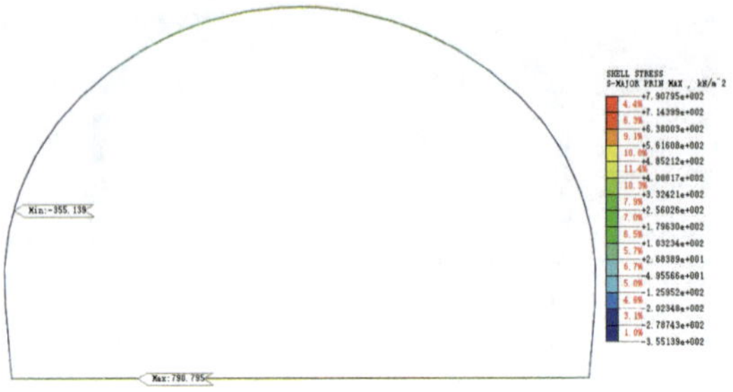

b）最大主应力矢量场正视图

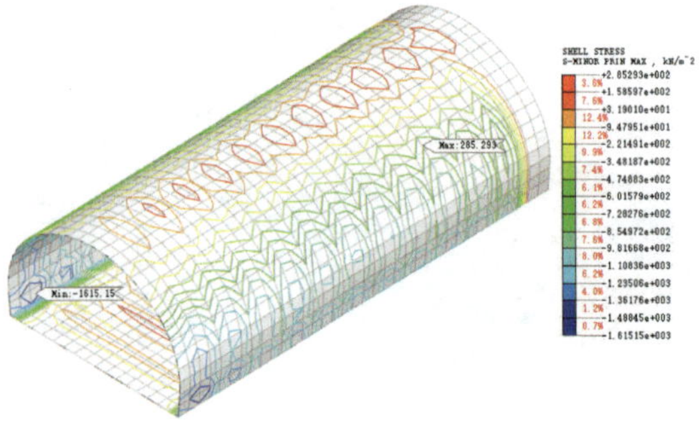

c）最小主应力矢量场轴测视图

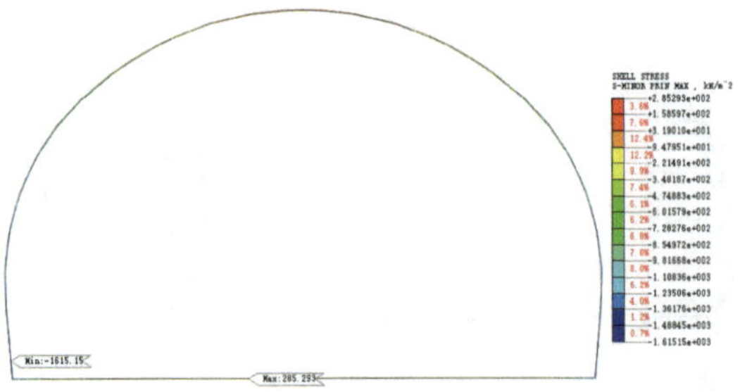

d）最小主应力矢量场正视图

（a）原设计方案

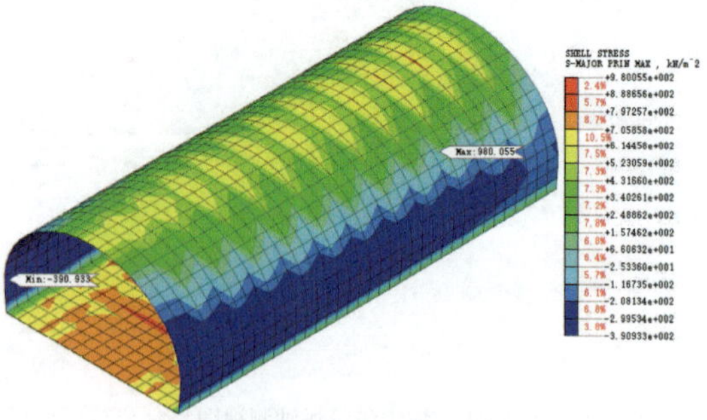

a）最大主应力矢量场轴测视图

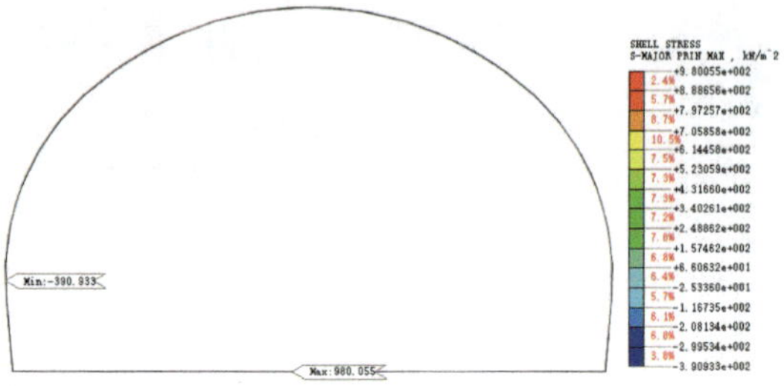

b）最大主应力矢量场正视图

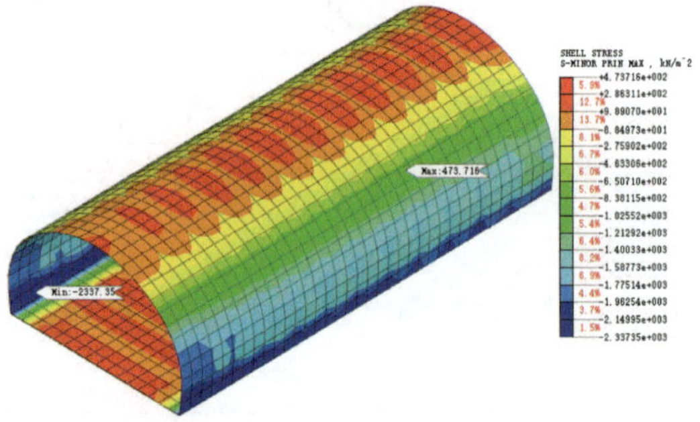

c）最小主应力矢量场轴测视图

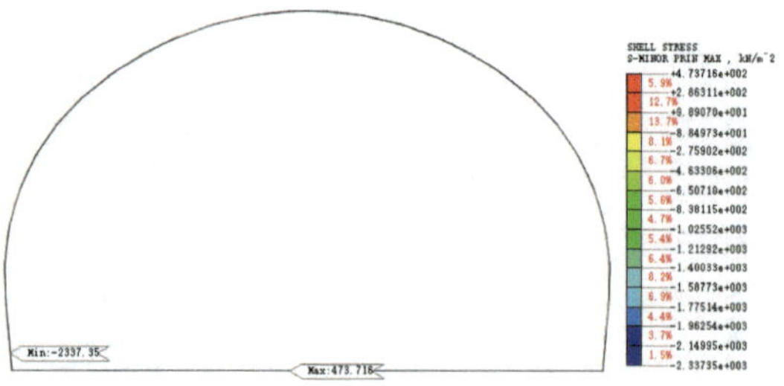

d）最小主应力矢量场正视图

（b）优化设计方案

图 8-39　初期支护主应力计算结果对比

(4)有锚杆工况计算结果

分析原设计方案计算工况的最后施工步初期支护顶部锚杆受力分布图，得到原设计方案工况锚杆受力计算表。根据表 8-18、图 8-40 中锚杆受力分布特征分析，得出如下结论：①原设计方案中锚杆轴力、应力最大值分别为 4.99kN、15.87 MPa，锚杆所处位置是隧道拱顶。②原设计方案中锚杆轴力、应力最小值分别为 1.80kN、5.72 MPa，锚杆所处位置是隧道拱肩。③原设计方案中拱顶局部系统锚杆轴力受拉。④通过以上 S4c 型衬砌原设计方案与优化设计方案的受力和变形等方面的对比分析，隧道拱顶设置局部系统锚杆对围岩受力和变形作用效果并不明显，是可以取消的。

表 8-18　锚杆受力计算结果统计表

项目	原设计方案						优化设计方案					
	最大值			最小值			最大值			最小值		
	计算值	位置	性质	计算值	位置	性质	计算值	位置	性质	计算值	位置	性质
轴力(kN)	4.99	拱顶	受拉	1.80	拱肩	受拉	—	—	—	—	—	—
应力(MPa)	15.87	拱顶	拉应力	5.72	拱肩	拉应力	—	—	—	—	—	—

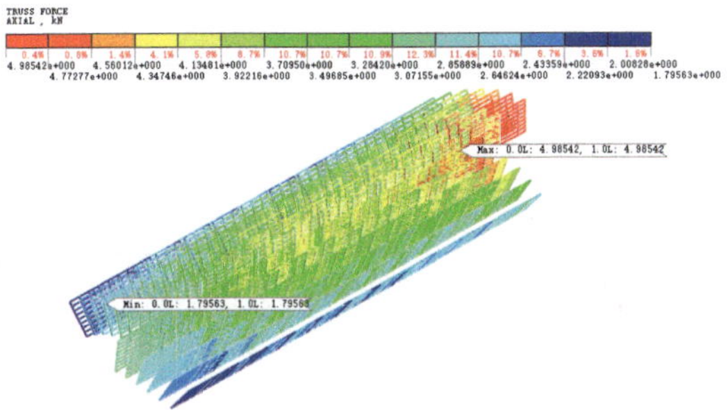

a）轴力矢量场轴测视图

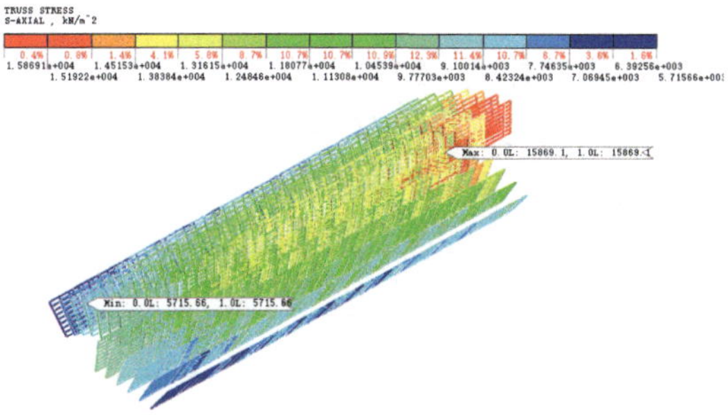

a）应力矢量场轴测视图

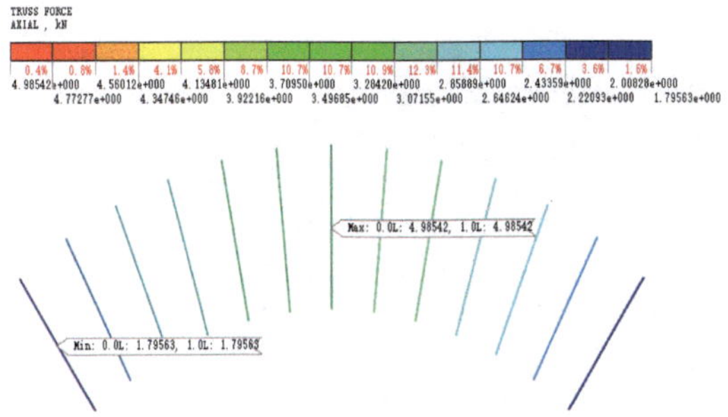

b）轴力矢量场正视图

（a）锚杆轴力

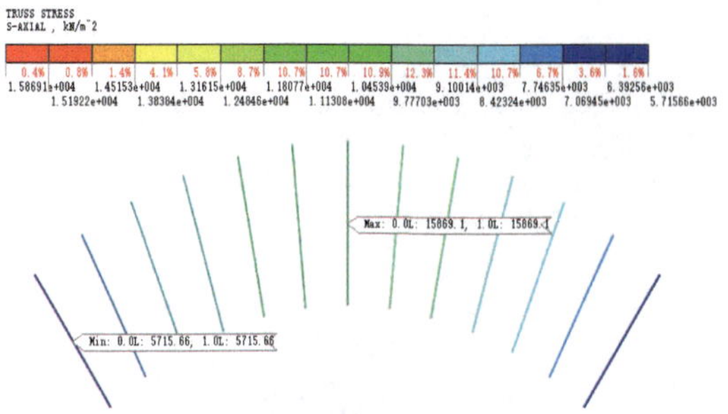

b）应力矢量场正视图

（b）锚杆应力

图 8-40　有锚杆工况轴力和应力计算结果

(5)隧道材料状态计算结果对比

对比分析原设计方案、优化设计方案两种计算工况的最后施工步围岩最大剪应力、Von Mises(米赛斯)应力、等效应力、等效应变、材料状态计算结果，得到两种方案隧道材料状态计算结果对比表。根据表 8-19、图 8-41～图 8-45 隧道材料状态计算结果对比分析，得出如下结论：①两种设计方案中，三维实体模型的最大剪应力、Von Mises 应力、等效应力、等效应变的计算值相差不大。②两种设计方案中，三维实体模型材料状态计算结果表明，都未发生塑性破坏或拉伸破坏。③两种设计方案中，优化设计方案中的最大剪应力、Von Mises 应力、等效应力、等效应变的最大值都略小于原设计方案对应值。④两种设计方案中，优化设计方案中的最大剪应力、Von Mises 应力、等效应力、等效应变的最小值都等于原设计方案对应值。⑤两种设计方案中，最大剪应力、Von Mises 应力、等效应力、等效应变的最大值、最小值分布位置相同。⑥优化设计方案中取消拱顶局部系统锚杆不影响隧道围岩、初期支护稳定性。

表 8-19　两种方案隧道材料状态计算结果对比表

<table>
<tr><td rowspan="3">项目</td><td colspan="6">原设计方案</td><td colspan="6">优化设计方案</td></tr>
<tr><td colspan="3">最大值（MPa）</td><td colspan="3">最小值（MPa）</td><td colspan="3">最大值（MPa）</td><td colspan="3">最小值（MPa）</td></tr>
<tr><td>计算值</td><td>位置</td><td>性质</td><td>计算值</td><td>位置</td><td>性质</td><td>计算值</td><td>位置</td><td>性质</td><td>计算值</td><td>位置</td><td>性质</td></tr>
<tr><td>最大剪应力（MPa）</td><td>2.33</td><td>左拱脚</td><td>顺时针</td><td>0.006</td><td>上边界</td><td>顺时针</td><td>2.23</td><td>右拱脚</td><td>顺时针</td><td>0.007</td><td>上边界</td><td>顺时针</td></tr>
<tr><td>Von Mises 应力（MPa）</td><td>4.44</td><td>左拱脚</td><td>—</td><td>0.01</td><td>上边界</td><td>—</td><td>4.23</td><td>左拱脚</td><td>—</td><td>0.01</td><td>上边界</td><td>—</td></tr>
<tr><td>等效应力（MPa）</td><td>4.05</td><td>左拱脚</td><td>—</td><td>0.01</td><td>上边界</td><td>—</td><td>3.88</td><td>左拱脚</td><td>—</td><td>0.01</td><td>上边界</td><td>—</td></tr>
<tr><td>等效应变</td><td>9.54×10^{-5}</td><td>左拱脚</td><td>拉应变</td><td>1.29×10^{-7}</td><td>左边界</td><td>拉应变</td><td>8.99×10^{-5}</td><td>左拱脚</td><td>拉应变</td><td>1.30×10^{-7}</td><td>左边界</td><td>拉应变</td></tr>
<tr><td rowspan="3">材料状态</td><td colspan="6">材料状态计算结果</td><td colspan="6">材料状态计算结果</td></tr>
<tr><td>塑性破坏</td><td>加卸载破坏</td><td>拉抻破坏</td><td>帽破坏</td><td colspan="2"></td><td>塑性破坏</td><td>加卸载破坏</td><td>拉抻破坏</td><td>帽破坏</td><td colspan="2"></td></tr>
<tr><td>无</td><td>—</td><td>无</td><td>—</td><td colspan="2"></td><td>无</td><td>—</td><td>无</td><td>—</td><td colspan="2"></td></tr>
</table>

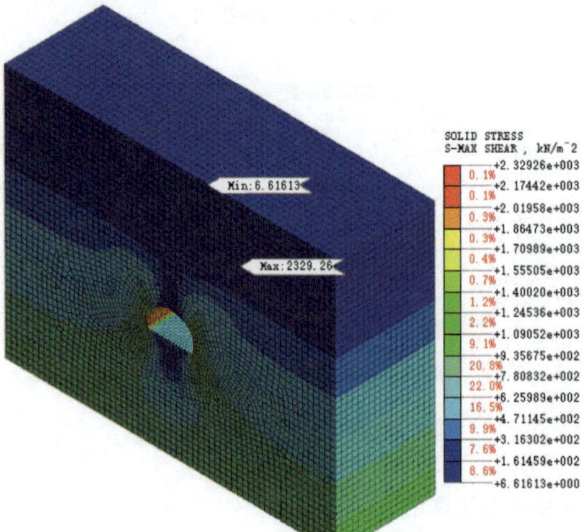

a）轴测视图

（a）原设计方案

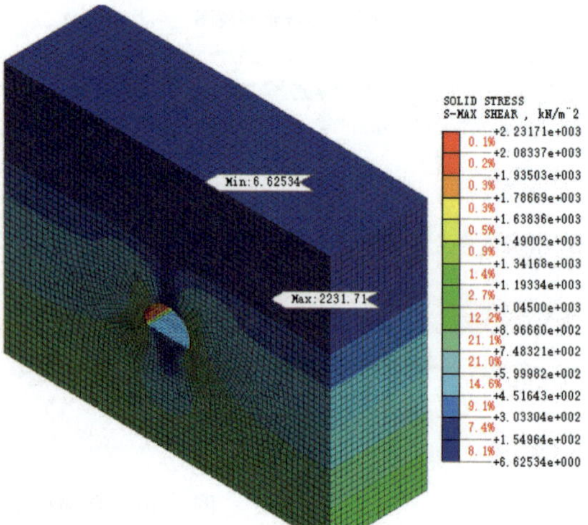

a）轴测视图

（b）优化设计方案

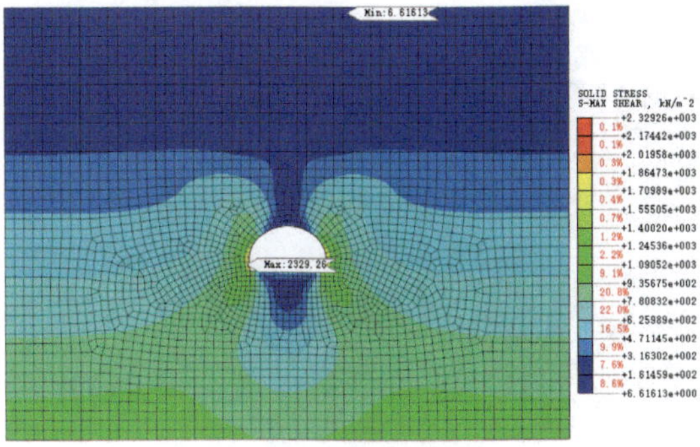

b）正视图

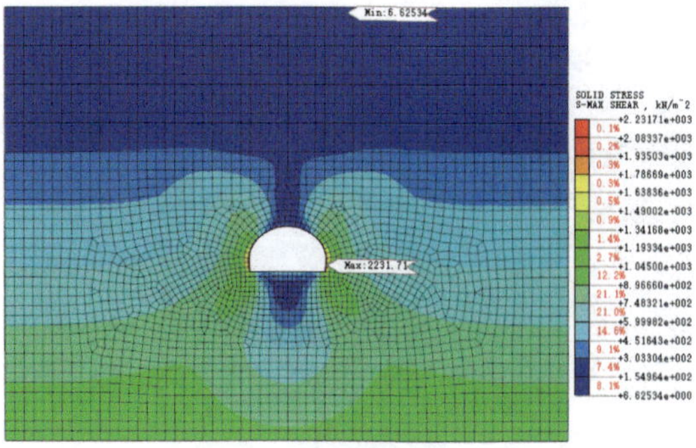

b）正视图

（a）原设计方案　　　　（b）优化设计方案

图 8-41　最大剪应力计算结果对比

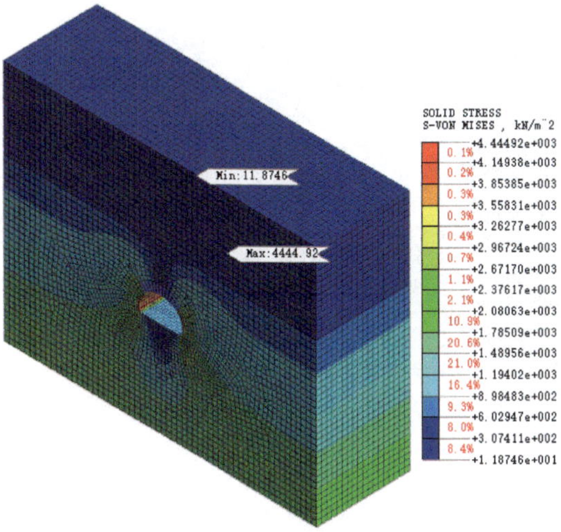

a）轴测视图

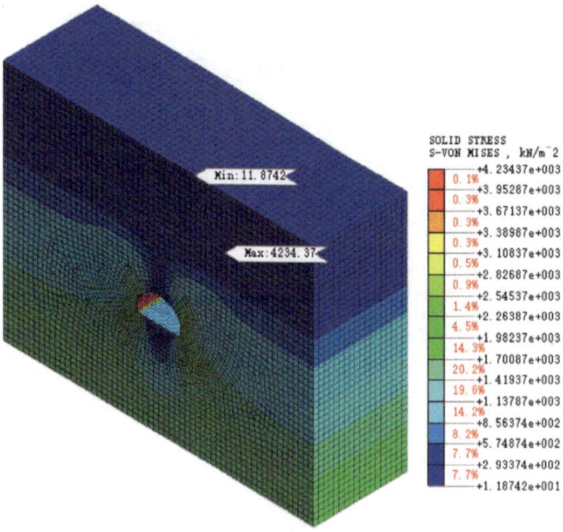

a）轴测视图

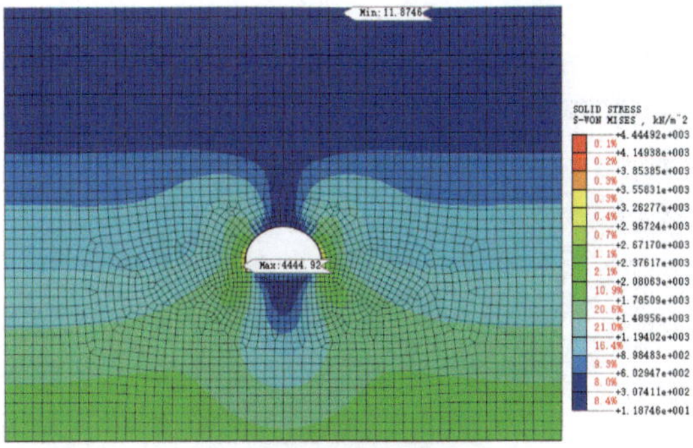

b）正视图

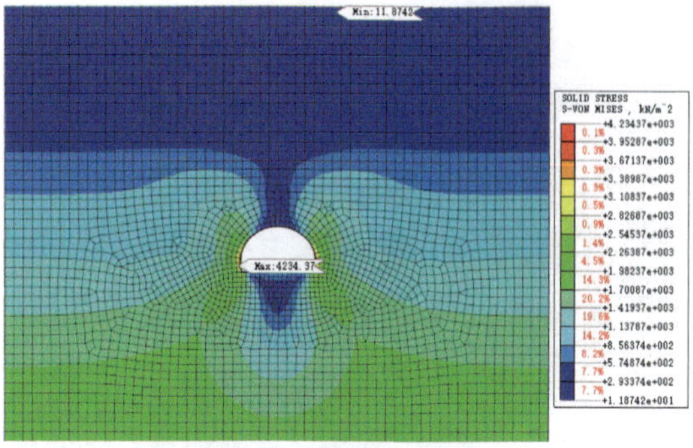

b）正视图

（a）原设计方案　　　　（b）优化设计方案

图 8-42　Von Mises 应力计算结果对比

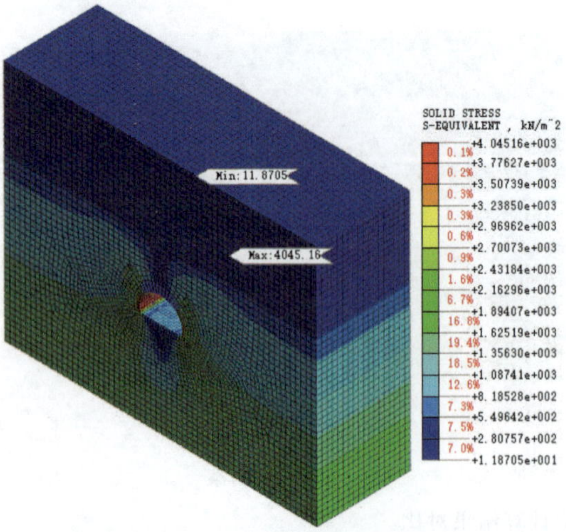

a）轴测视图

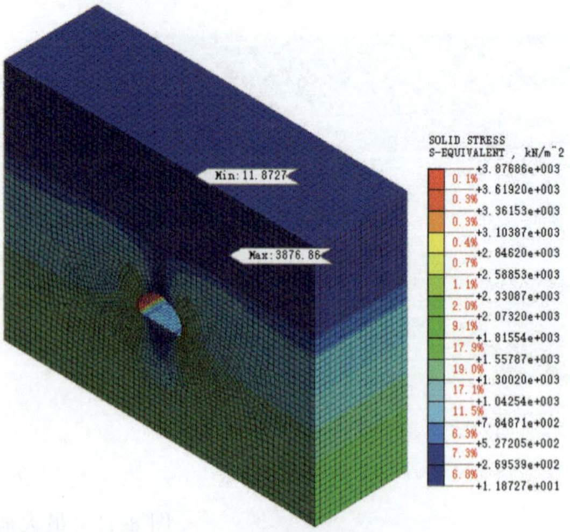

a）轴测视图

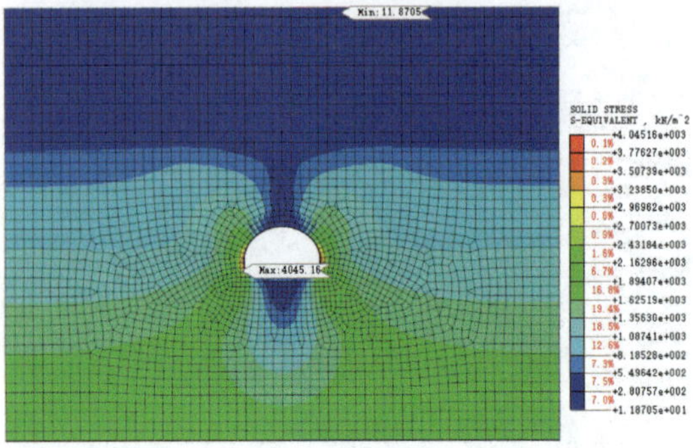

b）正视图

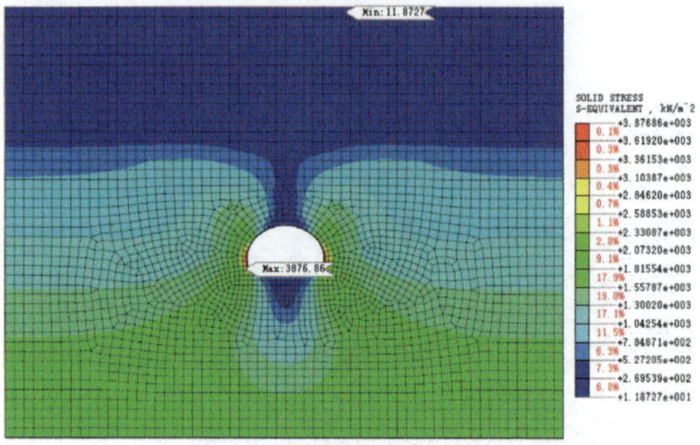

b）正视图

（a）原设计方案

（b）优化设计方案

图 8-43　等效应力计算结果对比

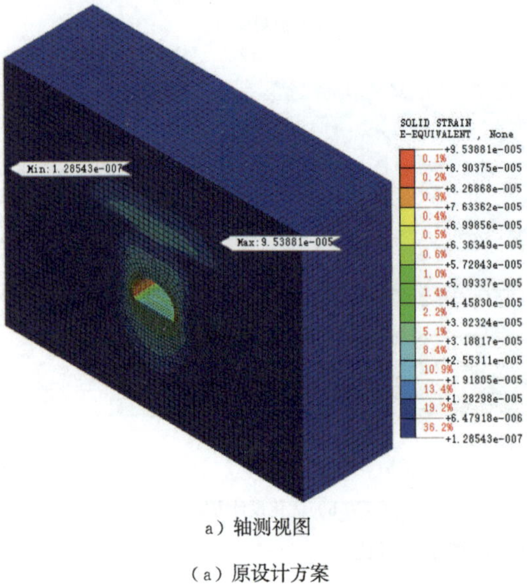

a）轴测视图

（a）原设计方案

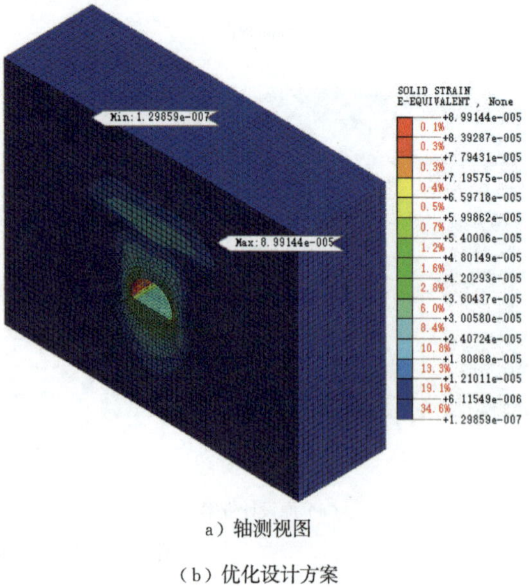

a）轴测视图

（b）优化设计方案

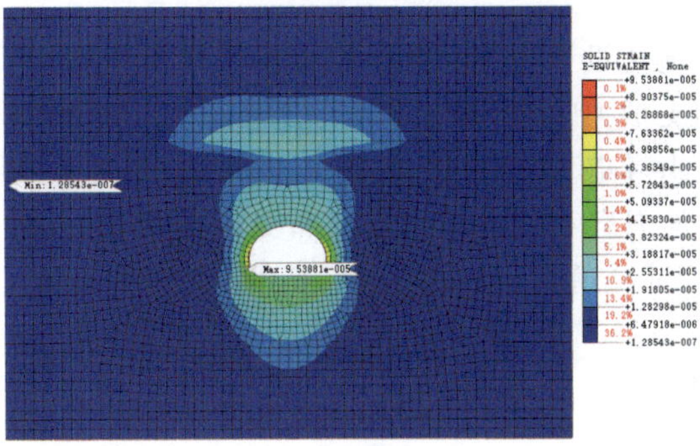

b）正视图

（a）原设计方案

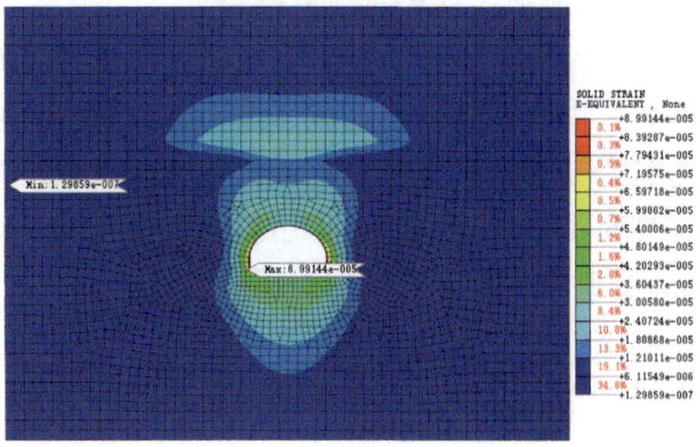

b）正视图

（b）优化设计方案

图 8-44　等效应变计算结果对比

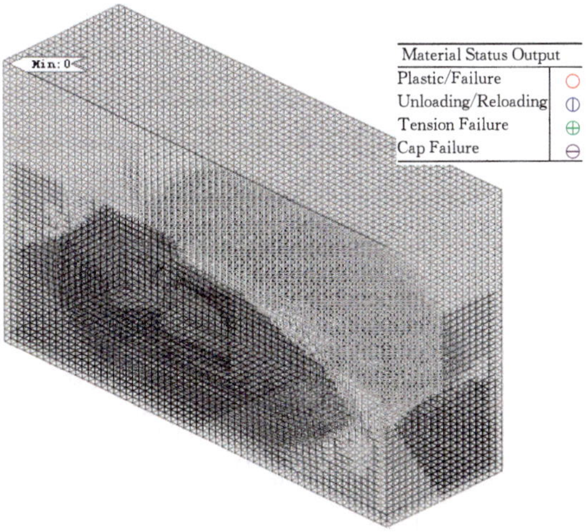

a）轴测视图

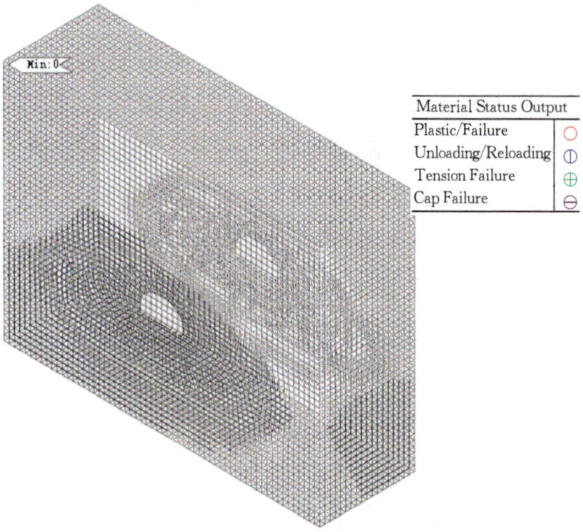

a）轴测视图

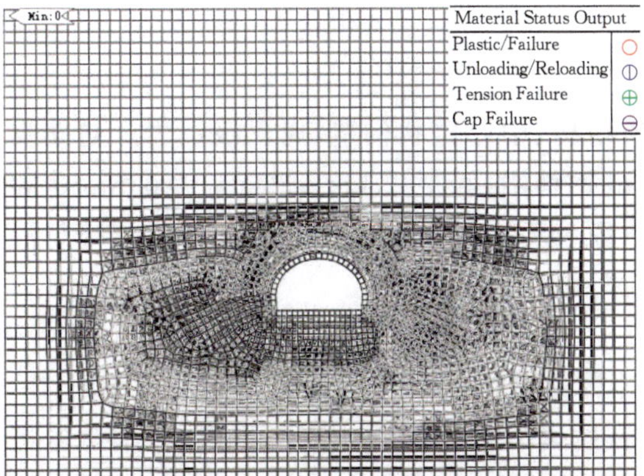

b）正视图

（a）原设计方案

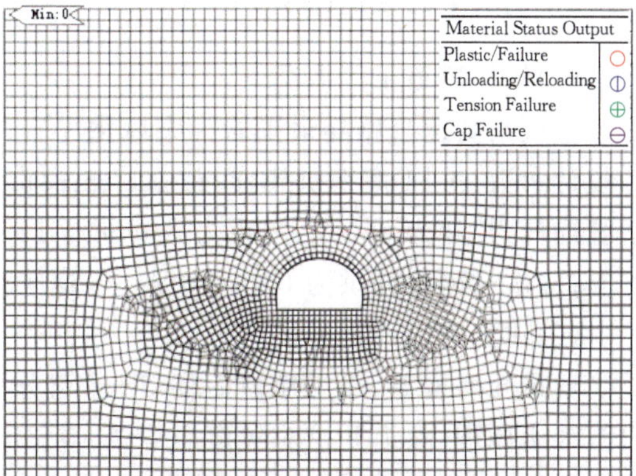

b）正视图

（b）优化设计方案

图 8-45　材料塑性状态计算结果对比

(6)取消锚杆验算研究结论

通过对中梁山隧道 S4c 型衬砌原设计方案与优化设计方案三维地层结构法建模计算，并对隧道围岩与结构中的围岩应力、围岩变形、初期支护主应力、锚杆受力、三维实体模型材料应力状态计算结果进行对比分析后，得出结论：中梁山隧道 S4c 型衬砌在隧道拱顶设置局部系统锚杆对围岩受力和变形作用效果并不明显，对改善围岩和隧道结构变形和受力功效不大，因此，取消隧道 S4c 型衬砌拱顶局部系统锚杆可以保证隧道稳定性、安全性，技术上可行。

8.3 泥质软岩隧道系统锚杆功效及优化

8.3.1 软岩锚杆功效分歧

学术界对隧道系统锚杆功效的认识分歧很大，国内不少学者对土质隧道系统锚杆功效进行了探索，得出了系统锚杆作用效果不明显结论。陈建勋等通过现场试验得出黄土隧道钢架支护条件下的系统锚杆支护效果不明显，应取消系统锚杆的结论；谭忠盛等通过有、无系统锚杆对比试验得出了大断面浅埋和深埋黄土隧道系统锚杆中锚杆轴力较小且拱部锚杆支护效果不明显的结论；郭军等通过现场试验及模型计算得出了浅埋黄土隧道中拱部系统锚杆的锚固效果较弱、而边墙部锚杆的锚固效果显著的结论；章慧健等通过数值模拟得出超大断面隧道锚杆轴力分布不均衡且拱顶锚杆轴力很小。施正宝、李献民等通过试验段测试得出了深埋泥岩隧道有无设置系统锚杆条件下围岩变形及受力都无明显差异，锚杆支护作用效果较差，取消系统锚杆不影响支护结构安全的结论。

软岩隧道开挖时空效应的影响、系统锚杆施工对围岩二次扰动及塑性区的二次影响，不利于围岩塑性区有效控制和隧道结构的安全稳定，因此，软岩隧道系统锚杆设计优化意义重大。王勇杰、李献民依托重庆某高速公路隧道建立数值模型，考虑围岩应力时空效应影响，分析泥岩隧道初期支护结构中的系统锚杆功效及适用性，研究成果为软质围岩隧道的设计和施工提供重要依据。

8.3.2 建立平面数值模型

(1)依托隧道工程概况

重庆某高速公路隧道围岩为中风化泥岩、泥质结构、中厚层状构造，属Ⅳ级围岩。初期支护设计参数：Ⅰ14 型钢拱架，间距 100 cm；ϕ6.5 mm 钢筋网，间距 25 cm×25 cm；ϕ20 mm 药卷系统锚杆，长度为 3.0 m，间距为 100 cm×120 cm(纵×环)，梅花形布置；20 cm 厚 C20 喷射混凝土；二次衬砌及仰拱为 C30 素混凝土，隧底填充采用 C15 混凝土。

(2)建立数值计算模型

隧道几何模型：采用建模简便、网格划分少、计算速度快的二维数值模型进行仿真计算。由圣维南原理，隧道开挖对隧道周围 3～5 倍开挖宽度内岩体内应力应变产生影响，结合隧道正洞结构尺寸，二维平面应变几何模型取宽×深为 120 m×120 m。

隧道模型材料属性：本构关系方面，考虑围岩材料的弹塑性变形，采用摩尔—库伦准则；混凝土或钢材仅考虑其弹性工作范围，采用线弹性破坏准则。网格单元类型，围岩视为连续介质采用平面应变单元模拟，初期支护 C20 喷射混凝土采用板单元模拟，锚杆采用植入式桁架单元模拟，如图 8-46 所示。

隧道模型荷载及边界条件：地表为自由面，其余各面均采用法向位移约束。初始应力场仅考虑自重应力场，不考虑围岩地层的构造应力场；由于地下水贫乏，不考虑地下水渗流场条件。

材料物理力学参数：隧道围岩与支护结构材料物理参数见表 8-20。

表 8-20　隧道材料物理力学参数

材　料	弹性模量(GPa)	泊松比 μ	容重(kN/m^3)	黏聚力 c(kPa)	内摩擦角 φ(°)
泥岩围岩	5	0.35	26.8	500	25
药卷锚杆	210	0.3	78.5	—	—
初期支护	25.5	0.2	24	—	—

数值模型验证和修正：为隧道横断面特征点如图 8-47 所示，根据依托工程隧道在隧道断面特征点监测项目(围岩变形、锚杆轴力、C20 喷射混凝土应力可换算出初期支护轴力)的实测数据结果，反复修正所建立的二维平面应变数值计算模型，并控制数值模型计算结果与现场实测数据误差在±3%以内，以确保建立的数值计算模型的合理性和适用性。

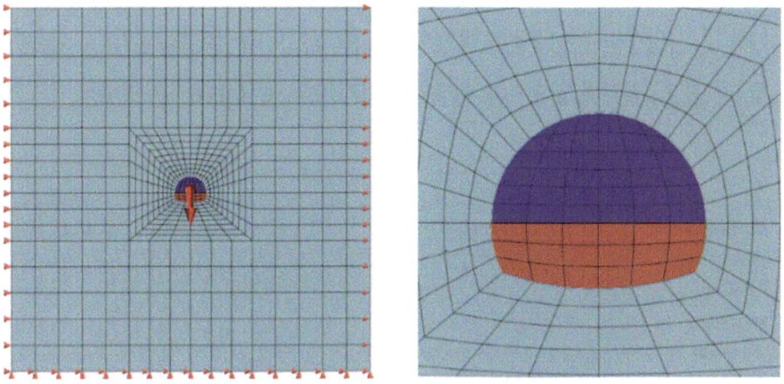

(a) 荷载及边界约束　　(b) 网格划分

图 8-46　隧道数值计算模型

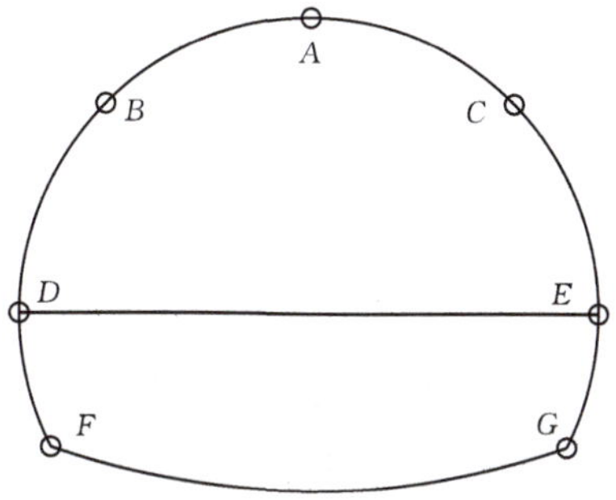

图 8-47　隧道横断面特征点示意图

(3)模拟工况设计

四种模拟工况：采用有限元软件 Midas GTS 进行数值模拟分析系统锚杆支护效果，重点考虑时间空间效应条件下，有、无设置系统锚杆情况下隧道围岩变形及初期支护结构受力机制，对比分析系统锚杆在软质围岩隧道初期支护结构中所发挥的作用效果。具体模拟工况分四种：工况一为有系统锚杆工况，工况二、工况三、工况四为取消系统锚杆工况。工况一系统锚杆布设范围 180°，锚杆长度 3 m，间距为 100 cm×120 cm(纵×环)，梅花形布置，其他设计参数与取消系统锚杆三个工况相同。

考虑时空效应的施工阶段模拟：由于隧道开挖是一个应力释放的过程，具有显著的时空效应，通过设置应力释放率模拟隧道开挖过程中的时空效应。四种工况都采用两台阶开挖，但相应施工阶段应力释放率各不相同，比如：工况一为有系统锚杆的慢速支护工况，考虑时空效应的施工阶段模拟为：工序 1 为施工准备阶段，位移清零；工序 2 为上台阶开挖，应力释放 40%；工序 3 为施作锚杆和上台阶初期支护，应力释放 30%；工序 4 为下台阶开挖，应力释放 30%；工序 5 为下台阶初期支护及仰拱施作，应力释放率为 0，其他工况情况详见表 8-21。

表 8-21 考虑时空效应引起的应力释放率的模拟工况

施工阶段		有系统锚杆	无系统锚杆		
		工况一	工况二	工况三	工况四
		慢速支护	快速支护	中速支护	慢速支护
工序 1	施工准备阶段	0	0	0	0
工序 2	开挖上台阶	40%	10%	20%	30%
工序 3	施作(锚杆)上台阶初期支护	30%	30%	30%	30%
工序 4	开挖下台阶	30%	30%	30%	30%
工序 5	施作下台阶初期支护＋仰拱	0	30%	20%	10%

8.3.3 锚杆功效验算结论

(1)围岩变形总体特征

由图 8-48 可以看出各工况隧道围岩竖向沉降变形特征:①工况一～工况四拱顶下沉最大值分别为 38.2 mm、32.2 mm、35.0 mm、37.8 mm,显示出隧道有无施作系统锚杆对围岩竖向沉降变形控制不显著。②初期支护时间越早,围岩应力释放率越小,围岩沉降变形越小。证明了取消系统锚杆可节省工序提高工效,及时进行初期支护可有效减少围岩竖向沉降变形。

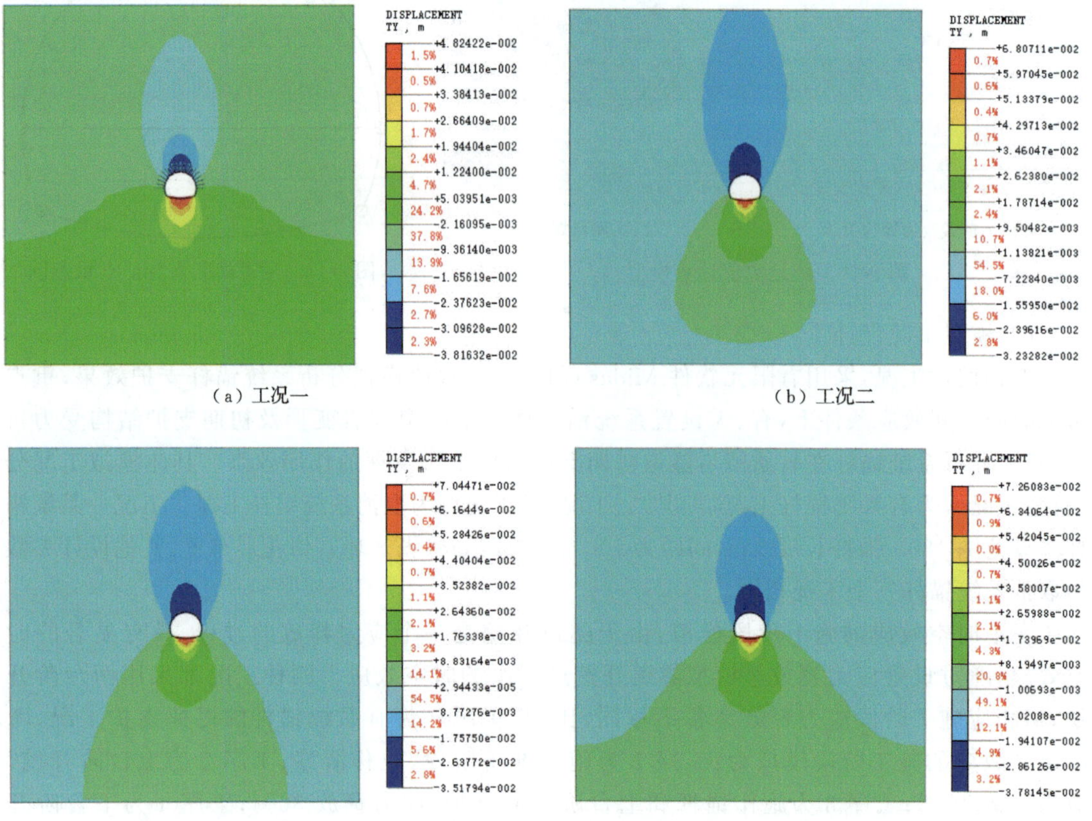

(a) 工况一　(b) 工况二　(c) 工况三　(d) 工况四

图 8-48 各工况围岩竖向沉降变形云图

由图 8-49 可以看出各工况隧道围岩水平收敛变形特征：①工况一～工况四水平收敛最大值分别为 5.33 mm、10.31 mm、9.47 mm、9.07 mm，显示出施作系统锚杆能起到控制围岩水平收敛变形的作用。②初期支护时间越早，围岩应力释放率越小，围岩水平收敛会越大，且远大于工况一围岩的水平收敛，这是因为工况一中边墙系统锚杆起到了锁脚锚杆的作用，有效控制了围岩收敛。因此，如果取消系统锚杆，应加强隧道初期支护锁脚锚杆的施作。

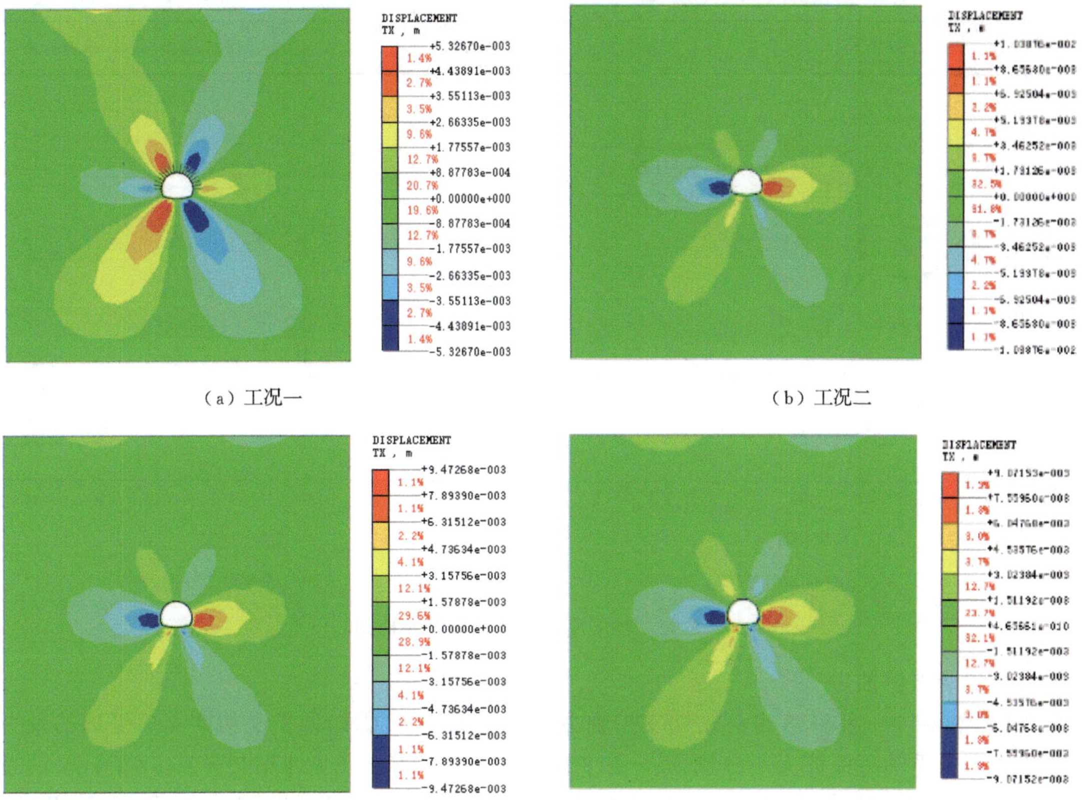

(a) 工况一　(b) 工况二　(c) 工况三　(d) 工况四

图 8-49　各工况围岩水平收敛云图

(2)隧道断面特征点变形特征

根据图 8-50、表 8-22，不难看出围岩特征点变形特征：

①竖向沉降变形特征：(a)工况一拱顶(A 点)、拱肩(B、C 点)、拱脚(F、G 点)竖向位移比取消系统锚杆三种工况对应特征点竖向位移稍大，最大极差达到 5.9～6.6 mm；(b)工况一拱腰 D、E 点竖向位移比取消系统锚杆三种工况对应特征点竖向位移都小，最大极差达到 9.4 mm。(c)除拱腰 D、E 点外，取消施作系统锚杆及时初期支护会减小竖向位移，且拱腰 D、E 点竖向沉降变形受时空效应影响显著。

②水平收敛变形特征：(a)工况一拱肩(B、C 点)水平位移比取消系统三种工况对应特征点水平位移稍大，最大极差达到 1.7～2.0 mm。(b)工况一拱腰(D、E 点)、拱脚(F、G 点)水平位移比取消系统三种工况对应特征点水平位移都小，最大极差达到 6.9 mm，原因是工况一拱腰系统锚杆起到了锁脚锚杆作用，控制围岩水平收敛，取消系统锚杆，应加强初期支护锁脚锚管的施作。(c)除拱肩特征点 B、C 外，施作系统锚杆会减小隧道水平位移，且拱腰 D、E 点水平收敛变形受时空效应影响显著。

表 8-22　围岩特征点(拱顶沉降/水平收敛)变形数据统计(mm)

工　况	A	B	C	D	E	F	G
工况一	38.2/0	29.8/4.5	29.8/4.3	1.6/3.1	1.6/3.1	17.3/5.3	17.3/5.2
工况二	32.3/0	23.7/2.5	23.7/2.6	11/9.9	11/10	10.7/6.6	32.3/6.6
工况三	35.2/0	26.3/3.0	26.3/3	10.1/9.5	10.1/9.5	12.8/6.8	35.2/6.8
工况四	37.8/0	28.7/3.4	28.7/3.4	9.5/9.1	9.5/9.1	14.5/6.9	37.8/6.9

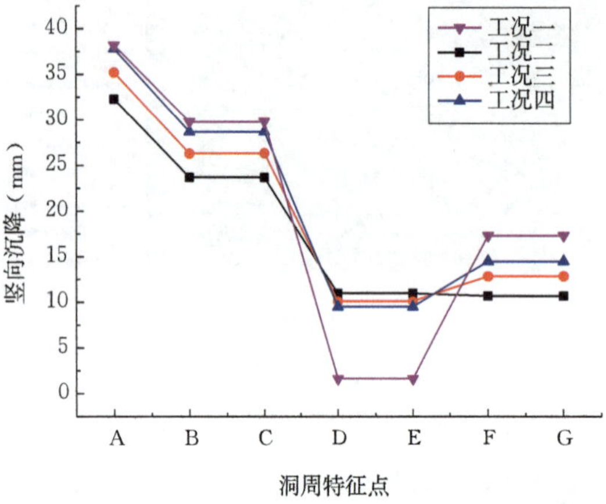

(a)竖向沉降变形

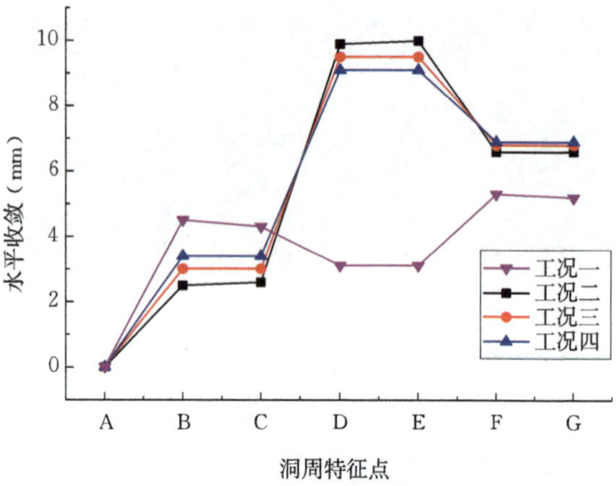

(b)水平收敛变形

图 8-50　各工况隧道各特征点变形图

(3)初期支护轴力

根据图 8-51～图 8-53 得到初期支护轴力表现如下特征:①四种工况初期支护受到的轴力都是压力,所受轴力极值大小分别为:−913 kN、−3 263 kN、−2 831 kN、−2 462 kN,取消系统锚杆工况初期支护轴力显著大于施作系统锚杆工况,更有利于控制隧道结构受力、围岩变形和塑性区发展。②取消系统锚杆三种工况随着初期围岩应力释放率增大,初期支护轴力呈现出减小趋势。由于隧道开挖围岩应力时空效应引起原始应力重新分布,若支护时间过早,初期支护结构需要承担部分松动围岩荷载,从而导致初期支护结构轴力增大。③初期支护施作时间越早,初期支护受到的轴力越大。因此,取消系统锚杆首先必须保证初期支护强度,其次要根据新奥法施工理念和围岩地质岩性条件选择初期支护最佳施作时机。

(4)围岩塑性区

由图 8-54 可以看出,隧道开挖时空效应条件下围岩塑性区发展表现出以下特征:①相对于取消系统锚杆三种工况,施作系统锚杆工况对围岩塑性区发展控制效果较明显。②取消系统锚杆三种工况,随着初期围岩应力释放率的变大,围岩塑性区范围依次变大,说明隧道开挖应力释放过程时空效应显著,越早进行初期支护和封闭成环,对塑性区范围大小及其发展的控制越有利。

(5)初期支护安全系数计算

按破损阶段验算构件截面强度应根据不同荷载组合并分别采用不同的安全系数,见表 8-23。

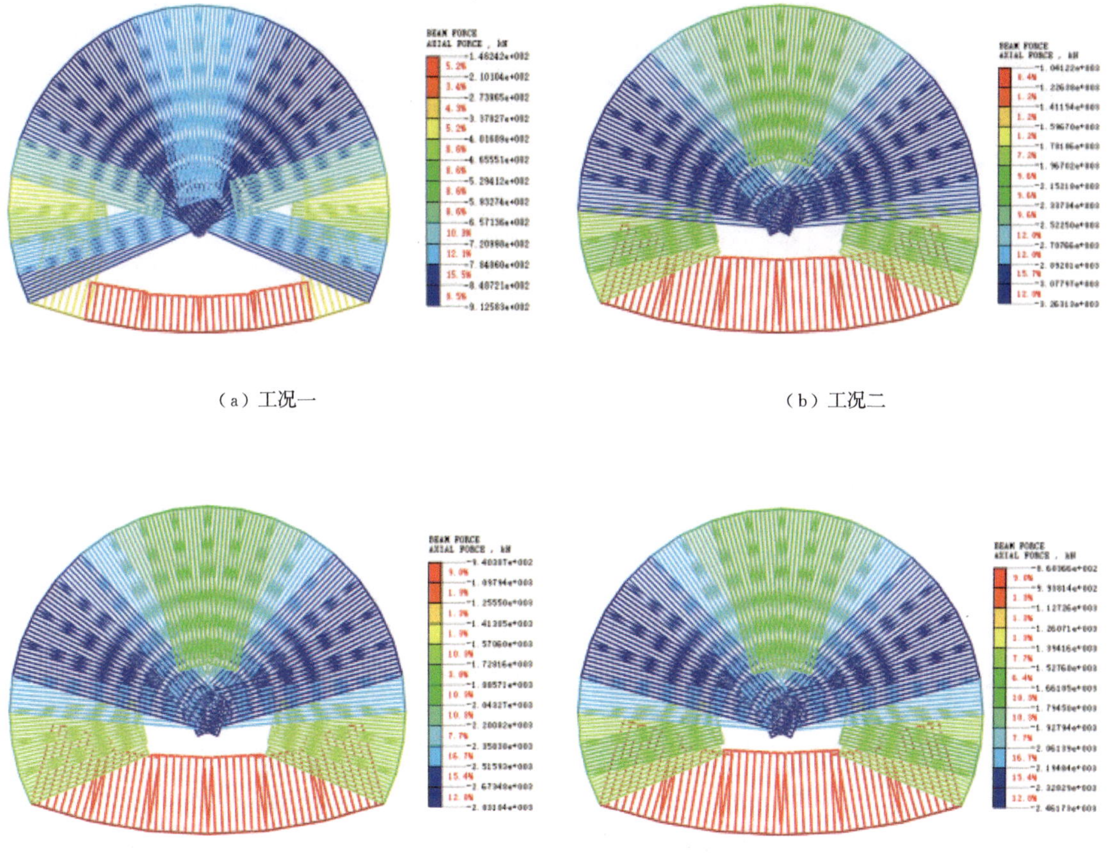

（a）工况一　（b）工况二

（c）工况三　（d）工况四

图 8-51　初期支护轴力云图

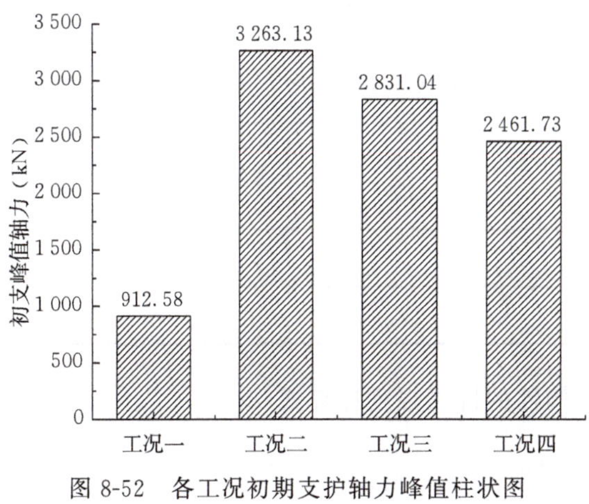

图 8-52　各工况初期支护轴力峰值柱状图

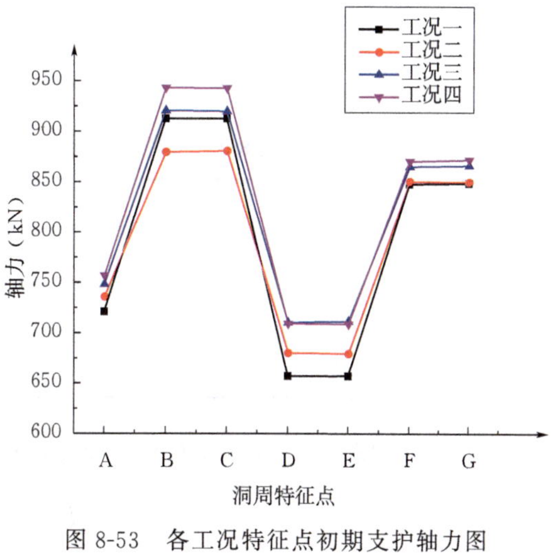

图 8-53　各工况特征点初期支护轴力图

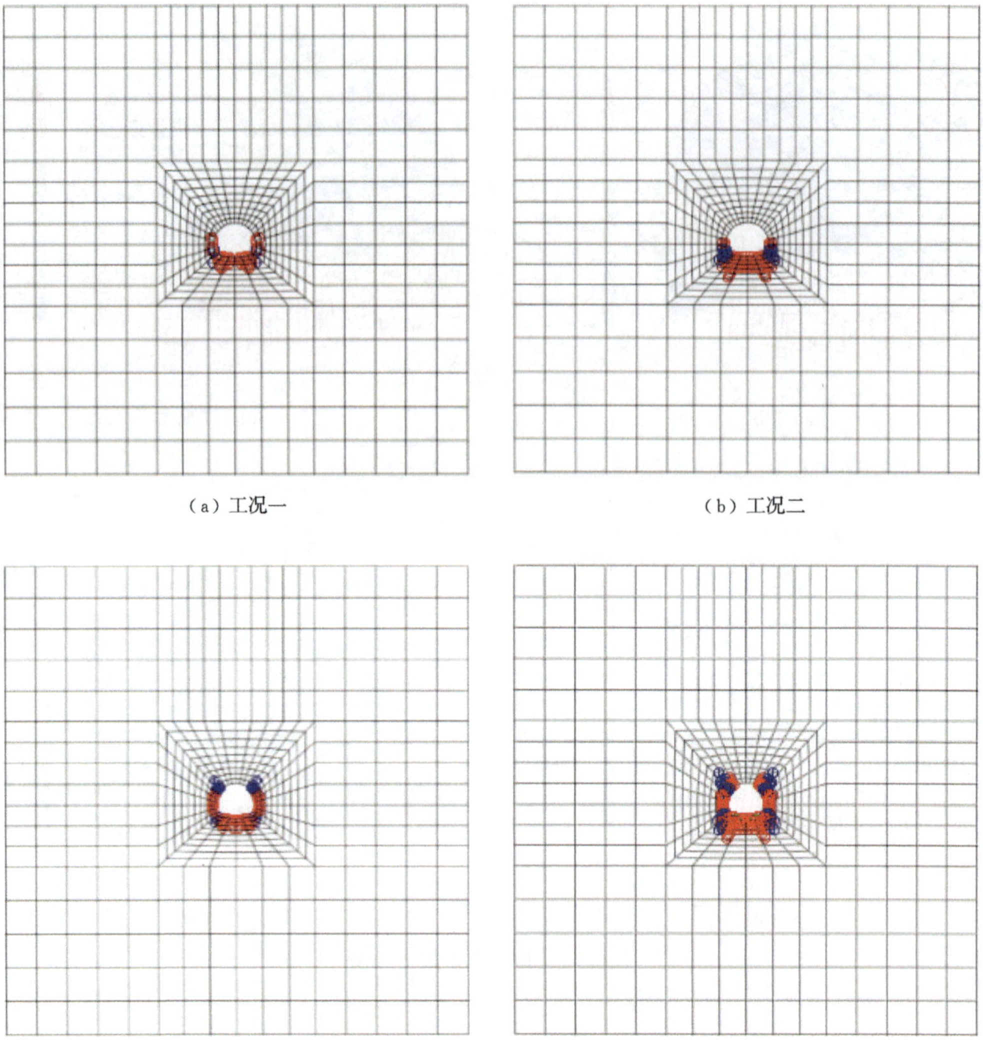

(a) 工况一　(b) 工况二　(c) 工况三　(d) 工况四

图 8-54　各工况围岩塑性区云图

表 8-23　混凝土结构各种荷载组合的强度安全系数值

破坏原因	永久荷载+基本可变荷载	永久荷载+基本可变荷载+其他可变荷载	永久荷载+基本可变荷载
混凝土达到抗压极限强度	2.4	2.0	1.8
混凝土达到抗拉强度极限	3.6	3.0	—

①隧道衬砌混凝土矩形截面轴心及偏心受压构件的抗压强度计算式(8-1)。

$$KN \leqslant \phi \alpha R_a bh \tag{8-1}$$

式中　K——安全系数,见表 8-24;

N——轴向力(kN);

ϕ——构件的纵向弯曲系数，对于隧道衬砌、明洞拱圈及墙背紧密回填的边墙可取 $\phi=1$，对于其他构件应根据其长细比选用；本书取 $\phi=1$。

R_a——混凝土或砌体的抗压极限强度；

b——截面宽度，取 1 m；

h——截面厚度，取 0.2 m；

α——轴向力偏心影响系数。

②按抗裂要求，混凝土矩形截面偏心受压构件的抗拉强度计算式(8-2)。

$$KN \leqslant \phi \frac{1.75R_1bh}{\dfrac{6e_0}{d}-1} \tag{8-2}$$

式中　R_1——混凝土的抗拉极限强度，本书取 $R_1=1.7$；

e_0——轴向力偏心距；

其余符号含义同前。

③工况特征点强度及安全系数计算

根据破损阶段法验算安全系数，在最不利荷载组合的作用下，结构的控制内力不超过材料的极限承载力，即

$$N \leqslant \overline{N}/K_f \tag{8-3}$$

其中　N——最不利截面上的轴力(kN)；

$\overline{N}$——该截面的极限承载力(kN)；

K_f——破损阶段模型设计时结构的安全系数。

隧道安全系数验算结果见表 8-24，未施作系统锚杆三种工况安全系数均满足规范要求。

表 8-24　工况特征点安全系数计算表

特征点	工况二				工况三				工况四				强度控制
	N (kN)	M (kN·m)	e (m)	K	N (kN)	M (kN·m)	e (m)	K	N (kN)	M (kN·m)	e (m)	K	
A	735.9	30.9	0.042	3.1	748.3	31.7	0.042	2.9	756.8	31.4	0.042	3.2	抗拉
B	879.5	36.6	0.041	2.7	920.6	37.7	0.041	2.8	943.3	39.1	0.043	2.6	抗拉
D	680.3	29.3	0.043	3.0	710.3	29.6	0.041	3.3	709.3	29.8	0.042	3.2	抗拉
F	850.5	36.2	0.042	2.5	865.3	36.1	0.042	2.7	870.6	36.1	0.043	2.8	抗拉

(6)锚杆设计优化研究结论

通过时空效应影响下不同工况系统锚杆功效的数值模拟，分析隧道初期支护结构受力、围岩变形及塑性区得出如下结论：①初期支护施作越早，围岩变形控制效果越好；初期支护所受轴力越大，对围岩塑性区的发展控制越有利，应加强初期支护早期强度控制。②取消系统锚杆降低泥岩的二次扰动，缩短了初期支护闭合时间，同样可以较好地控制围岩变形甚至效果更佳。③依托工程泥岩隧道施作系统锚杆工况中锚杆功效不明显；而取消系统锚杆三种工况初期支护安全系数都满足规范要求，取消初期支护中系统锚杆技术和安全上可行。④泥岩隧道

取消系统锚杆应加强边墙锁脚锚杆(管)施工,以确保有效控制围岩水平收敛和稳定钢拱架、防止拱脚收缩和掉拱。⑤软岩隧道衬砌结构系统锚杆的优化,应经过试验段工程验证或工程对比分析验算后才可以推广应用。

8.4 软岩隧道系统锚杆参数设置优化研究

8.4.1 软岩锚杆支护现状

目前,新奥法成为国内外隧道设计和施工的主流,联结围岩与初期支护的系统锚杆也被广泛采用。王梦恕院士认为系统锚杆在松散的土砂地层、黄土地层隧道中不能发挥其真正的锚固作用并得到业内越来越多的学者与工程师的认可。系统锚杆对于硬岩及岩层结构较好围岩可起到锚固围岩、控制变形、促进平衡拱形成的功效,对于土砂类围岩主要是加强拱脚稳定和防止掌子面崩塌失稳;而对于软质围岩系统锚杆可起到增加内压、减小围岩塑性区和变形的功效,这种观点备受争议和质疑,这是由于软质围岩中设置密集系统锚杆延长了隧道初期支护封闭时间,破坏了原岩整体稳定性。李献民、施正宝等在贵州沿印松高速李家寨隧道对比试验段实测得到Ⅳ级泥岩隧道系统锚杆作用效果不明显,并在隧道施工中取消了施作系统锚杆,工程应用验证表明,软质围岩隧道取消系统锚杆可以保证隧道结构安全稳定。

由于系统锚杆的岩体锚固机理尚处于探索阶段,从而导致针对不同岩土围岩条件的锚固支护技术参数的合理性和适配性问题一直存在较大分歧和争议:现阶段隧道工程的设计方法仍是依靠经验和工程类比设计,系统锚杆的设置范围、设置长度、加密程度主要根据围岩级别高低进行配套设计,却忽略了特殊地形地质因素、锚杆自身因素,以及隧道衬砌结构与地质体相互作用等许多外部影响条件,这显然有悖于具体问题具体分析的哲学方法论观点。

汪微、李献民等以重庆某高速公路隧道工程为依托,采用 MIDAS GTS 分析软件地层结构法建立深埋Ⅳ级软弱围岩互层隧道数值分析模型,考虑系统锚杆设范围及锚杆长度影响因素,将系统锚杆设置形式分为六种工况,对比分析研究设计工况隧道围岩变形及塑性区、锚杆轴力、初期支护轴力表现出的特征,从而得出了深埋Ⅳ级软弱围岩互层隧道系统锚杆发挥支护效用不大,系统锚杆可以取消的结论。

8.4.2 建立数值计算模型

(1)依托隧道概况

重庆高速公路某隧道隧址区属构造剥蚀丘陵地貌,进口地形坡度约 10°～30°,出口地形陡峭,如图 8-55 所示。地层岩性为侏罗系中统沙溪庙组地层泥岩、砂岩、砂质泥岩、第四系残坡积层,泥岩和砂岩呈薄至中厚层～厚层状结构,泥岩属软岩,砂岩属较软岩,节理裂隙不发育,岩体较完整。泥岩、砂岩 R_c 分别为 7.29 MPa、24.15 MPa,[BQ]在 224～340 之间。

隧道初期支护采用 C20 早强喷射混凝土 20 cm,ϕ18 mm 药卷锚杆@100 cm×120 cm,$L=2.5$ m,ϕ8 mm 钢筋网@25 cm×25 cm,16 工字钢@1.0 m;防水层采用 1.5 mm 厚 EVA 卷材和 350 g/m^2 无纺布;二次衬砌拱部和边墙、仰拱二次衬砌都为 40 cm 厚的 C30 素混凝土;仰拱填充为 C15 片石混凝土,如图 8-56 所示。

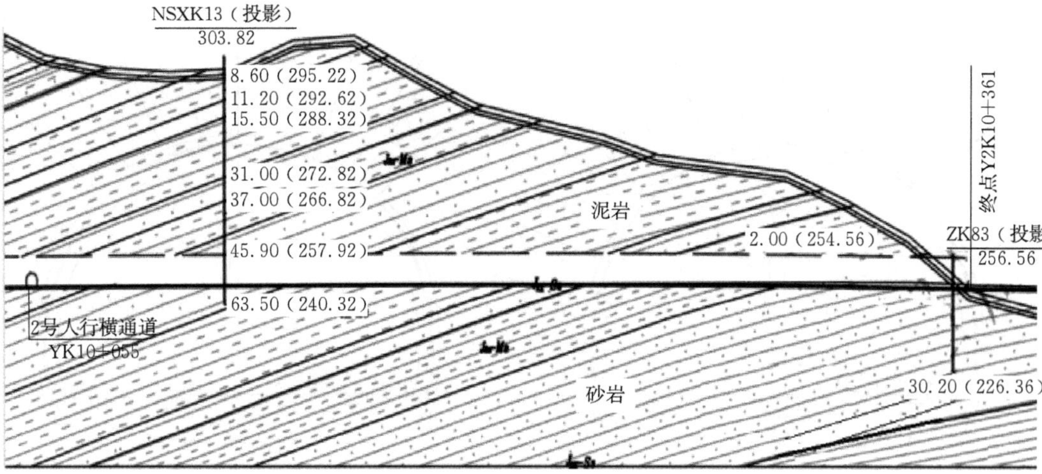

图 8-55　隧道洞口地质纵断图

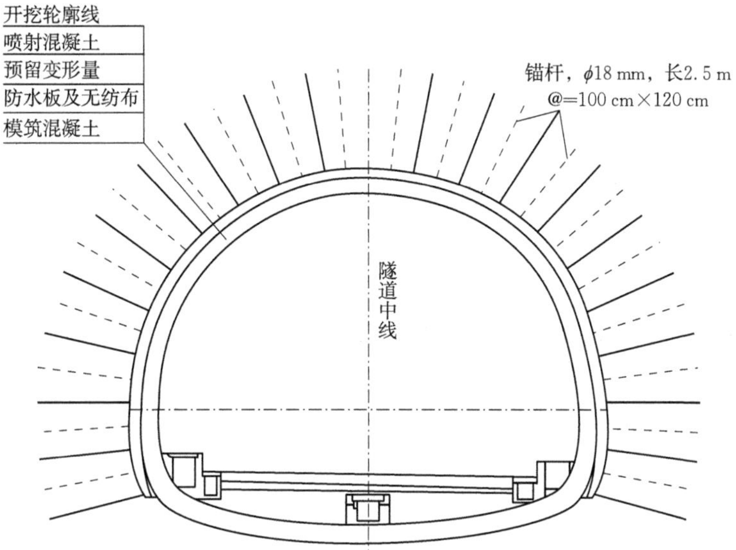

图 8-56　深埋Ⅳ级围岩隧道衬砌断面设计

(2)计算工况设计

为了分析研究系统锚杆在初期支护中发挥的支护效用，考虑锚杆长度(3 m、2.5 m、2 m)、锚杆布设范围(180°、120°、60°)影响因素共设计六种工况，见表 8-25，如图 8-57 所示。

表 8-25　深埋Ⅳ级软弱围岩互层隧道系统锚杆模拟工况设计

序号	模拟工况	锚杆设置情况	锚杆布设范围	锚杆长度(m)
1	工况一	系统锚杆	180°	3
2	工况二	拱肩局部系统锚杆	120°	3
3	工况三	拱顶局部系统锚杆	60°	3
4	工况四	拱顶局部系统锚杆	60°	2.5
5	工况五	拱顶局部系统锚杆	60°	2
6	工况六	无系统锚杆	—	—

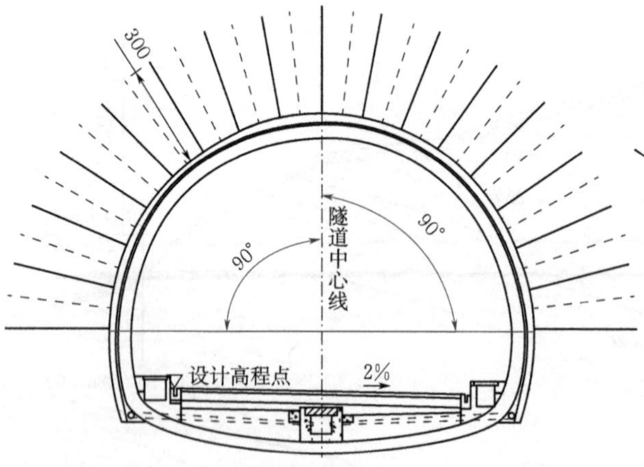

(a) 工况一

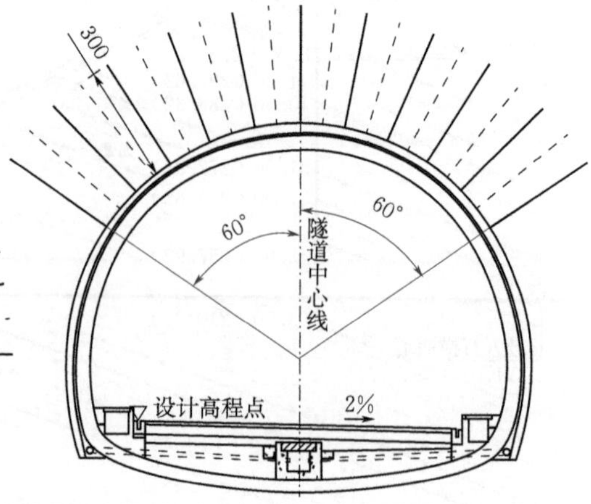

(b) 工况二

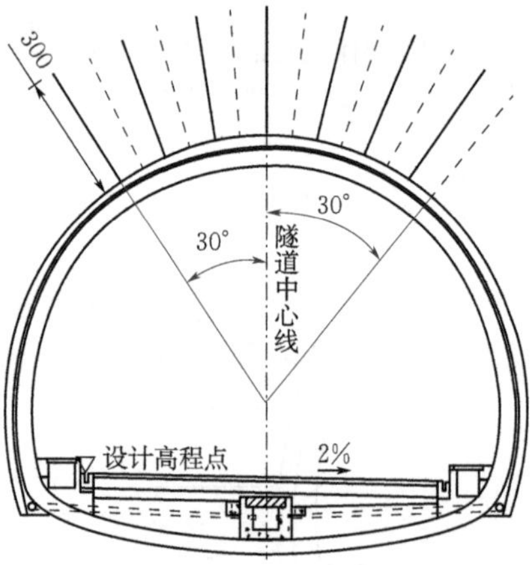

(c) 工况三

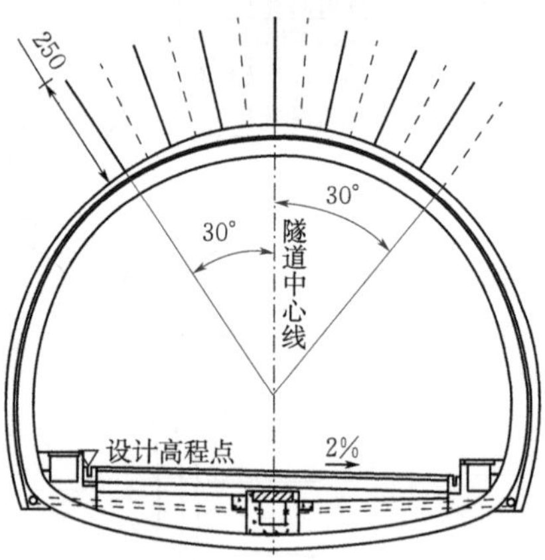

(d) 工况四

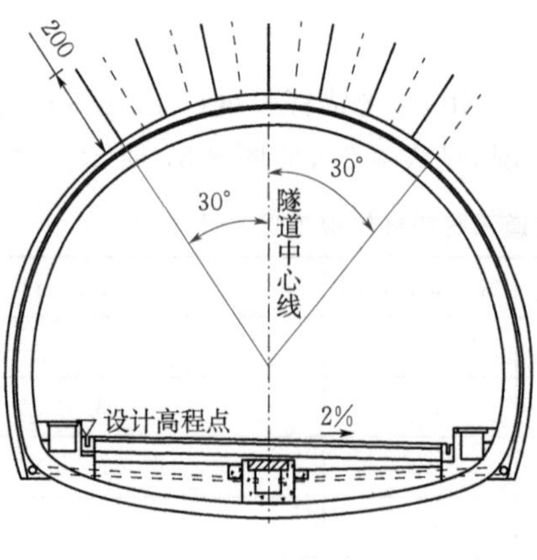

(e) 工况五

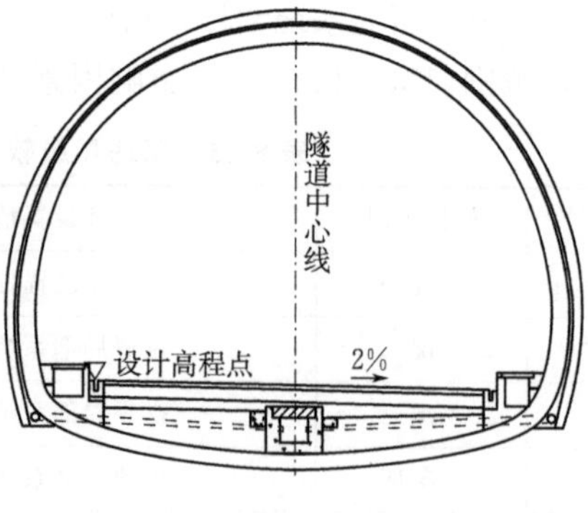

(f) 工况六

图 8-57　隧道系统锚杆模拟工况(单位:cm)

(3)计算模型的建立

采用 MIDAS 软件和地层结构法建立计算模型,如图 8-58 所示,根据依托工程深埋条件和圣维南原理,建立的几何模型宽度和深度均取 120 m。模型假设所有材料均质、连续和各向同性,按平面应变问题建立模型;考虑围岩材料弹塑性变形,围岩采用摩尔-库仑破坏准则;混凝土和钢材采用线弹性破坏准则;采用二维平面应变单元模拟围岩、初期支护 C20 喷混凝土、二次衬砌,采用植入式桁架单元模拟锚杆。荷载仅考虑自重应力场,不考虑围岩地层构造应力场作用;因地下水贫乏,也不考虑地下水渗流边界条件。

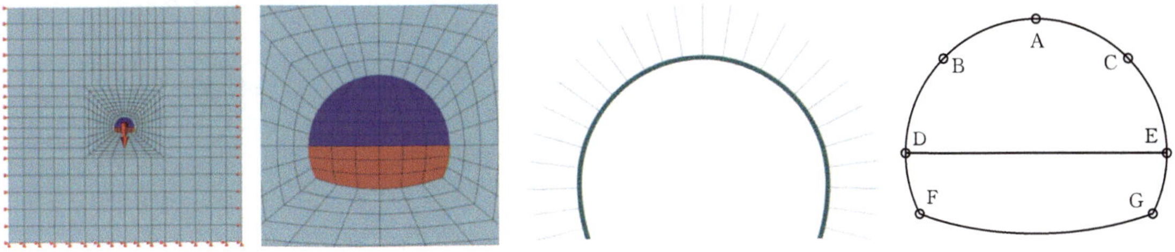

(a)约束及荷载　(b)隧道单元　(c)初期支护锚杆单元　(d)隧道断面特征点位置

图 8-58　二维平面应变计算模型

模拟计算时将钢拱架、喷射混凝土、系统锚杆作为初期支护共同体考虑,其弹性模量采用折算等效模量 E。

$$E=(E_gA_g+E_cA_c)/(A_g+A_c) \tag{8-4}$$

式中　E——初期支护共同体折算等效弹性模量(MPa);

E_c,A_c——分别为喷射混凝土弹性模量(MPa)和横截面面积(m^2);

E_g,A_g—分别钢拱架弹性模量(MPa)和横截面面积(m^2)。

根据依托工程地质勘察报告及相关规范选取隧道围岩土体、初期支护等材料属性参数,见表 8-26。结合依托隧道工程的现场监控量测实测数据反复修正所计算模型以确保计算结果的可靠性。

表 8-26　隧道围岩及衬砌结构材料参数

结构类型	材料类型	单元类型	本构模型	弹性模量 E (GPa)	泊松比 μ	容重 γ (kN/m³)	黏聚力 c (MPa)	内摩擦角 φ (°)
围岩地层	泥岩	二维平面应变单元	MC	1.5	0.29	26.08	0.77	28.50
	砂岩	二维平面应变单元	MC	8.4	0.22	25.30	2.35	32.44
隧道结构	锚杆	一维植入式桁架单元	弹性	210	0.3	78.5	—	—
	初期支护	二维平面应变单元	弹性	25	0.2	24	—	—
	二次衬砌	二维平面应变单元	弹性	30	0.2	24	—	—

8.4.3　锚杆优化验算结论

(1)围岩变形最大值特征

隧道围岩变形最大值表现出以下特征(图 8-59、图 8-60):①锚杆长度不变时,锚杆布设范围越大围岩竖向和水平最大变形值变小；锚杆布设范围不变时，锚杆越长围岩竖向和水平最大变形值变小。从总体趋势来看，锚杆设置范围及其长度对围岩最大变形值有一定控制效果。②与工况六不设系统锚杆相比，工况一设置系统锚杆围岩最大竖向变形值减小了18.90%、最大水平变形值减小了55.83%；由于工况六不设锚杆，忽略了钢拱架锁脚锚杆对水平位移的约束作用，故模拟结果表现出水平位移明显偏大。③由于各工况并未考虑系统锚杆施作工序引起围岩时空效应的差异等影响因素，实际上施作系统锚杆费工费时，延长了围岩及时封闭和初期支护结构的闭合时间，因此，取消系统锚杆对于施工工效的提高、围岩变形的控制非常有利。

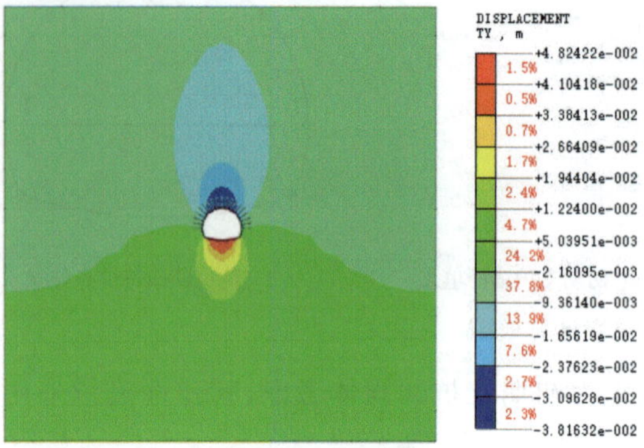

(a) 工况一

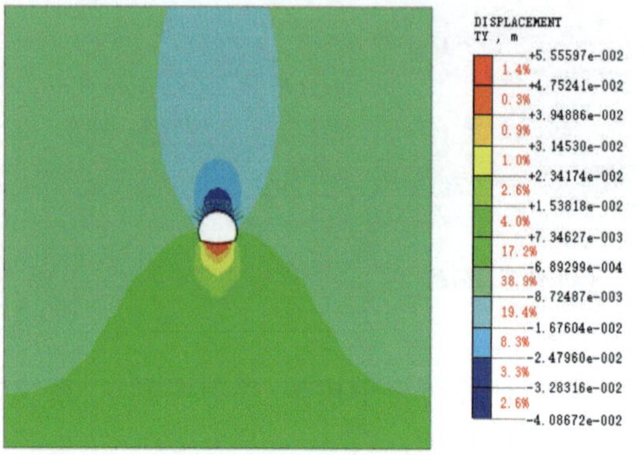

(b) 工况二

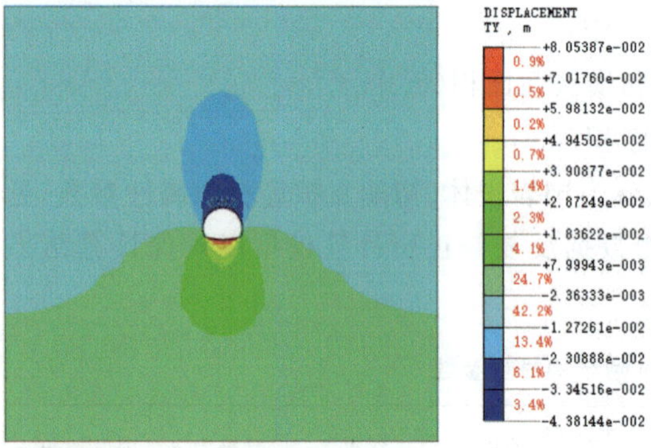

(c) 工况三

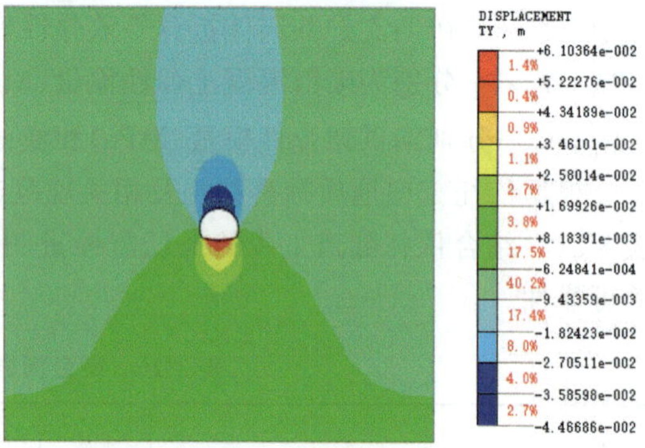

(d) 工况四

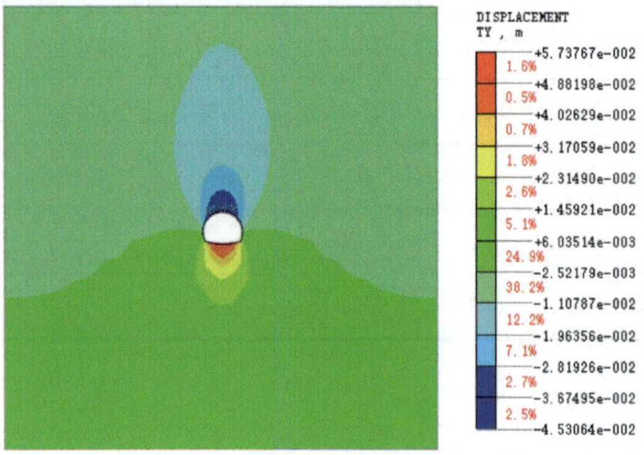

(e) 工况五

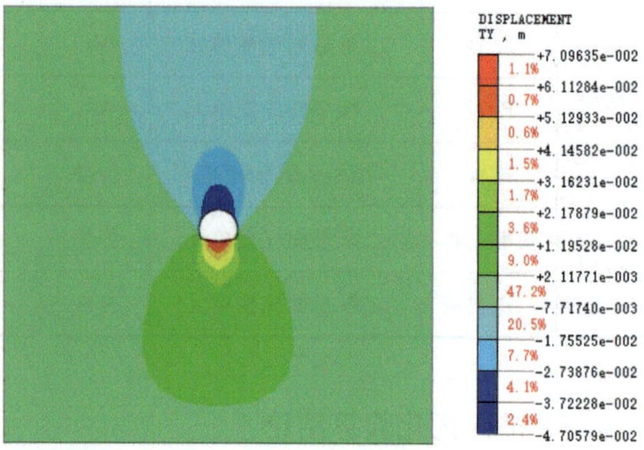

(f) 工况六

图 8-59　各计算工况围岩竖向变形云图

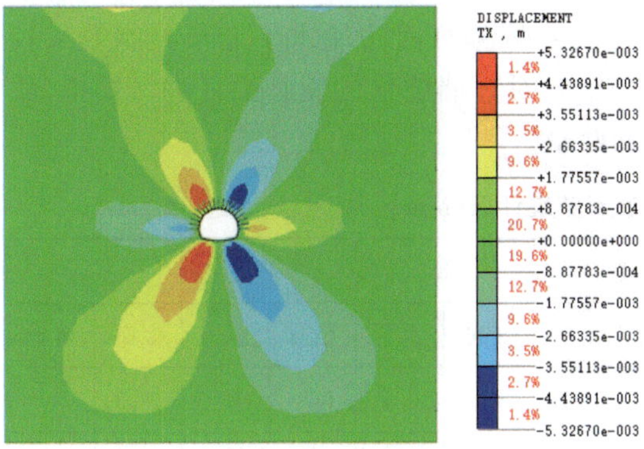

（a）工况一

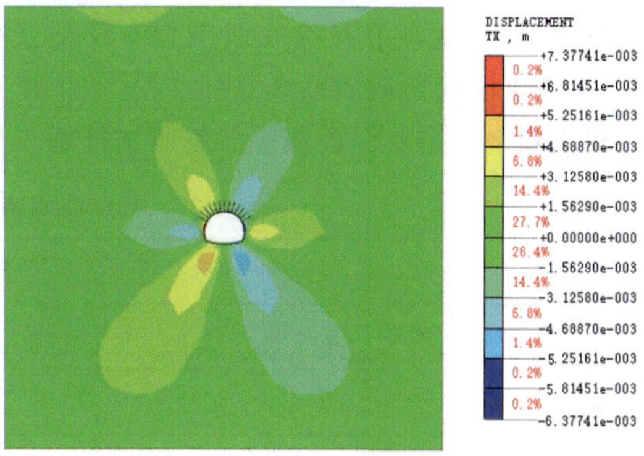

（b）工况二

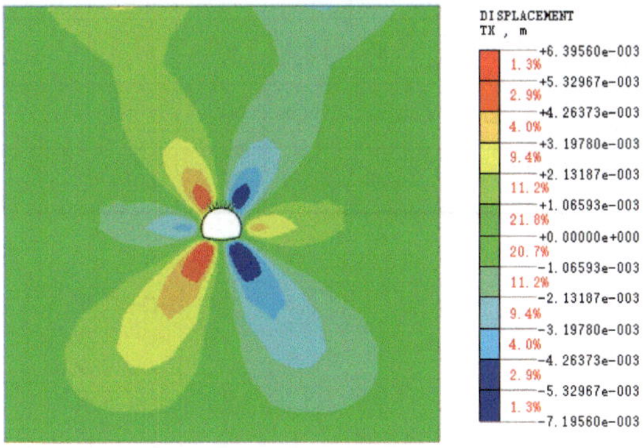

（c）工况三

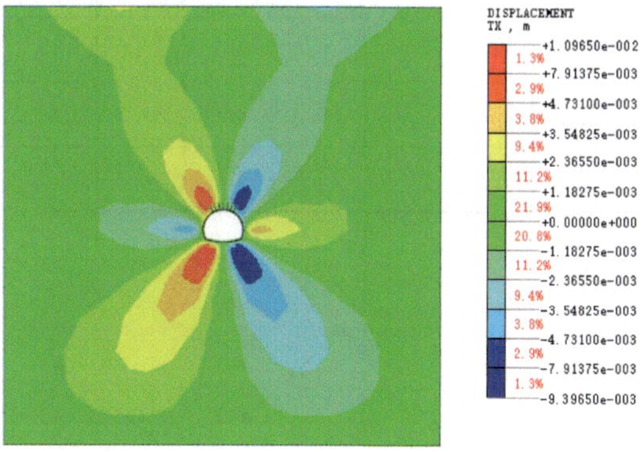

（d）工况四

（e）工况五

（f）工况六

图 8-60　各计算工况围岩水平变形云图

(2)围岩特征点变形特征

图 8-61 及表 8-27 中数据，隧道断面各特征点表现出以下变形特征：①各工况特征点竖向变形值整体呈现出系统锚杆布置范围越大，围岩竖向位移变小的趋势；各工况对应特征点竖向变形值极差不大，说明Ⅳ级泥岩、砂岩互层隧道中的系统锚杆对竖向变形的控制效果不显著。②各工况特征点除边墙(D、E 点)水平变形值差异较为显著，其他对应特征点水平变形值极差不大，说明Ⅳ级泥岩隧道中的系统锚杆除边墙(D、E 点)外，对其他特征点水平变形的控制效

用不明显。③相比取消系统锚杆的工况六，工况一施作系统锚杆可减少边墙(D、E 点)围岩水平位移 71%，说明在Ⅳ级软弱围岩互层隧道中边墙处系统锚杆对边墙水平变形控制效果较好；由于工况六是取消系统锚杆工况，数值模拟过程中未对边墙施作的锁脚锚杆进行模拟，故工程实践中一定要保证钢拱架锁脚锚杆施作质量和数量。

表 8-27　隧道断面特征点变形值统计表(mm)

工　况	A		B		C		D		E		F		G	
	竖向	水平	竖向	水平	竖向	水平	竖向	水平	竖向	水平	竖向	水平	竖向	水平
工况一	38.2	0	29.8	4.5	29.8	4.3	1.6	3.1	1.6	3.1	17.3	5.3	17.3	5.2
工况二	40.9	0	31.7	5.1	31.7	4.6	3.8	3.3	3.8	3.2	17.7	5	17.7	5.3
工况三	43.8	0	34.6	6.3	34.6	5.8	5.8	7.2	5.9	6.3	18.1	6.4	18.2	7.2
工况四	44.7	0	35.6	5.7	35.6	5.8	8.1	9.4	8.1	9.6	19.5	6.5	19.5	6.6
工况五	45.3	0	36.3	4.9	36.3	5	8.5	10.3	8.5	10.3	20.7	6.2	20.7	6.2
工况六	47.1	0	36.1	7.2	36.2	5.9	8	10.7	8	10.6	20.9	11.2	20.9	11.1

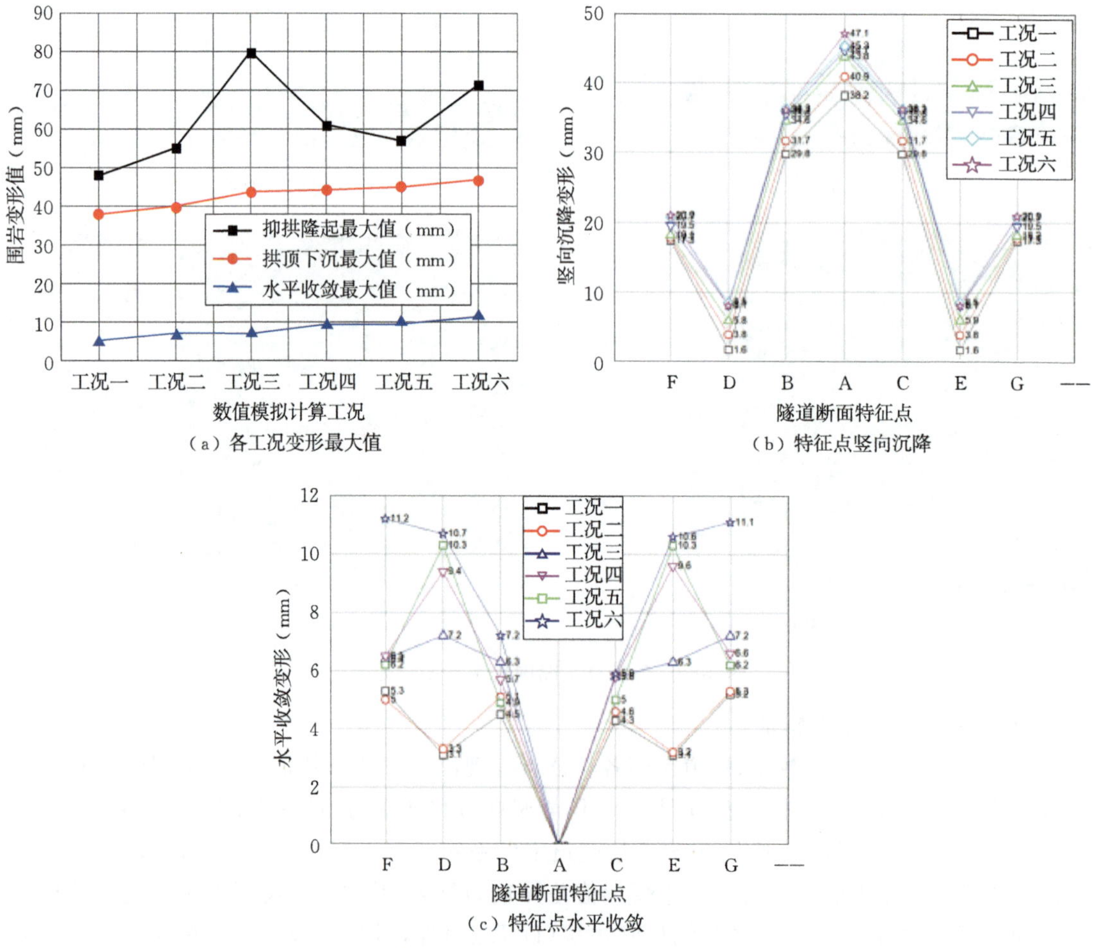

(a) 各工况变形最大值　(b) 特征点竖向沉降　(c) 特征点水平收敛

图 8-61　隧道断面特征点变形值统计图

(3)锚杆轴力特征

有系统锚杆工况一～工况五中锚杆轴力表现如下特征(图 8-62):①各工况锚杆轴力均为正值,锚杆轴力受到拉力作用,锚杆最大轴力分别为:6.46 kN、10.84 kN、11.81 kN、13.46 kN、15.46 kN。②总体上锚杆所受轴力值较小且各工况差异不大,表明锚杆在Ⅳ级软弱围岩互层隧道初期支护结构中具有一定的支护效果,但支护功效并不明显。

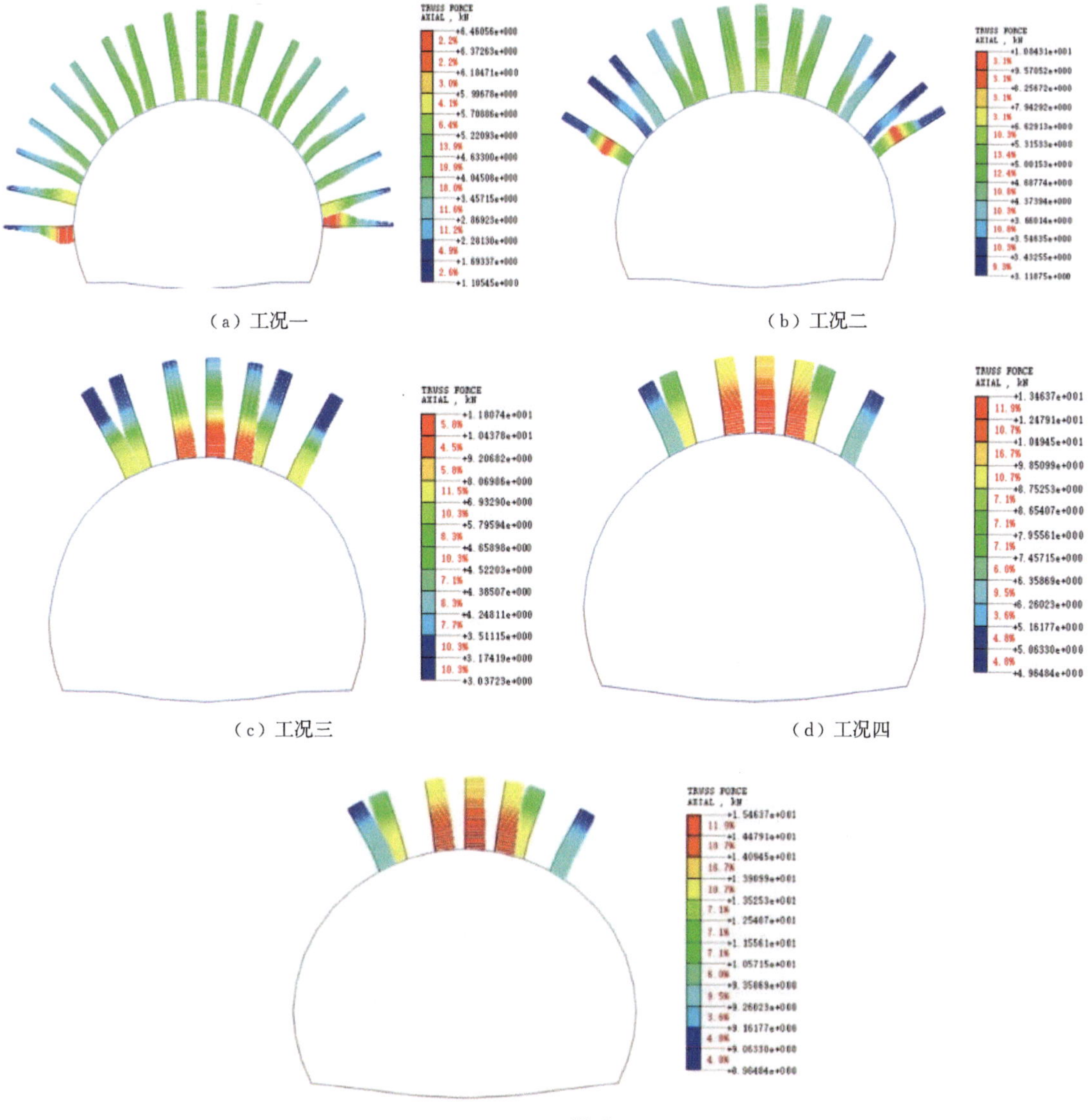

(a) 工况一　(b) 工况二　(c) 工况三　(d) 工况四　(e) 工况五

图 8-62　系统锚杆计算工况锚杆轴力云图

(4)初期支护内力特征

工况一～工况六初期支护结构轴力表现如下特征(图 8-63、图 8-64):①初期支护轴力均为负值,所受内力均为压力,其最大轴力分别为:−912.58 kN、−920.11 kN、−918.51 kN、−930.59 kN、−936.60 kN、−948.67 kN。②初期支护轴力值分布范围在−948.67 kN～−112.9 kN 之间,各工况最大值和最小值相差不大,且在初期支护中分布均匀,表明系统锚杆对初期支护结构受力状况的改善效果不明显。

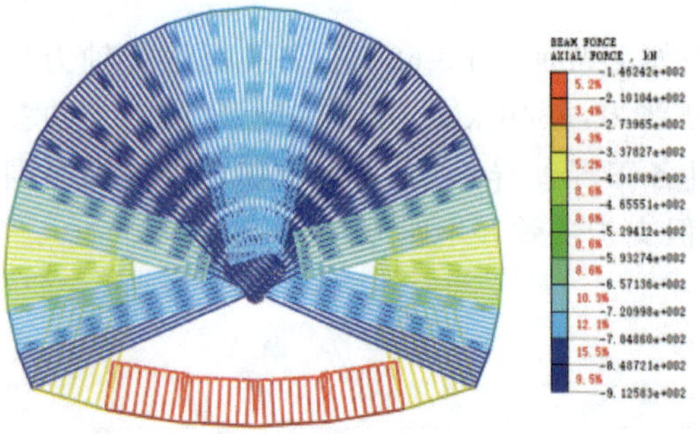

（a）工况一

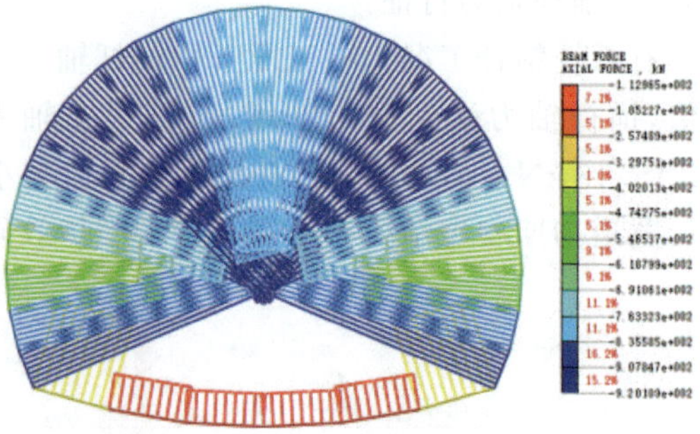

（b）工况二

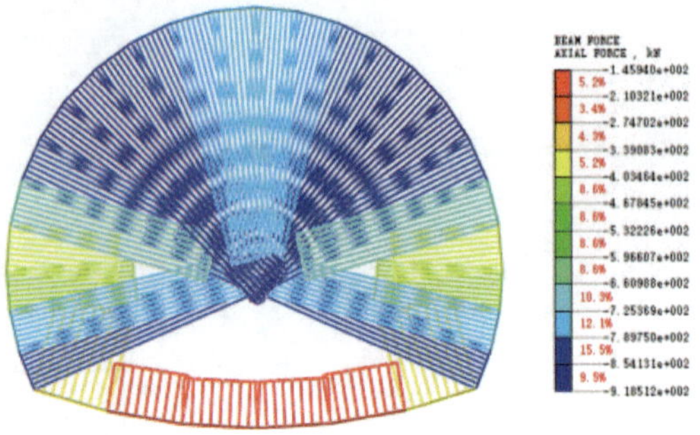

（c）工况三

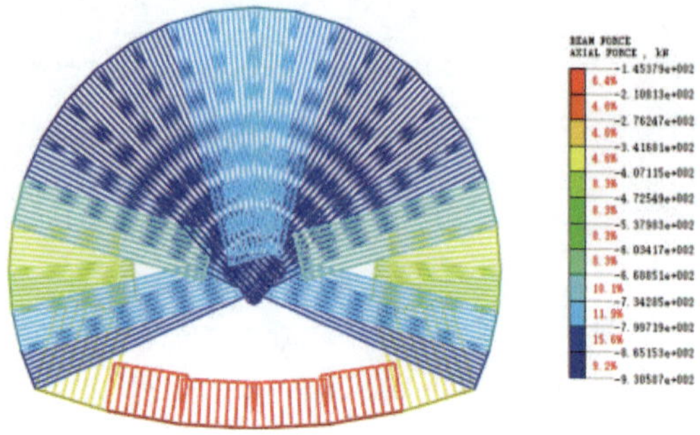

（d）工况四

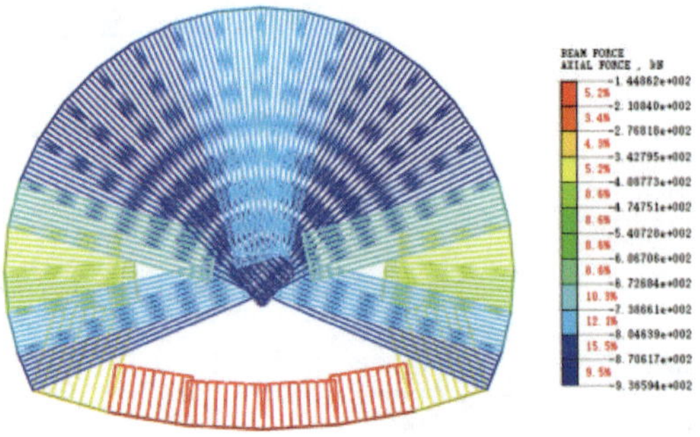

（e）工况五

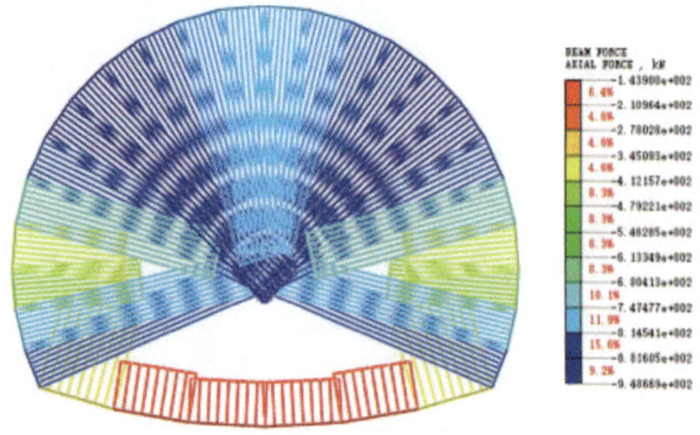

（f）工况六

图 8-63　初期支护轴力云图

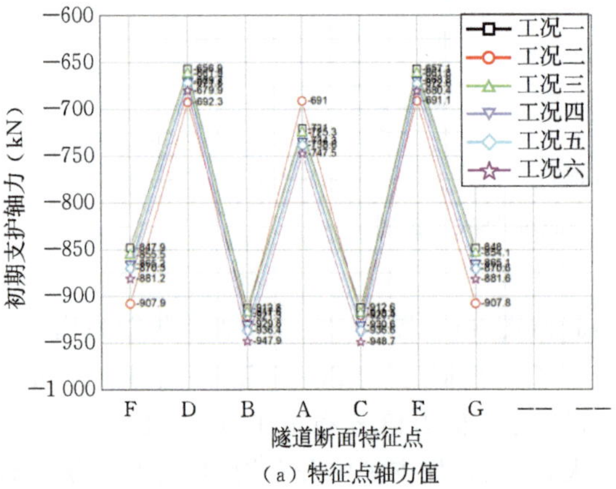

（a）特征点轴力值

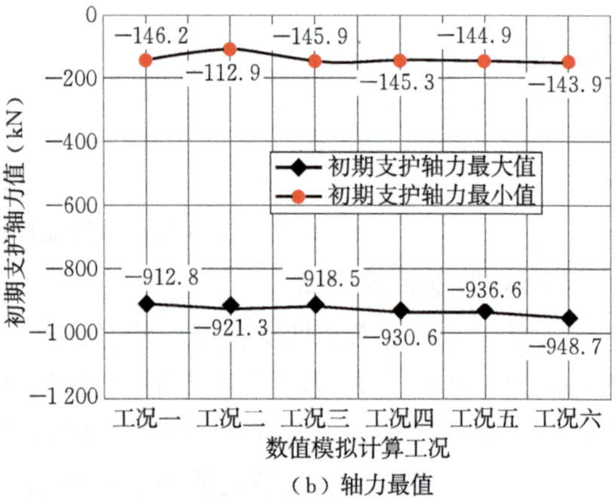

（b）轴力最值

图 8-64　隧道断面特征点初期支护轴力统计图

(5)围岩塑性区分布特征

工况一～工况六中隧道开挖时围岩塑性区发展表现出如下特征(图 8-65):①相对于取消系统锚杆工况六,系统锚杆的布设范围和长度对围岩塑性区的发展有一定的效果,施作系统锚杆范围的围岩塑性区的发展得到了有效控制,表明系统锚杆对围岩塑性区发展具有较明显的控制效果。②隧道开挖应力释放过程时空效应显著,会引起围岩塑性区范围增大,取消系统锚杆可减少施工工序,提高施工工效,实现及时封闭围岩,加快初期支护闭合成环,有利于对围岩塑性区发展的有效控制。

(6)隧道围岩实测与模拟结果对比分析

在依托隧道工程深埋段(里程桩号 YK10＋200～K10＋300)开展了有、无系统锚杆现场对比试验段研究,隧道工程概况如前所述,对比分析结果如图 8-66 所示。选取现场试验段两个典型隧道断面特征点的监控量测数据与数值模拟工况一、工况六的围岩竖向变形值、水平收敛变形值计算结果进行了对比分析。从图中可以看出围岩变形数值模拟计算值与现场试验段实测值表现出以下特征:①有、无锚杆隧道断面各对应特征点竖向位移计算值与实测值偏差值不大,隧道断面各特征点竖向变形总体趋势一致,呈现出拱顶 A 点竖向变形最大(49.2 mm),拱

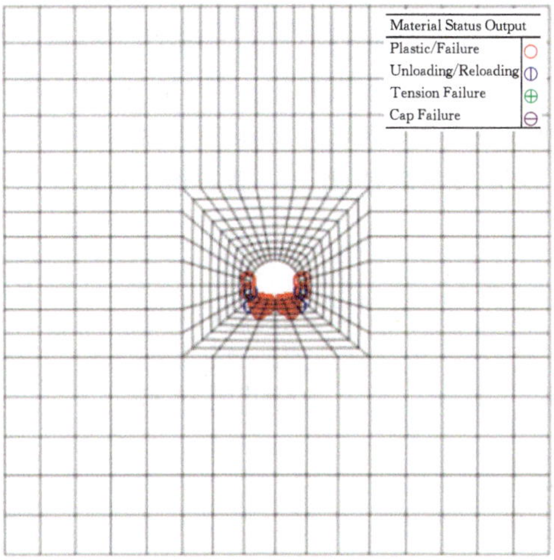

(a) 工况一

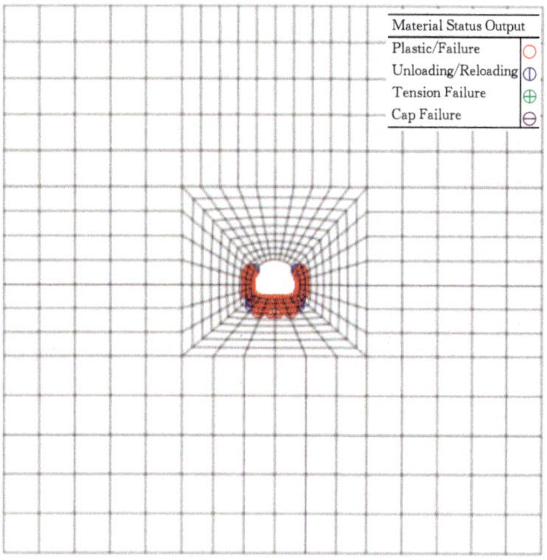

(b) 工况二

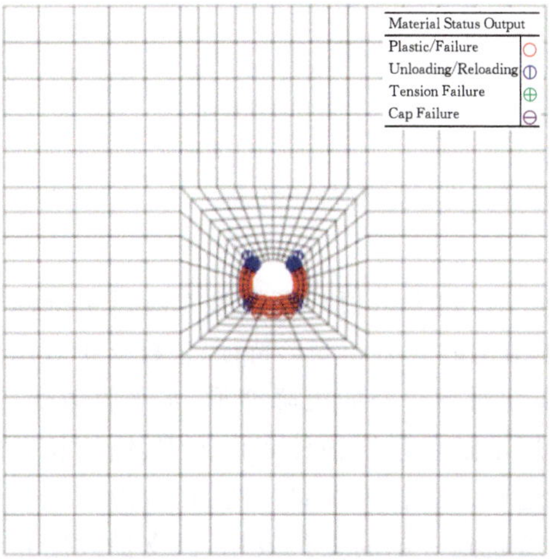

(c) 工况三

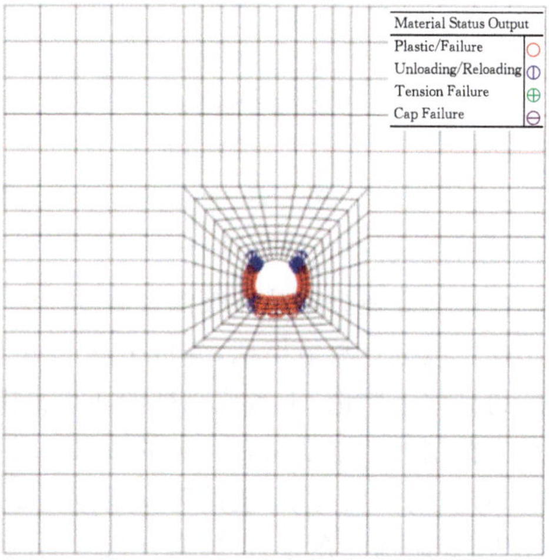

(d) 工况四

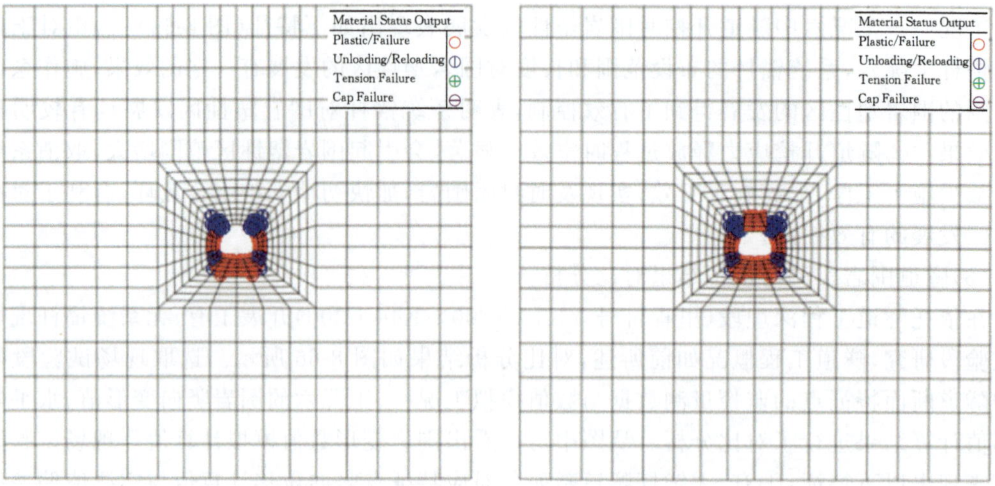

（e）工况五　　（f）工况六

图 8-65　模拟计算工况围岩塑性区云图

腰 D 点、E 点竖向变形最小(1.82 mm)。②有、无锚杆隧道断面各对应特征点水平收敛变形计算值与实测值偏差值不大，隧道断面各特征点水平收敛变形总体趋势一致，呈现出拱顶 A 点水平收敛变形最小(0 mm)，拱脚 F 点、G 点水平收敛变形最大(12.8 mm)。③总体有、无系统锚杆两种工况隧道断面相对应特征点数值模拟计算值与实测值吻合一致，同时也验证了数值计算模型计算结果的可靠性。

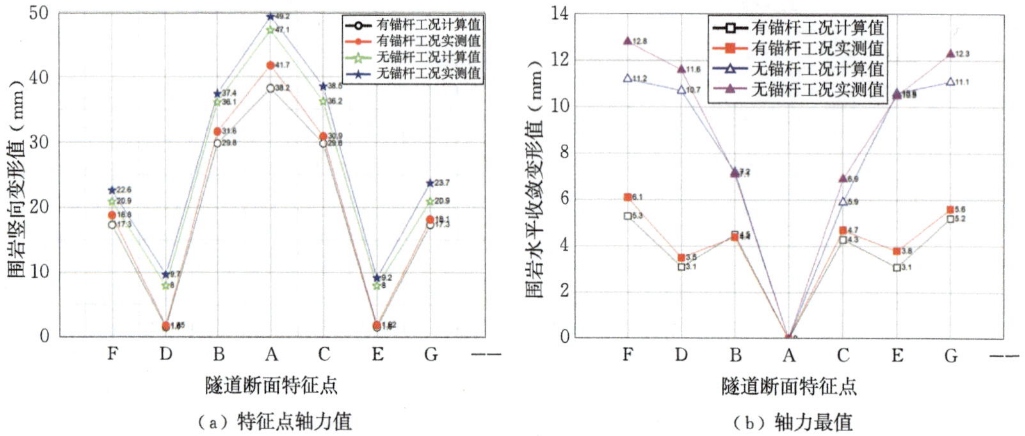

（a）特征点轴力值　　（b）轴力最值

图 8-66　隧道断面特征点围岩变形计算值与实测值对比分析

(7)锚杆参数优化研究结论

依托重庆高速公路某Ⅳ级深埋软弱围岩互层隧道，建立数值计算模型对隧道系统锚杆设置的不同工况进行数值模拟，分析了隧道初期支护结构的受力和变形特征、锚杆支护效用发挥程度并得到如下结论：①系统锚杆的布设范围和长度对围岩竖向沉降变形、水平收敛变形、塑性区分布范围的控制都具有一定的效果。总体表现出随着系统锚杆布设范围、锚杆长度的增大，围岩最大变形值变小、塑性区发展范围变小的趋势。②各工况锚杆受拉，轴力值均较小且差异不大，表明锚杆在泥岩、砂岩互层软弱围岩隧道起到一定的支护效用，但支护效用并不明显。③各工况初期支护受压，所受轴力值较小且差异不大分布均匀，表明锚杆对软弱围岩隧道初期支护结构受力的改善效果并不明显。④软弱围岩隧道边墙锁脚锚杆可发挥较大作用,对围岩的水平收敛控制效果明显,取消隧道系统锚杆时应保证锁脚锚杆的施作数量和质量。⑤软质围岩隧道经科研试验段论证或工程类比验算验证,如满足规范要求的技术安全前提条件时,隧道初期支护中的系统锚杆完全可以取消。

8.5 深埋中风化泥岩隧道系统锚杆适用性

8.5.1 软岩隧道锚杆困惑

1963年奥地利学者拉布采维兹提出的新奥法特征是以岩体力学为理论支撑,以维护利用围岩自承能力为理念,把围岩作为支护体系组成部分并采用喷射混凝土、锚杆作为支护手段进行及时支护以达到控制和降低围岩变形松弛,通过监控量测以实现信息化设计施工。现阶段新奥法成为隧道设计施工的主流,隧道多采用复合式衬砌,初期支护采用锚喷支护体系,系统锚杆作为联结围岩与初期支护的重要载体。

国内工程界和学术界对隧道锚杆功效、作用机制、适用性条件的观点一直存在较大的分歧和争议。有学者认为锚杆作为新奥法喷锚支护的关键支护构件之一,在软弱破碎岩体中设置系统锚杆可提高岩体完整性并起到加固隧道围岩作用,隧道系统锚杆作用不可替代;也有学者通过对黄土或泥岩等围岩隧道初期支护系统锚杆作用效果的研究,得出了截然相反的观点或结论。

陈建勋等通过在哈尔滨绕城高速天恒山隧道Ⅵ级围岩段高含水量土质隧道的试验研究,得出取消系统锚杆后隧道初期支护结构变形和受力均符合要求,初期支护工作状态良好。依托刘家坪5号浅埋黄土隧道建立有、无系统锚杆计算模型并与实测数据对比得出:有系统锚杆隧道变形值大于无系统锚杆变形值,浅埋黄土隧道中系统锚杆的作用不显著,建议取消。谭忠盛等在郑西客专大断面黄土隧道深埋段和浅埋段开展有无系统锚杆现场试验段得出结论:隧道深埋段条件下的两种试验工况下的拱顶沉降和水平收敛基本相等,而在浅埋段条件下有系统锚杆工况的拱顶沉降、水平收敛值比无系统锚杆工况分别大40%、25%;无论浅埋或深埋条件,土压力和钢架应力相差不大,锚杆轴力较小且拱部受压,拱部系统锚杆作用效果不明显且可取消以减少施工工序。依托武西高速桃花峪隧道开展了系统锚杆在浅埋大跨小净距黄土隧道中支护效果试验研究,得出了锚杆对改善隧道围岩和初期支护受力作用效果较小,建议取消锚杆的研究结论。路军富等依托郑西客专函谷关隧道,针对大断面深埋黄土隧道围岩内变形模式及锚杆作用机理和作用效果开展了理论和试验研究,得出隧道拱部锚杆受力很小,边墙锚杆受力较大,提出隧道拱部130°范围内可不设置锚杆,研究成果应用到郑西客专大断面深埋黄土隧道,节省了大量投资。郭军等通过理论推导阐明了浅埋大断面黄土隧道系统锚杆受力原因和作用机制,认为浅埋黄土隧道拱部系统锚杆锚固效果较弱、边墙部锚杆锚固效果显著。章慧健等依托乌蒙山二号四线铁路隧道并对隧道多部开挖系统锚杆功效及轴力分布特点开展数值模拟和现场试验研究,基于依托工程工法和计算条件得出系统锚杆轴力呈现"拱肩>拱脚>边墙>拱顶"的分布,拱肩部位锚杆轴力最大作用明显,拱顶锚杆轴力甚小基本未起作用,根据隧道开挖断面不同部位提出了系统锚杆不均衡支护建议参数。陈力华等采用有限元强度折减法、数值模拟法对公路隧道系统锚杆的功效分析后认为:锚杆的增强效应不大、成拱效应不能有效发挥、内压效应很难实现和维持、悬吊作用难以实现、施作锚杆工序贻误支护时机，提出"针对破碎～极破碎的各类岩体、土体、黄土，完整性好的岩体等地质情况，可逐步开展取消系统锚杆的工程试验验证，为公路隧道不设置系统锚杆提供工程依据"。施正宝、李献民等依托贵州沿印松高速李家寨隧道Ⅳ软质围岩地段开展有、无设置系统锚杆现场试验段得出两种对比工况中系统锚杆作用效果不明显：围岩变形、隧道结构受力都无明显差异，取消施作系统锚杆不影响支护结构安全，研究成果在全线类似地质地层条件下的隧道得到推广应用，提高了施工工效且社会经济效益显著。王勇杰、李献民依托李家寨隧道建立二维隧道仿真模型，考虑围岩时空效应和初期支护闭合速度影响因素，分析了围岩变形和初期支护轴力并得出结论：系统锚杆在中厚层泥岩隧道初期支护结构中的功效不明显且不适用，取消系统锚杆更有利于控制隧道结构受力、围岩变形和塑性区发展。汪微、李献民、孙新海考虑系统锚杆布设范围及锚杆长度影响因素，对深埋Ⅳ级软弱围岩互层隧道系统锚杆的效用开展二维数值模拟得出结论"系统锚杆轴力较小，对围岩变形、支护结构受力及围岩塑性区发展均有一定的控制效果，但支护功效不明显；隧道边墙设置的锁脚锚杆发挥效用较大且控制围岩水平收敛变形效果明显，因此取消施作系统锚杆的前提务必保证锁脚锚杆施作质量"。郭小红、王梦恕分析了不同级别围岩锚杆作用效应、锚杆抗拔力及其主要影响因素，并根据锚杆承载拱理论得到系统锚杆承载能力的计算方法，并分析了隧道不同级别围岩支护型式的承载能力及其费效比后得出结论"软弱围岩条件下不宜大量采用密集布置的系统锚杆，而应采用少量疏而长注浆锚管为主，可以充分发挥其稳定初期支护的作用"。

目前，针对系统锚杆问题的研究主要采用室内模型试验、现场试验段、理论解析或数值模拟手段，研究内容大多集中在锚杆受力特性、单根锚杆理论计算、锚杆设计参数等；对于深埋隧道大变形特性及围岩与支护结构相互作用的研究报道多见于高地应力条件下的片岩、炭质类页岩（板岩、千枚岩）等薄层状软岩地层，取得了许多研究成果。现阶段隧道设计通常采用工程类比法或工程经验法，锚杆设计仍是经验性为主，锚杆连接及其作用机理不很清楚，工程实践中根据围岩级别匹配设置锚杆的做法与其理论上的预期功效往往差异较大。不同围岩级别锚杆究竟对隧道结构稳定性的支护作用大小、相互作用机理尚未定论；锚杆发挥支护作用的影响因素如锚杆设计参数、施工工法、围岩条件、地应力状态、地下水赋存等的影响程度和敏感性也无确切定论；锚杆在不同地质条件下岩体锚固机理差异性，导致锚固支护技术的合理性、有效性有待深入研究论证。孙新海、李献民等依托重庆高速公路某隧道采用地层结构法建立了三维空间实体仿真分析模型，并结合现场试验段实测数据结果，针对深埋中风化泥岩大断面隧道初期支护中有无设置系统锚杆的功效及适用性开展研究，研究结果可为泥质岩隧道结构的优化设计和安全施工提供理论支撑依据。

8.5.2 建立三维数值模型

（1）依托工程概况

依托工程为重庆高速公路某分离式三车道隧道，隧道正洞埋深 30～200 m，隧道围岩由第四系全新统（Q_4^{el+dl}）残坡积堆积层、侏罗系下统珍珠冲组（J_1z）泥岩为主，夹砂质泥岩、粉砂岩及煤线组成，如图 8-67 所示。坡残积层结构松散；强风化泥岩厚度 7.0～15.0 m，节理裂隙发育，结构破碎；中风化泥岩较完整，泥质结构，中厚层状构造，层间结合较好，强度较低，单轴饱和极限抗压强度 15～25 MPa。

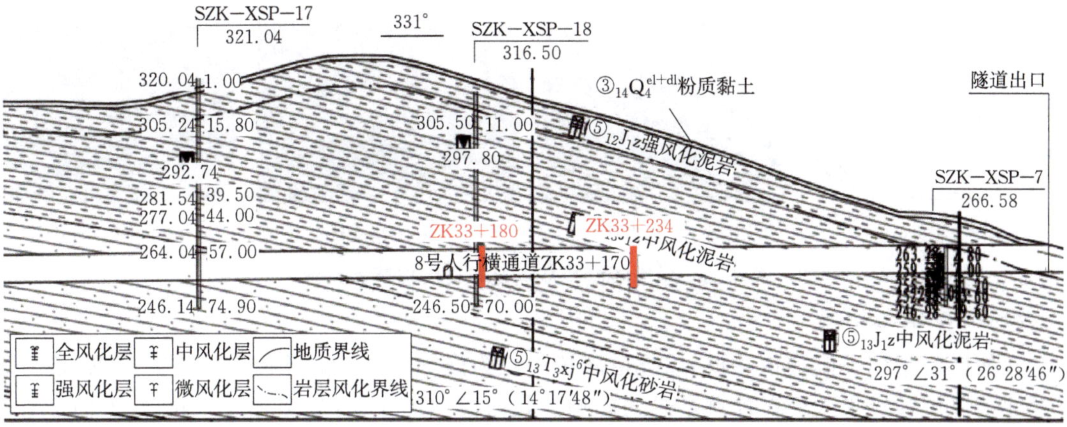

图 8-67　现场试验段隧道纵断面图(单位:m)

依托工程隧道结构支护参数:超前支护采用 ϕ42 mm×4 超前小导管,L=4 m;初期支护采用Ⅰ18 工字钢 90 cm/榀,ϕ8 mm 钢筋网@25 cm×25 cm,ϕ20 mm 药卷锚杆@90 cm×100 cm,L=3.5 m,梅花形布置,C25 早强喷射混凝土 24 cm,ϕ20 mm 锁脚锚杆,预留变形量 10 cm;二次衬砌拱墙及仰拱 C30 钢筋混凝土厚度均为 50 cm;防水层采用 EVA 卷材(厚度 1.2 mm)和无纺布(350 g/m^2)组成,卷材采用双缝热焊,搭接宽度≥10 cm。结构设计如图 8-68 所示。

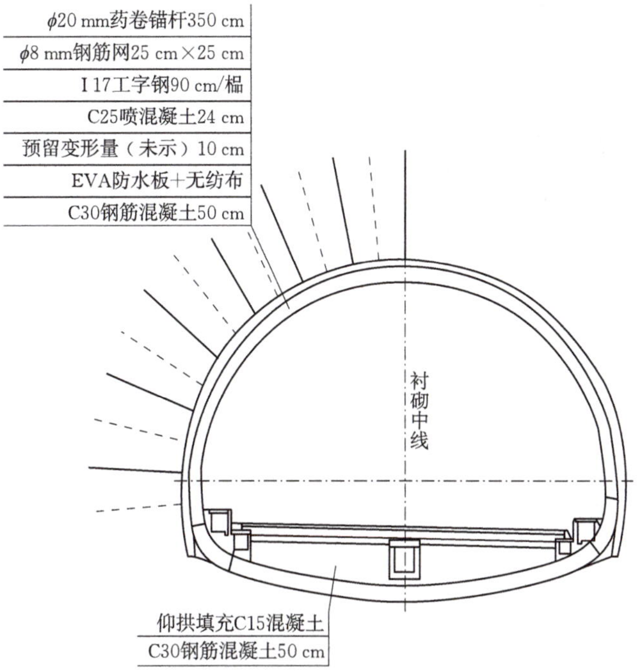

图 8-68　隧道 S4b 衬砌结构设计图

有无系统锚杆对比试验段设置情况:在里程桩号 ZK33+180～ZK33+234 深埋中风化厚层泥岩区段,隧道埋深 49～64 m,试验段长度 54 m。设置有、无系统锚杆监测断面各三组,每组测试断面间距 9 m。在每组监测断面的 7 个特征点位置布设传感器元件,采用土压力盒测试围岩压力和两层支护间压力、采用应变计测试喷射混凝土内应力、采用锚杆轴力计测试锚杆轴力,同时在测试各组断面围岩变形,如图 8-69 所示。

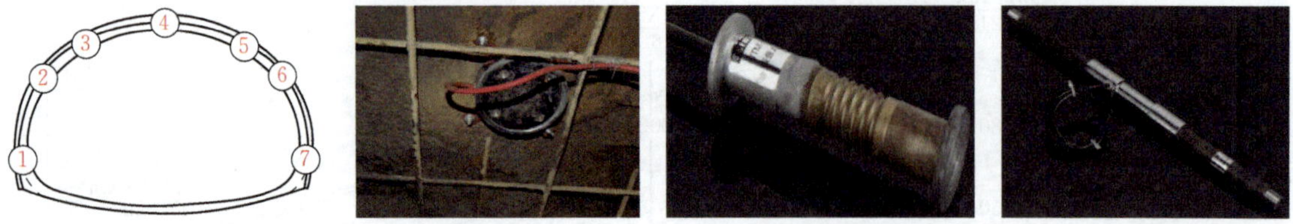

（a）测点布设位置　（b）土压力盒　（c）应变计　（d）锚杆测力计

图 8-69　隧道断面特征点及布设的传感器元件

(2)仿真分析模型

几何模型采用单洞隧道建模，以隧道底板中点为坐标原点建立几何模型计算范围，整个边界尺寸足以消除边界效应对计算结果的影响。几何模型尺寸为：X 方向 120 m，Y 方向 27 m，Z 方向 90 m。模型中涉及岩性地层有三层，厚度 8 m 的粉质黏土，厚度 22 m 强风化泥岩，厚度 60 m 的中风化泥岩。深埋条件隧道模型采用规则边界条件，位移边界条件采用自动边界约束；初始应力场考虑自重应力场，不考虑构造应力场，地下水贫乏也不考虑地下水渗流场。围岩发生弹塑性变形采用 MC 本构模型，衬砌混凝土和锚杆采用线弹性本构模型。围岩、初期支护、二次衬砌均采用三维实体单元模拟，锚杆则采用一维植入式桁架单元模拟，见表 8-28。隧道三维实体模型有限元网格如图 8-70 所示。

表 8-28　围岩与隧道材料属性参数

结构类型	材料类型	单元类型	本构模型	弹性模量 E (GPa)	泊松比 μ	容重 γ (kN/m^3)	黏聚力 c (MPa)	内摩擦角 φ (°)
围岩地层	粉质黏土	三维	MC	0.1	0.4	17	0.02	14
	强风化泥岩	三维	MC	0.1	0.4	21.5	0.05	20.5
	中风化泥岩	三维	MC	1.5	0.3	23.0	0.3	35.4
隧道结构	锚杆	一维	弹性	210	0.3	78.5	—	—
	初期支护	三维	弹性	25	0.2	24	—	—
	二次衬砌	三维	弹性	30	0.2	24	—	—

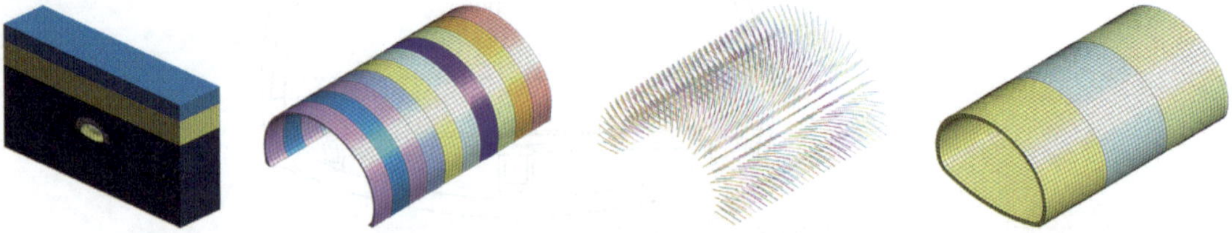

（a）围岩　（b）初期支护　（c）锚杆　（d）二次衬砌

图 8-70　隧道三维实体模型有限元网格

(3)材料屈服准则

材料处于多向应力状态时其内质点所有应力分量须同时考虑。材料的屈服准则（塑性条件）是指一定变形条件下各应力分量之间符合一定关系时，质点才开始进入塑性状态，描述受力物体中不同应力状态下的质点进入塑性状态并使塑性变形继续进行必须遵守的力学条件（屈服函数）：$f(\sigma_{ij})=C$；C 为常数，与材料性质有关而与应力状态无关。Von Mises 是一种屈服准则（其值为等效应力）遵循材料力学第四强度理论（形状改变比能理论），Von Mises 应力是基于剪切应变能的一种等效应力，模型内部应力分布情况可采用应力等值线清晰描述出某种结果在整个模型中的变化，从而可快速确定模型中的最危险区域。

第四强度理论强度条件见式(8-5)。

$$\sigma_{r4}=\frac{1}{\sqrt{2}}\sqrt{(\sigma_1-\sigma_3)^2+(\sigma_2-\sigma_3)^2+(\sigma_3-\sigma_1)^2}\leqslant[\sigma] \tag{8-5}$$

等效应力计算见式(8-6)。

$$\bar{\sigma}=\frac{1}{\sqrt{2}}\sqrt{(\sigma_x-\sigma_y)^2+(\sigma_y-\sigma_z)^2+(\sigma_z-\sigma_x)^2+6(\tau_{xy}^2+\tau_{yz}^2+\tau_{zx}^2)} \tag{8-6}$$

Von Mises 应力计算见式(8-7)。

$$\sigma_V=\frac{1}{\sqrt{2}}\sqrt{(\sigma_1-\sigma_3)^2+(\sigma_2-\sigma_3)^2+(\sigma_3-\sigma_1)^2} \tag{8-7}$$

式中　$[\sigma]$——材料许用应力；

$\sigma_1,\sigma_2,\sigma_3$——分别为整体坐标系实体单元中第一、二、三主应力；

$\sigma_x,\sigma_y,\sigma_z$——分别为整体坐标系 x、y、z 方向的有效应力；

$\tau_{xy},\tau_{yz},\tau_{zx}$——分别为整体坐标系 xy、yz、zx 平面内的应力。

(4)施工模拟工况设计

采用 Midas GTS 软件仿真分析时，考虑围岩开挖时空效应影响的应力释放率因素，对比分析隧道结构有无设置系统工况条件下隧道施工过程中的围岩变形、初期支护结构受力、系统锚杆支护功效，见表 8-29。隧道施工采用两台阶开挖，各施工工序应力释放率各不相同，隧道结构支护参数如图 8-71 所示，取消系统锚杆工况仅取消系统锚杆，其余隧道结构参数与有系统锚杆工况相同。

表 8-29　考虑围岩应力释放率影响的模拟工况设计

模拟计算工况	工况特征	施工工序				
		施工准备	上台阶施作		下台阶施作	
		工序 1	工序 2	工序 3	工序 4	工序 5
		位移清零	开挖	初期支护	开挖	仰拱二次衬砌
有系统锚杆工况围岩应力释放率(%)	施作系统锚杆	0	40	30	20	10
无系统锚杆工况围岩应力释放率(%)	取消系统锚杆	0	20	40	30	10

8.5.3　实测模拟分析结论

8.5.3.1　围岩变形结果对比

(1)围岩变形模拟计算结果

根据有无系统锚杆两种工况最后施工步的围岩竖向位移、水平位移、总位移变形图计算结果得到围岩变形统计表 8-30。根据表 8-30、图 8-71 对比分析得到两种工况围岩位移变形呈现出的以下特征：①两种工况围岩竖向位移、水平位移、总位移值差别不大，其对应位移场总体分布形状类似。竖向位移最大值都分布在隧道仰拱底板，表现为底板隆起；竖向位移最小值都分布在拱顶位置表现为拱顶下沉；水平位移最大值、最小值都分布在拱脚，表现为向内收敛变形。

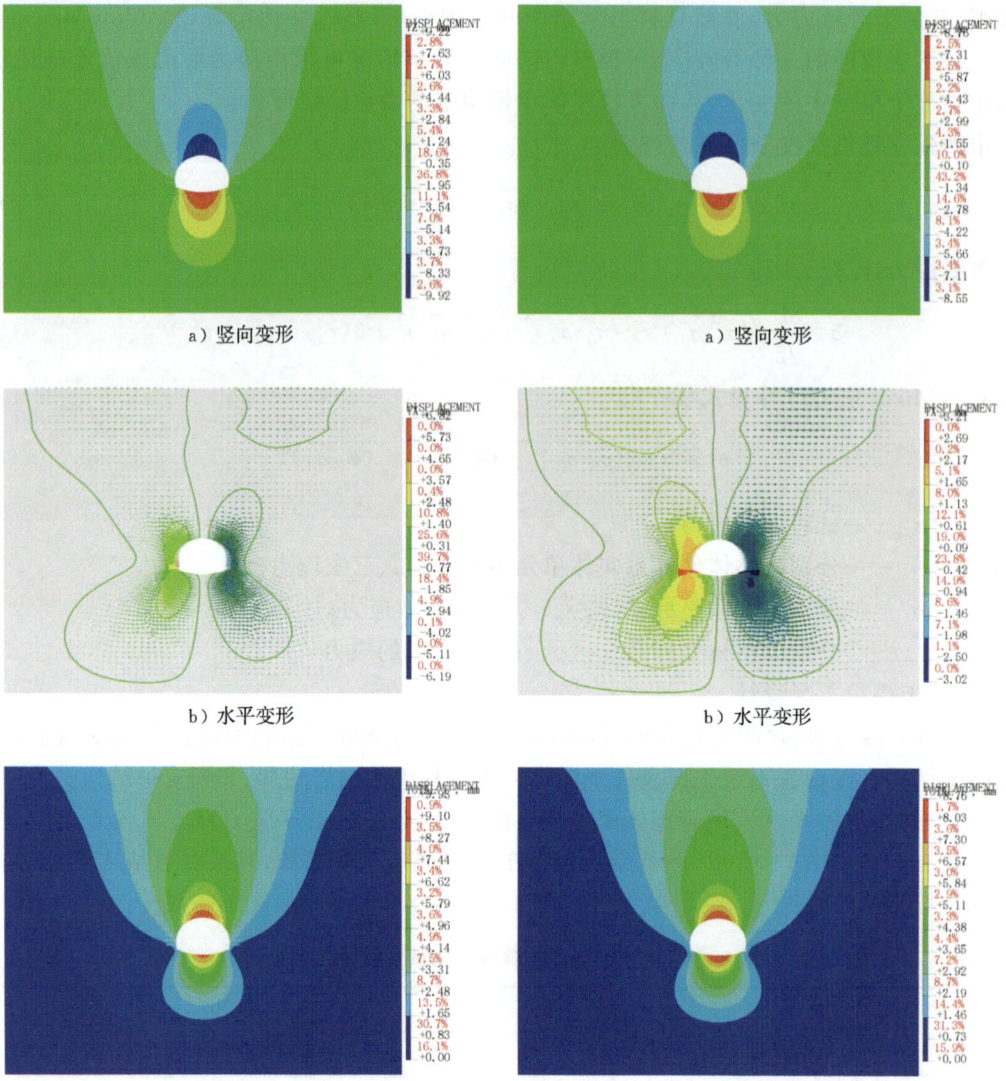

a）竖向变形　　a）竖向变形

b）水平变形　　b）水平变形

c）总位移变形　　c）总位移变形

（a）有系统锚杆工况　　（b）无系统锚杆工况

图 8-71　有无系统锚杆工况隧道围岩变形云图

总位移最大值都分布在拱顶和底板。②围岩开挖后在一定范围内形成松动圈和围岩变形，有系统锚杆工况围岩变形略大于无系统锚杆工况围岩变形，施作系统锚杆发挥功效不显著，对围岩变形约束效果不明显，推测围岩变形增大的原因主要是围岩不能及时封闭导致松动圈扩大引起，这与已有文献研究结论相同。

表 8-30　隧道围岩变形数值计算结果统计

<table>
<tr><td rowspan="2">工况</td><td colspan="4">竖向位移(mm)</td><td colspan="4">水平位移(mm)</td><td colspan="2">总位移(mm)</td></tr>
<tr><td colspan="2">D_{max}/位置</td><td colspan="2">D_{min}/位置</td><td colspan="2">D_{max}/位置</td><td colspan="2">D_{min}/位置</td><td colspan="2">D_{max}/位置</td></tr>
<tr><td>有系统锚杆工况</td><td>9.22</td><td rowspan="2">底板</td><td>−9.92</td><td rowspan="2">拱顶</td><td>6.82</td><td rowspan="2">左拱脚</td><td>−6.19</td><td rowspan="2">拱脚</td><td>9.93</td><td rowspan="2">拱顶、底板</td></tr>
<tr><td>无系统锚杆工况</td><td>8.76</td><td>−8.55</td><td>3.21</td><td>−3.02</td><td>8.76</td></tr>
<tr><td>应力差绝对值(ΔS)</td><td colspan="2">0.46</td><td colspan="2">1.37</td><td colspan="2">3.61</td><td colspan="2">3.17</td><td colspan="2">1.17</td></tr>
</table>

(2)围岩变形现场测试结果

根据表8-31、图8-72,以及有、无系统锚杆两种工况对比试验段的围岩变形现场监测和支护观察,并与数值模拟计算结果对比分析,可得出以下结论:①两种工况采用两台阶开挖支护过程中,围岩自稳性良好,未出现失稳和坍塌破坏现象;喷射混凝土未出现裂缝和隆起掉块,初期支护变形量测试结果远小于设计预留变形量。②两种工况隧道围岩变形监测曲线总体呈现增长模型特征,即呈现出快速增长、缓慢增长、趋于稳定三个变形阶段。③两种工况的隧道拱顶竖向位移、下台阶水平收敛位移稳定后的实测值与计算值分布趋势相同,但围岩变形实测值小于模拟计算值,原因是现场监测结果仅为初期支护施作后围岩的累积变形,不包含隧道开挖及初期支护施作前的围岩发生的变形。④深埋中风化厚层泥岩隧道中施作系统锚杆对围岩变形的控制效果不显著,施作系统锚杆延长了泥岩封闭时间,泥岩失水易崩解,还可能会加大泥岩的松弛和变形。

表8-31　围岩变形现场测试与数值计算值统计

工况对比	有系统锚杆		无系统锚杆	
	拱顶竖向位移	下台阶水平收敛位移	拱顶竖向位移	下台阶水平收敛位移
现场实测值(mm)	10.95～12.22	7.25～8.10	9.85～10.72	3.93～4.40
数值计算值(mm)	9.92	6.82	8.55	3.21

(a)上台阶施工

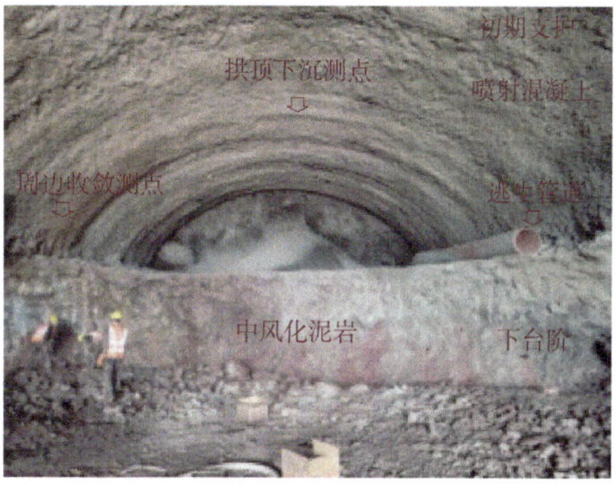

(b)下台阶施工

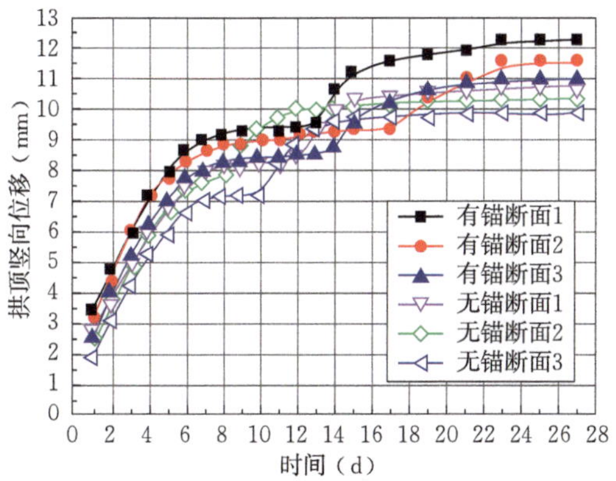

(c)拱顶竖向位移

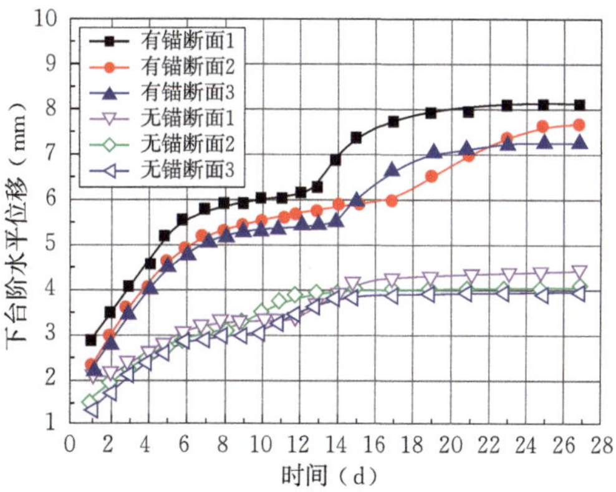

(d)下台阶水平位移

图8-72　现场试验段隧道施工及围岩变形监测曲线

8.5.3.2 围岩受力特征对比

(1)围岩应力模拟计算结果

根据两种工况最后施工步围岩第一主应力(σ_1)、第二主应力(σ_2)、第三主应力(σ_3)及 Von Mises 应力(σ_V)分布情况得到围岩应力统计表 8-32。根据表 8-32、图 8-73,对比分析两种工况围岩应力呈现出以下特征:①两种工况围岩的 σ_1、σ_2、σ_2、σ_V 相对应主应力最大值 S_{max} 和最小值$_{Smin}$ 数值差别不大且分布位置相同、相对应应力场总体分布形状类似。②围岩开挖形成临空面,围岩应力重新调整,两种工况围岩的四种应力状态总体上呈现出有系统锚杆工况小于无系统锚杆工况,说明了施作系统锚杆在一定程度上改善了围岩整体受力状态,这与已有文献研究结论相类同。

表 8-32 隧道围岩主应力数值计算结果统计

<table>
<tr><th rowspan="2">工　况</th><th colspan="4">σ_1(MPa)</th><th colspan="4">σ_2(MPa)</th><th colspan="4">σ_3(MPa)</th><th colspan="2">σ_V(MPa)</th></tr>
<tr><th colspan="2">S_{max}/位置</th><th colspan="2">S_{min}/位置</th><th colspan="2">S_{max}/位置</th><th colspan="2">S_{min}/位置</th><th colspan="2">S_{max}/位置</th><th colspan="2">S_{min}/位置</th><th colspan="2">S_{max}/位置</th></tr>
<tr><td>有系统锚杆工况</td><td>0.21</td><td rowspan="2">拱顶底板</td><td>−2.65</td><td rowspan="2">左右拱脚</td><td>0.02</td><td rowspan="2">拱顶底板</td><td>−3.30</td><td rowspan="2">左右拱脚</td><td>−0.02</td><td rowspan="2">拱顶底板</td><td>−5.01</td><td rowspan="2">左右拱脚</td><td>3.18</td><td rowspan="2">左右拱脚</td></tr>
<tr><td>无系统锚杆工况</td><td>0.20</td><td>−3.41</td><td>0.01</td><td>−4.03</td><td>−0.02</td><td>−6.78</td><td>4.24</td></tr>
<tr><td>应力差绝对值
(ΔS)</td><td colspan="2">0.01</td><td colspan="2">0.76</td><td colspan="2">0.01</td><td colspan="2">0.73</td><td colspan="2">0</td><td colspan="2">1.77</td><td colspan="2">1.06</td></tr>
</table>

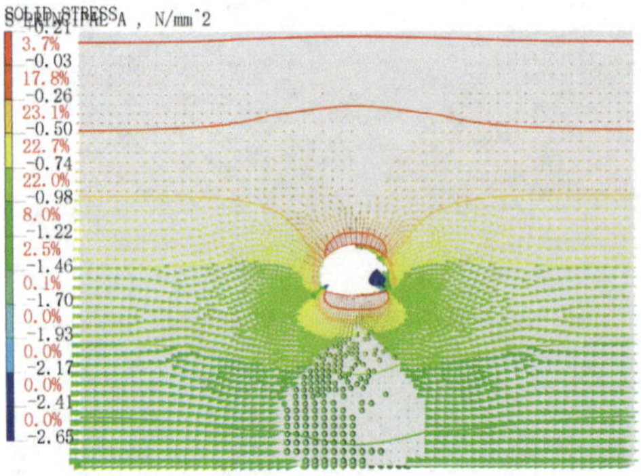

a)第一主应力场σ_1

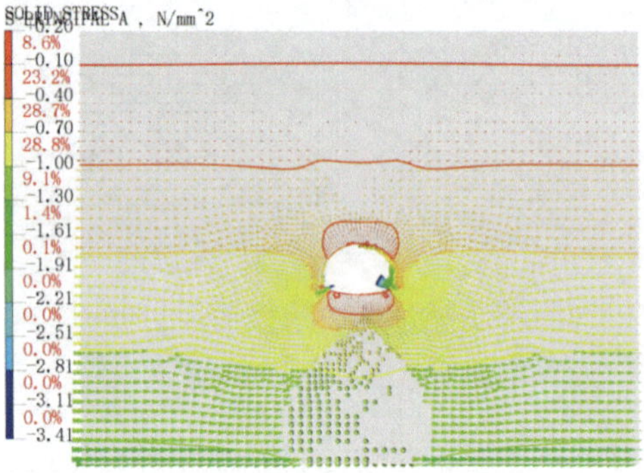

a)第一主应力场σ_1

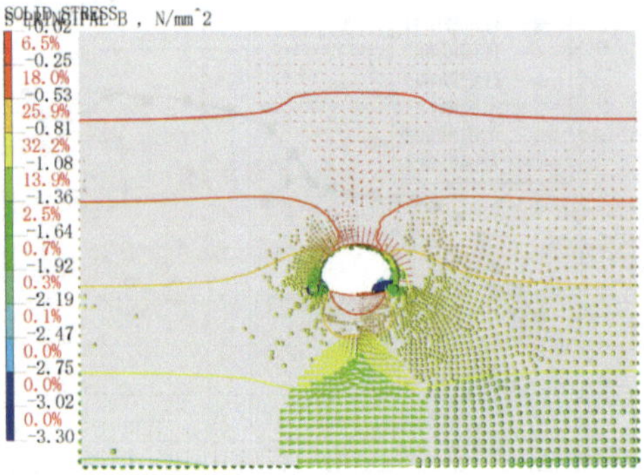

b)第二主应力场σ_2

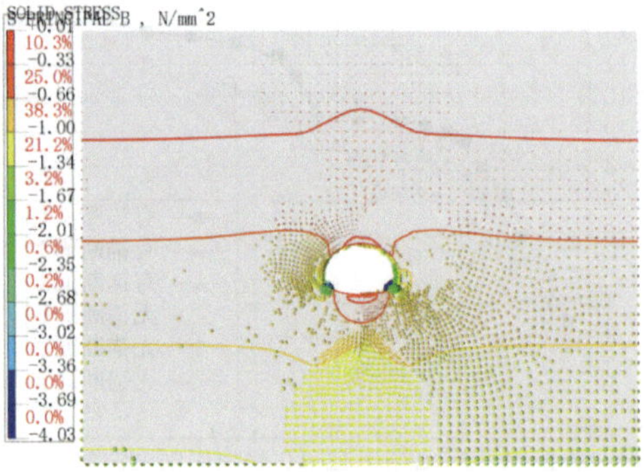

b)第二主应力场σ_2

(a)有系统锚杆工况　　(b)无系统锚杆工况

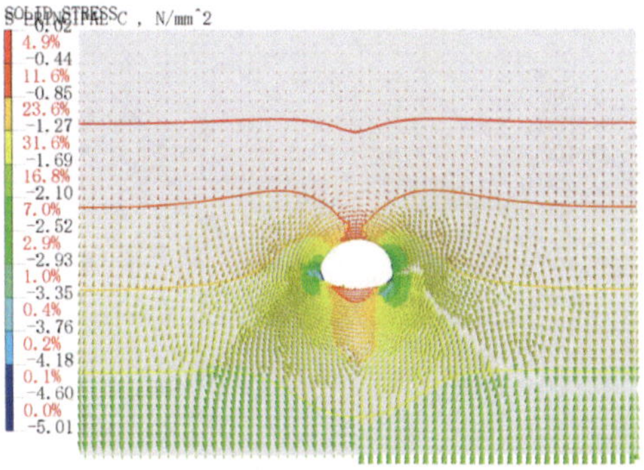

c）第三主应力场σ_3

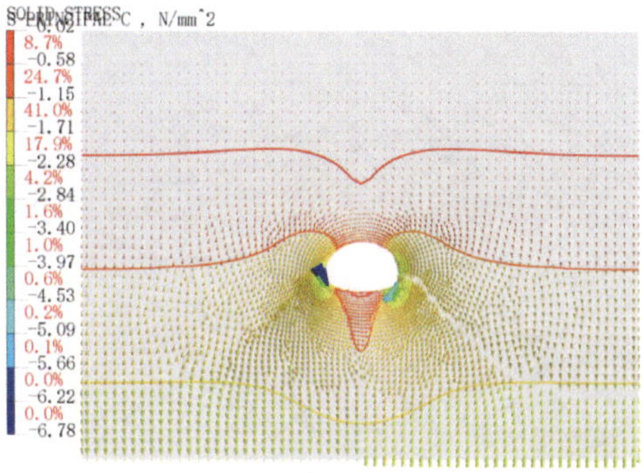

c）第三主应力场σ_3

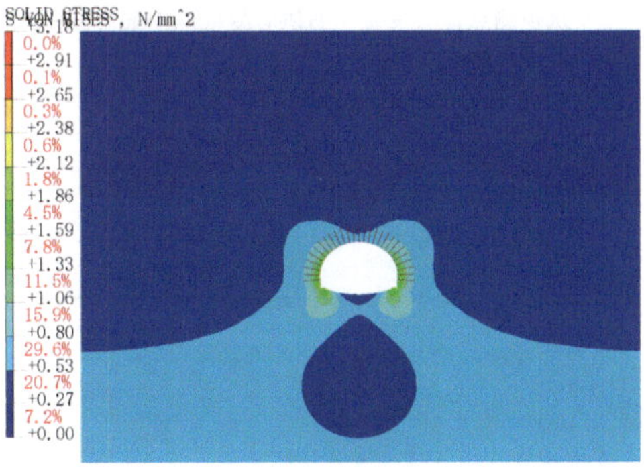

d）Von Mise应力

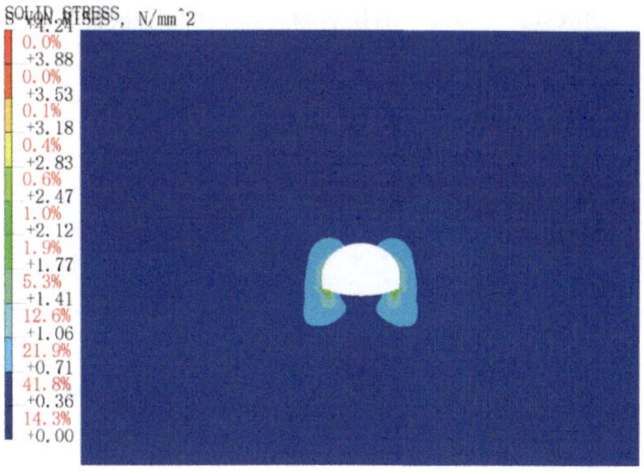

d）Von Mise应力

（a）有系统锚杆工况　　　　（b）无系统锚杆工况

图 8-73　有无系统锚杆工况围岩应力场分布对比

(2)围岩压力现场测试结果

根据表 8-33、图 8-74，以及有、无系统锚杆两种工况对比试验段的围岩压力实测值统计和分析得出以下结论：①有、无系统锚杆两种工况围岩压力值分布范围 0～0.33 MPa 和 0～0.45 MPa，两种工况隧道断面对应特征点围岩压力最大值相差不大。②两种工况隧道断面对应特征点围岩压力总体趋势基本类同，即围岩压力大小呈现出拱脚＞拱腰＞拱肩＞拱顶。③隧道断面特征点围岩压力总体趋势上表现有系统锚杆工况＜无系统锚杆工况，分析原因可能是施作系统锚杆工况延长了围岩封闭时间，围岩应力重新调整并释放了部分应变能，一定程度上改善了围岩压力分布。

表 8-33　围岩压力测试结果统计(MPa)

工　况	测试断面	测点 1	测点 2	测点 3	测点 4	测点 5	测点 6	测点 7
		左拱脚	左拱腰	左拱肩	拱顶	右拱肩	右拱腰	右拱脚
有系统锚杆工况	断面 1	0.23～0.32	0.11～0.23	0.04～0.11	0.01～0.05	0.04～0.12	0.02～0.22	0.26～0.33
	断面 2	0.24～0.32	0.03～0.22	0.03～0.11	0.02～0.05	0.02～0.12	0.04～0.23	0.14～0.31
	断面 3	0.23～0.30	0.17～0.21	0.03～0.10	0.03～0.06	0.05～0.09	0.14～0.22	0.07～0.32
无系统锚杆工况	断面 1	0.06～0.44	0.16～0.34	0.04～0.22	0.01～0.08	0.03～0.22	0.10～0.34	0.01～0.45
	断面 2	0.01～0.42	0.11～0.24	0.01～0.16	0.01～0.10	0.01～0.20	0.11～0.24	0.07～0.43
	断面 3	0.11～0.45	0.07～0.34	0.03～0.18	0.03～0.09	0.03～0.16	0.08～0.31	0.36～0.43

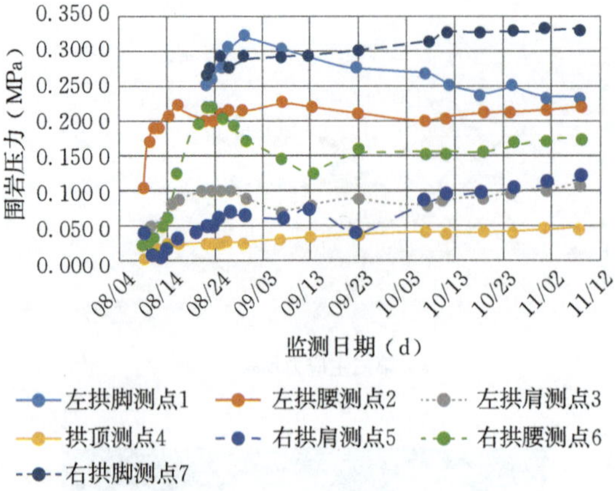

a）断面1

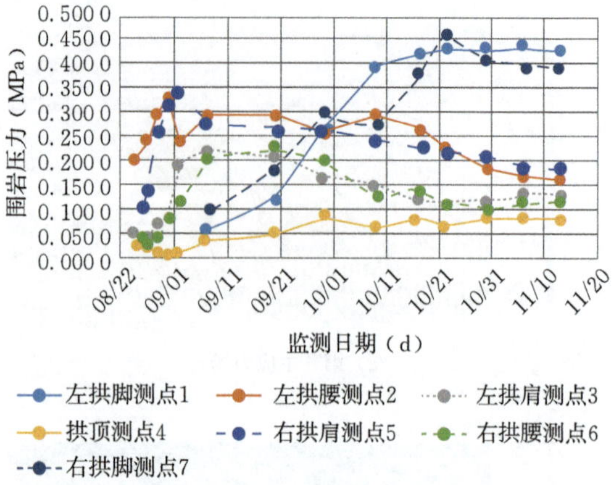

a）断面1

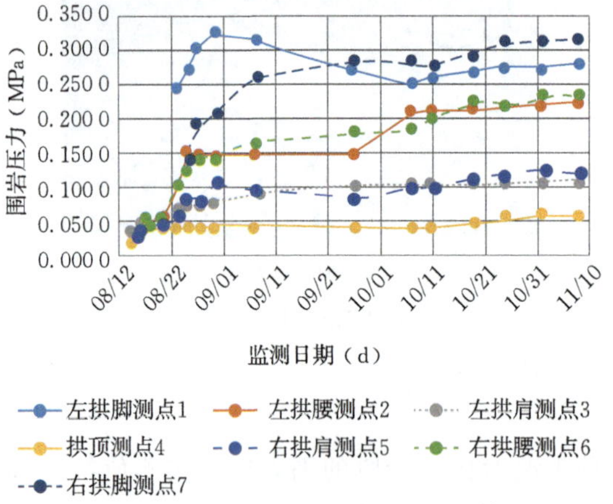

b）断面2

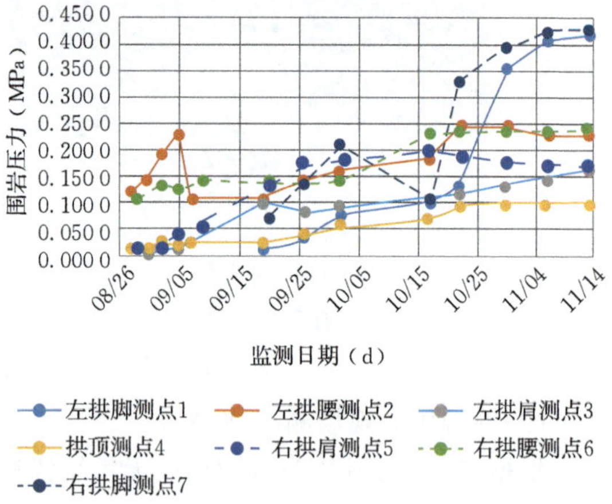

b）断面2

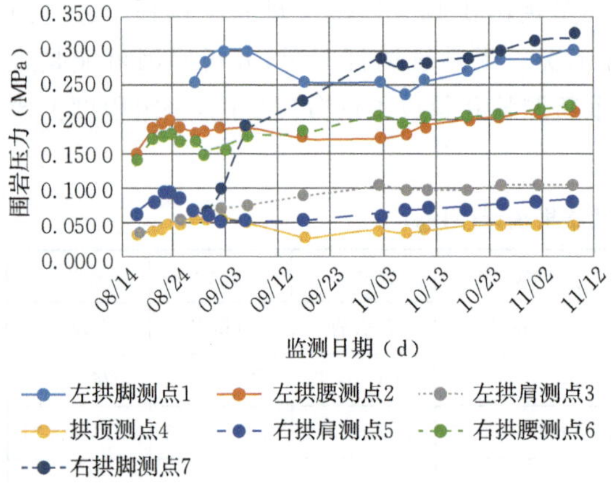

c）断面3

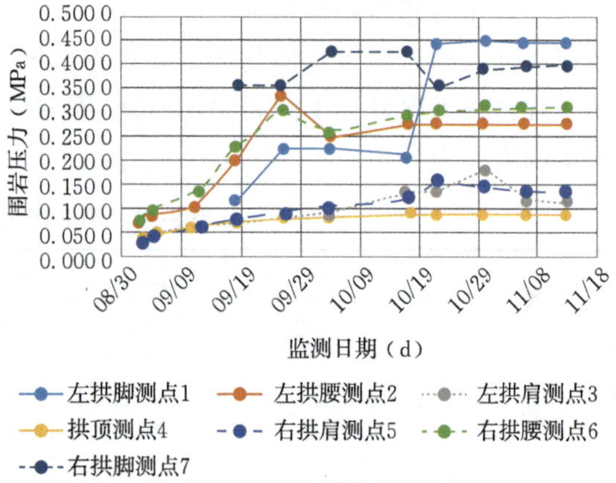

c）断面3

（a）有系统锚杆工况　　（b）无系统锚杆工况

图 8-74　有无系统锚杆工况隧道断面特征点围岩压力监测曲线

8.5.3.3　初期支护受力对比分析

(1)初期支护结构应力数值计算结果

根据两种工况最后施工步初期支护第一主应力(σ_1)、第二主应力(σ_2)、第三主应力(σ_3)及 Von Mises 应力(σ_V)计算结果得到初期支护应力统计表 8-34。从表 8-34、图 8-75、图 8-76 对比分析两种工况初期支护受力呈现如下特征：①两种工况初期支护的 σ_1、σ_2、σ_2、σ_V 相对应主应力最大值 S_{max} 和最小值 S_{min} 数值差别不大且分布位置相同、相对应应力场总体分布形状类似。②有锚杆工况中锚杆轴力分布范围 15.49～71.52 kN，锚杆轴力小于 38 kN 的占比 95%，拱顶锚杆轴力最小，边墙部锚杆作用效果较好；③初期支护密贴围岩施作完成后，受到围岩压力并发挥支护承载作用，有系统锚杆工况初期支护有效应力略小于无系统锚杆工况，说明设置系统锚杆对改善隧道初期支护结构受力状态发挥效用较小。

表 8-34　初期支护主应力数值计算结果统计

工　况	σ_1(MPa)				σ_2(MPa)				σ_3(MPa)				σ_V(MPa)	
	S_{max}/位置		S_{min}/位置		S_{max}/位置		S_{min}/位置		S_{max}/位置		S_{min}/位置		S_{max}/位置	
有系统锚杆工况	6.79	左右拱脚	−0.46	左右拱墙	2.31	左右拱脚	−2.40	左右拱墙	−0.01	左右拱脚	−12.84	左右拱墙	15.01	左右拱墙
无系统锚杆工况	4.65		−0.92		1.05		−3.42		−2.08		−17.09		15.79	
应力差绝对值(ΔS)	2.14		0.46		1.26		1.02		2.07		4.25		0.78	

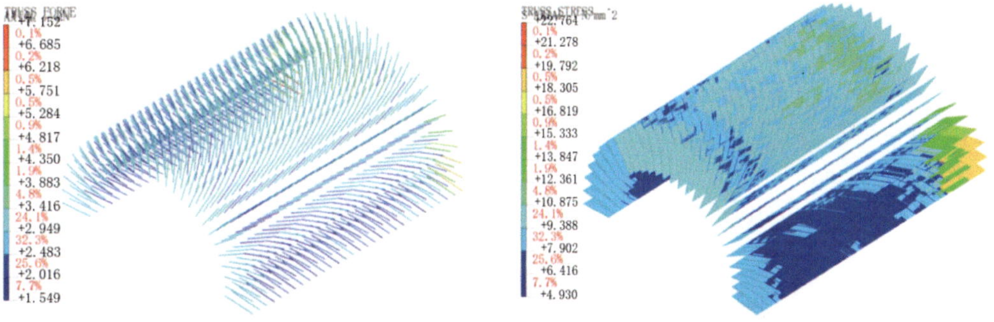

(a) 锚杆轴力　　(b) 锚杆应力

图 8-75　有系统锚杆工况初期支护锚杆受力状态

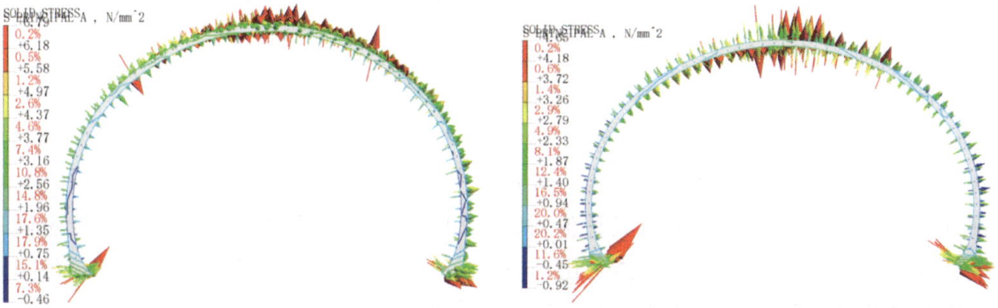

a) 第一主应力场σ_1　　a) 第一主应力场σ_1

(a) 有系统锚杆工况　　(b) 无系统锚杆工况

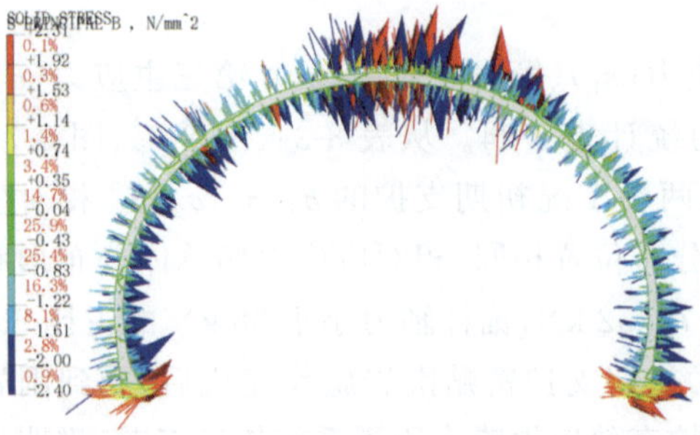

b）第二主应力场σ_2

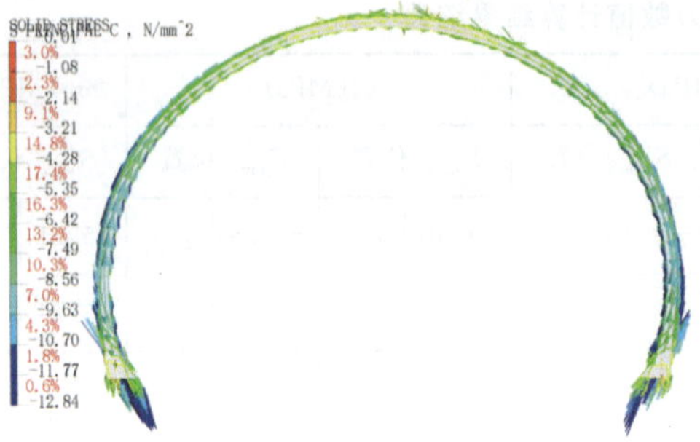

c）第三主应力场σ_3

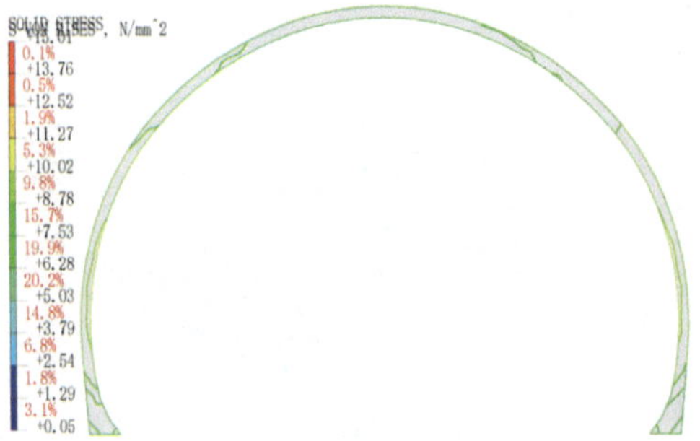

d）Von Mise应力

（a）有系统锚杆工况

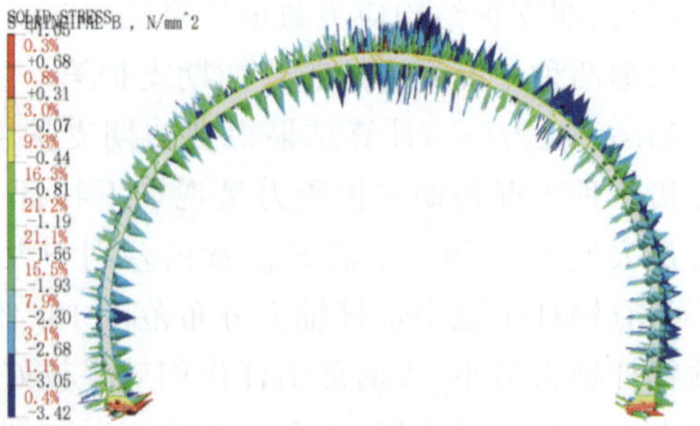

b）第二主应力场σ_2

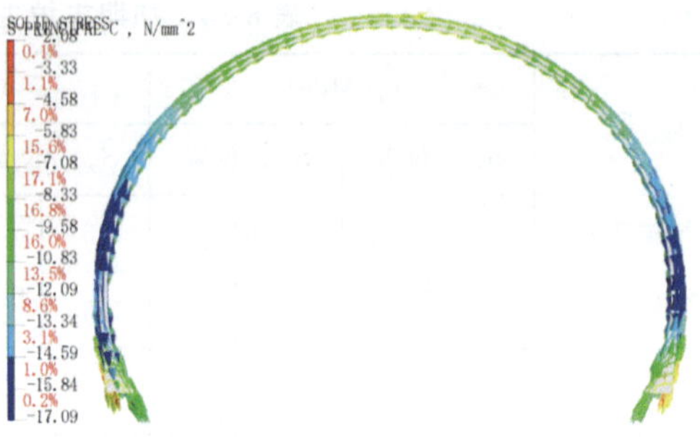

c）第三主应力场σ_3

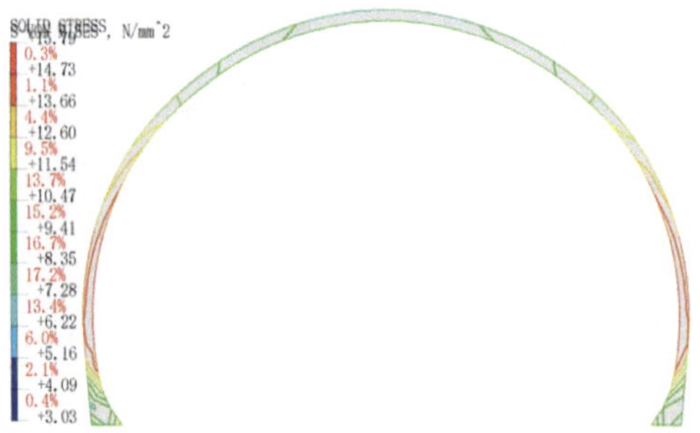

d）Von Mise应力

（b）无系统锚杆工况

图 8-76　有无系统锚杆工况初期支护结构主应力场分布

(2)初期支护喷射混凝土内应力测试结果

根据依托隧道现场试验段有、无系统锚杆两种工况喷射混凝土内应力测试数据分析得出以下结论(表 8-35、图 8-77)：①有、无系统锚杆两种工况喷射混凝土内应力值分布范围 0～3.57 MPa 和 0～3.25 MPa，两种工况隧道断面对应特征点喷射混凝土内应力最值相差不大，并且都远小于 C25 喷射混凝土强度设计值，初期支护结构不会受到破坏。②两种工况隧道断面对应特征点喷射混凝土内应力总体变化趋势基本类同，即喷射混凝土内应力稳定值呈现出拱腰＞拱肩＞拱顶＞拱脚。③隧道断面对应特征点喷射混凝土内应力稳定值总体趋势上表现有系统锚杆工况＜无系统锚杆工况，分析原因可能是施作系统锚杆工况一定程度上改善了初期支护结构应力场分布。

表 8-35 喷射混凝土内应力测试结果统计(MPa)

工 况	测试断面	测点 1	测点 2	测点 3	测点 4	测点 5	测点 6	测点 7
		左拱脚	左拱腰	左拱肩	拱顶	右拱肩	右拱腰	右拱脚
有系统锚杆工况	断面 1	0.00～1.20	0.00～3.57	0.00～1.99	0.00～1.62	0.00～1.52	0.00～3.29	0.00～1.07
	断面 2	0.00～1.33	0.00～3.13	0.00～2.40	0.00～2.13	0.00～2.18	0.00～3.28	0.00～1.23
	断面 3	0.00～1.33	0.00～3.45	0.00～1.75	0.00～2.01	0.00～1.80	0.00～3.15	0.00～1.09
无系统锚杆工况	断面 1	0.00～1.09	0.00～3.15	0.00～2.11	0.00～2.22	0.32～1.81	0.28～3.18	0.00～1.20
	断面 2	0.25～1.20	0.00～3.13	0.00～1.95	0.00～1.61	0.00～1.99	0.90～3.13	0.79～1.15
	断面 3	0.52～1.17	0.17～3.25	0.00～1.61	0.00～1.88	0.00～1.68	0.80～2.92	0.00～1.21

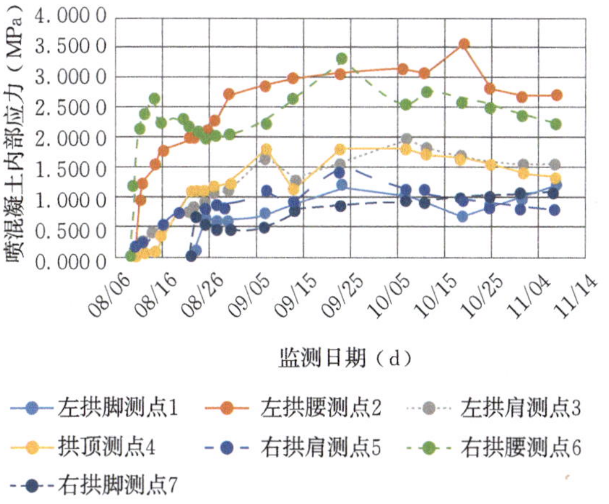

a）断面1

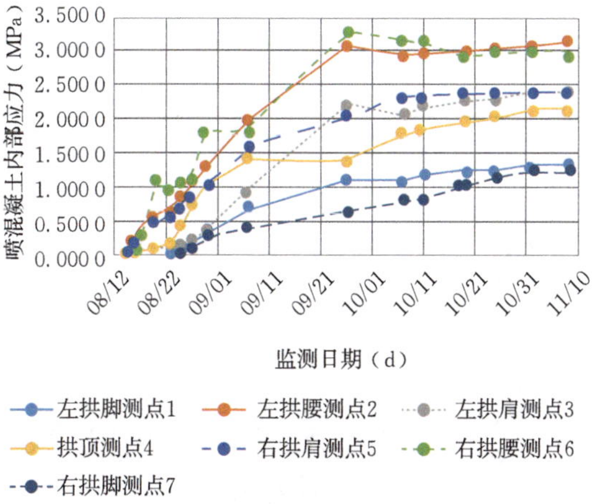

b）断面2

（a）有系统锚杆工况

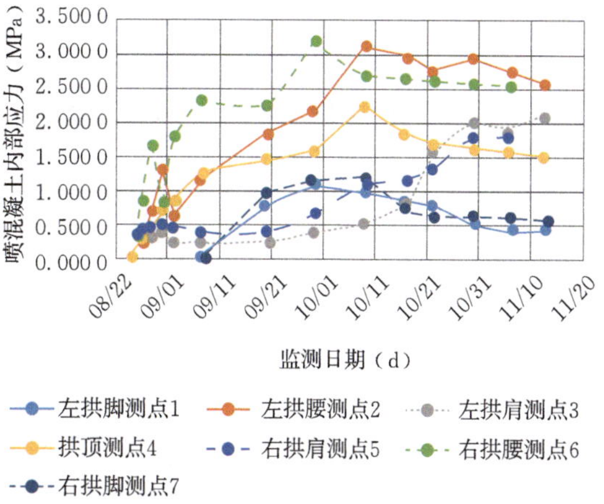

a）断面1

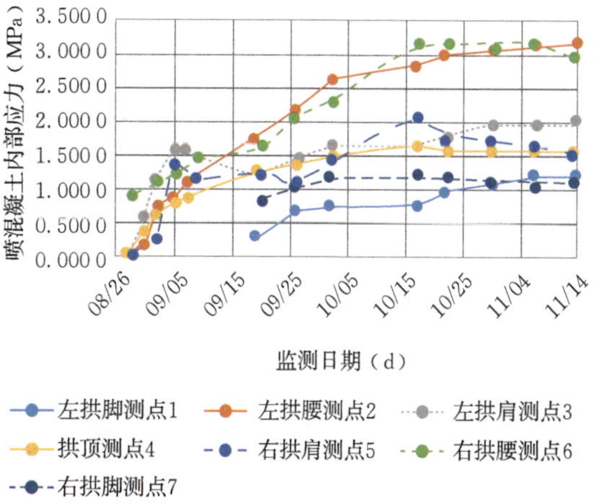

b）断面2

（b）无系统锚杆工况

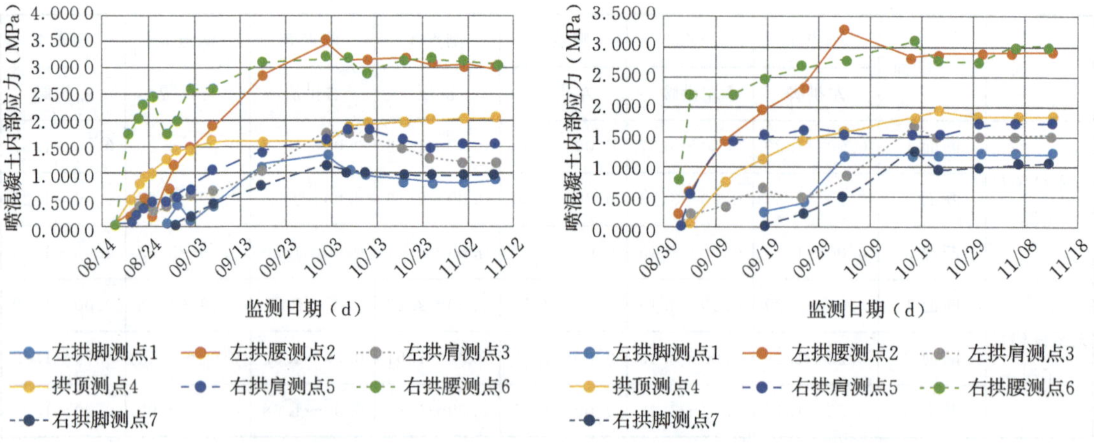

c）断面3　　c）断面3

（a）有系统锚杆工况　　（b）无系统锚杆工况

图 8-77　有无系统锚杆工况隧道断面特征点喷射混凝土内应力监测曲线

(3)初期支护结构锚杆轴力现场测试结果

根据表 8-36、图 8-78 中的试验段设置系统锚杆工况三个断面各特征点锚杆平均轴力测试数据分析得出以下结论：①系统锚杆锚杆力值分布范围 0.31～3.40 kN，实测锚杆轴力稳定值不大。②三个断面各特征点锚杆轴力总体变化趋势基本类同，即锚杆轴力稳定值大小呈现趋势为拱脚＞拱腰＞拱肩＞拱顶。③对于中风化厚层泥岩隧道施作系统锚杆，锚杆轴力值很小，锚杆加固泥岩的作用效果不明显。

表 8-36　锚杆轴力测试结果统计(kN)

工　况	测试断面	测点 1	测点 2	测点 3	测点 4	测点 5	测点 6	测点 7
		左拱脚	左拱腰	左拱肩	拱顶	右拱肩	右拱腰	右拱脚
有系统锚杆工况	断面 1	1.39～3.36	1.45～2.30	0.98～1.32	0.55～1.20	0.70～1.35	1.81～2.12	1.25～3.15
	断面 2	1.86～3.20	1.25～2.28	0.73～1.29	0.31～1.14	0.93～1.31	1.99～2.58	1.65～3.40
	断面 3	1.38～3.18	1.15～2.09	0.62～1.09	0.14～1.02	0.55～0.98	1.09～2.25	1.10～2.99

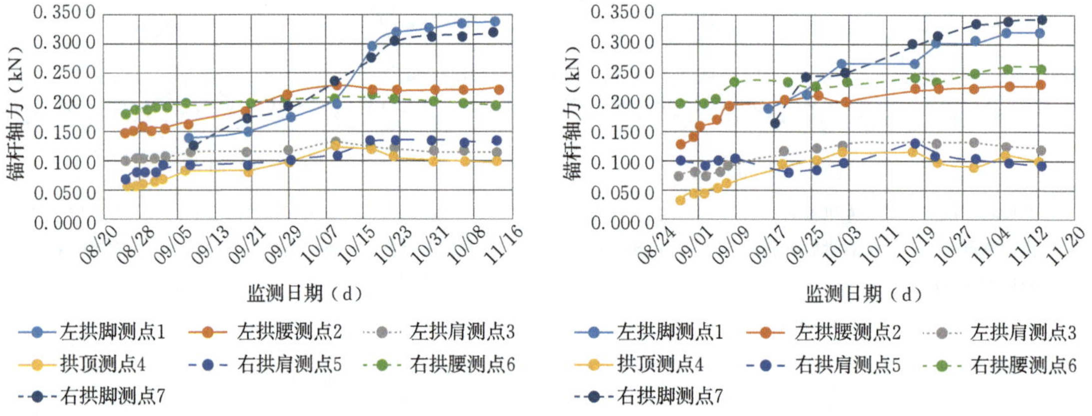

（a）断面1　　（b）断面2

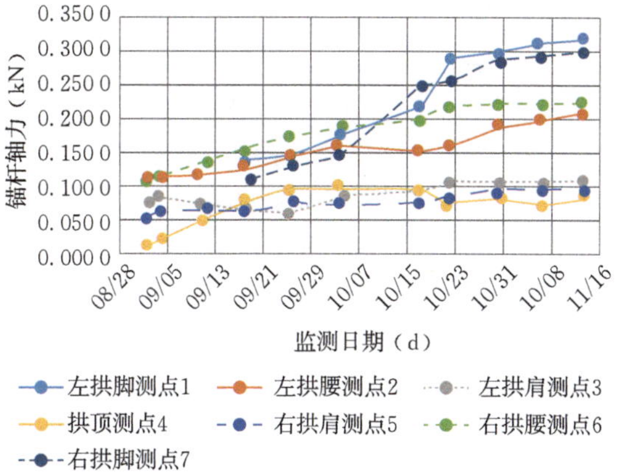

（c）断面3

图 8-78　有系统锚杆工况隧道断面特征点锚杆轴力监测曲线

8.5.3.4　二次衬砌受力对比

（1）二次衬砌数值计算结果分析

根据两种工况最后施工步二次衬砌第一主应力（σ_1）、第二主应力（σ_2）、第三主应力（σ_3）及 Von Mises 应力（σ_V）计算结果可得到二次衬砌应力统计表 8-38。根据表 8-37、图 8-79 对比分析两种工况二次衬砌受力呈现以下特征：①两种工况二次衬砌的 σ_1、σ_2、σ_2、σ_V 相对应主应力最大值 S_{max} 和最小值 S_{min} 数值分别相等且分布位置相同、对应的空间应力场分布形状总体类似。②二次衬砌受力较小，初期支护是主要承载结构，二次衬砌承担一定荷载起安全储备作用。③两种工况二次衬砌结构空间受力情况基本类同，说明了隧道初期支护结构中是否设置系统锚杆对二次衬砌结构受力情况影响很小。

表 8-37　有无锚杆工况二次衬砌主应力数值计算结果统计

工　况	σ_1（MPa）				σ_2（MPa）				σ_3（MPa）				σ_V（MPa）	
	S_{max}/位置		S_{min}/位置		S_{max}/位置		S_{min}/位置		S_{max}/位置		S_{min}/位置		S_{max}/位置	
有系统锚杆工况	1.81	仰拱内侧	−0.41	仰拱外侧	0.70	拱顶外侧	−1.19	仰拱外侧	0.27	拱顶外侧	−2.92	仰拱外侧	2.39	仰拱底部
无系统锚杆工况	1.81		−0.41		0.70		−1.19		0.27		−2.92		2.39	

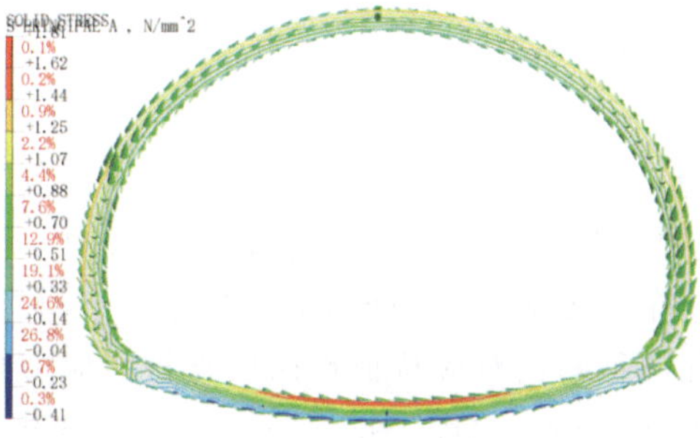

a）第一主应力场σ_1

（a）有系统锚杆工况

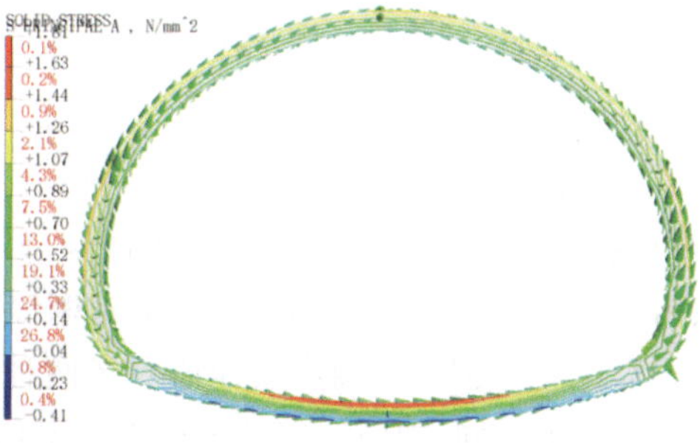

a）第一主应力场σ_1

（b）无系统锚杆工况

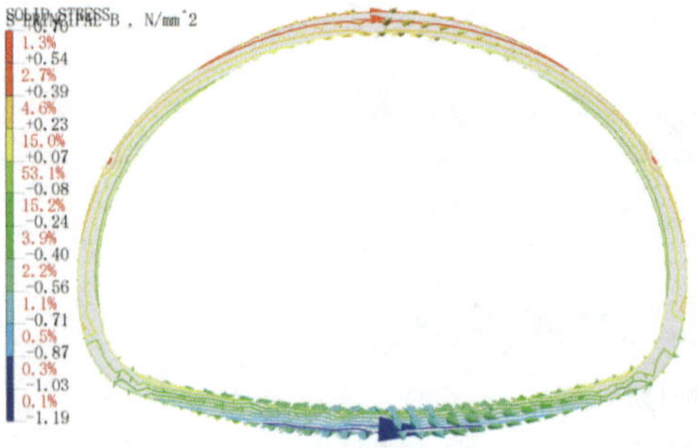

b）第二主应力场σ_2

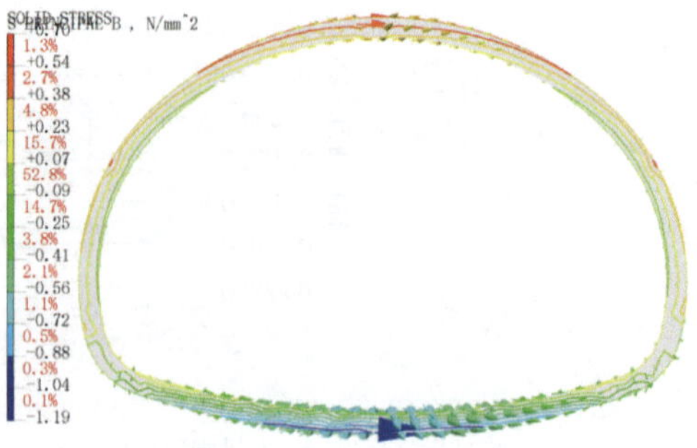

b）第二主应力场σ_2

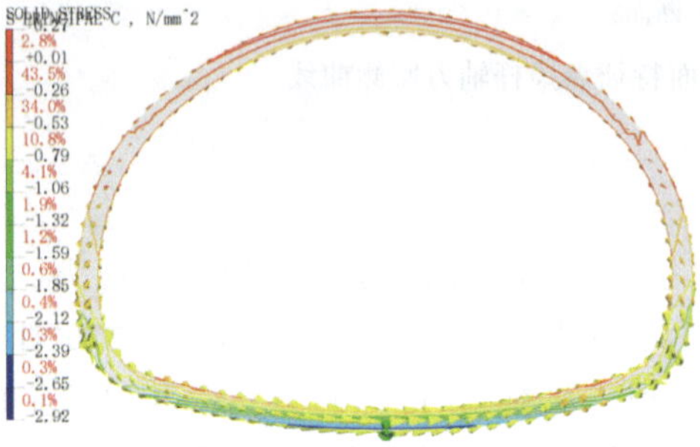

c）第三主应力场σ_3

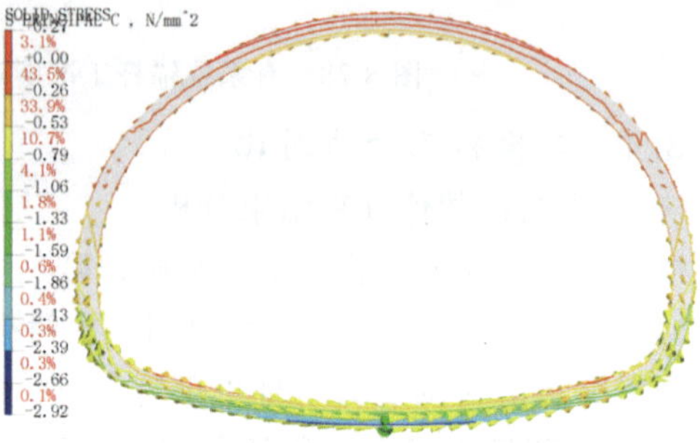

c）第三主应力场σ_3

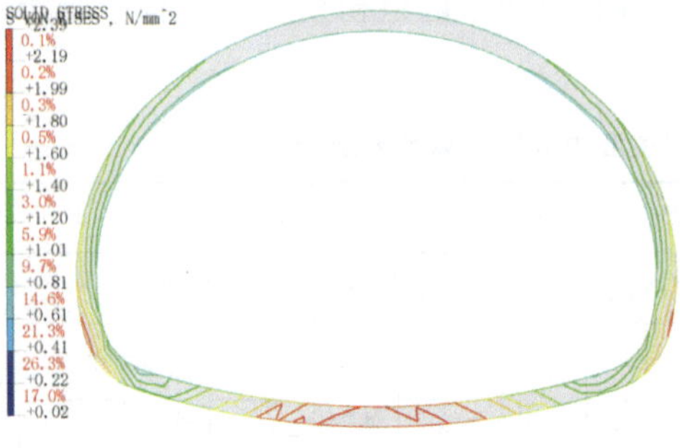

d）Von Mise应力

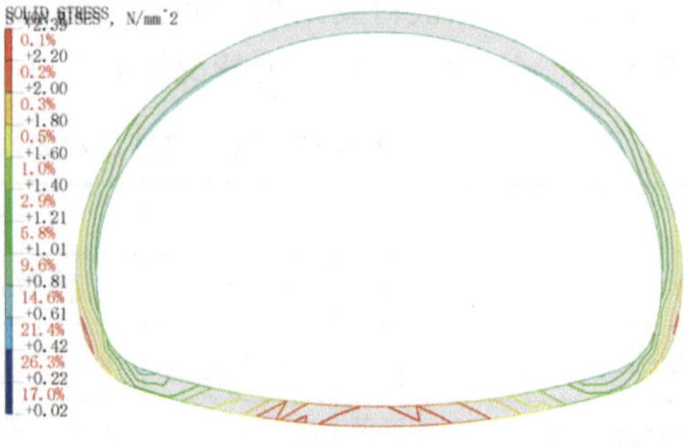

d）Von Mise应力

（a）有系统锚杆工况　　（b）无系统锚杆工况

图 8-79　有无系统锚杆工况二次衬砌主应力场分布对比

(2)两层支护间压力实测结果

根据隧道现场试验段有、无系统锚杆两种工况两层支护间压力测试数据分析得出以下结论(表 8-38、图 8-80)：①有、无系统锚杆两种工况喷射混凝土内应力值分布范围 0.01～0.17 MPa 和 0.01～0.19 MPa，两种工况隧道断面对应特征点两层支护间压力值相差很小，并且都远小于 C30 钢筋混凝土强度设计值。②两种工况隧道断面对应特征点两层支护间应力总体变化趋势基本相同，即两层支护间压力稳定值呈现出拱脚＞拱腰＞拱肩＞拱顶。③隧道断面对应特征点两层支护间压力稳定值总体趋势上表现有系统锚杆工况略小于无系统锚杆工况，分析原因可能是施作系统锚杆工况对改善了两层支护间压力场。

表 8-38 两层支护间压力测试结果统计(MPa)

工 况	测试断面	测点 1	测点 2	测点 3	测点 4	测点 5	测点 6	测点 7
		左拱脚	左拱腰	左拱肩	拱顶	右拱肩	右拱腰	右拱脚
有系统锚杆工况	断面 1	0.06~0.17	0.05~0.12	0.03~0.09	0.01~0.04	0.03~0.08	0.04~0.13	0.06~0.17
	断面 2	0.04~0.17	0.04~0.12	0.03~0.09	0.02~0.04	0.03~0.08	0.04~0.12	0.06~0.17
	断面 3	0.06~0.16	0.06~0.13	0.04~0.08	0.01~0.04	0.03~0.08	0.05~0.12	0.04~0.17
无系统锚杆工况	断面 1	0.07~0.19	0.05~0.13	0.04~0.09	0.02~0.05	0.04~0.08	0.08~0.12	0.08~0.18
	断面 2	0.08~0.19	0.09~0.13	0.03~0.09	0.01~0.05	0.03~0.10	0.07~0.13	0.09~0.18
	断面 3	0.08~0.19	0.07~0.13	0.03~0.10	0.01~0.05	0.02~0.09	0.07~0.13	0.09~0.18

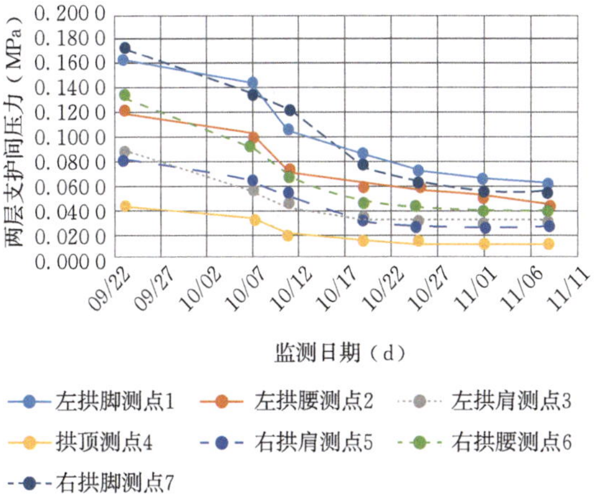

a）断面1

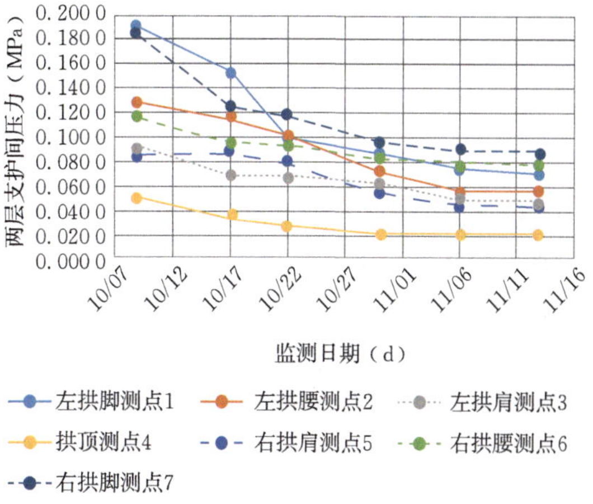

a）断面1

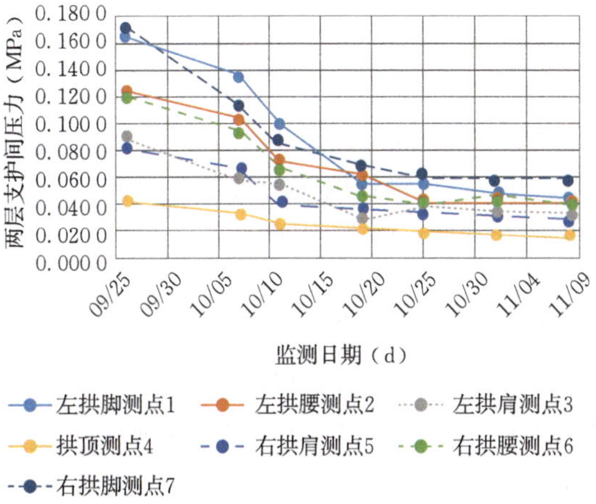

b）断面2

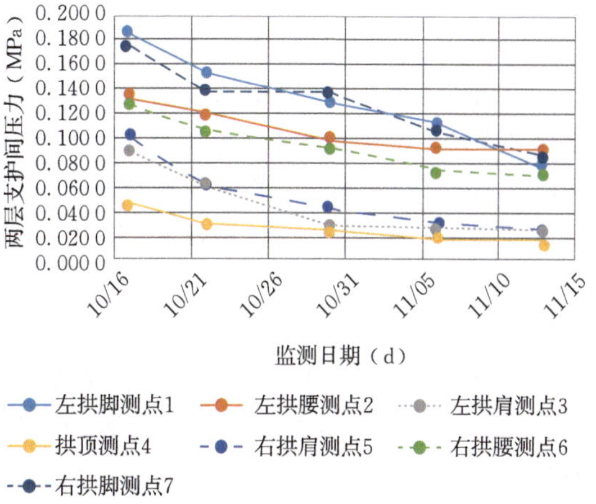

b）断面2

（a）有系统锚杆工况

（b）无系统锚杆工况

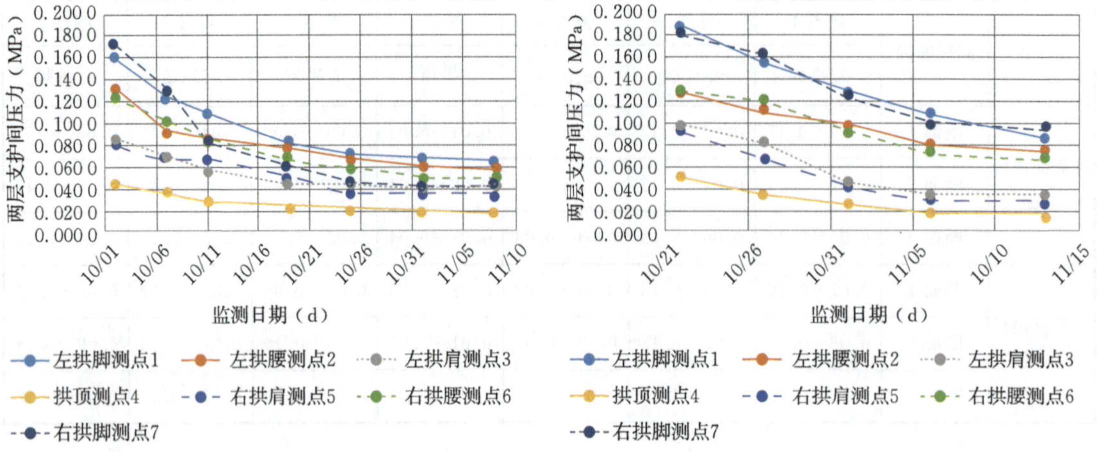

c）断面3　　　　c）断面3

（a）有系统锚杆工况　　　　（b）无系统锚杆工况

图 8-80　有无系统锚杆工况隧道断面特征点两层支护间压力监测曲线

8.5.3.5　围岩松动圈及塑性区数值计算结果对比

根据图 8-81，不难看出隧道开挖过程中围岩松动圈、塑性区发展呈现出如下特征：①围岩松动圈的分布范围及严重程度总体表现特征为有锚杆工况大于无锚杆工况。②围岩有效应变及围岩塑性区的分布范围及严重程度总体表现特征为有锚杆工况大于无锚杆工况。③在隧道拱脚、底板位置施作系统锚杆对围岩塑性区发展控制有一定效果，而对拱腰以上围岩塑性区未起到控制效果，反而加剧了塑性区发展。④隧道开挖过程中各工序应力释放率的时空效应影响显著，取消系统锚杆可缩短工时，及时实现围岩封闭和初期支护闭合，有利于控制松动圈、塑性区范围的发展。

8.5.4　泥岩锚杆功效结论

（1）取消系统锚杆技术经济安全分析

①施工工效方面：以依托工程三车道隧道设计参数计算，隧道采用两台阶施工，单次循环进尺 2.7 m。ϕ20 mm 药卷锚杆梅花形布置，纵向间距 90 cm，环向间距 100 cm，每断面系统锚杆设置 26～27 根，每循环设置需施作系统锚杆共有 80 根左右，锚杆施作工效为 6～10 min/根，按锚杆施作最大速率计算，锚杆施作工序每循环也要占时 8 h 以上，因此施工系统锚杆费工费时。

②技术经济方面：根据依托三车道隧道工程设计参数计算，每延米工程造价约增加 9 700 元，其中材料费和人工费每延米工程造价增加分别为 8 500 元和 1 200 元，由此可见，设置系统锚杆会明显增加隧道延米工程造价，因此，在保证隧道结构安全的条件下，取消系统锚杆提质增效显著。

③施工安全方面：隧道系统锚杆施作工序费工、费时、费料，可导致贻误最佳支护时机，增大了施工安全风险。隧道围岩开挖后形成临空面，围岩地层应力急剧释放和应力调整，裸露围岩形成松动圈必然产生较大松弛变形。初期支护施作不及时围岩可能失去自稳能力从而导致坍塌；相反，初期支护施作及时就能抑制围岩过大变形从而避免坍塌。

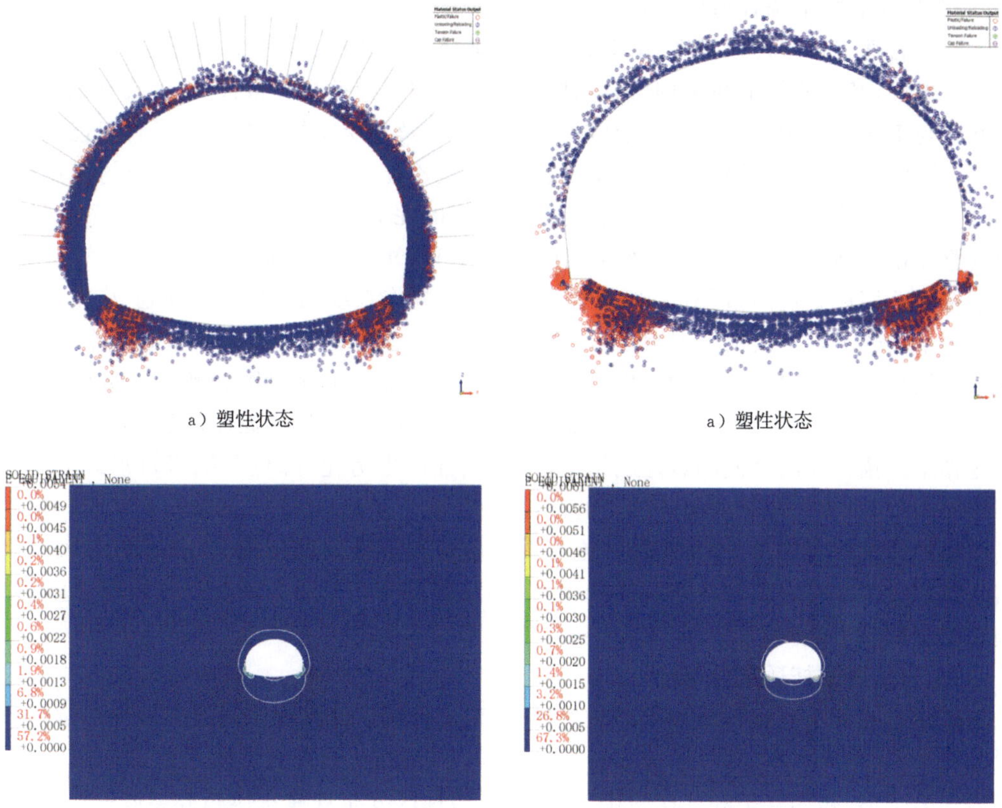

a）塑性状态　　a）塑性状态

b）等效应变　　b）等效应变

（a）有系统锚杆工况　　（b）无系统锚杆工况

图 8-81　有无系统锚杆工况隧道围岩塑性区特征云图

(2)深埋泥岩隧道系统锚杆功效机理分析

①深埋泥岩隧道锚杆功效：通常认为，系统锚杆会在围岩中发挥其增强效应、成拱效应、内压效应、悬吊效应，从而起到支护作用，而在深埋中风化厚层泥岩隧道锚杆作用并非如此。依托隧道工程洞身围岩为中风化泥岩，具有泥质结构、中厚层状构造、节理裂缝不发育、整体完整性较好、地下水贫乏等地质特点，在此种围岩地质条件施工系统锚杆是不适用的，因为施作锚杆破坏了原岩完整性，降低了围岩稳定性，锚杆的四种支护效应很难实现和发挥作用。

②深埋泥岩隧道锚杆作用机理分析：(a)锚杆增强效应的发挥是基于隧道围岩、喷射混凝土和系统锚杆三者共同作用并在锚杆作用区段形成加固后的承载拱，而承载拱厚度大小的影响因素取决于锚杆自身因素和围岩地质体因素，而对于深埋厚层状完整性好的中风化泥岩地层，施作系统锚杆很难保证与围岩结合密实，甚至是破坏了原岩完整性。(b)采用荷载结构法分析隧道承载拱截面的内力可知，锚杆设置方向垂直于承载拱轴力方向，故锚杆布筋方向对初期支护抗弯、抗压和抗剪作用效果不大，锚杆成拱效应的发挥也缺乏理论根据。(c)内压效应机理是施工系统锚杆使围岩达到三轴受压状态并改善围岩受力性能。由于锚杆受到内外多种影响因素作用，中风化厚层泥岩隧道施作药卷系统锚杆很难实现内压效应进而发挥支护功效。(d)锚杆悬吊效应作用机理是隧道开挖形成临空面后，通过施作锚杆对不稳定岩块进行加固并利用锚杆发挥“悬吊”作用达到稳定。根据普氏塌落拱理论得到的塌落拱高度通常大于锚杆设计长度，若锚杆设置在塌落拱内却要发挥悬吊效应支护作用是不可能的。

(3)深埋泥岩隧道锚杆适用性影响因素

①地层岩性工程特性差异性：由于我国区域地质的复杂性、多变性、差异性，即使是同一地区的同一地层，其地质特征在结构、构造、厚度等方面的变异性也会很大，设置锚杆地层适用性技术问题与工程实践中存在分歧或矛盾。锚杆在硬岩及岩层结构较好地质条件下能够起到锚固围岩，控制变形的效果，锚杆在松散土砂、黄土隧道不能发挥其真正锚固作用的观点也逐渐得到隧道工程界的共识；工程实践证明，在完整性好的泥岩隧道设计施作密集的系统锚杆，破坏原岩整体稳定性，延长了支护衬砌的封闭时间，不利于隧道施工安全。

②锚杆适用性影响因素分析：隧道支护结构是否施作系统锚杆适用性问题，应重点考虑以下影响因素：(a)围岩二次扰动因素，在理论分析时均考虑系统锚杆在围岩中锚固作用，但并未考虑系统锚杆施作时对岩体结构产生的扰动，也未考虑施工工序对围岩塑性区造成的二次扰动影响。(b)作用效果因素，对于中厚层状且整体完整性好的泥岩(泥质软岩)类地层，若在其中再施作系统锚杆反而会使围岩地层结构性、完整性产生劣化，降低了围岩自承载能力。(c)施工难易因素，对于一些软弱围岩隧道的开挖，由于施工工法、施工工艺及作业空间的限制，即使具备锚杆钻机等专用设备，系统锚杆施作质量也是很难得到保证的。(d)地下水风险因素：在富水隧道段落垂直岩面打设系统锚杆相当于增加泄水孔，无疑会诱发或导致更多隧道危害和施工安全风险事故。

(4)泥岩隧道锚杆适用性结论

通过建立有无系统锚杆两种工况数值模型，对比分析了深埋泥岩隧道围岩变形及受力、支护衬砌受力、松动圈大小、塑性区分布特征并得到以下结论：①有无设置系统锚杆两种工况隧道围岩受力变形、初期支护和二次衬砌应力、围岩塑性区分布规律总体趋势类似一致。②对于软弱围岩尤其是泥岩隧道，取消设置系统锚杆明显降低了围岩的二次扰动，缩短了围岩及初期支护的封闭时间，可有效控制了围岩变形和塑性区发展。③在深埋中风化厚层泥岩地层中施作系统锚杆的作用效果并不显著，取消系统锚杆在技术和安全上可行。④深埋中风化厚层泥岩隧道取消系统锚杆后应加强锁脚锚杆施作以保证初期支护早期强度、刚度和稳定性，可有效规避防止拱脚收缩和拱架掉拱等施工安全风险。

(5)软岩隧道锚杆适用性问题进一步研究建议

软弱围岩隧道系统锚杆的适用性研究和推广应用仍是任重道远，因此建议：①软弱围岩隧道系统锚杆的取消或优化，应在推广应用之前开展科研试验段并经行业内专家论证其适用性条件。②隧道系统锚杆设计应坚持“因地制宜、动态设计”理念采用专项设计，现行隧道规范标准或工程经验是锚杆设计的基础和依据，特定岩土地层条件的隧道系统锚杆支护效用和适用性是确定锚杆支护设计参数的前提。③隧道锚杆支护体系研究的突破性进展，应围绕软弱围岩支护设计理论对锚杆与围岩相互作用机理、联合承载原理、协调作用机理开展深入细致研究。④软质围岩隧道应从系统锚杆设置方式及其与围岩地质地层特性的匹配性和适用性进行研究，对于高地应力条件下软岩大变形隧道、硬岩岩爆隧道应从研发新型材料锚杆和新型构造锚杆进行更加深入的探索。

第9章 渝武高速软岩隧道大变形控制案例

9.1 东阳隧道梯形掏槽护拱变形控制技术

9.1.1 梯形掏槽护拱方案

(1)东阳隧道概况

重庆渝武高速公路东阳隧道是双向六车道高速公路隧道，隧道设计速度100 km/h，设计荷载为公路-Ⅰ级。长2 715 m，最大埋深约223.79 m。隧道区出露及穿越地层自新到老为：第四系(Q)、侏罗系(J)与三叠系(T)地层。如图9-1所示，隧道进口端地处顺向斜坡，洞口地形平缓，覆土层较薄，厚度1～5 m。洞口段围岩泥岩中主要发育二组裂隙，裂面较平，闭合。隧道轴线与岩层走向呈大角度相交，洞口仰坡岩层为切向外倾，但进口处斜坡坡度缓，土层较厚，洞门须开挖明洞，且处于浅埋段，成洞条件较差。现场隧道洞口K33＋370～K33＋360段埋深仅3.5 m，K33＋360～K33＋340段埋深仅5 m，且隧道洞口段分布一处冲沟，该段落地表水丰富，长期受雨水浸泡，覆盖层中存在3 m厚的淤泥质土。

(2)原设计方案

洞口段为2 m套拱加40 m超前长管棚，开挖方法采用双侧壁导流法施工。如按原设计进行施工，管棚成孔难度大，注浆后无法形成稳固的结构层，暗洞开挖存在滑塌、冒顶风险，安全隐患大。

(3)设计优化方案

为了减小施工风险，确保施工安全，K33＋370～K33＋340段采用梯形掏槽护拱施工技术施工，挖除松散的覆盖层后将隧道顶部进行封闭形成封闭的“顶盖”，在封闭的顶盖下进行暗洞施工，能确保洞内开挖安全，后掏槽段开挖方法变更为三台阶，大幅度减少了施工工序及循环作业时间，图9-2所示。对于优化方案的工程量计算，表9-1为隧道延米工程数量表，表9-2为K33＋340～K33＋370段工程数量表；K33＋370～K33＋340段采用梯形掏槽护拱施工区段的设计优化图，如图9-3、图9-4所示。

表9-1 隧道延米工程数量表

项目名称		单 位	数 量
开 挖	Ⅴ级围岩(暗挖部分)	m^3	136.00
初期支护	C25喷混凝土	m^3	8.69
	ϕ8 mm钢筋网	kg	44.24
	ϕ25 mm中空注浆锚杆	m/根	32/8
	Ⅰ22b工字钢	kg	3464.46

续上表

项目名称			单 位	数 量
初期支护	ϕ42 mm×4 锁脚锚管		m	36.00
	ϕ60 mm×5.5 锁脚锚管		m	64.00
二次衬砌	C35 混凝土	拱墙	m^3	19.26
		仰拱	m^3	11.75
	钢筋	HRB400	kg	1990.14
		HPB300	kg	208.64
仰拱填充		C15 混凝土	m^3	10.51

表 9-2　K33＋340～K33＋370 段工程数量表

项目名称	规 格	单 位	数 量	备 注
开挖		m^3	8635.8	
临时边仰坡防护	喷射混凝土	m^3	98.5	C25
	ϕ20 mm 药卷锚杆	m	2924.48	
	ϕ8 mm 钢筋网	kg	2232.7	
永久边仰坡防护	锚杆框架梁	m^2	135	
洞外截水沟	C20 混凝土	m^3	28.6	
回填面排水沟	C20 混凝土	m^3	10.4	
回填	奔填碎石土	m^3	4557.00	
	黏土隔水层	m^3	436.2	
	回填耕植土	m^3	436.2	
	绿化植草	m^2	872.4	
安全护拱	C30 混凝土	m^3	554.7	

(3)东阳隧道洞口段施工步序

图 9-5 为东阳隧道洞口段安装护拱主要施工步序。

施工步序一：K33＋370～K33＋340 段拱部以上岩土体明挖、边仰坡防护；

施工步序二：K33＋370～K33＋340 段钢拱架安装和护拱混凝土浇筑；

施工步序三：K33＋370～K33＋340 段暗挖施工，暗挖工序与暗洞施工工序相同。

暗挖段施工应待安全护拱混凝土强度达到设计强度后开始。

暗挖部分采用弧形导坑留核心土法。

开挖应及时封闭，避免围岩遇水软化。

加强监控量测，尤其明挖和暗挖衔接部位的变形和收敛。

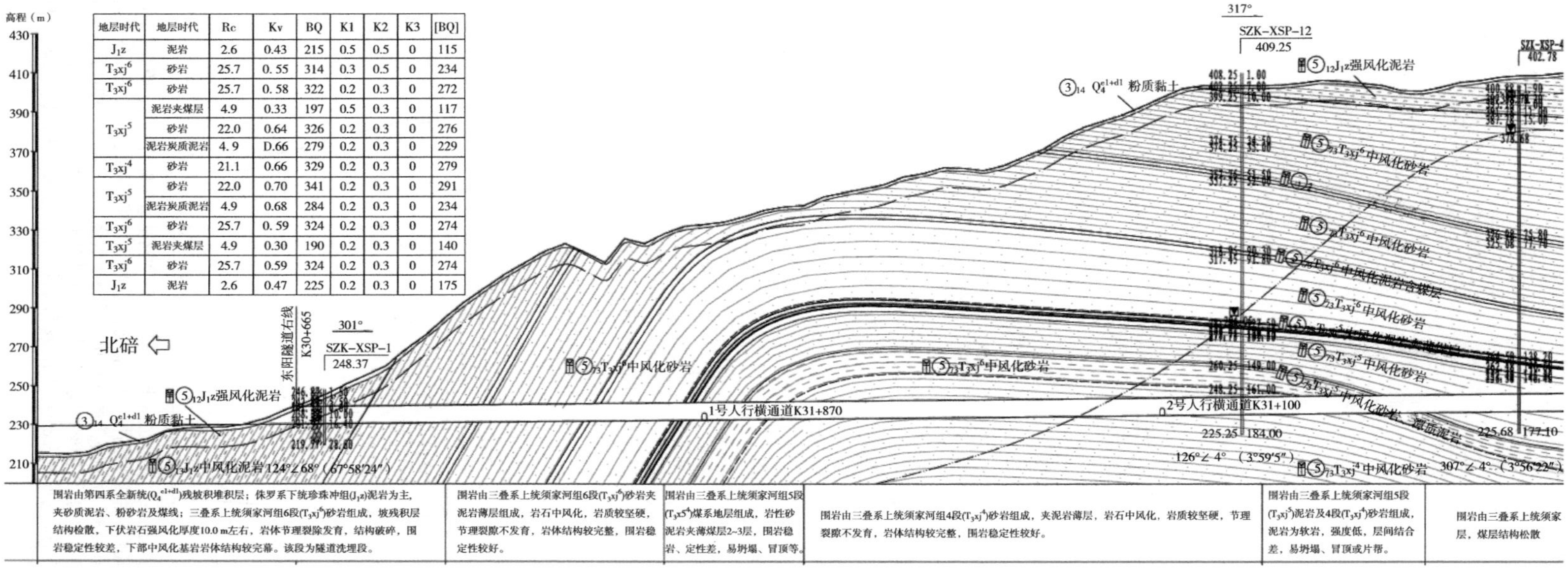

地层时代	地层时代	Rc	Kv	BQ	K1	K2	K3	[BQ]
J_1z	泥岩	2.6	0.43	215	0.5	0.5	0	115
T_3xj^6	砂岩	25.7	0. 55	314	0.3	0.5	0	234
T_3xj^6	砂岩	25.7	0. 58	322	0.2	0.3	0	272
T_3xj^5	泥岩夹煤层	4.9	0.33	197	0.5	0.3	0	117
	砂岩	22.0	0.64	326	0.2	0.3	0	276
	泥岩炭质泥岩	4. 9	D.66	279	0.2	0.3	0	229
T_3xj^4	砂岩	21.1	0.66	329	0.2	0.3	0	279
T_3xj^5	砂岩	22.0	0.70	341	0.2	0.3	0	291
	泥岩炭质泥岩	4.9	0.68	284	0.2	0.3	0	234
T_3xj^6	砂岩	25.7	0. 59	324	0.2	0.3	0	274
T_3xj^5	泥岩夹煤层	4.9	0.30	190	0.2	0.3	0	140
T_3xj^6	砂岩	25.7	0.59	324	0.2	0.3	0	274
J_1z	泥岩	2.6	0.47	225	0.2	0.3	0	175

图9-1　东阳隧道纵断面图（进口端）

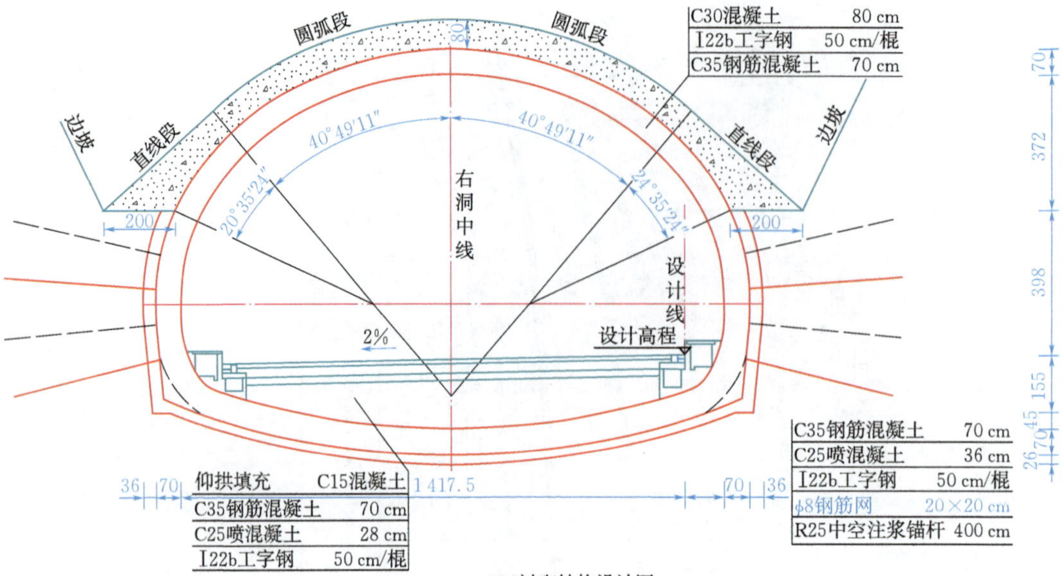

S5d衬砌结构设计图

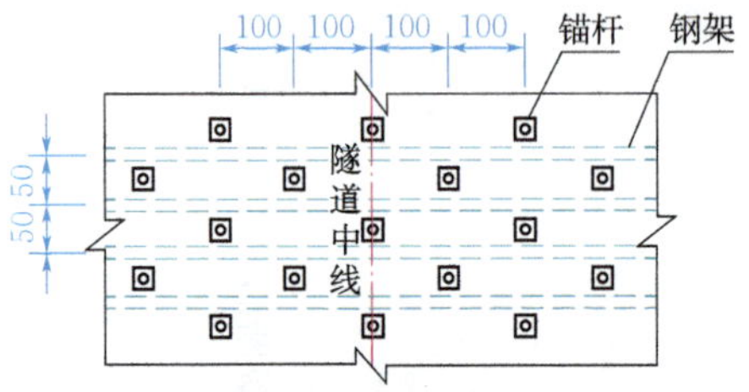

钢架、锚杆平面示意图

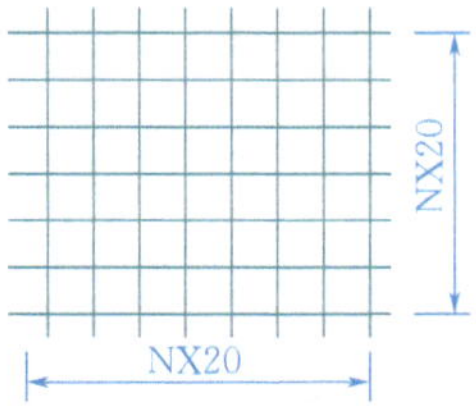

ϕ8 mm钢筋网平面示意图

注：①本图尺寸除钢筋直径以mm计和注明者外，余为以cm为单位。②本图适用于K33+340～K33+370段衬砌，I22b工字钢作为初期支护的加劲措施，其纵向间距为0.5 m，初期支护为锚杆喷射混凝土、钢筋网，二次衬砌为模筑钢筋混凝土，二次衬砌应紧跟开挖施作，③预留变形量设计为10 cm，根据现场变形量监测情况可适当调整。④锚杆采用中空注浆锚杆（仅示一半），垫板应紧岩面。⑤钢筋网之钢筋随岩面的起伏铺设，保护层厚度不小于2 cm，与岩面间隙不大于3 cm，钢筋与锚杆应连接牢固，钢筋接头按有关规定搭接，工程数量表中的钢筋网数量未包括搭接及损耗。⑥防水层由1.2 mm厚EVA卷材和350 g/m无纺布组成，卷材采用双缝热焊，搭接宽度不小于10 cm。

图 9-2 K33+340～K33+370 衬砌结构设计优化图(单位:cm)

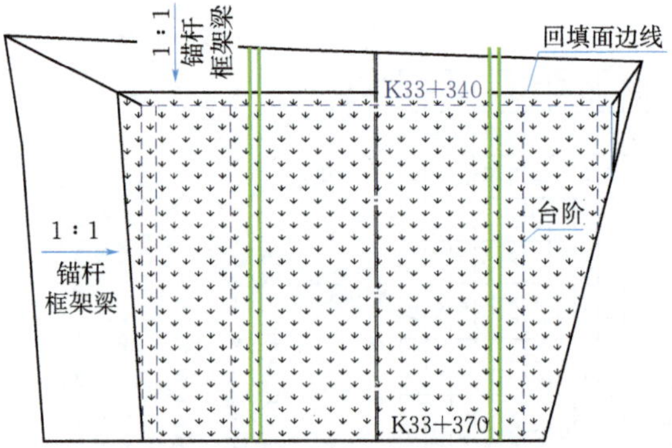

注：1.图中尺寸单位除高程、里程以m计外，余均以cm计。2.洞口边坡与路基边坡保持一致，明洞段临时边坡坡率1∶0.5，采用喷锚支护；永久边坡坡率1∶1，采用锚杆框架梁防护。3.喷锚防护参数：C25喷射混凝土（15 cm）+药卷锚杆（L=4 m，@1.5 m×1.5 m）+ϕ8 mm钢筋网（@20 cm×20 cm）。4.洞外截水沟采用C20混凝土现浇，其距离边、仰坡顶应大于5 m。5.回填面排水沟采用C20混凝土现浇，最终顺接洞顶排水沟。6.隧道边坡、仰坡施工应避开雨季，边开挖边施工防护，每次开挖高度宜控制3 m以内，严禁一次开挖成型。7.隧道施工前应对原地貌进行复测，发现与设计不符，应及时上报。8.隧道明洞边坡应与路基边坡顺接。9.未尽事宜，参照相关图纸、规范执行。

图 9-3 K33+340～K33+370 平面图

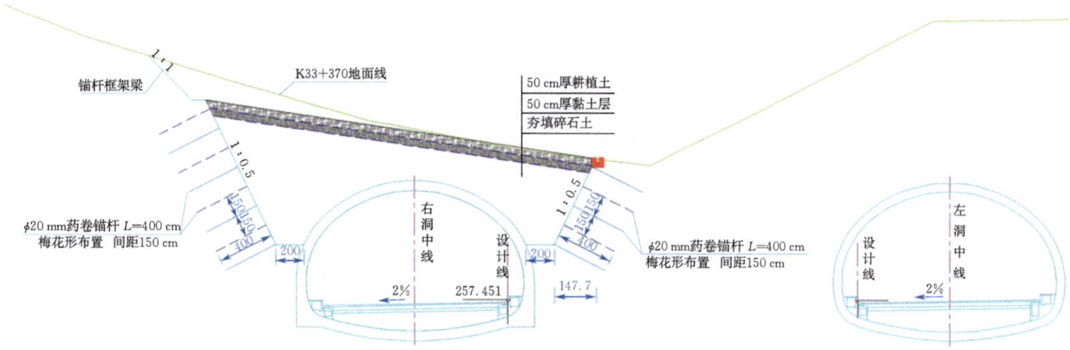

（a）K33+370断面图

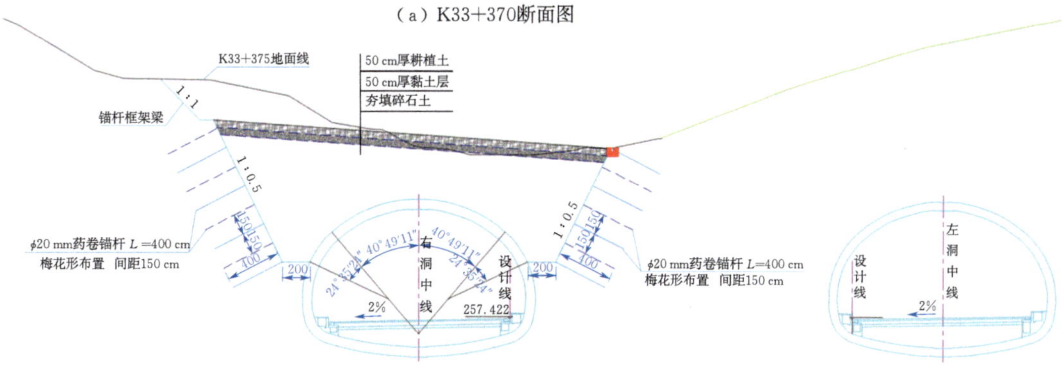

（b）K33+365断面图

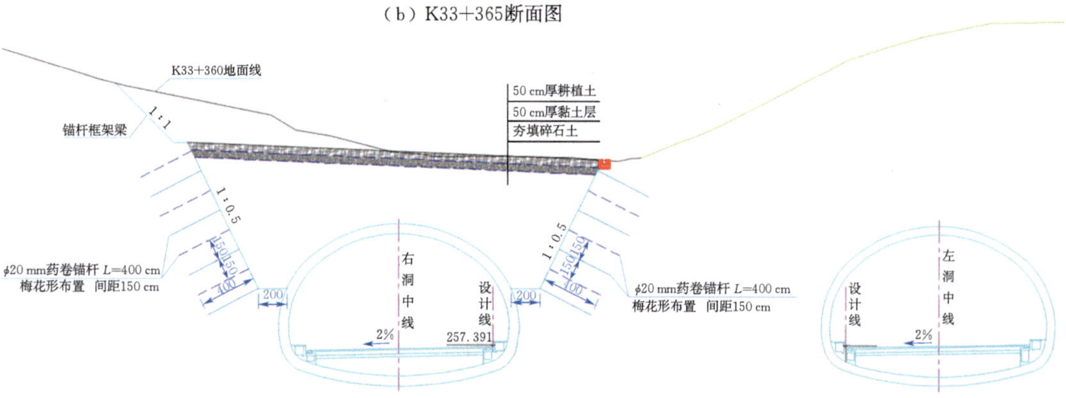

（c）K33+360断面图

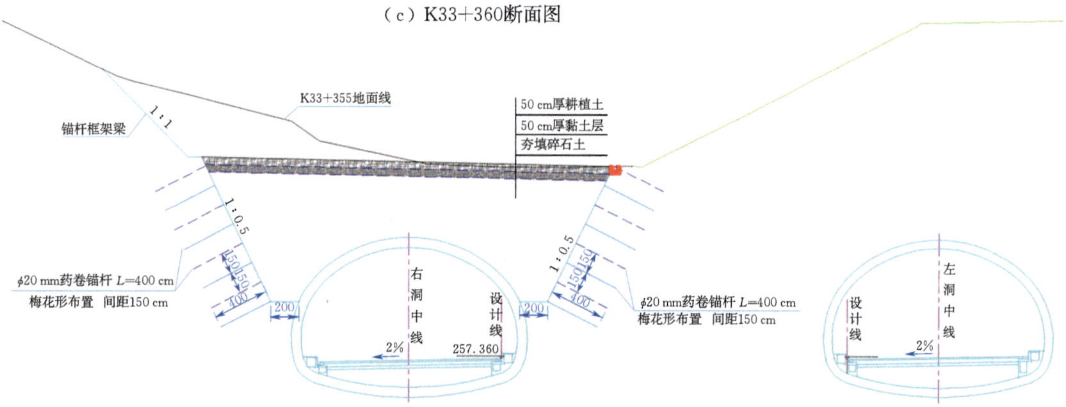

（d）K33+355断面图

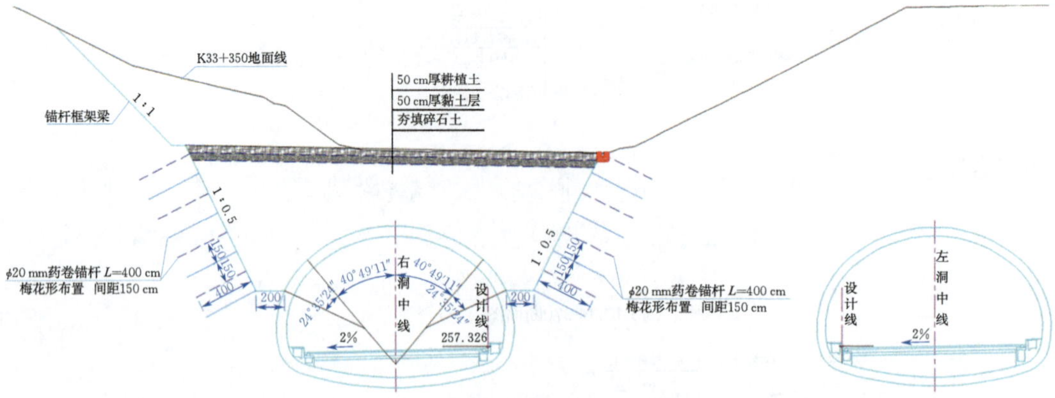

(e) K33+350断面图

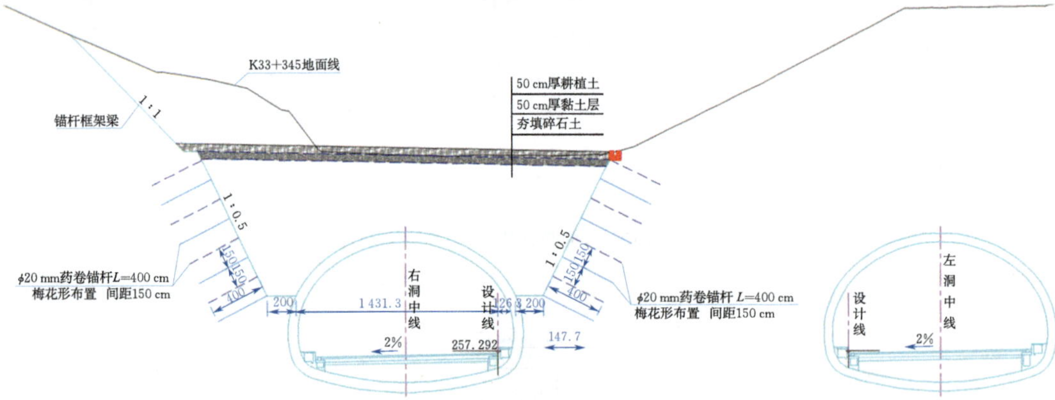

(f) K33+345断面图

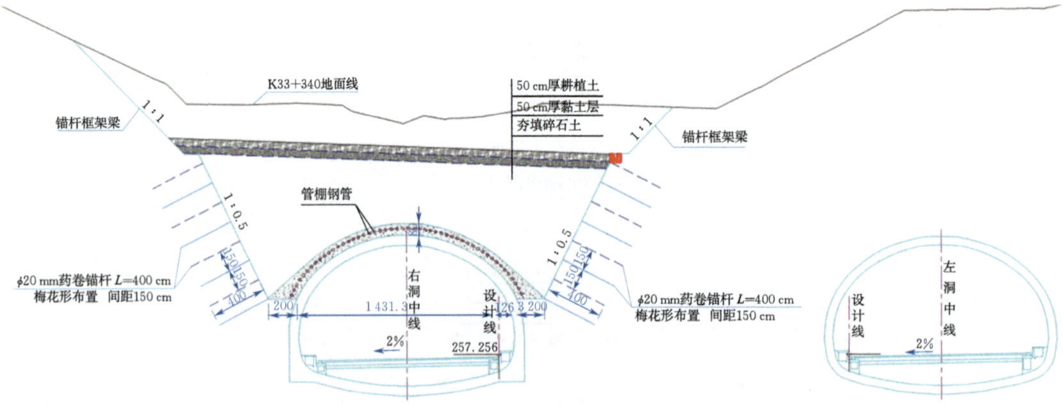

(g) K33+340断面图

图 9-4 东阳隧道 K33+340～K33+370 明挖断面(单位:mm)

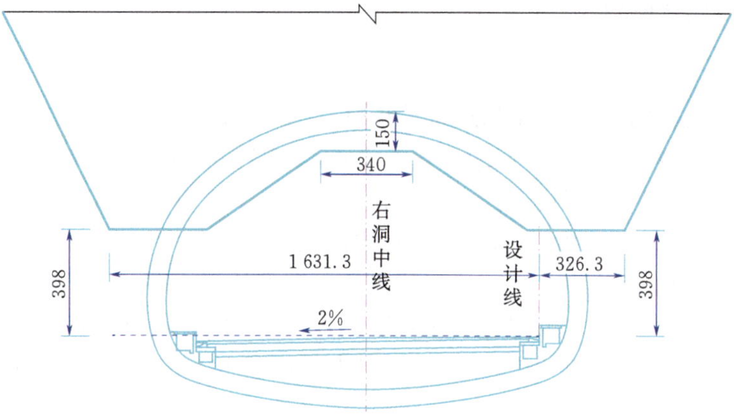

（a）施工步序一

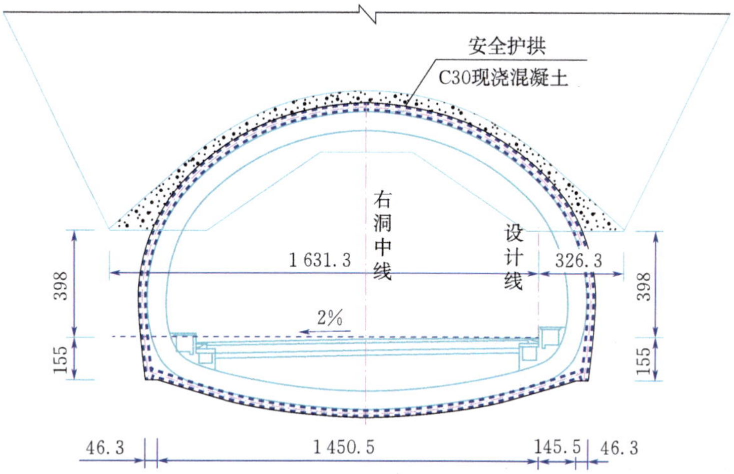

（b）施工步序二

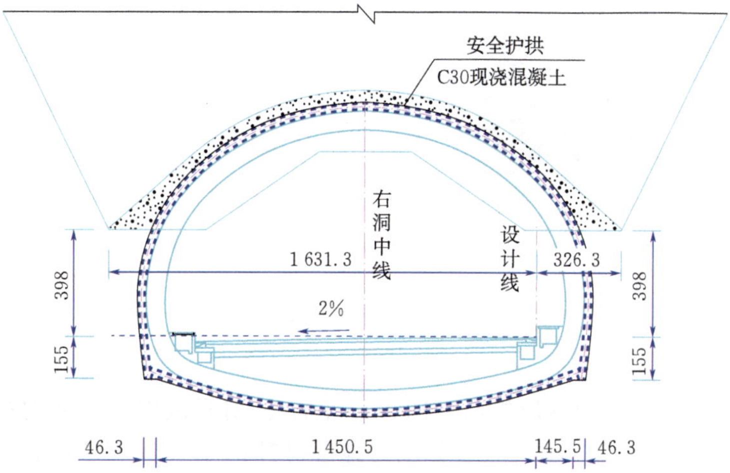

（c）施工步序三

图 9-5　洞口段安装护拱大样图(单位:cm)

9.1.2 数值计算实体模型

（1）几何模型

采用有限单元法对隧道支护结构进行计算时，计算区域的左右边界应在离相邻隧道毛洞壁面的距离达 3～5 倍以上毛洞跨度的位置上设置，下部边界距隧道毛洞底板的距离应为隧道毛洞高度的 3～5 倍以上，上部边界宜取至地表。根据东阳隧道右洞设计图建立计算模型，模拟隧道 K33＋340～K33＋370 洞口段梯形掏槽施工过程，如图 9-6 所示。建立隧道几何模型参数见表 9-5，以隧道底板中点为坐标原点建立几何模型计算范围，整个边界的尺寸足以消除边界效应对计算结果的影响。模型尺寸为：X 方向 120m，Y 方向 30m，Z 方向 50～68m。在模型高度范围内自上而下分为三层岩土，第一层为粉质黏土，第二层为强风化泥岩，第三层为中风化泥岩。

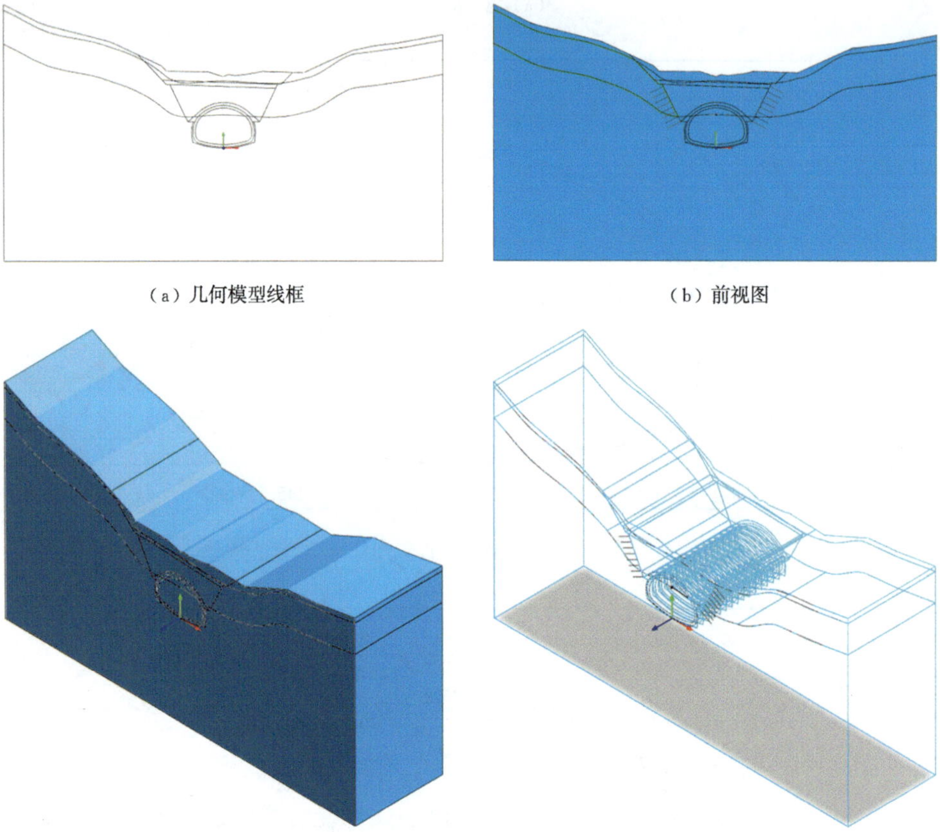

（a）几何模型线框　（b）前视图

（c）轴侧视图　（d）透视图

图 9-6　设计施工优化方案几何模型

（2）材料属性

根据地质勘察资料、隧道地质纵断面图等设计文件，对Ⅳ级围岩 S4b 型衬砌结构隧道开挖支护进行模拟。采用三维实体单元模拟围岩地层、初期支护 C25 早强喷混凝土、二次衬砌；采用一维植入式桁架单元模拟锚杆；围岩地层都采用 Mohr-Coulomb 本构模型，锚杆采用一维弹性本构模型，初期支护 C25 早强喷混凝土、二次衬砌采用三维弹性本构模型。

隧道围岩地层材料及属性参数、隧道结构材料参数及属性见表 9-3。

表 9-3　材料及其属性参数表

结构类型	材料类型	单元类型	本构模型	弹模(GPa)	泊松比	容重(kN/m^3)	黏聚力(MPa)	摩擦角(℃)	截面形状	模型参数 X(长度)×Y(宽度)×Z(厚度)
围岩地层	粉质黏土	三维	MC	0.1	0.4	17	0.02	14	不规则	120 m×30 m×※ m
	强风化泥岩	三维	MC	0.1	0.4	22.0	0.05	20	不规则	120 m×30 m×※ m
	中风化泥岩	三维	MC	1.5	0.4	25.0	0.15	32	不规则	120 m×30 m×※ m
	回填耕黏土	三维	MC	0.1	0.4	17	0.01	5	不规则	※×30 m×1 m
	夯填碎石土	三维	MC	0.12	0.4	20	0.02	20	不规则	※×30 m×※ m
隧道结构	ϕ25 mm 中空注浆锚杆	一维植桁	弹性	210	0.3	78.5			空心圆形	$L=4.0$m
	ϕ20 mm 药卷锚杆	一维植桁	弹性	210	0.3	78.5			实心圆形	$L=4.0$m
	锚喷混凝土	三维	弹性	C25	0.2	24				10 cm(厚度)
	锚杆框架梁喷混凝土	三维	弹性	C25	0.2	24				15 cm(厚度)
	护拱	三维	弹性	C30	0.2	24				80 cm(厚度)
	初期支护	三维	弹性	C25	0.2	24				36 cm(厚度)
	二次衬砌	三维	弹性	C35	0.2	25				70 cm(厚度)

注：※表示厚度为不确定值，厚度为有限变量。

(3)网格划分

设计优化方案隧道整体模型网格划分如图 9-7 所示；设计优化方案隧道结构模型组件网格划分如图 9-8 所示。

(4)模型边界条件及隧道施工过程模拟

隧道三维实体数值计算模型位移、荷载边界条件如图 9-9 所示。

位移边界条件：因深埋条件隧道模型为规则边界条件，采用自动边界约束。

荷载边界条件：考虑自重荷载。在第一荷载步计算自重作用下的初始应力场。

隧道施工过程模拟：隧道开挖及衬砌支护过程的施工阶段模拟过程如下：隧道采用两台阶开挖，每循环开挖步距 3.0 m，共完成开挖支护循环 10 次，完成 30 m 进尺。隧道向 Y 方向开挖步距为 3.0 m，每开挖一步，施作 I 22b 工字钢(50 cm/榀)、A8 钢筋网@20 cm×20 cm，施作拱墙系统锚杆(R25 mm 中空注浆锚杆设计参数：锚杆长度 $L=4.0$ m，@50 cm×100 cm)；最后施作二次衬砌 70 cmC35 钢筋混凝土。

9.1.3　数值计算结果分析

(1)围岩变形特征

根据东阳隧道实体工程建立的数值模型，计算工况最后施工步围岩垂直位移云图、水平位移云图、总位移云图及其对应的位移矢量场分布图，可分析得到隧道数值模拟验算围岩位移变形统计表。由表 9-4、图 9-10～图 9-12 中，可得出东阳隧道梯形掏槽工法围岩变形特征如下：

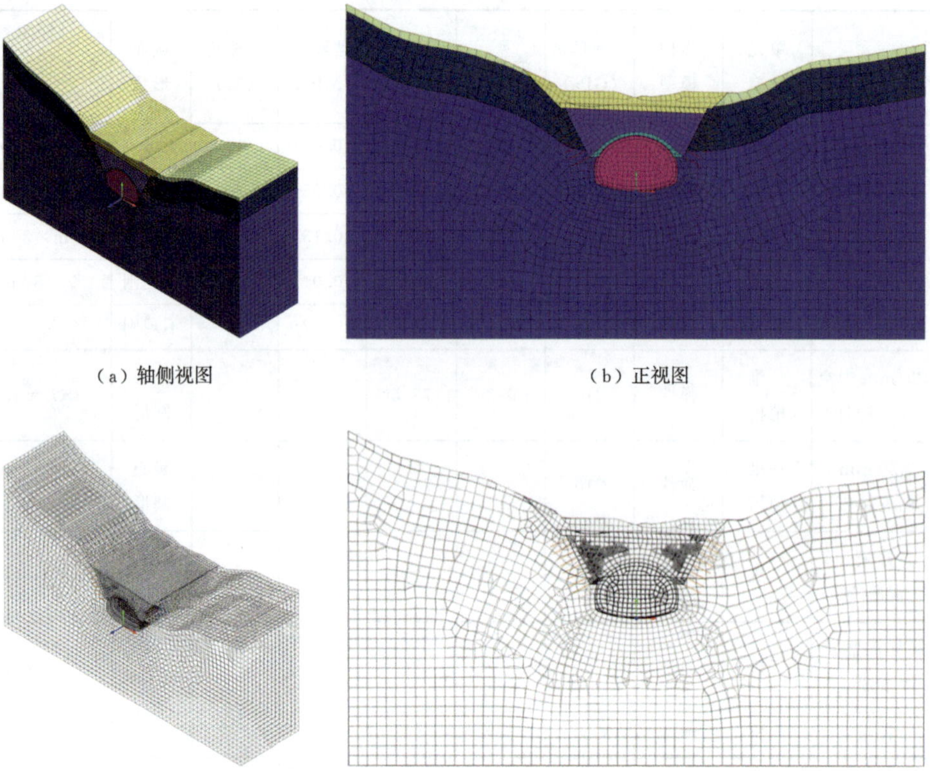

（a）轴侧视图　（b）正视图

（c）自由面网格线轴侧视图　（d）自由面网格线正视图

图 9-7　设计优化方案隧道整体模型网格划分

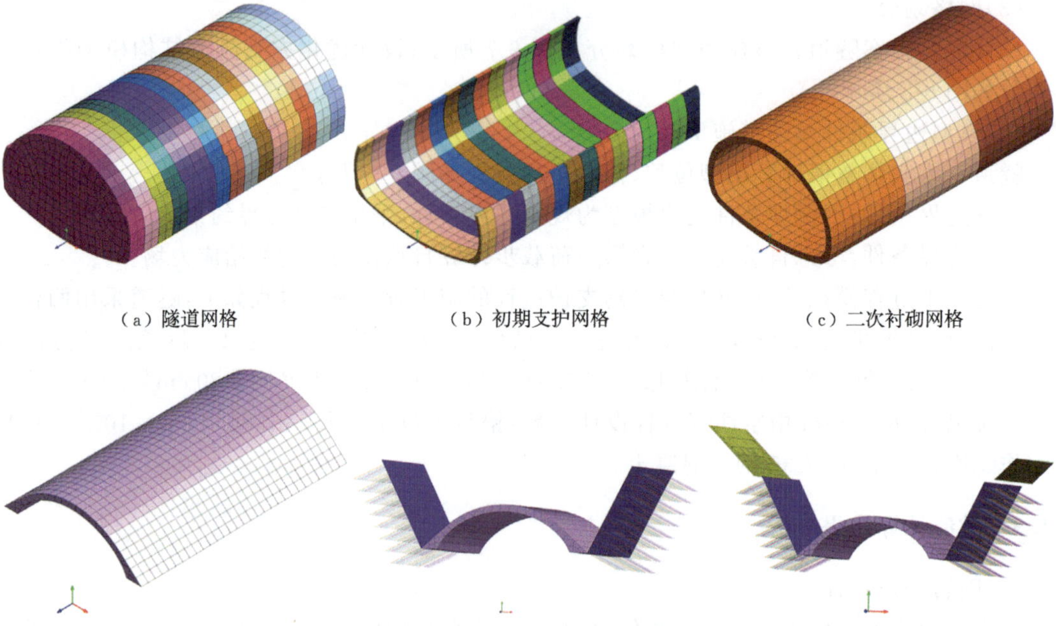

（a）隧道网格　（b）初期支护网格　（c）二次衬砌网格

（d）护拱网格　（e）临时边坡锚杆+喷混凝土网格　（f）永久边坡锚框+临时边坡锚喷混凝土网格

（g）永久边坡+临时边坡开挖网格　　（h）夯填碎石土+回填耕植土网格　　（i）梯形掏槽隧道开挖后网格

图 9-8　设计优化方案隧道结构模型组件网格划分

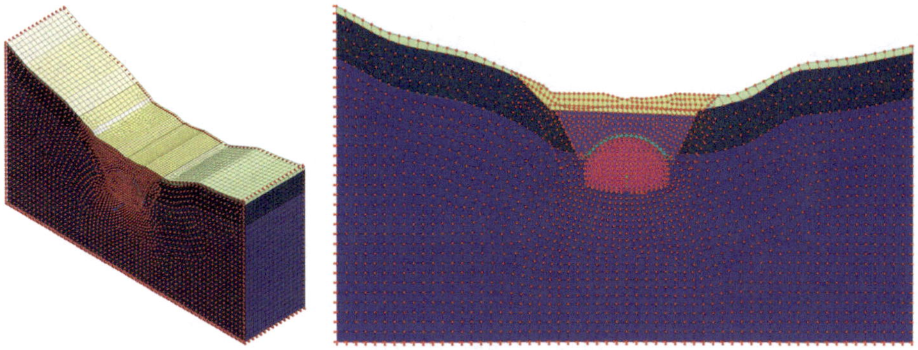

（a）位移约束轴侧视图　　（b）位移约束正视图

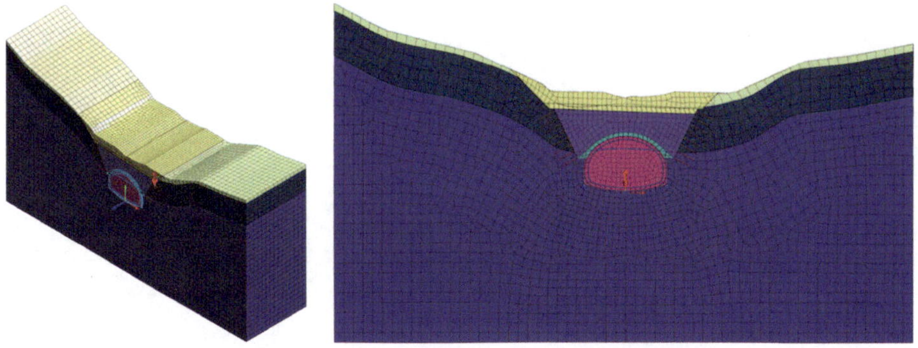

（c）荷载边界轴侧视图　　（d）荷载边界条件正视图

图 9-9　数值计算模型位移、荷载边界条件

表 9-4　围岩位移变形数值模拟验算结果统计表

位移变形类型	最大值(mm)			最小值(mm)		
	计算值	位置	方向	计算值	位置	方向
垂直位移	3.297	护拱	向上	−5.163	回填耕植土表面	向下
水平位移	2.472	左侧永久边仰坡	向右	−4.344	右侧永久边仰坡	向左
总位移	5.169	回填耕植土表面	—	0	模型边界处	—

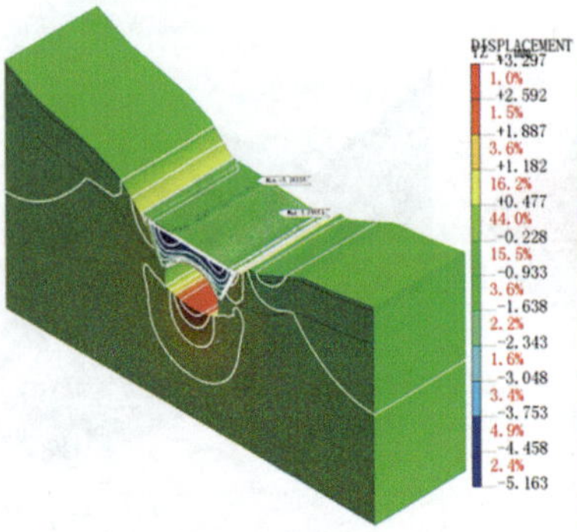

（a）轴侧视图

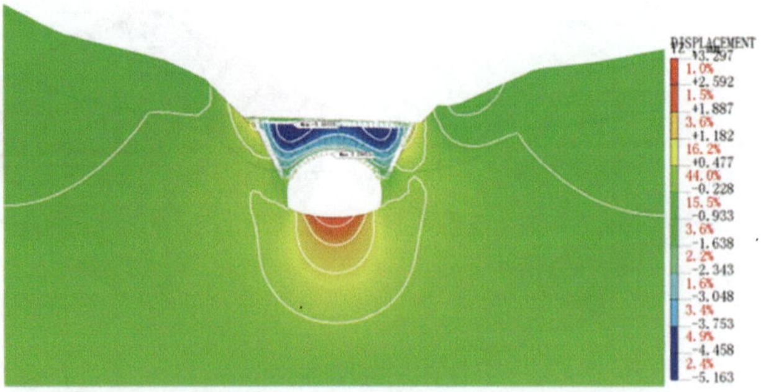

（b）正视图

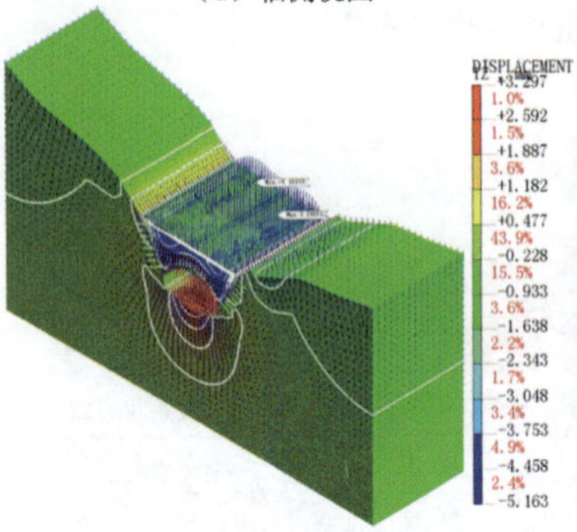

（c）矢量场轴侧视图

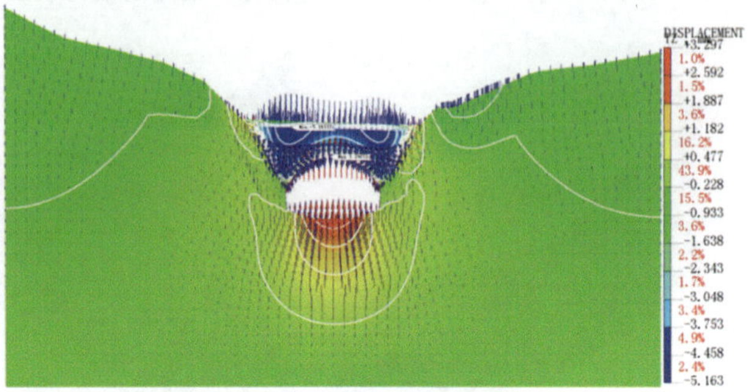

（d）矢量场正视图

图 9-10 围岩垂直位移云图

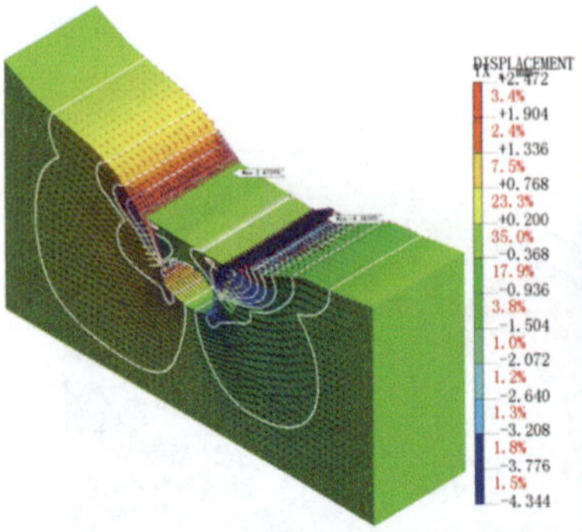

（a）轴侧视图

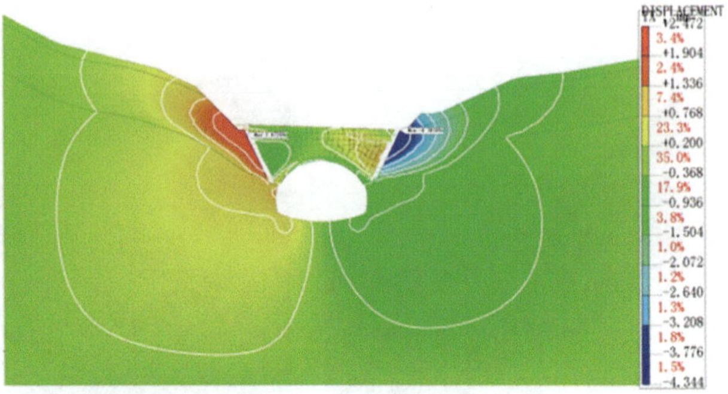

（b）正视图

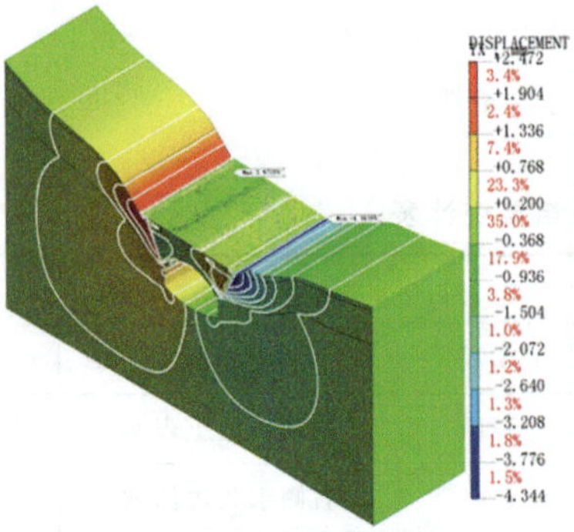

（c）矢量场轴侧视图

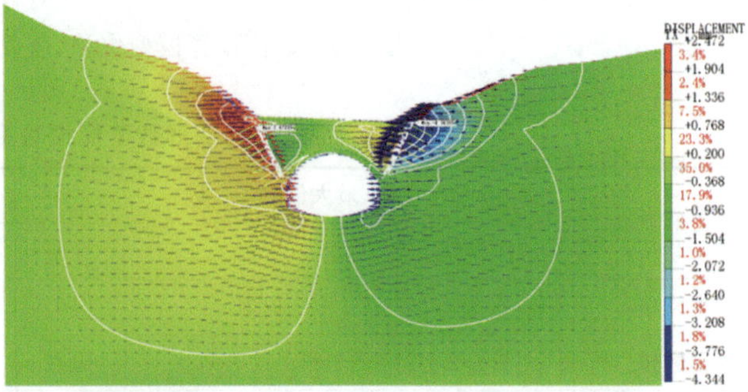

（d）矢量场正视图

图 9-11 围岩水平位移云图

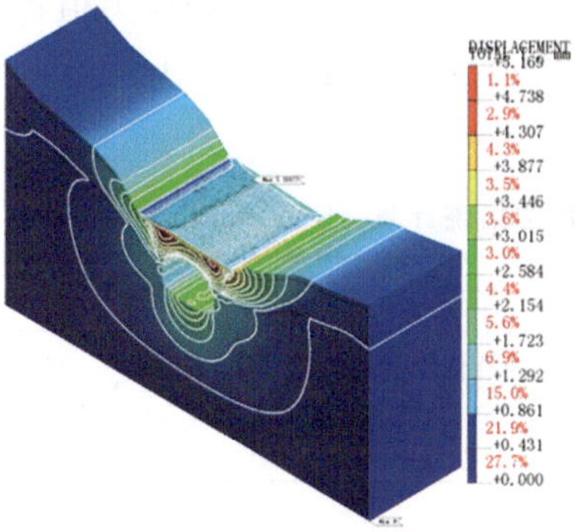

（a）轴侧视图

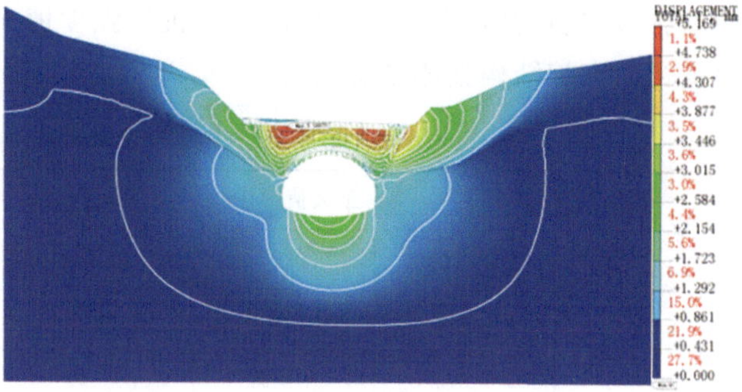

（b）正视图

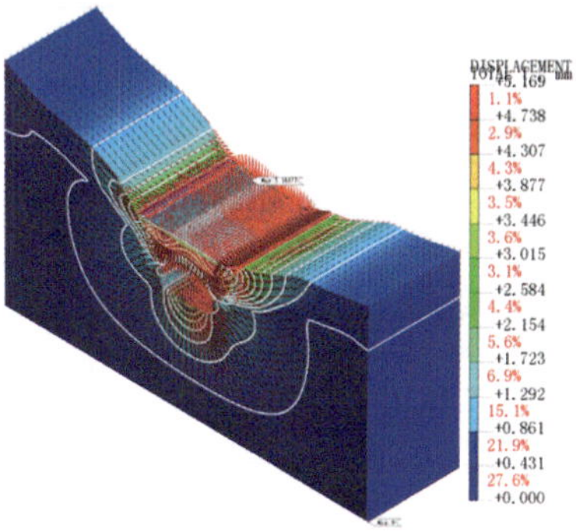

（c）矢量场轴侧视图

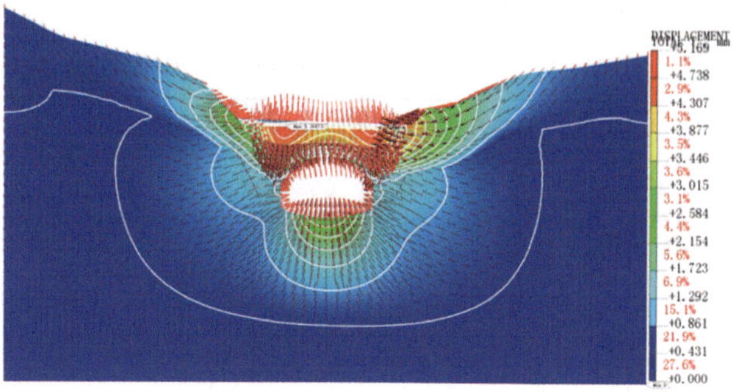

（d）矢量场正视图

图 9-12　围岩总位移云图

①隧道围岩变形整体较小，说明采用梯形掏槽工法开挖软弱围岩洞口，大大减小了隧道围岩变形量，隧道围岩表现为整体稳定。②围岩最大垂直位移值 3.297 mm，出现在隧道护拱中，方向为向上隆起；围岩最小垂直位移值－5.163 mm，出现在隧道回填耕植土表面，方向为向下沉降。③围岩最大水平位移值 2.472 mm，出现在左侧永边仰坡中，方向为向右；围岩最小水平位移值－4.344 mm，出现在右侧永边仰坡中，方向为向左。左右侧水平位移变形值不相等的原因是隧道两侧的边仰坡岩土体并不对称引起。④围岩总位移变形最大值 5.169 mm，出现在左侧回填耕植土变形槽中。

(2)初期支护主应力特征

根据东阳隧道实体工程建立的数值模型，计算工况最后施工步初期支护第一、第二、第三主应力分布云图及其对应的应力矢量场分布图，可分析得到隧道初期支护主应力数值模拟验算结果统计表。由表 9-5、表 9-6、图 9-13～图 9-15，可得出东阳隧道梯形掏槽工法施工初期支护主应力分布特征如下：

①隧道初期支护结构所受应力都不大，说明采用梯形掏槽工法开挖软弱围岩洞口，改善了隧道初期支护应力状态，隧道初期支护结构稳定。②初期支护第一主应力最大值 1.428 MPa，出现在隧道仰拱初期支护中，呈现为拉应力；初期支护第一主应力最小值－0.311 MPa，出现在隧道护拱结构上，呈现为压应力。③初期支护第二主应力最大值 0.379 MPa，出现在隧道左拱腰安置支护中，呈现为拉应力；初期支护第二主应力最小值－0.680 MPa，出现在隧道护拱结构上，呈现为压应力。④初期支护第三主应力最大值－0.016 MPa，出现在隧道左拱腰初期支护中，呈现为拉应力；初期支护第一主应力最小值－0.311 MPa，出现在隧道护拱上，呈现为

压应力。⑤采用梯形掏槽工法验算得到的隧道初期支护最大拉应力、最大主压应力值都满足表中抗拉强度、抗压强度条件(据经验统计:抗拉强度值平均为抗压强度值的 1/4～1/6),说明 C25 喷锚初期支护结构整体是稳定的。

表 9-5　初期支护主应力数值模拟验算结果统计表

主应力	最大值(MPa)			最小值(MPa)		
	计算值	位置	性质	计算值	位置	性质
σ_1	1.428	仰拱初支	拉应力	−0.311	护拱	压应力
σ_2	0.379	左拱腰	拉应力	−0.680	护拱	压应力
σ_3	−0.016	左拱腰	压应力	−2.393	护拱下端	压应力

注:拉应力为正、压应力为负。

表 9-6　喷射混凝土(钢筋抗拉、抗压)强度设计值

强度种类	喷射混凝土强度等级					钢筋牌号	钢筋抗拉和抗压强度		
	C20	C25	C30	C35	C40		HPB300	HPB400	HPB500
轴心抗压	9.6	11.9	14.3	16.7	19.1	抗拉强度设计值 f_y	270	360	435
弯曲抗压	11.0	13.5	16.5	—	—	抗压强度设计值 f_s	270	360	410
抗拉	1.1	1.27	1.43	1.57	1.71				

注:引自《公路隧道设计规范　第一册　土建工程》(JTG 3370.1—2018)。

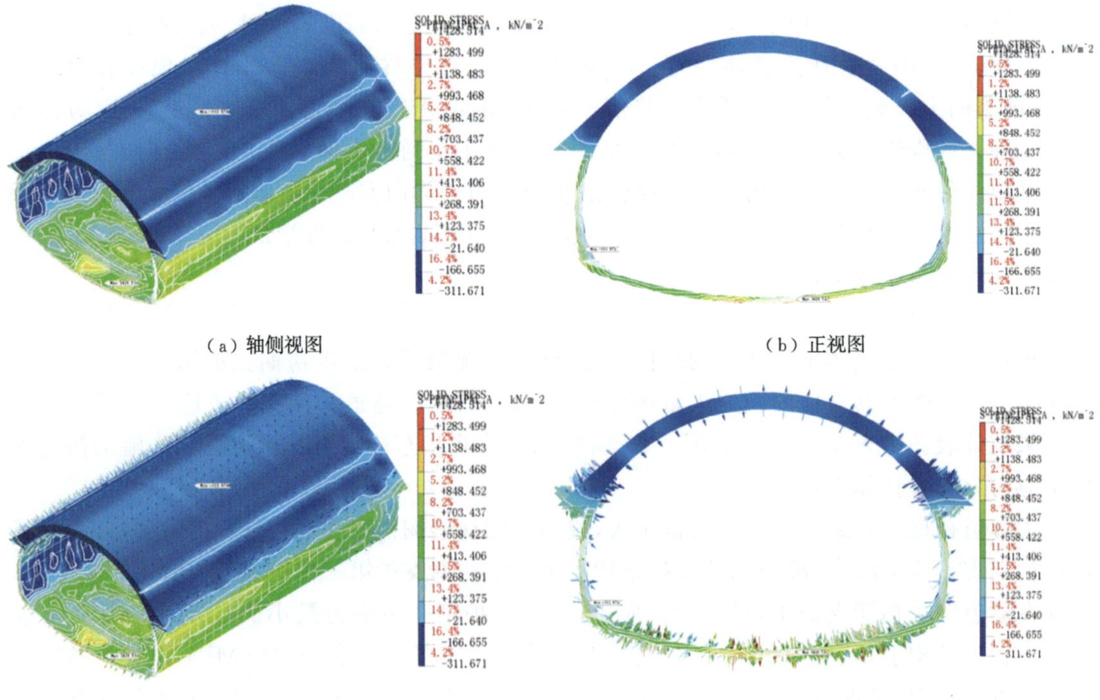

(a) 轴侧视图　(b) 正视图

(c) 矢量场轴侧视图　(d) 矢量场正视图

图 9-13　初期支护第一主应力场云图

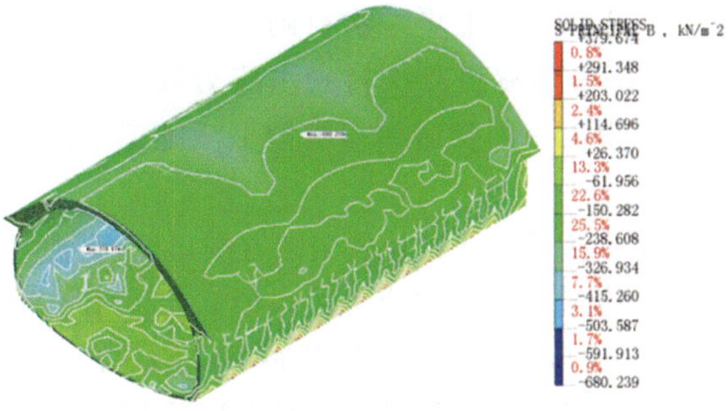

（a）轴侧视图

（b）正视图

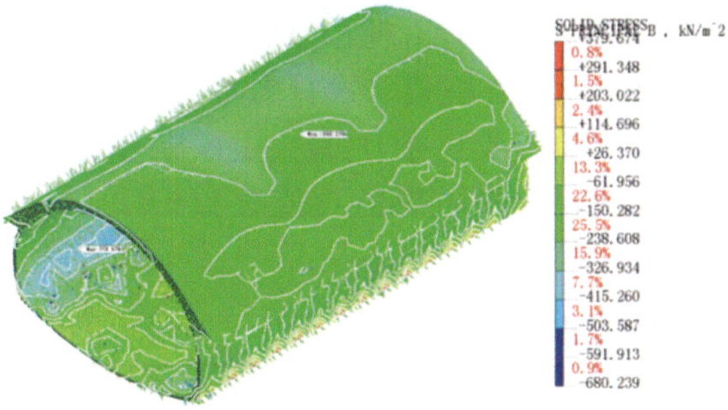

（c）矢量场轴侧视图

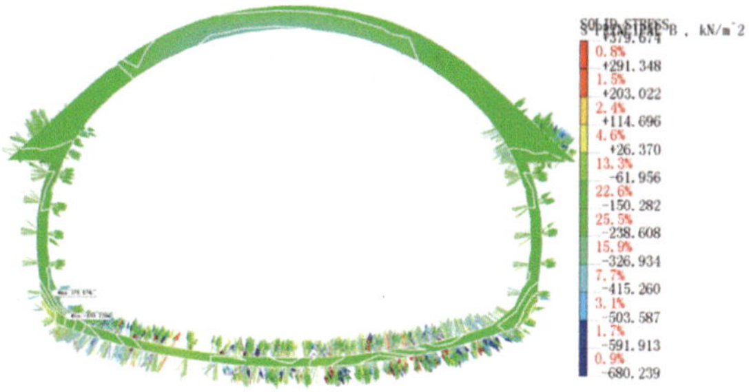

（d）矢量场正视图

图 9-14　初期支护第二主应力场云图

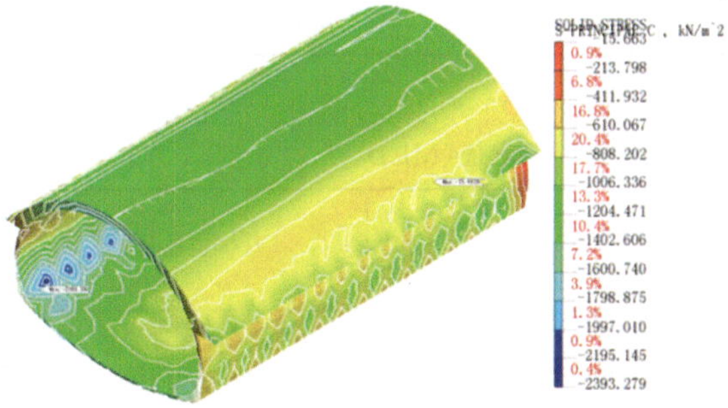

（a）轴侧视图

（b）正视图

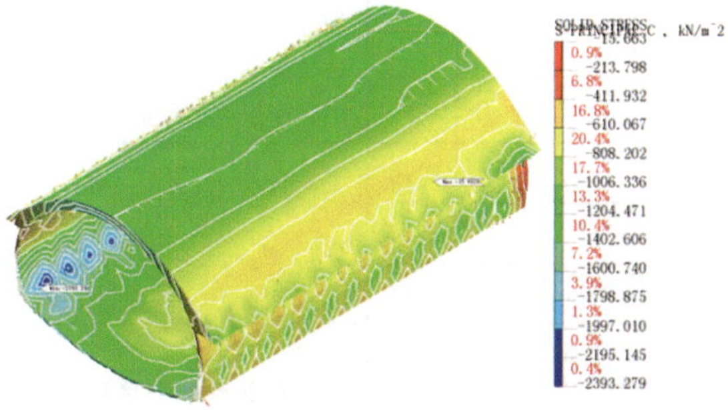

（c）矢量场轴侧视图

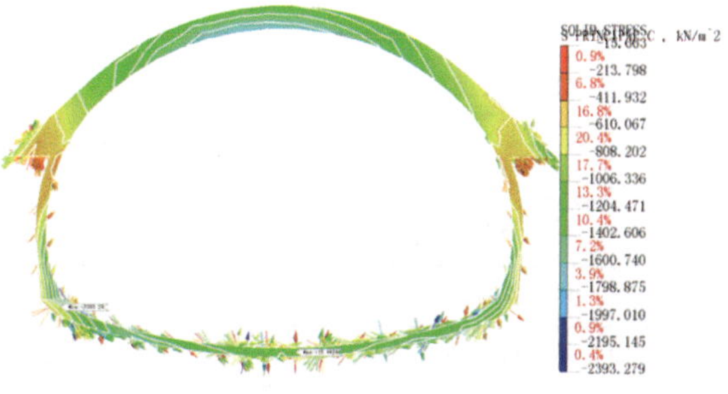

（d）矢量场正视图

图 9-15　初期支护第三主应力场云图

(3)二次衬砌主应力特征

根据东阳隧道实体工程建立的数值模型,计算工况最后施工步二次衬砌第一、第二、第三主应力分布云图及其对应的应力矢量场分布图,可分析得到隧道二次衬砌主应力数值模拟验算结果统计表。由表 9-7、表 9-8、图 9-16～图 9-18,可得出东阳隧道梯形掏槽工法施工二次衬砌主应力分布特征如下:

①隧道二次衬砌结构所受应力都不大,说明采用梯形掏槽工法开挖软弱围岩洞口段,改善了隧道二次衬砌应力状态,隧道二次衬砌结构稳定。②二次衬砌第一主应力最大值 0.869 MPa,出现在隧道仰拱二次衬砌中,呈现为拉应力;二次衬砌第一主应力最小值－0.233 MPa,出现在二次衬砌左拱腰,呈现为压应力。③二次衬砌第二主应力最大值 0.215 MPa,出现在隧道仰拱二次衬砌中,呈现为拉应力;二次衬砌第二主应力最小值－0.743 MPa,出现在隧道二次衬砌左拱腰,呈现为压应力。④二次衬砌第三主应力最大值－0.078 MPa,出现在仰拱二次衬砌中,呈现为拉应力;二次衬砌第一主应力最小值－2.742 MPa,出现在隧道二次衬砌左拱腰上,呈现为压应力。⑤采用梯形掏槽工法验算得到的隧道二次衬砌最大拉应力、最大主压应力值都满足表中抗拉强度、抗压强度条件(据研究结果:抗拉强度值平均为抗压强度值的 1/4～1/6),说明 C35 二次衬砌结构整体是稳定的。

表 9-7　二次衬砌主应力数值模拟验算结果统计表

主应力	最大值(MPa)			最小值(MPa)		
	计算值	位　置	性　质	计算值	位　置	性　质
σ_1	0.869	仰拱二衬	拉应力	－0.233	左拱腰	压应力
σ_2	0.215	仰拱二衬	拉应力	－0.743	左拱腰	压应力
σ_3	－0.078	仰拱二衬	压应力	－2.742	左拱腰	压应力

注:拉应力为正、压应力为负。

表 9-8　混凝土强度标准值、设计值、极限强度值(MPa)

混凝土强度值	强度种类	混凝土强度等级								备　注
		C15	C20	C25	C30	C35	C40	C45	C50	
标准值	轴心抗压强度 f_{ck}	10	13.4	16.7	20.1	23.4	26.8	29.6	32.4	1. 混凝土垂直浇筑,且一次浇筑层高度大于 1.5 m 时,表中强度值应乘以系数 0.9。 2. 计算现浇钢筋混凝土轴心受压构件时,截面中的边长或直径小于 30 cm,表中强度值应乘以系数 0.8
	弯曲抗压强度 f_{cmk}	11	15	18.5	22	26	29.5	32.5	36	
	轴心抗拉强度 f_{ctk}	1.27	1.54	1.78	2.01	2.2	2.39	2.51	2.64	
设计值	轴心抗压 f_{cd}	7.2	9.6	11.9	14.3	16.7	19.1	21.1	23.1	
	弯曲抗压 f_{cmd}	8.5	11	13.5	16.5	19	21.5	24	27.5	
	轴心抗拉 f_{cmd}	0.91	1.10	1.27	1.43	1.57	1.71	1.80	1.89	
极限强度值	抗压强度 R_a	12.0	15.5	19.0	22.5	26.3	29.5	33.6	36.5	片石混凝土的抗压极限强度可采用表中数值
	弯曲抗压强度 R_w	15.0	19.4	23.6	28.1	32.9	36.9	42	45.6	
	抗拉强度 R_l	1.4	1.7	2.0	2.2	2.5	2.7	2.9	3.1	

注:引自《公路隧道设计规范　第一册　土建工程》(JTG 3370.1—2018)。

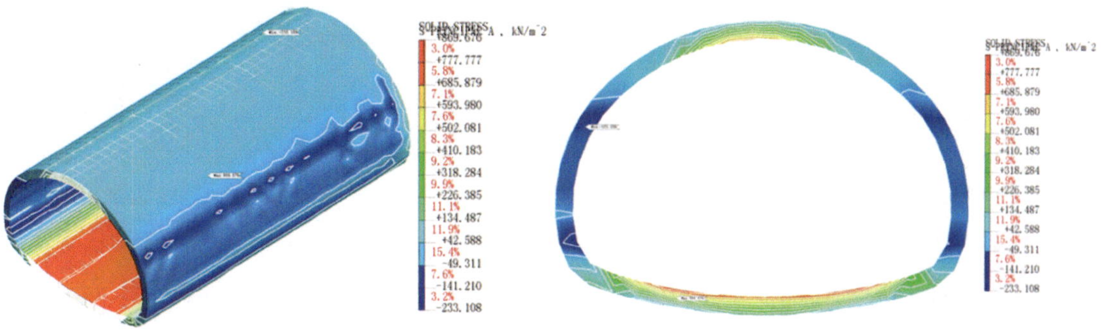

（a）轴侧视图　　（b）正视图

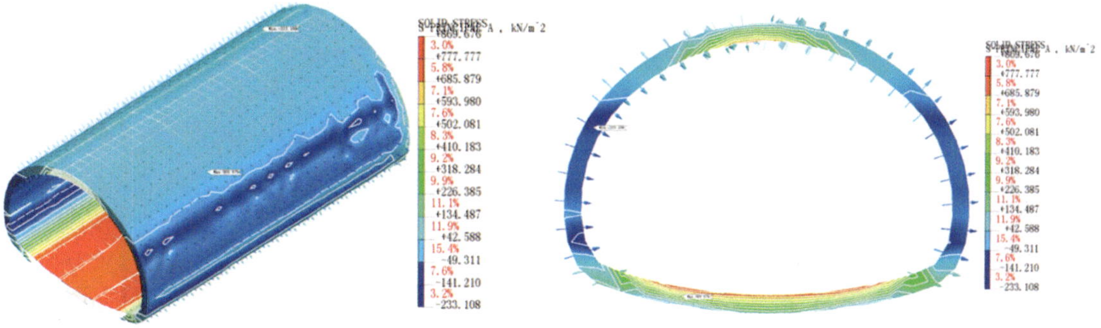

（c）矢量场轴侧视图　　（d）矢量场正视图

图 9-16　二次衬砌第一主应力场云图

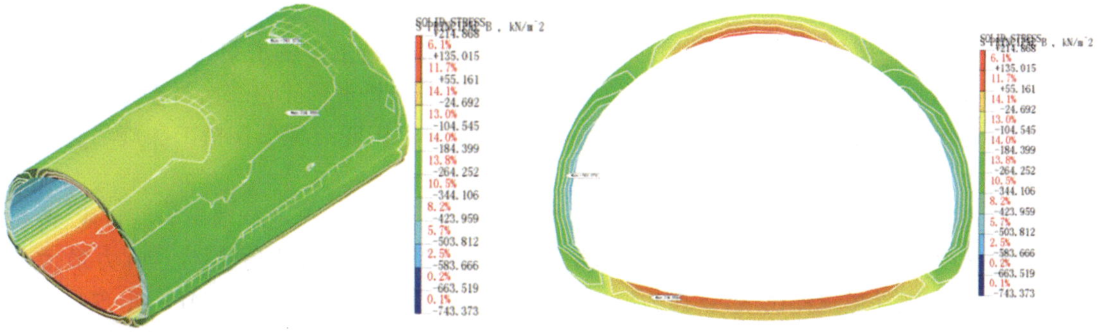

（a）轴侧视图　　（b）正视图

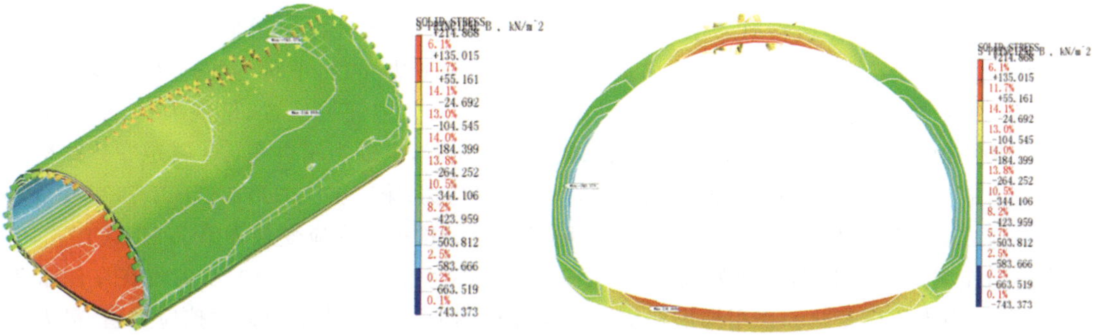

（c）矢量场轴侧视图　　（d）矢量场正视图

图 9-17　二次衬砌第二主应力场云图

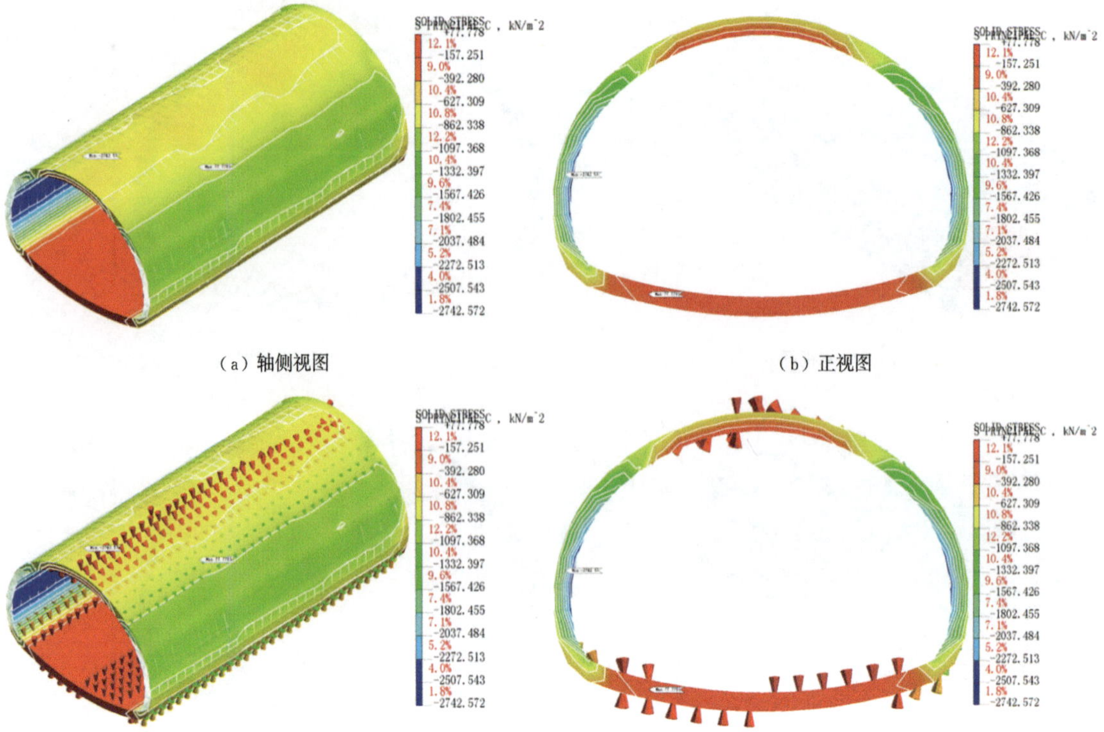

(a) 轴侧视图　(b) 正视图

(c) 矢量场轴侧视图　(d) 矢量场正视图

图 9-18　二次衬砌第三主应力场云图

(4)隧道整体结构应力应变特征

根据东阳隧道实体工程建立的数值模型,计算工况最后施工步隧道整体结构的第一、第二、第三主应力分布云图及其对应的应力矢量场分布图,可分析得到隧道二次衬砌主应力数值模拟验算结果统计表。由表 9-9、图 9-19～图 9-21,可得出东阳隧道梯形掏槽工法施工隧道整体结构应力应变特征如下:

①隧道整体结构所受应力应变都不大,说明采用梯形掏槽工法开挖软弱围岩洞口段,改善了隧道整体结构应力应变状态,隧道整体结构稳定。②隧道整体结构第一主应力最大值 1.256 MPa,出现在隧道仰拱中,呈现为拉应力;第一主应力最小值－0.943 MPa,出现在模型左下边界处,呈现为压应力。隧道整体结构第一主应变最大值 7.732×10^{-4},出现在隧道左侧永久边仰坡,呈现为拉应变;第一主应变最小值-8.637×10^{-6},出现在左侧回填耕植土,呈现为压应变。③隧道整体结构第二主应力最大值 0.215 MPa,出现在隧道仰拱中,呈现为拉应力;第二主应力最小值－0.943 MPa,出现在隧道模型左下边界处,呈现为压应力。隧道整体结构第二主应变最大值 1.857×10^{-4},出现在隧道右侧永久边仰坡位置,呈现为拉应变;第二主应变最小值-2.277×10^{-4},出现在左侧永久边仰坡位置,呈现为压应变。④隧道整体结构第三主应力最大值－0.078 MPa,出现在仰拱中,呈现为拉应力;第三主应力最小值－2.743 MPa,出现在隧道二次衬砌左拱腰上,呈现为压应力。隧道整体结构第三主应变最大值 7.529×10^{-6},出现在隧道左侧永久边仰坡,呈现为拉应变;第三主应变最小值-7.833×10^{-4},出现在左侧永久边仰坡,呈现为压应变。⑤采用梯形掏槽工法验算得到的隧道整体结构最大拉应力值、最大主压应力值都满足表中抗拉强度、抗压强度条件(据研究结果:抗拉强度值平均为抗压强度值的 1/4～1/6),说明隧道整体结构是稳定的。

表 9-9　隧道整体结构主应力应变数值模拟验算结果统计表

主应力应变	最大值(MPa)			最小值(MPa)		
	计算值	位置	性质	计算值	位置	性质
σ_1	1.256	仰拱	拉应力	−0.943	模型左下边界处	压应力
ε_1	7.732×10^{-4}	左侧永久边仰坡	拉应变	-8.637×10^{-6}	左侧回填耕植土	压应变
σ_2	0.215	仰拱	拉应力	−0.943	模型左下边界处	压应力
ε_2	1.857×10^{-4}	右侧永久边仰坡	拉应力	-2.277×10^{-4}	左侧永久边仰坡	压应变
σ_3	0.078	仰拱	压应力	−2.743	左拱腰	压应力
ε_3	7.529×10^{-6}	左侧永久边仰坡	拉应变	-7.833×10^{-4}	左侧永久边仰坡	压应变

注:拉应力(变)为正、压应力为负。主应力单位:MPa、主应变无单位量纲。

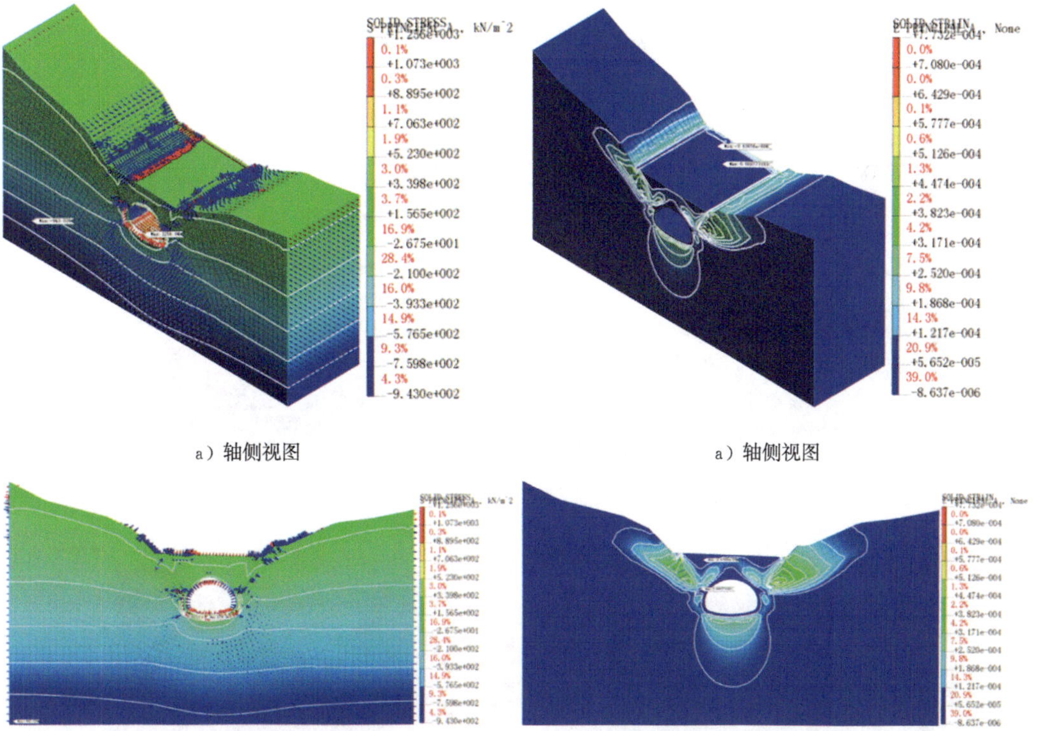

a）轴侧视图　　a）轴侧视图

b）正视图　　b）正视图

（a）第一主应力云图　　（b）第一主应变云图

图 9-19　隧道整体结构第一主应力应变场云图

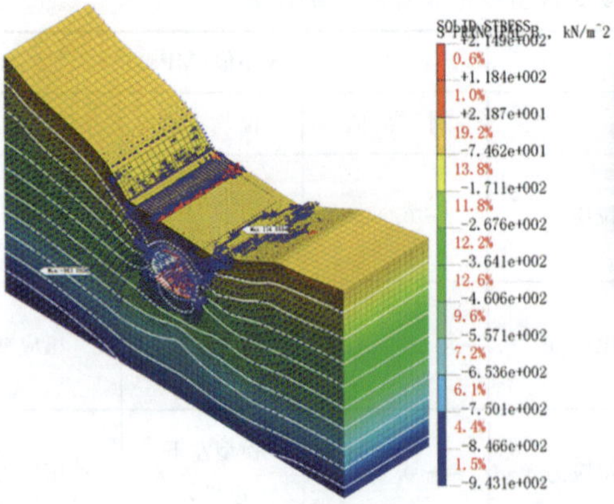

a）轴侧视图

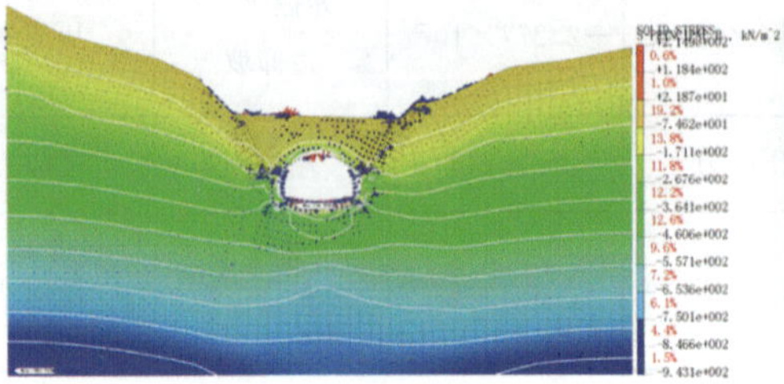

b）正视图

（a）第二主应力云图

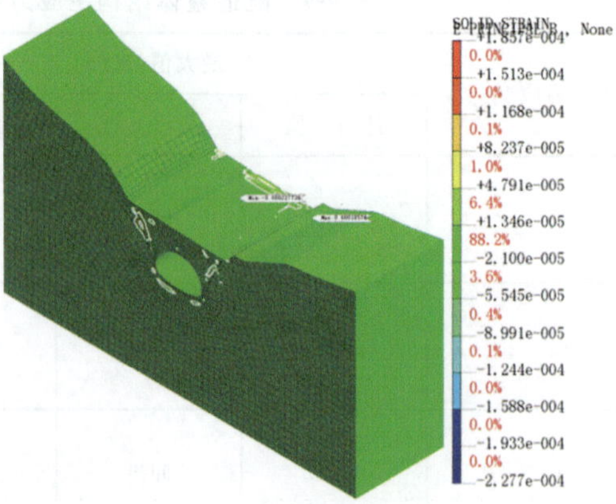

a）轴侧视图

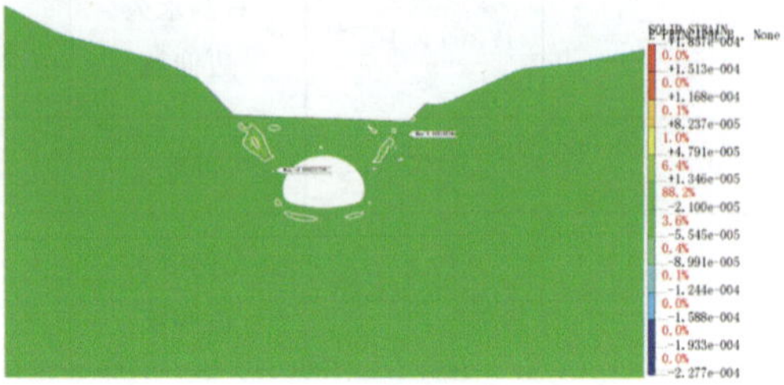

b）正视图

（b）第二主应变云图

图 9-20　隧道整体结构第二主应力应变场云图

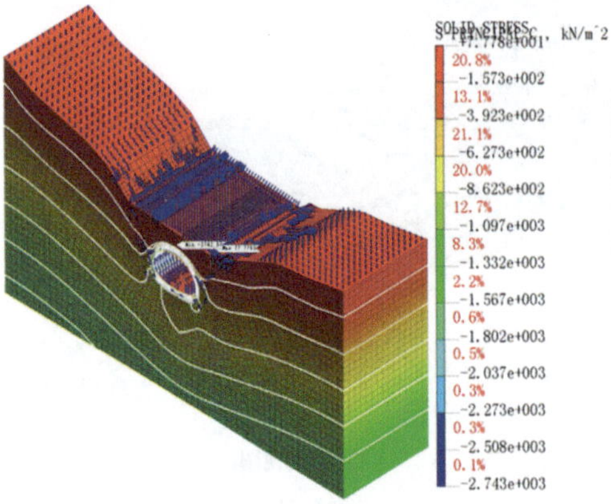

a）轴侧视图

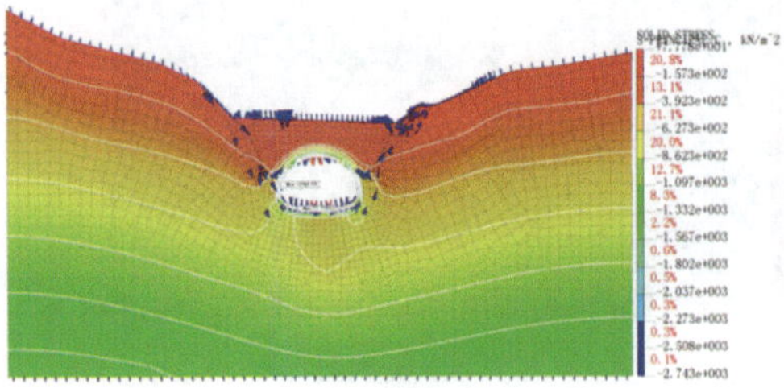

b）正视图

（a）第三主应力云图

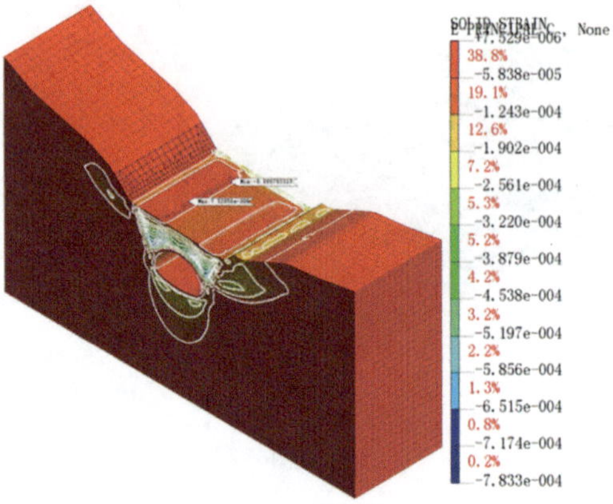

a）轴侧视图

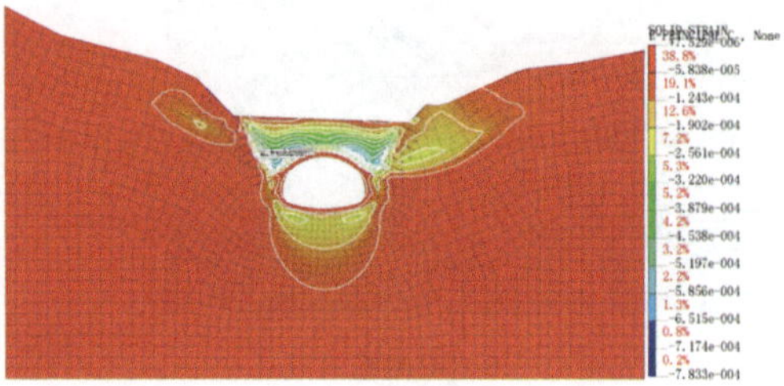

b）正视图

（b）第三主应变云图

图 9-21　隧道结构第三主应力应变场云图

(5)隧道围岩衬砌材料状态特征

根据东阳隧道实体工程建立的数值模型,计算工况最后施工步隧道围岩结构最大剪应力、Von Mises 应力、Von Mises 应变、等效应力、等效应变、平均有效应力、有效塑性应变、体应变、偏应变、材料状态验算结果,可分析得到隧道围岩衬砌材料数值模拟验算结果统计表。由表 9-10、图 9-22～图 9-26,可得出梯形掏槽工法施工时隧道围岩衬砌材料状态特征:

①采用梯形掏槽工法开挖软弱围岩洞口段,计算得到的三维实体隧道模型中围岩衬砌材料计算值相差并不悬殊:围岩衬砌材料各类应力最大值分布范围 0.778～2.449 MPa,各类应力最小值分布范围 -3.152×10^{-6} MPa～0.371 MPa;隧道围岩衬砌材料各类应变最大值分布范围 $2.166\times10^{-4}\sim1.492\times10^{-3}$,各类应力最小值分布范围 $-4.809\times10^{-4}\sim2.338\times10^{-6}$。根据隧道结构强度理论条件进行判定,隧道整体结构可以保证稳定状态。②得到隧道开挖施工过程中,并未发生塑性破坏或拉伸破坏。③隧道结构材料在护拱两端底部发生了塑性变形区,但塑性变形区并未连续贯通而导致左右护拱底端围岩失稳。④隧道开挖和支护过程中,会引起隧道两侧拱腰围岩、隧道仰拱底部围岩的加卸载变形(包括弹性变形、塑性变形),所以围岩开挖后应及时支护、初期支护应及时封闭成环,可以保证隧道施工安全,不会影响采用梯形掏槽工法的适用性和优势。

表 9-10 隧道围岩衬砌材料数值模拟验算结果统计表

项目名称	最大值(MPa)		最小值(MPa)	
	计算值	位置	计算值	位置
最大剪应力	1.324	左护拱底端	0.426×10^{-6}	回填耕植土顶
Von Mises 应力	2.449	左护拱底端	0.79×10^{-3}	回填耕植土顶
等效应力	0.778	左拱脚	0.734×10^{-3}	回填耕植土顶
平均有效应力	1.131	左护拱底端	0.371	左拱脚
平均总应力	1.101	模型左下边界	-3.152×10^{-3}	回填耕植土顶
最大剪应变	1.492×10^{-3}	左护拱底端	2.338×10^{-6}	左侧边坡顶边界
Von Mises 应变	8.818×10^{-4}	左护拱底端	1.363×10^{-6}	左侧边坡顶边界
等效应变	7.022×10^{-4}	左护拱底端	1.864×10^{-6}	左侧边坡顶边界
有效塑性应变	2.166×10^{-4}	左侧夯填碎石土	0	右临时边仰坡
体应变	4.726×10^{-4}	左侧夯填碎石土	-4.809×10^{-4}	右侧永久边仰坡
偏应变	6.235×10^{-4}	左护拱底端	9.637×10^{-7}	左侧边坡顶边界
材料状态	材料状态计算结果			
	塑性失效/破坏	加卸载塑性变形	拉伸破坏	帽破坏
	护拱两端底部	隧道拱腰、仰拱	无	无

注:拉应力(变)为正、压应力为负。主应力单位为 MPa、主应变为无单位量纲。

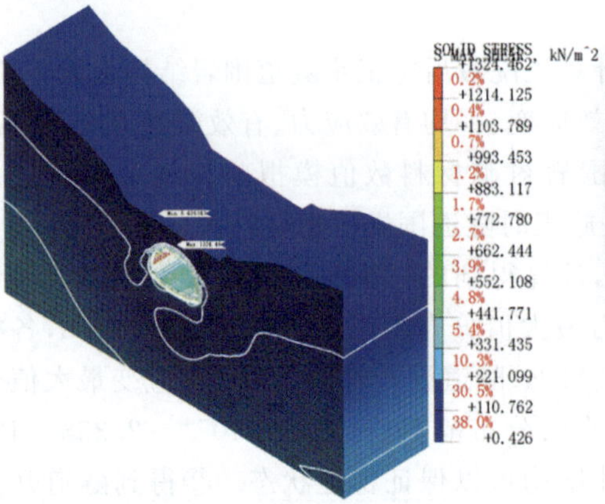

a）轴侧视图

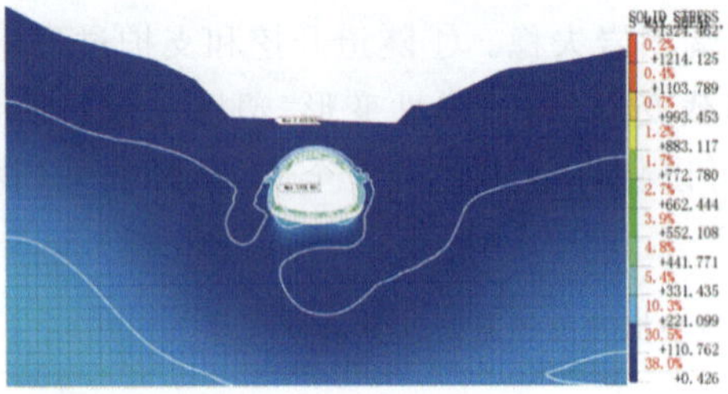

b）正视图

（a）最大剪应力云图

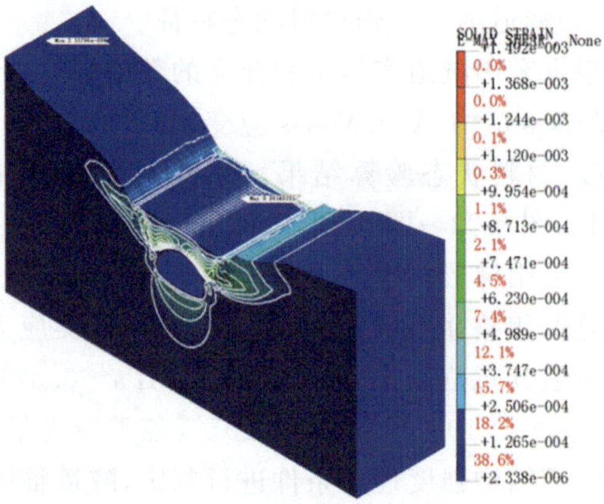

a）轴侧视图

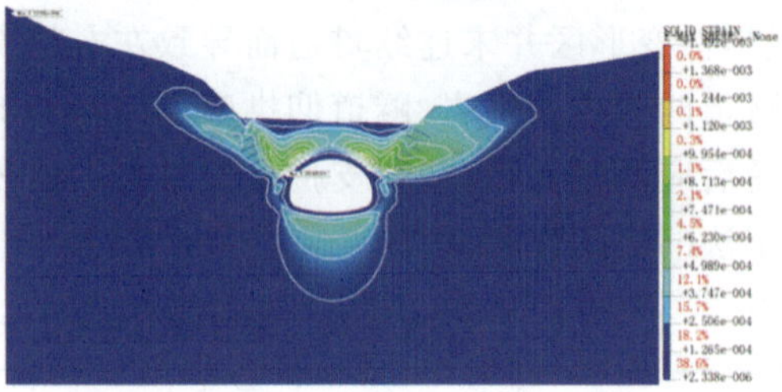

b）正视图

（b）最大剪应变云图

图 9-22　隧道结构最大剪应力应变场云图

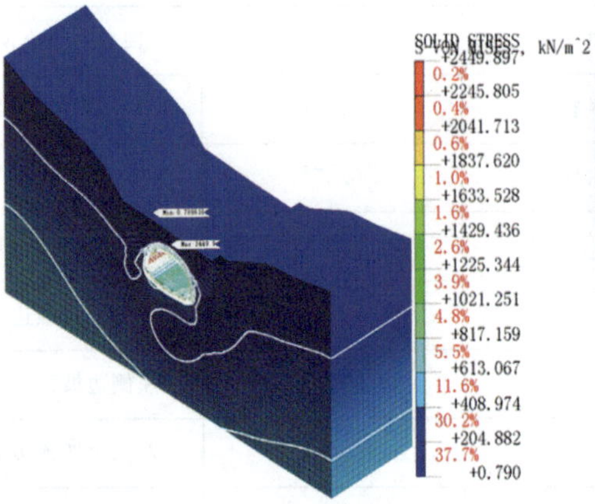

a）轴侧视图

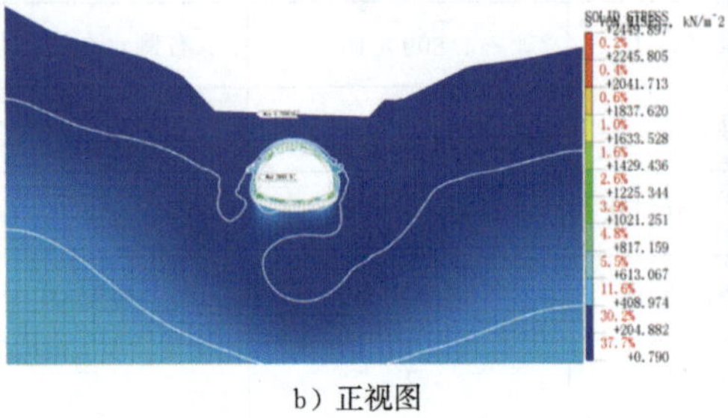

b）正视图

（a）Von Mises应力云图

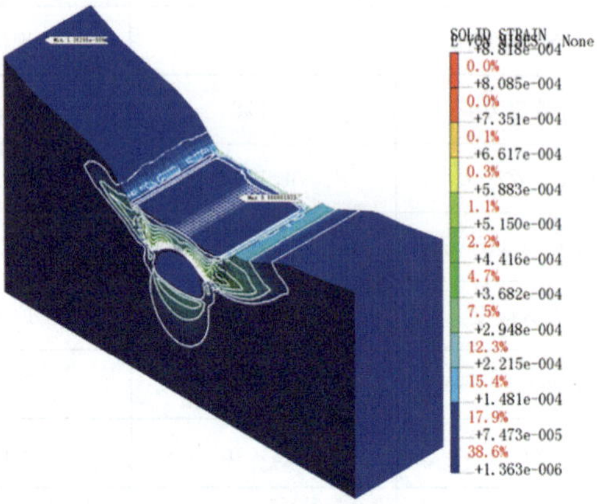

a）轴侧视图

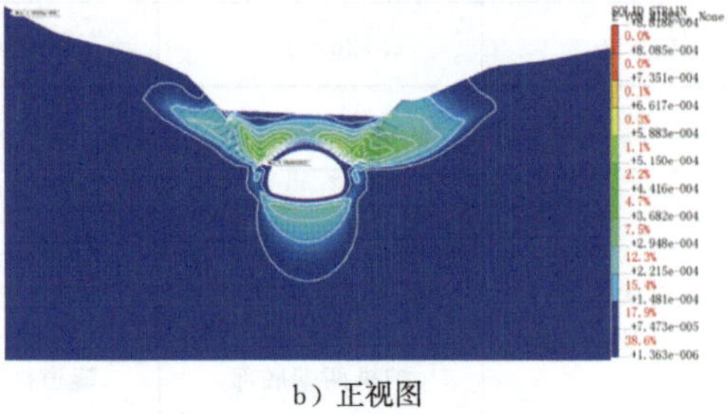

b）正视图

（b）Von Mises应变云图

图 9-23　隧道结构 Von Mises 应力应变场云图

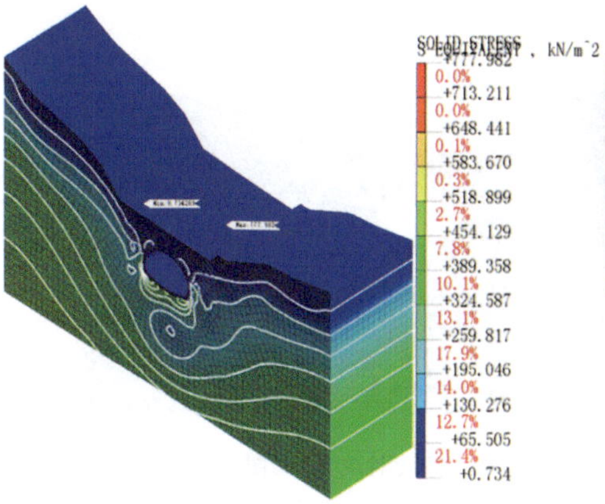

a）轴侧视图

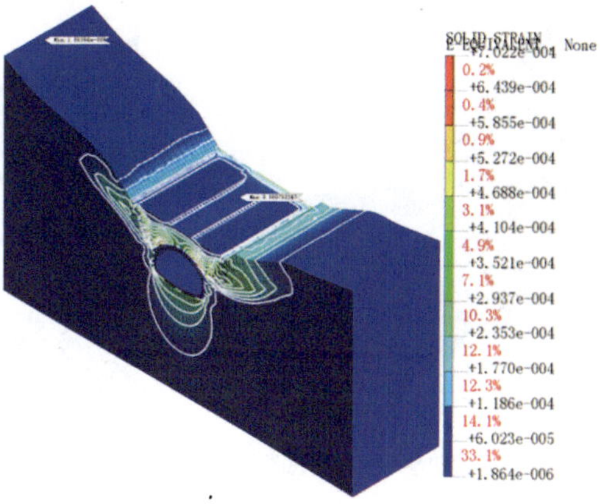

a）轴侧视图

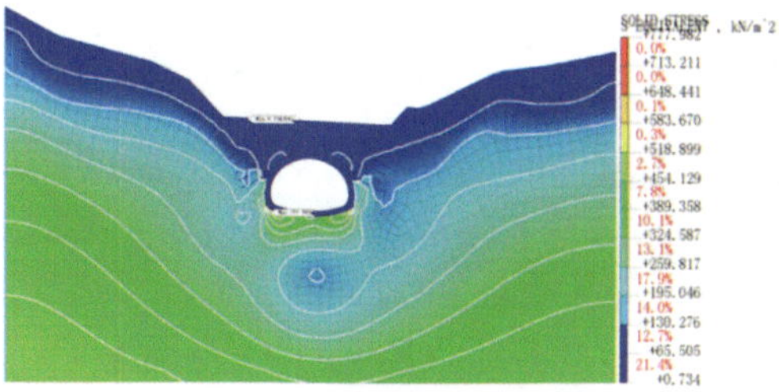

b）正视图

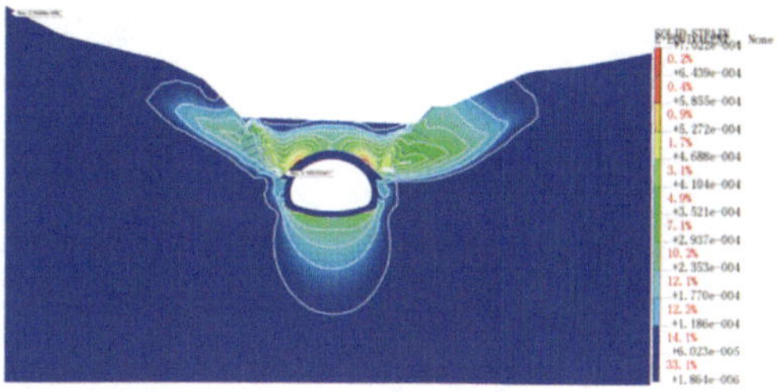

b）正视图

（a）等效应力云图

（b）等效应变云图

图 9-24　隧道结构等效应力应变场云图

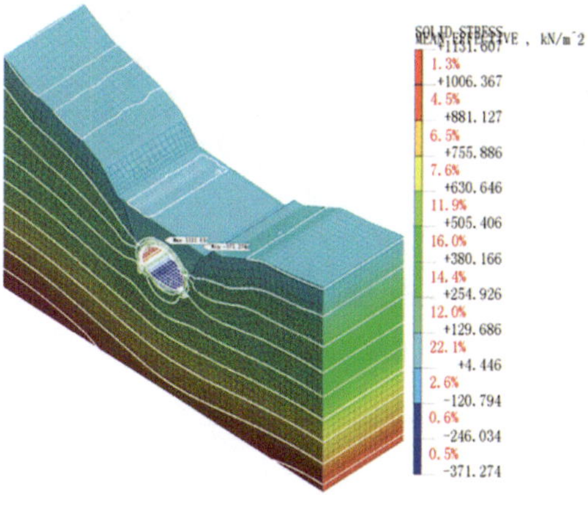

a）轴侧视图

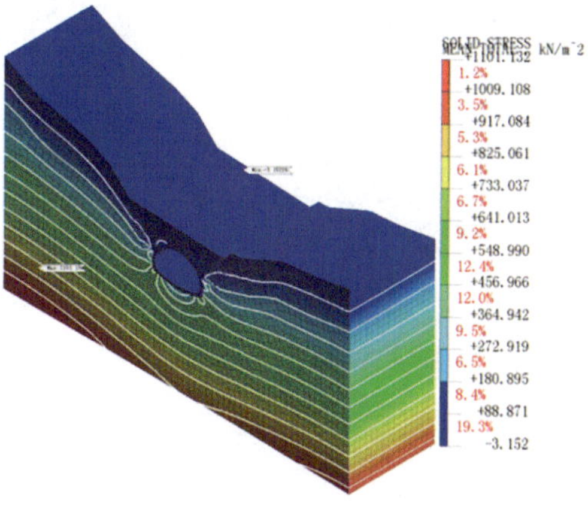

a）轴侧视图

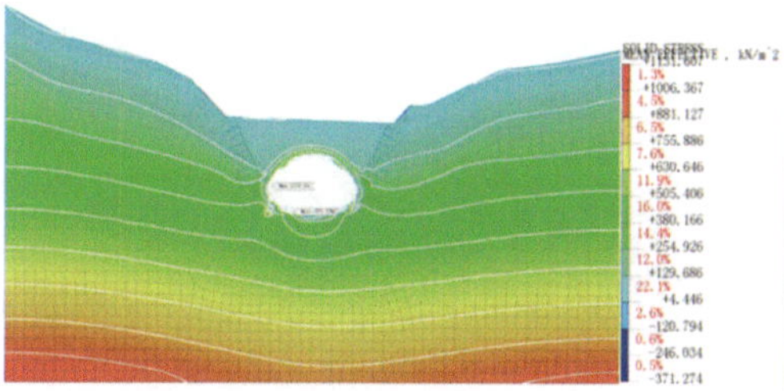

b）正视图

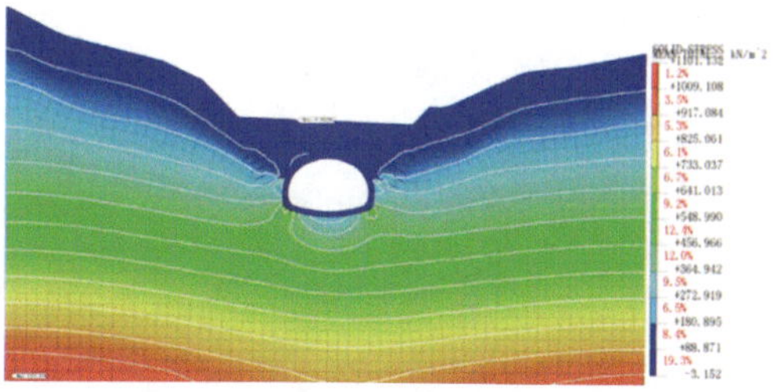

b）正视图

（a）平均有效应力云图

（b）平均总应力云图

图 9-25　隧道结构平均应力场云图

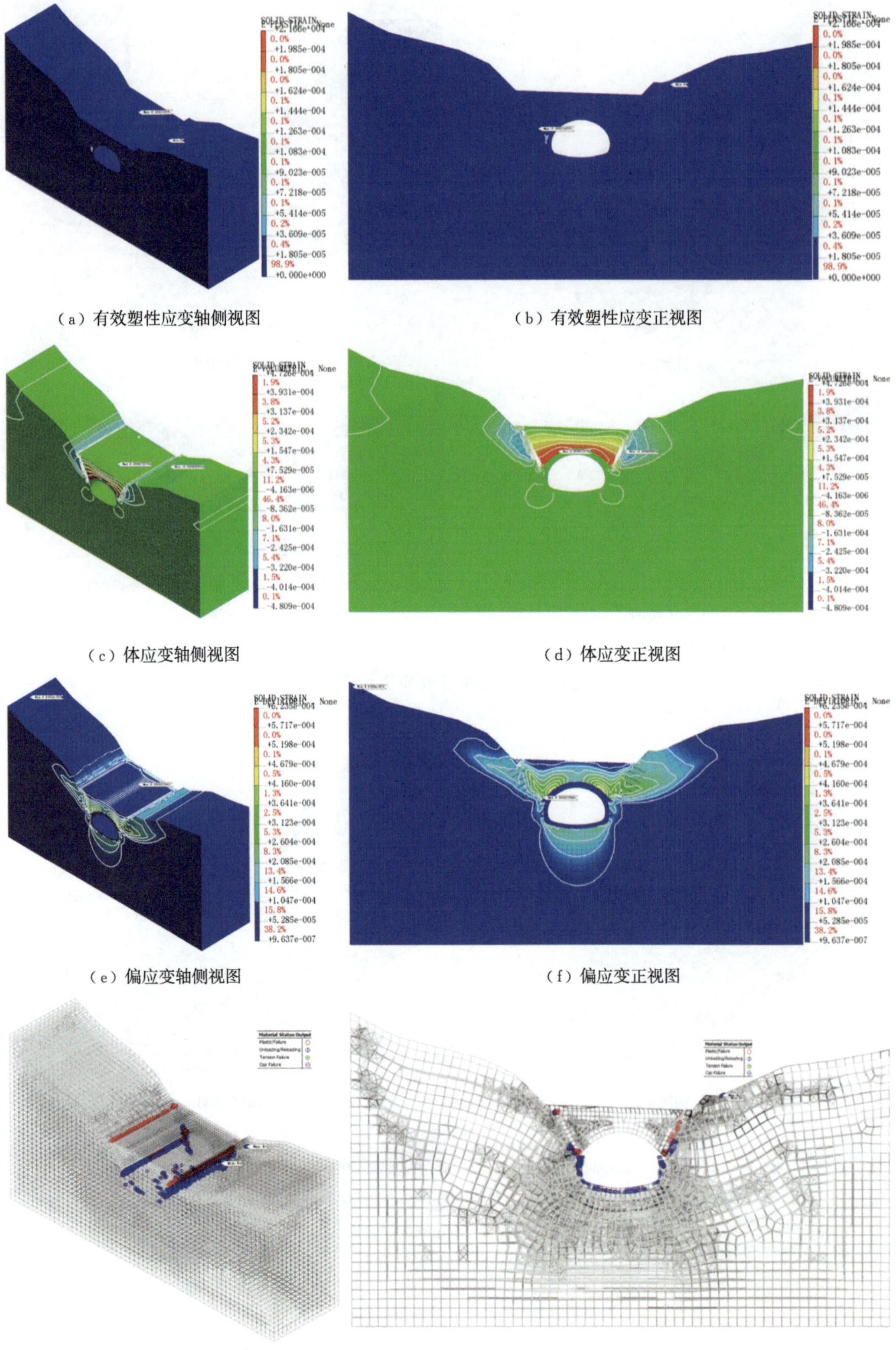

（a）有效塑性应变轴侧视图　（b）有效塑性应变正视图

（c）体应变轴侧视图　（d）体应变正视图

（e）偏应变轴侧视图　（f）偏应变正视图

（g）塑性状态轴侧视图　（h）塑性状态正视图

图 9-26　隧道结构应变云图

(6)实体隧道数值验算结论

采用三维地层结构法,依托东阳隧道建立数值计算三维空间实体模型,对东阳隧道洞口软弱围岩段采用梯形掏槽护拱工法控制围岩变形的施工关键技术进行模拟计算,并对隧道围岩衬砌结构变形受力进行了多角度对比分析,得到了隧道围岩变形特征、初期支护主应力特征、二次衬砌主应力特征、隧道整体结构主应力主应变特征、隧道围岩衬砌材料状态特征。通过对数值计算结果的综合全面分析并得出结论:东阳隧道软弱围岩洞口段采用梯形掏槽护拱技术开挖施工的进行变形控制效果明显,是可以保证隧道施工的稳定性、安全性,技术上完全可行。

9.1.4　梯形掏槽护拱技术

(1)工法原理

结合东阳隧道洞口段的地质条件及地形情况,先施作临时排水沟,以引流地表水避免洞顶冲沟水冲刷边坡,按设计开挖临时边坡,挖除松散淤泥质土形成坡面后,采用锚喷支护,边坡防护完成后,施作护拱内模,采用挖机加人工的方式对内模进行修整成形,并铺设砂浆,同步安装护拱拱架定位钢管,同时在护拱两侧平台处施作临时排水沟,定位钢管安装完成后进行拱架安装和护拱混凝土浇筑,由于护拱长度为 30 m,且洞口场地受限,浇筑由小里程处向大里程分段进行浇筑,混凝土浇筑结束后在护拱上方设置沉降观测点对护拱进行监测。护拱混凝土强度达到 80%后,进行初次回填,回填护拱两侧平台处,回填高度 2 m,以起到“护脚”效果,如图 9-27 所示。

洞身开挖采用台阶法开挖,开挖方式以机械开挖为主,仰拱开挖可采用爆破。洞内二次衬砌强度达到设计值后,进行洞顶回填,同时进一步完善洞顶排水。

(2)工法特点

①梯形掏槽,隧道洞口区段开挖梯形断面掏槽,挖除多余松散淤泥质土,施作临时防护后回填复垦。②安全护拱,以 I22b 工字钢作为加劲措施,纵向间距 50 cm,拱架纵向连接采用 ϕ20 mm 螺纹钢,环向间距 10 cm。模板安装完成后浇筑 80 cm 厚 C30 混凝土。③取消套拱、管棚,挖除松淤泥质土后,取消原设计 40 m 管棚以及洞口套拱。④减小施工风险,确保施工安全,在封闭的护拱下进行暗洞开挖,消除了暗洞开挖存在的滑塌及冒顶风险,确保了施工安全。⑤开挖工法优化,原设计洞口段开挖工法为双侧壁,施作护拱后,洞内开挖方法由双侧壁优化变更为三台阶,减少了施工工序,缩短了施工工期。

(3)工艺流程

复杂地质洞口条件下梯形掏槽护拱施工工艺流程:完善排水系统→边仰坡开挖及防护→护拱施工→初次回填→洞内施工→二次衬砌施工→二次回填反压→复垦。

(4)技术要点

①完善临时排水:先修筑临时排水沟,将右洞冲沟水系引流至洞口排水系统,待回填完成后,修筑洞外环形截水沟,引入自然水系。

②边仰坡开挖及防护:将隧道拱顶淤泥质土及粉质黏土进行明挖施工,开挖范围为中心 131°,开挖纵向长度 30 m,开挖高度拱顶向下 5.12 m,永久边坡坡率 1∶0.75,采用锚杆框架梁防护,临时边仰坡采用锚喷防护(C25 喷射混凝土＋ϕ20 mm 药卷锚杆＋ϕ8 mm 钢筋网)。开挖前先对边仰坡开挖轮廓线进行放样,每间隔 3 m 放样一个开挖点位,确保边仰坡开挖轮廓线线性平顺、美观。并在边仰坡坡顶设置监控量测点,以纵向间距 5m 布置,每个监控量测点需埋设不小于 50 cm 的钢筋头,并用混凝土固定牢固贴上反光贴,如图 9-28 所示。

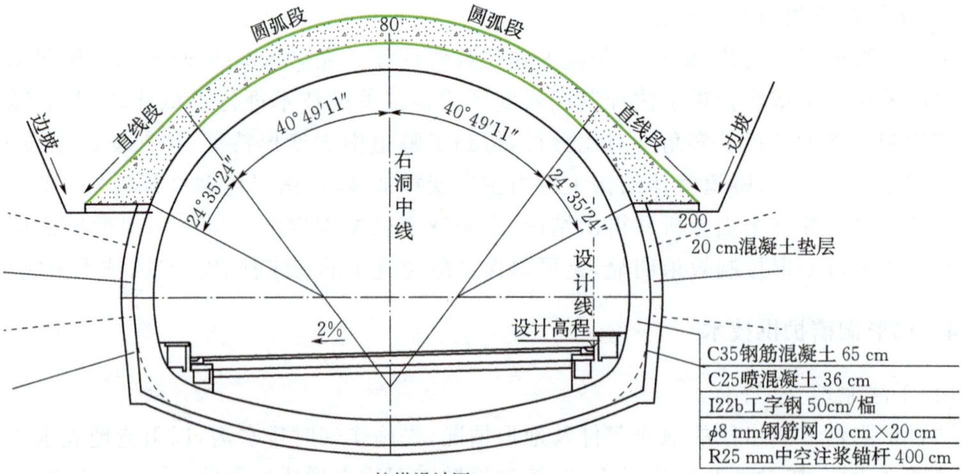

（a）护拱设计图

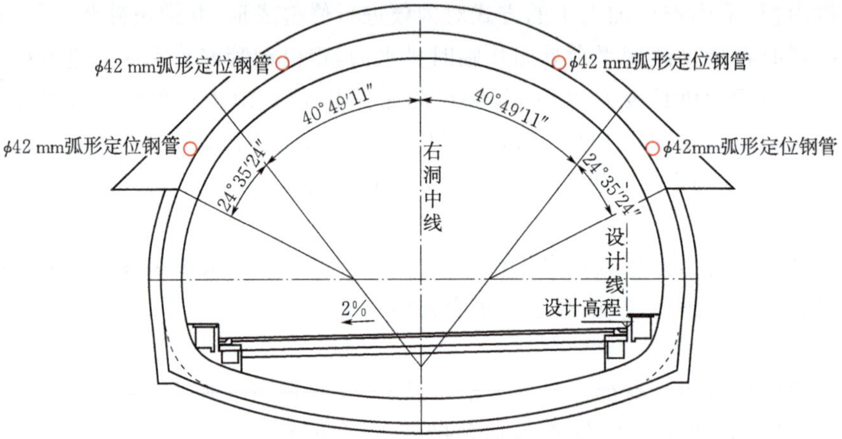

（b）拱架定位钢管

图 9-27　隧道结构设计优化图

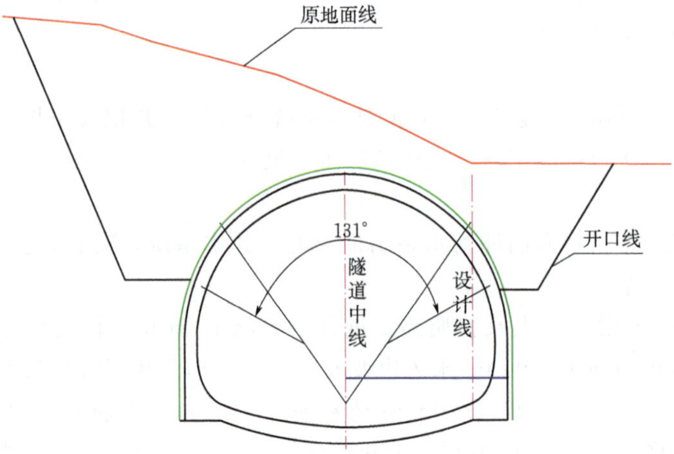

（a）开挖断面

（b）现场开挖

（c）机械开挖

图 9-28　隧道洞口段开挖情况

③护拱施工：(a)护拱基础地基承载力检测，护拱施工前应进行地基承载力检测，当承载力不足 200 kPa 时，需在平台处进行钢花管注浆加固，钢管为 ϕ108 mm×6 mm 热轧无缝钢管(节长 6.5 m)，横向间距 80 cm，纵向间距 80 cm 成梅花形布置两排。(b)临时排水，在护拱两侧平台外修筑 60 cm×20 cm 水沟，将水系引排至洞口排水系统。(c)护拱内模整形，通过测量放样和机械配合对护拱内模进行初步修整，初步修整完成后以 ϕ42 mm 钢管作为纵向定位措施，浇筑护拱垫层后，每间距 5m 拼装一环拱架作为横向定位，纵向横向定位完成后，内弧采用人工修整成形，砂浆抹面。(d)护拱拱架安装，如图 9-29 所示，内模修整完成后，安装护拱拱架，以 I22b 工字钢作为加劲措施，纵向间距 50 cm，拱架纵向连接采用 ϕ20 mm 螺纹钢，环向间距 10 cm，钢筋接头处须错开布置。(e)护拱模板安装，如图 9-30 所示，端头模采用 18 mm 竹胶板，外模为 20 cm×5 cm 木板。按设计 80 cm 厚安装两侧及端头模板，利用方木固定模板，确保结构尺寸，并用钢管及钢筋在四周做斜向支撑，加固外模。模板第一次安装时只需在两侧各安装 2 m 高的模板，留出足够的空间使用振捣棒振捣护拱混凝土，在浇筑的过程中，再逐步加长顶模至完全封顶。为防止护拱发生倾倒，在护拱两侧用钢管加斜向支撑，保证护拱整体稳定性。(f)护拱混凝土浇筑，如图 9-30 所示，混凝土浇筑前，需再次对模板进行检查。模板的中线、水平及尺寸必须符合设计要求，模板必须牢固紧密，护拱采用混凝土浇筑，施工过程中，需严格控制原材料的质量、加强混凝土的拌和、运输、浇筑各个环节质量控制。混凝土统一由拌和站集中供应，混凝土灌车运输，人工配合机械浇筑并振捣密实，浇筑顺序为护拱两侧对称浇筑，直至拱顶。由于护拱长度为 30 m，采用分段浇筑，一次浇筑长度为 10 m。护拱混凝土浇筑完成后，在拱顶及两侧设置监控量测点，纵向间距 10 m，预埋钢筋头并贴上反光贴。

(a) 钢拱架安装　(b) 钢拱架安装完成　(c) 拱架定位钢管安装

图 9-29　钢拱架及定位钢管安装

(a) 护拱模板安装　(b) 护拱模板安装完成　(c) 护拱第一段完成浇筑

图 9-30　护拱模板安装及浇筑

④初次回填：如图 9-31 所示，混凝土浇筑完毕后，需及时进行养护，养护龄期不得少于 7 d。待护拱混凝土强度达到 80%后进行初次回填，以回填护拱两侧拱脚形成护脚。

（a）护拱回填作业　　（b）护拱初次回填后洞口　　（c）护拱二次回填后洞口

图 9-31　护拱回填作业

⑤洞内施工：原设计洞口段采用双侧壁法进洞，掏槽段施作完成后，极大地减少了隧道洞口段施工安全风险，掏槽段采用三台阶进洞，减小了洞口段暗洞的施工难度。

⑥二次回填：待二次衬砌及洞门墙施工完成后进行洞顶二次回填施工，回填施工前应将杂物清理干净、无积水，回填土石应对称分层填筑，每层厚度为 0.3 m，两侧回填的土面高差不得大于 0.5 m，回填至拱顶齐平后，应立即分层满铺填筑至要求高度，回填完成后继续完善排水体系。

9.1.6　软岩变形控制效果

（1）技术安全风险分析

东阳隧道洞口段覆盖层仅 2～5 m，且洞顶存在冲沟，洞口段覆盖层受冲沟水及地表水浸泡，属淤泥质土，按原设计进行施工，管棚成孔难度大，注浆后无法扩散，难以形成稳固的结构层，暗洞开挖存在滑塌、冒顶风险，安全风险极高。K33＋370～K33＋340 段采用掏槽法施工，挖除松散的覆盖层后将隧道顶部进行封闭，以 I22b 工字钢作为护拱内部支撑，纵向间距 50 cm，拱架纵向连接采用中 ϕ20 mm 螺纹钢，间距 0.1 m，接头处错开布设，同时在护拱两侧平台处采用中 ϕ20 mm 螺纹钢间距 0.1 m 布设形成三角支撑，与工字钢形成整体，从而形成简支结构，以此保证护拱拱脚稳定，后浇筑 0.8 m 混凝土形成护拱。在封闭的顶盖下进行暗洞施工，从而减小施工安全风险，确保隧道施工安全。另一方面，如果隧道洞口采用明挖法施工，其边缘、仰坡会远远高于掏槽法施工方式，加上现阶段边仰坡防护施工基础数量相对较大，会增加高边坡基础工程具有较大的风险性。

（2）技术经济效益分析

施工工效方面：原设计方案洞口施作 2 m 套拱，采用超前长管棚支护进洞，暗洞开挖采用双侧壁导坑施工。优化方案则采用梯形掏槽施工后，形成了封闭的"顶盖"，能确保洞内开挖安全，后掏槽段开挖方法变更为三台阶，大幅度减少了施工工序及循环作业时间。梯形掏槽护拱法具备工程施工范围较小、开挖时间以及后续恢复时间较短等相关特点，明显提高了施工工效，缩短了施工工期。

社会环境效益方面：东阳隧道软弱围岩洞口段若采用明挖法施工，会对自然环境保护造成不利后果，会较大面积破坏原始的植物和森林等生态环境，严重不符合可持续发展的环境保护意识和理念。而优化方案采用梯形掏槽护拱技术并有效控制了围岩变形量进一步发展，变形控制效果显著，在隧道工程洞口段建造过程中，有效地降低和减少对自然环境的破坏。

经济效益方面：东阳隧道洞口段原设计方案是采用施作 2 m 长套拱再加 40 m 超前长管棚，由于优化变更方案采用梯形掏槽护拱技术措施取代了套拱及长管棚措施，仅取消长管棚一项节省材料费用 80.8 万元。洞口段原设计开挖方法采用双侧壁施工，掏槽段施工结束后，洞内开挖方法变更为三台阶，取消了临时支撑，在工序上取消了临时支护，缩短了施工工期，人、机费用节省 143.42 万元，同时工期缩短 30 d，加快了隧道施工进度，见表 9-11。

表 9-11 技术经济效益分析表

分类	细目	原设计方案	变更优化方案
开挖方法		双侧壁导坑法	三台阶法
开挖及支护总时长		45 d	15 d
每延米循环作业时间		36 h	12 h
人、机费用	人工费	18×350×45=283 500 元 =28.35 万元	18×350×15=94 500 元 =9.45 万元
	挖机费	24×300×45=324 000 元 =32.4 万元	24×300×15=108 000 =10.8 万元
	装载机费	24×280×45=302 400 元 ≈30.2 万元	24×280×15=100 800 =10.08 万元
	自卸车费	4×1.5×1.5=9.0 万元	4×1.5×0.5=3.0 万元
材料(临时支撑)	C25 喷射混凝土	27.895 2 万元	—
	钢筋网	1.757 592 万元	—
	药卷锚杆	11.316 7 万元	—
	工字钢	26.310 7 万元	—
	锁脚锚杆	29.474 3 万元	—
	超前小导管	5.148 万元	—
	长管棚(钢管)	2 058×392.55=807 867.9 元 ≈80.8 万元	—
合计		257.55 万元	33.33 万元

(3)梯形掏槽护拱变形控制效果

东阳隧道洞口 K33+370～K33+340 段埋深 2～5 m，且地表发育一条冲沟，覆盖层中存在 3 m 厚的淤泥质土，地表水丰富，长期受雨水浸泡。根据隧道围岩地质地层岩性以及地下水赋存特点，可以判断出围岩自稳能力差，开挖后没有自稳时间，且超前变形大，因此需采用超前支护加固措施进行软岩变形控制。为了在Ⅴ级软弱围岩中实现台阶法开挖，在隧道洞口段采用了梯形掏槽护拱变形控制等施工工法。挖除松散的覆盖层后将隧道顶部进行封闭形成封闭的“顶盖”，在封闭的顶盖下进行暗洞施工，能确保洞内开挖安全，后掏槽段开挖方法变更为三台阶，大幅度减少了施工工序及循环作业时间。

现场工程实践证明：通过采用梯形掏槽护拱（隧道拱顶 130°49′10″范围内设置护拱）技术、覆土回填三台阶暗挖施工等，顺利通过了隧道洞口富水软岩地段，围岩未出现塌方、洞口关门施工事故，初期支护也未出现明显的变形破坏现象。采用梯形掏槽护拱技术不仅控制了围岩变形，而且在Ⅴ级软弱围岩采用台阶法施工，提高了工效、节省了投资，社会经济效益显著。

现场监控量测数据表明：东阳隧道软岩洞口段 K33＋370～K33＋340 采用梯形掏槽护拱技术进行变形控制施工过程中，对隧道开挖支护过程加强监控量测信息化施工。隧道监测断面测点测线布置如图 9-32 所示。根据隧道施工监测数据整理得到表 9-12、表 9-13，并绘制隧道围岩变形监测曲线。由图 9-33、图 9-34 不难看出：软岩隧道洞口段各监测断面的拱顶下沉累计沉降最大值达到 8.1 mm，周边收敛累计值最大值为 7.1 mm，都远小于隧道初期支护预留变形量值。因此，采用梯形掏槽护拱技术显著有效地控制了隧道洞口软弱围岩的总变形量，有效保障了软岩隧道洞口开挖支护安全施工。

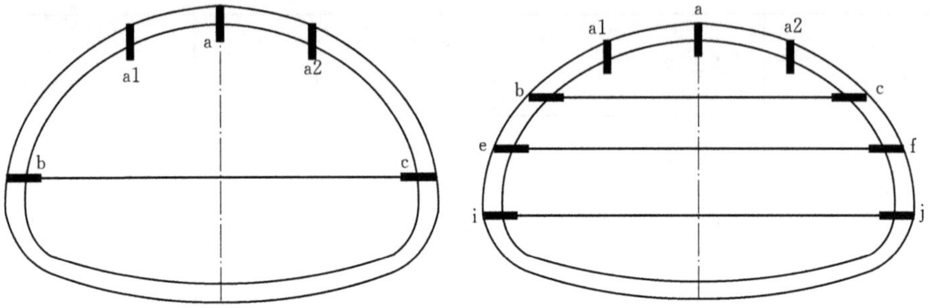

（a）K33+370~K33+355段　　（b）K33+350~K33+340段

图 9-32　东阳隧道洞口梯形掏槽护拱段断面测点布置

表 9-12　东阳隧道洞口段 K33＋370～K33＋340 拱顶下沉监测数据

序号	监测断面号	监测项目	测点	累计沉降(mm)	起止时间(y. m. d)	监测时间(d)
1	K33＋370	拱顶下沉	a	7.3	2021.6.7～2021.8.8	62
			a1	7.3	2021.6.15～2021.8.8	54
			a2	7.7	2021.6.15～2021.8.8	54
2	K33＋365	拱顶下沉	a	7.0	2021.6.16～2021.8.8	60
			a1	6.9	2021.6.16～2021.8.8	53
			a2	7.6	2021.6.16～2021.8.8	53
3	K33＋360	拱顶下沉	a	6.4	2021.6.17～2021.8.8	57
			a1	7.4	2021.6.17～2021.8.8	52
			a2	7.6	2021.6.17～2021.8.8	52
4	K33＋355	拱顶下沉	a	6.0	2021.6.17～2021.8.8	52
			a1	7.8	2021.6.18～2021.8.8	51
			a2	7.4	2021.6.18～2021.8.8	51
5	K33＋350	拱顶下沉	a	8.1	2021.7.1～2021.8.20	50
			a1	6.5	2021.7.1～2021.8.20	50
			6a2	6.4	2021.7.1～2021.8.20	50

续上表

序号	监测断面号	监测项目	测点	累计沉降(mm)	起止时间(y. m. d)	监测时间(d)
6	K33＋345	拱顶下沉	a	7.2	2021.7.16～2021.8.22	37
			a1	7.2	2021.7.16～2021.8.22	37
			a2	7.9	2021.7.16～2021.8.22	37
7	K33＋340	拱顶下沉	a	6.0	2021.7.18～2021.8.22	35
			a1	6.8	2021.7.18～2021.8.22	35
			a2	6.4	2021.7.18～2021.8.22	35

表 9-13　东阳隧道洞口段 K33＋370～K33＋340 周边收敛监测数据

序号	监测断面号	监测项目	测线	累计沉降(mm)	起止时间(y. m. d)	累计时间(d)
1	K33＋370	周边收敛	bc	7.5	2021.6.15～2021.8.8	54
2	K33＋365	周边收敛	bc	6.4	2021.6.16～2021.8.8	53
3	K33＋360	周边收敛	bc	7.7	2021.6.17～2021.8.8	52
4	K33＋355	周边收敛	bc	7.3	2021.6.18～2021.8.8	51
5	K33＋350	周边收敛	bc	7.2	2021.7.15～2021.8.20	36
			ef	4.9	2021.7.22～2021.8.20	29
			ij	5.3	2021.8.7～2021.8.20	13
6	K33＋345	周边收敛	bc	5.9	2021.7.16～2021.8.22	37
			ef	4.6	2021.8.6～2021.8.22	16
			ij	3.6	2021.8.9～2021.8.22	13
7	K33＋340	周边收敛	bc	7.1	2021.7.18～2021.8.22	35
			ef	3.3	2021.8.8～2021.8.22	14
			ij	3.8	2021.8.12～2021.8.22	10

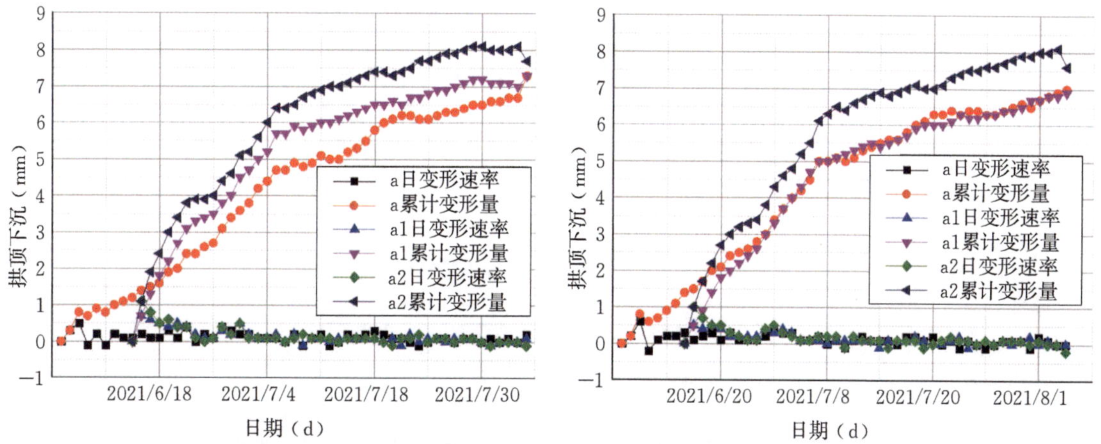

（a）K33＋370断面　　（b）K33＋365断面

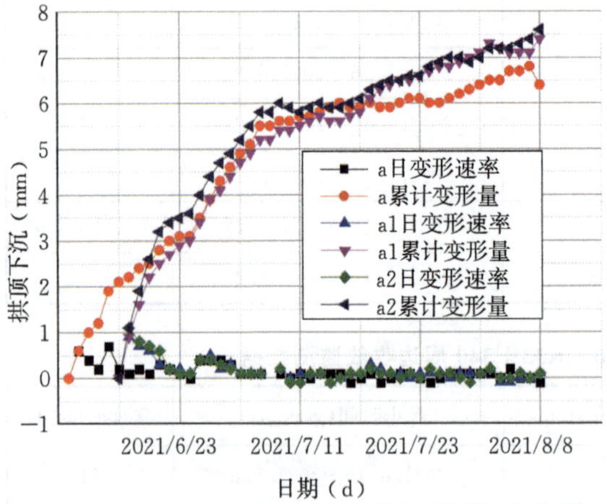

（c）K33+360断面

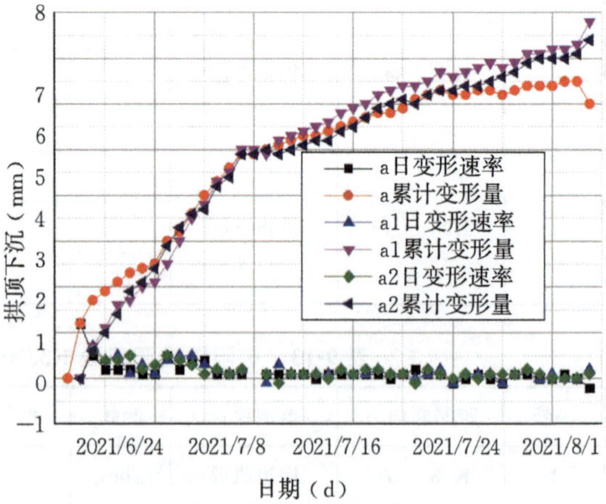

（d）K33+355断面

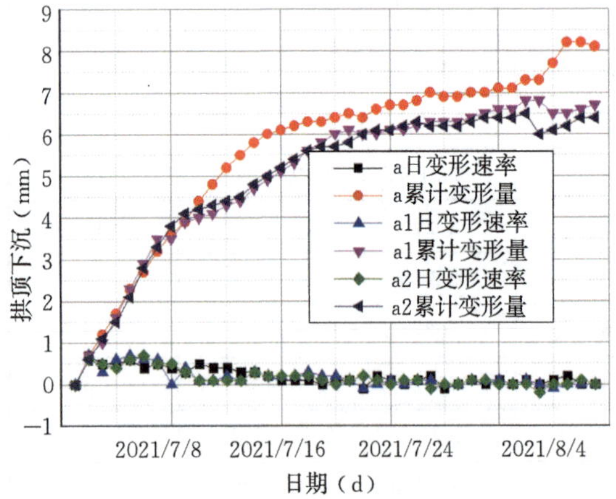

（e）K33+350断面

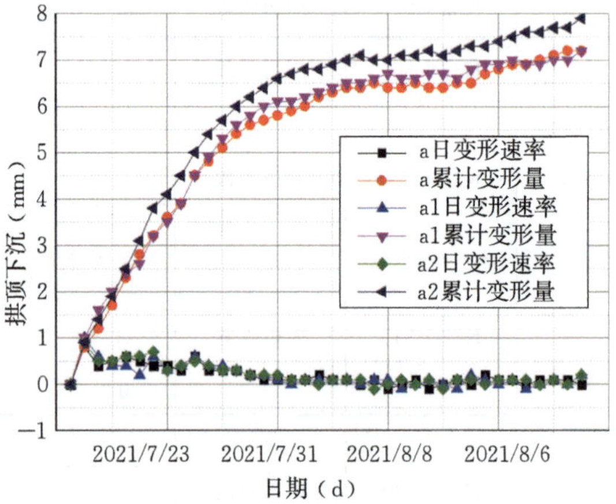

（f）K33+345断面

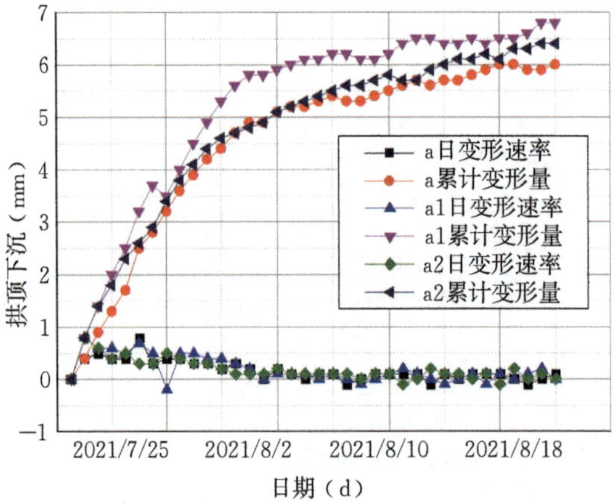

（g）K33+340断面

图 9-33　东阳隧道 K33＋370～K33＋340 断面拱顶下沉监测曲线

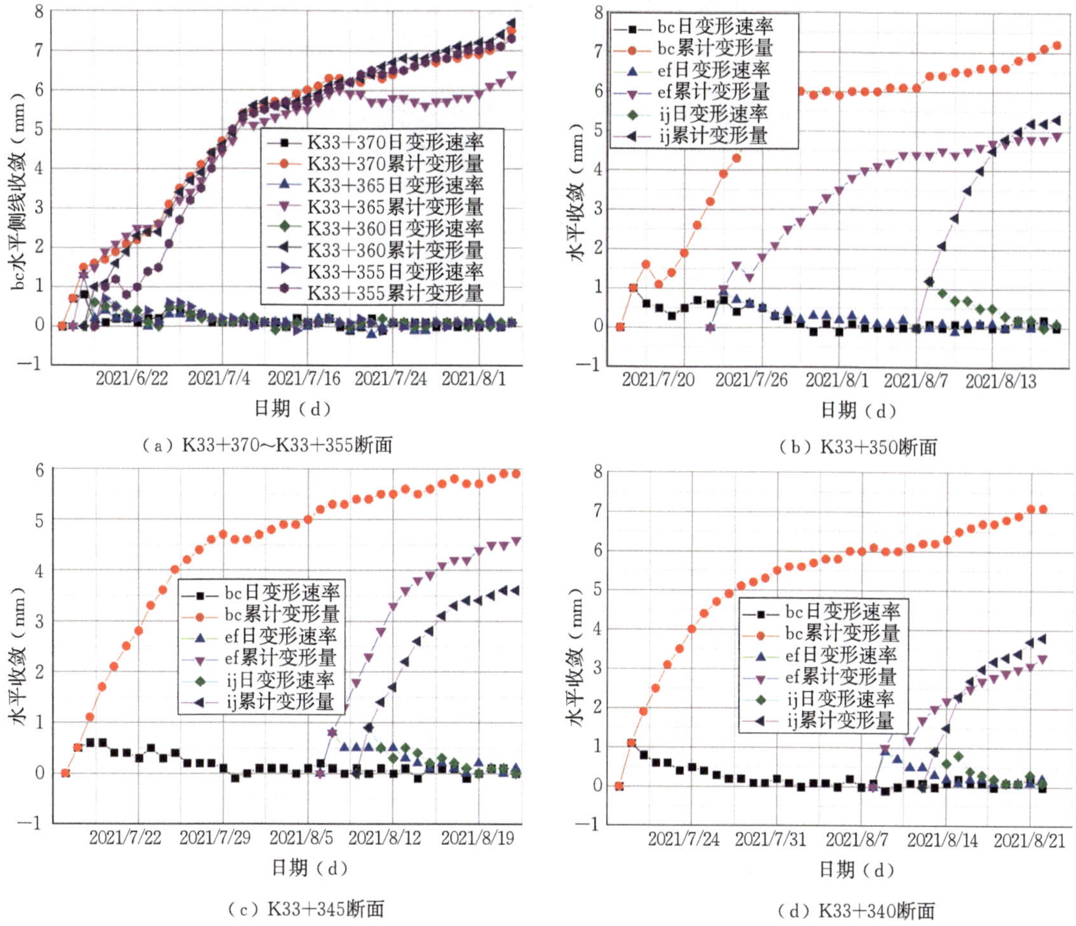

（a）K33+370～K33+355断面　（b）K33+350断面

（c）K33+345断面　（d）K33+340断面

图 9-34　东阳隧道 K33＋370～K33＋355 断面周边收敛监测曲线

9.2　中梁山隧道软弱围岩塌方处治技术

9.2.1　隧道工程概况

（1）中梁山隧道工程概况

重庆渝武高速公路中梁山隧道为分离式隧道；右线隧道起讫桩号 K20＋925～K26＋235，总长 5 310 m；左线隧道起讫桩号 ZK20＋945～ZK26＋208，总长 5 263 m。隧道主线正上方 K22＋922～K23＋220 存在采石场一处，航拍地图显示长度约 500 m，宽度约 200 m，裸露部分基本为薄层状石灰岩，基岩强风化，裂隙内填充黄泥，如图 9-35 所示。结合地勘资料显示，此处隧道埋深约 320 m，结合产状映射隧道主洞影响范围约为 ZK22＋587～ZK22＋885、K22＋615～K22＋913。掌子面对应地表附近发现落水洞，落水洞处隧道埋深 210 m，如图 9-36 所示。

（2）侵限段隧道工程概况

①侵限段原设计情况

图 9-37 所示，中梁山隧道右洞 K22＋630～K22＋638 段原设计围岩由灰岩组成，夹白云岩，基岩为中风化，岩体节理裂隙较发育，岩质较坚硬，结构较完整，围岩稳定性较好，隧道水量

较丰富，隧道呈股状或小股状出水组成，围岩等级为Ⅲ级，衬砌类型为 S3b 型，设计预留沉降量 3 cm，二次衬砌设计厚度 45 cm。该段落属于隧道深埋段，隧道埋深约 320.5 m。

图 9-35　采石场航拍图

图 9-36　地表落水洞

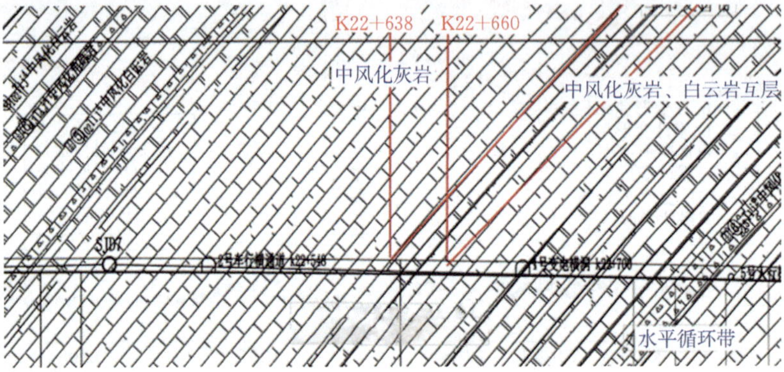

图 9-37　右线塌方侵限段地质纵断面图

②侵限段变更设计情况

现场开挖至 K22＋618 时，掌子面围岩较差，为中风化泥岩和溶蚀角砾岩混杂，结构破碎，岩质软硬相间，节理裂隙发育，岩层层间结合差，围岩整体稳定性较差，掌子面湿润。超前地质预报预测掌子面前方 25 m 围岩整体以中风化灰岩夹黄泥为主，局部偶夹岩溶角砾岩，易脱落掉块，岩层结构较破碎，岩质软硬交互，节理裂隙发育，岩层层间结合较差，围岩稳定性较差。

经业主、设计、监理、总包现场踏勘后，会议决定从 K22＋618 开始将围岩级别变更为Ⅴ级围岩，衬砌类型变更为 S5c（*R*25 mm 中空注浆锚杆 4 m、ϕ8 mm 钢筋网 20 cm×20 cm、I20b 工字钢 70 cm/榀、C25 喷混凝土 26 cm、ϕ42 mm 锁脚锚管 4.5 m×2），开挖方式变更为弧形导坑留核心土施工工法，每循环进尺 1 榀。项目已按要求将掌子面施工至 ZK22＋638。变更后的隧道 S5c 型结构设计图如图 9-38、隧道 S5c 型支撑钢架设计图如图 9-39 所示。

③侵限段变形及应对处置情况

2023 年 5 月中旬，北碚出现了连续降雨，5 月 21 日右洞中台阶 ZK22＋630 断面右侧开挖落底时，K22＋630～K22＋638 已开挖段拱顶及右侧出现拱架下沉，初期支护出现裂缝，裂缝宽度 10 cm，右侧初期支护不同程度出现渗、滴水现象；左侧初期支护稳定，未出现裂缝，项目立即启动了应急预案，暂停了掌子面施工，并上报了上级部门。为防止围岩进一步沉降，对掌子面进行封闭后对沉降段采用型钢进行临时支撑，上台阶采用双拼 I16 工字钢（间距 140 cm）作斜撑，下端支撑在核心土上，中台阶采用双拼 I16 工字钢（间距 140 cm）作斜撑，竖向支撑采用 ϕ300 mm 钢管。

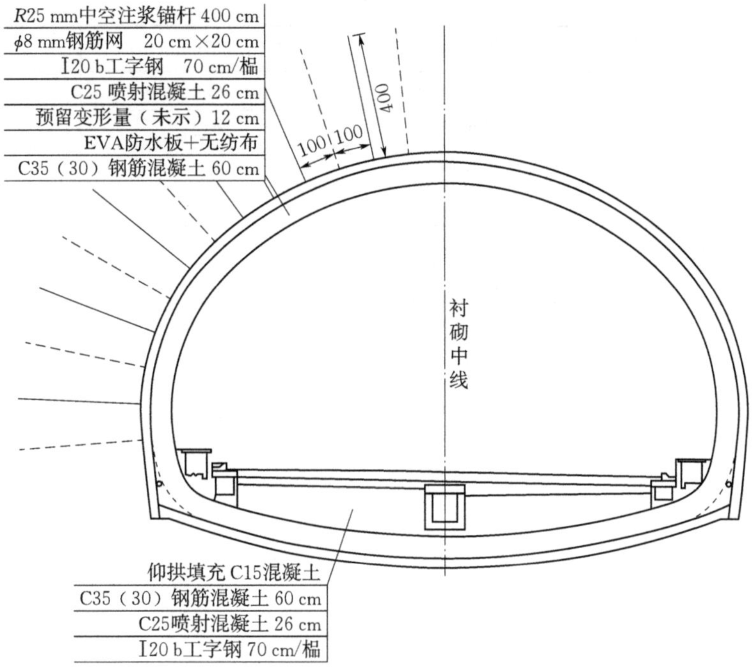

图 9-38　隧道 S5c 型结构设计图

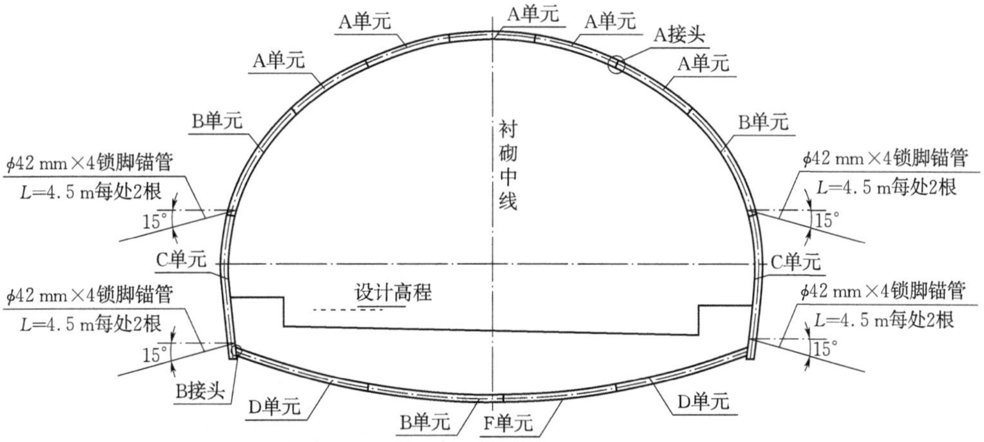

图 9-39　隧道 S5c 型支撑钢架设计图

根据监控量测数据结果：侵限段 5 月 21 日各断面沉降速率见表 9-14，拱顶沉降速率 110.7 mm/d，右侧拱腰沉降速率 254.4 mm/d，左侧拱腰沉降速率 0.2 mm/d，经连续观测，于 5 月 28 日初期支护趋于稳定。K22＋610 拱顶下沉累计变形如图 9-40 所示，K22＋630 累计拱顶下沉变形如图 9-41 所示。

表 9-14　侵限段 5 月 21 日各断面沉降速率监测表

埋设断面里程	测点	测点位置	变化速率(mm/d)	累计变化量(mm)
K22＋578	a	拱顶中	0.1	11.0
	a1	拱顶偏左	0.1	10.8
	a2	拱顶偏右	0.2	11.1

续上表

埋设断面里程	测点	测点位置	变化速率(mm/d)	累计变化量(mm)
K22+600	a	拱顶中	0.2	11.1
	a1	拱顶偏左	0.2	11.2
	a2	拱顶偏右	0.2	10.8
K22+620	a	拱顶中	1.7	22.5
	a1	拱顶偏左	1.5	22.0
	a2	拱顶偏右	1.4	21.4
K22+630	a	拱顶中	110.7	122.9
	a1	拱顶偏左	0.2	12.5
	a2	拱顶偏右	254.4	266.9

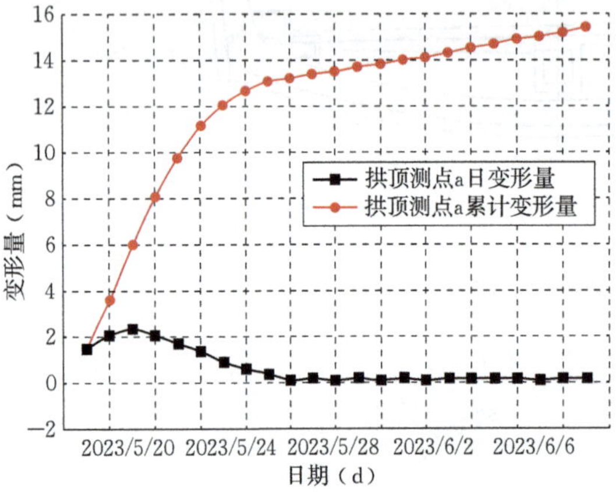

图 9-40　K22+610 拱顶下沉累计变形

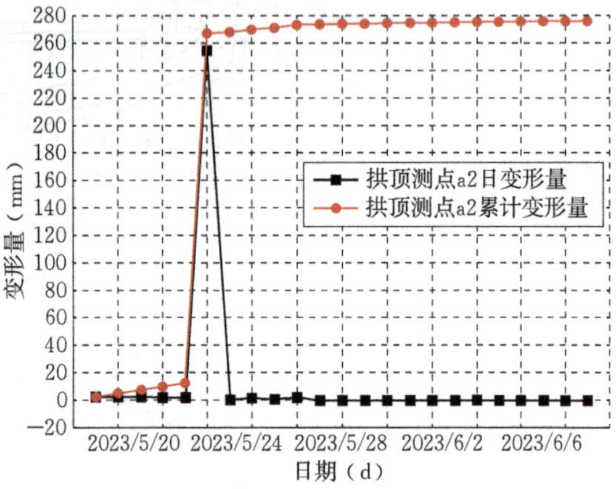

图 9-41　K22+630 累计拱顶下沉变形

2023 年 5 月 22 日，五方代表到现场初步制定了换拱方案，要求立即封闭掌子面，采用 ϕ300 mm 钢管及双拼 I16 工字钢对侵限段进行临时支护，对 K22+600～K22+638 段初期支护持续观测，对 K22+625～K22+638 段采用 4.5 mϕ42 mm×4 钢花管进行径向注浆加固，变形稳定后进行初期支护拆换施工并同步编制换拱专项施工方案；5 月 27 日，项目组织召开了换拱方案专家评审会，确定了换拱方案：对 K22+625～K22+630 段每处锁脚采用两根 4.5 m ϕ42 mm×4 钢花管进行加强，然后对 K22+625～K22+638 段采用 4.5 mϕ42 mm×4 钢花管进行径向注浆加固后进行换拱。项目按照专家评审方案进行了锁脚加强及径向注浆，但发现径向注浆效果达不到要求，于 6 月 11 日，组织隧道专家对现场进行踏勘并对方案进行完善，对 K22+625～K22+638 段再采用 9 mϕ51 mm 自进式锚杆进行补强，加固完成后进行换拱。项目按照专家要求采用自进式锚杆进行了加固，完成了 K22+630～K22+630.5 段换拱作业。

7 月 1 日～3 日，因重庆北碚连续 3 d 暴雨，隧道 K22+610～K22+638 初期支护出现大面积渗水，隧道右侧局部成喷射状持续 26 h，经观测最大出水量达 1 281.6 m^3/d，后逐步减少，目前出水成点滴状和湿润状。中梁山隧道右洞洞内出水过程如图 9-42 所示。

隧道出水后项目立即暂停施工并撤离人员，并对 K22+600～K22+638 段进行封闭警戒及持续观测。待洞内停止出水后，为防止沉降段围岩因浸水导致自重增大及受力变化，防止掌子面及沉降段发生次生灾害，保证施工安全，项目对侵限段采用砂袋进行反压回填，并重新组织专家进行现场踏勘并修订方案。

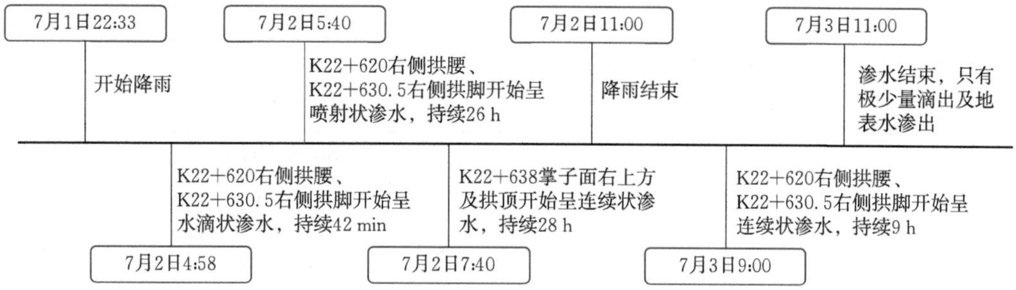

图 9-42　中梁山隧道右洞洞内出水过程

9.2.2　变形控制方案

重庆渝武高速公路项目二分部中梁山隧道 K22＋630～K22＋638 段实施初期支护侵限换拱施工的变形控制方案。

(1)初期支护侵限段换拱施工平面布置图

中梁山隧道洞内划分为开挖初期支护区、仰拱施工区、二次衬砌施工区，如图 9-43 所示。

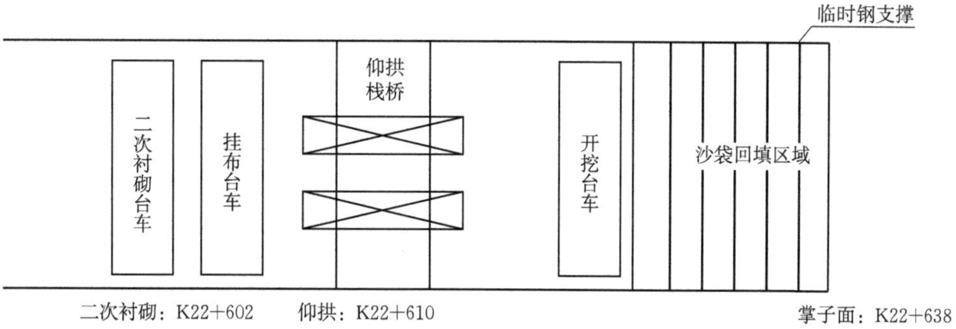

图 9-43　初支侵限段换拱施工平面布置图

(2)初期支护侵限段换拱施工要求

①在换拱区域内拱脚设置有效逃生管道。②测量工程师按照施工图纸，采用全站仪对换拱段落进行施工放样，并确定所需换拱区域及换拱高度，并经专项领导小组指定现场监理予以复合验收确认(工艺方案，工程数量等)。③换拱施工安全质量保障措施检查到位。④施工前必须进行安全技术交底。⑤加强上台阶及中台阶锁脚锚管。⑥对换拱处后方 5 m 段落(K22＋625～K22＋630)进行补注浆加固。⑦加强围岩注浆并进行注浆效果检验。⑧侵限段回填砂袋稳固掌子面及初期支护。⑨拱顶处加强双层超前锚杆施工质量，换拱应逐榀拆除。

(3)初期支护侵限段换拱施工工艺流程

换拱工艺流程：砂袋反压回填→径向注浆→超前支护施工→砂袋移除→侵限段径向注浆→侵限段初期支护拆换→进行下一循环施工。

换拱施工步骤：初期支护侵限段换拱施工步骤见表 9-15。

表 9-15　初期支护侵限段换拱施工步骤

施工顺序	施工步骤	施工内容
第一步	砂袋反压回填	采用砂袋对换拱段进行回填
第二步	径向注浆	对 K22＋625～K22＋630 段围岩进行径向注浆

续上表

施工顺序	施工步骤	施工内容
第三步	超前支护施工	按 S5a 加强型衬砌施作超前支护
第四步	砂袋移除	按全断面法移除砂袋
第五步	侵限段径向注浆	从 K22＋630 处向前施作三循环径向加固
第六步	初期支护拆换	按照 70 cm 一榀拆除侵限拱架并按 S5a 加强型衬砌施作初期支护
第七步	下一循环施工	下一循环施工

(4)初期支护侵限段变形控制重难点

①加强隧道监控量测,随时掌握变形情况,指导隧道施工及施工安全。②临时支撑与原支撑拱架要密贴,空隙处采用钢板塞紧并焊接加固。③临时支撑施作完成后再对变形段进行注浆加固,间歇注浆提高围岩强度。④换拱施工过程中可能出现再次沉降或塌方情况,施工安全风险高。⑤施工中应注意钢拱架及钢筋网与围岩的密贴,二次衬砌施作完成后应检查其背后与喷混凝土层之间的空隙。一旦发现,应及时注浆回填。⑥加强围岩地表及地质调查,探明围岩情况是重点。⑦做好换拱期间的应急处治措施,保证人员安全。⑧做好侵限段围岩加固措施,保证加固质量,防止换拱期间出现坍塌。

9.2.3 变形控制技术

(1)砂袋反压回填

采用砂袋对沉降段进行回填,回填长度 15 m,回填范围 K22＋623～K22＋638,K22＋630～K22＋638 段砂袋距拱顶 1 m,K22＋623～K22＋630 段砂袋按坡度 1：1 进行放坡码放,图 9-44 所示。回填砂袋前对掌子面适当进行注浆稳固。

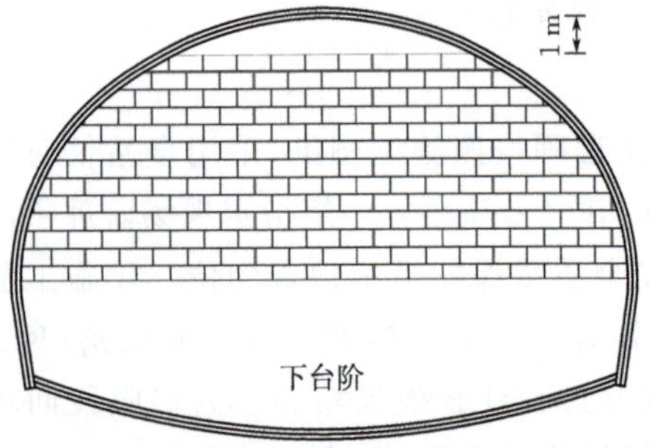

(a) 横断面图

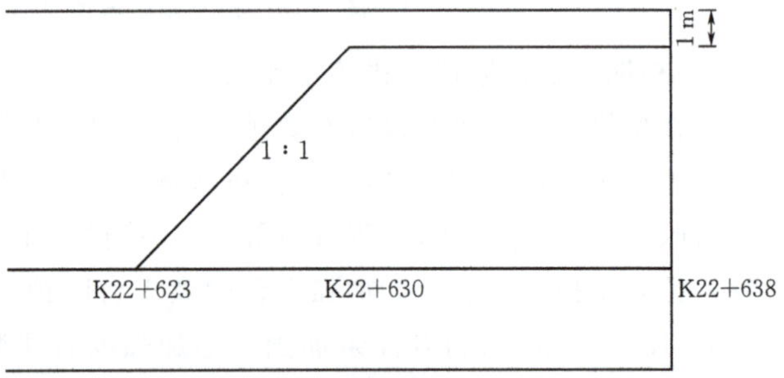

(b) 纵断面图

(c) 钢管立撑

(d) 工字钢斜撑

(e) 砂袋回填

图 9-44 砂袋回填示意图

(2)小导管径向注浆

砂袋反压回填后对 K22＋625～K22＋630 段进行径向加固，采用 5 mϕ42 mm×4 mm 注浆小导管[间距(环×纵)＝75 cm×70 cm]进行径向注浆固结围岩，梅花形布置，每环 17 根，如图 9-45 所示。

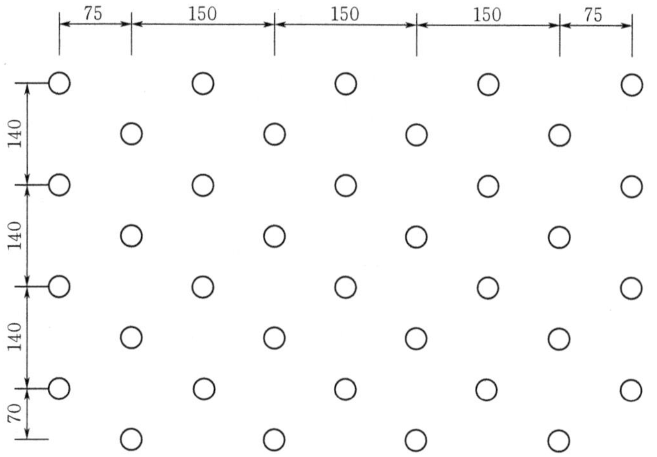

(a) 纵向注浆孔

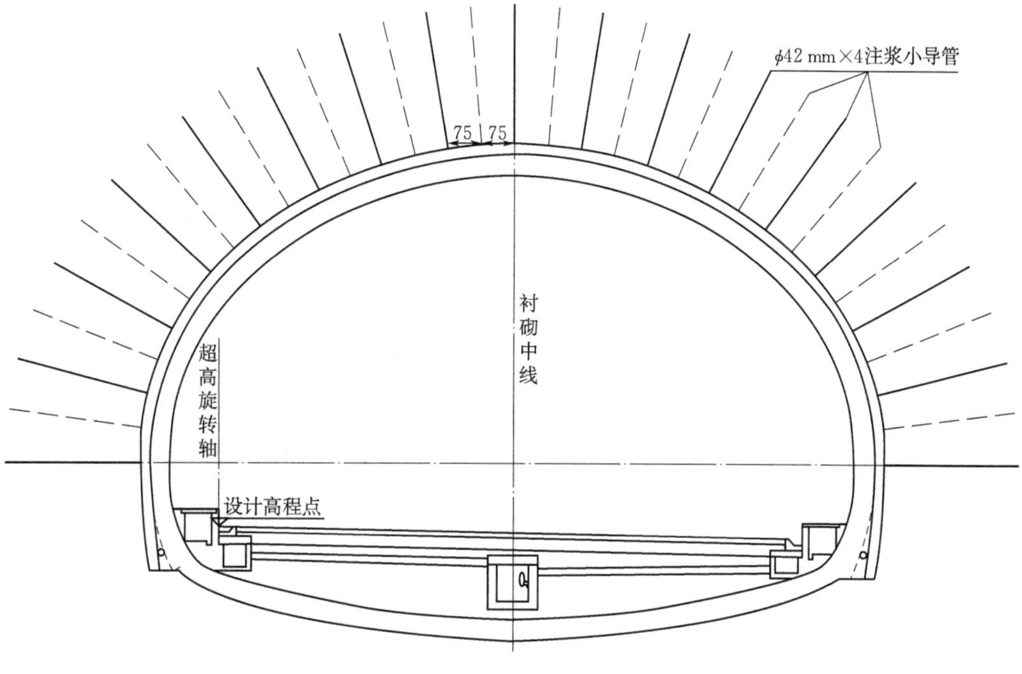

(b) 环向注浆孔

图 9-45　小导管径向注浆布置图(单位：cm)

①为了便于注浆，小导管采用有孔花管，孔眼为 ϕ8 mm，间距 15 cm，呈梅花形布置。为了便于下管，将其最前端钢管做成锥形，如图 9-46 所示。

②径向注浆小导管采用凿岩台车进行钻孔，钻孔角度垂直于隧道初期支护平面。采用人工进行安装。

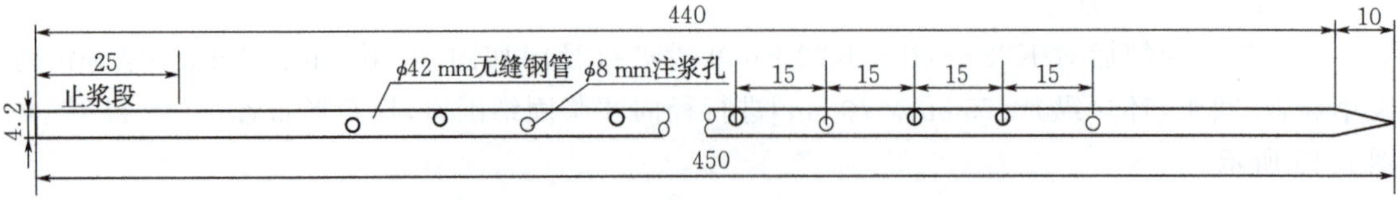

图 9-46　ϕ42 mm×4 mm 注浆小导管注浆孔断面图(单位:cm)

③小导管注浆采用活塞式双缸注浆机进行注浆作业，水灰比 0.5∶1～1∶1，注浆压力控制在 0.5～1.0 MPa，具体注浆参数及注浆量根据现场试验按实际情况确定，合理调整，注浆施工顺序按由低到高，由边墙至拱顶的顺序进行，如图 9-47 所示。

(a) 钻孔　　(b) 径向小导管安装　　(c) 径向小导管注浆

图 9-47　小导管注浆径向加固现场施工

④注浆结束标准:(a)主要方法:注浆压力逐步升高，达到设计终压(1 MPa)时继续注浆 10 min 以上。(b)辅助方法:实际注浆量与设计注浆量大致接近，注浆结束时的进浆量，宜在 20～30 L/min 以下。

⑤注浆前应对水泥浆进行稠度试验，应满足相关要求。首次完成两根小导管注浆后，在其中间位置进行钻孔取芯验证，若注浆效果满足要求，则注浆参数满足施工要求;若注浆效果不能满足要求，应调整注浆参数或小导管间距直至满足注浆要求。

⑥隧道注浆段的注浆孔全部注完后，必须要进行注浆效果检查和评价，不合格者应补钻孔注浆，检查方法如下:(a)主要方法:对注浆过程中的各种记录资料综合分析，注浆压力和注浆量变化是否合理，是否达到设计要求;(b)辅助方法:通过钻孔取芯的方式进行辅助验证。

(3)自进式锚杆径向注浆

小导管径向注浆完成后，采用 9 mϕ5 mm×6 mm 自进式锚杆对 K22＋625～K22＋638 段再次进行补强注浆，自进式锚杆纵向间距 70 cm，环向间距 150 cm，每环 9 根，梅花形布置，采用曲臂凿岩台车进行施工，如图 9-48 所示。

自进式锚杆注浆孔布置形式:注浆孔孔眼为 ϕ8 mm，间距 15 cm，梅花形布置，管口段 0.5m 范围内不打孔。自进式锚杆及构成组件如图 9-49 所示。

注浆采用活塞式双缸注浆机进行注浆作业，水灰比 0.5∶1～1∶1，注浆压力控制在 1～1.5 MPa，具体注浆参数及注浆量根据现场试验按实际情况确定并合理调整，注浆施工顺序按由低到高，由边墙至拱顶的顺序进行，如图 9-50 所示。

①注浆结束标准:(a)主要方法:注浆压力逐步升高，达到设计终压 1.5 MPa 时继续注浆 10 min 以上。(b)辅助方法:实际注浆量与设计注浆量大致接近，注浆结束时的进浆量，宜在 20～30 L/min 以下。

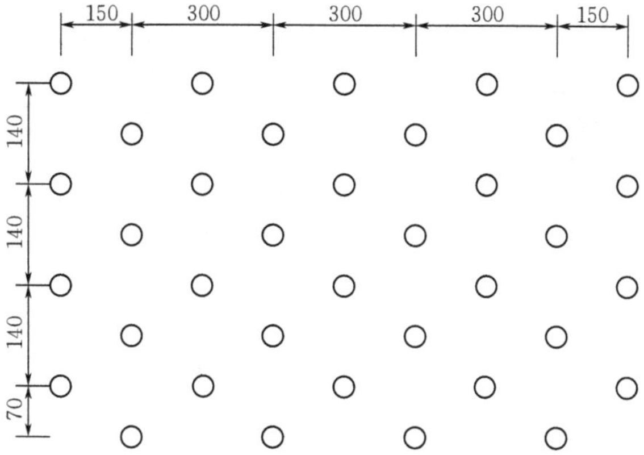

(a) 纵向注浆孔

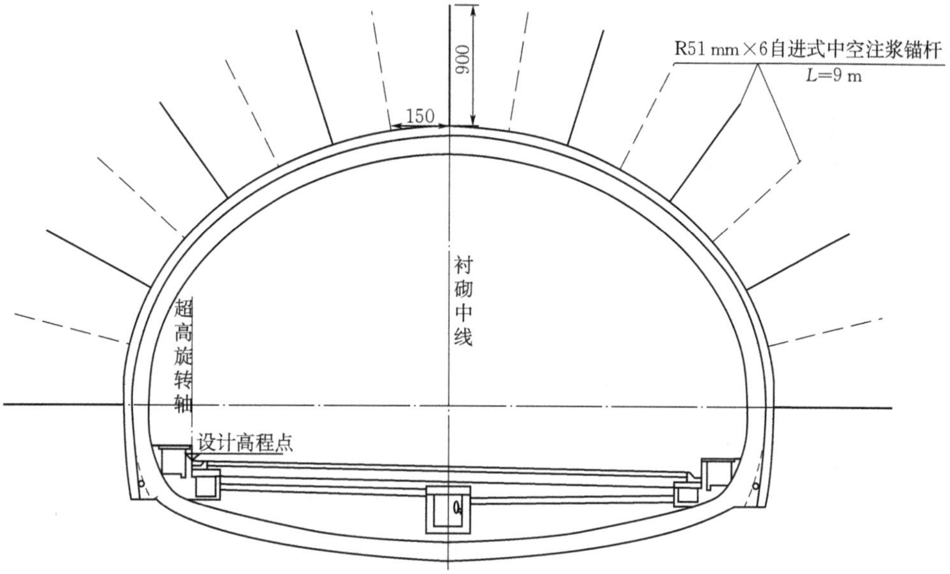

(b) 环向注浆孔

图 9-48　自进式锚杆布置图(单位:cm)

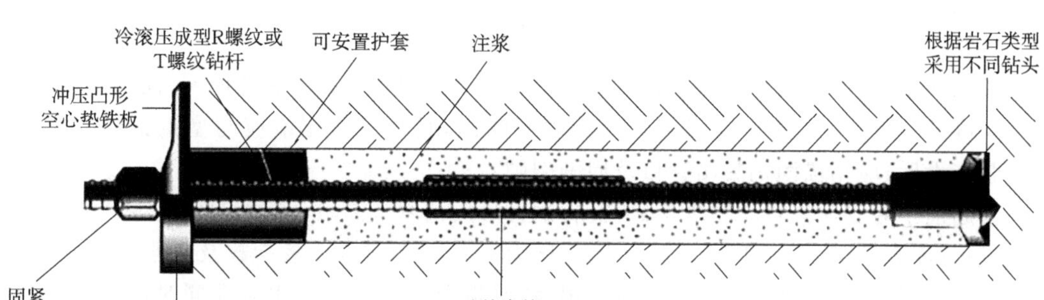

(a) 自进式锚杆结构

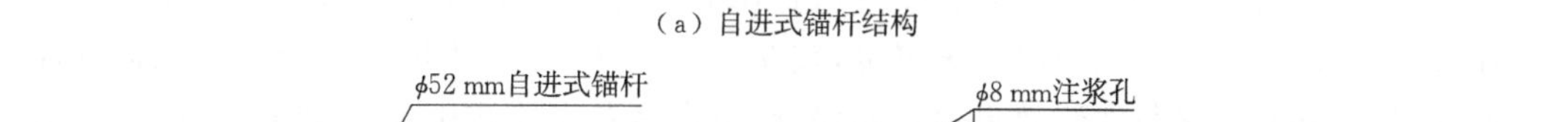

(b) 自进式锚杆注浆孔布置

（c）钻杆　　　　（d）钻头

图 9-49　自进式锚杆构成组件

（a）钻孔　　　　（b）注浆设备　　　　（c）注浆

图 9-50　自进式锚杆现场注浆施工

②隧道注浆段的注浆孔全部注完后，必须要进行注浆效果检查和评价，不合格者应补钻孔注浆，检查方法如下：(a)主要方法：对注浆过程中的各种记录资料综合分析，注浆压力和注浆量变化是否合理，是否达到设计要求；根据注浆前后地层声波速度的大小对比来判断浆液填充的密实程度；(b)辅助方法：通过钻孔取芯的方式进行辅助验证。

(4)超前支护

在换拱之前，首先在 K22＋630 处按照 S5a 加强型衬砌超前支护参数施作 ϕ42 mm×4 mm 超前小导管，超前小导管长度 4.5 m，环向间距 40 cm，纵向间距 150 cm，首循环超前小导管尾部落在未沉降钢架之上，后续超前小导管尾部与重新架立的钢架焊接牢固，图 9-51 所示。

①钻孔：超前采用 YT28 风枪进行钻孔，第一层钻孔角度 10°～15°，第二层钻孔角度 20°～30°。

②超前小导管安装：小导管安设时从型钢钢架外缘插入，采用钻机顶入，顶入长度不小于钢管长度的 90%，并用高压风将钢管内的砂石吹出，且小导管尾端应与型钢钢架焊接牢固。小导管安设后，应用锚固剂封堵管口及周围裂隙。

③超前小导管注浆：(a)注浆参数，安装钢管后用活塞式双缸注浆机进行注浆作业，注入水泥浆液，水泥浆水灰比 1∶1(重量比)，注浆压力 0.5～1 MPa，注浆参数及注浆量根据现场试验按实际情况确定，合理调整。为了避免串浆，采取分序施工或对串浆孔同时注浆。(b)注浆结束标准：注浆压力逐步升高，达到设计终压(1 MPa)时继续注浆 10 min 以上；实际注浆量与设计注浆量大致接近，注浆结束时的进浆量，宜在 20～30 L/min 以下。(c)隧道注浆段的注浆孔全部注完后，必须要进行注浆效果检查和评价，不合格者应补钻孔注浆，检查方法如下：对注浆过程中的各种记录资料综合分析，注浆压力和注浆量变化是否合理，是否达到设计要求；也可以从隧道的挖掘情况直接检查注浆质量，修正注浆参数，如图 9-52 所示。

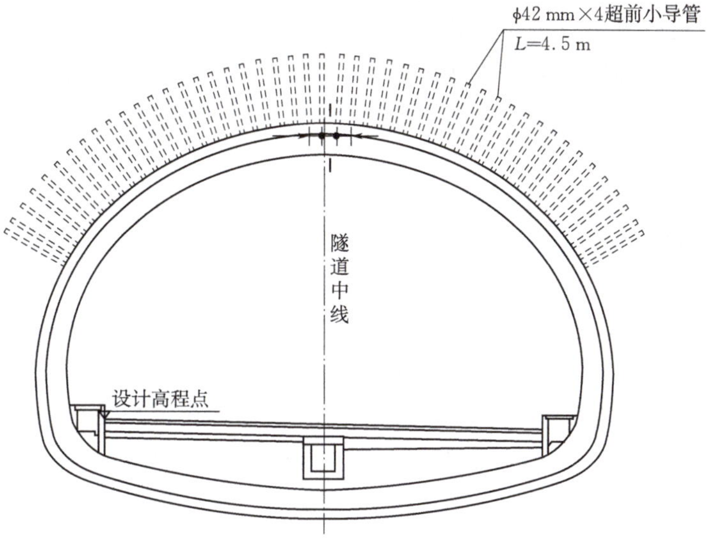

（a）横断面布置

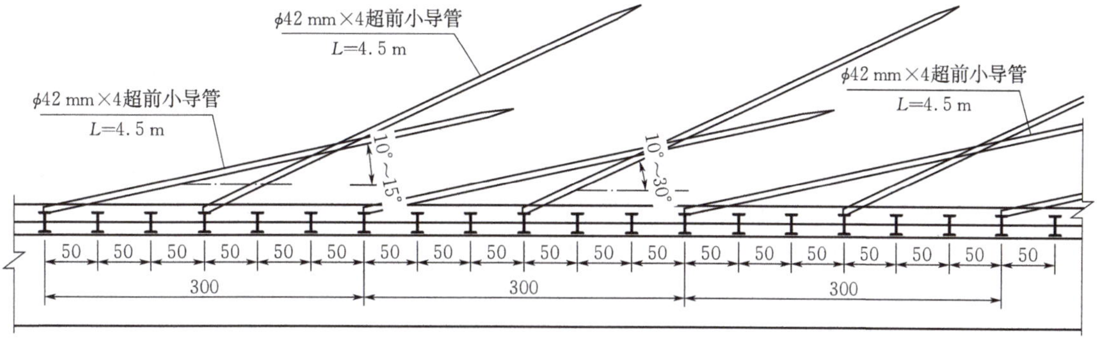

（b）纵断面布置

图 9-51　S5a 加强型衬砌超前小导管注浆布置图(单位:cm)

（a）超前锚杆布点　　（b）钻孔　　（c）注浆

图 9-52　超前支护锚杆现场注浆施工

④施工要点:(a)小导管或锚杆安设后,用塑胶泥封堵孔口及周围裂隙,必要时在小导管附近及工作面喷射混凝土,以防止工作面坍塌。(b)隧道的开挖长度小于小导管的注浆长度,预留部分作为下一次循环的止浆墙。(c)注浆前进行压水试验,检查机械设备是否正常,管路连接是否正确,为加快注浆速度和发挥设备效率,采用群管注浆(每次 3～5 根)。

(d)注浆过程中要随时观察注浆压力及注浆泵排浆量的变化，分析注浆情况，防止堵管、跑浆、漏浆。做好注浆记录，以便分析注浆效果。(e)导管不得侵入隧道开挖界内，相邻的钢管不得相撞或立交。(f)注浆顺序由拱脚向拱顶进行。(g)为保证注浆效果，必要时在孔口处设置止浆塞。

(5)砂袋移除

K22＋630～K22＋638 段回填砂袋按照从上到下、由外向里进行移除，上、中台阶砂袋全部移除，每循环进尺 1 榀。

(6)侵限段径向注浆

砂袋移除后开始换拱之前应先从 K22＋630 处向前施作三循环径向加固锚杆，注浆效果满足要求方可进行初期支护拆换，后续每开挖一榀前均需向前进行径向加固，保证每次拆除前前方均有三循环已加固段落。径向加固采用 6 mϕ42 mm×4 mm 注浆小导管[间距(环×纵)＝75 cm×70 cm]及 9 mϕ51 mm×6 mm 自进式锚杆长短结合进行径向注浆固结围岩。先进行注浆小导管施工再进行自进式锚杆施工，施工工艺与 K22＋625～K22＋630 段注浆加固工艺一致。

(7)侵限段初期支护拆换

径向加固后进行钢架拆除，宜全环拆换初期支护，钢架拆除顺序：从隧道小桩号至大桩号方向开始，利用换拱台车长度，按原设计逐榀(70 cm/榀)扩挖拆换拱架，每次只能拆除 1 榀，采用机械破碎锤按先拱后墙的顺序进行开挖，以人工风镐等辅助开挖，开挖时需预留双层拱架空间(预留变形量 15 cm，预留第二层拱架空间 24 cm)，采用电焊切断连接钢筋及钢筋网，尽量减少对围岩的扰动，拆除变形拱架。拆除拱架前，应检查确认拱顶、边帮的安全状况，必须预先设置逃生通道，逃生管道要在换拱段落的拱脚按要求安放好，并保证有足够的水和食物，确保施工安全；拆除拱架时，必须有专业安全人员全程旁站，遇有紧急情况及时通知相关人员及机械撤离。

拆除至临时支护时先对临时支护进行拆除，先拆除斜撑再拆除竖向支撑，拆除过程中对初期支护进行监测，如发现初期支护沉降过大应立即暂停施工并撤离，待查明原因并解决问题后再继续施工。

侵限段初期支护拆除 1 榀后按 S5a 加强型衬砌参数(50 cm/榀)及时进行初期支护施工，对侵限段和重新支护段中间围岩外露部分进行初喷封闭。拆换时预留一榀钢拱架空间，如拆换后初期支护沉降过大可施作第二层钢拱架，图 9-53 所示。

(a) 第一榀换拱完成　(b) 第二榀拱架拆除　(c) 锚杆注浆效果验证

图 9-53　初期支护侵限段换拱施工

S5a 加强型衬砌参数：4.0 mϕ42 mm×4 mm 系统锚管（50 cm×100 cm）；ϕ8 mm 双层钢筋网（20 cm×20 cm）；I22b 工字钢，间距 50 cm/榀，纵向连接筋 30 cm 一道，交错布置，图 9-54 所示。

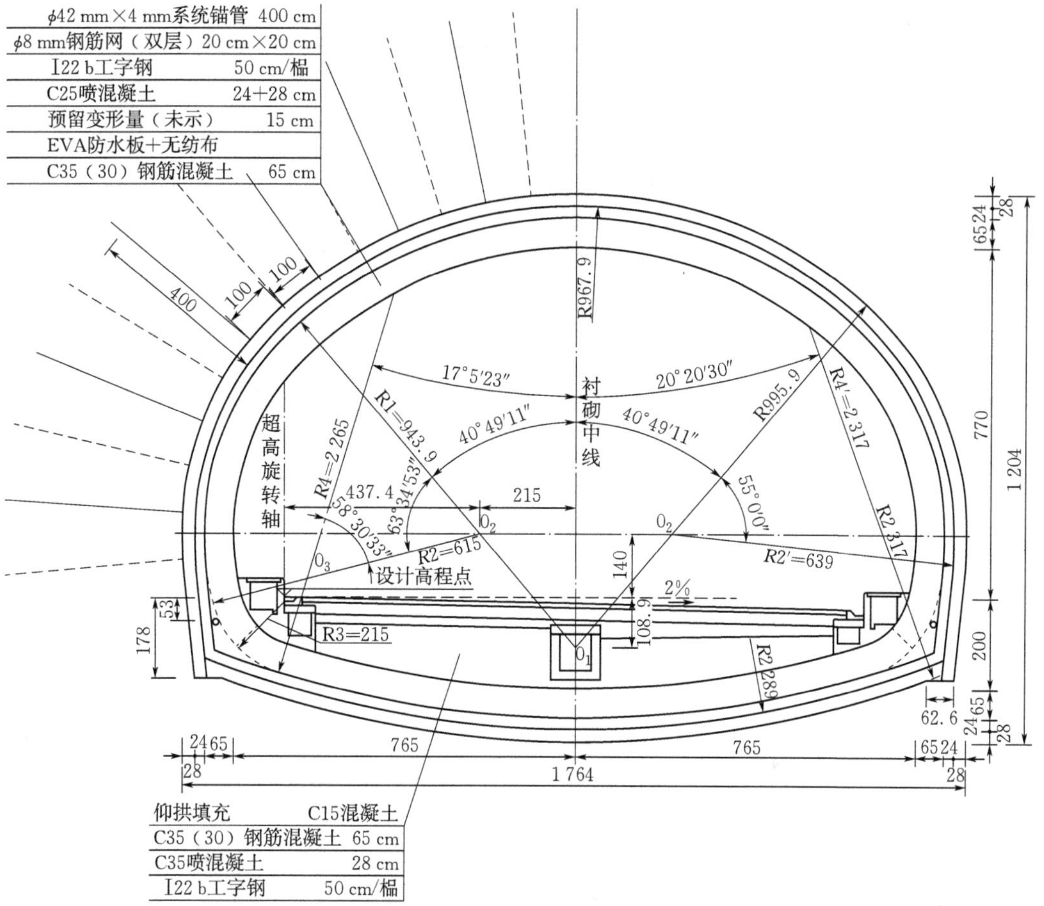

图 9-54　S5a 加强衬砌结构设计图（单位：cm）

上、中台阶每处锁脚设两组锚杆并注浆，第一组为先行施工的短锚杆，采用 ϕ42 mm×4 mm 小导管，长度 4.5 m；第二组为无核心土干扰时施工的长锚杆，采用 R51N 自进式锚杆，长度 9 m，采用 1.4 cm 厚钢板与拱架连接；C25 喷射混凝土厚度 28 cm。初期支护具体施工工艺参照《中梁山隧道（北碚端）开挖及支护专项施工方案》执行，自进式锚杆/锁脚锚管（杆）与钢板满焊连接如图 9-55 所示，锁脚小导管注浆孔布置图如图 9-56 所示。

(8)初期支护侵限变形施工要点

①换拱段位于反坡段，为防止掌子面积水，按《中梁山隧道及斜井反坡排水施工方案》设置反坡排水设备。风管距换拱断面不大于 10 m。

②换拱期间加强隧道监控量测，加密测线、测点，纵向每 5 m 布设监控量测点，每环设置 5 个监控量测点，每日量测两次，变形加大时，增加监测频率，以便随时掌握变形情况，指导隧道施工及施工安全。监控量测预警，采用沉降速率和累计沉降双控预警，数据异常或超出规范值时，停工分析原因，及时进行加固处理。与北碚气象局建立联系，暴雨天气提前预警，开始降雨后 5 h 内换拱作业人员务必全部撤离。

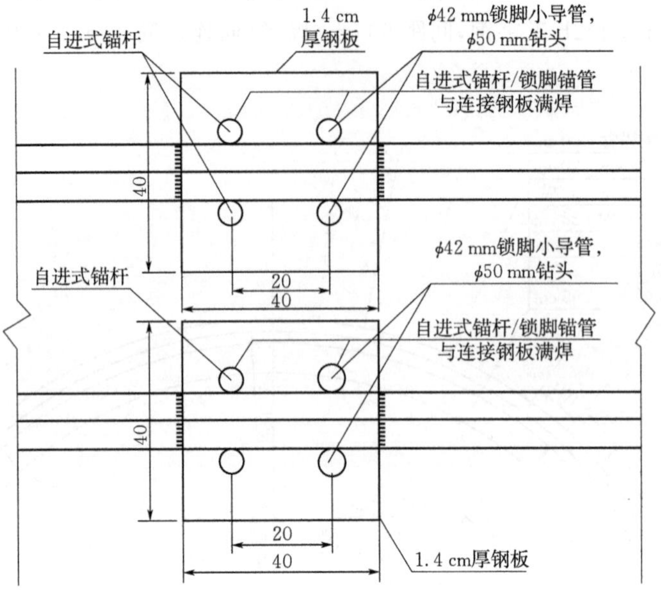

(a) 连接平面图（单位：cm）

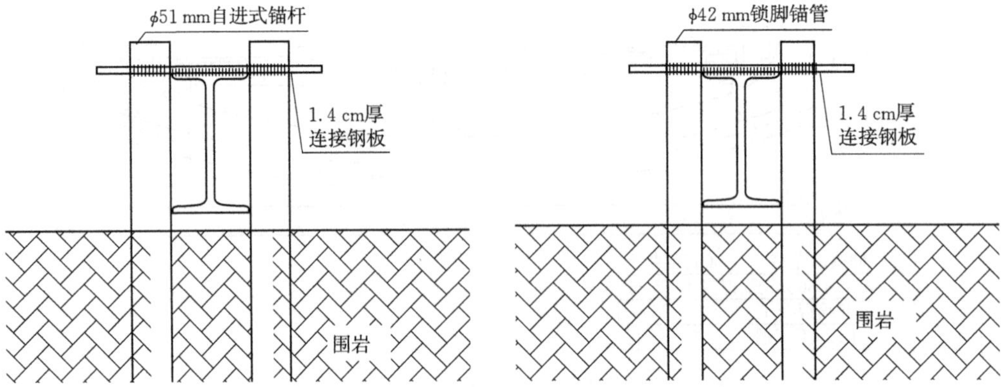

(b) 自进式锚杆连接断面图　　(c) 锁脚锚管（杆）连接断面图

图 9-55　自进式锚杆/锁脚锚管(杆)与钢板满焊连接示意图

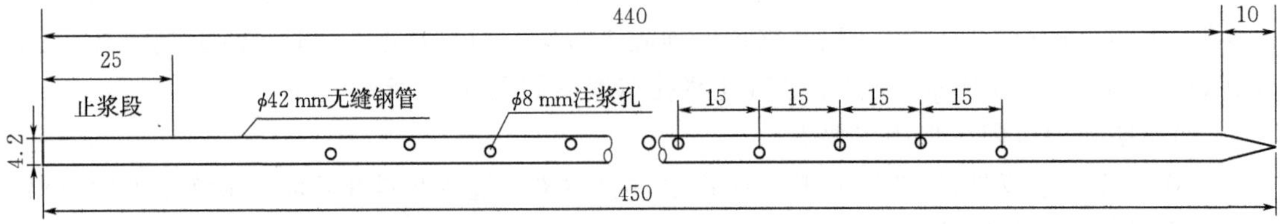

图 9-56　锁脚小导管注浆孔布置图(单位:cm)

③开挖注意保护围岩,较少对围岩的扰动,施工中严禁爆破,采用机械配合人工进行开挖。施工过程中,密切注意周边围岩,如有异响,立即撤离。开挖循环进尺不大于 1 榀钢架,不能大面积拆除初期支护,以防塌方及冒顶。仰拱开挖每循环开挖长度不得大于 3 m,开挖后及时施作仰拱封闭成环。

④施工中应注意钢拱架及钢筋网与围岩的密贴，钢拱架拱脚支垫牢固，禁止悬空，上中台阶的钢架务必保证落地，拱脚支垫预制块。下导钢架与原初期支护钢架有效连接，因施工误差不能有效连接时，扩大拱脚，并用不低于原初期支护强度等级的喷射混凝土进行填充。

⑤施工过程中，锁脚锚管每榀钢架施作 4 组，严格控制锁脚锚管的施工工程质量，严格按照要求施作锁脚锚管。锁脚处采用钢板与拱架焊接，钢板由厂内加工并实施钻孔，锁脚锚杆穿过钢板预留孔进行固定。上台阶及中台阶锁脚锚杆须加强，锁脚每点处设两组锚杆并注浆，第一组为先行施工的短锚杆，采用 ϕ42 mm 小导管，长度 4.5 m；第二组为无核心土干扰时施工的长锚杆，采用 ϕ51 mm 自进式锚杆，长度 9 m。

⑥为了保证后期开挖，喷射混凝土之前，必须先把喷射混凝土的凿除部分与不凿除部分在分界处切开分离，以防对不凿除部分混凝土有损伤，可采用泡沫板隔开。初喷混凝土背后喷射密实，严禁空洞。

⑦仰拱开挖后应及时核对隧底地质情况，进行地基承载力试验，发现与设计不符时可采用在仰拱处预留管道待仰拱施作完成后进行钢管桩加固处理或按有关部门批准的其他处理方案进行处理。

⑧换拱完成后对洞身以外 5 m 范围内围岩情况进行检测，若围岩存在空洞现象应采用注浆的方式进行充填。对此段环向排水管及纵向排水管进行加密，保证地表渗水能够及时排入中心水沟。

⑨二次衬砌施作完成后应检查其背后与喷混凝土层之间的空隙。一旦发现，应及时注浆回填。围岩注浆完成后需对围岩注浆效果进行检验，未达到要求需进行补注浆。若注浆质量始终不能满足要求或换拱后变形过大，应立即暂停施工并组织各方现场踏勘，对换拱方案进行调整并按调整后的设计图纸及施工方案进行施工。

⑩超前小导管注浆、径向注浆、锁脚注浆参数均应根据现场实际情况进行动态调整，使注浆质量满足要求。

⑪K22＋638～K22＋648 段设置过渡段，衬砌类型按 S5a 支护，K22＋648 往大桩号方向根据围岩情况再确定支护参数。继续向前施工过程中，应采用物探和超前地质钻孔。物探采用长距离 TSP 和短距离地质雷达相结合的方法，相互印证。超前地质钻孔一方面针对物探异常区域进行验证，一方面在掌子面均匀布孔，数量不少于 5 个，靠近开挖轮廓线的钻孔设置 10°～20°的外插角，查明掌子面正前方和隧道周边 10 m 范围围岩情况，同时也可以达到对前方地下水预排放的目的。

9.2.4　变形控制效果

(1)初期支护侵限换拱段变形控制作用效果

砂袋反压回填：K22＋623～K22＋638 区段，在 K22＋623～K22＋630 段砂袋按坡度 1∶1 进行放坡码放。回填砂袋前对掌子面适当进行注浆稳固可控制掌子面前方变形，起到增强围岩整体强度，防止坍塌；掌子面前回填砂袋控制了掌子面挤出变形的进一步发展。

小导管径向注浆：K22＋625～K22＋630 区段，5 mϕ42 mm×4 mm 注浆小导管[间距(环×纵)＝75 cm×70 cm]进行径向注浆固结围岩，梅花形布置，每环 17 根。采用小导管径向注浆调动深部围岩强度，扩大承载圈，起到提高围岩自支护能力、加强支护和衬砌结构刚度作用效果，从而控制了掌子面后方变形的进一步发展。

自进式锚杆径向注浆：K22＋625～K22＋638 区段，采用 9 mϕ51 mm×6 mm 自进式锚杆再次进行补强注浆，自进式锚杆纵向间距 70 cm，环向间距 150 cm，每环 9 根，梅花形布置。针对掌子面后方变形进行控制。采用自进式锚杆径向注浆调动深部围岩强度，扩大承载圈，起到提高围岩自支护能力、加强支护和衬砌结构刚度作用效果，从而控制了掌子面后方变形的进一步发展。

超前支护：K22＋630 处按照 S5a 加强型衬砌超前支护参数施作 ϕ42 mm×4 mm 超前小导管，超前小导管长度 4.5 m，环向间距 40 cm，纵向间距 150 cm。采用超前小导管注浆加固围岩改良地层、提高围岩整体强度和刚度，对掌子面前方变形和掌子面挤出变形起到控制作用。

侵限段径向注浆：K22＋630 处向前施作三循环径向加固锚管，注浆效果满足要求方可进行初期支护拆换。径向加固采用 6 mϕ42 mm×4 mm 注浆小导管[间距(环×纵)＝75 cm×70 cm]及 9 mϕ51 mm×6 mm 自进式锚杆长短结合进行径向注浆固结围岩。针对掌子面后方变形进行控制。采用径向加固锚管注浆加固＋自进式锚杆长短结合的刚性支护理念方法，加强支护结构刚度和强度，尽可能早地和更有效地控制侵限段围岩变形，为侵限段换拱作业顺利实施提供了充分的安全保障。

(2)初期支护侵限换拱段监控量测结果

为了分析评价初期支护侵限换拱段变形控制措施对围岩变形的控制效果，在中梁山隧道 K22＋600～K22＋635 区段的拱顶沉降和水平收敛进行了监控量测。中梁山隧道监测断面测点布置如图 9-57 所示、中梁山隧道各断面监测结果见表 9-16、表 9-17、如图 9-58、图 9-59 所示。不难得出如下结论：

①K22＋600～K22＋625 区段，经过最长达 136 d 的监控量测，a 测点拱顶下沉累积变形最大值为 39.5 mm、bc 测线水平收敛累计变形最大值为 29.0 mm，围岩及初期支护变形趋于稳定。

②K22＋630～K22＋638 区段(初期支护侵限换拱段)，K22＋630 断面在 2023.5.16～2023.6.7 监控量测 22 d 期间，a2 测点拱顶下沉累积变形最大值达到了 275.3mm，拱顶下沉明显过大，造成钢架变形较严重，喷射混凝土出现裂缝和脱落，造成了初期支护侵限，监控量测测

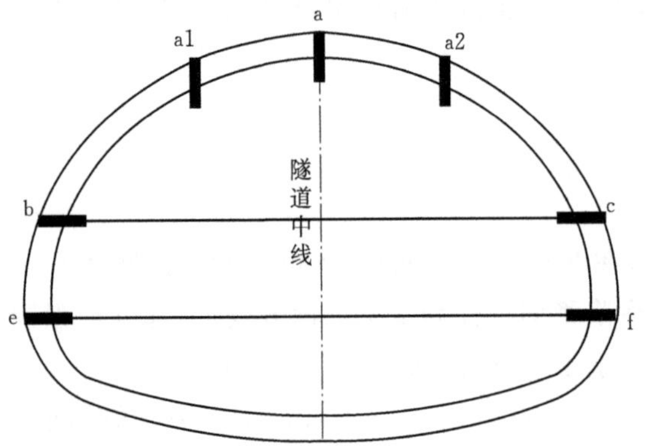

(a) 两台阶法施工

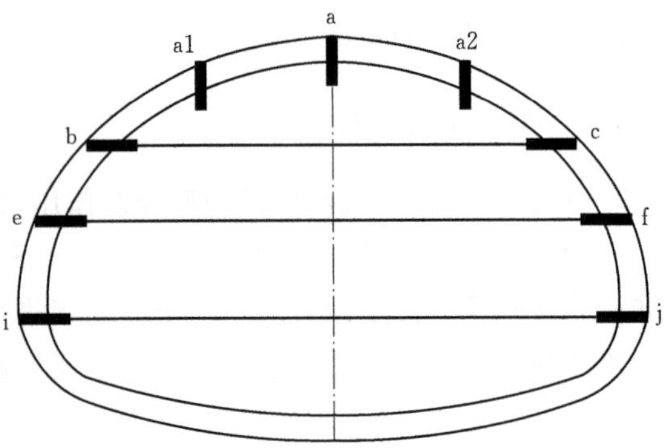

(b) 三台阶法施工

图 9-57　中梁山隧道监测断面测点布置

点受到破坏。通过在 K22＋625～K22＋638 区段采取小导管径向注浆、自进式锚杆径向注浆、超前支护、初期支护侵限段换拱等变形控制措施后，在 2023.6.9～2023.8.8 监控量测 59 d 期间，K22＋630 断面(监控量测测点重新布设)的 a 测点拱顶下沉累积变形最大值为 23.8 mm，周边收敛 bc 水平测线累积变形最大值为 12.5 mm，围岩和初期支护变形趋于稳定，变形得到有效控制。

③综上所述，在初期支护侵限段 K22＋623～K22＋638 区段采取的变形控制技术手段显著有效地控制了初期支护侵限段的总变形量，有效保障了软弱围岩初期支护侵限段的换拱作业和开挖支护安全施工。

表 9-16　中梁山隧道 K22＋600～K22＋635 拱顶下沉监测数据

序号	监测断面号	监测项目	测点	累计沉降(mm)	起止时间(y. m. d)	监测时间(d)
1	K22＋600	拱顶下沉	a	15.4	2023.5.2～2023.6.20	50
			a1	15.6	2023.5.2～2023.6.20	50
			a2	15.5	2023.5.2～2023.6.20	50
2	K22＋605	拱顶下沉	a	3.5	2023.6.10～2023.6.30	20
			a1	3.2	2023.6.10～2023.6.30	20
			a2	3.5	2023.6.10～2023.6.30	20
3	K22＋610	拱顶下沉	a	14.5	2023.6.9～2023.9.9	90
			a1	14.0	2023.6.9～2023.9.9	90
			a2	15.5	2023.6.9～2023.9.9	90
4	K22＋615	拱顶下沉	a	13.7	2023.6.9～2023.9.9	90
			a1	14.0	2023.6.9～2023.9.9	90
			a2	15.1	2023.6.9～2023.9.9	90
5	K22＋620	拱顶下沉	a	39.5	2023.5.12～2023.9.16	136
			a1	38.8	2023.5.12～2023.9.16	136
			a2	29.8	2023.5.12～2023.9.16	136
6	K22＋625	拱顶下沉	a	38.7	2023.5.25～2023.9.16	123
			a1	39.2	2023.5.25～2023.9.16	123
			a2	36.6	2023.5.25～2023.9.16	123
7	K22＋630	拱顶下沉	a	129.5	2023.5.16～2023.6.7	22
			a1	20.1	2023.5.16～2023.6.7	22
			a2	275.3	2023.5.16～2023.6.7	22

续上表

序号	监测断面号	监测项目	测点	累计沉降(mm)	起止时间(y. m. d)	监测时间(d)
8	K22+630（重置后）	拱顶下沉	a	23.8	2023.6.9～2023.8.8	59
			a1	22.6	2023.6.9～2023.8.8	59
			a2	20.3	2023.6.9～2023.8.8	59
9	K22+635	拱顶下沉	a	26.2	2023.8.12～2023.9.27	46
			a1	23.1	2023.8.12～2023.9.27	46
			a2	24.1	2023.8.12～2023.9.27	46

表 9-17　中梁山隧道 K22+600～K22+635 周边水平收敛监测数据

序号	监测断面号	监测项目	测点	累计沉降(mm)	起止时间(y. m. d)	监测时间(d)
1	K22+600	周边收敛	bc	12.6	2023.5.2～2023.6.20	49
			ef	1.8	2023.6.14～2023.6.20	6
2	K22+605	周边收敛	bc	2.9	2023.6.10～2023.6.30	20
			ef	1.9	2023.6.20～2023.6.30	10
3	K22+610	周边收敛	bc	13.6	2023.6.9～2023.9.9	91
			ef	10.8	2023.6.20～2023.9.9	80
4	K22+615	周边收敛	bc	12.8	2023.6.9～2023.9.9	91
			ef	11.2	2023.6.20～2023.9.9	80
5	K22+620	周边收敛	bc	29.0	2023.5.12～2023.9.16	137
			ef	27.0	2023.5.15～2023.9.16	134
			ij	2.9	2023.9.2～2023.9.16	14
6	K22+625	周边收敛	bc	16.5	2023.5.25～2023.9.16	114
			ef	18.8	2023.5.25～2023.9.16	114
			ij	2.2	2023.9.6～2023.9.19	13
7	K22+630	周边收敛	bc	10.6	2023.6.9～2023.7.26	47
			ef	12.5	2023.6.9～2023.8.8	65
			ij	2.8	2023.9.13～2023.9.24	11
8	K22+635	周边收敛	bc	12.2	2023.8.12～2023.9.27	46
			ef	6.5	2023.8.31～2023.9.27	27
			ij	2.5	2023.9.15～2023.9.27	12

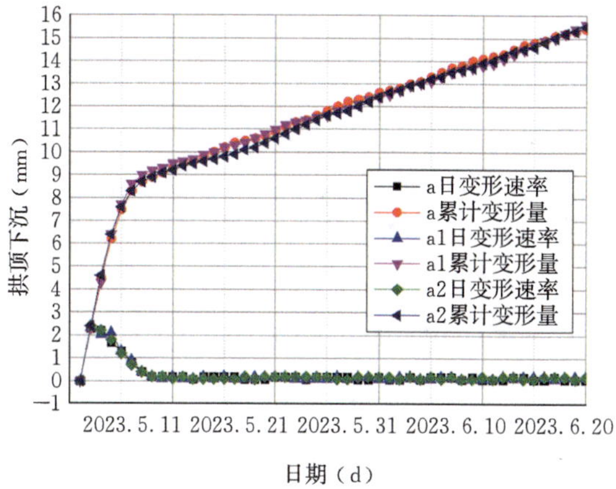

（a）K22+600断面

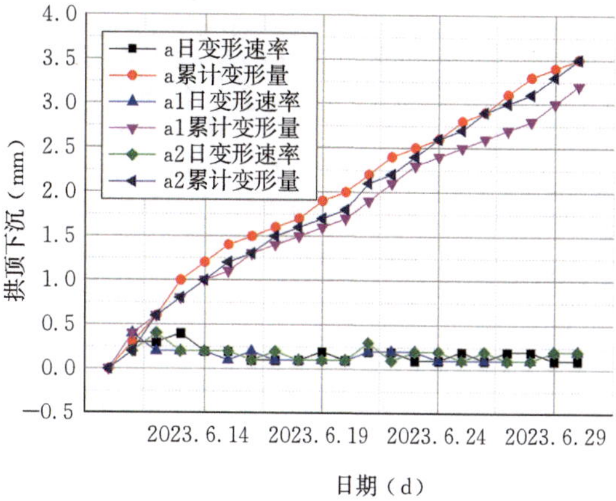

（b）K22+605断面

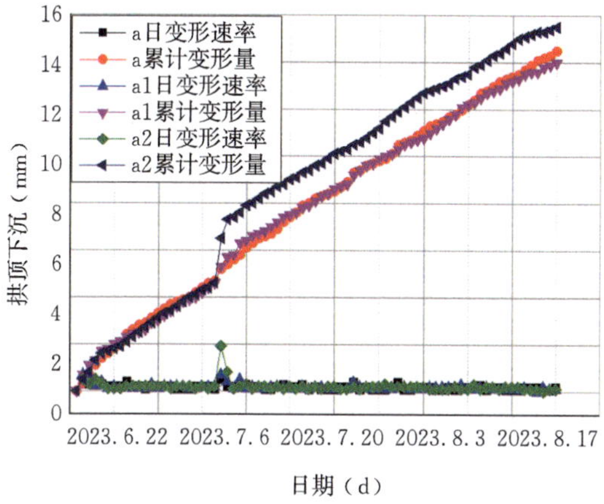

（c）K22+610断面

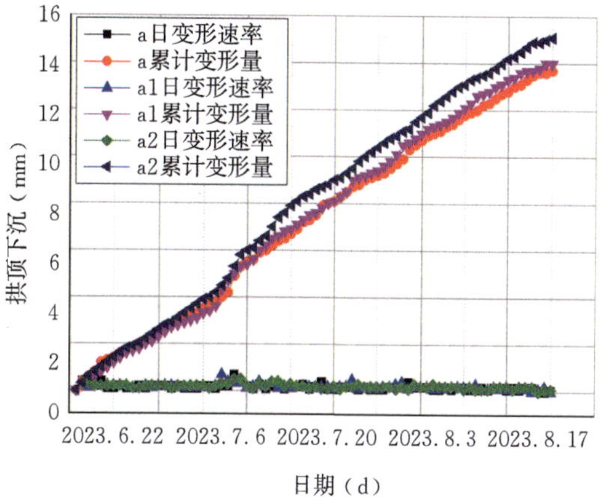

（d）K22+615断面

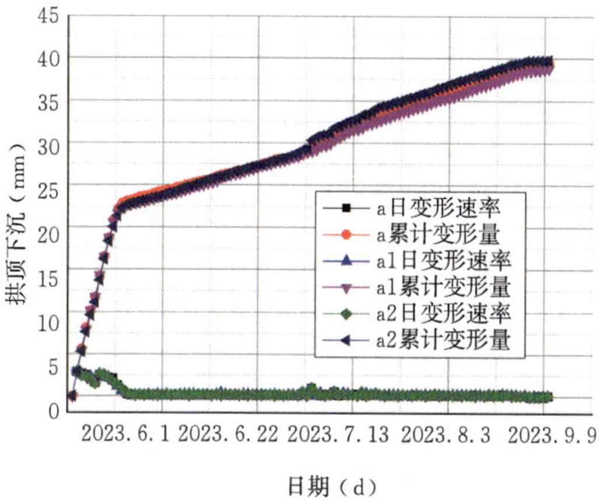

（e）K22+620断面

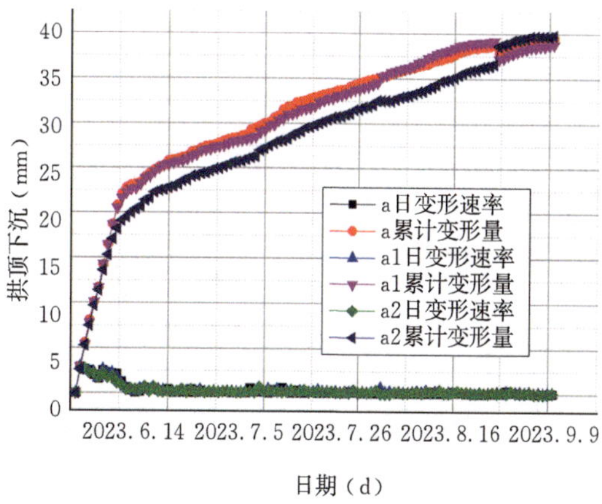

（f）K22+625 断面

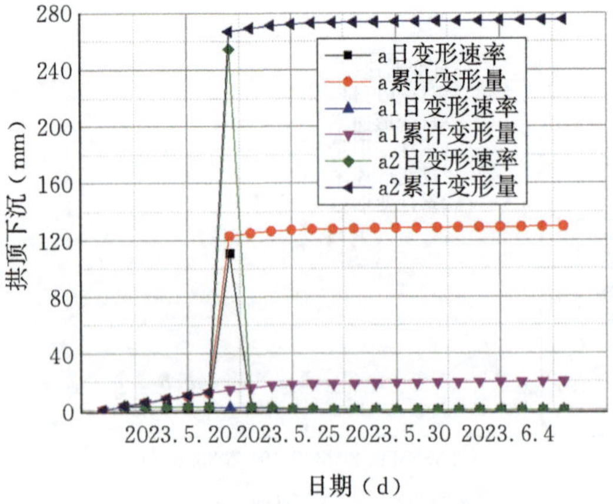

(g) K22+630断面（重置前）

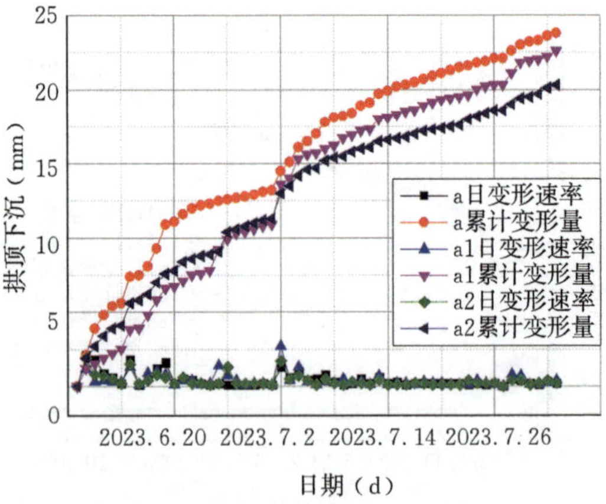

(h) K22+630断面（重置后）

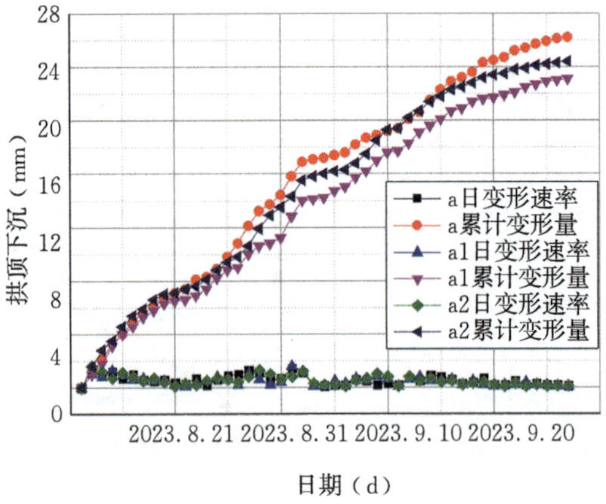

(i) K22+635 断面

图 9-58 中梁山隧道 K22+600～K22+635 断面拱顶下沉监测曲线

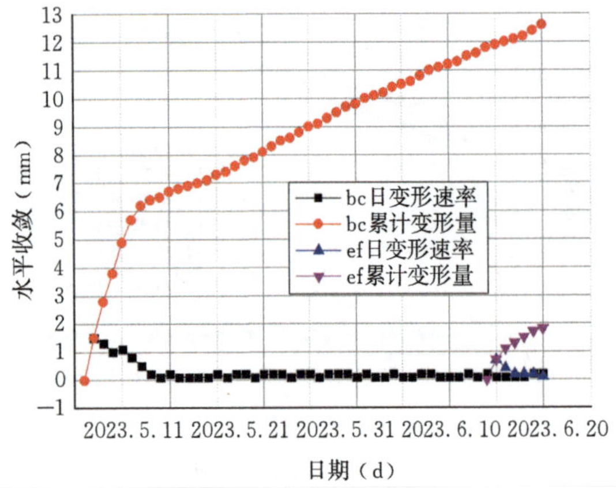

(a) K22+600断面

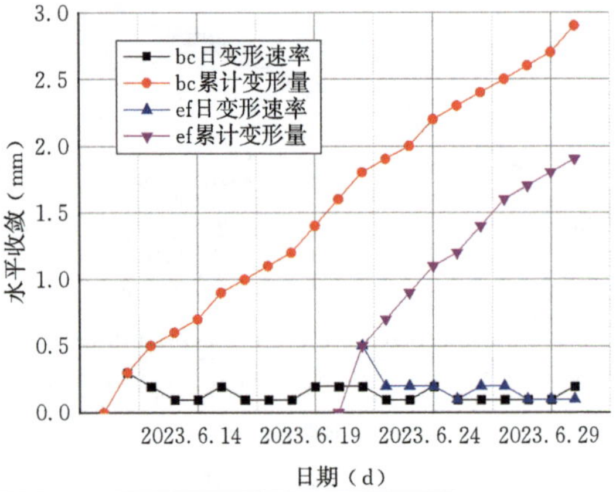

(b) K22+605断面

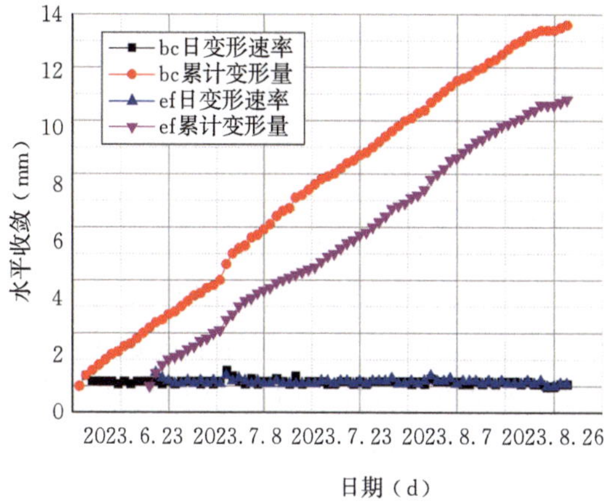

（c）K22+610断面

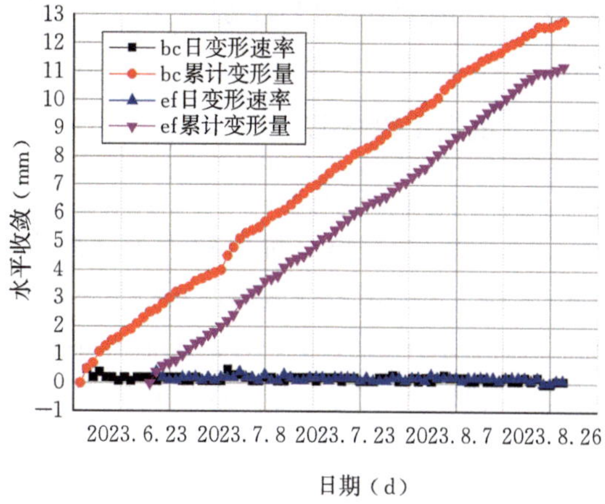

（d）K22+615断面

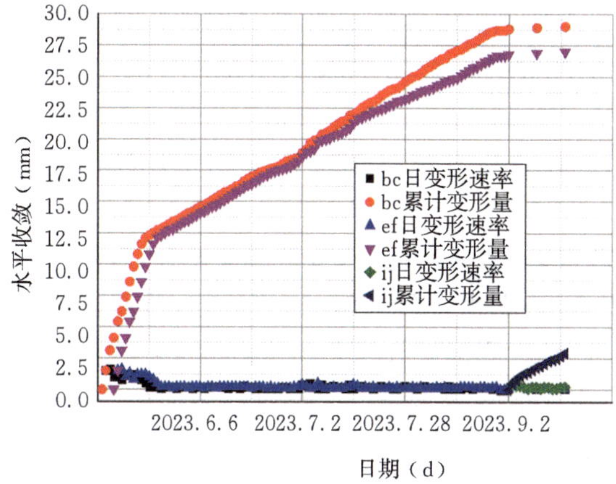

（e）K22+620断面

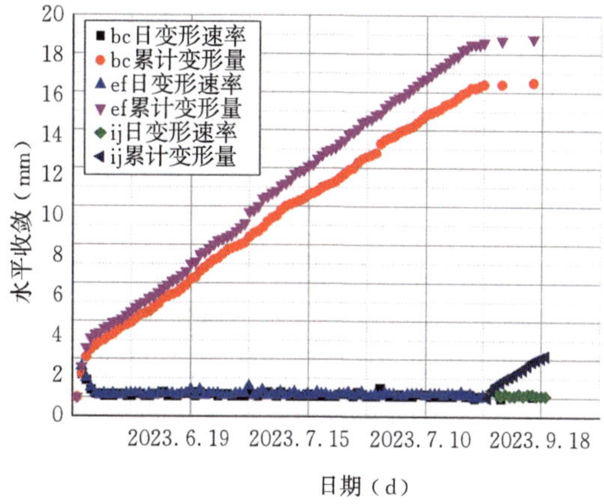

（f）K22+625 断面

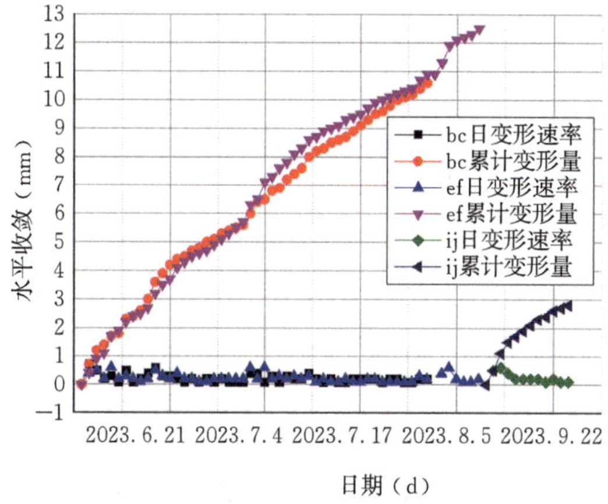

（g）K22+630断面

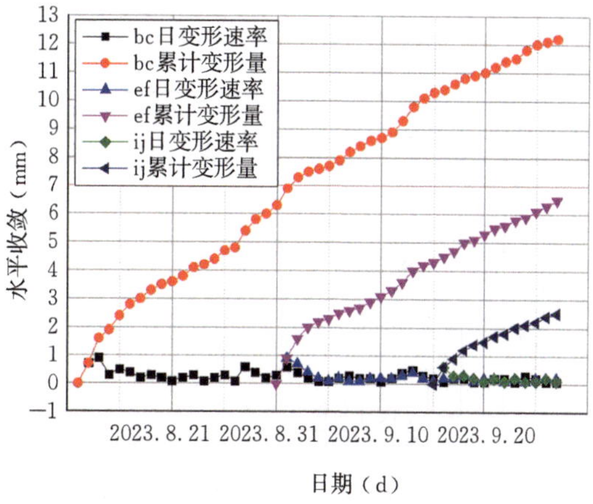

（h）K22+635断面

图 9-59　中梁山隧道 K22+600～K22+635 断面周边水平收敛监测曲线

9.3 金屏山隧道初期支护侵限控制技术

9.3.1 隧道工程概况

(1)金屏山隧道概况

重庆渝高速公路金屏山隧道为分离式隧道。左线隧道起止桩号 ZK39＋740～ZK42＋480,全长 2 740 m,右线隧道起止桩号 K39＋765～K42＋535,全长 2 770 m,其中Ⅴ级围岩占比 52%,Ⅳ级围岩占比 48%。主洞标准段建筑限界如图 9-60 所示,主洞标准段建筑限界宽 14.50 m,高 5 m。主洞标准段内轮廓如图 9-61 所示。暗洞结构设计按新奥法原理进行设计,采用复合式衬砌,初期支护以喷、锚、网为主,二次衬砌为模筑混凝土。

(2)侵限段隧道工程概况

①初期支护沉降变形发生过程:2023 年 5 月 26 日,金屏山隧道 ZK41＋182～ZK41＋190 区段支护完成后,拱腰部位开始出现裂缝,对出现裂缝处补喷射混凝土处理。2023 年 5 月 27 日,ZK41＋192.5～ZK41＋193.2 隧道进口左洞上台阶(进尺 0.7 m)开挖完成进行排险作业过程中,发现 ZK41＋182～ZK41＋190 区段初期支护裂缝扩大、沉降增大并发生侵限,其中在 ZK41＋186.2 断面处沉降变形最为严重,侵限最大值达到 22.9 cm,导致相应监控量测断面测点破坏。现场带班人员立即安排人员机械撤离,并停止所有作业面施工,及时对现场进行封闭,并设立警示标识。

②侵限段隧道地质概况:围岩主要为中风化砂岩,偶夹薄层泥岩,节理裂隙发育,岩体较完整,岩质较硬,围岩主要为中风化泥岩、页岩、炭质页岩,偶夹砂岩及煤线,岩质软,节理裂隙发育,岩体较破碎,围岩自稳能力差,无支护时拱部易坍塌,侧壁易失稳。洞室内呈淋雨状或涌流状出水。掌子面围岩揭露情况为围岩为中风化炭质泥岩夹煤层,围岩较破碎,岩质较软,节理裂隙发育,局部裂隙水较发育,岩层层间结合较差,围岩整体定性较差。开挖工法采用弧形导坑留核心土法。

③初期支护侵限段隧道衬砌结构原设计参数:金屏山隧道左线 ZK41＋150～ZK41＋

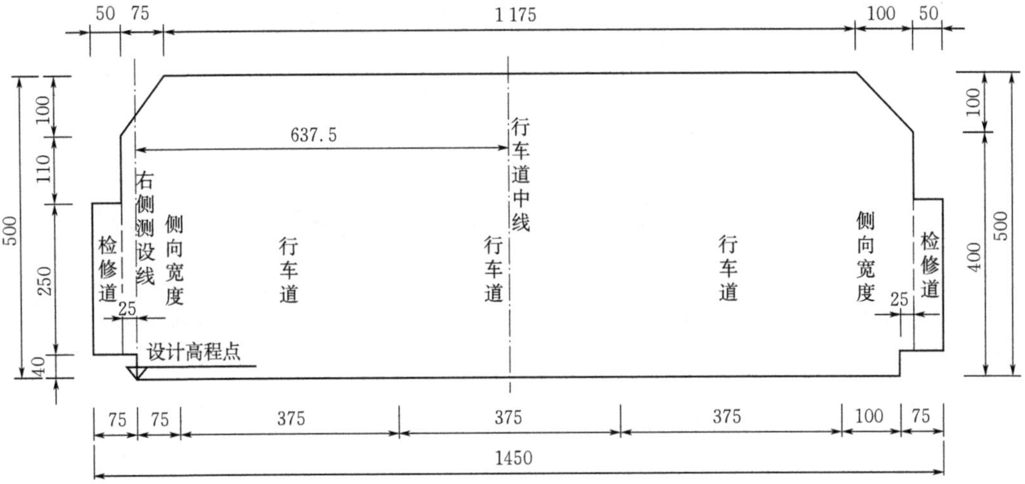

图 9-60 金屏山隧道主洞标准段建筑限界(单位:cm)

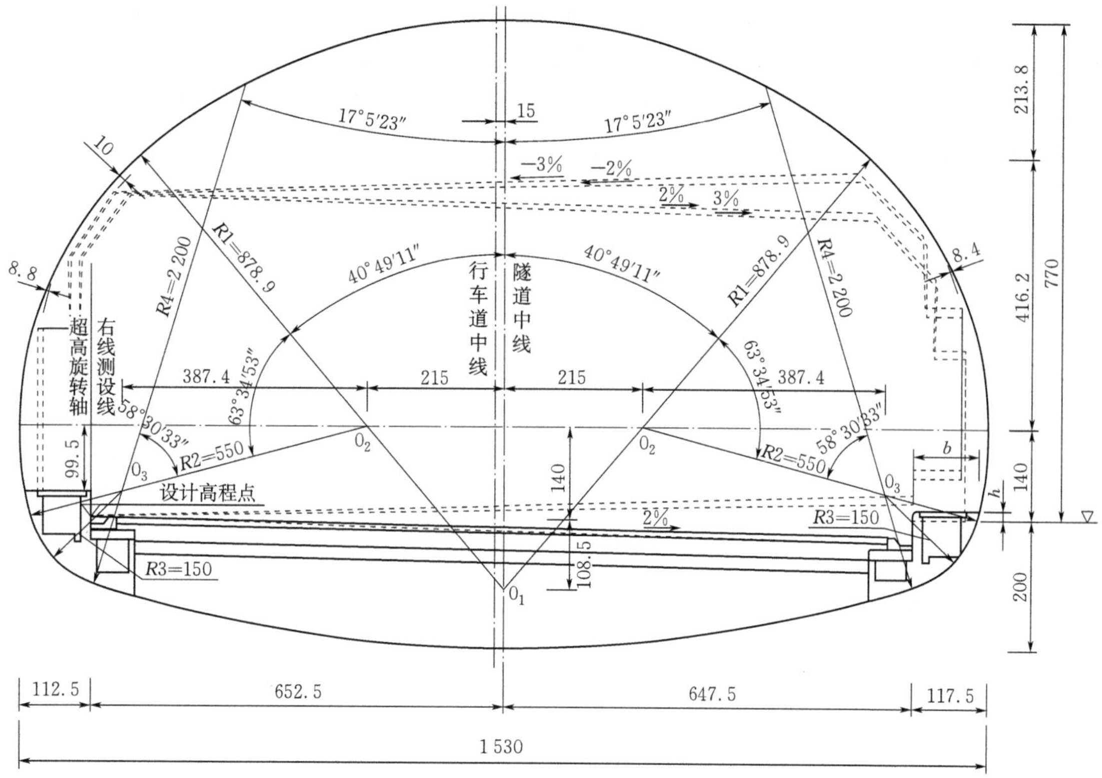

图 9-61　金屏山隧道主洞标准段内轮廓(单位:cm)

242.25 段为Ⅴ级 S5c 围岩,初期支护 26 cm 厚锚喷衬砌,Ⅰ20b 工字钢,间距 70 cm,二次衬砌为 65 cm 厚 C30 钢筋混凝土,超前支护为中空注浆锚杆 $L=4.0$ m。

④初期支护侵限原因分析:主要为围岩较破碎,岩质较软,围岩节理裂隙发育,局部裂隙水较发育,洞室内局部呈淋雨状出水,整体定性较差,自稳能力较差,开挖施工过程中的进一步的扰动,导致初期支护沉降。因此需要对 ZK41+182～ZK41+190 段初期支护侵限进行补强换拱处理。根据现场数据,整治措施主要增加临时支撑,短台阶开挖,衬砌紧跟等措施

⑤初期支护侵限段临时处置措施:2023 年 5 月 28 日,针对金屏山隧道进口端左洞桩号 ZK41+182～ZK41+190 出现初期支护侵限事件,项目各参建方现场踏勘后开会提出处治方案:(a)对 ZK41+180～ZK41+193 段进行反压。(b)加强已完初期支护段落监控量测,监控量测点纵向间距由 10 m 调整为 5 m,监控频率由 1 次/d 调整为 2 次/d。如有异常立即采取应急措施。(c)加强项目领导带班制度,对隧道进行安全警戒管控,对洞内初期支护侵限持续做好观察。

⑥掌子面前方超前地质预报探测结果:对掌子面前方 25 m 范围进行超前探测和综合分析得出:ZK41+190～ZK41+215 围岩为中风化炭质泥岩夹煤层,围岩较破碎,岩质较软,节理裂隙发育,局部裂隙水较发育,岩层层间结合较差,围岩整体稳定性较差。

⑦初期支护侵限段监控量测数据结果分析:隧道侵限段为Ⅴ级围岩,设计预留变形量为 120 mm,根据规范要求以 2/3 极限位移作为施工管理控制标准的上限,取值为 80 mm。

2023 年 5 月 29 日至 6 月 3 日,对重置后的 ZK41+183.7 断面、ZK41+186.2 断面进行了为期 6 天的监测结果(图 9-62、图 9-63):(a)ZK40+183.7 拱顶下沉测点和周边收敛累计最大

位移分别为 28.9 mm、27.5 mm、20.9 mm、7.9 mm，均小于 80 mm；拱顶下沉及周边收敛日变形速率最大分别为 8.20 mm/d、2.30 mm/d，大于 5.00 mm/d，表明围岩特别是前期仍处于急剧变形阶段。(b)ZK40 ＋186.2 拱顶下沉测点和周边收敛累计最大位移分别为 30.3 mm、28.9 mm、16.8 mm，均小于 80 mm；拱顶下沉日变形速率最大为 14.5 mm/d，大于 5.00 mm/d，表明围岩特别是前期仍处于急剧变形阶段。

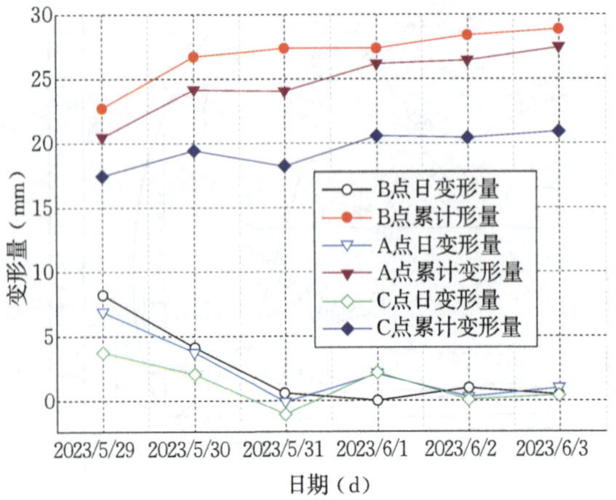

图 9-62 ZK41＋183.7 拱顶下沉变形图

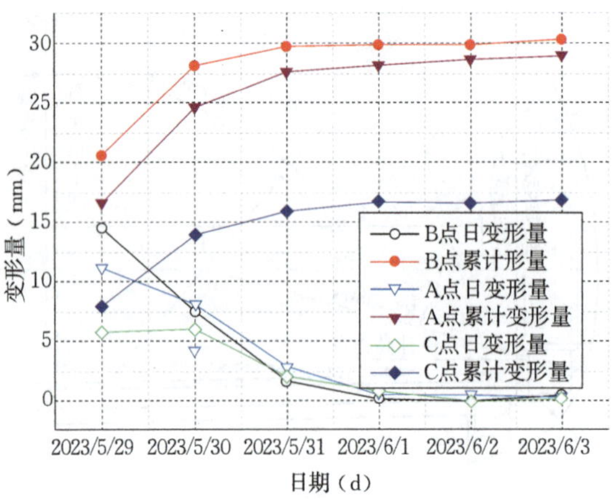

图 9-63 ZK41＋186.2 拱顶下沉变形图

9.3.2 变形控制方案

(1)初期支护侵限段换拱控制方案

新奥法施工的最基本理念是尽量不扰动岩土体的自身平衡状态，充分利用岩土体的自稳能力与初期支护共同承受围岩压力。根据监控量测数据分析，当被扰动岩土体已重新趋于稳定的新平衡状态，如果一次性大范围的拱架更换施工，势必将再次扰动岩土体的平衡状态，使之再次丧失自稳能力而仅靠初期支护抵抗围岩压力，结构难以稳定，施工质量、安全均得不到有效保证，因此在确保施工安全和结构自身受力需要前提下，应尽量缩短一次换拱开挖长度 0.5 m，这样可以大大地降低换拱的安全风险等级，即有效提高施工的安全性。

暂停掌子面施工并且封闭掌子面，对 ZK41＋170～ZK41＋190 区段净空断面进行加强监控量测，并根据监测变形数据结果确定初期支护拆换区段 ZK41＋182～ZK41＋190，该段落 S5c 衬砌 I20b 拱架间距为 70 cm，换拱段落共计 8 m，将换拱段进行补强：按 S5a 衬砌 I22b 拱架间距为 50 cm，预留变形量 20 cm。

①换拱准备：按照换拱方案中的具体要求，配备换拱所需专业人员、机械及原材料储备。按隧道实际断面尺寸加工换拱台车及注浆筹备工作，并做好换拱过程中应急预案随时启动准备。

②临时加固：对隧道左洞换拱段落采用钢管进行临时加固处理，临时加固必须确保连接牢固、支撑得力，随时观测围岩及支护变形情况。

③施工原则：严格执行“先加固后处理”的原则组织施工。隧道施工应遵循“少扰动、快加固、勤量测、早封闭”的原则，开挖应严格控制超欠挖。

④初期支护及二次衬砌：喷射混凝土应采用湿喷工艺，严禁采用干喷工艺；二次衬砌应尽早施作，二次衬砌应采用大模板台车，输送泵浇筑，应控制台车脱模时间，加强混凝土养生。

⑤支护施工工序原则：先进行超前支护，开挖由上而下，衬砌由下而上的原则，下台阶开挖过程中应注重围岩及结构的变形，检查初期支护的纵向连接，错开连接。施工过程中应加强监控量测，确保施工安全，及时处理分析数据。

(2)侵限段换拱施工工艺流程

为初期支护侵限段换拱施工工艺流程，如图 9-64 所示。

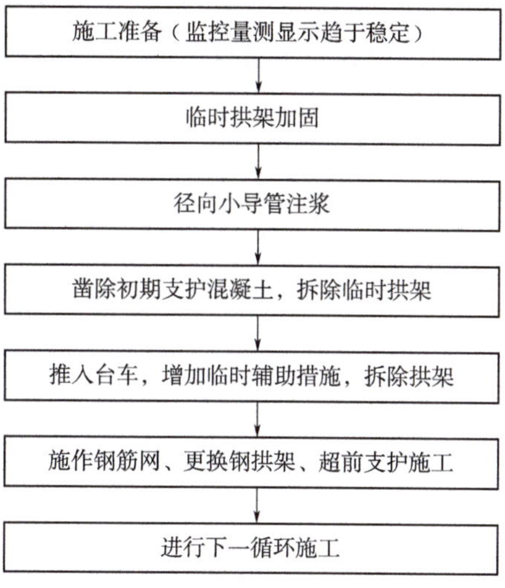

图 9-64　初期支护侵限段换拱施工工艺流程

9.3.3　变形控制技术

(1)应急措施

①现场暂停掌子面施工并且封闭掌子面，对 ZK41＋180～ZK41＋193 段进行反压。②对 ZK41＋172～ZK41＋182 段初期支护钢架采用 ϕ42 mm×4 mm 锁脚锚管注浆小导管补强。加固拱脚、施作锁脚锚管。③对 ZK41＋160～ZK41＋191 区段断面加强监控量测。监控量测点纵向间距由 10 m 调整为 5 m，监控频率由 1 次/d 调整为 2 次/d。如有异常立即采取应急措施。

(2)临时支撑加固

在换拱前首先从外到内对初期支护钢拱架施作临时支撑，在每榀侵限工字钢增加两道 I16 工字钢作斜撑，I16 工字钢顶端焊接 1 cm 厚钢板分别于侵限工字钢 A1 单元与 A3 单元顶部密贴，临时支撑工字钢下端支撑在混凝土垫块上。左右侧临时工字钢分别采用两道 ϕ20 mm 纵向钢筋焊接，图 9-65 所示。临时支撑加固完成后进行下一步工序。

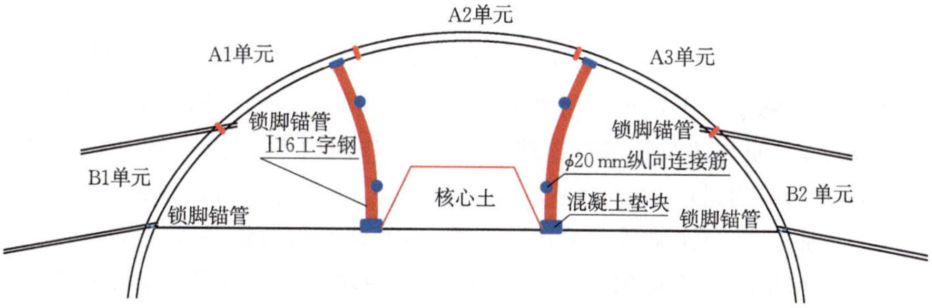

图 9-65　初期支护侵限段临时支撑加固示意图

(3)初期支护径向注浆加固

在 ZK41+178～ZK41+190 初期支护侵限段的拱顶、拱腰、拱墙围岩进行注浆加固处理，采用 4.5 mϕ42 mm×4 mm 注浆小导管进行径向注浆加固围岩，间距(环×纵)100 cm×70 cm，梅花形布置，注浆钢花管采用 ϕ42 mm 热轧无缝钢管加工制成，壁厚 4 mm，管口段 50 cm 内不开孔，其余部分按 15 cm 间距交错布置注浆孔，孔直径 8 mm，图 9-66 所示。注浆间距可根据现场注浆情况调整。注浆采用水灰比 0.5∶1～1∶1，注浆压力 0.5～1.0 MPa。初期支护径向注浆加固后，对注浆加固区段各监控量测断面重新布点并加强监控量测，待围岩稳定后进行换拱。

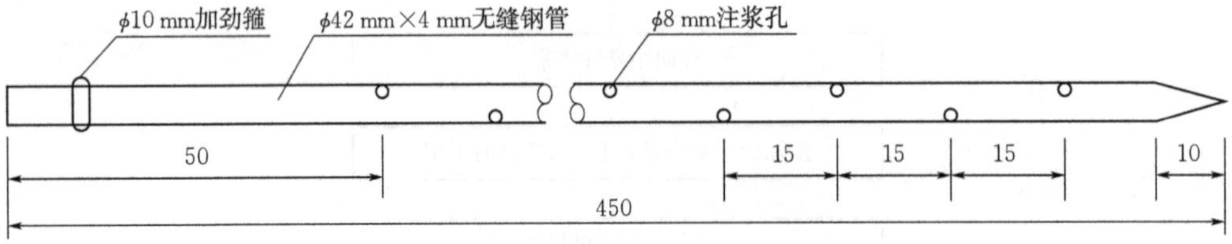

图 9-66　ϕ42 mm 热轧无缝径向注浆钢花管(单位：cm)

①设备选型：采用 YT28 风枪进行径向注浆钢花管钻孔，见表 9-18；采用 GL90-100 注浆机进行注浆作业，注浆孔间距 1 m×0.7 m。

表 9-18　YT28 风枪技术参数

科　　目	参　　数	科　　目	参　　数
重量(kg)	26	长度(mm)	661
活塞直径(mm)	80	活动行程(mm)	60
气压(MPa)	0.5	条件下耗气量(L/s)	≤57
冲击频率(Hz)	≥39	气管内径(mm)	25

②注浆参数：安装钢管后用 GL90-100 注浆机进行注浆作业，注入水泥浆液，当地下水压力较大时则压注水泥-水玻璃浆液，水泥浆水灰比 1∶1(重量比)，水泥浆与水玻璃体积比 1∶0.5，水玻璃浓度 30 波美度，注浆压力 0.5～1 MPa，注浆参数及注浆量根据现场试验按实际情况确定，合理调整。单根钢花管注浆量等于注浆断面积、注浆管长度和围岩空隙率的乘积，为了避免串浆，采取分序施工或对串浆孔同时注浆。

③注浆工艺流程：安装注浆钢花管→封口及止浆阀安装→管路安装及制浆→注浆 →管口封堵→验收。(a)注浆孔钻孔结束后，立即采用高压风枪将孔内砂石吹出，清理孔道，后立即将钢花管采用凿岩机振动锤击或钻机顶入，顶入长度不小于钢管长度的 90%，并再次用高压风枪将钢管内的杂物吹出，进行清理。(b)钢花管安设后，利用锤击安装止浆阀，止浆阀与注浆钢花管之间包裹一层麻絮用于增加密封性及摩擦锚固性能，以便后续注浆结束进行止浆密封，接着安装快速接头，以便与注浆管进行连接，另外在孔口向内不小于 30 cm 的孔壁与钢花管之间空隙用塑胶泥或锚固剂封堵，并封闭孔口及周围裂隙，必要时也可以在钢花管附近及工作面喷射混凝土，以防漏浆。(c)注浆管道采用高压管，做好注浆机与钢花管快速接头连接密封，避免注浆过程中管道堵塞或漏浆现象，利用注浆搅拌机现场制备水泥浆液，水泥浆水灰比 1∶1(重量比)，水泥浆与水玻璃体积比 1∶0.5，水玻璃浓度 30 波美度。

④注浆结束标准：(a)注浆压力逐步升高，达到设计终压 1 MPa 时继续注浆 10 min 以上。(b)实际注浆量与设计注浆量大致接近，注浆结束时的进浆量，宜在 20～30 L/min 以下。

⑤注浆效果检查评价：隧道注浆段的注浆孔全部注完后，必须要进行注浆效果检查和评价，不合格者应补钻孔注浆，检查方法如下：(a)对注浆过程中的各种记录资料综合分析，注浆压力和注浆量变化是否合理，是否达到设计要求；(b)根据注浆前后地层声波速度的大小对比来判断浆液填充的密实程度。

⑥径向注浆加固施工要点：(a)注浆钢花管安设后，用塑胶泥封堵孔口及周围裂隙，必要时在钢花管附近及工作面喷射混凝土，以防止漏浆。(b)注浆前进行压水试验，检查机械设备是否正常，管路连接是否正确，为加快注浆速度和发挥设备效率，采用群管注浆(每次 3～5 根)。(c)径向注浆采取注浆量和注浆压力双控，加强注浆检查，采取多次注浆措施保证注浆效果，注浆过程中要随时观察注浆压力及注浆泵排浆量的变化，分析注浆情况，防止堵管、跑浆、漏浆。做好注浆记录，以便分析注浆效果。(d)注浆顺序由拱脚向拱顶进行。注浆过程中进行间隔、停顿间歇、重复注浆，确保注浆固结坍塌渣体效果。注浆过程中现场技术员做好注浆记录。(e)为保证注浆效果，采用止浆塞止浆，止浆塞直径要与注浆钢花管孔径相匹配

(4)钢架拆除辅助措施

初期支护径向注浆固结后，拆除侵限处第一榀临时斜撑，及凿除侵限的第一榀工字钢小桩号侧初期支护混凝土，确定围岩稳定后，推入台车，换拱前对第一榀换拱拱架施作辅助措施，采用四根 ϕ42 mm 钢管作斜撑，钢管内采用螺旋钢筋，斜撑顶端为凹字型与拆除工字钢紧贴，下端支撑在台车钢板上，长度可调整 1.5～2.5 m，上段分别支撑在初期支护钢架 A2 单元两侧、A1 单元、A3 单元中间，拆除 A2 单元与 A1 单元与 A3 单元的连接，为避免初期支护钢拱架失稳，利用临时支撑可调节装置逐步放下拱架，如图 9-67、图 9-68 所示。

(5)钢架拆除顺序

从隧道小桩号至大桩号方向开始，由上至下，先拆除 A2 单元，然后拆除 A1 单元及 B1 单元，最后拆除 A3 单元及 B2 单元，如图 9-69、图 9-70 所示。利用换拱台车长度，逐榀扩挖拆换

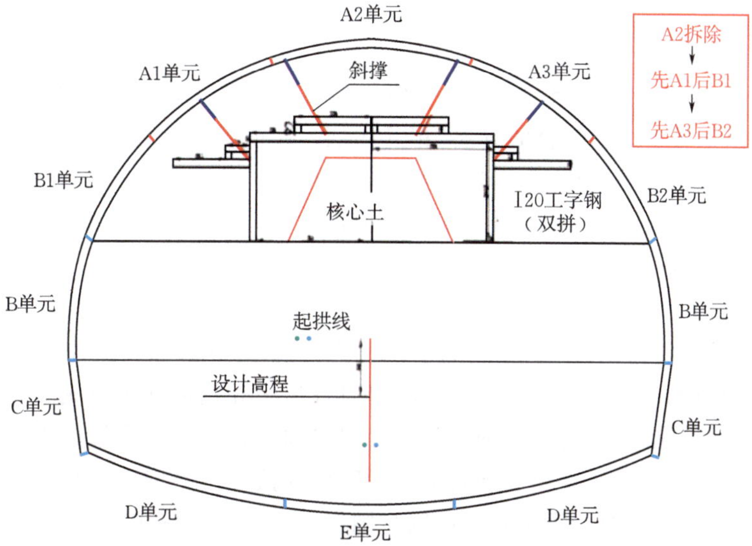

图 9-67　临时斜撑设置示意图

拱架，采用机械破碎锤按先拱后墙的顺序进行开挖，以人工风镐等辅助开挖，开挖时每次只能开挖一榀，采用电焊切断连接钢筋及钢筋网，尽量减少对围岩的扰动，拆除变形拱架，后续逐榀扩挖拆换拱架，并采用双层超前小导管，施工时采取措施，确保超前小导管施作的有效性。每榀新换拱架锁脚采用直径 76 mm、长度 6 m 锚管，确保锁脚与拱架连接质量，拆除拱架时，换拱段落设逃生管道，暂停前方掌子面的正常施工，确保施工安全。

图 9-68 斜撑辅助措施

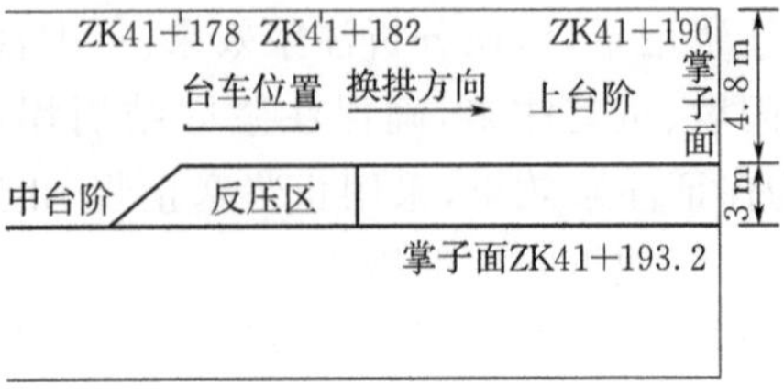

图 9-69 初期支护侵限段换拱纵断面示意图

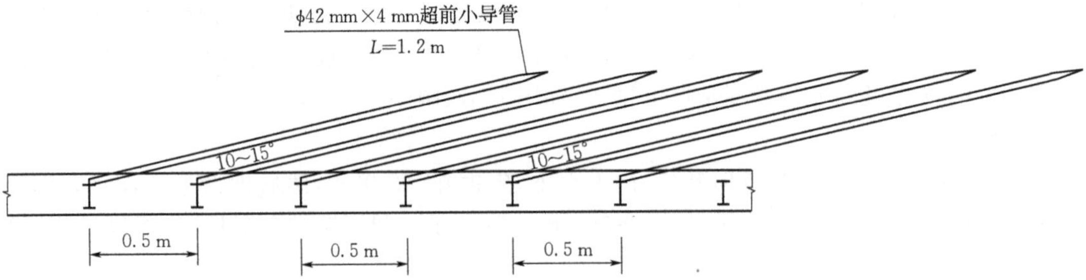

图 9-70 初期支护侵限段双层超前小导管布置示意图

(6)超前地质预报

自里程桩号 ZK41+193 继续向前施工过程中，采用物探和超前地质钻孔。物探采用长距离 TSP 和短距离地质雷达相结合的方法，相互印证。超前地质钻孔在掌子面均匀布孔，数量不少于 3 个，特殊情况可酌情增加，靠近开挖轮廓线的钻孔设置 10°～20°外插角，查明掌子面正前方和隧道周边 5～10 m 范围围岩情况。超前地质钻孔各循环间搭接长度不小于 5 m。发现前方地质异常，应向上级领导部门示警。

(7)初期支护侵限换拱施工要点

①换拱期间加强隧道监控量测，加密测线、测点，纵向每 5 m 布设监控量测点，每环设置 5 个监控量测点，每日测量 2 次，以便随时掌握变形情况，指导隧道施工及施工安全。②临时支撑与原支撑拱架要密贴，空隙处采用钢板塞紧并焊接加固。③临时支撑施作完成后再对变形段进行注浆加固，采用间歇注浆提高围岩强度。④根据监控量测资料待稳定后再对变形进行换拱施工。⑤施工中应注意钢拱架及钢筋网与围岩的密贴。⑥施工过程中，锁脚锚管每榀钢架施作 4 组，严格控制锁脚锚管的施工工程质量。上中台阶的钢架务必保证落地，拱脚支垫预

制块。下导钢架与中导初期支护钢架有效连接。⑦开挖注意保护围岩,较少对围岩的扰动,施工中严禁爆破,采用机械配合人工进行开挖。⑧开挖循环进尺不大于1榀钢架,不能大面积拆除初期支护,以防塌方及冒顶。⑨严格按照要求施作锁脚锚管,钢拱架拱脚支垫牢固,禁止悬空,初喷混凝土背后喷射密实,严禁空洞。⑩仰拱开挖每循环开挖长度不得大于3 m,开挖后及时施作仰拱封闭成环;严格控制中下台阶及仰拱开挖进尺,遵循"短进尺、早封闭、快成环"原则组织施工,过程中加强监控量测。⑪监控量测预警,采用沉降速率和累计沉降双控预警,数据异常或超出规范值时,停工分析原因,及时进行加固处理。⑫施工过程中,密切注意周边围岩,如有异响,立即撤离人员。

9.3.4　变形控制效果

(1)初期支护侵限换拱段变形控制效果

锁脚锚管补强加固:ZK41+180～ZK41+193区段,现场暂停掌子面施工并且封闭掌子面进行反压。ZK41+172～ZK41+182区段,并采用ϕ42 mm×4 mm锁脚锚管注浆小导管对初期支护钢架加固补强,起到提高围岩支撑强度,增强初期支护钢拱架结构强度,控制掌子面挤出变形及掌子面后方变形的进一步发展。

初期支护侵限段临时支撑加固:ZK41+182～ZK41+190区段,换拱前从外到内对初期支护钢拱架施作临时支撑,在每榀侵限工字钢增加两道Ⅰ16工字钢作斜撑,形成临时支撑结构,提高初期支护刚度,进一步加强控制掌子面后方变形的发展。

初期支护径向注浆加固:ZK41+178～ZK41+190区段,采用4.5 mϕ42 mm×4 mm径向注浆小导管对拱顶、拱腰、拱墙进行注浆加固处理,径向注浆按间距(环×纵)100 cm×70 cm,梅花形布置。通过径向注浆调动深部围岩强度,扩大承载圈,起到提高围岩自支护能力、加强支护和衬砌结构刚度作用效果,从而控制了掌子面后方变形的进一步发展。

提高初期支护换拱支护等级:ZK41+182～ZK41+190初期支护换拱区段,将该段落S5c衬砌结构提高按S5a衬砌支护参数施工,Ⅰ20b拱架改成Ⅰ22b拱架,拱架间距为70 cm改为50 cm,预留变形量20 cm。通过增强换拱区段初期支护强度和刚度,达到对掌子面后方变形的有效控制作用。

(2)初期支护侵限换拱段监控量测结果

为了分析评价初期支护侵限换拱段采取的变形控制措施的控制效果,对金屏山隧道ZK41+174.4～ZK41+191区段换拱施工前后7个断面拱顶沉降和水平收敛加强监控量测。金屏山隧道监测断面测点布置及各断面监测结果见表9-19、表9-20,如图9-71所示。不难得出如下结论:

①在初期支护换拱前后,对于ZK41+174.4～ZK41+191区段7个监测断面经过长达57 d的监控量测数据表明:通过采取掌子面反压、锁脚锚管注浆补强、初期支护径向注浆、换拱段初期支护参数增强等变形控制措施,K41+186.2断面B测点拱顶下沉累积变形最大值为31.3 mm、K41+191断面DE测线水平收敛累计变形最大值为19.5 mm,围岩及初期支护变形趋于稳定。

②在ZK41+172～ZK41+182区段采取的变形控制技术手段显著有效地控制了初期支护侵限段的总变形量,有效保障了软弱围岩初期支护侵限段的换拱作业和开挖支护安全施工。

表 9-19 金屏山隧道 K41＋174.4～K41＋191 拱顶下沉监测数据

序号	监测断面号	监测项目	测点	累计沉降(mm)	起止时间(y.m.d)	监测时间(d)
1	K41＋174.4	拱顶下沉	B	7.8	2023.5.27～2023.7.23	57
			A	5.5	2023.5.27～2023.7.23	57
			C	8.0	2023.5.27～2023.7.23	57
2	K41＋177.9	拱顶下沉	B	10.6	2023.5.27～2023.7.23	57
			A	10.8	2023.5.27～2023.7.23	57
			C	15.2	2023.5.27～2023.7.23	57
3	K41＋180.8	拱顶下沉	B	12	2023.5.27～2023.7.23	57
			A	13.1	2023.5.27～2023.7.23	57
			C	17.5	2023.5.27～2023.7.23	57
4	K41＋183.7	拱顶下沉	B	30.7	2023.5.26～2023.7.22	57
			A	29.7	2023.5.26～2023.7.22	57
			C	25.7	2023.5.26～2023.7.22	57
5	K41＋186.2	拱顶下沉	B	31.3	2023.5.27～2023.7.23	57
			A	30.5	2023.5.27～2023.7.23	57
			C	20.6	2023.5.27～2023.7.23	57
6	K41＋187.3	拱顶下沉	B	7.5	2023.6.21～2023.7.27	36
			A	11	2023.6.21～2023.7.27	36
			C	5.9	2023.6.21～2023.7.27	36
7	K41＋191	拱顶下沉	B	25.1	2023.7.11～2023.8.3	23
			A	26	2023.7.11～2023.8.3	23
			C	25	2023.7.11～2023.8.3	23

表 9-20 金屏山隧道 K41＋174.4～K41＋191 周边收敛监测数据

序号	监测断面号	监测项目	测线	累计变形量(mm)	起止时间(y.m.d)	累计时间(d)
1	K41＋174.4	周边收敛	DE	8.4	2023.5.27～2023.7.23	57
2	K41＋177.9	周边收敛	DE	12.1	2023.5.27～2023.7.23	57
3	K41＋180.8	周边收敛	DE	11.5	2023.5.27～2023.7.23	57
4	K41＋183.7	周边收敛	DE	13.6	2023.5.26～2023.7.22	57
5	K41＋186.2	周边收敛	DE	10.0	2023.5.27～2023.7.23	57
6	K41＋187.3	周边收敛	DE	10.2	2023.6.21～2023.7.27	36
7	K41＋191	周边收敛	DE	19.5	2023.7.11～2023.8.3	23

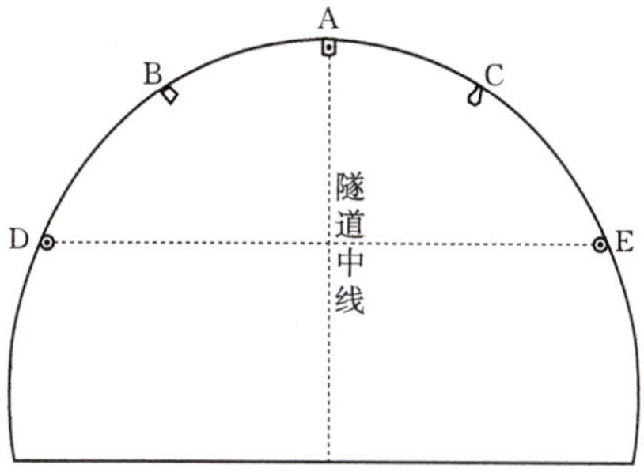

（a）ZK41+174.4～+191断面监测点布置图

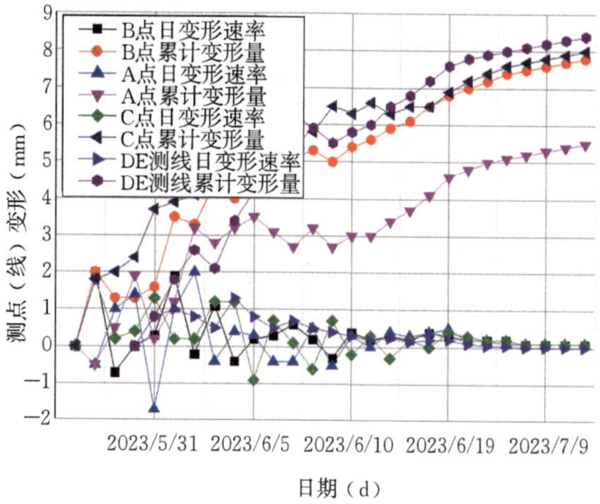

（b）ZK41+174.4断面

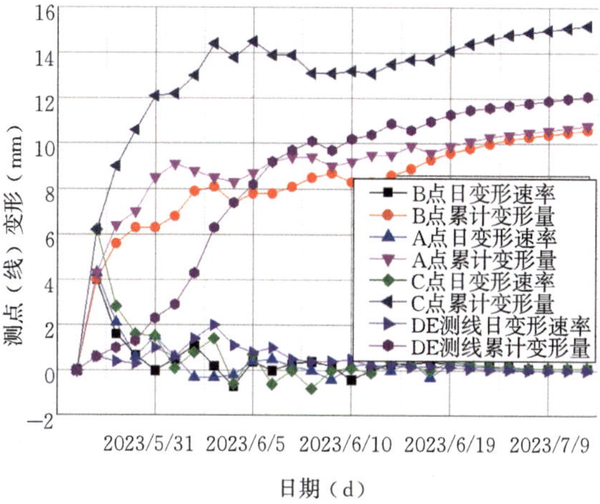

（c）ZK41+177.9断面

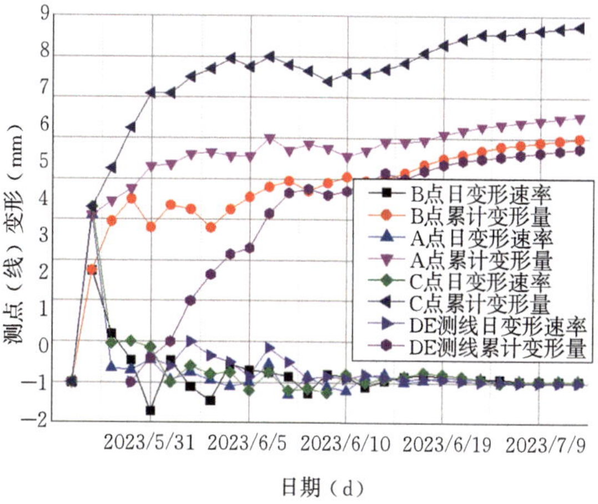

（d）ZK41+180.8断面

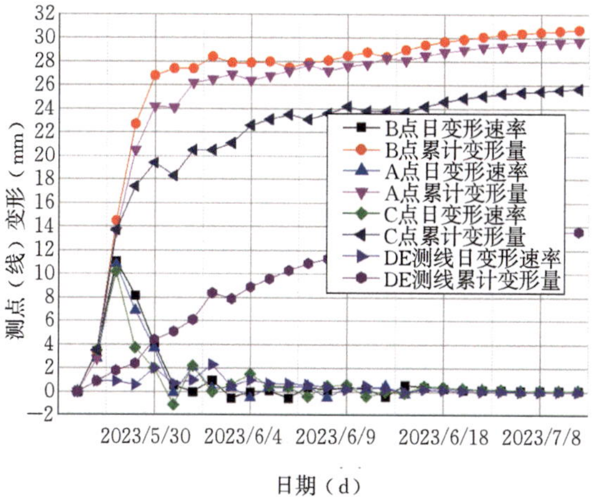

（e）ZK41+183.7断面

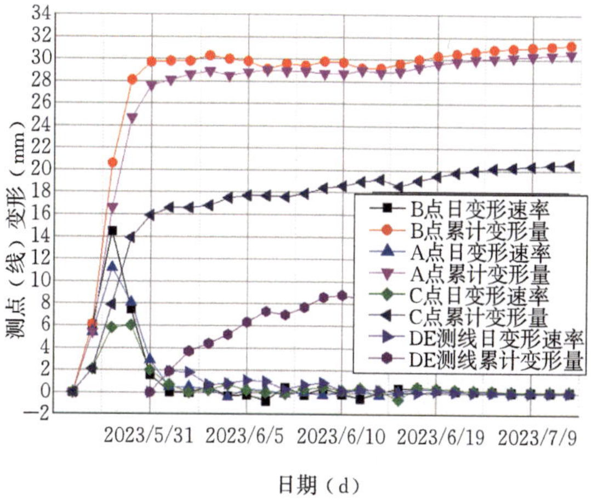

（f）ZK41+186.2断面

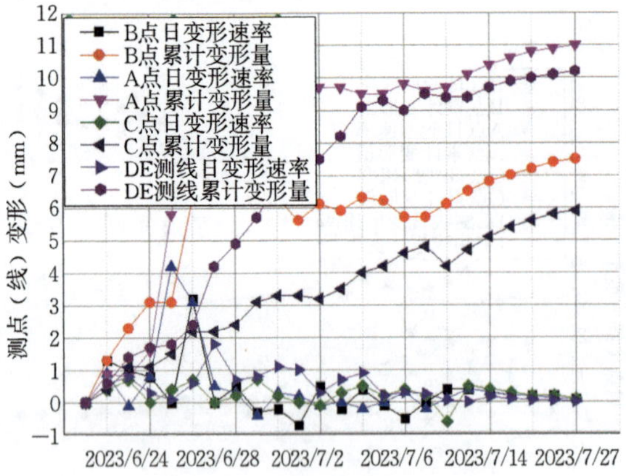

（g）ZK41+187.3断面

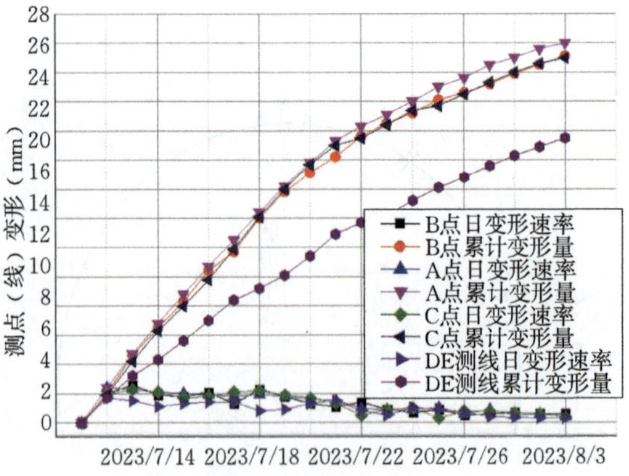

（h）ZK41+191断面

图 9-71 金屏山隧道 ZK41+174.4～ZK41+191 断面变形监测曲线

参考文献

[1]王梦恕．中国隧道及地下工程修建技术[M]．北京：人民交通出版社，2010.

[2]李献民，李志双，史向群．隧道施工规范化管理控制[M]．北京：中国铁道出版社有限公司，2022.

[3]李献民，王丛泉，孙新海，等．隧道工程施工安全控制管理技术[M]．北京：中国铁道出版社有限公司，2023.

[4]李献民．隧道施工动态风险管理与监控评估[M]．北京：人民交通出版社股份有限公司，2015.

[5]李献民．公路膨胀土加筋设计与施工新技术[M]．北京：中国建筑工业出版社，2012.

[6]李献民．高速铁路过渡段结构动力分析与设计施工[M]．北京：中国铁道出版社有限公司，2019.

[7]潘昌实．隧道力学数值方法[M]．北京：中国铁道出版社，1995.

[8]关宝树，赵勇．软弱围岩隧道施工技术[M]．北京：人民交通出版社，2011.

[9]陆家梁．软岩巷道支护技术[M]．长春：吉林科学技术出版社，1995.

[10]何满潮．软岩巷道工程概论[M]．北京：中国矿业大学出版社，1993.

[11]何满潮，景海河，孙晓明．软岩工程力学[M]．北京：科学出版社，2002.

[12]徐则民，黄润秋．深埋特长隧道及其施工地质灾害[M]．成都：西南交通大学出版社，2000.

[13]徐芝纶．弹性力学简明教程[M]．3 版．北京：高等教育出版社，2002.

[14]孙广忠．岩体结构力学[M]．北京：科学出版社，1988.

[15]郑颖人，董飞云，徐振远．地下工程锚喷支护设计指南[M]．北京：中国铁道出版社，1988.

[16]孙钧．岩土材料流变及其工程应用[M]．北京：中国建筑工业出版社，1999.

[17]关宝树．隧道地下工程概论[M]．成都：西南交通大学出版社，2002.

[18]国家铁路局．铁路隧道设计规范：TB 10003—2016[S]．北京：中国铁道出版社，2017.

[19]国家铁路局．铁路隧道工程施工安全技术规程：TB 10304—2020[S]．北京：中国铁道出版社有限公司，2020.

[20]中华人民共和国交通运输部．公路工程施工安全技术规范：JTG F90—2015[S]．北京：人民交通出版社股份有限公司，2015.

[21]中华人民共和国交通运输部．公路隧道设计规范　第一册　土建工程：JTG 3370.1—2018[S]．北京：人民交通出版社股份有限公司，2019.

[22]中华人民共和国交通运输部．公路隧道施工技术规范：JTG/T 3660—2020[S]．北京：人民交通出版社股份有限公司，2020.

[23]吴涛．客运专线隧道线下工程变形监测信息管理及预测系统研究[D]．长沙：中南大学，2009.

[24]郭富利．堡镇软岩隧道大变形机理及控制技术研究[D]．北京：北京交通大学，2009.

[25]王猛．煤矿深部开采巷道围岩变形破坏特性试验研究及其控制技术[D]．阜新：辽宁工程技术大学，2010.

[26]房倩．高速铁路隧道支护与围岩作用关系研究[D]．北京：北京交通大学，2010.

[27]赵勇．隧道软弱围岩变形机制与控制技术研究[D]．北京：北京交通大学，2012.

[28]李鹏飞．海底隧道围岩稳定性分析与控制研究[D]．北京：北京交通大学，2011.

[29]李献民．高速铁路加筋过渡段静动力学特性数值分析及试验研究[D]．长沙：中南大学，2004.

[30]李献民．高速公路隧道施工动态风险监控与评估关键技术研究[D]．北京：北京交通大学，2014.

[31]贾永刚．铁路隧道装配式衬砌力学特性研究[D]．成都：西南交通大学，2003.

[32]姜云．公路隧道围岩大变形预测预报及对策研究[D]．成都：成都理工大学，2004.
[33]陈敬军．矿山法施工的铁路隧道装配式衬砌力学特性研究[D]．成都：西南交通大学，2005.
[34]庞建勇．软弱围岩隧道新型半刚性网壳衬砌结构研究及应用[D]．南京：东南大学，2005.
[35]李文江．软弱围岩隧道变形特征与控制技术研究[D]．成都：西南交通大学，2005.
[36]付思远．软岩大变形隧道施工关键技术研究[D]．北京：北京工业大学，2015.
[37]臧鹏飞．大断面公路板岩隧道变形特性及其控制技术研究[D]．西安：西安建筑科技大学，2019.
[38]田智慧．高地应力软岩隧道施工技术的研究[D]．石家庄：石家庄铁道大学，2014.
[39]肖同刚．隧道软弱围岩—支护系统安全性分析评价及其工程应用[D]．上海：同济大学，2007.
[40]周丁恒．扁平特大断面公路隧道围岩变形预测及预警研究[D]．上海：同济大学，2008.
[41]赵勇．隧道围岩动态变形规律及控制技术研究[J]．北京交通大学学报(自然科学版)，2010，34(4)：1-5.
[42]赵勇，刘建友，田四明．深埋隧道软弱围岩支护体系受力特征的试验研究[J]．岩石力学与工程学报，2011，30(8)：1663-1670.
[43]梁文灏，李国良．乌鞘岭特长隧道方案设计[J]．现代隧道技术，2004，41(2)：1-7.
[44]李永林，冯学钢，姜云，等．隧道工程围岩大变形及预测预报研究[J]．现代隧道技术，2005，42(5)：49-54.
[45]王成虎，沙鹏，胡元芳，等．隧道围岩挤压大变形问题探究[J]．岩土力学，2011，32(增刊2)：143-147.
[46]张德华，刘士海，任少强．高地应力软岩隧道中型钢与格栅支护适应性现场对比试验研究[J]．岩石力学与工程学报，2014，33(11)：2258-2266.
[47]贾宏俊，王辉．软岩巷道可缓冲渐变式双强壳体支护原理及实践[J]．岩土力学，2015，36(4)：1119-1126.
[48]王思敬．论岩石的地质本质性及其岩石力学演绎[J]．岩石力学与工程学报，2009，28(3)：433-451.
[49]何满潮，景海河，孙晓明．软岩工程地质力学研究进展[J]．工程地质学报，2000，8(1)：46-62.
[50]董方庭，宋宏伟，郭志宏，等．巷道围岩松动圈支护理论[J]．煤炭学报，1994，19(1)：21-32.
[51]何华武．中国铁路隧道建设技术的发展[J]．铁道经济研究，2006(6)：8-16.
[52]于学馥，乔端．轴变论和围岩稳定轴比三规律[J]．有色金属，1981，33(3)：8-15.
[53]孙钧．对开展高地应力区岩性特征及隧洞围岩稳定研究的认识[J]．岩石力学与工程学报，1988，7(2)：185-188.
[54]陈宗基．地下巷道长期稳定的力学问题[J]．岩石力学与工程学报，1982，1(1)：1-20.
[55]王哲，刘钦，刘磊，等．软岩隧道大变形研究现状及控制对策[J]．铁道建筑，2022，62(12)：138-142.
[56]孙新海，李献民，汪微．深埋中风化泥岩大跨公路隧道系统锚杆支护效果试验研究[J]．隧道建设(中英文)，2023，43(增刊2)：151-161.
[57]李献民，梁艳慧，王梦恕．高速铁路无砟轨道隧—隧过渡段路基的动力不平顺及动力响应分析[J]．土木工程学报，2013，46(12)：90-96
[58]李献民，梁艳慧，王梦恕．隧道洞口围岩稳定型变形的非线性回归分析[J]，隧道建设，2010，30(5)：535-539.
[59]梁艳慧，李献民．公路隧道软岩非线性变形影响因素及支护设计对策分析[J]．现代隧道技术，2010(增刊)：72-75.
[60]李献民，梁艳慧，王梦恕．高速铁路过渡段动态响应试验与仿真对比分析[J]．铁道工程学报，2014(3)：39-45.
[61]施正宝，李献民，陈保祥．贵州李家寨隧道系统锚杆作用效果试验研究[J]．水文地质工程地质，2020，47(1)：80-88.
[62]王勇杰，李献民．考虑时空效应的泥岩隧道系统锚杆适用性数值分析[J]．公路交通科技，2022，39(3)：108-116.
[63]汪微，李献民，孙新海．互层软质岩隧道系统锚杆支护效用数值模拟研究[J]．现代隧道技术，2022，59(5)：99-107.
[64]胡湘，赵云鹏，李献民，等．梯形掏槽护拱技术在浅埋冲沟淤泥地层隧道洞口进洞施工中的应用[J]．现

代隧道技术,2022,59(增刊1):844-850.
[65]王涛,李怀友,李勇,等. 浅埋公路隧道Ⅳ$_1$级围岩初期支护设计施工优化研究[J]. 现代隧道技术,2022,59(增刊1):795-802.
[66]梁艳慧,李献民. 浅埋偏压边坡隧道稳定性影响因素分析[J]. 地下与轨道工程,2023(4):11-16.
[67]李献民,汪微,孙新海. 软质岩隧道锚杆功效对比分析研究[J]. 地下与轨道工程,2022(3):49-56.
[68]李献民. 软质围岩隧道系统锚杆作用效果试验研究[J]. 地下与轨道工程,2019(1):6-16.
[69]李献民,施正宝,陈保祥. 泥质软岩公路隧道系统锚杆支护作用试验研究[J]. 地下与轨道工程,2020(2):16-21.
[70]许德鹏,吴俊洁,李献民. 基于结构变形的小净距隧道洞口段围岩稳定性分析[J]. 施工技术,2015,44(增刊):133-137.
[71]许德鹏,吴俊洁,李献民. 隧道洞口开挖对相邻隧道洞影响的数值分析[J]. 路基工程,2015(2):148-151,165.
[72]吴俊洁,刘永军,李献民. 双侧导坑法下大跨度隧道洞口段围岩变形分析[J]. 路基工程,2015(6):116-120.
[73]杨旸,谭忠盛,李松涛,等. 特长公路隧道洪积黏土围岩系统锚杆的作用效果研究[J]. 土木工程学报,2017,50(增刊2):127-133.
[74]张光旭,李献民. TSP地震波法隧道超前探测工程应用与对比分析[J]. 中国公路,2019(15):114-116.
[75]李术才,徐飞,李利平,等. 隧道工程大变形研究现状、问题与对策及新型支护体系应用介绍[J]. 岩石力学与工程学报,2016,35(7):1367-1376.
[76]喻渝. 挤压性围岩支护大变形的机理及判定方法[J]. 世界隧道,1998(1):46-51.
[77]李庶林,桑玉发. 应力控制技术及其应用综述[J]. 岩土力学,1997,18(1):90-96.
[78]何满潮,吕晓俭,景海河. 深部工程围岩特性及非线性动态力学设计理念[J]. 岩石力学与工程学报,2002,21(8):1215-1224.
[79]崔光辉,韩驰,王明胜,等. 高地应力软岩隧道大变形机制及控制技术研究综述[J]. 高速铁路技术,2023,14(4):13-18.
[80]吴波,吴兵兵,黄惟. 隧道支护技术研究进展[J]. 施工技术,2021,50(17):74-79.
[81]姚军,王睿,夏道洪,等. 隧道围岩分级研究进展综述[J]. 公路,2021(8):367-372.
[82]高美奔,李天斌,孟陆波,等. 隧道软岩大变形力学机制及防治措施综述[J]. 施工技术,2013,42(增刊):247-251.
[83]魏来,刘钦,黄沛. 高地应力软岩隧道大变形机理及控制对策研究综述[J]. 公路,2017(7):297-305.
[84]王哲,刘钦,刘磊,等. 软岩隧道大变形研究现状及控制对策[J]. 铁道建筑,2022,62(12):138-142.
[85]李志平,邹正盛,罗平平,等. 井巷支护技术发展与现状[J]. 矿山机械,2009,37(8):1-4.
[86] LI XIANMIN, WANG MENGSHU. Mechanical deformation characteristic and optimization controlling support Key technology of tunnel soft-rock [C]// 2012 International Conference on Remote Sensing, Environment and Transportation Engineering. Nanjing:1615-1618.
[87] LI XIANMIN, WANG MENGSHU. Growth-curve characteristic of tunnel wall rock stable deformation [C]//2011 International Conference on Remote Sensing, Environment and Transportation Engineering. Nanjing:4087-4091.